是刁蛮任性，还是通情达理；是清高孤冷，还是亲近随和；是软弱犹豫，还是坚强果断……这些都将决定女孩的生活状态，决定她在人们眼中受欢迎的程度。拥有好性格，会让女孩的一生受益无穷。

培养完美女孩使用书

好性格让女孩受欢迎

加油，女孩！
你是最棒的

贺西蒙　主编

金城出版社
GOLD WALL PRESS
北京 · 2021

图书在版编目（CIP）数据

加油，女孩！你是最棒的．好性格让女孩受欢迎 ／贺西蒙主编．—北京 ：金城出版社有限公司，2021.1

ISBN 978-7-5155-2057-5

Ⅰ．①加… Ⅱ．①贺… Ⅲ．①女性－性格－培养－青少年读物 Ⅳ．① G78-49

中国版本图书馆 CIP 数据核字（2020）第 180610 号

加油，女孩！你是最棒的．好性格让女孩受欢迎

主　　编　贺西蒙
责任编辑　李凯丽
文字编辑　张亚明
责任校对　李　涛
开　　本　710毫米×1020毫米　1/16
印　　张　60
字　　数　539千字
版　　次　2021年1月第1版
印　　次　2021年1月第1次印刷
印　　刷　三河市万龙印装有限公司
书　　号　ISBN 978-7-5155-2057-5
定　　价　220.00元（全五卷）

出版发行　**金城出版社有限公司**　北京市朝阳区利泽东二路3号　邮编：100102
发 行 部　(010) 84254364
编 辑 部　(010) 84250838
总 编 室　(010) 64228516
网　　址　http://www.jccb.com.cn
电子邮箱　jinchengchuban@163.com
法律顾问　北京市安理律师事务所　(电话)18911105819

前言

在父母眼中，女孩都是独一无二的“掌上明珠”，是温暖他们一生的贴心“小棉袄”。很多时候，女孩还在蹒跚起步、牙牙学语之际，父母就开始思考她们的培养和教育问题，并在她们的成长中不断投入时间、金钱和精力，为其成长创造优越的环境和教育条件，着力塑造其良好的性格、习惯、气质和个人魅力等。于父母而言，这将是他们给予女孩受用一生的珍贵礼物。

尽管父母都在望女成凤，但在实际生活中却又总是不尽如人意，或者是适得其反。比如：有的女孩遇到困难，就容易退缩和情绪化；有的女孩做什么事情都随心所欲，毫无章法；有的女孩说话缺少礼貌，毫不顾及别人感受；有的女孩虽然聪明，但学习成绩却成为一块“硬伤”；还有的女孩总是沉默寡言，不能很好地融入集体……这些问题，也成为困扰众多父母的心结。基于此，我们精心编排了《加油！女孩！你是最棒的》一书，旨在为万千父母解决育女难题。

《加油！女孩！你是最棒的》是根据当前最前沿的教育理念，结合女孩的心理特征和成长规律，为父母打造的一套科学成功育女方案。全书共包括：《好性格让女孩受欢迎》《好习惯让女孩大不同》《好气质让女孩最出彩》《好人缘让女孩会交往》和《好成绩让女孩有出息》五本书，内容涵盖性格、习惯、气质、成绩和人际交往等，是一部为女孩完美成长保驾护航的制胜秘笈。

《好性格让女孩受欢迎》立足家庭教育实际，从思想、言语、行动、品德等方面对女孩性格培养进行解析，并提供浅显易懂、行之有效的教育方法。

《好习惯让女孩大不同》以科学视角、多样化方法，从女孩的日常起居、言语举止、待人接物等方面进行全面分析和阐释。

《好气质让女孩最出彩》通过系统而全面的内容，从仪态、言语、态度、举止等方面，阐述了有气质女孩养成的具体方法和途径。

《好人缘让女孩会交往》充分展示了好人缘的巨大魅力和价值，阐述了女孩应怎样树立自信、怎样加强交往、怎样运用人脉等内容。

《好成绩让女孩有出息》汲取了当今学习教育方法之精髓，从学习习惯、时间运用、教学方式等方面进行全面讲解。

《加油！女孩！你是最棒的》一书，内容紧贴生活实际，解析更为鞭辟入里；为丰富内容和增进理解，书中还加入了大量国内外经典故事，涉猎广泛，颇具说服力。为让读者读懂并掌握有效方法，书中语言做到了通俗浅显易懂，最大程度满足了读者学以致用的实际需求。

不管是现在还是将来，培养最棒的女孩是每一个父母的殷切所在。愿《加油！女孩！你是最棒的》带给万千父母全新的认知和学习感悟，并从中获得培养女孩最为实用的科学方法，给每一个女孩的成长之路带去一抹光亮，也带给她们更加出彩、更加宽广的未来！

在此，我们也发自内心的道一声：加油！女孩！你是最棒的！

目 录

第一章

独立自主——成就女孩非凡气质

我是独一无二的

爬山之美，美在不走寻常路。

每次当蕾蕾和爸爸妈妈一起爬山的时候，大家早已都习惯于走铺好的石阶板路，从来没有想到过爬山还有别的路可以走。

不过，这一思维惯性到了蕾蕾的好朋友佳佳那里得到了彻底的颠覆：爬山，佳佳从来不走石阶板路，只走土路。佳佳的老家有很多山，她从小就是爬山长大的，所以对于爬山如同走平地。

这一天，蕾蕾和佳佳相约去爬山，佳佳跟蕾蕾说："蕾蕾，今天咱俩爬坡，怎么样？"

"啊！我可不敢，如果摔下来怎么办？还是走台阶比较稳当。"蕾蕾说完，连连摇头。

"不用害怕，有我在，保证你不会出事的。你爬一次就知道了，走台阶其实很累的。"佳佳一个劲地鼓动蕾蕾。

既然如此，蕾蕾只好尝试一下，反正有佳佳帮她，也不用太害怕，只要紧紧跟着她就好。

就这样，两个人上路了。佳佳带着蕾蕾走到别人都不会去的地方，看了很多别人看不到的风景，蕾蕾感到很兴奋。

"蕾蕾，你看，那边有个人背着一个袋子，估计是在摘果子吃啦。"佳佳根据经验判断，"我看看去，如果是的话，我摘几个过来你也尝尝。"说完就一溜烟儿地跑下去了。

蕾蕾一个人站在那里等她，看到周围的树木和远处道路上熙熙攘攘的人群，突然觉得走一条别人都不曾走过的小路感觉居然这么好。不一会佳佳上来了，原来那个人在摘花种子，她也摘了一些，正好拿回去种。

这一天蕾蕾玩得很开心，因为她找到了一个和以往不一样的玩法，真的是别有滋味。

不走寻常路，多一些独辟蹊径的勇敢和智慧，你会做得更好，离成功更近。

人们惯于模仿，既出于一种惰性，更出于对先贤圣哲的追捧。但是对好的东西的模仿很容易堕落成一种媚俗，失去自我，而且在先贤们和周围人的压力下，大概没有人敢喊出自己的声音。

莎士比亚说过：“你是独一无二的。”一个人只懂模仿他人，最终的结果只有一个——失去个性。而个性是人之为人的最基本因素，没有个性便没有独立的人格，没有深邃的思想，更没有创造力。

洛克菲勒有句名言：“如果你想成功，你应辟出新路，而不要沿着过去成功的老路走……即使你们把我身上的衣服剥得精光，一个子儿也不剩，然后把我扔在撒哈拉沙漠的中心地带，但只要有两个条件——给我一点儿时间，并且让一支商队从我身边经过，要不了多久，我还会成为一个新的亿万富翁。”

创新作为一种最灵动的精神活动，最忌讳的就是呆板和教条，任何形式的清规戒律，都会束缚其手脚，使其无法大展所长，只有敢于挑战传统、打破常规之人，才能真正有所作为，才能敞开胸怀拥抱成功。毫无疑问，你们是最具有创新精神的群体，是具有保守思想最少的群体，是最勇于开拓进取的群体，是最勇于打破常规的群体，是创新思维最为活跃、精力最充沛、最好动脑筋、创造欲最旺盛的群体。

李大钊曾说：“青年之字典，无‘困难’之字；青年之口头，无‘障碍’之语。青少年，一言以蔽之——敢为天下先！”所以，这是一个属于你们的时代，而要占领这个时代的首要条件，就是张扬自我个性，用“离经叛道”去打破所有过于迷信的经验、传统、权威和规则！

要想成功，就必须走出自己的路来，老跟在别人屁股后面，最后只能落个“跟屁虫”的臭名，所以一定要有自己的个性，个性是区别大众的，大多数成功的人都是有个性的，他们都是根据自己的个性去思考自己的未来，去设计成功的路线和方法。

创新之路犹如春草，是置之死地而后生的产物，会带来阵痛，也会有牺牲。但是，只要我们学会冷静地思考，用“天下之事，因循则无一事可为，愤然为之，亦未必难”来启迪自己，用“智者不袭常”来引导自己，那么，我们所看到的就会是另一番全新景象。当我们面对学习和生活中一些比较简单的问题时，传统与规则确实能起到提高工作效率的作用，但是，在一些较为复杂的问题上，传统与规则不但不能使问题得到圆满解决，而且还很容易让我们自设陷阱、自设障碍，从而误入死胡同，迷迷糊糊转不过弯来，以致常常做出一些糊涂事来。

这时候，请把你的个性展现出来吧！

别人的眼光，与我无关

早上，雨爽准备上学的时候发现书包背带坏掉了，怎么办？总不能抱着书包去上学吧！雨爽一时不知道该怎么办。情急之下，妈妈对她说："雨爽，咱们家有一个很老很老的军绿色背包，还是十年前妈妈背的，实在不行你先将就一天，妈妈把你的书包拿去修，好不好？"

雨爽也没有别的好办法，只好依靠妈妈的"救援"了，等妈妈把她的书包拿出来，雨爽一看就傻了：那是什么时代的包啊，妈妈真有趣，居然还把这样土得掉渣的包留下来。

可是如果不背这个书包的话，今天就没有办法去上学了，雨爽想到这里，也只好硬着头皮把它背到学校里来。

到了学校，雨爽看到了同学米米异样的眼光，不由得把头低了下来。

"雨爽，你的新书包是在哪里买的？真够时髦啊。"米米一声惊叹。

什么？不会听错了吧？时髦？雨爽感到不可思议，米米在故意取笑自己吧？

"没有，我的书包坏掉了，这是妈妈的书包，我先用着。"雨爽急忙向米米解释，希望她不要介意。

"哈！那真巧啊。雨爽，你可能还不知道吧，现在市场上有一股复古风，就像你这样的几十年前的老样式又流行回来了。哈哈！原来是你家的古董啊，我以为你赶潮流特意买的呢。"米米边说边笑。

听米米这样一说，雨爽不禁也乐了，再看看这个包包，好像没有那么土了。

晚上回到家，妈妈跟雨爽说："我帮你把书包缝好了，明天你就可以换过来了。"

"不用，妈妈，这个书包我想多背几天呢。"雨爽认真地告诉妈妈。

"为什么？你不是嫌那个式样很老吗？怎么突然又不换了。"妈妈一脸疑惑地问雨爽。

雨爽把白天米米说的话原原本本地向妈妈又复述了一遍。

妈妈听了之后也开心地笑了起来："没想到，那个年代留下来的东西现在居然会流行，哈哈。"

是啊！人们的审美眼光啊！究竟什么是美的？什么是丑的？什么是新潮的？什么是过时的？还真不好说呀！

女孩们，好好想想自己是不是一个有主心骨的人？你在做事时是按照自己的想法做决定，还是听从别人的话摇摆不定？你会不会因为有人说你新买的裙子太花哨而闷闷不乐一整天？你会不会因为别人说你不行就不再去努力？很多时候，我们在通向成功的奋斗之路上常常被一些人和事所干扰，最终失去了真实的自我，在歧路上越走越远，找不到回头的路。

白云守端禅师有一次和他的师父杨岐方会禅师对坐，杨岐问："听说你从前的师父茶陵郁和尚大悟时说了一首偈，你还记得吗？"

"记得，记得。"白云答道，"那首偈是：'我有明珠一颗，久被尘劳关锁，一朝尘尽光生，照破山河万朵。'"语气中免不了有几分得意。

杨岐一听，大笑数声，一言不发地走了。白云怔住了，不知道师父为什么笑，心里很烦，整天都在思索师父的笑，怎么也找不出师父大笑的原因。

那天晚上，他辗转反侧，怎么也睡不着，第二天实在忍不住了，大清早就去问师父为什么笑。杨岐禅师笑得更开心，对着因失眠而眼眶发黑的弟子说："原来你还比不上一个小丑，小丑不怕人笑，你却怕人笑。"白云听了，豁然开朗。

很多时候，我们就是陷于别人给我们的评论之中而迷失了真实的自己。别人的语气、眼神、手势等都可能搅扰我们的心，使我们丧失往前迈进的勇气，甚至让我们成天沉迷在愁烦中不得解脱，在前进的道路上迷失自我。事实上，别人怎么说、怎么做，那是别人的事情，是别人的生活态度，而你怎么说、怎么做、怎么想，才是你的生活态度。不要因为身边的一些事和人而受到影响；不要因为别人的一句本非善意的话而受到伤害；不要因为别人做的一些无关紧要的事情而否定自己。但丁说：“走自己的路，让别人去说吧！”我们都有自己的生活方式、自己做人的原则，太在意别人的看法、盲从他人，便会丧失主见、失去自我，这样的人生，还有什么意义呢？我们不能如矮子观戏，人云亦云。上帝曾把1、2、3、4、5、6、7、8、9、0十个数字摆出来，让面前的十个人去取，说道：“一人只能取一个。”

人们争先恐后地拥上去，把9、8、7、6、5、4、3都抢走了。

取到2和1的人，都说自己运气不好，得到很少很少。

可是，有一个人却心甘情愿地取走了0。

有人说他傻：“拿个0有什么用？”

有人笑他痴：“0是什么也没有呀，要它干啥？”

这个人说：“从零开始嘛！”便埋头不言，孜孜不倦地干起来。

他获得1，有0便成为10；他获得5，有0便成了50。

他一心一意地干着，一步一步地向前。

他把0加在他获得的数字后面，便十倍十倍地增加。终于，他成为最成功、最富有的人。

其实，你的生活是你自己的，不是别人的。在这个世界里，每个人都是一道彩虹，是一道别人永远无法再次演绎的彩虹。这个世界多姿多彩，每个人都有属于自己的位置，有自己的生活方式，有自己的幸福，何必羡慕别人？放开自己，挣脱别人对我们的束缚，不要被别人的言论所左右，找到属于你自己的天空，你才能活得更洒脱，才能在充满坎坷的人生道路上走得更踏实。

我才是自己的中心

期末考试临近了，紧张的学习气氛压得人喘不过气来。方方不想复习，甚至开始讨厌学习了，并且讨厌一切与学习有关的东西，为什么人一定要学习呢？为什么人一定要考试呢？为什么考试就一定要争取高分呢？唉！算了，不去争取了。

这些天，方方处于极度的低潮期，觉得自己快要不能呼吸了。

晚上，方方把自己的情况告诉了妈妈，要是再不找人说话，方方觉得自己会疯掉。

妈妈听了方方的一番牢骚之后，很理解地拍拍她的肩膀鼓励道："放轻松，不要把学习当成一种任务来完成，学习应该是快乐的。如果你现在讨厌学习的话，那就不要勉强自己了。这个周末，我们一起出去玩好不好？"

"出去玩？"方方有点不相信自己的耳朵，"妈妈，还有两周我们就要考试了呢。"

谁知妈妈却回答说："我知道的啊，但是我觉得你现在的状态不在学习上，不如先出去玩一玩，调整调整，回来之后重整旗鼓。要玩就开开心心地玩，要学就专心致志地学，这样不是很好吗？"

"嗯。"方方很感慨还是妈妈了解自己。

“不过，方方你要相信自己，不可以动不动就轻言放弃，这样可是不允许的啊。”

妈妈语重心长地跟方方说，“当你在学习或是在生活中遇到了困难，应该能够很好地调整自己的状态，自己把握住自己，你说是不是呢？”

“嗯。”方方使劲地点点头，决心要用剩下的时间抓紧复习功课，争取考出好成绩。

方方现在知道了，她不单是为了学习而学习，而是因为学习也可以给人带来成就感，带来快乐。

女孩们，相信你们一定听过“自甘堕落”“自暴自弃”“破罐子破摔”诸如此类的话，这些都是在描述一个人有不好的境遇，然后自我放弃，结果把自己推向失败颓废的人生境地。

仔细想想，每一个人都难免会犯以上的错误，只不过是程度轻重的差别。无怪乎有句话形容“自己才是自己最大的敌人”，因为我们总是不断地放弃一些本该坚持的东西。

有一个女孩子穿着干净的鞋子，踮着脚尖小心翼翼地走在泥泞的路上，为了保持鞋子干净，她走走停停，特意挑比较高和硬的地面。可是一不小心，她还是踩到了烂泥里，干净的鞋子霎时脏了一大片。她懊恼极了，于是便不管不顾，两只鞋随意踩在泥路上，走得非常快。

这种场景是不是也曾经发生在我们身上？既然脏了，那么就让它更脏好了；既然坏了，那么就毁了它……心理学家指出，其实，在我们每一个人的内心深处，多少都隐藏了一些“自毁”的倾向，这种内在情绪的冲动常常会驱使一个人做出不利于自己发展的事情。譬如，有人整天絮絮叨叨，看什么事都不顺眼，动不动就抱怨这个、抱怨那个，好像所有的人都做了对不起他的事；还有的人，生活漫无目标，整日无所事事，只会嫉妒别人的成就，自怨自艾，认为任何好运气都不会落在自己的头上。此外，还有的人嗜酒如命、好赌成性、饮食不知节制、消费成癖、纵情声色，等等，这些都是自毁行为。

其实每个人都有失意的时候，比如经济窘迫、错失爱情、事业不顺等，面对这种情况，人们往往有两种选择：悲观的人整天长吁短叹，认为自己无可救药，就此颓废不振，结果人生变得更加暗淡和闭塞；乐观的人一笑置之，从头开始，坚持不懈，生活越来越精彩。事实上，人生成败完全取决于自己的内心。

在一次讨论会上，一位著名的演说家没讲一句开场白，手里却高举着一张20美元的钞票。面对会议室里的200个人，他问："谁要这20美元？"一只只手举了起来。他接着说："我打算把这20美元送给你们中的一位，但在这之前，请准许我做一件事。"他说着将钞票揉成一团，然后问："谁还要？"仍有人举起手来。

他又说："那么，假如我这样做又会怎么样呢？"他把钞票扔到地上，又踏上一只脚，并且用脚在地上碾着钞票，钞票已变得又脏又皱。"现在谁还要？"还是有人举起手来。

"朋友们，你们已经上了一堂很有意义的课。无论我如何对待那张钞票，还是有人想要它，因为它并没贬值，它依旧值20美元。人生路上，我们会无数次被自己的决定或碰到的逆境击倒、欺凌甚至碾得粉身碎骨。我们觉得自己似乎一文不值。但无论发生什么，或将要发生什么，你们永远不会丧失生命价值。生命的价值不依赖我们的所作所为，也不仰仗我们结交的人物，而是取决于我们本身，也就是说，完全属于你的内心所想！你们是独特的——永远不要忘记这一点！”

生命的价值取决于我们自身，除了自己，没有人能让你贬值。不要因为自己的普通、贫穷或暂时的失意而自怨自艾，无端地贬低、自毁自己。只要你承认自己、肯定自己，给自己足够的自信和勇气，总能发现自己的价值。事实证明，在贫贱与困境中保持着内心昂扬和人格完整的人，能赢得人们的尊重和敬佩。

求人不如求己

芬芬和妈妈很谈得来，在芬芬的眼中，妈妈既是一个好妈妈，又是一个好朋友。

这天，芬芬和妈妈一起聊天，谈起了同学们的一些事情。

“妈妈，其实我的同学们也都私下里谈论着自己的父母。”芬芬对妈妈说。

“是吗？那你们都谈些什么呢？”妈妈好奇地问芬芬。

“其实大家谈的问题都差不多，一般都是谈论谁的父母不发脾气，谁的父母更好看，谁的父母更宠孩子，谁的父母更有钱，谁的父母官职更高。”

妈妈听了芬芬的话说道：“我挺好奇你们这些孩子的，父母有钱没钱、有权没权对你们来讲有很大关系吗？”

“妈妈，您不懂了吧。父母有钱有权，那我们这些孩子长大以后，路可就好走多了吧。但是我的家境是比上不足，比下有余。因此我既不自卑，也不自傲。”

妈妈听芬芬这样一说，脸上显出了不快的表情：“芬芬，一个人，无论家境如何，到了社会上，都应该靠自己的实力立足，而不是依靠父母。”

“妈妈，我虽然不想事事倚靠你，但是我也想着以后遇到困难了还可以有爸爸妈妈做靠山，现在我不这么想了，我还是希望凡事倚靠自己。”芬芬把心里的真实想法跟妈妈说了说。

“好孩子，这样想就对了。”妈妈很高兴，“小的时候，你可以靠着拐杖，学会了走路。但当你稍微长大了之后，比如从现在开始，你就应该摆脱依赖这根拐杖，迈开自己的双腿，学会去开路。没有人可以让你依赖一辈子，包括父母。你每摆脱一份依赖，你就多一份自主，也就会向成功迈进一大步。”

芬芬决定将来要靠自己，抓住机遇获得好的发展。

女孩们一定要记住，并不是所有的机遇都会主动找到你的头上，机遇有时害羞得像个小姑娘，有时神秘得像行踪不定的女巫，总不肯轻易露面，但人的生存是主动的，所以，机遇大多是被人创造出来的。许多人不仅善于抓住机遇，更善于创造机遇，他们总是在努力，总是在奋斗。开始时他们是在追寻机遇，而一旦他们自身的实力积累到一定程度时，机遇便会自动登门拜访。

而且，随着自身才能的不断提高，他们所面临的发展机遇也会相应的有质和量的提高。可以说，没有他们这些主观的努力，就不会有这么多的良好机遇。从这个角度来说，机遇是那些有准备的人创造出来的，是对其努力的一种肯定和回报。如果女孩们看了林肯的传记，了解了他幼年时代的境遇和他后来的成就，就可能对“没有机会只是弱者的托词”这句话感触更深了。年幼的林肯住在一所极其简陋的茅舍里，既没有窗户，也没有地板；以我们今天的观点来看，他仿佛生活在荒郊野外，距离学校非常遥远，既没有报纸、书籍可以阅读，更缺乏生活上的一切必需品。就是在这种情况下，他一天要跑二三十里路，到简陋不堪的学校里去上课；为了自己的进修，要奔跑一二百里路，去借几册书籍，而晚上又靠着木柴燃烧发出的微弱火光阅读。林肯只受过一年的学校教育，但是他竟能在这样艰苦的环境中努力学习，一跃而成为美国历史上伟大的总统，成了世界上著名的典范人物。

林肯没有坐等机会降临到自己的头上，而是一直在努力地改善自身条件，坚持不懈地学习，尽全力地寻找机遇、发掘机遇。林肯的经历告诉我们“人生不会没有机遇”。无论你的先天条件处于怎样的弱势，只要我们自己不与弱者为伍，坚持与强者为邻，学习他们坚强的意志、顽强的精神和永不服输的斗志，即使机遇不来找你，你也会找到发展的机遇。

通观世界历史，我们会惊奇地发现：凡是在世界上做出一番大事业的人，往往不是那些幸运之神的宠儿，反而是那些“没有机会”的苦孩子。

例如，只有划水轮的福尔顿，只有陈旧的药水瓶与锡锅子的法拉第，用最简陋的仪器开创实验壮举的贝尔……物质的匮乏使他们看来已经“没有机会”了，可正是他们推动了世界文明的进步。

“没有机会”永远是那些失败者的托词。当我们尝试着步入失败者的群体中对他们加以访问时，他们中的大多数人会告诉你他们之所以失败，是因为不能得到像别人一样的机会，没有人帮助他们，没有人欣赏他们。他们还会对你叹息好的地方已经人满为患，好的机会已被他人挤占。总之，他们是毫无机会了。

制造机遇需要对自己的行动目标心中有数，并做到胸有成竹，而且对于制造机遇的方式技巧也要运用自如。接下来，需要的是一般常人难以匹敌的韧劲，一种不达目的绝不放手的劲头。但这种劲头并不是蛮干，而是向着明确的目标不断学习、不断改善自我。

比尔·盖茨说，等待机遇而至成为一种习惯，这真是一件危险的事。工作的热心与精力，就是在这种等待中被消磨殆尽的。对于那些不肯努力学习、工作而只会胡思乱想的人，机会是可望而不可即的。只有那些勤奋刻苦的人，不肯轻易放过任何机遇的人，才能看得见机遇。

机遇的降临往往是非常偶然的，机遇就暗藏在你的日常行事之中；不管你从事什么，其中都有机遇。

当一个人计划周详、考虑缜密，在多种有利因素的配合下，时机常常会来到你的身边。一个强者，总能创造出契机，并能借助机遇的双翼，搏击于学业与事业的长空。

女孩们不仅要把握机会，更要创造机会。走向成功的人，绝不是一个逍遥自在、没有任何压力的观光客，而是一个积极投入、“执迷不悟”的参与者。善于制造机遇，并张开双臂迎来机遇的人，最有希望与成功为伍。积极创造机遇，也正是女孩们必须具备的人生态度。

机遇是一种重要的社会资源。它的到来，条件往往十分苛刻，且相当稀缺难得。要获得它，需要极大的“投入”，才会有“产出”，需要高昂的代价和成本，这就是准备相当充足的实力、雄厚的才能功底。机遇相当重情谊，你对它倾心，它也会对你钟情，给你报答。但机遇绝不轻易光顾你的门庭，不愿意花费“投入”的人，也得不到它的偏爱与回报。

机遇绝非上帝的恩赐，它是创造主体主动争来的，是主动创造出来的。机遇是珍贵而稀缺的，又是极易消逝的。你对它怠慢、冷落、漫不经心，它也不会向你伸出热情的手臂。守株待兔的人，常与机遇无缘，主动出击的人，才易俘获机遇，这是普遍的生存法则。你若比一般人更主动、热情的话，机遇就会向你靠拢。敢于创造机遇，才能把握成功。创造机遇需要一种韧劲、磨劲，需要耐心。当你确定明确的奋斗方向，有坚定的信念，并时时刻刻准备“接纳”机遇时，机遇女神可能真的离你不远了。

但创造机遇只有耐心和韧劲是不够的，它还需要一定的技巧。应该积极主动地出击，展示自己的优点和强项，创造成功的机遇。

机遇最喜欢爱拼善攻、有挑战性格的人。所以，在机遇面前，无疑需要敢于拼搏、锲而不舍的劲头，将自身的能量最大限度地发挥出来。只有勇于战胜那些看似难以克服的困难，才会使机遇发挥出极大的效能。有些人为艰难所折服，就会使已到手的机遇不能得到充分利用，而使自己功亏一篑，也使机遇付诸东流。女孩们正处于人生的花季年华，面临着许许多多的机遇。但如果要更健康地发展、更快乐地成长，就要勇于创造机遇。请记住，人生路上灿烂的花朵，往往是靠自己争取创造的。

做自己喜欢做的事

“小如，这个假期你想怎样安排呢？”妈妈饶有兴致地问小如。

“嗯，我想做一点自己喜欢做的事。”小如认真地对妈妈说。

“嗯，你说我听听。”妈妈想让小如说得细致一点。

要知道，班上有很多同学的家长都希望利用这个假期给孩子好好补习功课，甚至有一位家长买来了一摞的习题集，让那个同学在一个假期之内全部完成，否则就不可以玩游戏。

也许，妈妈也希望小如能够做上几本习题集，巩固一下学习的知识，可是小如实在是想做一些自己喜欢做的事。

听到妈妈问小如有什么计划，小如心里有点发凉，也许妈妈正准备做思想工作，希望她利用假期的时间好好学习呢。

“妈妈，我想和您商量……我不学习了行吗？”小如想还是先下手为强，主动和妈妈商量起来。

“哈哈，当然好啊。只要你把时间放在做有意义的事情上，做什么妈妈都会支持的。”妈妈说出这句话的时候，小如感觉自己快要幸福死了，眼前的这位母亲，简直就是一位天使。

“嗯，我想利用假期的时间把全套的凡尔纳探险小说读完，还想用假期的时间练习吹长笛和口琴，剩下的时间用来写作业，其实我们的作业很多呢，每天完成一点点，足够我写一个假期的。”小如把自己的构想向妈妈陈述了一番。

“小如，妈妈支持你的想法。”妈妈的话好比是一颗定心丸，总算让小如愉悦起来，她继续说，“你已经学习了一个学期，利用这个假期，好好地调节一下是很有必要的。妈妈不强迫你像其他的同学那样在假期补习。不过，开学之后，我们要有一个更好的精神风貌对待学业，争取更上一层楼，好吗？”

“哦！万岁！”小如高兴的神情溢于言表。

我们每个人每天都有许多事情可做，在众多事情当中，女孩们一定要清楚地了解一点，那就是：一定要做自己喜欢做的事。

但是往往有很多人并不清楚这一点，为了种种原因，他们逼迫着自己去做一些自己不喜欢做的事，最后往往后悔莫及。

有一位机械师不喜欢自己的工作，想转行，却迟迟下不了决心，因为他已经学了二十几年的机械，如果突然换一份其他的工作，会感到很不适应，尽管不喜欢，却无法抛开累积二十多年的机械专业知识。他想改变，但又甩不掉过去的包袱，自然无法突破。于是他陷入了痛苦之中，他常常叹息着说：“如果当初我选择喜欢的事情就好了。”

生活中，像这位机械师的人很多，不管是学习或是工作，他们大多都在做着自己讨厌的事情，又不得不逼迫着自己去做好这些事情。不断挣扎中，他们往往失去了动力，当遇到学业或事业的瓶颈时也无法突破。他们也想过要改变，为此还不断地征求别人的意见，可最后还是很少有人试着去改变。

这其实是一个矛盾，既然知道自己再继续做下去也不会有兴趣，就应该果断地做出离开的决定。与其在不喜欢的事情上浪费时间，不如把精力投入在喜欢的领域。也许你担心无法适应或开拓一个新领域，其实大可不必，一个人在做自己喜欢的事情，就必定充满了力量，想象力和创造力也更容易被激发出来，只要付出努力，相信一定会取得成功。

很多年前，一位名人讲过一句话：“你一定要做自己喜欢做的事情，才会有所成就。”

所以，尝试着改变自己目前的状况，如果想让自己做事更有成效，女孩们就必须做出更好的决定，采取更好的行动。

罗克的故事对你们或许会有所启发。

罗克一直很喜欢运动和数学，从小到大，他一直是运动健将，不仅担任过篮球、乒乓球队长，还是校田径队的杰出运动员，罗克曾经想过要如何把兴趣发展成职业，也曾经梦想成为世界冠军。

但罗克在思考后觉得：“靠体力过生活，并不是我真正喜欢过的生活，虽然我非常喜欢运动。”

在高中和大学的时候，罗克的数学成绩一直都是名列前茅，他也曾经想过，要当一位数学教授。但罗克发现，当一位数学教授，也并不是他最喜欢做的事情，于是他继续寻找另一个可以当成他终生事业的工作。

17 岁的时候，罗克接触了汽车销售业，因为他很喜欢车子，他想自己应该可以做得不错；真正进入了这个行业之后，他发现这个行业有非常大的特色，但是他的个性似乎并不适合，于是，他又转行了。

从 16 岁到 21 岁，罗克陆陆续续换了 18 种不同的工作，每一处，他都想着一定要做自己喜欢做的事情。他不断地思考，最后他终于有了一个伟大的发现，那就是他身上的一个特点：他从小到大一直很热心，很喜欢帮助别人，同学数学不会，他很喜欢教他们；别人篮球打得不好，他会自告奋勇过去教他们。因为罗克相信，只要自己可以，别人一定也做得到。

在一个很偶然的机会，罗克参加了一个激发心灵潜力的课程，它给了他非常大的震撼。

罗克发现，自己上了那么多的课程，学习了那么多的资讯，却没有任何一个课程比得上他的老师安东尼·罗宾在短短的 8 小时当中所分享给他的那么多。

罗克想，假如他以后也能做别人所做的事情，把一些真正对人们有帮助的资讯，不管用何种渠道，书籍、录音带或是录像带，然后分享给想要获得这些资讯的人，那该有多好。投入这项工作之后，罗克终于找到了那个他最喜欢的工作，这就是他毕业所寻找的方向。经过了七八年的坚持，他终于可以在心理学崭露头角，让非常多的人得到非常具体的帮助。

从故事中我们不难看出，做喜欢做的事对一个人所产生的影响。

一个人只有在做自己喜欢的事情才能充满激情，所以，女孩们，突破现在的自己吧，积极行动起来，去做喜欢做的事情！

自家拍掌，唱彻千山响

这个下午，小欣欣实在是闲得无聊，只好跑过去找妈妈："妈妈我现在没有事情做，你陪我玩一会儿吧。"

妈妈放下手中的家务，问她说："欣欣，你有这么多的功课需要复习，屋里有很多买来的课外书没有看，怎么说自己没有事情做呢？"

"一个人觉得无聊啊，做什么都提不起精神来，妈妈你陪我说说话，然后我再回屋里看书好不好？"小欣欣和妈妈泡起了蘑菇。

"嗯，那妈妈给你讲个名人故事。"妈妈无奈地回答。

文坛的传奇女人张爱玲被喻为寂寞的精灵。

张爱玲出生时，古老的中国正处于风雨飘摇之中，封建士大夫的黄金时代已是"无可奈何花落去"了，然而封建大家庭的内部依旧是"庭院深深深几许"，古老的文化与那种安稳、舒缓的传统生活方式还在继续着。张爱玲出生时，其家境已经没落，但仍维持着大家的风范。

这样的出身，注定张爱玲从小就缺少玩伴。而父爱的缺失使张爱玲更加孤独，她的父亲其实对自己聪慧的女儿是十分喜爱的，在张爱玲小的时候经常带着她去应酬，有时还和女儿谈谈亲戚间的笑语。然而，她的父亲是典型的封建贵族遗少式人物，他的爱是要根据自己的心情而定的。当时封建家族的没落景象又使得张爱玲的父亲时常心情郁郁而顾不得疼爱她。

在这样孤独的童年里，张爱玲用自己内心深处的苍凉冷静地观察着旧式生活的腐朽败落，对他们的生活方式以及阴暗、畸形的心理有了深刻的认识，为她日后一系列深刻洞察人情世故和人性冷漠的作品准备了丰厚的素材。

大学期间的张爱玲也显得比同龄人要冷漠和孤独。她很少参加社交活动，只是埋头于研读西方文化、西方历史和文学，她就是在这时完成了厚积薄发的蛰伏蜕变。

一个春寒料峭的下午，张爱玲敲开了鸳鸯蝴蝶派代表作家周瘦鹃家的大门，她拿自己的《沉香屑：第一炉香》《沉香屑：第二炉香》来毛遂自荐。周瘦鹃这位悲情小说作家在张爱玲告辞后，开始在灯下细细阅读。一边读，一边击掌，他为作者遣词造句的老练，洞察人情世故的深刻与冷漠而惊叹不已。于是《沉香屑》很快在周瘦鹃主办的《紫罗兰》上发表。

张爱玲后来的事情为人所共知，至1995年她寂寞地死去，这个孤独的女子造就了文坛上至今为止最华丽的文字，赢得了数以万计近乎喧嚣的惊叹。

听了妈妈的故事，小欣欣这才明白，原来醉翁之意不在酒，妈妈在教育她要忍受一个人时的孤独。妈妈说："欣欣，你要知道，在人生的长河中，既有欢乐和愉悦，也会有孤独、寂寞和焦虑。只有经过沉默修养和孤独洗礼的人，才能捕捉到人生的真正底蕴。人只有在孤独的时候才能认识自我。"

“嗯。”小欣欣想起来几天前看到的香港青年女摄影家李乐诗，她自己一个人背着行囊睡袋，独自漫游世界，曾经有一个记者问她：“旅途漫漫，而你却形单影只，就不怕孤独和寂寞吗？”没想到她却回答说：“我孤独，但没有时间寂寞。孤身走路我才能专注，专注才能捕捉摄影契机。”

一个人孤独的时候也是一种享受吧，可能现在小欣欣还体会不到吧。

“拜拜，妈妈，我回去享受孤独了。”

其实，女孩子的自立能力不仅仅体现在物质独立上，更应该体现在精神和情绪的独立上。女孩子常常可以忍受事业的艰辛、生活的起伏，却不能忍受寂寞。其实孤独有它独特的价值，孤独，能造就大师。这是因为，摆脱虚浮、繁杂的困扰后，人的心灵得到净化，思想就能自由地翱翔。许多学者名流，沉潜书斋，甘于淡泊，耐得住清苦和寂寞。有的超尘脱俗，蜗居书斋，潜心治学，终有所成。

只有耐得住寂寞，才能保持一个人的平常之心，方可在变幻多端的社会生活中找到属于自己的坐标和实现自我价值的着力点，才能一展自己的才华，才能蓄势待发，最终跃出平凡，成就不朽功业。

孤独，并不是凄凉，更不是悲哀。农夫在孤独中耕耘才有好的收成；十年寒窗的儒生，也一定是孤独的。把生命和精力花在哗众取宠的闲聊和茶楼酒馆的应酬上，那才是真正的悲哀。

有人说，孤独，就是将最后的生命、生命中最后的力量留给自己，留给创造。在孤独中寻求自我的价值，实现自我的价值。

当一个人静静地、不为外界的噪音所侵袭时，世界就会变得洁净。在这种环境下，你可以遐思万千，为构思的文章润色，为创造的大厦添砖……

你完全不用为琐事杂务劳神，不用为人间不平而忧心，若能进入这种境界，你就能在充斥着虚无的社会中寻觅到一个真实的自我。

可以说，孤独是自我深思、自我完善的一个良机。因为，超越自我、超越时空的局限，投身于人类科学和文化的创造，就会体验到一种深刻的、高尚的、永恒的充实和快乐，就能进入幸福的美好境界。

学会享受孤独，就会在沧海桑田的变迁中收集新绿。与其让生命在无休止的纷争中窒息，何不置身孤独，漂洗心扉，净化灵魂。如果非要登上绝顶才能见到日出的辉煌，不如一个人静静地躺在山脚的溪边，看映在水中半残的虹；如果一定要似夜莺的歌唱才能打动别人，不如孤雁一鸣，划破天空的寂静。

世界上的每一个人都需要适当地享受孤独，太嘈杂的生活会让人疲惫不堪，太烦琐的事情会使人精神恍惚。一个人没有朋友固然寂寞，但如果忙于周旋在没完没了的社交之中而没有机会倾听自己，则更加可怜。孤独是一种境界，一种美。

著名女作家安娜·莫柔·林德伯格在《大海的礼物》中，强调了这一观点。她这样讲道：因为只有空间才会使美丽开花，有了空间才能产生事和物，人们才会变得独特而更有意义，因此也就显得美丽。

第二章

乐观自信——做充满正能量的女孩

寻找生命中的阳光

一天早晨，天气凉爽，阳光也很好，槐槐和好伙伴们一起骑车到郊外的山上去玩。

一路上大家都是有说有笑，偶尔凉风吹了过来，惬意极了。大家都在憧憬山上一片杏花的景色，不知现在山上的杏花开得怎样了。就在路口转弯的地方，槐槐看到了惊险的一幕：有一辆大卡车和一辆小汽车相撞，人已经被撞出有 5 米远。

这样的景象被槐槐的一个同伴渺渺看到之后，她当场就晕倒了。“不好，渺渺晕倒了，我们赶快拨打 120。”槐槐赶快招呼周围的几个人，“要赶快告诉叔叔阿姨。”说着就往渺渺家里打电话。

槐槐断定渺渺一定是被这场车祸吓住了，送到医院之后，经过医生的救助总算从昏迷中醒了过来，但是面部表情看上去异常恐惧，而且一时感到很难接受自己。

看到渺渺的状况已经稳定了，槐槐她们几个人很想进去看看她，可是她不想见大家。

无奈之下，槐槐只好给渺渺递去一张小小的卡片，上面写着：渺渺，我们在外面都很惦念你，听医生说你很快就会康复了。心情一定要好一些，这样才能早日恢复。

槐槐记得妈妈曾经告诉过她：人的一生当中会遇到很多的苦难，不管遇到怎样的不幸，别人都没有办法代替你。因此无论怎样，我们都要学会与自己好好相处，掬一捧阳光给自己，多想想生活中的美好，那么痛苦就会减少很多。

槐槐希望渺渺能多回忆一些生活中美好的片段，这样她就能很快好起来了。

很多女孩一生都在寻找快乐，而学习的压力、父母的期望以及对未来的不确定让她们觉得生活中仿佛会有吃不完的苦。

快乐是什么？快乐是血、泪、汗浸泡的人生土壤里怒放的生命之花。正如惠特曼所说："只有受过寒冻的人才感觉得到阳光的温暖，唯有在人生战场上受过挫败、痛苦的人才知道生命的珍贵，才可以感受到生活之中的真正快乐。"

托尔斯泰在他的散文名篇《我的忏悔》中讲了这样一个故事：

一个男人被一只老虎追赶而掉下悬崖，庆幸的是在跌落过程中他抓住了一棵生长在悬崖边的小灌木。此时他发现：头顶上那只老虎正虎视眈眈，低头一看，悬崖底下还有一只老虎，更糟的是，两只老鼠正忙着啃咬悬着他生命的小灌木的根须。绝望中，他突然发现附近生长着一簇野草莓，伸手可及。于是，这人拽下草莓，塞进嘴里，自语道："多甜啊！"

无论在困境中还是顺境中，激情都是鞭策和鼓励我们奋进向上的不竭动力。只有对生命充满激情，才能使自己对现实中所有的困难和阻碍毫无畏惧。激情，是一种能把全身的每一个细胞都调动起来的力量。

在所有伟大成就的取得过程中，激情是最具有活力的因素。每一项改变人类生活的发明、每一幅精美的书画、每一尊震撼人心的雕塑以及每一部让世人惊叹的小说，无不是激情之人创造出来的奇迹。最好的劳动成果总是由头脑聪明并具有工作激情的人完成的。

一位女孩曾讲述过自己的难忘经历，让我们深知在生活中保持旺盛的激情是多么地重要。下面且让我们来听听她的自述：

经历了黑色七月，我并没有取得自己梦想中的好成绩，尽管分数上还说得过去，但只能进一所不起眼的大学。经过半个年头，我终于放了寒假。在家里的时候，父亲向我问起了大学生活，我告诉他说："其实真的很没劲。"

我的父亲是个铁匠。他听了我的话后，脸上一直很惊愕，沉默了半晌之后，转过身用他那粗壮的手操起了一把大铁钳，从火炉中夹起一块被烧得通红通红的铁块，放在铁垫上狠狠地锤了几下，随之丢入了身边的冷水中。

"滋"的一声响。水沸腾了，一缕缕热气向空中飘散。

父亲说："你看，水是冷的，然而铁却是热的。当把热热的铁块丢进水中之后，水和铁就开始了较量——它们都有自己的目的，水想使铁冷却，同时铁也想使水沸腾。现实中，又何尝不是如此呢？生活好比是冷水，你就是热铁，如果你不想自己被水冷却，就得让水沸腾。"听后，我感动不已，朴实的父亲竟说出了这么饱含哲理的话，让我真的感动不已。

第二学期开始了，我反省自己，并且不断地努力，学习终于有了一点起色，内心也开始一天天地丰富充实起来。

如果你不想被平庸无色的生活冷却了你的斗志，你就得用生命的激情与辛勤的汗水让这盆冷水沸腾。不是吗？

罗曼·罗兰说："痛苦像一把犁，它一面犁破了你的心，一面掘开了生命的新起源。”不知苦痛怎能体会到快乐？痛苦就像一枚青青的橄榄，品尝后才知其甘甜，但这需要品尝的勇气！其实，人在青少年时要让自己快乐非常简单，那就是少一点欲望，多一点自信，在身处绝境时，也能看到希望的光芒。当然，女孩们更要学会在痛苦中寻求快乐的音符，保持对生活的激情，这才是人生的真谛。

女孩要永远有乐观的心态

乐观是一种心态。平日里，一个人从小到大，无疑会经历无数大大小小的事情，顺境与逆境、快乐与悲伤、理想与现实，等等，一切都会表现在心情上，值得开心的时候，开心是自然的，而不顺心的时候，想要开心起来可能会难许多。人要想开心的时候多一些，关键还是心态，如何面对每天所发生的一切。

一切的和谐与平衡、健康与健美、成功与幸福，都是由乐观与希望的向上心理产生与造成的。忧愁、顾虑和悲观，可以使人得病；积极、愉快和坚强的意志和乐观的情绪，可以战胜疾病，更可以使人强壮和长寿。

乐观本身就是一种成功。乌云后面依然是灿烂的晴天。种子不落在肥土而落在瓦砾中，有生命力的种子绝不会悲观和叹气，因为有了阻力才能磨炼。

女孩培养乐观的心态，是一辈子幸福的砝码。

世界上有一批虽身处逆境，但心态乐观、自强不息、奋斗向上，最终获得辉煌成就的人。古希腊著名演说家德摩斯蒂尼，原先患有口吃病，幼年结巴，语音微弱，演说时常被人喝倒彩。但他始终对自己信心百倍，为了克服疾病，每天清晨口含小石子，呼喊练习，终于成为口若悬河、辩驳纵横的演说家。

德国著名天文学家开普勒。4岁时出天花，留下一脸麻子的后遗症，后又患猩红热，高烧烧坏了眼睛，成了高度近视。他终生受疾病折磨，但却从未失去自信，在贫病交加中大无畏斗志昂扬20余年，建立了行星运动三定律，为牛顿发现万有引力打下基础。

美国著名的女作家海伦·凯勒，幼年因病双目失明，双耳失聪。她自信自强，14岁攻克多种外语，通晓德、法、古罗马、希腊文学。20岁考入著名的哈佛大学。

塔哈·侯赛因，埃及作家，文学评论家，3岁时就双目失明，他顽强自信，留学法国，成为埃及历史上第一位博士。作品有小说《鹧鸪的叫声》《不幸的树》《失去的爱情》和自传《日子》等。还写有文学评论《阿拉伯文学史》等大量作品，被誉为“阿拉伯文学支柱”。

在逆境中不失乐观，古今中外屡见不鲜：屈原被流放写成《离骚》；孙膑受刑后著《孙膑兵法》；司马迁遭宫刑写《史记》；贝多芬耳聋后谱出《英雄交响乐》；奥斯特洛夫斯基在失明、瘫痪中写出《钢铁是怎样炼成的》；张海迪幼年因病高位截瘫，她自信努力，成为作家、翻译家；被誉为科技“铁人”的高士其，他在病情不断恶化，从半身瘫痪到全身瘫痪，失去讲话能力的情况下，他还创作了60多万字的科学小品和科普论文，创作了两千多行诗歌，著述新书十几本。

即便是天性乐观的人也不可能事事称心如意，也不可能永远快乐。所以女孩要有意培养自己应付困境、逆境的能力。要是一时还无法摆脱困境，还可以让自己学会忍耐，或在逆境降临之时寻求另外的精神寄托，如参加运动、游戏、聊天，等等。

不善交际的女孩子大多性格抑郁，因为时时可能遭受孤独的煎熬，享受不到友情的温暖。所以女孩子要多交朋友，特别是同龄朋友。本身性格内向、抑郁的女孩子更适宜多交一些开朗乐观的朋友。

相信自己才能战胜自己

多莲娜一直认为自己是学不会游泳的，有一次，在澳洲的一个漂亮泳池里，看着善于游泳的朋友们在阳光下嬉戏，她忽然有一种不舒服的感觉涌上心头。多莲娜为了怕被朋友耻笑就告诉他们自己怕晒黑，所以不想下水。朋友们笑着怂恿她：“不要因为怕水，你就永远不去学游泳……”

阳光洒在他们水滑滑、光亮亮的肌肤上，他们像海豚一样欢快地嬉戏着，而多莲娜其实并不想躲在没有阳光的阴影里看着别人快乐。“可是有什么办法呢，我是学不会游泳的呀！”多莲娜对自己说。

一个月后，朋友邀请多莲娜到一个温泉度假中心，她鼓足勇气下水了。

多莲娜发现自己并非如想象中那么无能，很快她就掌握了一些简单的游泳动作，但她不敢游到水深的地方。

“试试看，”朋友和蔼地对她说，“没过头顶看会不会沉下去！”

“你说什么？”多莲娜还以为这个游泳高手故意开玩笑。“不要怕！”朋友说，“如果有意外，我不会不管你的。难道你不想在水里自如地玩耍吗？你现在需要的是克服恐惧。”

多莲娜试了一下。朋友说得没错，在我们意识清明的状态下，想要沉下去、摸到池底还真的不可能。真是奇妙的体验！

“看，你根本淹不死，沉不下去，为什么要害怕呢？”

多莲娜上了一课，若有所悟。从那天起，她不再怕水，而是很自信地开始下水练习了。现在，虽然她还不算是个游泳健将，但是游个四五百米是不成问题的。

她很开心，如果她看到有跟她一样害怕下水的女孩，她就会热情地跑去跟她说：“不用害怕，相信自己，你行的。”

爱因斯坦说：“自信是向成功迈出的第一步。”当一个人充满自信地迈出第一步时，成功就离他不远了。有了自信，人们才能怀着坚定的信心和希望，开始伟大而又光荣的事业。我们必须要有自信心，我们必须相信我们的天赋是要用来做某种事情的。无论代价多么大，这种事情必须做到。

美国的塞利格曼博士是一位著名的心理学家。他花了20多年，找了1万多人做一些心理方面的实验。实验的结果显示，悲观的人往往会自怨自艾生出病来，有些严重的甚至会导致死亡。

塞利格曼博士举了下面这个实例来说明：

一家铁路公司有一位调度员尼克，他工作相当认真，做事也很负责尽职。不过他有一个缺点，就是对人生很悲观，常以否定的眼光去看世界。

有一天，铁路公司的职员都赶着去给老板过生日，大家都提早急急忙忙地走了。不巧的是，尼克一不小心竟被关在一辆冰柜车里。

尼克在冰柜车里拼命地敲打着、叫喊着，全公司的人都走了，根本没有人听得到。尼克的手掌敲得红肿，喉咙叫得沙哑，也没人理睬，最后只得绝望地坐在地上喘息。

他愈想愈可怕，心想冰柜里的温度在零下20℃以下，如果再不出去，一定会被冻死。他只好用发抖的手找来纸笔，写下遗书。

第二天早上，公司里的职员陆续来上班。他们打开冰柜，发现尼克倒在里面。他们将尼克送去急救，但他已没有生还的可能。大家都很惊讶，因为冰柜里的冷冻开关并没有启动，这巨大的冰柜里也有足够的氧气，而尼克竟然被“冻”死了！

其实尼克并非死于冰柜的温度，他是死于自己心中的冰点。因为他根本不敢相信一向不能轻易停冻的冰柜车，这一天恰巧因要维修而未启动制冷系统。

如果我们具有那种震慑人心的自信，如果我们展示给人的是一种自信、勇毅和无所畏惧的形象，我们的事业必定会获得巨大的成功。如果我们养成了一种时刻具有必胜信心的习惯，人们就会认为，我们比那些丧失信心或那些给人以软弱无能、自卑胆怯印象的人更具备成功的潜质。

要使他人相信我们，我们自身首先必须展现自信和必胜的精神。自信和他信几乎同等重要。以自信和征服者心态生活在世界上的人，与那种以卑躬屈膝、唯命是从的被征服者心态生活的人，或者那种仿佛在人类生存竞赛中遭受惨败的人相比，境遇都将截然不同。

坚持走自己的路

1924年的普通一天，在美国纽约布朗克斯街道上，人们像往常一样穿行着。临近中午的时候，一对奇怪的母女吸引了大家的注意。

这是一个大约3岁的黑头发的小女孩，她正坐在人行道上，而她的妈妈正在旁边哄她，但无论怎么哄，她都不听，只是一个劲儿地叫嚷着："不，我不要顺着这条路回去，我要走那条新路回去！"看了半天，围观的人们终于明白了：原来，母亲要带这个小姑娘沿着她们来时的路回家，但是这个倔强的小女孩，非要顺着一条她自己选择的新路回去，而且十分坚决。无奈之下，最后母亲只好同意了。

这件小事很快就过去了，谁也不曾再记起，时光一下子就过去了几十年。53年后，谁也不曾想到，就是当年那个倔强的小姑娘，却站在了斯德哥尔摩音乐厅的讲台上，领取了著名的诺贝尔生理学及医学奖，她就是著名的女科学家罗莎琳·苏斯曼·雅洛。

罗莎琳1921年7月19日出生在纽约布朗克斯一个犹太人的家中。17岁那天，小罗莎琳就阅读了《居里夫人传》，那个时候她就对自己说："居里夫人从此后就是我的榜样！"自此，她便认定，自己今后要走的路就应该是居里夫人那样的。可是她的这个想法，在周围人甚至是家人看来，都仿佛是天方夜谭。高中毕业后，罗莎琳的母亲希望她能当一个小学教师，而当她大学毕业的时候，她的父亲又希望她能当一个中学教师。但罗莎琳的态度一直很坚定，她对父母说："居里夫人也是个女人，但她却做出了许多男人都做不到的事情，我相信，我也能像她一样度过有意义的一生。"同时，罗莎琳还向父母保证：自己不仅要成为一个像居里夫人那样的伟大科学家，还会努力成为一个好妻子、好母亲，关心爱护自己的家庭。

虽然态度如此坚定，但通往科学的道路毕竟是艰险的，每一步都布满了荆棘。作为一个犹太人，同时又是一个女人，她在当时的环境中，很难得到研究员的津贴。但她毫不放弃，她对自己说："犹太女人也一样可以成为科学家，我要证明给他们看！"

终于，在历经了艰难险阻之后，1941 年，20 岁的罗莎琳从亨特女子学院取得了物理学与化学学士学位。此时，伊利诺斯大学的罗伯特·佩托恩教授看她勤奋好学，就破例接收她做了一名助教，并且让她管理一个光学实验室。

自此，罗莎琳获得了努力研究的绝好时机。从 1972 年到 1976 年，罗莎琳先后荣获了 12 项医学研究奖。而在随后的 1977 年，她更是荣获了诺贝尔生理学及医学奖，实现了她曾经定下的诺言。正是靠着充足的自信和顽强的拼搏信念，罗莎琳才最终成为著名的女科学家，同时还是一位贤妻良母。

著名作家威尔逊曾经说过："一个人有自信，然后再全力以赴，那么任何事情十有八九都会成功。"榜样的力量是无穷的。女孩们，只要你充满自信和希望，以那些成功的人士为榜样，并且坚持走自己所认定的道路，那么，成功就一定会在不远处等着你。

自信是通往成功的第一步

有这样一个小女孩，她从小就非常喜欢跳芭蕾舞。她让父母给自己买来了舞蹈鞋，每天都坚持在家里练习芭蕾舞。逐渐地，她的舞姿变得越来越优美了，父母包括邻居们都开始夸奖她，他们觉得她不但学得很快，而且很有天赋。就这样，她心里萌生了当一名专业的芭蕾舞演员的想法，希望自己将来可以当一名舞蹈家。于是，她下决心要去报考舞蹈学院，希望自己可以接受更加专业的培训。

可是，她一方面害怕考不上，另一方面也不知道自己到底适不适合跳芭蕾，是否真的有舞蹈天分。于是，当她得知有一个芭蕾舞团来到她们居住的地方演出的时候，便赶快去拜访了这个芭蕾舞团的团长。

女孩见到团长后就说：“我想成为一名芭蕾舞演员，希望将来当个舞蹈家，您看我有这个天分吗？”

“那你先跳一段舞蹈给我看看吧！”团长一边说着，一边埋头继续处理自己的剧务。

女孩开始跳了，5分钟之后，团长打断了她。他一边摇着头一边说：“依我看，或许你没有跳芭蕾的条件。”

女孩伤心极了，她独自回到家，一下子就把舞蹈鞋扔进了垃圾桶，从此以后，她再也没有信心跳芭蕾舞了。一直到后来，她结婚生子了，还当上了一家宾馆的服务员。

又是很多年过去了，当年的那个小女孩如今已经变成了一个妇人。一次，她去看芭蕾舞演出的时候，竟然又碰到了当年的那个芭蕾舞团，而那个曾经否定过她的团长已经步入了老年。闲聊中，她与这个团长就说起了当年她跳芭蕾舞的事情。

她问老团长：“有一点我很奇怪，当年，你是怎么看出我没有舞蹈天赋的？我只跳了五分钟啊！”

老团长仔细地回想了一下，然后说：“哦，其实你跳舞的时候，我几乎就没怎么看，那些话我只是习惯性地对其他所有来问我的孩子说的同一句话而已。”

妇人惊呆了：“什么？怎么会是这样的？你真的不可饶恕啊，就因为你的这句话，毁掉了我的梦想。或许，我原本可以成为最出色的芭蕾舞演员的，人人都羡慕我，但现在，你却毁了这一切。”她情不自禁地哭起来。

“我却不这么认为。”老团长一点儿都没有愧疚的意思，相反还很镇定，“如果你真的想当一名芭蕾舞演员的话，你就不会在意我对你说的那些话，无论我说什么，你都一定会坚持你的梦想。”

听了这话，妇人愣住了，过了好久，她默默地离开了。

如果你确定你要干什么，那么别人的任何评论会影响你的决定吗？女孩们，一旦你们认定了自己的目标和梦想，就不要在意别人怎么看、怎么说，不要轻易就因别人的一句话放弃自己的梦想，而是要坚定地向着自己的梦想迈进。只有这样，你才能提高自己成功的概率。

这个小女孩本来是非常喜欢跳舞的，甚至梦想成为一名出色的舞蹈家，但就因为她没有自信，不够相信自己，最终竟然因为别人不经意的一句话而放弃了自己喜爱的芭蕾舞。虽然，当她得知事情真相的时候，非常懊恼，但事情已成定局，她的梦想也已经成了过去。

著名发明家爱迪生说过：“自信是成功的第一秘诀。”那些伟大的人总是有一种感觉，那就是：自己也可以成为伟人。

对女孩来说，在开始人生路之初，面对新的学习生活和人生的挑战，非常需要自信，需要时时地鼓励自己。不管你面对的是多么艰巨的任务，或者是难以度过的困难，请千万不要在一时短暂的失落和失败中否定自己，更不能因为残酷的现实而放弃自己的人生目标。或许，此刻你正处于人生最艰难的时期，或许你感觉自己就要坚持不下去了，但你一定得告诉自己：“我一定能行，再坚持一下，一定会过去的。”保持这样的坚信自己一定会成功的态度，让这种信念成为激励你前行的动力，不断地向着你的目标迈进，然后一步步地走向成功。唯有如此，你才能体会到成功的不易和实现梦想的喜悦。

女孩要相信自己

“妈妈，我可以吗？”有一个女孩在做任何事情的时候，都会先征求妈妈的意见，这位母亲还很得意：“我家的女孩特别有礼貌，做什么都会先征求我的意见。”如果女儿只是象征性地征求妈妈的意见，当然是显得有礼貌，但从这个女孩的神态和行为来看，她不是在表示对妈妈的尊敬，而是真的不自信，需要妈妈的帮助。

很多孩子总是要父母帮他们拿主意，越小的时候越是如此。因为他们没有经验，对事情缺少把握。但是随着年龄的增长，女孩处理生活中的事情应该越来越得心应手。如果万事都征求父母，就是不太正常的现象了。

孩子是父母生命的延续，但是他们也是有独立的思想和追求的个体。正是因为他们想的和父母不一样，他们的人生才能与众不同。何况时代在改变，人们的生活态度也在改变，父母并不能完全了解儿女的处境和想法，自然也就帮孩子做不好最好的决定。事实上，很多女孩的人生之路都是自己摸索着慢慢走出来的。

张晓梅女士是“联合国世界青年企业家杰出成就奖”获得者，拥有“2004中国十大经济女性人物”“全国三八红旗手”这些称号，还有一个特别的头衔：中国美容时尚报社社长兼总编辑，为了得到这个头衔，她曾经多次冒险跳槽，而且不顾家人的反对和担忧，用事实证明她的选择是对的。

张晓梅出生于一个军人家庭，从小随父母一起生活在四川一个偏僻山区的部队里。长期封闭的环境以及狭小的交际范围在让她倍感单调无趣，同时，也令她对自己的未来感到十分迷茫。参加工作后，张晓梅被分配到某部队的军事研究所，从事科研工作。如果按照正常的轨道，她大可安稳地就此工作生活下去，并一步一步地走向更高的位置。但是，张晓梅发现，这似乎并不是她想要的，她希望找到一个人生目标，实现自己的人生价值。

经过一番深思熟虑后，倔强的张晓梅决定转业。于是，在1988年一个普通的日子里，张晓梅离开了那个人们眼中“有安全感、有保障”的舒适环境，进入香港亚洲风物杂志社做了一名记者。

凭借着天资和勤奋，两个月左右的时间，她就当上了社长助理。事业正当顺风顺水的时候，张晓梅却向社长递交了辞呈。

社长疑惑地问：“你们内地的记者能拿到我的一本记者证都是梦寐以求的事情，你为什么要离开？”

“我很想独立地做一些自己想做的事情。”此刻的张晓梅眼中写满了坚定。1989年12月，这个渴望独立的女人在成都开设了自己的第一家美容院。随着生意的日渐红火，她的店面也越来越大，从最初的几平方米到一两百平方米，再到几百平方米，她成功地淘到人生的第一桶金。

任何人，只有相信自己，才能让别人相信他。相信自己，是成功者身上共有的一种精神气质。胡适先生在《一个防身药方的三味药》这篇文章中，送给青少年的三个防身药里就有一味名叫“信心汤”的药。他说：

“第三味药，我叫它‘信心汤’，这就是说：你总得有一点信心。我们生存在这个年头，看见的、听见的，往往都是可以叫我们悲观、失望的——有时候竟可以叫我们伤心，叫我们发疯。这个时代，正是我们要培养我们的信心的时候，没有信心，我们真要发狂自杀了。我们的信心只有一句话：‘努力不会白费’，没有一点努力是没有结果的。”

女孩的人生需要自己争取，如果没有一点信心，她们看到的尽是对自己不利的事、自己没有把握的事、万一失败后可能发生的事，这样的人生是在自己折磨自己。

一个懦夫想摆脱自己软弱的个性，让自己变得勇敢起来，就报名参加了“杀兽”学校。这所学校专门培养人的能力和胆量，使人敢于拿起剑去杀死吞食少女的怪兽。校长是有名的魔术师哈利。哈利对这个懦夫说：“你不必担心，我给你一支魔剑，此剑魔力无边，可以对付各种凶恶的怪兽。”培训过程中，这位懦夫使用魔剑杀死了很多条模拟的怪兽。结业考试时，他将面对真的吞食少女的怪兽了。不料冲到山洞口，怪兽伸出头露出狰狞面目时，他抽出剑，却发现拿错了剑，魔剑丢在了学校，手中的剑只是平日玩用的。这时后退已不可能，一旦那样，就会被怪兽吞食。他挥动普通的剑，居然杀死了怪兽。哈利校长会心地笑了，他说：“我想你现在已经知道了没有一柄剑是魔剑，唯一的魔剑在于相信自己。”

每个女孩的心中也有一柄魔剑，但是不断的“你不行”“你不能”，会让她们没有力气握起内心的神剑去披荆斩棘。在古代，花木兰代父从军，“同行十二年，不知木兰是女郎”，也就没有人觉得她打不了仗。别人对女孩的看法很重要，而女孩自己对自己的看法更重要。

第三章

宽容豁达——
让女孩收获整个世界

送给战俘的黑面包

1944年的冬天，饱受战争创伤的莫斯科异常寒冷，两万德国战俘排成纵队，从莫斯科大街上依次穿过。

尽管天空中飘飞着大团大团的雪花，马路两边却依然挤满了围观的群众。大批苏军士兵和治安警察在战俘和围观者之间，画出了一道警戒线，用以防止德军战俘遭到围观群众愤怒的袭击。

这些老少不等的围观者大部分是来自莫斯科及其周围乡村的妇女。她们的亲人，或是父亲，或是丈夫，或是兄弟，或是儿子，都在德军所发动的侵略战争中丧生。她们都是战争最直接的受害者，都对悍然入侵的德寇怀着满腔的仇恨。

当大队的德军俘虏出现在妇女们的眼前时，她们全都愤怒地将双手攥成了拳头。要不是有苏军士兵和警察在前面竭力阻拦，她们一定会不顾一切地冲上前去，把这些杀害自己亲人的刽子手撕成碎片。

俘虏们都低垂着头，胆战心惊地从围观群众的面前缓缓走过。

突然，一位上了年纪、穿着破旧的妇女走出了围观的人群。她平静地来到一位警察面前，请求警察允许她走进警戒线去好好看看这些俘虏。警察看她满脸慈祥，没有什么恶意，便答应了她的请求。

于是，她来到了俘虏身边，颤巍巍地从怀里掏出了一个印花布包打开，里面是一块黝黑的面包。她不好意思地将这块黝黑的面包，硬塞到了一个疲惫不堪、拄着双拐艰难挪动的年轻俘虏的衣袋里。

年轻俘虏怔怔地看着面前的这位妇女，刹那间泪流满面。他毅然扔掉了双拐，“扑通”一声跪倒在地上，给面前这位善良的妇女重重地磕了几个响头。其他战俘受到感染，也接二连三地跪了下来，拼命地向围观的妇女磕头。

于是，整个人群中愤怒的气氛一下子改变了。妇女们都被眼前的一幕深深感动，纷纷从四面八方涌向俘虏，把面包、香烟等东西塞给这些曾经是敌人的战俘。

这位善良的妇女，刹那之间便用宽容化解了众人心中的仇恨，并把爱与和平播种进了所有人的心田。

宽容是一种极为珍贵的美德，它的力量是巨大的。它能让彼此仇视的人变成为友好的朋友，也能让昔日拔刀相向的宿敌抛开杀戮的刀枪。唯有宽容，可以化解开最深厚的仇恨和憎恶，让人性的光辉普照万物。

憎恨别人，就如同在自己的心灵深处种下了一粒苦种，不断伤害着自己的身体健康，而不是如己所愿地伤害被你所憎恨的人。

与人交往，退一步绝对能海阔天空，很多时候，在我们最需要帮助时，身边出现的人往往是我们的敌人。

多一个朋友，远不如减少一个敌人好。只要我们主动伸出和解之手，化解彼此心中的疙瘩，我们可能就会减少一个敌人，而增加一个肝胆相照的好朋友。

因此，无论女孩一生中碰到如何不顺利的环境，遭遇到如何凄凉的境界，你仍然可以在你的举止之间，显示出你的包容、仁爱的心态，你的一生将受用无穷。

宽容是种崇高的生活态度

曼莎小姐好不容易找到一份在一家高级珠宝店当售货员的工作，在圣诞节的前一天，当她正在忙碌的时候，店里来了一位30岁左右的男顾客，他虽然穿着很整齐干净的衣服，看上去很有修养，但很明显，这也是一个遭受失业打击的不幸的人。

不久后，店里就只剩下曼莎一个人，其他几个职员都因其他事出去了。

男子走过曼莎面前，曼莎友好地向他打招呼，男子只是不自然地笑了一下，目光却马上从曼莎的脸上慌忙躲闪开，那意思仿佛在说：你不用理我，我只是来随便看看。

就在这个时候，电话铃响了。曼莎赶紧去接电话，谁知一不小心，手臂就将摆在柜台的盘子碰翻了，盘中有6只精美绝伦的金耳环掉在了地上。曼莎迅速弯下腰去捡，但她捡回了5只以后，无论如何也找不到第6只了。此时她抬起头，刚好看到那位男子正疾步向门口走去，一瞬间，她明白了那第6只耳环在哪里。

当男子的手将要触及门把手时，曼莎柔声叫道："等一下，先生。"

那男子转过身来，两个人相视无言，足足有一分钟。曼莎的心在狂跳不止，心想，他要是不承认我该怎么办？他会不会……

"什么事？"他终于开口说道。

曼莎极力控制住心跳，鼓足勇气说道："先生，今天是我第一次上班，你知道，现在找份工作多么不容易，能不能……"

男子用极不自然的眼光长久地审视着她，好一阵子，一丝微笑在他脸上浮现出来。曼莎终于平静下来，她也微笑着看他，两人就像老朋友见面似的那样亲切自然。

“是的，的确如此。”男子脸上的肌肉颤动了一下，回答，“但是我能肯定，你在这里会干下去，而且会很出色。”

停了一下，他向她走去，并把手伸给她：“我可以为你祝福吗？”紧紧地握完手后，他转身缓缓地走出店门。

曼莎小姐目送着他的身影在门外消失，转身走回柜台，把手中的第6只耳环放回原处。她的眼睛有些潮湿。

吴承恩在《西游记》中写道：“遇方便时行方便，得饶人处且饶人。”每个人都有不顺心或者做错事的时候，宽容别人，原谅他的一时之错，其实也就是在为自己行方便。因为，说不定某天，你也会遇到同样的情况，也需要别人的宽容。

宽容是一种崇高的生活态度，而能心存宽容则需要一个女孩的良好修养。有时候，你的宽容或许会使你受到不同程度的伤害。然而，如果因此放弃了宽容，你的生活就会变得狭隘、自私。

也许你曾经遭受过别人对你的恶意诽谤或者是致命的伤害，这些伤痛在你心底一直没有得到抚平，你可能至今还在怨恨他，不能原谅他。其实，怨恨是一种被动和侵袭性的东西，它像一个不断长大的肿瘤，使我们失去欢笑，损害我们的健康。怨恨，更多地伤害了怨恨者自己，而不是被仇恨的人。

宽容是一种大度，是一种豁达；宽容能够容纳万物，宽容能够包含太虚。心旷为福之门，心狭为祸之根。心胸坦荡，不以世俗荣辱为念，不为世俗荣辱所累，就会活得轻松、潇洒、磊落。

宽容别人，其实就是宽容我们自己。多一点对别人的宽容，我们的生命中就多了一点空间。有朋友的人生路上，才会有关爱和扶持，才不会有寂寞和孤独；有朋友的生活，才会少一点风雨，多一点温暖和阳光；有朋友的生活，才会感受到幸福和由衷的快乐。

宽容是心与心的交融，所以在生活中，女孩们一定要学会宽容。

只有宽容，才能赢得人心

宽容是一剂良药，它可以医治受伤的心灵，也可以抚慰罪人的愧疚之心。

一场惨烈的战争过后，只剩下了两个人：年轻的指挥官和年老的炊事员。

他们在奔逃中相遇，两个人不约而同地选择了相同的路径——沙漠。追兵止于沙漠的边缘，因为他们不相信有人会从那里活着出去。

指挥官一路与炊事员相伴，一路上老人都在刁难年轻人。年轻人长期都处在深深的自责中，因为他的战略失误而使战士全部牺牲，只剩下这个老人与他一起逃命，所以，无论老人提出多么过分的要求，他都会满足。

直到有一天，老人奄奄一息了。“你走吧，别管我了。”老人此刻解下了身上的一个布包，“拿去吧，里面有水，也有吃的，还有指南针，你朝东再走一天，就可以走出沙漠了。难道你真的认为这沙漠漫无边际吗？其实，我只是带你走了一个圆圈而已。我亲眼看着我的两个儿子死在敌人的刀下，这全是因为你。我曾想与你同归于尽，一起耗死在这无边的沙漠里，但我渐渐明白，你心中不会比我好受。宽恕你自己吧，我也原谅你了。”

老人永远地闭上了眼睛。

指挥官震惊地矗立在那儿，仿佛又经历了一场战争，一场人生的战斗。他得到了一位父亲的宽容。此时他才明白，武力征服的只是人的躯体，只有爱和宽容大度才能赢得人心。

很多时候，我们所做的决定会对别人产生影响，甚至因此害了别人。这时候，愧疚是肯定有的，但伴随愧疚的不应该是低落的士气和难以抬头的懦弱，而是正面错误、宽恕自己，勇往直前地努力。只有这样，才可能弥补之前的错误，并对那些你曾经伤害过的人表达歉意。

每个人都有犯错误的时候，对很多处于领导位置的人来说，一个人犯的错误却会让很多人都受到伤害。这时候，很多人会抱怨、误解甚至抛弃你，那么对于当事人，该怎么办？

当别人误解你、抱怨你、抛弃你的时候，怨天尤人是不起任何作用的，只能让你自己在错误的路上越来越远。带着改过之心去面对，承受一切自己应该承受的惩罚，这是一种负责任的态度。也只有这种懂得承担的人，才能得到别人的宽容。

宽容自己的错误，不仅是对自己所犯错误的负责，还是对自己内心的一种宽恕，就像宽恕别人一样，只有宽恕了自己，才能敞开胸怀，尽情地走下去，并且收获别人的尊敬和爱戴。任何事情都需要行动去改变，如果沉浸在自己的错误里难以解脱，那么你的错误就会延续成长久的错误，其坏的影响也会逐渐增长。宽容自己，把这个错误给终结掉，然后重新开始，勇于面对，才能真正弥补错误，获得真正的成功。

女孩要学会欣赏比自己优秀的人

每个人身上都有优点与缺点，爱看到优点的人比总看到别人缺点的人会更快乐、也更受欢迎一些。所以，我们鼓励每个人多去看别人的优点，多去欣赏别人，它带给别人自信的同时也愉悦了自己。一个会欣赏别人的人，是自信的、快乐的、勇敢的、开放的。

欣赏是一种理解的延伸，是一种知性的表达，是一种无穷的力量。一切力量本身都是有局限性的，因为它们产生着迟早将和它同等或超过它的力量。欣赏他人则简单地始终在起作用，它不产生阻碍它的对立关系。它消除现存的对立关系，它排除误解和不信任，通过呼唤真诚与宽容，从而强化了自我。因此，欣赏他人始终是一种真正的力量。这种力量的源泉在于一个人“心中有光”，有一颗仁慈、宽容、博爱之心，有一份热诚、坦荡、无私之情。

欣赏别人是一种美德。培根说过：“欣赏者心中有朝霞、露珠和常年盛开的花朵，漠视者冰结心城，四海枯竭，丛山荒芜。”古语有云，“欲将取之，必先予之”，“爱人者，人恒爱之”。人与人之间的关系往往是相互的，与人为善，也是与自己为善。在工作或生活中，同事朋友之间，需要相互理解，更需要相互欣赏，当你用欣赏的眼光看别人时，别人也会向你投来欣赏的眼光；当你用鄙视的眼光看别人时，别人也会向你投来鄙视的眼光。

一个暖洋洋的中午，丽莎和爸爸在公园散步。正走着，丽莎看见一个滑稽的老太太，很不合时宜地裹着大衣，围着围巾。丽莎轻轻地拽了一下爸爸说：“爸爸，你看那个老太太的样子多可笑啊。”

哪知爸爸的表情却特别严肃，他沉默了一会儿说：“丽莎，我突然发现你缺少了一种本领——欣赏别人的本领。这证明你在与别人的交往中少了一份真诚和友善。那位老太太穿得很厚，也许是因为她大病初愈，身体还不太舒服。可你看她的表情，她注视着树枝上一朵丁香花，表情是那么专注，这说明她热爱春天，热爱大自然，你不认为这很让人感动吗？”

说完，爸爸领着丽莎走到那位老太太面前，微笑着说：“老太太，您欣赏春天时的神情真的令人感动，您使春天变得更美好了！”

那位老太太听后激动地说：“谢谢您，先生。”说着，还从提包里取出一小袋甜饼递给了丽莎，说：“可爱的小姑娘，这个给你……”

事后，爸爸对丽莎说：“一定要学会真诚地欣赏别人，因为每个人都有值得我们欣赏的优点。当你这样做的时候，你就会获得很多朋友。”

这个故事说明的道理很值得我们去思索，但要注意欣赏别人不要刻意，这应该是一种发自内心的行为。会欣赏别人的女孩，就会得到别人的欣赏。

欣赏就像清晨洒在玫瑰上的露珠和阳光，赞美和鼓励的话说起来毫不费力，却能够成其大事。对别人说一句欣赏的话也许只需要几秒钟，却能够产生巨大的功效，甚至能够让一个人受益终生，那个人也许正是你自己。

一个会欣赏别人的人，首先要会欣赏自己，而要会欣赏自己，就要有自信，要有自信，就要有成功的感觉，要有成功的感觉，则要能做到，也就是经常有完成自己能力范围内的任务的机会。而当她完成时，还能及时地从周围的人中得到具体的反馈，对她的努力与进步表示肯定。

只有同样努力过的人，才会欣赏别人的成就与努力，因为只有努力过，才知道要做到某个程度，是需要花很多工夫的，是很难的。女孩子多去经历，才能知道其中的难处，而且在这种经历中，得到正面的、积极的引导，才能学会欣赏别人，如果在她经历时，总是遇到挫败，她会放弃。女孩首先要会欣赏自己，要认同、肯定自己的每一点努力与付出。在这样的环境中成长，女孩自然而然地也会欣赏别人。

忍耐和宽容，是女孩的必修课

“燕燕，看看你的椅子下面都是垃圾，下次如果再不收拾的话我要罚你做卫生啦。”老师从燕燕旁边经过，飘过这样一句话。

燕燕觉得奇怪，早上刚刚打扫过呀。

燕燕低下头朝椅子下面一看：天呐，居然还有吃完的酸奶盒，这些垃圾根本就不是自己的啊。一定是坐在她后面的那位同学用脚踢过来的。

燕燕不禁皱皱眉头，心想：好啊，居然还有这样的同学。

“这是你的垃圾吗？”燕燕把酸奶盒从下面捡起来，放到后面同学的书桌上，没想到她却很好意思地对燕燕说：“不是我的。”

“真不要脸。”燕燕心里想，算了，反正自己也已经挨批评了，也只好先吃了这个哑巴亏。不过，下次燕燕绝对不替人背黑锅。

又过了一段时间，老师从燕燕这里经过，用手指头点点她的桌子，说了句：“椅子下面。”

燕燕低下头一看，天啊，怎么又有垃圾了？这下燕燕可真的恼火了，当着老师的面就开始指责坐在她后面的同学：“老师，是她的垃圾，她用脚踢过来的。这种酸奶我根本就没有喝。”

燕燕后面的同学很镇定地从书桌里掏出她的小半箱酸奶：“老师，那样的酸奶我不喝的，所以那个酸奶盒不是我丢的。”

听到后面同学一辩解，何况她又拿出了物证，老师对燕燕的态度更不好了：“燕燕，我不管这些垃圾是谁的，反正掉在你这里就算你没有收拾干净，对吗？你怎么还想通过冤枉别人抵赖呢？”

“这……”燕燕心里也很委屈，因为这些垃圾，她确实不知道是怎么回事，真的不是自己弄的啊。

无奈，在老师的眼中，燕燕是罪加一等，也只好乖乖地打扫了。

不会总是这么倒霉吧？不是的，后来这个悬念被人发现了，原来，那个“作案”的人并不是坐在燕燕的正后方，而是坐在燕燕的斜后方，他喜欢把垃圾踢到别的地方，只是怕被怀疑，所以踢到旁边去了。

当燕燕清楚了事情的原委之后，不由得佩服他想得还真周到。

这件事情很快老师就发现了，她严厉地批评了那位同学，还罚他整个学期都代替燕燕值日。

“老师，这就不用了。该是我的值日，让我来做就行，只要他以后不乱扔东西就好。”在这样的时候，燕燕想还是放他一马，替他解围。

老师很赞赏燕燕的品德：“看人家燕燕，这次饶了你。”

不过，从那之后，燕燕的椅子下面再也没有垃圾了。

其实，想改变一个人，不一定要通过惩罚的方式，宽容也是可以的。

一个人若能对别人宽容，肯定是受人尊敬和欢迎的。

正如一句话所说：“原谅别人，才能释放自己。”借着宽恕，你释放了心牢里的犯人，而那个犯人，可能就是你自己。一旦你能舍得过去的一切，是福也好，是祸也好，让它们如烟消云散般飞去，原谅一切，这将会为你打开新局面。

美国第三任总统杰弗逊与第二任总统亚当斯从反目为仇、恶言以对到宽容友好地相处是一个生动的例子。

杰弗逊在就任前夕，到白宫去想告诉亚当斯说，他希望针锋相对的竞选活动并没有破坏他们之间的友谊。但据说杰弗逊还未来得及开口，亚当斯便咆哮起来："是你把我赶走的！是你把我赶走的！"从此两人成为陌路人，直到后来杰弗逊的几个邻居去探访亚当斯，这个坚强的老人仍在诉说那件难堪的事，但接着毫无遮掩地说出："我一直都喜欢杰弗逊，现在仍然喜欢他。"邻居把这话传给了杰弗逊，杰弗逊便请了一个彼此皆熟悉的朋友传话，让亚当斯也知道他的深重友情。后来，亚当斯回了一封信给他，两人从此开始了美国历史上最伟大的书信往来。这个例子告诉我们，宽容是一种可贵的精神，体现了高尚的人格。

宽容意味着理解和通融，是融合人际关系的催化剂，是友谊之桥的紧固剂。宽容还能将敌意化解为友谊。

是啊，口袋里装满了宽容，就会与人方便，与人方便就是与己方便，成功路上的坎坷也就会少一点。而事实上，很多人往往因为一点小小的利益与别人发生矛盾，甚至大打出手，不仅良好的人际关系破坏了，也影响后来的事业。所以，每个人都要时时记住这句话，无论是在日常生活中，还是在工作岗位上，宽以待人，不懈地履行这个信条，对自己的未来是一定会有所帮助的。

父亲去世后，家属们从父亲的人寿保险中获得了两万美元。母亲认为这笔遗产会给贫困的家庭带来大转机，希望住进乡间一栋有园子、可以种花的房子。

聪明的儿子则想利用这笔钱，去实现念医学院的梦想。

然而女儿提出一个难以拒绝的要求。她乞求获得这笔钱，好让她和“朋友”一起开创事业。她告诉家人，这笔钱可以令她功成名就，并让家人生活好转。她答应只要取得这笔钱，她将补偿家人多年来忍受的贫困。母亲虽感到不妥，但还是把钱交给了女儿。

不难想象，她的“朋友”很快带着钱逃之夭夭。失望的女儿只好带着坏消息，告诉家人未来的理想已被偷窃，美好生活的梦想也成为过去。弟弟用各种难听的话讥讽，用每一个想得出来的字眼来责骂姐姐，他对姐姐生出无限的鄙视。

当他骂得差不多时，母亲插嘴说：“我曾教你要爱她。”

男孩说：“爱她？她已没有可爱之处了。”

母亲回答：“总有可爱之处的，你若不学会这点，就什么也没学会。我不是说为了一家人失去了那笔钱，而是为她，为她所经历的一切及她的遭遇。孩子，你想什么时候最应该去爱人：当他们把事情做好，让人感到舒畅的时候？若是那样，你还没有学会爱；人应当在他们最消沉，不再信任自己，受尽环境折磨的时候去爱他！孩子，衡量别人时，要用中肯的态度，要明白他走过了多少高山低谷，才成为这样的人。”

天地间有阴有阳，生活中有欢乐有悲伤。万事万物都不是孤立的，万事万物的相依相伴、相生相克就是宽容。

为了维护良好的人际关系，女孩的一言一行都要为对方的感受着想，学会安抚对方的心灵，学会在别人面前谦让，不可以使对方产生相形见绌的感觉。与此同时，女孩也会因宽容大度有一个极好的心情。

收敛大小姐的脾气

今天回到家之后，小荷把书包重重地摔在沙发上，一副不解气的样子。

“小荷，你今天怎么回来这么晚，学校里有什么事情吗？”妈妈很关切地问道。

“真把人讨厌死啦。我今天等公交车，足足等了有50分钟才来，叫我怎么不生气呢？我当时看到人都想踹一脚。”小荷气呼呼地向妈妈抱怨。

妈妈看到小荷情绪比较激烈，没有理会她，而是对她说：“我们先来吃饭吧，都快凉了。”

“不吃，气都气饱了，吃什么饭。”小荷噘着嘴，卷起自己的东西进了屋，还把门重重地摔了一下，“什么烂公交。”

自己在屋里闷了有两个小时，气也消了，而且感觉到饿了，想起刚才自己的脾气，恐怕是有点过火了吧。小荷走出客厅找妈妈讨饭吃了：“妈妈，我饿了，想吃东西了。”

妈妈看看她说：“小荷脾气好大啊，别人也都像你这样发脾气吗？”

小荷不好意思地挠挠头：“这倒没有，只是我心里气得冒火。可是我晚上有很多事情要做啊，今天的作业很多。如果不在路上浪费这50分钟，那我还有时间做点别的。”

“嗯，妈妈理解你的心情。如果是这么长时间没有来车，一定是因为半路堵车或者是其他的特殊原因。你想想司机叔叔他们也很不容易啊，他们常年只在这一条路线上跑来跑去，而且经常遭遇堵车，耽误吃饭的时间，还会耽误下班的时间，要知道被耽误的人不仅仅是你一个人啊。”

听到妈妈的话，小荷才意识到自己刚才是多么执拗，冷静想想妈妈的话，是啊，公交车一直为人们服务，自己从来都没有感谢过，而只是这一次意外就生气抱怨，多么不应该。小荷决定以后不要乱发脾气了，因为发脾气不能说明自己是对的，而且发脾气是没有教养的表现。

事实就是如此，那些自诩身份高贵的人，总是目空一切，只要不顺他的意思就会大发脾气，其实这是很没有教养的表现，显示不出高贵的身份，也不一定能得到人们的尊重。据说在古代有些欧洲的作家为了证明自己是贵族身份，硬要在自己的名字前面加上一个“德”字，但这也只是让人们看到了他对“身份”的过分执着和狂热而已，并没有因此而对他多崇敬一分一毫。其实，真正的高贵是自己做出来的，而并不是攀附一个标签。俄国的大文豪托尔斯泰本来是贵族出身，但是他放弃了贵族的生活，晚年曾经亲自在田中劳作，他的平易近人，感动了世界上的无数读者，形成了一股不可思议的感召力量。

关于托尔斯泰，还有一个小故事：

托尔斯泰虽然很有名，又出身贵族，却喜欢和平民百姓在一起，与他们交朋友，从不摆大作家的架子。

一次，他作长途旅行时，路过一个小火车站。他想到车站上走走，便来到月台上。这时，一列客车正要开动，汽笛已经拉响了。托尔斯泰正在月台上慢慢走着，忽然，一位女士从列车车窗里冲他直喊：“老头儿！老头儿！快替我到候车室把我的手提包取来，我忘记提过来了。”

原来，这位女士见托尔斯泰衣着简朴，还沾了不少尘土，把他当作车站的搬运工了。

托尔斯泰赶忙跑进候车室拿来提包，递给了这位女士。

女士感激地说：“谢谢啦！”随手递给托尔斯泰一枚硬币，“这是赏给你的。”

托尔斯泰接过硬币，瞧了瞧，装进了口袋。

正巧，这位女士身边有个旅客认出了这个风尘仆仆的“搬运工”就是托尔斯泰，就大声对女士叫道：“太太，您知道您赏钱给谁了吗？他就是列夫·托尔斯泰呀！”

“啊！老天爷呀！”女士惊呼起来，“我这是在干什么呀！”她对托尔斯泰急切地解释说：“托尔斯泰先生！托尔斯泰先生！看在上帝的面儿上，请别计较！请把硬币还给我吧，我怎么会给您小费，多不好意思！我这是干出什么事来啦。”

“太太，您干吗这么激动？”托尔斯泰平静地说，“您又没做什么坏事！这个硬币是我挣来的，我得收下。”

汽笛再次长鸣，列车缓缓开动，带走了那位惶惑不安的女士。

托尔斯泰微笑着，目送列车远去，又继续他的旅行了。

谦恭的心胜过一切华美的言语，它使得拥有它的人心灵高贵起来。谦恭看似会少得到许多，但实际上，上苍最慷慨的馈赠永远会留给懂得谦恭的人。

第四章

自尊自爱——女孩获得荣耀与幸福的基础

我爱“面子”，但是不爱虚荣

娇娇新买来一个LV的包包，把大家都吓了一跳。

“天啊！你这是哪里来的一笔外财，买这么贵的包！”香香禁不住惊异地问她道。

“嘿嘿，”娇娇诡异地一笑，“这是我买的高仿包，比正版的便宜好多，你们没有看出来吧。”

“还真是看不出来，高仿的也很漂亮。”香香由衷地赞叹这个包，并且问她，“娇娇，买个高仿的包，也要花不少钱吧？”

“那当然，我磨了我妈半天，需要好几百块呢。”娇娇说道。

香香说：“好几百块，够我们买好多书看啊。”

其实，娇娇真没有必要买这么贵的包。首先大家还都是学生，这么贵的包在一般的场合是用不上的，再说自己没有独立的经济来源，有什么资格买这么贵的包呢？

回到家，香香和妈妈谈到了这件事，妈妈说：“一个人的衣着也好，搭配的其他装饰也好，最重要的原则是与其身份相称，与自己的经济条件相称，金钱并不是衡量的标准。如果自己没有这个收入水平，却硬要买这么贵的包，那与自己的身份气质不相配，看上去也一定是不伦不类的样子。”

“妈妈说的真有道理。”香香说道。

“还有就是一个女孩要安贫乐道，才可以保全自己的志气。如果喜欢追求高档的享受，将来一定难以自拔。好比娇娇，小的时候都是用最好的，将来她会变得简朴吗？很难。因为由俭入奢易，由奢入俭难。为了好吃的，好穿的，就放弃了自己的原则，放弃了自己的理想，这也是极为不明智的。香香，你不可以这样。”

“嗯，请妈妈放心，我一定不会这样的。”香香向妈妈保证。

虚荣心就是以不适当的虚假的方式来保护自己自尊心的一种心理状态，这种心态在女生中出现的极为普遍。很多女孩在虚荣心的驱使下，往往只追求面子上的好看，而不顾现实的条件，最后对自己造成危害。有时在强烈的虚荣心指使下，甚至会产生可怕的动机，带来非常严重的后果。记得曾经有这样一个报道：一个原本工作出色的年轻人，由于羡慕别人有钱有地位，自己设计了一个火灾现场，装作英雄去救人，后来经过调查核实，火灾现场是他一手制造的，虚荣心使他冲昏了自己的头脑，不仅没有得到自己想要的，还断送了自己美好的青春，最后进了监狱。他毫不掩饰地承认，他这次犯罪的动机就是为了获得名誉。由此可见，虚荣心是要不得的，应当把它及时克服掉。

虚荣心的产生也与人的心理需要有关。人类的心理需要分为安全需要、爱的需要、尊重的需要和自我实现的需要。其中尊重的需要就包括了对成就、力量、名誉、地位、声望等方面的欲望。与自己的现实情况相符合的需要才是正当需要，否则就很有可能通过不适当的手段来获得满足，在条件不具备的情况下，达到自尊心的满足就产生了虚荣心。因此，有的人说虚荣心是一种歪曲了的自尊心是有一定道理。

如果要克服虚荣心，应该从以下几点来着手：

（1）首先要做到自尊与自重，这是克服虚荣心的关键。做人起码要诚实、正直，绝不可以为了一时的心理满足，而不惜用各种手段来满足。有的女孩为了满足物质的需求，甚至会牺牲自己最宝贵的贞操，这是值得我们深思的。只有把握住自尊与自重，才不至于在外界的干扰下失去人格。

（2）其次需要树立崇高的理想。我们应该追求内心真实的美，而不图虚名。很多人能在平凡的岗位上做出不平凡的成绩，就是因为有自己的理想并脚踏实地地加以实践，同时，做到有自知之明，这就是说要能正确评价自己，既看到自己的长处，又看到自己的不足，把消除为实现理想而存在的差距作为主要的努力方向。

（3）最后就是正确地对待舆论。因为虚荣心与自尊心是紧密联系的，而自尊心又和外界的舆论密切相关。别人的眼光不足以动摇我们，外界的舆论不应当是影响自己进步的外因，我们只要立定脚跟，不停地努力下去。只有这样的自信和自强，才能不被虚荣心所驱使，成为一个真正高尚的人。

流浪鸟的尊严

一次坐船从上海去南美，船只进入印度洋，新鲜感便荡然无存。茫茫大海上只有我们一只船，每天云伴日落，风伴月起，我们只能躺在船上听涛声。一天似睡非睡时，听见有人高喊：“海鸟，有海鸟。”急忙跑出去，果然成群结队的海鸟在平静的海面上结伴翱翔，老船长介绍说：“这里离毛里求斯岛很近，海岛百公里内常有海鸟。”果然船开远后，海鸟再也看不见了，我又失落地回到了房间。

第二天，走在甲板上，发现乘客围着栏杆议论纷纷，原来还有一只海鸟栖息在船的最高处的主桅上，发灰的羽毛，小巧的体形。

“这只鸟这么难看，它怎么会在这里。”

“这一定是昨天飞散的一只鸟。”

“它肯定把船错当成岛屿了，这一停下来，它就再难回去了。”

“真可惜，它就这样迷途了。”

“这应该是一只军舰鸟，听说这种鸟一直会跟在船后面，吃船上倒下去的垃圾。”

“迷途有什么关系，它肯定很高兴！”

“原来如此，怪不得。”

甲板上的人恍然大悟，因为贪恋一点从船上倒下去的垃圾居然远走他乡，从此在这茫茫大洋上不知道归途，人们刚开始的同情和惋惜现在全变成了鄙视。最后还有人深刻地叹息说：“诱惑无时无处不在，就看你如何去抵挡了。”然后我们就进餐厅吃饭去了。

吃过晚饭再出来，发现那只鸟在十米的高空静静地飞翔。有人把一块馒头掰开向它抛去，想给它喂点食物，但它毫不理睬，如此几次大家变得有些愤怒，就拿东西砸它，它还是毫不理睬。突然它像一个自由落体的石头猛地扎进水里，溅起一米多高的浪花，没等我们明白怎么回事，它已从水中飞出，嘴里一条鱼扑打着尾巴。如此矫健的动作令在场的人看傻了，不由地称赞：“没想到这只军舰鸟还这么厉害。”

这时老船长走过来，说：“这不是军舰鸟，是一只流浪鸟，它饿死也不吃别人扔的食物，一定要自己到海里捉活鱼。”

人群沉默了，原来我们误解了它，以为它跟着我们就是恬不知耻地想沾光享福，想不劳而获。而事实上，它一直在用一种坚决的方式，维护它的尊严。

有句话说得好："如果习惯于说空话，最可敬的人也会失掉尊严。"尊严从来都不是说出来的，而是用实际行动做出来的。一个人对自身尊严的维护，与外表的华丽或者卑微无关，与流利的言谈和巧妙的思辨也无关，它只与行动有关。真正品行高尚的人，从来都不会只把尊严放在口头上。

苏格拉底曾经说过："一个人是否能够有所成就，只看他是否具备自尊心与自信心这两个条件就可以了。"是啊！如果一个人连自尊都没有了，别人又会怎样看待他呢？他又如何能够奋起直追，成就一番事业呢？

每个人都有尊严。在民族危亡时，朱自清宁肯饿死也不要洋人的面粉，这是一种气节，也是维护国家尊严的象征。在长久的人类历史上，尊严的获得常常伴随着冲突和反抗，唯有斗争和行动才能真正捍卫尊严、赢得尊严。

很多时候，我们更习惯把尊严放在嘴边，而这样只是说说的表现，并不能让别人尊敬你，最好的维护尊严的方式是行动。如果别人嘲笑你没有胆量，那么你就拿出胆量来给他看看；如果别人说你工作不行，你就做出好业绩来证明自己；如果有人傲慢地骂你"老土"，你就不卑不亢地回敬他，让他知道你的尊严是跟他一样的。只有这样，女孩才能真正赢得别人的尊重，并且成就自己的事业。

可以贫穷，但不可以失去尊严

拉哈布·萨卡尔昂着头，大步地走着。他没带阳伞，对灼人的烈日毫不在意。拉哈布恪守自己的处世原则，他天生一副傲骨，不屈从于任何人和事，也从不指望得到旁人的任何恩惠，追求的只是一辈子活得有尊严、有骨气。

拉哈布正走着，一个黄包车夫来到他身边。车夫摇着铃铛，问道："先生，您要车吗？"拉哈布转过头去，发现那个人瘦得皮包骨头，目光里似乎包含着贪婪的神情。"只有那些没人性的家伙才会以人力车代步。"这是拉哈布坚定不移的观点。因此，他连轿子都没坐过一回，认为那简直就是犯罪。他用那粗布缝制的甘地服的袖子擦了擦额头上的汗珠，连声说道："不，不，我不要。"一面继续走自己的路。

黄包车夫拉着车子跟在他后面，一路不停地摇铃。突然间，拉哈布的脑子里闪出一个念头：也许拉车是这个穷人唯一生存的手段。拉哈布是个有学问的人，许多概念——资本主义、平等、穷苦人、上帝、劳动分配、农村的赤贫、工业、封建主义，等等，片刻之间都涌进了他脑海。他又一次回头看了看那黄包车夫——天哪，他是那样面黄肌瘦！拉哈布心里顿时对他生出了怜悯之情。

黄包车夫摇着铃铛，又招呼拉哈布道："来吧，先生！我送您，您要去哪里？"

"去希布塔拉。你要多少钱？"

"6便士。"

"好吧，你跟我来！"拉哈布·萨卡尔继续步行。

"请上车，先生。"

"跟我走吧！"拉哈布加快了脚步。拉黄包车的人跟在他后面小跑。时不时地，拉哈布回头对车夫说："跟着我！"

到了希布塔拉，拉哈布·萨卡尔从衣兜里掏出6便士递给黄包车夫，说："拿去吧！"

"可您根本没坐车呀。"

“我从不包车。我认为这是一种犯罪。”

“啊？可您一开始就应告诉我！”车夫的脸上露出一种鄙夷的神情。他擦了擦脸上的汗，拉着车子走开了。

“把这钱拿去吧，它是你应得的！”

“可我不是乞丐！”黄包车夫拉着车，消失在街的拐角处。

无论何时，最要紧的是自尊。懂得自己尊重自己，哪怕在你处于困境中时，也不能因为困难而没有尊严地接受别人的施舍。有尊严地接受，不贪图不劳而获的钱财，不做出卑躬屈膝的行为，而是坦荡自如地接受属于自己的那份劳动成果，这才是一个人格完善的人该做的。

可以贫穷，但不能失去自尊。

自尊，是人的一种美德，是无价的，是人最珍贵的、最高尚的东西。因此，我们可以贫穷，但我们不能失去做人的尊严。

一个人如果没有自尊，他就会自卑、自馁，就不会爱惜自己，就会自暴自弃，什么也不干，什么也干不成。

一个人如果没有自尊，就不会自敬，就会盲目服从，人云亦云，没有自己独立的思想和主见。因此，其骨子里散发的就只有“奴气”，如此，你怎么让人正视你、尊重你？“自敬，则人敬之；自慢，则人慢之。”这是一条千古颠扑不破的真理。

当然，自尊不等于唯我独尊，不等于刚愎自用，更不等于自负、自我夸大。一个人如果总是过于自爱自贵，最后总是要失败的。

在此，我们要告诫女孩的是，无论你今后的日子是富贵还是贫穷，你都要保持做人的尊严，唯有你自己自敬自尊，才会得到他人的尊敬。并且希望你们牢牢记住：你把自己看成什么，你在别人的眼里就是什么。

女孩要做得正、行得直

正直和诚实是孪生兄弟，他们总是形影不离。这可是人们非常喜欢的两兄弟，正是他们的存在，成就了很多流传千古的佳话。

巴菲特曾给所有员工写过一封信，要求大家将所有违反法律和道德的事情都上报给他，为此他还专门留下了自己家里的电话。“我们要以最好的方式做最好的事情。”在这封公开信中，巴菲特说。出于对诚实和正直的追求，巴菲特后来屡屡出言批评华尔街的行径。这一点他在回忆录中说得很清楚：“如果让公司亏钱了，我还能理解，但是如果让公司名誉受损，那我将毫不留情。”事实上，在充满了巨大金钱诱惑的市场中，要做到这一点并不是那么容易。否则，华尔街怎么会有现在这种状况呢？巴菲特的投资向来没有鲁莽的，他不仅研究股票的未来发展状况，而且还会对持有股票的关键人物做一些分析。这成了他投资之前必须要做的事情。巴菲特喜欢正直的人，为此他一再忠告自己的子女，一定要做正直的人。

正直这个词，与真诚、诚实、忠诚、正义等词都有共同点，那就是为人令人敬佩和信任。巴菲特向来推崇的做人观点是：第一坦白，第二坦白，第三还是坦白。一个连这点勇气都没有的人，不值得跟他打交道。因此，女孩们一定要做正直、真诚的人。

对朋友、对工作伙伴，甚至是对自己的亲人，说话做事如果总是绕圈子，躲躲闪闪，反易叫人疑心。光明正大、实话实说、态度诚恳、谦卑、恭敬，最终人家肯定会信你。做人没有必要为了一点小利去故意讨好别人。一个真诚的人最终是会使人折服的。

正直的人一般都一身正气。做一个正直的人要办事公道，有正义感。就是说，你的所作所为要符合社会道德和良知规范。不贪图私利，不受人事关系所左右。

女孩要知道，哪怕因为自己的正直和真诚，一时看不到既得的利益，也要坚持这样的做人标准，不能有丝毫的动摇和转变。时间一长，等人们了解了你，认识了你，他们一定会主动跟你联系，这个时候财富的到来就是水到渠成。

正如巴菲特所说："正直，勤奋，活力，如果你不拥有第一个品质，其余两个将毁灭你。对此你要深思，这一点千真万确。"

女孩要远离虚荣

11岁的小乐长得很漂亮，弹得一手好钢琴，是个人见人爱的女孩。但是，她也是个十分"奢侈"的孩子，衣服不是"耐克"就是"阿迪达斯"，总而言之，从头到脚都是名牌。有些时候父母给她买来不是名牌的衣服，不管多好看，她都一概不穿，还为此哭闹了很多次。

父母对她这点也十分头疼，实在不明白为什么孩子这么小就如此热衷于名牌，而小乐的理由就是："让我穿这些，我怎么出去见人啊？我的同学都穿名牌，我要是没有，人家会笑话我的。我不穿，要不我就不去上学。"

不仅如此，小乐还"逼"着爸爸给她买手机和高档自行车。

原因也是"同学都有"。

小乐不是一个特例，这已经成了现代社会的一个普遍现象。尤其是出生在经济条件稍微好一些的家庭的孩子，从小就习惯了玩高档玩具，吃“洋”面包，穿名牌衣服，然后同学之间也相互攀比，比谁的衣服牌子更有名、谁的自行车最高档、谁的爸爸的车更气派。

孩子这种沉溺享乐的比较，是典型的攀比心理，这对她的成长有着消极的影响。事物的发展都是由量变到质变的，如果对这种情况听之任之，久而久之，女孩就会陷入物质追求的泥潭无法自拔。她今天可能要求买高档玩具，明天则有可能是更奢侈的东西。长此以往，当她日益增长的要求无法得到满足的时候，可能就会为了满足虚荣心而走上犯罪道路。

所以，女孩要养成勤俭节约的习惯，摈弃虚荣攀比的心理，清除人生道路上的隐患。

陈小茵现在只要看见别人有的新东西，就会回来和妈妈死缠硬磨地要去买。妈妈知道这是她的虚荣心在作怪，每次都不想满足她的无理要求。但是又怕孩子在别人面前没有面子，最终都是以妈妈妥协而告终。

有一次，妈妈无意中听到小茵在和几个朋友吹嘘，说自己家里很有钱，用的东西都是哪些牌子的产品。妈妈一听就直打哆嗦，因为孩子在撒谎，她所说的自己家里根本就没有。他们家也只是一个普通中等收入的家庭。收入都是固定的，每个月的消费也是计划好了的。孩子因为虚荣，在别人面前吹嘘自己，连妈妈听后也觉得特别不好意思。

女孩子的虚荣心与自尊心其实有密切的联系，虚荣心是为了能够满足自己的自尊心，而采用一种虚假的方式，去获得荣誉和普遍关注，是一种不健康的心理情绪。在消费过程中，女孩子会因为虚荣心，走入攀比消费的误区。其实女孩想获得尊重的需求，可以通过各种正当的方式来满足。

虚荣心过强的女孩子，喜欢通过拥有物质来展现自己的实力。女孩子在拥有这些物质的时候，就会萌生错误的消费观和人生观。错把对物质的拥有与对幸福的获得挂钩，错认为高档昂贵的商品才是最佳的消费选择。女孩的虚荣心会严重地侵蚀女孩的金钱观，让女孩的眼中充满物欲。

女孩的虚荣心过强，会走上贪图享乐、撒谎欺诈，甚至少年犯罪的道路。有的女孩子不明白金钱要通过劳动而获得，不愿意通过勤劳节俭来积累自己的财富，从而在物质诱惑面前，做出一些铤而走险的事情。

虚荣心也是撒谎和欺诈的罪魁祸首。女孩子要想远离虚荣，就要注意对诚信品质的培养。一个诚实的孩子，如果因为虚荣心想撒谎时，就会努力地进行克制。因为诚信要求在女孩的心目中地位也是很高的，两者一对决，就能够更好地预防女孩出于虚荣而撒谎。

女孩要认识到虚荣的危害。通过一些欺骗和虚假的方式来维护自己的自尊心，这样容易造成撒谎成性。这种品质会让女孩无法客观真实地认识到自己，也会造成对他人的欺骗。一个虚荣心过强的人，也会让人觉得特别浮夸不真实，不利于女孩的人际交流沟通和与人维持良好的人际关系。

女孩要注意培养勤俭朴素的作风。这是对物质的一种态度，能够用自己的劳动来换取相应的物质，能够对财物抱持珍惜的态度。这样的女孩才不会被虚荣所侵蚀。虚荣和物欲是紧密挂钩的，一个勤俭朴素的女孩能够更好地把握住自己。

自己给自己鼓掌

勤勤的学校要组织一次以“爱护绿地，爱护公共设施，争做文明市民”为主题的教育活动，勤勤被光荣地选为学校的形象标兵。

要知道，勤勤还是第一次参加这样的活动，而且还被评选为标兵，真是让她的内心有点忐忑不安。虽然学校已经进行过集体培训了，但是明天活动就要正式开始了，对于明天的表现，勤勤没有十足的把握，似乎也不像之前的那段日子信心满满了。

“哎呀！关键时刻不要掉链子啊。”勤勤在心里暗自犯嘀咕。

晚上回到家，勤勤和妈妈打了声招呼，也没有说什么，就直接钻进了卧室。

而妈妈似乎观察到了勤勤有点小异常，轻轻推开房门来到她的屋里。“勤勤，你怎么了？”妈妈问道。

“妈妈，我是学校的形象标兵，全校也就这几个人。明天我们就都要登台亮相了，但是现在我就显得很没有底气，不知道自己明天的表现会怎样。”

“哦，原来是因为这件事情啊。”听了勤勤的解释，妈妈如释重负，“勤勤，妈妈给你讲个历史故事好吗？”接下来，妈妈就告诉了勤勤这样一个故事：

战国时期，毛遂在四公子之一平原君门下做一名门客。公元前257年，秦国军队包围了赵国都城邯郸，赵惠文王派平原君出使楚国请求援助。但楚王不是个容易对付的角色，于是平原君带了二十个门客前去，如果能通过谈判达成协议，固然最好，万一不行就用武力强迫楚王同意。可是，他挑来挑去还缺一个人。

这时，有个人站起来，对平原君说：“主公，我自认为符合去的条件。”

平原君觉得他眼生，便问他：“你叫什么名字，到我门下多长时间了？”

门客说：“我叫毛遂，来三年了。”

平原君说：“有才德的人，就像锥子在口袋里一样，很快就会显露出来。你在我门下这么久了，却从未听到有人称赞过你，可见你才能一般。这次任务关系重大，我看还是免了吧。”

毛遂说：“正因为您没有把我放在袋子里，所以才没有冒尖儿。”平原君听他出言不凡，刚好又找不到更为合适的人选了，就决定让他跟着一同去。

到了楚国，楚王果然没有合纵抗秦的打算。众门客束手无策，只见毛遂不慌不忙，拿了宝剑，来到平原君与楚王面前，楚王命他退下，毛遂按着宝剑说：“你用不着仗着人多势众如此呵斥我。如今我离你只有十步之遥，我主公在这里，你发什么火！”

楚王看他拿着宝剑，便和气地说：“那我倒要听听先生的高见了！”接着，毛遂向楚王详细分析与赵国结盟有百利而无一害，楚王听了当即与平原君歃血为盟，并派春申君黄歇为大将，率领八万大军，浩浩荡荡地前去援助赵国。毛遂也因此赢得了平原君和其他门客的尊重，一举成名。

讲完这个故事之后，妈妈舒了一口气，温和地对勤勤说：“孩子，毛遂出使楚国是凭借自信争取的机会，然后让自己一举成名，获得了成功。你被选中成为全校的形象标兵，是一种幸运，更是对你自身的肯定。很多同学都没有争取到机会，所以你要珍惜这次机会，相信自己能够做得很好，做得很漂亮。”

“嗯。”听了妈妈的鼓励，勤勤信心满满，“那我明天要好好表现。”

妈妈听了很高兴：“孩子，不要让他人的言论左右了你的思想，要相信自己内心的想法，努力去实现它，这样，你才能够取得人生的胜利。孩子，妈妈相信你是最棒的。妈妈等着你的好消息。”

自尊是建立在自重和自爱的基础之上的。一个尊重自己的人，能够正视自己的价值，既不妄自菲薄、自暴自弃，也不会随意放任自己，降低对自己的要求。

有一个小男孩在孤儿院长大，他常常为自己的出身而自卑。有一次他悲观地问院长：“像我这样没有人要的孩子，活着究竟有什么意思呢？”

院长笑眯眯地对他说：“孩子，别灰心，谁说没有人要你呢？”

有一天，院长亲手交给男孩一块普通的石头，说道：“明天早上，你拿着这块石头到市场去卖，但不是真卖。记住，无论别人出多少钱，绝对不能卖。”男孩一脸迷惑地接下了这块石头。

第二天，他忐忑不安地蹲在市场的一个角落里叫卖石头。出人意料的是，竟然有许多人要向他买那块石头，而且一个比一个价钱出得高。男孩记着院长的话，没有卖掉。

回到院内，他兴奋地向院长报告，院长笑笑，要他明天拿着这块石头到黄金市场去叫卖。

在黄金市场，竟然有人出比昨天高出十倍的价钱要买那块石头，男孩拒绝了。

最后，院长叫男孩把那块普通的石头拿到宝石市场上去展示。结果，石头的身价比昨天又涨了十倍。由于男孩怎么都不卖，这块石头被人传扬成“稀世珍宝”，参观者纷至沓来。

男孩兴冲冲地捧着石头回到孤儿院，他眉开眼笑地将一切情景禀报给院长。院长亲切地望着男孩，说道：“生命的价值就像这块石头一样，在不同的环境下会有不同的意义。一块不起眼的石头，会因你的惜售而提升它的价值，而被说成是稀世珍宝。你不就像这块石头一样吗？只要自己看重自己，自我珍惜，生命就有意义、有价值。”

一个人只有珍惜和看重自己，生命才会有意义、有价值。每个人的生命就像故事中的石头一样，只有你先珍视和看重自己，别人才会看重你。

我们的价值不是取决于别人对我们的态度，也不会因为我们遭受挫败而贬值，无论别人怎么侮辱你、诋毁你、践踏你，你的价值依然存在。因此，任何时候都要正视自己的价值，不要因为别人对自己的评价和态度而改变对自己的看法，无论别人怎么说，你的价值都不会因之而改变。

常言道，天生我材必有用，但这个有用的前提就是将个人价值与社会价值统一起来，做一些对他人有用的事，这样我们才能充分施展自己的才华，实现自己的理想。

第五章

勇敢坚韧——赋予女孩无穷的人生动力

无法流泪时，就笑出来

姗姗的雷人签名：“要么好好活着，要么赶紧去死。”

“既然选择了生，那我们就不要抱怨了，无论处在什么境地，都要乐观地活下去。如果不是这样，整天怨天尤人的，那生命有什么意义呢？什么样的好生活不是自己创造的呢？”

听了姗姗的一番言论，媛媛不禁向她挑起了大拇指：“好样的姗姗。”

媛媛说：“很多时候就是这样，越是成就大的人，越是遭遇过比常人多的苦难呢。我想起来一个那天在杂志上看过的故事。”

18世纪，在法国里昂的一次宴会上，人们就一幅油画是表现古希腊神话还是历史发生了争论。主人眼看争论越来越激烈，就转身找他的一个仆人来解释这幅画。使客人们大为惊讶的是，这个仆人的说明是那样清晰明了，那样深具说服力。争论马上就平息了下来。

“先生，您是从什么学校毕业的？”一位客人很尊敬地问道。

“我在很多学校学习过，先生。”年轻人回答，“但是，我学的时间最长、收益最大的学校是苦难。”

这个年轻人为苦难的课程付出的学费是很有益的。尽管他当时只是一个贫穷低微的仆人，但不久以后他就以其超群的智慧使整个欧洲为之震惊。

他就是那个时代法国最伟大的天才——法国哲学家和作家卢梭。

姗姗听了之后不甘示弱：“那天我还读到了一首诗，也是描写苦难的。让我来深情朗诵一遍吧。”

在弱者的眼里，苦难是魔鬼；

在强者的眼里，苦难则是天使。

苦难让我们变得坚强，

苦难让我们始终保持着清醒的头脑，

苦难让我们知道一切都是如此来之不易……

感谢苦难，感谢那曾经带给我们无限苦痛的“命运女神”。

女孩们，在自然界里，有一种蝉要在地下生活整整17年，这些蝉被称为“17年蝉”。

17年一到，在极其有限的时间内，幼虫一齐涌出地面，一平方米的土地上同时有几百只幼虫进行着蜕变的过程。然后，爬到树枝上的蝉们，尽情地歌唱着生命的美好。蝉在地下生活长达17年，而在地上只能存活短短的两个星期。

短短的两个星期，就是蝉的一生。而人生也不过是百年，拿这百年与地球46亿年的历史相比，人与蝉都处于同样的境地，都不过是转瞬间的、不可预测的生命而已。

也许，正因为如此，生命之火燃烧着的每时每刻才显得十分珍贵。只有开朗而愉快地、乐观而勇敢地生活，才能体现出生命真正的价值。

人生在世，贫穷、疾病、残疾、人际关系恶化、破产等种种困难，不胜枚举。一个人在痛苦中挣扎时，往往缺乏冷静，所以，很容易忽视周围的一切，认为全世界就自己是个倒霉鬼，就自己一个人处于困境之中。

太阳很亮的时候，生命就在阳光下奔跑。当太阳熄灭，还会有那一轮高挂的明月；当月亮熄灭了，还有满天闪烁的星星，如果星星也熄灭了，那就为自己点一盏心灯吧。无论何时，只要心灯不灭，就有成功的希望。

美国一种家喻户晓的美食叫“琼斯乳猪香肠”，在它的发明背后有一个催人泪下的与命运做斗争的故事。该食品的发明人琼斯原来在威斯康星州农场工作，他身体强壮，工作认真勤勉。可天有不测风云，在一次意外事故中，琼斯瘫痪了。

但是，琼斯始终没有放弃与命运做斗争。他决定让自己活得乐观、开朗些，做一个有用的人，他不想成为家人的负担。他把自己的想法告诉家人：“我的双手虽然不能工作了，但我要开始用大脑工作，由你们代替我的双手。我们的农场全部改种玉米，用收获的玉米来养猪，然后趁着乳猪肉质鲜嫩时灌成香肠出售，一定会很畅销！”

苍天不负有心人，事情果然不出琼斯所料，等家人按他的计划做好一切后，“琼斯乳猪香肠”一炮走红，成为人人知晓、大受欢迎的美食。

天无绝人之路，生活中总有难题，同时也会给我们解决问题的能力。琼斯能够成功，是因为他坚信人生没有过不去的坎儿，坚信冬天之后有春天。他在困难面前没有低头，没有被挫折吓倒，而是另辟蹊径，终于迎来了属于自己的成功。

生活中不可能总是阳光明媚的艳阳天，狂风暴雨随时都有可能来临。每一个人都要以一种勇敢的人生姿态去迎接命运的挑战，跌倒了再爬起来，坚持下去，就一定能成功。

一个人最大的危险是迷失自己，特别是在苦难接踵而至的时候……命运的天空被涂上一层阴霾的乌云，但坚强者始终高昂着那颗不愿低下的头。因为他心中有盏灯，点亮了所有的黑暗，那盏灯就是坚强者永远都不会放弃的希望。

女孩们要谨记：无论一个人多么不幸，无论生活有多么难，只要心中有希望，就一定能走出阴霾。

坚持就是希望

妈妈送给悦悦一包福瓜种子。

福瓜是一种观赏植物，种出来之后会在藤上长出黄色的小瓜。

“悦悦，你拿去种着玩吧，我看到邻居阿姨家的福瓜长出了小瓜，真是很好看呢。”妈妈笑着对悦悦说。

悦悦也很想看看长出来的小瓜会是什么样子，于是欣然跑到楼下的花园里去取了一点土，把种子撒在花盆里，等待着它长出小瓜的那一天。

悦悦每天都坚持给它浇水，隔一段时间给它松松土，又过不多久，就窜出了叶子。

悦悦不间断地观察它，每天都坚持自己照料它，终于过了5周之后，一个像金橘大小的小福瓜就长了出来。

呵呵，悦悦实在是太高兴了，到了学校，把这个好消息告诉了同学。

文文说：“你的小福瓜长得可真快。以前妈妈的朋友阿姨家有一盆滴水观音，放在家里两年没有开花，阿姨觉得那盆滴水观音不可能开花了，就送给了我们。没有想到的是，来到我们家一个月之后就开花了。”

“唉！真可惜啊，就是因为不懂得坚持。”悦悦在旁边配合文文说道。

看来，坚持是个放之四海而皆准的硬道理，无论是人或是动物，都是适用的。

刚刚开始了几天的晨起运动是不是又因为你想睡懒觉而放弃了？没执行多久的学习计划是否也因为你的不能坚持而被迫中断了？也许在日常生活中经常会遇到这种情况，开始时雄心勃勃，最后却是草草收尾。

世上最容易的事是坚持，最难的事也是坚持。能否坚持不懈，是界定一个人成功与失败的分水岭。青少年时期容易产生急躁的情绪，许多事情就会浅尝辄止，只一个小小的放弃的念头，就会让青春与成功失之交臂。

一次，古希腊大哲学家苏格拉底对他的学生们说："今天咱们只学一件最简单也是最容易做的事儿。每人把胳膊尽量往前甩，然后再尽量往后甩。"说着，苏格拉底示范做了一遍："从今天开始，每天做300下。大家能做到吗？"

学生们都笑了。这么简单的事，有什么做不到的？过了一个月，苏格拉底问学生们："每天甩手300下，哪些同学坚持了？"有90%的同学骄傲地举起了手。

又过了一个月，苏格拉底又问，这回，坚持下来的学生只剩下八成。

一年过后，苏格拉底再一次问大家："请告诉我，最简单的甩手运动，还有哪几位同学坚持了？"这时，整个教室里只有一人举起了手。

这个学生就是大哲学家柏拉图。

比尔·盖茨认为，巨大的成功靠的不是力量而是韧性。如今社会的竞争常常是持久力的竞争，有恒心、有毅力的人往往能够成为笑到最后、笑得最好的人。对于女孩来讲，恒心和毅力是成功的必要条件，如果半途而废，浅尝辄止，那么梦想永远只能是梦想。

像参加马拉松赛跑，最初参加竞赛的人可以说是成百上千。但是跑出一段路程之后，参赛的人便渐渐少起来。原因是坚持不下去的人，逐渐自我淘汰了，而且越到后面人越少，全程都跑完能够冲刺的人更少，冠军实际上就是在这些坚持到最后的人当中产生的。

马拉松赛跑与其说是赛速度，不如说是比耐力，就是看谁能够坚持到最后。

日本象棋第15代名人大山康晴曾说过："当你认为已经必死无疑了，却经常有起死回生的情形出现。"因此，一直到最后关头都不要轻言放弃，在黑暗之中力求寻觅一线曙光的机会。他曾说出一段亲身体验：

照相机、闪光灯的闪烁和声响，使已经明白战败的我，重燃起一股奋战到底的勇气，究竟为什么我已不曾记得了。我咬紧嘴唇，心想或许还有一线生机。时间最后只剩下一个多小时，在专家看来胜负已成定局，休息室的观众大多也判定"大山败北"，只有我还在埋头苦干。我此时反以旁观者的身份来看自己是否能战胜自己……我可以感觉到旁观者都认为我输定了。

观战者都在谈论着："大山这家伙怎么还不投降！"但是我的敌人是自己，高岛八段一轮猛烈无比的进攻我都咬紧牙关硬撑了下来，时间一分一秒地流逝，高岛八段的一连串攻击似乎未见成效，而在强烈的攻击中也忽略了许多不起眼的要点，最后在疲劳的拖累下，他开始显得焦躁不安。

反正我是输定了，我想。在长时间的焦躁情绪中，高岛终于犯下大错。在剩余的时间内两人成了平分秋色的局面。最后，高岛终于弃子认输了。

本来是一面倒的局势，却因为采取哀兵之姿，最后关头终于反败为胜。

当时与其说是因赢得胜利而高兴，倒不如说是因为战胜自己而雀跃不已。

从上面这些例子可以知道，当事情愈来愈难做时，当失败如排山倒海般压过来时，大多数人会选择离开，只有意志坚强的人才能够坚持到底。而最后的胜利，也往往属于这些坚持到底的人。所以，女孩们，当你快要坚持不住的时候，你知道应该怎样做了吗？

挫折和磨难也值得感谢

军训之苦，苦于上青天。白天累了一天不说，晚上还会有不定期的紧急集合，让每个人都叫苦连天。

闹闹经历了她有生以来的第一个军训。

那天，已经是晚上11点了，大家都沉沉地睡了过去，突然一声哨响，打断了所有人的酣梦。

"紧急集合，所有的同学赶快起床，一分钟之内列队整齐。"

大家揉了揉惺忪的眼睛，看到周围的人都是急急忙忙的样子，心里不由得也紧张起来了，赶快收拾，出去站队。

"听好了，你们现在要绕操场跑15圈。"教官开始发话，然后，所有的人就跟着大部队跑了起来。

闹闹不禁在心里抱怨起来：白天已经很累了，晚上还不让大家好好休息。又不是真去当兵，至于吗？她心里一边这样想一边跟着跑起来，居然不知道自己是怎么跟着跑下来的，真的绕着操场跑了15圈。以至于后来闹闹跑晕了，找不到本班的队伍在哪里。

紧急集合结束了，大家又都回到了宿舍，闹闹看到有同学在哭：“呜呜，我要回家。累死我了，可恶的教官。”

貌似有人说过这样一句话：如果不经历点苦难，那实在是人生成长的败笔。

女孩们，困难和挫折是人生中不可避免的。有的人成功了，是因为他们能够坚强地面对，而有的人失败了，是因为他们面对困难一蹶不振，失去了继续拼搏的勇气。伟大的发明家爱迪生说过，厄运对乐观的人无可奈何，面对厄运和打击，乐观的人总会选择用微笑来迎接挫折。

其实，谁都有面临困难与逆境的时候，关键是看我们怎样处理。有些人在逆境中永远消极，成为一个永远的失败者；而有些人却能够积极地面对逆境，冲出重围，走向成功。

我们在成长和生活过程中也会遇到各种障碍、困难，遭遇很多失败、痛苦。在挫折面前，有的人会出现暴怒、恐慌、悲哀、沮丧、退缩等情绪，影响了学习和工作，损害了身心健康；而有的人却一样能够笑对挫折，对环境的变化做出灵敏的反应，善于把不利条件化为有利条件，摆脱失败，走向成功。

因此，面对苦难和挫折，女孩们要抬起头来，笑对它，相信“这一切都会过去，今后会好起来的”。希望是不幸者的第二灵魂。向往美好的未来，是困难时最好的自我安慰。

在多难而漫长的人生路上，我们需要一颗健康的心，需要绚烂的笑容。苦难是一所没人愿意上的大学，但从那里毕业的，都是强者。

我认输，但是不会服输

“小娴，你的英语考了 67 分。”素素跑过来向小娴汇报上周末的英语考试战况。

“哦。”小娴答应了一声，表面上看起来有点心不在焉，其实内心对这个成绩极其不满意。这个分数好低啊，差点就不及格了。

回到家，小娴把试卷撂在桌上给妈妈看，什么话也说不出来了。

妈妈似乎也看出来小娴内心比较难过，她没有训斥小娴，而是耐心地对她说：“小娴，你肯定也对这样的英语成绩不满意，对吗？”

“嗯。”小娴点点头，“我没有不用心学，其实我很认真了，可就是考不好，自己心里也很着急。”

“嗯，你在努力，妈妈都看到了。不过你要相信自己，别人能考好，我们一样可能考好，对吗？肯定是在学习方法上有问题。”妈妈耐心地给小娴做分析。

听到妈妈的话，小娴心里觉得暖暖的，决定要好好分析一下自己失败的原因，争取下次取得好成绩。

每个人都难免会遭遇失败，失败其实并不可怕，但如果失败了你却毫无意识，甚至还自以为是，置身于人生陷阱中而不知，这才是一种人生的悲哀。

在面对可能出现的败局时，我们不能放之任之，因为这种败局只是一种可能，没有必然性，所以，在可能失败之前，我们必须先保证不失败，或者力求少失败。

孙子曰："昔之善战者，先为不可胜，以待敌之可胜。不可胜在己，可胜在敌。"这说的是从前会打仗的人，先要造成不会被敌人打败的条件，再等待可以战胜敌人的机会。

孙子的话揭示了这样一个道理：不会被敌人战胜，主动权操在自己手中；能不能战胜敌人，却在于敌人。纵观古代的许多战例，大凡军队出征之前，定当部署守土之兵；军队行进之时，必先安排断后之将；两军交战之后，均须防备对方晚上劫营。照此做去，两军对垒之时，有可胜之机则战而胜之，无取胜之便也不会被敌人所乘而致落败。

人生也是这个道理，你若想在政界脱颖而出，必须言不逾矩，行不忤法，否则授人以柄，难免前功尽弃，到时候纵有高才奇志也是枉然。你若想在商界崭露头角，便不能过度负债或违法经营，否则或在商战之中落马，或在法纪面前翻车。即使做个靠薪水度日，凭手艺谋生的小百姓，也要洁身自好，不给人以可乘之机，以免惹下麻烦。学习上更是如此，如果你想遥遥领先，就必须善于掌握学习方法，不断地学习进取，以免被人迎头赶上。

"先为不败后求胜"，不仅是兵家保存自己、夺取胜利的谋略，同时也对人们求生存、图发展有着很好的指导意义。如果你要想在学业上一帆风顺，便应经常寻找自己学习上容易出现失误的地方，并预加防范或及时补救，这样才能确保理想的实现。

但如果在经过一番辛勤地努力之后，成功仍然无望，此时你就该进行深刻的分析，看看是主观原因的影响还是客观条件的制约，并采取相应的对策摆脱困境。

"对症下药"与"另闯新路"，这是面对败局两种截然不同的思维方式，前者立足于解决战术上的问题，后者着眼于纠正战略上的错误，面对败局究竟应选择哪条路，这就全靠你的分析与判断了。

想和失败过过招吗？那就必须认清失败，然后积极地寻找出路。不妨按照以下三个步骤进行：

首先，超前思考，变不利为有利。大凡人们办事，一般都会碰到一些有利条件，也会遇见一些不利因素。此时，当事人便应超前思考，力争将不利因素转化为有利条件，为自己增添胜算。

例如《三国演义》里，诸葛亮与周瑜想火攻曹操水军，但冬季只有西北风而无东南风，深知天文知识的诸葛亮正是利用这一点麻痹曹操，他算定甲子日开始将刮三天大东南风。届时依计而行，结果火凭风势，风助火威，孙刘联军的一把大火便大破曹军于赤壁。

其次，稳步推进，积小胜为大胜。办事应循序渐进，不可急于求成，只有稳步推进，积小胜为大胜，成功才能有一个坚实的基础，才能避免倾覆之危险。

在曹、孙、刘三支力量的对比中，刘备虽处于劣势，但刘备在诸葛亮的辅佐下，先取荆州以为事业的起点，后取天府之国益州作为事业的根本，进而西攻孟获等蛮荒之众，北掠陇西等战略要地，终于实力大增，在后来魏、蜀、吴三国鼎立之中，成为一支举足轻重的力量。

最后，精彩结尾，将理想变现实。千里行船，离码头虽仅一箭之遥，仍不算到达目的地；万言雄文，在结尾若有一句冗词，也称不上精彩文章。办事也是如此，如果前紧后松，草草收场，很可能胜券在握之事竟流于失败结局。我们办事必须像飞行员远航归来一样，只有完成最后一个制动动作，将飞机安然停在停机坪的预定位置上，才能算是完成一个精彩的起落。人们只有精神饱满、严肃认真地使事情精彩结尾，才算是真正将理想变为现实。

女孩们，失败没什么，正确地、积极地看待失败，大方勇敢地过过招，做起事来并不难。

带着勇气上路

勇气是一种滋补剂，它是世界上最好的精神药物——如果以一种充满希望、充满自信的精神进行学习、工作的话；如果期待着自己的伟业，并且相信能够成就这番伟业的话；如果能让自己尽早展现出自己的勇气，并带着勇气上路的语——任何事情都不能阻挡我们前进。在前行的道路上可能会遇到让我们灰心失望的失败，但那只是暂时的，胜利最终会握在手中。

有一个叫珍的小女孩，她老是说将来要做演说家，可是当老师给她机会，让她去讲台的时候，她就开始怀疑自己的能力，没有信心和勇气。

一次，老师又让她上台演讲，由于害怕，她还是没有勇气站上去。可是就在这时，他们班上一位说话结巴的男孩却步伐迅速而坚定地走上了讲台，开始了他的演讲。当时同学们都带着怀疑的眼神看着他，不敢相信他会讲成什么样子。但是，虽然他讲的时候少不了打结巴，但他铿锵有力的话语，加上他丰富的感情，最后竟然赢得了大家的热烈掌声。

他讲完后，老师说：“他非常有勇气地战胜了自己，我们大家都应该向他学习，从他的演讲中，我们也能感觉到他的渴望，我打算培养他，参加这次全省的演讲比赛。大家觉得应该没问题吧？”

这时候，珍不服气了，她站起来说：“我读课文比他好，只不过你没和我们说这次有全省演讲比赛……老师可以给我一次机会吗？”

老师看着她认真的样子便说：“你说机会来的时候会告诉你吗？只要你真的比他好，我就给你机会让你和他竞争。”一听到竞争，珍不觉又开始害怕了，她心里想：“还要竞争？虽然我读得比他流利，但如果我没有感情色彩，或者……那岂不是更丢脸……”于是她找了个借口：“我还是把机会让给他，下次……”

就在这时，班上一位调皮的男生看出了她的心思，于是就说了句：“没有开刀的危险和打算开刀的勇气，哪来康复的希望和喜悦呢？”同学们都笑了，而只有珍的脸红了。

在现实生活中，许多事情都需要勇气作支撑，放弃需要勇气，拒绝需要勇气，尝试需要勇气，冒险需要勇气……甚至连说话都需要勇气。一个人如果缺乏勇气，就失去了承担责任的基础，就只能生存于他人的庇护之下，无法面对人生的任何压力和挑战。

春天到了。两颗种子躺在肥沃的土里，开始了下面的对话：

第一颗种子说：“我要努力生长！我要向下扎根，还要‘出人头地’，让茎叶随风摇摆，歌颂春天的到来……我要感受春晖照耀脸庞的温暖，还有晨露滴落花瓣的喜悦。”于是它努力向上生长。

第二颗种子说：“我没那么勇敢。我若向下扎根，也许会碰到硬石。我若用力往上钻，可能会伤到我脆弱的茎。我若长出幼芽，难保不会被蜗牛吃掉。我若开花结果，只怕小孩子看了会将我连根拔起。我还是等情况安全些再做打算吧。”于是它继续瑟缩在土里。

几天后，一只母鸡在庭院里东啄西啄，这颗种子就这样进了母鸡的肚子。

人，就要像第一颗种子一样，要对自己的能力充满信心，勇于挑战生活中的一切艰难困苦。对任何事情都兢兢业业、无所畏惧、永不退缩地去做，永远富有勇气和决断力。这样，我们才能坚强地去克服种种困难，发挥出聪明才智。

优秀的人和成功的人，不是因为他们比别人更少经历困难和痛苦，而是他们身上流淌着强者的血液。别人不敢去做，他能要求自己去试；别人不愿去做，他能要求自己说“让我来”这样别人不能做的事情，他慢慢就会做了。

勇敢坚强的海伦·凯勒

坚强是一种品性，是千锤百炼磨砺出来的结果，坚强是每一个人在不幸中支撑身心的精神柱梁。

妈妈的书桌上放了一本小书《假如给我三天光明》，周周好奇地拿起来翻了翻。

“周周，你在做什么？”妈妈走了进来，“哦，你在看那本书啊。”

“妈妈，海伦·凯勒是什么人啊？”周周问。

“她是美国著名的盲聋教育专家。她最令世人称道的地方就是她很坚强，她在两岁的时候因为猩红热而失明，而且双耳失聪。”

“啊！那她还是成了教育专家？”周周感到很惊讶。

“是啊，因为她敢于和命运抗争。你知道她小的时候是通过感受喉咙的变化而逐渐摸索发音的，这是多么不容易啊。后来她还考上了大学。”

“哇！真不简单。”对于这个海伦·凯勒，周周感到由衷地赞叹。

“是的，因为她的坚强，所以在她成名之后受到很多人的关注和敬仰，尤其难得的是她将精力专注于对盲童和聋哑儿童的教育方法研究上，这样的奉献社会的精神，很受世人的称道。”

“通过自己的艰苦抗争取得成就已经极其难得，而她居然还想到了要奉献社会，真是太值得尊敬的一个人。”周周觉得这个人简直是不可思议的伟大。

“你知道吗？当她去日本访问时，当时的日本政府破例请她用手触摸日本的国宝——鉴真和尚塑像，这在日本历史上还是史无前例的，可见她在世界各地备受尊敬。”

“嗯，她是一个勇敢坚强的典范，所以无论给她什么样的礼遇，都受之无愧。”周周说道。

了解了海伦·凯勒，周周的心中突然涌起了一股正气：做人应当如此。

生活中的不如意乃至不幸的确存在，只是因为生活之中有了坚强，一切才变成了风雨之后的彩虹，绚丽而又张扬。

而对于生活的不如意，女性似乎成了“柔弱”的代名词。但柔弱不等于软弱，女人也有自己的脊梁；不是经不起风雨的花草，而是傲然挺立的木棉。

女人不是软弱的，而是柔韧的！她们也许不会像男人那样有泪不轻弹，但是她们流过眼泪，开始踏上新的征程的时候，结束的是懦弱，开始的却是罕有的坚强。

女人的坚强也许不会像男人那样有英雄气概、惊天动地，但是在巨大的人生灾难面前，她们往往比男人更加坚强和出色。经历过风雨的女人，坚强可以使她们更从容地面对生活。

像美丽的蝴蝶破茧而出，战胜了生命中的痛苦之后，绽放出令世界倾倒的光芒。

台湾影星王思懿，在演艺事业取得巨大成功前，曾遭遇过理想破灭的巨大打击。

王思懿从小酷爱舞蹈艺术，为了跳好一个动作，可以练习上百次而毫无怨言，从小学到中学，她已经打下了扎实的舞蹈功底，因此很顺利地考上了艺专舞蹈科。

在舞台上翩翩起舞，这是王思懿最美丽的梦想。她的形体条件很好，双腿修长，身段苗条，天生就是块练舞的材料。她的个性又十分要强，凡事喜欢冒尖，所以学习上刻苦用功，进步很快，成绩一直名列前茅。

天有不测风云。在一次腾空飞跃交叉舞步的练习中，王思懿不慎跌倒，腿部关节的韧带因此拉断，医生告诉她不能再跳舞了。王思懿一向将舞蹈视为自己的生命，将舞台视为自己唯一的世界，突然遭受到如此打击，她伤心得落下了眼泪。

坚强的王思懿不甘心就这样放弃自己的梦想。伤愈之后，她仍然回到学校，坚持上课练舞。尽管她的舞蹈还是有相当水准，但她越来越明显地感到力不从心，艺术上已无法再有新的突破、新的超越。于是到了三年级时，她怀着极为无奈、极为痛惜的心情，从艺专休学，去寻找属于自己的新的发展空间。

她选择了广告模特儿的工作，幸运的是，她很快成了这一行业的新宠。

不久她又投入影视圈，并逐渐走红。她在《水浒传》中扮演潘金莲令千万观众牢牢地记住了她的名字。她出色的演绎彻底颠覆了潘金莲的形象，反而将一种女性的美及对爱情、自由的追求诠释得淋漓尽致。因而不仅获得圈内行家的佳评，且深受广大观众的喜爱。

王思懿的成功，首要的原因就在于她能以坚强的信念支撑自己。尽管遇到了严重的挫折，看似步入绝境，也不放弃希望，而是用积极的心态引导自己开创一片新的未来。

《易经》曰："天行健，君子以自强不息。"

我们或许比王思懿幸运一些，没有遭受过那么大的打击。但谁又能完全避免挫折和失败呢？每一天，都可能有不如意的事情发生，比如面试没有通过，比如被老板责备，比如受到不公平的待遇……

哭泣是允许的。痛哭一场，洗净你心中的尘埃，然后擦干泪水，你还是你，一个坚强的你。再对自己念一遍那句经典的台词："明天又是新的一天。"

坚强是一种傲人的勇气，坚强是困境之中一抹浅浅的微笑，坚强是失败后一个坚定的眼神。

女孩用坚强守护心灵的沃土，懦弱才不会乘虚而入；女孩用坚强交上生命的答卷，灵魂才会在美好的港湾停泊、歇息。

坚强可以让女孩坦然面对一切突如其来的挫折，将这些挫折转化为动力，从中总结经验教训，最终创造出辉煌的人生。

第六章

谦逊有加——让女孩步步为“赢”

最后拿面包的女孩

在一个小镇上，饥荒让所有贫困的家庭都面临着危机，因为对于他们来说，最起码的温饱问题都难以解决。

小镇上最富有的人要数面包师卡尔了，他是个好心人。为了帮助人们度过饥荒，他把小镇上最穷的20个孩子叫来，对他们说："你们每一个人都可以从篮子里拿一块面包。以后你们每天都在这个时候来，我会一直为你们提供面包，直到你们平安地度过饥荒。"

那些饥饿的孩子争先恐后地去抢篮子里的面包，有的为了能得到一块大点的面包甚至大打出手。他们心里只想着要得到面包，当他们得到的时候，立刻狼吞虎咽地把面包吃完，甚至都没想到要感谢这个好心的面包师。

面包师注意到一个叫格雷奇的小女孩，她穿着破旧不堪的衣服，每次都在别人抢完以后她才到篮子里去拿最后的一小块面包，她总会记得亲吻面包师的手，感谢他为自己提供食物，然后拿着它回家。

面包师想："她一定回家和自己的家人一起分享那一小块面包，多么懂事的孩子呀！"第二天，那些孩子和昨天一样抢夺较大的面包，可怜的格雷奇最后只得到了昨天一半大小的面包，但她仍然很高兴。她亲吻了面包师的手后，拿着面包回家了。

小女孩的母亲刚从修道院回来，她看到小女孩拿回的面包，高兴极了。可是，当她把面包掰开的时候，一个闪耀着光芒的金币从面包里掉了出来。妈妈惊呆了，对格雷奇说："这肯定是面包师不小心掉进来的，赶快把它送回去吧。"

小女孩拿着金币来到了面包师家里，对他说："先生，我想您一定是不小心把金币掉进了面包里，幸运的是它并没有丢，而是在我的面包里，现在我把它给您送回来了。"

面包师微笑着说："不，孩子，我是故意把这块金币放进最小的面包里的。我并没有故意想要把它送给你，我希望最文雅的孩子能得到这块金币，是你选择了它，现在这块金币是属于你的了，算是对你的奖赏。希望你永远都能像现在这样知足、文雅地生活，用感恩的心去面对每一件事。回去告诉你的妈妈，这个金币是一个善良文雅的女孩应该得到的奖赏。"

谦让是一种美德，也是人类文明礼貌的表现。无论女孩们和同学、老师、同事甚至领导相处，还是在工作中、生活中与陌生人相处，都应该牢记：你有一份谦让，便是给自己增添了一份益处，让自己学会低头，你就会收获别人的尊敬，自己也会有一番成就。

美国企业家卡内基曾经说过："在人生的道路上如果能谦让三分，那么就能够天宽地阔。"

谦让的心胸就好像天空和大海一样，辽阔无边，容纳百川。谦让的人因为宽容而显得博大，因为博大而显得崇高。而那些好争斗的人，则连天地都会与他相争；谦让的人，却连天地都会与他相让。

一个想拥有一番事业的人，应该学会谦让。罗曼·罗兰曾说："没有伟大的品格，就没有伟大的人，甚至也没有伟大的艺术家和伟大的行动者。"如果你想让自己拥有高贵谦虚的品质，在人生的道路上更加从容理智地走向理想的目的地，那就要学会谦让。

保持谦让，首先要加强自身的修养。让自己通过学习和锻炼，逐渐具备谦让、克己、利他等优秀品质。与人相处的时候懂得互相谦让，不争不抢，才会拥有更多的朋友。其次，谦让的人应该保持公平竞争的意识。在现在社会中，到处都充斥着不明所以的竞争，所以，我们应该要求自己通过正当、公平的手段和方式来争取自己的权益和想要得到的东西，不能投机取巧，意图走“歪道”。

对女孩来说，要保持谦虚谨慎，也应该做到以下几点：不懂的问题承认不会；不夸大自己所做的事情；多学习接受新事物；人际交流中注意自己的言行，接受很多方面不如别人的事实；培养一种良好的性格，自视甚高的做法不会得到大家的支持；记住以后的生活是和“很多人在一起工作”。

健康的花儿总是低着头

有一个朋友很爱花，他在自家后院的一块空地上撒了一把向阳花的种子。后来，向阳花慢慢长大了，长势非常好，发芽开花，花朵看起来金黄金黄的，美丽极了。

朋友的小儿子对这美丽的花朵非常好奇，他整天都盯着那神奇的花朵——它每天都要追着太阳转来转去，眼睛咕噜噜乱转，似乎发现了神秘的东西。终于有一天，向阳花被他看“坏”了，那金黄色的花朵里长满了瓜子，美丽的花儿不再高傲地仰着头，而是谦虚地低下了头。

孩子心里很纳闷，他猜想：如果让花朵仰着脑袋，是不是要比低着的时候更饱满呢？于是，他就把其中的一朵花儿固定好，让它依旧高高地仰着头，直直地对着太阳。

没多久，花朵里的果实在大家的一天天期盼中终于成熟了。孩子高兴地伸出胖乎乎的小手，把那个高昂着头的花朵摘了下来。结果出人意料，这朵花里面的果实全都烂了，一股浓重的腐烂的味道扑鼻而来。大家面面相觑，孩子也很无辜地抚着花瓣不吭声。

谁也不知道这到底是怎么一回事。向阳花在结果之前不都是昂着头的吗？怎么会腐烂了呢？

后来，我们专程去请教了一个非常有经验的老农。老农告诉我们：在向阳花的周期里，如果它的花骨朵一直高扬着头，里面就会积满了雨水和露水，不低头的话就没有办法排出去。因此，原本应该是结满果实的花朵，却变成了滋生细菌和昆虫的温床。也正因为如此，那些健康饱满的向阳花才总是谦虚地低着头。

一朵花儿都知道谦虚地低头，那么人呢？

懂得低头，才能让自己游刃有余地排出自身的“毒素”，找到自己的不足，并且从别人身上、从周围环境中汲取到新的营养。懂得低头，才能让自己心境明朗，不至于滋生“骄傲自大”的细菌病毒，从而更好地为人做事。

低头是一种智慧，一种气度。三国刘备曾经低头，屈身恭请孔明出山；勾践曾经低头，卧薪尝胆。他们之所以低头，就是因为他们在低头的那一刻，就坚信他们的头将来会高高扬起。

低头，就是让别人看到自己的诚挚，以谦逊的心做人处事，这样更能看清楚周遭的人和事。总是高高仰着头走在前面，是很难在民众中汲取智慧的。低头是为了再抬头，我们不怕低头，怕只怕低下头去，再不懂昂起来。

为了启发人们谦虚处世，俄国的列夫·托尔斯泰打了一个很有意思的比喻：“一个人就好像是一个分数，他的实际才能好比分子，而他对自己的估价好比分母，分母越大，则分数的值越小。”

懂得低头的人，才能在生活中更加乐观善良，幸福快乐，无论为人处世还是工作都能坦然真诚面对，赢得大家的喜爱。

谦虚永远是成大事者所具备的一种品质，而只有弱者才会为自己的成功自鸣得意。那些自鸣得意、自不量力的人总是看不起别人，过高地评价自己，贬低别人，到头来也只会落得个没人搭理、门庭冷落的下场。

因此，女孩们，不要小看了“低头”的作用和影响，没有它，你就会像那个坏掉的向阳花一样，虽然即将结果，但是却毫无所获，惨败收场。

顶针与金戒指

在一个普通的农家桌子上，放着一枚金戒指和铜顶针。晚上，家里的女主人睡着了，金戒指和铜顶针无聊至极竟然在桌子上吵起架来。金戒指傲慢地对铜顶针说：“看看，你这个黄麻子，和我待在一块儿休息你不感到自豪吗？我是谁啊，我可是你24K的纯金爷爷，知道吗？”

“你这个满嘴脏字的人，真是没教养！”铜顶针回应道，“你是一枚金戒指又能怎么样呢？不过是中看不中用的摆设而已，甚至还可能沦为哗众取宠的玩物，你跟我在一起，有什么好骄傲自豪的呢？”

“你太放肆了！”金戒指恼火了，“主人只要一戴上我，马上就显出了她的高贵、漂亮、伟大和富有；而她要是戴上了你，一看就是个只会玩弄针线、干活儿出苦力的普通女人！”

“哎！我现在总算知道你的放肆了。”铜顶针一点儿也不让步，“你真是目光短浅，对一个人来说，她的高贵和伟大只是用一枚戒指就能显示出来的吗？就算给一个癞蛤蟆戴上金项圈，它还是高贵不到那里去，更不会变漂亮；一匹真正的战马，哪怕什么都不佩戴，都可以威风凛凛地奔驰上战场。所以说，你是一个虚伪的家伙。”

金戒指不服气极了，它还想再争辩。但这个时候，它们的争吵声吵醒了女主人。于是，它们都停下来，要求主人评评理——到底谁更高贵、谁更下贱，谁才是有用的、谁没有用。

听完它们的讲述，女主人笑了起来，她轻轻地说：“如果让我在你们中间选一个的话，我想我肯定会留下铜顶针而不是金戒指。因为那个金戒指正是我用铜顶针干活买来的，如果没有了铜顶针，也就不可能有金戒指。而就算没有了金戒指，有铜顶针，我还是可以挣钱，甚至可以买更多的金戒指。道理就是这么简单！”

听了这话，金戒指那原本高傲的头羞愧地低了下去。

文学家王尔德说：“人们把自己想得太伟大时，正足以显示本身的渺小。”很多时候，过分地自负其实就是孤立自己。如果一个人把自己看得太高，就会看不起别人，在与人相处的时候容易吹毛求疵、刚愎自用。这样的人即便本领再高强，也不会受人尊敬、被人重用，最终只会遭到人们的唾弃。无论什么时候，都不该自视甚高，应该把自己融入人群中去，不要刻意突显什么，这样才能为自己赢得好人缘。

当我们放眼这个世界的时候，如果把自己放在中心位置，那么自己的形象就会被无限放大，从而看不到别人的优点，只有自我的膨胀。但若把自己放低一点儿，用一颗谦逊的心来对待别人，发现别人的优点和世界的博大，我们就会发现自己很渺小，而此时我们也才会真正迎来成功的机遇。

中国古语有“蚍蜉撼大树，可笑不自量”之说，又有“螳臂当车”之语，皆讽刺那些自不量力的人非要做自己做不到的事，势必招来嘲讽和失败。

的确，一个人活在世上，总想干一番事业，总想将自己的宏伟抱负付之现实，总想一个人干自己所能干的事情，总想做一个人力所能及的事。这种将自己的才能贡献给社会的想法是没有错的，而且也是应该的，因为只有这样才会无愧于社会，无愧于人生。

但是，自不量力就不一样了，一些人或是社会经验不足，或是出于某些不太健康的目的，处处想逞能，处处想卖弄一点自己的知识，处处想炫耀一下自己的才能，处处想显露一点“峥嵘”，肆意地放任自我，这就做得过分了。

如果一个人自不量力，处处表现自己，那么，这就意味着在所有方面都“剥夺”了其他人施展才华、能力的机会，无形之中增加了与他人矛盾、冲突的可能性，结果使自己成为众矢之的。

如果一个人自不量力，那么他就会对自己提出一些不切实际的、过高的期望和要求。而世界上没有绝对的顺风船，一旦在船的航行过程中发生搁浅、触礁甚至翻船之类的情况，他就会比一般人更难于接受现实对他的惩罚，从一个极端走向另一个极端，失望、灰心、沮丧、意志衰退甚至失去继续生活的勇气。

总之，一个人不管出于什么动机，如果不顾一切地逞能，那么最后的结果必然是脱离群众，成为孤家寡人。这类人可能会轰轰烈烈于一时，却总是凄凄切切于最后。

在生活和工作中，女孩们要热情地工作，但不是为了一己的私利；对任何事情都要采取冷静的态度，三思而后行，不冲动，不为情绪所支配；

不要单枪匹马，要学会尊重人。

凡事要懂得与周围的人商量，认真地请教周围的人；最重要的是，要谦虚，不傲视一切，切莫在自己说话、办事时流露出看不起他人、只有自己才行的情绪。只有这样，才能让自己生活、工作得更好。

藏在水里的木桩

不管身处何位，都应当保持谦逊。

一个晴朗的星期六，李医生的诊所里来了一名博士，他诉说着自己的苦闷，说自己是单位学历最高的，但是却得不到其他同事的尊重。更气人的是同事会和一个清洁工亲切地打招呼，却不愿理他。在李医生的诱导下，博士讲出了一件与同事相处的小事。

有一天，他到单位后面的小池塘去钓鱼，正好正副所长在他的一左一右，也在钓鱼。

他只是微微点了点头算是打了个招呼，心里暗想：这两个本科生，有啥好聊的呢？

不一会儿，正所长放下钓竿，伸伸懒腰，“蹭蹭蹭”从水面上如飞一般走到对面上厕所。

博士的眼珠瞪得都快掉下来了。水上漂？不会吧？这可是一个池塘啊。

正所长上完厕所回来的时候，同样也是“蹭蹭蹭”地从水上漂回来了。

怎么回事？博士生又不好去问，自己是博士生啊！

过了一会儿，副所长也站起来，走几步，“蹭蹭蹭”地漂过水面上厕所。

这下子博士更是差点昏倒：不会吧，到了一个江湖高手云集的地方？

博士也内急了。这个池塘两边有围墙，要到对面厕所就得绕15分钟的路，而回单位又太远，怎么办？

博士也不愿意去问两位所长，憋了半天后，也起身往水里跨：我就不信本科生能过的水面，我博士生不能过。

只听“咚”的一声，博士栽到了水里。

两位所长将他拉了出来，问他为什么要下水。他问：“为什么你们可以走过去呢？”

两位所长相视一笑：“这池塘里有两排木桩子，由于这两天下雨涨水正好在水面下。我们都知道这木桩的位置，所以可以踩着桩子过去。你怎么不问一声呢？”

李医生听完，笑着说：“小伙子，问题出在你自己身上啊，你自己都不愿意和别人打交道，别人怎么会和你打成一片呢？”

学历只能代表过去，只有虚心请教，才能少走弯路。生活中，有很多人都会因为自己拥有高学历而沾沾自喜，认为自己高人一等。其实，社会这个大课堂还有很多的知识值得学习，如果不肯虚心求教，而是抱着自己的高学历狂妄自大，那么结果只能是摔跟头。

没有一个人有能够骄傲的资本，因为任何一个人，即使在某一方面的造诣很深，也不能够说他已经彻底精通这一方面的知识了。

有人问爱因斯坦，说：“您可谓是物理学界空前绝后的人才了，为何还要孜孜不倦地学习呢？为什么不停下来好好休息呢？”爱因斯坦并没有立即回答这个问题，而是找来一支笔、一张纸，在纸上画了一个大圆和一个小圆，然后说：“目前情况下，在物理学这个领域里可能是我比你懂得略多一些，正如你所知的是这个小圆，我所知的是这个大圆。然而整个物理学知识是无边无际的，对于小圆，它的周长小，即与未知领域的接触面小，它感受到自己的未知少；而大圆与外界接触的周长大，所以更感到自己的未知东西多，会更加努力地去探索。”

任何人都不喜欢骄傲自大的人，这种人在与他人合作中也不会被大家认可。你可能会觉得自己在某个方面比其他人强，但你更应该将自己的注意力放在他人的强项上，只有这样，你才能看到自己的肤浅和无知。因为团队中的任何一位成员，都可能是某个领域的专家，所以你必须保持足够的谦虚。谦虚会让你看到自己的短处，这种压力会促使你在团队中不断地进步。

我们每个人都要有一种“谦虚谨慎、戒骄戒躁”的精神，用有限的生命去探求更多的知识。无论什么时候，都不能因为取得了一点优异的成绩就洋洋得意、骄傲自满。要知道，“学无止境”“三人行，必有我师”，每个人身上都有值得我们学习的地方。因此，女孩们要虚心向人请教，这样才可以通过学习别人的经验和知识，大大降低犯错误的概率，缩短摸索的时间，使你更快地走向成功。

谦虚的女孩惹人爱

没有一个人能够有骄傲的资本，因为任何一个人，即使他在某一方面的造诣很深，也不能够说他已经彻底精通，彻底研究全了。“生命有限，知识无穷”，任何一门学问都是无穷无尽的海洋，都是无边无际的天空，所以，谁也不能够认为自己已经达到了最高境界而停步不前、趾高气扬。如果那样，则必将很快被同行赶上，很快被后人超过。

爱因斯坦是20世纪世界上最伟大的科学家之一，他的相对论以及他在物理学界其他方面的研究成果，留给我们的是一笔取之不尽、用之不竭的财富。然而，就是他这样一个人，还是在有生之年中不断地学习、研究，活到老，学到老。

1929年3月14日是爱因斯坦50岁生日。全世界的报纸都发表了关于爱因斯坦的文章。在柏林的爱因斯坦住所中，装满了好几篮子从全世界寄来的祝寿的信件。

然而，此时的爱因斯坦却不在自己的住所里，他在几天前就到郊外的一个花匠的农舍里躲了起来。

爱因斯坦9岁的儿子问他："爸爸，您为什么那样有名呢？"爱因斯坦听了哈哈大笑，他对儿子说："你看，瞎甲虫在球面上爬行的时候，它并不知道它走的路是弯曲的。我呢，正相反，有幸觉察到了这一点。"

爱因斯坦就是这样一个谦虚的人，名声越大，他就越谦虚。

骄傲是一种不良的心理状态，特别是聪明的女孩常容易产生骄傲自满的情绪。在现实生活中，女孩子往往由于学习成绩较好或者某方面有特长而经常受到家长和老师的表扬，这种太多的表扬常常会误导孩子，使她们不能正确认识自己，于是就会滋长骄傲情绪。她们会因此夸大自己的优点，看不到自己身上的问题，而把别人看得一无是处；她们听不进别人的善意批评，总是处于盲目的优越感之中，就会逐渐地放松对自己的要求，因此导致成绩下降，表现也就不再那么优秀了。

盲目骄傲自大的人就像井底之蛙，视野狭窄，自以为是，严重阻碍了自己继续前进的步伐。科学家巴甫洛夫给青年人的一封信中这样写道：“切勿让骄傲支配了你们。由于骄傲，你们会在应该统一的场合固执起来。由于骄傲，你们会拒绝有益的劝告和友好的帮助。而且由于骄傲，你们会失掉客观的标准。”当然，女孩们要分清楚自信和骄傲的区别。

自信是一种积极的人生态度，它能使人乐观上进；而骄傲是对自己的不全面认识，是盲目乐观，常会让人不思进取。形式上两者有很大的相似性，常会让人迷惑，有些女孩常会把自己那点小得意看作是自信的表现，我们要分辨出两者的区别。

骄傲也是健康成长的绊脚石，任何成绩的取得只是阶段性的、局部的，只能作为一个起点。在学习上，知识是无边的海洋，如果一时一事领先就忘乎所以，恰恰是知识不够、眼界不宽的表现。“满招损，谦受益”，古今中外凡是有所作为的人都是在取得成绩后仍能保持谦虚奋进的人。

小兰已经小学五年级了，是个爱学习的女孩，由于学习成绩在班里一直名列前茅，因此非常自负。在家里，小兰认为自己已经是个大人了，对父母说的话越来越不放在心上。在学校里，小兰也非常清高，不太愿意与成绩不好的同学一起玩，觉得跟他们在一起没什么意思。对于任课老师，小兰也不太尊敬，她认为老师的水平不过如此，自己自学都能够学到很多知识。唯一令小兰比较敬重的是她的班主任侯老师。侯老师是一位快退休的语文老师，他对小兰非常好，经常给小兰介绍一些学习方法，讲一些名人的故事。

有一次，小兰在一篇交给侯老师的周记中表现出自己看不起同学的思想，她还提到了一次与数学老师发生的争执，原因是数学老师批评小兰做作业不够仔细。

侯老师后来在小兰的本子上是这样写的：

“有人批评你，并不是他看不起你，而是他希望你进步。因为，他不批评你，你不会怨恨他，他批评你，你则会怨恨他，而他却选择了批评你，原因就是他希望你进步。侯老师也是这么希望的。”小兰深受触动，后来，她果然慢慢改正了自负的毛病。

批评往往直指一个人的缺点，如果一个人能够接受批评，她就能够比较清楚地看到自己的缺点。对于女孩来说，她在评论自己时常会出现偏差，原因是“不识庐山真面目，只缘身在此山中”，若能经常听取别人的意见或建议，就能不断充实和完善自己。

父母要教育孩子，取得了一定的成绩，这确实是自己努力的结果，但是不要忘记这里也包含着家长的培养、老师的教诲和同学的帮助。

另外，不正确的比较也容易滋长骄傲情绪。在班集体中，若以己之长与别人之短相比较，这样比较的结果，自然容易沾沾自喜，自以为什么地方都比别人强，因而看不起别人。父母应该开阔女孩的胸怀，引导她们走出自我的狭小圈子。带她们到更广阔的地方走走，陶冶她们的情操；让她们了解更多的历史名人的成就和才能，以丰富的知识充实头脑，使之变骄傲为动力。

许多人都看过《卡尔·威特的教育》这本著名的书，这本书写于1818年，是世界上论述早期教育的最早文献之一。

卡尔·威特生下来时是一个智障儿，但他的父亲老威特运用一种与众不同的教育方法，使小威特8岁时，就已经掌握德语、法语、意大利语、拉丁语和希腊语5种语言，同时，小威特还通晓动物学、植物学、物理学、化学，尤其擅长数学。小威特在9岁时就考上哥廷根大学。当他未满14岁时，就被授予哲学博士学位。16岁时又获得法学博士学位，并被任命为柏林大学的法学教授。

对于这样一位才华出众的天才，父亲老威特非常注意培养孩子谦虚的习惯，他禁止任何人表扬他的儿子，生怕孩子滋长骄傲自满情绪，从而毁了他的一生。

女孩子产生骄傲往往源于自己的某方面特长和优势，女孩子要认识到，她身上的这种优势只不过限定在一个很小的范围内，放在一个更大范围就会失去这种优势，正确的态度应该是积极进取，而不是骄傲懈怠，并且优势往往是和不足并存的，同时应该努力弥补自己的不足。

学会谦让、礼让和忍让

这天是姗姗的生日，姗姗很高兴啊，用她的话来说就是“盼了一年可过生日了”，由于这一天来得太不容易了吧，姗姗决定要好好庆祝一下，邀请几个不错的好友一起开生日聚会。

晚餐时刻到来，姗姗突然发现买来的蛋糕不太好分，因为她买的是那种很小的蛋糕，所以四个蛋糕都不一样，而且价位也不一样，怎么给大家分呢？

“真是的，我买的时候把这个忘记了，买了四个各不相同的，而且口味也完全不一样。算了，你们只好自己拿吧。”

几个好伙伴之间开始了一番谦让。

“你们先挑，最后剩下的给我吧。”

“我喜欢那个奶油最少的，吃了不容易发胖，我就拿这个了。”说着就拿了一个最便宜的。

大家的晚餐在很融洽的气氛中进行，因为大家的谦让，所以那块最贵的蛋糕反而被姗姗吃掉了，真不好意思呢。

在生活中，有很多人无缘享受友谊之乐，以致丧失了许多生命的欢乐，成为孤独、不合群的人，他们曾经发出强烈的呼声：“唉！我真希望，我能吸引一些朋友；我真希望，我能成为一个受人欢迎、为人所乐于接受的人啊！”但是他们不知道造成他们这种苦恼的原因很可能是他们对于自己的朋友和身边的人们过于吹毛求疵、缺乏谅解。

不能忍受别人的缺点，常常对别人吹毛求疵，对于别人行为上的失误，常常冷嘲热讽——女孩们该留意，这样的行为会让你失去朋友、失去和谐友好的生活环境。

有人说过这样一句名言：“真正的爱，是在于能忍受别人的一切缺点；见别人的软弱不会惊讶，见别人的小德行，则努力效法。”这个人就是小德兰，小德兰是特蕾莎修女的精神导师，她深深地影响了特蕾莎修女的为人。

小德兰的这句话也能够给予我们启发，如果有人自诩为一个宽容的人，但在她的眼里，看到的经常是别人的缺点，那么这个人不是真的宽容。

具有豁达心胸的人，看出他人的优点比看出他人的缺点更快。反之，心胸狭隘的人，目光所及都是过失、缺陷甚至罪恶。轻视与嫉妒他人的人，心胸是狭隘的、不健全的。

这种人从来不会看到或承认别人的优点。而胸襟开阔的人，即使憎恨他人时也会竭力发现对方的长处，由此来包容对方。其实，心胸狭窄的人，生活在挑剔和抱怨的怪圈里，无法获得真正的快乐。

小玉是一个刚刚上大一的女孩子，第一次离家过集体生活，她很不习惯，尤其让她难以忍受的就是宿舍里的室友。宿舍里一共四个人，小玉觉得有一个穿衣服买东西都很没有品位，根本没有共同语言。另外两个她也很看不惯：一个非常自私，只要求别人帮她做什么，很少替别人着想。另一个总是多管闲事，天天就像一个大妈一样，在人们的耳边唠唠叨叨。

因为小玉对她的室友有偏见，所以，她们的相处并不和谐，经常闹一些小的矛盾。后来有一天，小玉终于难以忍受了，于是她就私下和舍监阿姨说要换寝室。

新的学期开始了，小玉如愿以偿地换到了新的寝室，开始的时候她着实开心了很多天，但是经过一段时间的相处，她又发现问题了，上铺的女孩不爱干净，旁边的女孩不会说话，总是惹人生气。结果，在一个女孩持续三周没有做值日之后，她又一次提出调换寝室。

经过几次的折腾，小玉最终还是没有找到她满意的室友，大学四年很快就过去了。等到大四的时候，她又一次提出换寝室的要求，但是很多学姐学妹都知道了她的“事迹”，不愿意接受她。提起她，舍监阿姨也很头疼。

生命中最美丽的四年就在小玉的不断“乔迁”中流走了，等到毕业的时候，小玉才悲哀地发现，原来她的身边竟没有一个知心朋友，她遗憾地离开了大学校园。

“金无足赤，人无完人”，我们必须明白这个道理，完美并不存在，在生活中他人身上存在一些不尽如人意的地方是很正常的，女孩们需要用一颗宽容的心去看待这一切。

有人说“前世的五百次回眸，换来今生的擦肩而过”，其实，大家能住在一个宿舍，或者生活在一个学校、一个国家、一个地球，这是多大的缘分啊！何必再生一些无所谓的气，毁掉学生时代的美好回忆呢？如果我们都退一步想问题，认清世界上没有完美的人，用宽容自己的心态去宽容别人，那么快乐就会自动地走到我们的中间来。

孤芳自赏注定难以成功

小红所在的班级正在评选“三好学生”，同学们都在七嘴八舌地议论着，很多人都还没有形成统一的看法。这时候，班主任老师问小红：“你觉得我们班同学中，谁最应该被评选为‘三好学生’？”

小红很老练地说：“老师，这我可说不准，我觉得我们班的同学都很优秀。”

“那么，”老师接着问，“你觉得李强同学怎么样？”

小红一听，马上从抽屉里拿出一个小本子，迅速翻到其中的一页念起来：“4 月 1 日，李强在值日的时候忘记了涮洗拖布；4 月 7 日，他将一只很大的毛毛虫带到教室里来吓唬女同学；4 月 13 日，他没有和大家一起去参加学校举行的植树活动；4 月 14 日，他……你看，他犯了这么多错误，怎么能当‘三好学生’呢？”

老师听了，又问：“那么，你觉得刘洋同学当‘三好学生’可以吗？”

“她还没有李强好呢！”小红又把本子翻到另一页念起来：“4 月 3 日，刘洋欺负了邻班的一个女同学；4 月 9 日，她在数学课上偷吃零食；4 月 15 日……”

“那么，张致远同学呢，他做‘三好学生’怎么样？”老师耐心地又问。

“他也不够资格，他的行为作风太粗暴了。”小红仍旧翻着本子，看着某一页念道，“4 月 4 日，张致远在语文课上偷偷看连环画《巴黎圣母院》；4 月 13 日，他还与高年级的一名同学打架，大家都看到了……”

班主任老师终于没有耐心了，他打断小红问：“那么你说，谁最有资格当上‘三好学生’？”

“最有资格？这还用说嘛，”小红得意洋洋地说，“当然是我了。”

最后，班主任老师开始征求全班同学的意见，但几乎所有的同学都不同意让小红当“三好学生”，因为她平时总是孤芳自赏，根本就不跟其他同学交朋友，所以她连一个朋友也没有，大家当然不会选她当“三好学生”了。

虽然没有人是绝对的十全十美，但每个人却都是独一无二的。平常的学习生活中，要多看到别人的长处，而不是紧紧抓着别人的短处不放，随时揪出来让别人难堪。严于律己，宽以待人，这才是真正的为人处世、与人交往之道，只有这样，你才能在群体中得到大家的信任和支持。

一位哲人曾经说过：“没有友情的社会是一片繁华的沙漠，得不到友谊的人是终身可怜的孤独者。”

自我封闭的人对自己完全没有好处。如果你希望自己能够快乐，那就应该结交新的朋友，唯有朋友可以带给你真诚的友谊和持久的快乐。

古希腊哲学家毕达哥拉斯曾说过一句非常神秘的格言：“不要损伤自己的心。”大哲学家培根也说过：“如果一个人有心事却无法向朋友诉说，那么他必然会成为损伤自己心的人。”快乐的时候，如果你把自己的快乐告诉另一个朋友，那么你将会得到两份快乐；如果你不快乐，那么将你的忧愁向另一个朋友倾诉，你将会被分掉一半忧愁，获得了些许的快乐。这就是友情这个神奇东西的奇妙作用。

人生旅途中，你会遇到一些人，他们给你带来了快乐和幸福，你可以把他们称为朋友。在这棵友谊的常青树上，每一片单独的叶子都代表着一位好朋友，而支撑友情的，就是发自内心的尊敬和信赖，是永远都不背叛朋友的诚实，是朝着人生的超高理想携手冲破艰难困苦的勇气。要结交朋友，交到好朋友，就要首先信任你的朋友，尊重你的朋友，在朋友遇到困难的时候伸出援手帮他一把，这样，你的身边就会出现越来越多的朋友，你自己也会得到越来越多的快乐和幸福。

第七章

自强不息——你就是自己的救星

轮椅上的百米冠军

“人可以被消灭，但不能被打败！”在人生旅途中，通往理想的道路上总会遇到大大小小的困难和挫折。埋怨、消沉、哀叹命运，这些都无济于事。面对挫折，要有宽阔的胸襟和无畏的勇气，要记住，挫折一样可以是通向理想的阶梯。只要你有走出的愿望，就没有永远走不出的人生低谷。

威尔玛·鲁道夫从小就“与众不同”，她在家中22个孩子中排行第20。她出生时因早产而险些丧命。4岁时她患了肺炎和猩红热，后来又患了小儿麻痹症，由于左腿不能正常使用，她只能穿着固定腿的金属绷带，她的左腿因此而瘫痪。童年时候的她不要说像其他孩子那样欢快地跳跃奔跑，就连平常走路都做不到。寸步难行的她非常悲观和忧郁。

随着年龄的增长，她的忧郁和自卑感越来越重，甚至，她拒绝所有人的靠近。但也有例外，邻居家的残疾老人却是她的好伙伴。老人在一场战争中失去了一只胳膊，但他非常乐观，她也喜欢听老人讲故事。

有一天，威尔玛被老人用轮椅推着去附近的一所幼儿园，操场上孩子们动听的歌声吸引了他们。当一首歌唱完，老人说道：“让我们为他们鼓掌吧！”她吃惊地看着老人，问道：“您只有一只胳膊，怎么鼓掌啊？”老人对她笑了笑，解开衬衣扣子，露出胸膛，用手掌拍起了胸膛……

那是一个初春的早晨，风中还有几分寒意，但她却突然感觉自己的身体里涌起一股暖流。老人对她笑了笑，说道：“只要努力，一个巴掌也可以拍响。你一定能站起来的！”那天晚上，威尔玛·鲁道夫让父亲写了一张纸条贴在墙上："一个巴掌也能拍响！"

从那之后，她开始配合医生做运动。无论多么艰难和痛苦，她都咬牙坚持着。有一点进步后，她会寻求更大的进步。甚至父母不在家时，她自己扔开支架，试着走路……蜕变的痛苦牵扯到筋骨。她坚持着，相信自己能够像其他孩子一样行走、奔跑。

很快她的付出便有了回报，到她9岁的时候，她不再需要金属护腿绷带。威尔玛很高兴，因为她能够跑步，并能像其他孩子们那样玩耍。她的哥哥在后院立起一个篮球筐，自打那以后，她每天玩篮球。她终于扔掉支架，开始向另一个更高的目标努力着：锻炼打篮球和参加田径运动。无论严寒酷暑，她都始终坚持着，从不气馁从不放弃。

在她16岁上中学的时候，她已经成了一名非常优秀的田径运动员，代表美国参加了1956年在澳大利亚墨尔本举行的奥运会，她是美国代表队中最年轻的选手，在接力跑4×100米接力比赛中获得了铜牌。

1960年，罗马奥运会女子100米决赛，当她以11秒18第一个撞线后，掌声雷动，人们都站起来为她喝彩，齐声欢呼着她的名字："威尔玛·鲁道夫！威尔玛·鲁道夫！"那一届奥运会上，威尔玛·鲁道夫成为当时世界上跑得最快的女人，她共摘取了3枚金牌，也是第一个黑人奥运女子百米冠军。

常言道："台上一分钟，台下十年功。"每一个光彩夺目的瞬间，都是由无数个黑夜里的勤奋练习和坚强意志所成就的。在每一份光鲜美丽的背后都有一份付出与汗水在挥洒，都是常人不敢想象的毅力和坚韧在支撑。女孩们，要想成就一番事业，拥有坚强的心和刻苦的努力是必不可少的。

身处逆境，人们会比平日更能激发出巨大的潜能，因此，你不必因恐惧逆境和挫折而去当温室里的花朵。温室里的花朵固然可以安全舒适地生活，但人生不可能一帆风顺，一旦逆境来临，首先被摧毁的就是失去意志和行动能力的温室花朵，经常接受磨炼的人才能创造出崭新的天地，这就是所谓的“置之死地而后生”。

每个人的一生都是在失败与挑战中度过的。人的一生中，挫折总是不可避免的，但如果换一种思维来看待它的话，那就是：有的时候，我们就是要体会一下粉身碎骨的痛，因为只有经过磨炼，才能认识到什么路可行，什么路不可行。也只有在止痛了之后，我们才能够找到前进的方向，取得脱胎换骨的进步和成长。

人的可贵之处在于，无论我们跌倒多少次，都能从失败的废墟上站起来，人生也因此而变得绚丽多彩。如果你还在为不幸的遭遇自怨自艾，那你将不会有任何前途。不要因为一次考试的失利就自暴自弃，失利会指明我们在什么地方还有不足，只要我们持之以恒地刻苦努力，迎头赶上，我们一样可以取得第一名的好成绩。而你若是沉陷在其中无法自拔，以为自己的学习成绩永远都不会提高，又怎么会取得好成绩呢？

所以，不要害怕失败，在失败面前，只有永不言弃者才能傲然面对，才能最终取得成功。其实，失败不过是从头再来。

从来就没有“不可能”

卓别林说过，历史上所有伟大的成就，都是由于战胜了看来是不可能的事情而取得的。最困难并不是不可战胜的，被克服的困难就是希望的契机，本来无望的事，只要大胆尝试，就有可能成功。

有一条河流从遥远的高山上流下来，流过了很多个村庄与森林，最后它来到了一个沙漠。它想："我已经越过了重重的障碍，这次应该也可以越过这个沙漠吧！"当它决定越过这个沙漠的时候，它发现它的河水渐渐消失在泥沙之中，它试了一次又一次，总是徒劳无功，于是，它灰心了："也许这就是我的命运了，我永远也到不了传说中那个浩瀚的大海。"它颓废地自言自语。

这时候，四周响起了一阵低沉的声音："如果微风可以跨越沙漠，那么河流也可以。"原来这是沙漠发出的声音。小河流很不服气地回答说："那是因为微风可以飞过沙漠，可是我却不可以。""因为你坚持你原来的样子，所以你永远无法跨越这个沙漠。你必须让微风带着你飞过这个沙漠，到达你的目的地。你只要愿意放弃你现在的样子，让自己蒸发到微风中。"沙漠用它低沉的声音这样说。

小河流从来不知道有这样的事情，"放弃我现在的样子，然后消失在微风中？不！不！"小河流无法接受这样的事情，毕竟它从未有这样的经验，叫它放弃自己现在的样子，那不等于是自我毁灭了吗？"我怎么知道这是真的？"小河流这么问。"微风可以把水汽包含在它之中，然后飘过沙漠，等到了适当的地点，它就把这些水汽释放出来，于是就变成了雨水。然后，这些雨水又会形成河流，继续向前进。"沙漠很有耐心地回答。

"那我还是原来的河流吗？"小河流问。"可以说是，也可以说不是。"沙漠回答。"不管你是一条河流还是看不见的水蒸气，你内在的本质从来没有改变。你之所以会坚持你是一条河流，因为你从来不知道自己内在的本质。"此时小河流的心中，隐隐约约地想起了自己在变成河流之前，似乎也是由微风带着自己，飞到内陆某座高山的半山腰，然后变成雨水落下，才变成今日的河流。于是，小河流终于鼓起勇气，投入微风张开的双臂，让微风带着它，奔向它生命中某个阶段的归宿。

面对生活中的困境，很多人都被“不可能”这三个字禁锢着，不敢正视现实中的困难和挑战，导致自身的潜能得不到充分的发挥。面对问题，我们不妨试着把自己的“我不能”埋进坟墓，以一种积极的心态来面对一切，这样很多困难就能迎刃而解了。

拿破仑·波拿巴说：“只有在愚蠢人的字典里才有‘不可能’这个词。”

很多人不敢主动与人交往，不敢在公共场合发言，害怕别人瞧不起自己。那是因为我们没有从内心真正认识自己，没有看到自己身上所蕴含的力量。

女孩们，你不相信自己身上有这种力量吗？

实际上，一件事只要有人能够做到，就说明它是合乎人的本性的，既然合乎本性，那么你也一定能够做得到。如果觉得自己做不到，那只是你缺乏自信而已。正如苏格拉底所说的那样，最优秀的人是你自己。

坚强让生命没有残缺

1967年的夏天，对于美国跳水运动员乔妮来说是一段伤心的日子，她在一次跳水事故中身负重伤，全身瘫痪，只剩下脖子可以活动。

乔妮哭了，她躺在病床上辗转反侧。她怎么也摆脱不了那场噩梦，为什么跳板会滑？为什么她恰好会在那时跳下？不论家里人怎样劝慰她，亲戚朋友们如何安慰她，她总认为命运对她实在不公。出院后，她叫家人把她推到跳水池旁。她注视着那蓝莹莹的水波，仰望那高高的跳台。她再也不能站立在那洁白的跳板上了，那蓝莹莹的水波再也不会溅起朵朵美丽的水花拥抱她了。她又掩面哭了起来。从此她被迫结束了自己的跳水生涯，离开了那条通向跳水冠军领奖台的路。

她曾经绝望过。但现在，她拒绝了死神的召唤，开始冷静思索人生意义和生命的价值。她借来许多介绍前人如何成才的书籍，一本一本认真地读了起来。她虽然双目健全，但读书也是很艰难的，只能靠嘴里衔根小竹片去翻书，劳累、伤痛常常迫使她停下来。休息片刻后，她又坚持读下去。通过大量的阅读，她终于领悟到：我是残疾了，但许多人残疾了后，却在另外一条道路上获得了成功，他们有的成了作家，有的创造了盲文，有的创造出美妙的音乐，我为什么不能？于是，她想到了自己中学时代曾喜欢画画。我为什么不能在画画上有所成就呢？这位纤弱的姑娘变得坚强、自信起来了。她捡起了中学时代曾经用过的画笔，用嘴衔着，开始练习。

这是一个常人难以想象的艰辛过程。家人担心她累坏了，于是纷纷劝阻她："乔妮，别那么死心眼了，哪有用嘴画画的，我们会养活你的。"可是，他们的话反而激起了她学画的决心，"我怎么能让家人一辈子养活我呢？"于是她更加刻苦了，常常累得头晕目眩，汗水把双眼弄得辣痛，甚至有时委屈的泪水把画纸也淋湿了。为了积累素材，她还常常乘车外出，拜访艺术大师。好些年头过去了，她的辛勤劳动没有白费，她的一幅风景油画在一次画展上展出后，得到了美术界的好评。

后来，乔妮决心学文学。她的家人及朋友们又劝她，"乔妮，你绘画已经很不错了，还学什么文学，那会更苦了自己的。"她没有说话，她想起一家刊物曾向她约稿，要谈谈自己学绘画的经过和感受，她用了很大力气，可稿子还是没有完成，这件事对她的刺激太大了，她深感自己写作水平差，必须一步一个脚印地去学习。

这是一条通向光荣和梦想的荆棘路，虽然艰辛，但乔妮仿佛看到艺术的桂冠在前面熠熠闪光，等待她去摘取。

是的，这是一个很美的梦，乔妮要圆这个梦。终于，又经过许多艰辛的岁月，这个美丽的梦终于成了现实。1976年，她的自传《乔妮》出版了，轰动了文坛，她收到了数以万计读者热情洋溢的信。又两年过去了，她的《再前进一步》一书又问世了，该书以作者的亲身经历，告诉残疾人应该怎样战胜病痛，立志成才。后来，这本书被搬上了银幕，影片的主角就由她自己扮演，她成了青年们的偶像，成了千千万万个青年自强不息、奋进不止的榜样。

只要持续地努力，不懈地奋斗，就没有征服不了的东西。无论你的命运面临怎样的困厄，生活给予了你什么样的磨难，只要拥有坚强的信念，它们都阻止不了你实现自己的人生价值。而恰恰相反，它们会成为你人生道路中一笔宝贵的精神财富，促使你更快、更好地走向目标。

易卜生说：“苦难是一笔巨大的财富。我从苦难中获得的东西，都是我赢得成功必要的投资。”“苦难缔造了强者健康有力的品格，丰富了强者的斗争经验，锻炼了强者非凡的才干，而这些都是获取成功必不可少的因素。”总之，“苦难是成功之母”。人的一生不可能只有成功的喜悦而没有遭受挫折的痛苦，一个人如果能在失望与绝望中看到希望，抓住新生，那他就已经有了成功的苗头。困难和挫折，对于处在人生初期的青少年而言，是在所难免的，但同时“苦难也是一所最好的学校”。

无法从苦难和失败中总结经验教训的人，注定会重蹈覆辙。成功的人总会不断地从过去的失败中总结经验，并以此为戒，避免再次犯同样的错误，他们会把每次挫折都当成一次学习的机会。

每一次挫折都包含着珍贵的启示，包括失败者的心态、方法和技巧。善于反省，将会引领女孩走上成功之路。生命中没有逆境，也就无法使智慧增长；而缺乏希望，成功将永远把你拒之门外。如果女孩们不可避免地犯了错误，就应该说："现在我知道这是错的，我永远也不会再犯同样的错。"于是你就再也不会感到忧虑，过去犯的错将成为你今后的教训，时刻提醒你，这样的错也就不会困扰你了。

断臂也可以冲浪

在美国夏威夷的基拉韦厄，有一个非常喜欢冲浪的小姑娘。从很小的时候，她就喜欢在阳光明媚的夏威夷海岸与奔腾的浪潮搏击，本来长大后的她也立志于要成为一个成功的冲浪者，但一场突然到来的变故却几乎粉碎了她的梦想。

那是2003年的一天，正当她在浪潮中奔涌时，一条鲸鱼夺去了她的左手。几个星期后，当缠绕在她胳膊上的绷带被缓缓揭开时，那长长的伤口显现出来，把她哥哥吓得脸色苍白，而她的母亲则几乎要晕倒，她那苍老的外婆默默地走出病房掩面而泣。她的家人，没有一个人愿意接受这样的事实，因为她才仅仅13岁，如此年轻，就遭遇如此的变故。但是，女孩自己却一直很平静，就在大家都为她那不合年龄的镇定疑惑时，她坚定地说了一句让所有人都震惊的话。她说："世界上没有能让时间倒流的机器，我没有办法改变现实。我承认，这是上帝安排给我的命运，我会勇敢地面对它，我期待，自己有一天可以重返大海。”

她并没有食言。一个多月以后，在美丽的海岸，人们惊讶地看到了她的身影。她告诉他们，她要继续冲浪，虽然，大家都微笑着回应她，但没有人相信她可以做到。冲浪是一种需要技巧和平衡力的运动，一个只有一条手臂的人怎么能够在大浪中找到身体的平衡点呢？

但，她用事实证明了这件事情的可能性。她进入了刻苦训练的阶段，最初的时候，当她再次踏上冲浪板时，没多久就会掉进海水里，但她总是马上就站起来重新登上去……很多好心人都劝她，不要再进行无谓的努力，但是她很坚决，她告诉人们：“我的灵魂是属于海浪的，冲浪板就是我生命的航船，我的双臂就是船上的一对桨。以前，我是用我的双桨来划船，现在我折断了一支桨，但幸好还有一支，只要有一支桨，我就能遨游大海。”

就是在这样的信念下，她一次又一次地踏上冲浪板，一次又一次地从上面摔下来，但终于，在漫长而艰苦的训练之后，她不仅恢复了原有的冲浪水平，而且还令人惊叹地夺得了一系列赛事的冠军。一年以后，她甚至夺得了美国第十五届冲浪锦标赛的冠军。不久后，她又加入了国家队，向着世界冲浪冠军的宝座发起了冲击。

在成功背后，她这种对生活的积极态度和顽强拼搏的精神获得了人们的赞扬和钦佩，大家亲切地称呼她为“小英雄”。是啊，当年只有16岁的她却用坚定的口气向人们说明了一个道理：“当你的命运之船折断了一支桨时，千万不要灰心和绝望，因为你还剩下一支桨，你仍然可以用这仅有的一支桨来遨游人生的大海，到达成功的彼岸。”

有人说：“生活本身就是一个被咬了一口的苹果。”每个人都会遇到各种各样的不如意和缺陷，虽然苹果被咬了一口，但是我们至少应该看到，它剩下的那么一大部分是没有被咬过的。利用这剩下的部分，我们依然可以做出伟大的事业，成就卓越的人生。

无可否认，每个人的生活都是有缺陷的，有些是身体上的，有些是心灵上的，缺陷似乎是人与生俱来的附属品，随时随地就会侵入我们的生活，让我们措手不及。但我们不能总是盯着缺陷看，也不能把自己埋葬在缺陷的影子里。真正克服缺陷，并且战胜缺陷成为命运主人的方法，就是正视缺陷，然后用勇气和实际行动去打败它、征服它。

在这个世界上，从来就没有什么真正的完美和一帆风顺。生活总在无意之间，生出诸多的麻烦和磨难。但无论风暴多大，朝阳总会在明天冉冉升起；无论风雪怎样肆虐，春风终会缓缓吹拂；无论苦难和残缺如何让人难以承受，它都已经成为我们命运的一部分。对我们来说，当挫折接连不断、失败如影随形时，当命运之门一扇接一扇地关闭时，我们一定不要紧紧盯着这些失败和挫折不放，那些关上的门已经关上了，用心去寻找一扇新的门，并且努力打开它，才是真正的成功者该做的。

康德说："只有乐观与希望，才能有助于我们生命的滋长，能够鞭策我们的奋斗意志，生出无穷的力量。"在缺陷和命运的囧途面前，像个小孩子一样哭泣和躲藏是永远靠不住的，坦然面对，乐观地接受现实，并且去发现残缺之外的美，才是正确的做法。也唯有如此，在人生各种磨难和难以预测的苦难命运中，女孩们才能如鱼得水，永远把握住自己生命的航船，踏浪前行。

拥有一颗不可摧毁的心

有一位女孩，她非常渴望成功，但是在人生的旅途上，她遭受了接二连三的打击，几乎让她绝望了。这个时候，她想到要去请教一位智者。

见到智者之后，女孩非常恭敬地说：“请问，我怎样才能获得成功呢？”

智者笑了，他递给女孩一颗花生，说：“你看这个花生，它有什么特点？”

女孩一下子愣然了，满脸困惑地看着智者。

“你用力去捏捏它。”智者对她说。

女孩拿住花生，用力一捏，当然，被她捏碎的只是外面的花生壳，而里面的花生仁却安然无恙。

“再用力地搓搓它。”智者又说。

于是，女孩照着做了，她用手使劲地搓了搓花生。毫无疑问，现在花生那红色的种皮也被搓掉了，只剩下一个白白的果实。

“再用点力，捏它。”智者依旧这样说。

女孩更加疑惑了，但她还是用力地捏了捏那个白白的花生果实。但是无论如何，她的手都无法将它毁坏了。

“你再用手搓搓看。”智者指点着。

女孩照做了。当然，结果很明显，什么都搓不下来，花生还是好好的。

这时候，智者终于开口了：“虽然屡屡遭遇挫折，但却有一颗百折不挠、不可摧毁的心——这就是我要对你讲的成功的秘诀。”

女孩一下子顿悟了，仅仅遭遇几次挫折就崩溃、绝望，如此脆弱的心灵又怎能到达成功的彼岸呢?

走出智者的大门，女孩露出了久违的笑容，同时还有的，是一颗充满了力量和希望的心。

智者的结论是：成功的秘诀就是拥有一颗坚强的、百折不挠的心。在你的目标和梦想面前，肯定会有很多磨难，勇敢地面对它们，付出行动，并且勇于承担失败的苦果，然后再昂然地站起来，继续努力。这样的人才会成功。

挫折似乎是人生必备的大餐，经历过挫折后人才会成长。每个人的一生都会经历很多挫折，而对挫折的认知水平决定了人们未来的发展，我们可以这样说，“问题不在于发生了什么，而在于如何对待它”。只要你已经尽了最大努力去干一件事，即使最终失败了也没有关系，过程比结果更重要，而更为重要的是从失败中吸取教训。

其实挫折并非是打倒你的地狱恶魔，挫折如成功一样，只不过是人生中必须要体验的一种味道，必须要经历的一部分。俗话说：“天有不测风云，人有旦夕祸福。”人生会有各种各样的坎坷，而且挫折不一定就是坏事。考试遭挫折会给你打击，带来损失和痛苦，但也使你奋起、成熟，从中得到锻炼。“自古雄才多磨难，从来纨绔少伟男。”大文豪巴尔扎克也说：“世界上的事情永远不是绝对的，结果完全因人而异。苦难对于天才是一块垫脚石，对于能干的人是一笔财富，对弱者则是一个万丈深渊。”

成就人生的过程往往也就是战胜挫折的过程。强者之所以为强者，不在于他们遇到挫折时根本没有消沉和软弱过，而恰恰在于他们善于克服自己的消沉与软弱。鲁迅彷徨过，哥白尼忧郁过，伽利略屈服过，歌德、贝多芬还曾想过自杀，但他们通过斗争，最终都坚定地走向了真理。凡事都有两重性。挫折可以使人沉沦，也可以使人猛醒和奋起。关键在于受到挫折的时候，能否从失败中吸取经验，能否发现自己的优点和长处，从而振作精神，重新站立起来。当你在失望和沮丧中看到了自己的另一面，你就会发现，天空原来是那么辽阔，阳光原来是那样明媚，自己并不是一无是处，从而鼓起战胜挫折的勇气和信心，提高对挫折的适应能力。

现实生活中，有很多挫折和不幸，小到考试失利、小病小痛，大到亲人故去、家庭破裂等，在这些不幸中，有一些可以避免，有一些难以避免。无论是否可以避免，在面对它们的时候，请你不要怨天尤人，不要哭泣消沉，而要挺起胸膛，微笑面对。

女孩们要记住：苦难，是无奈，是挫折，但也是生活，更是自己的人生。而我们，只要全心体验、积极面对，就一定能够得到特别的收获，比如人生经验、精神境界的提升，坚定、勇敢、乐观、勇于进取的品格等，都让我们受益无穷。

世界第一女记者

手术之后，气息奄奄的法拉奇要求看一眼大夫摘除的肿瘤，大夫说，那上面布满了癌细胞的血肉，并不好看。“它是我的肌体，我想看一眼。”于是，一块又长又白的东西出现在她眼前，她开始对那块异物大骂道：“你这个可恶的东西！你在我身体里留下孩子了吗？我要杀了你！你赢不了的！”

尽管癌症毁了她的生活，但对于疾病，她只有痛恨和反抗，绝对没有眼泪。这个在战火中长大的女孩，一直记着爸爸的话：女孩不哭。

法拉奇出生在“二战”中，当美国飞机轰炸她居住的佛罗伦萨时，她还是个孩子，蜷缩在一个煤箱里，恐惧得号啕大哭。一旁的父亲不但没有安慰她，反而给了她一记重重的耳光：“女孩是不哭的。”从那以后，法拉奇跟着父亲从事地下活动，学会了使用手榴弹，父亲的英勇形象也成为让她骄傲和效仿的对象。

法拉奇采访过世界各地的政要和敏感人物，美国总统国家安全事务助理基辛格、埃塞俄比亚皇帝海尔·塞拉西、巴基斯坦总理布托、以色列总理梅厄夫人，等等。每一次，她都以无所畏惧的姿态，直面各种冲突和问题，让那些受访者印象深刻且心生敬意。

目睹“二战”的法拉奇，一直无法摆脱法西斯的阴影，她厌恶法西斯和一切形式的极权主义。仇恨和反抗，是法拉奇从父亲那里学到的生存智慧，直到她成名之后，也承认：“我永远忘不了那记耳光，对我来说，它就像一个吻。”这个吻擦干小女孩的眼泪，带走了她的懦弱，让她像一个勇士一样勇往直前。

培根说:“如果问‘在政治中最重要的才能是什么？’那么回答是:第一，大胆；第二，大胆；第三，还是大胆。尽管大胆常常是无知与狂妄的产儿，但却总能迷惑并左右世上许多的愚人。甚至这种狂妄的盲勇有时还能唬住某些智者。”在大部分人都需要其他人的附和才会坚持自己的意见时，勇敢地坚持自己，并且勇敢地表达出自己，不畏强权和胁迫，就能成为成功者和明星。要知道，很多时候，仅仅是别人不敢说出的一句问话，都足以让你成为勇敢者的象征。

人们都希望自己的人生能够一帆风顺，但这只能是人们的美好愿望。

生活中，各种意想不到的困难和打击是在所难免的。尽管命运给予了人们各种各样的波折和坎坷，但是女孩们要明白一点，困难和坎坷也是人生的一种馈赠，它能使你们的思想更清醒、更深刻、更成熟、更完美。

在这个世界上，有阳光，就必定有乌云；有晴天，就必定有风雨。从乌云中解脱出来的阳光比以前更加灿烂，经历过风雨洗礼的天空才能更加湛蓝。人们都希望自己的生活如丝顺滑、如水平静，可是命运却给予人们那么多波折坎坷。此时，女孩们要知道，困难和坎坷只不过是人生的馈赠，它只是让你们的思想更深刻、更成熟并且更加完美。

每个人都需要不断地自我激励，不能因为一时的挫折就把自己的一生永远困在逆境的泥淖中。生活中不可能总是阳光明媚的艳阳天，狂风暴雨随时都有可能来临。每一个人都要以一种勇敢的人生姿态去迎接命运的挑战，跌倒了再爬起来，坚持下去，种下希望的种子，就一定能成功。

诗人胡德说：“到处都有明媚宜人的阳光，勇敢的人一路纵情歌唱。即使在乌云的笼罩之下，他也会充满对美好未来的期待，跳动的心灵一刻都不曾沮丧悲观；不管他从事什么行业，他都会觉得工作很重要、很体面；即使他穿的衣服褴褛不堪，也无碍于他的尊严；他不仅自己感到快乐，也给别人带来了快乐。”

第八章

仁爱善良——女孩因爱心而美丽

善良带来快乐

依依是个女孩，她可聪明啦，而且物理题做得特别好。班上有很多女孩喜欢向她问问题。只要一下课，会有很多女孩拿着作业本找依依去了。

“依依，你看，刚才老师讲到这一步，我不明白。”

“依依，这样的题型我们以前根本就没有做过啊，你会吗？”

“依依，你能不能一步一步地讲给我听。上课老师讲的，我一句没听明白。”

这几天依依真是够辛苦的，只要到了课间，就会看到她那里忙不迭起来。说真的，这个依依还真是挺招人疼的，她给同学认真讲题的那种精神让很多同学着实地感动了，服务质量那叫一个上乘。对于有的实在是太笨的小女生，依依还会特意帮她画一张示意图，然后一步一步地给她讲，讲完一步，就问她“这一步你明白了吗？”那个同学表示明白了，她才开始讲下一步。

最近快考试了，依依忙了起来，放学了还有同学缠着她讲题，依依也只好舍己为人了。那天依依从学校走出来，已经是晚上八点了。

“依依，你为了给同学讲题，浪费了自己多少时间。你还有时间复习吗？”有同学很关心地问她。

“嘿嘿，没事。”依依憨憨地一笑，告诉那位同学说，“你不知道，其实给人讲题最受帮助的是自己。”

“为什么？”那位同学感到很疑惑。

“你想啊，如果你只是在自己做题，你就只想把题目解出来就好，而我在讲题，就要考虑如何让别人明白，所以对题目的理解就更深了一层。

你能体会到吗？”

依依说的似乎有道理，因为最后考试成绩发布，她的分数依然遥遥领先。

一天，某个村庄来了一位智者，人们纷纷向他请教自己最困惑的问题。一位少年，总感觉自己有很多问题无法释怀，于是也去拜访年长的智者，少年问：“我怎样才能变成一个自己愉快，也能带给别人快乐的人呢？”

智者笑着说：“孩子，在你这个年龄有这样的愿望，已经很难得了。很多比你年长的人，从他们问的问题本身就可以看出，不管怎样跟他们解释，都不可能让他们明白真正重要的道理。我送给你四句话，第一句是，把自己当成别人。”

少年想了一下问道：“是不是说，感到痛苦忧伤的时候，就把自己当成别人，这样痛苦自然就减轻了；欣喜若狂的时候，把自己当成别人，那些心情也会变得平和一些？”

智者微微点头，接着说：“第二句话是，把别人当成自己。”

少年沉思了一会儿，说：“这样就可以真正同情别人的不幸，理解别人的需要，而且在别人需要帮助的时候给予适当的帮助，是吗？”

智者表示认同，继续说道：“第三句话是，把别人当成别人。”

少年思索着：“要充分尊重每个人的独立性，在任何情形下都不能侵犯他人的隐私，对吗？”

智者哈哈大笑：“很好！第四句话是，把自己当成自己。”

少年说：“这句话的含义，我一时体会不出，而且这四句话之间有许多微妙之处，我怎样才能把它们体会明白呢？”

智者说：“很简单，用一生的时间和经历。”

少年沉默了很久，然后道谢告别。

后来少年变成了中年人，又变成了老年人，在他离开这个世界很久以后，人们还时时提到他的名字，人人都说他是一位智者，因为他是一个愉快的人，他的热情也给每一个遇到他的人带来了快乐。

如果女孩们也能够像上面故事中的少年一样，将别人视为自己来看待，那么帮助别人也就是帮助自己，自己就不会这样不情愿、不开心了。这就是快乐与行善之间的关系，明白了这一点，你就会明白那些甘于奉献的人为什么总是面带微笑，为什么都是快乐地投身到自己的善行中去，因为他们从自己的善行中感受到了无尽的快乐与幸福。

心中常存感恩

"然然，你迟到了哦。"面对着质问她的同学们，然然俨然一副有理说不清的表情。

"咳！你们不知道，我在小餐馆里吃了饭才出来的，那里上菜的速度好慢，我足足等了20分钟。"不知道然然这样的解释他们能否信服。

"噫——找借口。"果不其然，同学们不买账。

回到家，妈妈看出了然然脸上的不愉快。

"然然，你今天好像有点不高兴。"

"是啊，我是很不高兴。中午我在一家小餐馆吃饭，他们上菜的速度特别慢，我等了20多分钟，还不停地催他们。反正，都是那家餐馆不好，害我迟到，以后我再也不去那里吃饭了。"

“哈哈，我以为是什么事呢，原来是因为这个呀。服务员忙不过来，难免会手忙脚乱把你忘了，所以你要多体谅他们才对啊。”

“哼，那是他们的问题。”然然才不想从心里原谅他们。

“然然，我建议你要多想一想好的方面，比如你自己不会做饭，如果没有这家餐馆开张，你的午饭要到哪里解决呢？我们感谢他们为我们提供服务，解决了我们生活中的不便。心中常存感恩，生活才会变美好。”妈妈用她的语言戒尺敲了敲然然的脑袋。

女孩们，有的时候，你是否会抱怨别人对你不公平，认为生活对你不公平？其实在生活中，有很多女孩子不珍惜自己的生存现状，比如别人上学车接车送，自己却要去挤公共汽车；别人可以全家人都开开心心地生活在一起，而自己的爸爸妈妈却因整天忙于工作而难得与你见上一面；别人生活在城市，自己却生活在农村……

事实上，我们完全没有必要为这些事情感到难过。曾经有一位哲人说过，只要活着就值得感谢。如果我们把生活中遇到的各种磨难和挫折都当作“一份小礼物”，那么我们的生活会减少多少不必要的烦恼啊。

人生如花开花谢，潮起潮落，有得便有失，有苦也有乐。

有一次，美国前总统罗斯福家里遭窃，被偷去了许多东西。一位朋友闻讯后，忙写信给罗斯福，安慰他不必太在意。

罗斯福给朋友的回信是这样的：

亲爱的朋友，谢谢你来信安慰我，我现在很平安。感谢上帝，因为：第一，贼偷去的是我的东西，而没有伤害我的生命；第二，贼只偷去我部分东西，而不是全部；第三，最值得庆幸的是，做贼的是他，而不是我。

对任何一个人来说，遭到盗窃绝对是件不幸的事，但是，罗斯福并不怨恨盗窃的贼。相反，他还能找出感谢上帝的三个理由。这种感恩他人、感恩生活的习惯让罗斯福在遭遇不幸的时候仍能够保持平和的心态。

感恩是一种快乐生活的哲学。英国作家萨克雷说：生活就像一面镜子，你笑，它也笑；你哭，它也哭。你感谢生活，生活将赐予你灿烂的阳光；你不感谢，只知一味地怨天尤人，最终可能一无所有！

一个人如果习惯于感谢他人，他将得到他人的信任和喜欢。一个人如果习惯于感谢生活，他将得到生活的眷顾和宠爱。

在贫困山区有一个女孩。她以出色的成绩考上了重点大学，不幸的是父亲在她进校不久就遭遇车祸身亡，家中无力供她上学，在她准备退学回家时，社会给了她关怀，老师和同学也慷慨捐款捐物。大家的赠物，她舍不得使用，藏在箱子里。每天打开箱子看看这些赠物，就想到自己周围有那么多的关怀、爱心，心中就不由产生出一种感激之情。这种感激之情又驱使她去战胜困难，顽强拼搏。

这个在物质上贫困的女孩，在精神上却很富有。她心怀感恩，终于读完了大学，还以优异的成绩留学美国。后来她说：“大家给我的一切是我的精神财富，永远留在我的心里。我要努力学好本领，回报祖国，回报父老乡亲。”人若有了感恩之情，就像这位女孩，生命就会时时得到滋润，并时时闪烁纯净的光芒。

感恩可以将他人的关爱化为我们成长的动力。我们每个人都应该明白，生命的整体是相互依存的。无论是父母的养育、师长的教诲，还是配偶的关爱、他人的服务、大自然的慷慨赐予……人自从有了自己的生命，便沉浸在恩惠的海洋里。一个人真正明白了这个道理，就会感恩大自然的福佑，感恩父母的养育，感恩社会的安定，感恩食之香甜，感恩衣之温暖，感恩花草鱼虫，感恩苦难、逆境，就连自己的敌人，也不忘感恩。

提起霍金，人们就会想到这位科学大师那永远深邃的目光和宁静的笑容。世人推崇霍金，不仅仅因为他是智慧的英雄，更因为他还是一位人生的斗士。

有一次，在学术报告结束之际，一位年轻的女记者捷足跃上讲坛，面对这位已在轮椅上生活了30余年的科学巨匠，深深敬仰之余，她又不无悲悯地问："霍金先生，卢伽雷氏症已将你永远固定在轮椅上，你不认为命运让你失去太多了吗？"

这个问题问得显然有些突兀和尖锐，报告厅内顿时鸦雀无声，一片静谧。

霍金的脸庞依然充满恬静的微笑，他用还能活动的手指，艰难地叩击键盘。于是，随着合成器发出的声音，宽大的投影屏上缓慢而醒目地显示出如下一段文字：

我的手指还能活动，我的大脑还能思维，

我有终生追求的理想，有我爱和爱我的亲人和朋友，

对了，我还有一颗感恩的心……

所以，女孩们，你想得到生活的眷顾吗？你想做生活的主人吗？那么，我们就一起开始学会真诚地感谢生活吧！感激自己所得到的一切，以平常心看待生活中的每一件事情，尤其是在遇到困难、遭到不幸的时候，仍然要感谢生活。

打磨一颗钻石般的怜悯心

米米喜欢看泡沫剧，而且还喜欢一边抱着枕头一边看，一边看一边掉眼泪。

“多么善良的女孩啊！”若若总是习惯于用那种夸张的语气来赞美她。

可奇怪的是，米米总是嘴上说：“好可怜啊！好可惜啊！”可是，她很少会付出行动来帮助一个人，在这一点上她比不上若若。

“我们学校正在号召给乡村学校贫穷的孩子们捐款捐物，请同学们量力而行，奉献自己的爱心。”老师在课上向同学们颁布了这样的一条消息。

“啊！那些孩子们真可怜啊！”米米习惯性地上演她的同情心。

“喂！说点真格的，我们到底应该捐多少啊？”若若直截了当地切入了正题。

回到家，若若问妈妈捐款的数额应该多少是合适的，妈妈则告诉她说：“捐款贵在自己的一份心意，并不在钱数的多少。你可以把自己买零食的钱省下来捐出去，就会有意义得多。”

嗯，若若付诸实际，开始克制自己的零食，把这份省下来的钱捐了出去。

女孩们，其实做任何好事，都不是为了自己出风头，也不是为了表现自己有多么善良。我们只求尽力，只求安心，心里就会感到很愉快，生活起来也更加有动力。

一位阿姨就曾经遇到过让她挠头的事情。事情的起因是她的孩子学校里要捐款，孩子就对老师说：“我可以捐 10 万。”老师听了之后也愣住了，因为毕竟不是一个小数字，放学之后就去家访询问。一经了解才知道，原来这个阿姨存了 10 万元打算用于装修和添置家具，结果在夫妻谈话的时候被小孩听到了，知道家里有 10 万块钱。这个小孩在班里是班干部，事事喜欢争先，所以才对老师说她可以捐 10 万。这样算是做好事吗？我们做好事的时候，是否只是纯粹地想帮助别人呢？这些实际上是需要用心体会的。

一座城市来了一个马戏团。有 5 个孩子穿着漂亮的衣服，牵着父母的手排在队伍中等候买票。他们不停地谈论着上演的节目，一个个兴高采烈，好像已经看到了台上的表演似的。

终于轮到他们了，售票员问要多少张票，父亲小心地回答："请给我 5 张小孩的和 2 张大人的。"

售票员说出了价格。

母亲的心颤了一下，转过头把脸垂了下来。父亲咬了咬唇，又问："你刚才说的是多少钱？"

售票员又报了一次价。

父亲眼里透着痛苦，他实在不忍心告诉他身旁兴致勃勃的孩子们：我们的钱不够！

一位排队买票的男士目睹了这一切。他悄悄地把手伸进口袋，把一张 20 元的钞票拉出来，让它掉在地上。然后，他蹲下去，捡起钞票，拍拍那个父亲的肩膀说："对不起，先生，你掉了钱。"

父亲回过头，他明白了原因。他眼眶一热，紧紧地握住男士的手，感谢这位男士在自己心碎、困窘的时刻帮了忙："谢谢，先生。这对我和我的家庭意义重大。"

所谓关爱，就是在别人最困难的时候挺身而出，为他们提供帮助，而且在帮助的时候，不伤害他人的尊严。对于故事中的父亲来说，就是不让他在孩子们面前失掉“伟大父亲”的光环。

没有人喜欢被施舍，中国古代就有“不食嗟来之食”的名言。其实历朝历代的人都是如此，现代人也不例外，也许你的同学中就有家境贫困的人，他需要你的呵护尊严的帮助，如果你以一种居高临下的态度送给他玩具或者请他吃麦当劳，他的心灵一定会受到伤害。所以，希望你能够小心翼翼地避免这种行为。

诗人埃米利·迪金森提醒我们，同情之心增加了我们生命的意义。他在诗中曾这样吟咏：

如果我能让一颗心免于破碎
我就没有白活
如果我能为一个痛苦的生命带去抚慰
减轻他的伤痛和烦恼
或让一只弱小的知更鸟
回到自己的鸟巢
我就没有白活

也许女孩们今天生活在宽敞明亮的教室里，吃着可口的饭菜，穿着光鲜美丽的衣服，所以觉得苦难离我们很遥远，但是事实真的如此吗？“天有不测风云”，没有人能预测到明天会有什么样的事，如果今天我们不去同情和帮助别人，那么明天当我们处在困难甚至是苦难之中的时候，谁来帮我们呢?

不可以盛气凌人

在对于行乞人的态度上，媛媛和露露最终达成了一致，她们想到了一个好方法，花钱不多还可以给那些人送去温暖：花很少的钱买了一杯热的豆浆，给那个乞丐送了过去，希望他能够暖一暖，因为长时间坐在地上很冷。

当她们两个人过去给那个乞丐豆浆的时候，那个乞丐很感谢她们，并很有礼貌地向她们哈腰。

露露想起了那个很有名的“嗟来之食”的例子。

是说有一个穷苦的人宁可饿死，也不接受别人侮辱的施舍，所以即便是在送给别人东西，也不可以把身价端得太高。

露露记得有一次家里要换一辆新车，于是妈妈就想把以前家里的旧车送给别人，在送给别人之前妈妈自己花钱修理了一下，把不好用的零件都换成了新的，还把车子擦得干干净净。当时露露就感到很奇怪，于是问妈妈：“我们已经把车白送给别人了，让他们自己去修理不好吗？为什么我们还要花钱？”

妈妈告诉露露：“我们不能因为是把车白送给别人就觉得欠了我们好大的人情，而且把车修理好了别人用得才会顺手，对吗？”

露露明白了妈妈的用意，即便是给予，也要恭敬，也要考虑到别人的感受。

特蕾莎修女原本是欧洲人，后来到印度为穷人服务。自从踏上印度的国土，她就不再穿鞋。曾经有人问特蕾莎为什么不穿鞋，她说：她所服务的印度民众都太穷太苦，他们没有鞋穿，如果我穿上鞋，那我与他们的距离不就差得太远了吗？我服务于他们，我不想与他们有距离，我不能穿鞋！

人并不都是自私的，但是一般的人却很难放弃自己的立场，全心全意为他人着想，而特蕾莎修女做到了这一点，她用自己的行动向我们诠释了爱的真谛。

服务于穷人就要和穷人穿得一样，这样才能更好地体会到穷人的心境与需要，可以想象特蕾莎修女为人想的多么周到。也许我们无法将爱践行得如此纯粹，但是这种“为他人着想”“爱就要对他人的痛苦感同身受”的观念却值得我们学习。

还有一个故事也是说明了这个道理：

一个晴朗的夏日午后，山姆正从学校向家走去。他一边慢慢地向前走，一边认真地看着手里的书。

今天，他用自己全部的积蓄买了这本渴望已久的书，因此，他感到十分快乐。

不一会儿，山姆便走上了公路。公路边上一个盲人向山姆请求：“给我一些钱让我填填肚子吧。”但是山姆一文钱也没给他。

为什么？山姆居然不给这个可怜人一点东西？没错，他已花光了所有的积蓄。

山姆因此感到十分难过，不再有心情看书，他缓缓前行。很快，他便看见一辆豪华的马车飞驰过来，上面坐着哈里和他母亲。

盲人仍然站在路边，向来往的行人举着帽子。“我们给他一点钱吧！”

哈里请求母亲。

他母亲于是取出几分钱，交给了哈里。可哈里却并没有把钱递进盲人的帽子。

哈里用出吃奶的劲，把钱扔进了路边的树丛中。那个可怜人找不到这些钱，因为他什么也看不见。

山姆转身看这辆马车，也看见了哈里扔钱的一幕。他正因不能帮助这个盲人而难过呢，于是赶忙跑过去，帮盲人一分一分地把钱全部找到。

你觉得这两个男孩中，谁的表现才是真正的爱呢？

当然是山姆，哈里付出的只是金钱而已，而没有对盲人进行实质性的帮助，也没有给予他一丝温暖，这种“爱的表示”是没有意义的。

所以，女孩们，我们帮助别人，并不在于给他多少东西，而在于那一份难得的爱心。即便是需要帮助的人，他们也是有自尊的。

帮助别人即是帮助自己

杰瑞特别喜欢帮助别人，甚至对陌生人也是如此。有一次，他的朋友追问其缘由，他说缘于自己一生中最重要的一个决定。

那是一个晚上，他忙完工作独自驾车回乡下看望母亲，接近家门时忽然发现路旁有一辆摔倒的摩托车，一个人躺在路边，看上去好像是出了车祸。

犹豫着停车与不停车之间，车已开出了好远。“算了吧，这年头管闲事说不定会添大麻烦。”类似的事件给救人者带来无尽烦恼的报道他读过很多，一旦沾上又没证人，那真的是说不清楚了。“也许他只是喝醉了酒！

也许别人会帮忙吧……”这样宽慰着自己，他继续朝家里开去。

已经看到家了，他的手机骤然响起，是母亲打来的，其实没有什么事，只是叮嘱他开车时一定要慢点，注意安全。他的父亲死得早，是母亲含辛茹苦把他和哥哥抚养大的，所以兄弟俩极其孝顺。

往常听到母亲的声音，他脑海里会立刻浮现瘦弱的母亲无数次站在村口盼望他的情景。可今天，他脑海里突然出现那个躺在路边的人，心想：那人是否也有老母亲正在担心，正在盼儿子回家呢？

这个念头一出现，顿时像一片阴云紧紧地罩住了杰瑞的心。虽然望见了村子，眼看就要见到母亲，他却掉转车头向回驶去。“帮那个人一下吧，就算是为了自己更坦然地面对母亲！”他想。

把那个人送到医院时，医生说：如果再晚来一会儿，性命就保不住了。讲到这里，杰瑞突然泪流满面，他一字一句地说：“你猜我救的是谁？是我的哥哥，是为我上学、跳出‘龙门’做出很大牺牲的哥哥。当天知道我要回家，他没有和母亲说，便借了辆摩托车从镇里往回赶，想与我这个弟弟见见面。”

他停顿了片刻又说：“我一直为当时的决定而庆幸，并且不止一次地想，如果那晚我没掉头回去，结果会怎么样。我的这个决定不仅救了哥哥，也救了自己，还有我母亲今天的幸福。我有什么理由不感谢所有的人，不去帮助所有需要我帮助的人呢？”

帮助他人的同时，你就是在帮助你自己！每个人都会遇到困境，需要别人的帮助。你帮助了别人，别人就会因你的帮助而去帮助其他人，这样不断地传播下去，终有一天，当你需要帮助的时候，就会有人来帮助你。

把陌生人当成亲人一样去帮助、关爱，那么周围的所有人就都是自己的亲人，世界就成了一个大家庭，每个人都是大家庭中的一员。这才是真正的大善的境界。

善良会随着一个人的坚持而变成大家的坚持，进而成为整个社会的行事准则。随时准备着去帮助别人，久而久之，善良在不同的人之间传递，势必会成燎原之势，造就一个更美好的世界。

帮助他人也是在帮助自己，如果人人都付出一点爱，这个世界将变成美好的春天。或许，你不经意间帮助的人恰恰是你的亲人；或许，你今天帮助了别人，明天就得到了他人的帮助。

不要以为你的帮助对于你来说只是付出，而无回报。要知道，回报或许不会在此刻就出现，但当我们遇到困难、需要帮助时，这个回报就会出现，就像报答我们上次的付出一样。

每个人在遇到困难时都希望遇到善良的人伸出援救的双手，那么，女孩们就应该从自我做起，时时准备着自己这双援救的手，在别人需要帮助时果断地出手，施以帮助。请记住：只要你肯播撒一颗善心，收获的必将是一整片爱的森林。

世界上最强大的“武器”是善良

风靡亚洲的韩剧《大长今》中的徐长今至今仍是很多观众心目中最美的女孩，不仅因为她天生丽质、聪慧勤奋，更重要的是因为她心地善良，能够将自己身上背负的恩怨放下，行医救人。

英国哲学家休谟说：“人类生活的最幸福的心灵气质是品德善良。”

一个心地善良的人必是一个心灵丰足的人，同时，善良的举动也会带给他人内心的感动和震撼。一个自私的人往往会被自己的自私惩罚，就像我们说的“恶有恶报”。

有一个出了名的恶妇，生前没做过一件善事。她死后小鬼把她抓去，扔在火海里。守护她的天使站在一边，搜肠刮肚地想着这个恶妇做过的一件善事，好去向上帝求情饶恕她。他想了半天，终于回忆起来，就对上帝说：“她曾在菜园里拔过一根葱，施舍给一个女乞丐。”

上帝说：“你就拿那根葱，到火海边去拉她上来。如果能从火海里拉上来，就让她到天堂来。”天使跑到妇人那里，把一根葱伸给她。

火海里别的罪人也想上来，恶妇边用脚踢他们边说：“这是来救我的，你们滚开！”她刚说完这句话，葱就断了，女人再度落进火海，天使只好哭着走了。

这葱其实可以拉许多人的，上帝想借此再度考验一下她，但她没有经受住这种考验。很多人说这个恶妇是活该落入火海的，其实这个恶妇是值得同情的，因为她没有接受关于善良的教育。善良是人的一种天性，但它需要引导和启发，才能成为主宰灵魂的美德。

为善，先要做的就是你本来应该做的事情。这里我们可以看一个了不起的中国女性的故事。

被誉为“比利时的中国母亲”的钱秀玲，被比利时政府授予“国家勋章”，比利时国王与王后将最心爱的合影照片签名后敬赠给她，艾克辛市的市民们为了铭记这位来自中国的女性，更是将市中心的一条大道命名为“钱夫人路”。钱秀玲得到如此多的荣誉，都是源于她的善良。

1939年，第二次世界大战爆发了。1943年的5月，德军占领了比利时，艾海德姆镇上一个叫罗杰的爱国青年冒着生命危险埋下地雷炸毁了德军列车即将通行的铁路，但事情败露后，罗杰被纳粹逮捕，并被判处绞刑。

这个消息传开后，镇上的居民陷入了恐慌和焦虑之中。比利时国王和王后向德军求情，但都没有办法救出罗杰。就在此时，钱秀玲忽然想到了一个人——法尔肯豪森将军。

法尔肯豪森任驻华军事顾问团团长之时，和钱秀玲的堂兄钱卓伦是莫逆之交。钱秀玲经过慎重的考虑后，决定冒险去为罗杰求情。罗杰的父母知道后，紧紧地握着钱秀玲的手，担心这个弱小的中国女子受到牵连。但钱秀玲还是斟字酌句地给法尔肯豪森写了一封信：“将军，请您从人道主义的角度考虑，让罗杰免于绞刑吧。”

钱秀玲1912年出生，是江苏宜兴名门望族的大家闺秀。17岁的时候，随哥哥去比利时留学进入了比利时的鲁汉大学化学系，天资聪颖的她22岁便获得了化学博士学位。“二战”爆发时的钱秀玲，正和丈夫在罗杰所在的镇子上开私人诊所，美好的生活刚刚开始，此次搭救罗杰是否成功对她来说是一次艰难的冒险。

第二天晨曦微露，钱秀玲就带着连夜写好的信上路了，顶着寒风来到160公里外的首都布鲁塞尔，法尔肯豪森听说是挚友的妹妹求见，当即下令让士兵放她进去。钱秀玲开门见山地请求他免除罗杰的死刑，奇迹发生了，几天后，罗杰顺利地回到了父母身边。

时间转眼到了1944年的6月6日，盟军在诺曼底登陆。第二天，比利时反法西斯的地下成员连夜暗杀 3 名德军高官，愤怒的德军立即抓来 96 名当地居民准备处死以泄心头之恨。

钱秀玲听到这一消息，不顾丈夫的反对找到法尔肯豪森，可是还没有等她开口，法尔肯豪森便说：“夫人，这回我恐怕无能为力了，因为我马上会被革职。”听到这个消息，钱秀玲急切地喊道：“将军，我不能眼看着他们死去，道义不允许，良心也不容！”受到震撼的法尔肯豪森点了点头说：“我尽力吧。”

两天后，被逮捕的 96 个人被放了回来。与此同时，法尔肯豪森被调回了柏林。从此以后，钱秀玲在盖世太保枪口下英勇救人的故事被传开了，在小镇，钱秀玲成了一位巾帼英雄。

经过多年的风风雨雨，钱秀玲一直和自己的家人在比利时默默地生活，直到她去世。钱秀玲生前居住过的艾克辛市市长率旗队、乐队和“二战”老兵英雄出席了悼念活动，并以比利时国旗覆盖灵柩。

带着人们的敬意和一个国家的爱戴的钱秀玲，总是说自己不过是做了一件“正常人都会去做的事情”。善良可以感化残忍，拯救生命；善良还可以给人带去荣耀，创造生命的价值。一个女孩如果没有了善良，纵然有美丽、知性、眼光，也只会是一个魔鬼；而一个人再普通，假如她有一颗善良的心，她就能和那些了不起的人成为朋友。

贝思和丽莎已经相识 20 多年了。在这 20 多年里，她们的关系一直很好。丽莎在 10 年前离婚了，这些年一直孤身一人。而就在最近，贝思的丈夫通知她，他要跟贝思离婚。伤心绝望的贝思于是在丽莎的邀请下搬到丽莎的家中居住，因为她自己的房子已经被卖了。

也许是因为同病相怜的缘故，丽莎很理解和同情贝思的遭遇，她也想竭尽全力来帮助贝思。为了减少贝思的生活开支，她让贝思跟她住在一起，分文不收。在一起生活的日子里，丽莎用尽了自己所有的积蓄来满足贝思的一切需要，如逛街、买衣服、外出旅游等。半年后，贝思结交了新的朋友而搬离了丽莎的家，而这时候的丽莎已经变得很贫穷了。更令丽莎难过的是，从搬走以后，贝思便不再与自己联系，从那时候开始，她们两人再也没有说过话。

这一件事使丽莎感到自己受到了伤害。她告诉朋友："我太快而且毫无保留地敞开自己的胸怀和钱包，慷慨地给予了她我所有的一切。我难以抑制自己的表现，可是贝思的胃口却愈来愈大。"

为了贝思而甘愿付出自己所拥有的一切的丽莎最终因自己过度的善良而受到了伤害。其实丽莎作为贝思的朋友，在贝思出现情感危机时对她提供必要的帮助是不错的，因为毕竟是朋友，互帮互助是应该的。但是，在给贝思提供帮助的时候，正像她自己后来所反省的那样，她过快而且毫无保留地敞开了自己的钱包，却没有考虑自己以后的处境。

如果一个人在考虑任何事情的时候都以自己的利益为出发点，那么也许这个人在别人眼里会有点自私。如果走向另一个极端，考虑任何事情都把自己排除在外，那样的结局也不会都像自己期待的那样美好。

人常说，"爱己才能爱人"。善良不仅可以表现为为对方做好事，而且也应该首先表现为对自己的关爱。不错，善良是一种良好的心态，也是一个人获得他人尊重的前提，但是，女孩们要明白：表达善良也应该有一个尺度，无限度地、盲目地奉献自己，到头来很可能会迷失了自己。

善良给人的收获

一个周末的晚上，松树堡的寡妇正和她5个年幼的儿女围坐在火堆旁。虽然和孩子们说笑着，但她心里却愁云密布。在这个广阔却寒冷的世界里，她没有一个朋友，没有任何人可以依靠。这一年来，她一个人用那双瘦弱的双手支撑着整个家庭。

如今正属寒冬，森林早已披上了洁白的银装，北风吹得松枝哗哗作响，连她的小屋也颤动起来。屋内的火堆上正烤着一条青鱼，这是她们全家唯一的食物。当她看到孩子们欢笑的脸庞时，心里便充满了无限的凄楚和焦虑。是的，她相信上帝一直保佑着她，并了解她的疾苦和贫困，她也知道上帝曾经答应帮助那些孤儿寡母，而上帝绝不会食言，可她现在仍然感到万分的凄苦和无助。

几年前，上帝带走了她最大的儿子。他离开家，到遥远的地方去寻找宝藏，从此便杳无音讯，再没回来过。不久，上帝又派死神带走她的伴侣和依靠——丈夫。但她从来都没有沮丧过，她艰辛地劳动，不仅供养着自己的孩子，还不时地帮助其他的穷人。

懒惰的人只要还能够生存，就能忍受贫穷。而自私的人即使在寒冬中也不会受到考验，因为他的情感不会因此而痛苦，心灵也不会因别人而悲伤。只要在闹市之中，即便是最无助的人也还怀有希望，因为面对痛苦，仁爱还没有完全收回她同情的双手。

可是松树堡的这位寡妇，却丝毫感受不到人类的仁爱，上面所说的一切都不能安慰她。她如今只能无奈地弯下身，将最后的食物分给孩子们。这时，一股神奇的激情忽然鼓舞了她，她的脑海中浮现出诗人考伯优美的诗句：

“上帝不会通过简单的感觉便下判断，

我们应该坚信他是仁慈的；

在他眉头紧锁的严肃后面，

是一张仁爱和微笑的脸庞。”

她刚把这最后的食物放在桌上，就听到一阵敲门声和狗叫声。全家人的注意力都被吸引了过来，孩子们争先恐后地跑去开门。门口站着一位十分疲倦的旅人，他衣衫褴褛，但十分健康。

旅人走进屋，请求留宿一夜，并想要一些吃的。他说：“我一整天滴水未进了。”寡妇听了十分难过，现在她心里关心的不只是自己的事。她毫不犹豫地把最后一点食物分了一份给旅人，并微笑着告诉孩子们：“我们绝不会因为这小小的善举而被遗弃，也绝不会因此陷入更深的困苦之中。”

旅人于是来到盘子旁，当他发现盘中的食物少得可怜时，抬头惊奇地望着这一家人：“天啊，你们只有这一点食物吗？”他叫道，“但却仍然把它分给一个陌生人？你们真是太善良了。可是，”他继续问，“你慷慨地分给我最后一点食物，这些可怜的孩子不就要挨饿吗？”

“是啊！”寡妇忽然泪流满面，“可我还有一个儿子，如果他还没有被上帝带走的话，现在不知在世界的哪个角落。我如此待你，也祈祷别人能如此待他。上帝的仁爱遍施大地，像他保佑以色列人那样，他同样会保佑我们。就是此刻，我的儿子可能也在四处流浪，和你一般疲惫饥饿，我只希望他能被一户人家所收留，即使那户人家和我们一样的贫困。因此我又怎能背叛上帝，不真诚地收留你呢？”

寡妇刚说完话，旅人便激动地跑过去抱住了她。“上帝果真使你儿子被一个善良的家庭所收留，并且赐予了他财富，使他能感谢真诚收留他的人：我的妈妈！哦，亲爱的妈妈！”原来旅人正是寡妇多年未见的大儿子，他刚从印度归来。为了给家人一个惊喜，他掩藏了自己的身份。当然，这是一份最令人感动，也最令人快乐的惊喜！

柏拉图说：“你如果是一个真正善良而正直的人，那么，当你行仁守义的时候，永远不会遇到伤害。”善行必有善报，无论何时，当你以一种为别人考虑、帮助他人的善念做事的时候，不知不觉中，那善良的反馈也会回到你身上。更重要的是，当你以善良的心来对待别人时，别人必将也以善良相赠，长此以往，社会就会广施善事，和谐稳定。

善良、诚恳、坦率、慷慨，都是宝贵的财富，这种财富要比千万的家产有价值得多。而且有这种财富的人，没有一分钱的资本，也能做出伟大的事业。

如果一个人能够大彻大悟、尽力去为他人服务，他的生命将来也必定有惊人的发展。人生的美德没有再比和气、善良来得更宝贵的了。给别人以帮助和鼓励，自己不但不会有损失，反而会有所收获。通常，一个人给别人的帮助和鼓励越多，从别人那儿得到的收获也越多。有时说几句鼓励的话，就可以造就许多成功者，也就大大地有利于社会和谐稳定。

世界上到处都有给那些爱人者、助人者建立的纪念碑，如果这纪念碑不是用大理石或古铜建成的，那么就是建立在他人的心中，尤其是受助者和被感动者的心中。如此说来，善良能给予人们莫大的收获。

第九章

勇于承担——有责任心的女孩更成功

称职的鸽王

佳思里亚河岸有一棵高高的合欢树，每当太阳落山时，就有几百只鸟儿飞来，栖息在树上。

有一天早晨，一个捕鸟人从那里经过，他把大米撒在地上，张上大网，然后到树丛里躲藏起来。

这时，一只叫艾特尔的鸽子王领着二十几只鸽子飞来了。鸽王看见地上有许多雪白的大米粒，想到：在这人迹罕至的树林里怎么会有这么多的大米呢？这里面一定有蹊跷。

它对同伴们说："大家不要去贪吃这些大米，贪心是会上当的。"但是有一只鸽子不听鸽王的话，它说："永远不应该有疑心，疑心重的人常常吃亏。"听了它的话以后，其他的鸽子都和它一起飞到网下去啄食大米。

有人曾经说过："聪明人有时也会因为贪心而吃亏。"的确，鸽子们由于听信了那只贪心鸽子的话，结果都落入了网中。等到大家发现自己已经无路可逃时，只好你看着我，我看着你，唉声叹气，等待捕捉。

鸽王知道大家都害怕了，便鼓励大伙儿说："团结和组织起来就是力量，只要我们一致行动，就能对付任何强大的力量。大家不要发愁，咱们一齐往上飞，就能把这张网抬起来，带走。"

大家听了它的话，便一齐使劲，果然把网抬上了天空。捕鸟人见此情景，只好站在地上干瞪眼。

它们把网抬到了很远很远的地方以后，一只鸽子说："我们怎么能从这张网里逃出去呢？"鸽王说："别慌，我有一个老鼠朋友，名叫勃格，我们先去找它，它能用尖利的牙咬断这网，那时我们就自由了。”鸽子们听从了鸽王的意见，抬着网飞到老鼠勃格住的地方。老鼠勃格看到一群鸽子抬着一张网飞来，感到十分奇怪，吓得赶快钻进地洞里躲起来。

鸽王在外面喊道：“喂，朋友勃格，你是不是生我们的气了？怎么不出门来迎接我们？”

老鼠听到朋友的喊声，连忙从洞里跑出来说：“我今天真是高兴极了，能见到朋友，同朋友在一起玩耍、聊天，是我最大的幸福。”

老鼠一见鸽王和其他鸽子都陷在网里，心里很是难过，说：“艾特尔朋友，你这是怎么搞的？”

鸽王说：“这是我的愚蠢和贪心造成的结果。”听了鸽王的叙述，老鼠就咬断网绳，解救鸽王。鸽王说：“朋友，我的伙伴没有脱网以前，你不应该先救我，因为作为一个保护人，如果我没能让大家先脱险，那我就是一个极大的罪人。”

老鼠勃格说：“常言道：先顾自己是上策，‘留得青山在，不怕没柴烧。’你应该先救自己，然后再考虑救不救其他鸽子。”

鸽王说：“朋友啊，你应该知道，身体总有一天会毁灭的，可一个人的责任是永存的。我自己的生命是微不足道的，我想先救出我的伙伴。”

勃格听了朋友的话非常感动，便咬碎了网，使鸽子们都得到了自由。

鸽王谢过它的朋友，带领着伙伴们，飞上了蓝天，回家去了。

英国著名文学家刘易斯说过：“尽管责任有时使人厌烦，但不履行责任，只能是懦夫、不折不扣的废物。”任何时候，我们都不应该推卸自己应负的责任，否则不仅会让别人瞧不起，也会在自己心里种下懦弱的种子。

责任是滋养万物之泉，只要一开始流出来，就源源不断。在奉献的协约上，它是良知的那一章，盖有“责无旁贷”四个字。

对于自己，你别无他物。有人帮你，是你的造化。无人帮你，是别人的本分。没有人应该为你做什么，因为生命是你自己的，你要为自己负责，这就是人对自己的责任。

责任是认为世界和人生欠我们多少的时候，也感觉到我们欠世界和人生究竟多少。

而对别人的责任，是当你用手按住自己的伤口时，不为自己的生死所限制，在为受伤的别人分担着所有的痛苦。

人是家庭的一分子，也是社会的一分子。人如果在这两个方面都尽到了责任，那么当死神倏尔降临时，也就问心无愧而少有遗憾。

责任不会理睬厄运的压力。就是喝下了许多苦汁，它也不会杂乱无章。责任的格言是：“如果某一件事的原状是如此，那就是如此，不容变更。”

生活让人感到美好。创造这种美好生活的就是那有责任感的一类人。由于他们对生活的热爱，对人类、对大自然、对一切美好事物的爱，才认识到了自己，而在努力地向社会做出贡献，以尽到自己的责任。

责任的全部意义，就是这个世界有许多事必须要你去做，尽管你不一定喜欢。

责任激发出勇气

李娟和李果是一对姐妹。在一个风雪交加的下午，李娟在家里的邮箱中发现了一封信，这封信是寄往本市另一户人家的，可能是邮递员一时疏忽给放错了地方。

“姐姐，这可怎么办？”李果问。“等邮递员下次来时再取走吧。”李娟说。

“可姐姐，邮递员三天才来一次呢！要是有什么急事，那不就耽误了吗？”李果反问道。

“那你说怎么办，爸爸妈妈又不在家。”李娟为难地说。

姐妹俩一时也不知该怎么办。送去，外面风雪交加，两个孩子有些胆怯，因为李果9岁，李娟也只有11岁。不送，要是人家有急事耽误了可怎么办呢？

“我觉得我们还是应该送去，虽说和他们是陌生人，但我们收到了别人的信，理应给别人送去，这也是我们应该做的，你说呢？”李娟说。

“姐姐，我也是这么想的。我们一起去吧。”

就这样，两个小女孩穿好衣服，带着这封信就走进了风雪中。这封信寄往一个叫K街30号的地方，她们俩也不知道K街30号到底有多远，于是一路走一路打听。

“嘿，我说小孩，这么大的雪还出来干吗？K街远着呢，怎么不让你们的父母带你们去？一直走，到第五个路口向右拐，然后再打听。”一个陌生人这样对姐妹俩说。

李娟和李果深一脚浅一脚地相互搀扶着往前走，雪太大了，她们看不清前方。

“李果，我们一定会把信送到的，对吗？”李娟问。

“我也是这么想的，姐姐，一定会的。”李果坚定地说。

她们走了很长时间，终于来到了K街30号。姐妹俩高兴极了。

门开了。

出来了一位年轻的女人。“你好，孩子，你们干吗？”年轻的女人问。

“这是K街30号吗？”

“对呀，有事吗？”

“是这样的，我们家住在M街30号，邮递员把你家的信送到了我家，我们给您送来了，怕您着急。”李娟说。

年轻的女人向外看了看：“就你们俩，没有大人吗？”

年轻的女人感激地看着这两个孩子，不停地说谢谢。

这件事情过了一个月之后，有一天，一个陌生的男子来到了李娟的家。爸爸妈妈并不认识这个来访的人。这个陌生人说：“我是住在K街30号的，一个月前，我的信被误送到你家，是你的两个孩子冒着大雪给我送回家的。多亏了这两个孩子，当时我的父亲病重急需一笔钱，那封信是让家里给送钱的，晚了我的父亲就活不了了，太谢谢孩子们了。”

爸爸妈妈笑了，他们并不知道自己的孩子做了一件这么伟大的事情。

“还有一封你家的信，”这个男人掏出了一封李娟家的信。“如果没有这两个孩子的这种责任感，我想我是不会给你送过来的，而是要等到邮递员来取走，你的孩子让我懂得了什么是责任。”

梁启超说：“人生须知负责任的苦处，才能知道尽责任的乐趣。”当你用自己的责任心为他人、为社会作出贡献的时候，一方面你的心情是愉悦的，另一方面责任也会由此传递下去，人人都尽责，使整个社会变成一个互相关爱、互相负责、团结友爱的和谐社会。

所以在生活中，女孩们一定要时时刻刻保持自己的责任感，无论出现什么状况，都要以责任为先。

一个人只有真正为公众的利益担当起自己应有的责任时，他的所作所为才会变得伟大而值得称颂。

责任，是一种天赋的使命。每个人来到这个世上，都需要承担责任，没有责任感的人生是空虚的，不敢承担责任的人生是脆弱的。在社会生活中，个人的行为总会对社会和他人产生直接或间接影响，因而人的行为必须对他人或社会负责，必须按一定的社会规范去行动。如果人与人之间互不负责，互不尽义务，社会就不称其为社会了。

责任心一旦树立，成为性格心理的组成部分，就具有稳定性，使人能自觉、主动、积极地尽职尽责。当一个人完满地尽到自己的责任时，会产生满意的、愉快的情感；如果没有尽到自己的责任，会深感不安和内疚。可以说，有了责任心，个人的价值才能得到充分、合理的体现。

美国一位海军陆战队将军在回忆录中写道："当我在越南参战时，我还是个中尉，我的排在顺化市附近巡逻，当我们来到一个十字路口时，我联系了我的长官，问他应该向左走还是向右走，'左边。'他说。然后我们又到了一个十字路口，我又询问了我的长官，他说：'右边。'当我第三次询问他时，他终于忍不住朝我嚷道，'你是中尉，你必须自己做决定！'从此以后，这句话就深深刻在我脑中，影响着我的生活。当我有责任做出决定时，我就去做。"

他的故事说明，命运掌握在自己的手中，只有你才能够为自己做决定，也只有你才能够为你的决定承担责任！

哈佛大学曾告诉学生，要敢于承担责任，因为一个人承担的责任越多越大，证明他的价值越大。具有一颗崇高的责任心，一个人就拥有了生命的脊梁。因为，人们从来不会指望一个游手好闲、没有责任感的人能够成功。只有在真正懂得了责任的意义和内涵，并付诸行动时，才预示着开始走向新的历程。

敢于独自承担

美国南北战争期间的盖茨堡之役，无疑是西方世界最动人心魄的一次战役。而在这场战役里浴血奋战的乔治·皮凯特将军本人，则是这场战争的灵魂人物。

皮凯特的军队毫无阻碍地向前行进。他们穿过了果园和玉米田，越过了草原和峡谷。每逢遭遇到敌军，纵然死伤无数，但随后的人马立刻填补空缺，毫不退缩。整个丘陵上成了一片火海、屠杀场，犹如火山爆发后的炽热场面。没多久，皮凯特的5000名兵将，已折损有五分之四之多。那些士兵都奋勇地冲上前去，越过石墙，用利刃戳进敌人的胸膛，用枪托击碎敌人的头骨，然后把南方军的旗帜插在战场上。

军旗只在那儿飘扬了一会儿。即使那只是短暂的一会儿，却是南军战功的辉煌纪录。皮凯特的冲刺——勇猛、光荣，却是结束的开始。

南方失败了，统帅罗伯特·李将军失败了，他没有办法突破北方，而他也明白这点。南方的命运已经决定了，这让将军大感懊丧，震惊不已，他将辞呈送交南方的戴维斯总统，请求改派“一个更年轻的有为之士”。假如李将军要把毕克德的进攻所造成的惨败归咎于任何人的话，他能够找出数十个借口：有些师长失职、骑兵到得太晚不能接应步兵……

但是李将军不愿意责怪别人，也不愿意给自己找借口。当残兵从前线退回南方战线时，李将军亲自出迎，自我谴责起来：“这是我的过失。”他承认说：“因我一个人，败了这场战斗。”历史上很少有将军有如此勇气和情操，能独负战争失败的责任。

在任何一个场合，随时主动担负起属于自己的责任，是德行高尚的人的表现。现实生活中，我们总是会见到找借口、把过错推到别人身上的情况，这是一种不敢负责的表现。只有真正敢于承认自己的过失，独自承担责任的人，才能获得锻炼，赢得人们的尊重。

“实在是没办法！”这样的话，你是否感到很熟悉？你的身边是否就常常有这样的声音？是真的没办法吗？还是我们根本没有好好想办法？

一个人面对问题时所表现出来的素质，是企业区分一流员工和末流员工的重要标准。聪明的员工，敢于面对问题，超越自我，积极地寻找解决问题的方法，以“主动解决”的韧劲，全力以赴攻克难关，落实目标。

许多借口总是把“不”“不是”“没有”与“我”紧密联系在一起，其潜台词就是“这事与我无关”——不愿明确自己的工作，将自己该为公司做的事推给别人。很多人遇到困难不知道努力解决，只是想找借口推卸责任，这样的人很难成为企业最受欢迎的员工，也很难加入一个团队。

任何一个老板都希望自己拥有优秀的员工和团队，因为他们能不折不扣地完成任务，即使没有完成任务，也能主动承担责任而不是寻找任何借口。“拒绝借口”应该成为所有企业奉行的最重要的行为准则，它强调的是每一位员工想尽办法去完成任何一项任务，而不是为没有完成任务去寻找任何借口，哪怕看似合理的借口。其目的是为了让员工学会适应压力，培养他们不达目的不罢休的毅力。它让每一个员工懂得：工作中是没有任何借口的，失败是没有任何借口的，人生也没有任何借口。

借口给人带来的严重危害是让人消极颓废。如果养成了寻找借口的习惯，那么在遇到困难和挫折时，就不是积极地去想办法克服，而是寻找各种各样的借口。这种消极心态剥夺了个人成功的机会，最终让人一事无成。

最受企业欢迎的人从不在工作中寻找任何借口，他们总是把每一项工作尽力做到超出客户的预期，最大限度地满足客户提出的要求，而不是寻找各种借口推诿；他们总是很出色地完成上级安排的任务，替上级解决问题；他们总是尽全力配合同事的工作，对同事提出的帮助要求，从不找任何借口推托或延迟。女孩们，你们能做到这样吗？

能力越大，责任越大

在电影《蜘蛛侠》中，那个最终变成蜘蛛侠的男主角有一句经典台词让人印象深刻。他说道：“能力越大，责任也就越大。”他有着超乎常人的能力，可以依靠这种能力惩恶扬善，救助其他生命，为社会作一份贡献。

正因为他所拥有的“超凡的能力”比一般人要更强，所以他才更有义务、有责任、有能力去帮助这个社会，去拯救弱者：他拥有高于常人的能力，所以社会对他的要求也高于普通人。

一位记者曾经在一幅用东巴文刻成的木刻画中看到一只蚂蚁和一只蝴蝶的图案。画上有这样的说明：工作像蚂蚁，生活像蝴蝶。这位记者解释说，图案的寓意很明确，它很像我们现在很多人工作和生活的状态。工作时全力以赴，毫不保留，从不询问能得到什么回报。而蚂蚁正是我们工作最好的象征：一点一滴，步步为营，聚沙成塔，一点点积累出成果；至于生活像蝴蝶，则是我们人生的写照：轻盈、舞姿翩翩，充满写意。

生活的轻盈与工作的繁重对比，折射出责任的另一层含义：只有承载得多了，生命才能够升腾。同样，在职场中只有承担更多的责任，才能够获得更大的成长，内心才能够更加丰盈和舒展。懈怠责任，就等于荒废生命，同样会使我们身心颓丧。

责任是人生路上必不可少的组成部分，它对我们的思想行为是一种引导和升华，失去了责任感的引导和激励，一个人必然会迷失方向和荒废才能。有句哲言说得好："世间的众生，任何时候都需要一定的责任，就像江河中的船，需要一定数量的压舱物一样，没有它们，在航行中就容易翻船。"这句话告诉了我们责任的普适性。责任是我们整个人类的筹码，让生命变得沉稳平衡，平安前行。

林肯说："每一个人都应该有这样的信心：人所能负的责任，我必能负；人所不能负的责任，我亦能负。如此，你才能磨炼自己，求得更高的知识而进入更高的境界。"

大学者梁启超也说："凡属我受过他好处的人，我对于他便有了责任；凡属我应该做的事，而且力量能够做到的，我对于这件事便有了责任；凡属于我自己打定主意要做的一件事，便是现在的自己和将来的自己立了一种契约，便是自己对于自己的一层责任。"责任感对于一个渴望杰出的人来说至关重要。

责任心是衡量一个人成熟与否的重要标准。一个缺乏责任心的人，在没有人能为他负责的时候，就喜欢哀叹自己的不幸，抱怨生活的不公，其实，所有的抱怨都是在做无用的减法。

普列姆昌德说："责任心是一种习惯性行为，也是一种很重要的素质，是做一个优秀的人所必需的。责任心常常会纠正人的狭隘性，当我们徘徊于迷途的时候，它会成为可靠的向导。"

就像捷克作家米兰·昆德拉在《不能承受的生命之轻》中所描述的那样，

一旦用责任来规定生命，灵魂便不再脆弱，必然也不残酷，“必然者为重，重者必有价值”，最沉重的存在往往因为匍匐在地而蓄积了最多的飞升的力量。同样，一旦用责任来定义我们的工作，我们的行为和思想便有了依附，我们的职业生涯就会被充实和幸福感所代替，不再有无所依靠、漂泊不定之感。我们的心灵也能够远离懒惰和颓废的侵蚀，就能够告别懈怠责任、漠视生命而带来的“不能承受之轻”。

说“对不起”真的很管用

孩子在游乐场玩得正开心，突然哭着向你跑过来，你忙问原因，孩子委屈地说：

“刚才有个小朋友踢到我的腿了。”

“他不是故意的吧？”

“可是他没有和我说对不起。”

“对不起”这三个字虽然看起来平平常常，但却蕴藏着无穷的力量。

试想，当你在路边散步时，突然被一个骑自行车的人撞到了，正当你怒发冲冠准备发火的时候，那人轻轻地对你说声：“对不起！”你要生的气是不是就生不起来了。在我们的生活中，当我们相互之间发生了什么不愉快的事情时，如果我们都能够做到礼貌，时时多讲两句对不起，许多大事就可以化小，小事便可以化无了。

而且，更重要的是，让女孩学会说“对不起”，其实就是要勇于承担自己的责任。一个做错了事而不敢去承担的人，就是一个没有责任感、没有价值感的孩子，她无法找到自己的生命在社会中的地位与重要性，也找不到前进的方向，就失去了创造成就的动力，最终将一事无成。

迪亚坐在靠近门边的书桌前写作业，外面风很大，作业本被风吹得“啪啪”直响。于是迪亚不得不一次次跑去关门，每次关上没多久，一阵猛烈的风就又把门吹开了。

这时，邻居有事来找妈妈，她没有进门，便和妈妈俩人站在大门外闲聊起来。

恰巧此时门又被风吹开了，迪亚跑过来用力关门，只听外面传来一声痛苦的叫喊声。

迪亚打开门惊恐地看到，门外的妈妈五官痛苦地扭曲在一起，看到迪亚出来，妈妈暴怒地冲她扬起了手。原来，刚才妈妈的手放在门框上，迪亚突如其来地关门，差点把妈妈的手指夹断。

迪亚吓坏了，以为这次一定免不了一顿暴打。但是妈妈的巴掌一直没有落下来，迪亚的脸颊最后感受到的也仅仅是一阵掌风而已。

事后，手指受伤的妈妈对迪亚说：“当时我实在痛得厉害，原想狠狠地打你一个耳光。但是，转念一想，是我自己把手放在夹缝处的，错的人是我，凭什么打你？”

迪亚的妈妈用自己的行动告诉了迪亚一件事情，那就是要勇于承担自己的责任。

每个人都不是天生就具有责任感的，都是在适宜的条件和环境下萌发的，并随着年龄的增长和心智的逐渐成熟而形成的。因此说，家庭是女孩责任感赖以滋长的土壤。

女孩们一定要注意以下几点：

当女孩犯错时，一定要说“对不起”。

女孩要为自己的行为担起责任。逃避责任，只会留下人生的硬伤。

当自己受到触犯的时候，要勇于原谅别人的错误，学会换位思考。做一个大气、宽容的女孩，才能得到幸福和快乐。

对自己的工作负责

几年前，美国著名心理学博士艾尔森对世界100名各个领域中的杰出人士做了问卷调查，结果让他十分惊讶——其中61名杰出人士承认，他们所从事的职业，并不是他们内心最喜欢做的，至少不是他们心目中最理想的。

这些杰出人士竟然在自己并非喜欢的领域里取得了辉煌的成绩，除了聪颖和勤奋之外，究竟靠的是什么呢？

带着这样的疑问，艾尔森博士又走访了多位商界英才。其中纽约证券公司的金领丽人苏珊的经历，为他寻找满意的答案提供了有益的启示。

苏珊出身于中国台北的一个音乐世家，她从小就受到了很好的音乐启蒙教育，非常喜欢音乐，期望自己的一生能够驰骋在音乐的广阔天地，但她阴差阳错地考进了大学的工商管理系。一向认真的她，尽管不喜欢这一专业，可还是学得格外刻苦，每学期各科成绩均是优异。毕业时被保送到美国麻省理工学院，攻读当时许多学生可望而不可即的MBA，后来，她又以优异的成绩拿到了经济管理专业的博士学位。

如今她已是美国证券业界的风云人物，在问卷调查时依然心存遗憾地说："老实说，至今为止，我仍不喜欢自己所从事的工作。如果能够让我重新选择，我会毫不犹豫地选择音乐。但我知道那只能是一个美好的'假如'了，我只能把手头的工作做好……"

艾尔森博士直截了当地问她："既然你不喜欢你的专业，为何你学得那么棒？既然不喜欢眼下的工作，为何你又做得那么优秀？"

苏珊的眼里闪着自信，十分明确地回答："因为我在这个位置上，这里有我应尽的职责，我必须认真对待。不管喜欢不喜欢，那都是我必须面对的，没有理由草草应付，必须尽心尽力、尽职尽责，那不仅是对工作负责，也是对自己负责。责任感可以创造奇迹。"

艾尔森在以后的继续走访中，了解许多成功人士之所以能出类拔萃，与苏珊的原因大致相同——因为种种原因，他们被安排到自己并不十分喜欢的领域，从事并不十分理想的工作，一时又无法更改。这时，任何抱怨、消极情绪、懈怠，都是不可取的。唯有把那份工作当作一种不可推卸的责任担在肩头，全身心地投入其中，才是正确与明智的选择。正是在这种"在其位，谋其政，尽其责，成其事"的高度责任感的驱使下，他们才赢得了令人瞩目的成功。

一个人能承担多大的责任，就能取得多大的成功。对一个富有强烈责任感的人来说，他的责任心与其成就的事业是成正比的。因为有强烈的责任心，所以即便他身处一个并不喜欢的行业，也会因为肩上的责任而努力把工作做好。与此同时，当我们一个劲儿地抱怨工作不如意的时候，不妨也这样做，多对自己的工作用心负责，这样也许就能改变现状。

艾尔森博士的调查结论，使人想到了我国著名词作家乔羽。他曾在中央电视台《艺术人生》节目里坦言，自己年轻时最喜欢做的工作不是文学，也不是写歌词，而是研究哲学或经济学。他甚至开玩笑地说，自己很可能成为科学院的一名院士。不用多说，他在并非最喜欢和最理想的工作岗位上兢兢业业，做出了非凡的成就，从而成为国内家喻户晓的人物。

负责是高情商者成功的关键，成功的优秀人士大多是这样的人：具有高度责任心，工作态度认真，永远抱有激情，哪怕是在自己不喜欢的岗位上。一个不负责的人永远不可能获得成功，他如同一个莽汉，对自己的行为不加约束，不加重视，做事既没有严谨负责的精神和态度，也没有清晰的规划，最终只能接受失败的下场。相反，一个有强烈责任感的人，就像一个有计划的工程师，时时刻刻都会朝着事情的好方向发展，并由此取得成功。

一个人平庸不要紧，如果这个人掌握成功的关键——负责，对自己的生活与工作负责，那么将来在生活与事业上一定会有所成就。成功者具有强烈的责任感。一个没有责任感的人，即使是天才也成就不了事业。

世界上的伟人们，随着他们一步步走向成功，他们往往需要负起更大的责任，并以他们的勤奋与才智完成各自的使命。负责更多的不是体现一个人的学识、水平和能力，而是体现一个人的品格，体现一个人的价值观和思想境界，是一个人成功的关键所在。一个人要想在事业上有更好的表现，在生活上有更舒适的改善，那这个人一定要在工作和生活上对自己的行为负责。女孩们一旦树立了这样的思想意识，就会发现以前认为困难的事情，现在会变得轻松起来。

第十章

坚决果断——为女孩增添成功的砝码

用行动反击失败

刘芳是一个很有事业心的人，她在一家业务公司跟着总经理一干就是5年，从一个刚毕业的大学生一直做到了分公司的总经理。在这5年里，公司逐渐成了同行业中的佼佼者，刘芳也为公司付出了许多，她很希望通过自己的努力将企业带入一个更加成功的境况。然而就在她兢兢业业拼命工作的时候，她发现总经理变了，变得不思进取、“牛”气十足，对自己也渐渐地不信任，许多做法都让人难以理解，而刘芳自己也找不到昔日干事业的感觉了。同样，总经理也看刘芳不顺眼，说刘芳的举动使公司的工作进展不顺利，有点碍手碍脚。不久，总经理把刘芳解雇了。

从公司出来后，刘芳并没有气馁，她对自己的工作能力还是充满了信心。不久，刘芳发现有一家大型企业正在招聘一名业务经理，于是将自己的简历寄给了这家企业，没过几天她就接到面试通知，然后便是和老总面谈，最终顺利拿下了这一职位。工作了大约一个月时间，刘芳觉得自己十分欣赏公司总经理的气魄和工作能力。同时，她也感到总经理同样十分赏识她的才华与能力。在工作之余，总经理经常约她一起去游泳、打保龄球或者参加一些商务酒会。

在工作中，刘芳发现公司的企业图标设计得相当繁琐，虽然有美感，但却缺乏应有的视觉冲击力，便大胆地向总经理提出更换图标的建议。没想到其实总经理也早有此意，总经理把这件事安排给她去完成。为了把这项工作做好，刘芳亲自求助于图标设计方面的专业人士，从他们设计的作品中选出了比较满意的一件。当她把设计方案交给总经理的时候，总经理大加赞赏，立马提升她为公司副总，薪水增加了一倍。

在失败面前，刘芳用实际行动扭转了战局，终于得到了丰厚的回报。人生不总是一帆风顺，当厄运悄然降临时，原地抱怨或者沉浸于失败中不能自拔，除了博得短暂的同情外丝毫没有任何意义，最有用的做法就是马上行动，朝着新的方向行动。

只要我们去行动，机会肯定会被我们发现，成功就会在不远处等着我们。

生活中，年轻的女孩们时间还较为充足，千万不要因为一次挫折就把自己彻底否定，只要你重新站起来，再努力努力，你也可以拥有成功。

唯有行动能让计划实现

有个小男孩无意间在悬崖边的大雁巢里发现了一颗大雁蛋，他一时兴起，将这颗大雁蛋带回父亲的农庄，放在母鸡的窝里，看看能不能孵出小雁来。

果然如小男孩期望的那样，那颗大雁蛋孵出了一只小雁。小雁跟着同窝的小鸡一起长大，每天在农庄里和小鸡一起追逐主人抛洒的谷粒，一直以为自己是只小鸡。

一天，母鸡焦急地咯咯大叫，召唤小鸡们赶紧躲回鸡舍内，慌乱之际，只见一只雄壮的大雁俯冲而下，小雁也和小鸡一样，四处逃窜。

经过这次事件后，小雁每次看见远处天空盘旋的大雁身影，总是喃喃自语："我若是能像大雁那样，自由地翱翔在天上，该有多好。"

而一旁的小鸡总会提醒它："别傻了，你只不过是只鸡，是不可能高飞的，别做那种白日梦了。”

小雁想想也对，自己不过是只小鸡，也就回过头，去和其他小鸡追逐主人撒下的谷粒。直到有一天，一位驯兽师和朋友路过农庄，看见这只小雁，便兴致勃勃要教小雁飞翔，而他的朋友则认为小雁的翅膀已经退化，劝驯兽师打消这个念头。

驯兽师却不这么想，他将小雁带到农舍的屋顶上，认为由高处将小雁掷下，它自然会展翅高飞。不料小雁只轻拍了几下翅膀，便落到鸡群当中，和小鸡们四处找寻食物。

驯兽师仍不死心，再次带着小雁爬上农庄内最高的树上，掷出小雁。小雁害怕之余，本能地展开翅膀，飞了一段距离，看见地上的小鸡们正忙着追寻谷粒，便飞了下来，加入鸡群中争食，再也不肯飞了。

在朋友的嘲笑声中，驯兽师这次将小雁带上悬崖。小雁发现大树、农庄、溪流都在脚下，而且变得十分渺小。等驯兽师的手一放开，小雁展开双翼，终于实现了它的梦想，自由地翱翔于天际。

拿破仑·希尔说：“不要等待，现在就是行动的最佳时刻。”每个女孩都曾有过伟大的梦想，但这些伟大的梦想，往往在周围亲友“别傻了”“不可能”的“规劝”声中逐渐萎缩，被一推再推，直至彻底消失。要知道，真正能把梦想变成现实的只有那些立即行动的人，搁浅梦想也就丧失了获得成功的能力，女孩要想成就事业，就不要只生活在梦想里，而应努力行动，一分耕耘一分收获，梦想终究会实现。

只有行动才能让计划变成现实。一张地图，无论多么翔实，比例多么精确，也永远不可能带着主人周游列国；严明的法规条文，无论多么神圣，永远不可能防止罪恶的滋生；凝结智慧的宝典，永远不可能缔造财富。只有行动才能使地图、法规、宝典、梦想、计划、目标具有现实意义。

印度有一位知名的哲学家。某天，一个女子来敲他的门，她说："让我做你的妻子吧，错过我你将再也找不到比我更爱你的女人了。"哲学家虽然也很中意她，但仍回答说："让我考虑考虑！"

他发现，结婚的好处与坏处是均等的，这使他陷入了苦恼之中，迟迟无法做决定。十年后，他得出一个结论：人应该尝试未经历的一个选择，他应该选择结婚。

于是，哲学家来到女子的家中，对女子的父亲说他已经决定娶他的女儿为妻，却被告知那女人十年前即已嫁人，现在已是三个孩子的妈妈。哲学家一时接受不了这个事实，最终抑郁成疾。临死前，他将自己所有的著作丢入火堆，只留下一段对人生的批注——如果将人生一分为二，前半段的人生哲学是"不犹豫"，后半段的人生哲学是"不后悔"。

生活中，如果我们都能像小雁一样改变态度，站在新的高度，那么，你就拥有了全新的眼光、崭新的境界，你的人生也才会打开新的一页。如果像印度的哲学家一样遇事犹豫，不及时付之于行动，结果必然不能遂人愿。

女孩们，要想让自己的梦想起航，就要行动起来，脚踏实地地勇敢前行，在不断实践中实现着人生的收获。

废除拖延，马上行动

汤姆·霍普金斯是全世界单年内销售最多房屋的房地产业务员，平均每天卖一幢房子，至今仍是吉尼斯世界纪录的保持者。同时，他也是当今世界第一名推销训练大师，接受过其训练的学生在全球超过500万人。当他的事业迎来辉煌的时候，很多人企盼得到他的成功秘诀。

一次，有个人问汤姆·霍普金斯："请问您成功的秘诀到底是什么？"

他说："马上行动！"

"当您遇到困难的时候，请问您都是如何处理的？"

他说："马上行动！"

"当您遇到挫折的时候，您要如何克服？"

他说："马上行动！"

"在未来当您遇到瓶颈的时候，您要如何突破？"

他说："马上行动！"

"假如您要分享您的成功秘诀给全世界每一个人，那您要告诉他们什么？"

他说："马上行动！"

有很多人问汤姆·霍普金斯："您是怎样成为成功学的专家的呢？"

他回答说："我失败的次数和摸索的次数比你多，我尝试的方法和错误的次数也比你多。所以我找到一些成功的窍门，你就是因为失败的次数还不够多，所以你没有办法知道成功的秘诀。为什么失败次数不够多，就是因为不敢行动。最差的状况就是不行动，所以凡事要立刻行动，马上行动！"

美国有句谚语："上帝对他的子民有3个要求：在此地，在此刻，用你所拥有的东西把事情做得最好。"成功不是想出来的，也不是说出来的，而是在行动中产生的。一切方法、意愿只有在行动中才能发挥指导和辅助的作用，没有行动，一切都是幻想罢了。年轻人要想成就一番事业，一定要有马上行动的毅力。

富兰克林说："切勿坐耗时间，须知每时每刻都有无穷的利息；日计不足，岁计有余。"对每一个渴望有所成就的人来说，拖延是最具破坏性的，它是一种最危险的恶习，它使人丧失进取心。一旦开始遇事拖延，就很容易再次拖延，直到变成一种根深蒂固的习惯。可遗憾的是，在日常生活中，我们有许多应该做的事，最后却给忘了，这是为什么呢？就是因为我们多数人都有一个致命的坏习惯——拖延。

现代社会的竞争是残酷的。所以为了成功，为了塑造自己的最佳形象，你必须成为一流的人才，必须要拥有知识并且还有行动能力。如果你拥有的学识高别人一筹，你就能游刃有余、大展身手了。因此，我们若要在日后取得成功，就必须要废除拖延这一恶习，马上行动，只有这样，我们才能走向成功。

每个女孩的一生中总有许多美好的憧憬、远大的理想、切实的计划。然而我们总是有憧憬而不能抓住，有理想而不能实现，有计划而不去执行，坐视这些憧憬、理想、计划一一幻灭和消逝。所有这一切的罪魁祸首都是拖延。

拖延是一种不良的品质，一种坏习惯，是导致一切失败的根源。"要做，立刻去做！"这是人们成功的格言。

女孩们要避免做事拖延，应做到以下几点：

（1）明白拖拉的后果，不能养成习惯。

（2）任何事情，一开始就部署，计划要周密，准备要充分，最好是提前一天、一个小时、十分钟做好，这样你就不会有遗忘的地方，也留出了检查的时间。

（3）确定一件事情是否非做不可。有时，我们感到一件事情不重要，于是做起来就拖拖拉拉。如果这件事情真的不重要，就把它取消，而不要拖延后又后悔。

（4）始终要坚信自己“能”，多给自己信心。

（5）每一次约会、活动时要做到守时，守信用。

（6）简化任务。人们因为害怕困难而拖延，因此把任务分解为若干个容易执行的小步骤，你就可以轻松开始了。你可以采取两种任务分解技术：一种是减少工作量，包括较短的工作时间或较少的任务数量，如果你需要读完一本书，那么一开始规定每次阅读15分钟或20页，这个数量应该让你觉得可以轻松做到；另一种是把任务分解成按逻辑顺序排列的小步骤，然后按分好的步骤行动。这样，每次只做一小步，就不会那么困难了。

用持续的行动征服别人

原子弹之父奥本·海默正在体育馆做告别职业生涯的演说。

会场上，人们在焦急地等待着奥本·海默做精彩的演讲。帷幕徐徐拉开，舞台正中央吊着一个巨大的铁球。奥本·海默在人们热烈的掌声中走了出来，站在铁架的一边。他穿着一件红色的运动服，脚下是一双白色球鞋。人们惊奇地望着他，不知道他要做出什么举动。

这时来了两位工作人员，他们抬着一个大铁锤，放到主持人的面前。主持人让两位身体强壮的人，用这个大铁锤去敲打那个吊着的铁球，直到让它晃荡起来。一个年轻人抢先拿起铁锤，全力向那吊着的铁球砸去，吊球动也没动。另一个人也不甘示弱，接过铁锤把吊球打得叮当直响，可是铁球仍然一动不动。

这时，奥本·海默从上衣口袋里掏出一个小锤，然后认真地面对着那个巨大的铁球。他用小锤对着铁球“咚”地敲了一下，然后停顿一下，再一次用小锤敲了一下。人们奇怪地看着老人就那样“咚”地敲一下，然后停顿一下，就这样持续地做。10 分钟过去了，20 分钟过去了……大家等得有些不耐烦了。奥本·海默仍然不停地敲着。人们开始愤然离去，会场上出现了大块大块的空缺。

一个小时以后，前排一个妇女突然尖叫一声：“球动了！”人们聚精会神地看着那个铁球真的以很小的幅度摆动了起来。

铁球在老人一锤一锤的敲打中越荡越高，它拉动着铁架“哐哐”作响，巨大威力强烈地震撼着在场的每一个人，会场上爆发出一阵阵热烈的掌声，奥本·海默用自己的无声行动证明了成功的道理。

古罗马诗人奥维第乌斯说过：“滴水穿石不是靠力，而是因为不舍昼夜。”成功的最大秘诀就是坚持。一个人只要有一个坚定不移的长远目标，通过不懈的努力，只要坚持下去，锲而不舍，终有一天你会成就显赫，如愿以偿实现伟大的梦想。

很多人都曾有过宏伟的梦想，也有一些是年纪轻轻就拥有别人没有的聪明劲儿，甚至在学校里成绩优异……但几年之后，你会发现，真正能成就事业的，能有所作为的，只有几个人而已，而很多曾经你觉得“成绩优异”甚至“聪明伶俐”的人竟然变得默默无声了。归根到底，是做与不做的问题。

生活中我们常常能听到有人说：“我这么聪明，将来准是做大事的料，你们就等着吧，等我有钱了，请你们吃满汉全席，再给你们一人买一架飞机！”言语之间，踌躇满志，仿佛自己已经功成名就。当别人问他们凭什么就能做大事的时候，他们就会振振有词地说：“知识就是力量，智慧就是财富，我两样都有，我不成功谁成功！”可是若干年后，他们中的一些还是老样子，没有半点成功的迹象。所以，成功并不在于事情的难易，也不取决于谁更聪明，而在于“谁真正去做了”。

如果你拥有聪明才智，但却不付出行动，整天只会说大话、耍嘴皮子功夫，那么即便你的智商超过了爱因斯坦，也不会有什么大的成就；但是，如果你没有那么高的智商，资质平平，但是却能够朝着一个目标坚持不懈地去行动、去努力，那么，你就有可能成为像爱因斯坦那样的人。

所以女孩们，有了想法就赶快实施，当你开始行动时，幸运之神也许就会光顾你。

用行动去改变环境

玛丽亚经常向父亲抱怨说她觉得自己的生活处处充满了障碍，好像到处都是解决不了的难题。

父亲听完了玛丽亚的抱怨，怜惜地拍了拍她的肩头，把她带进了厨房。他先往3口锅里倒入一些水，然后把它们放在旺火上烧。不久锅里的水烧开了，他往第一口锅里放入胡萝卜，第二口锅里放入鸡蛋，最后一口锅里放入碾成粉状的咖啡。他默默地做着这一切，一句话也没说。

玛丽亚不解地望着父亲，不知道父亲这么做是什么用意。大约20分钟后，父亲把火关掉，把胡萝卜捞出来放入一个碗内，把鸡蛋捞出来放入另一个碗内，然后又把咖啡舀到一个杯子里。做完这些后，他才转过身问女儿："亲爱的，你看见什么了？"

"胡萝卜、鸡蛋、咖啡。"玛丽亚回答说。

父亲让她靠近些，并让她用手摸摸胡萝卜。她摸了摸，注意到它们变软了。

父亲又让玛丽亚拿一只鸡蛋并敲破它。将壳剥掉后，她看到的是只煮熟的鸡蛋。

最后，父亲让她喝咖啡。品尝到香浓的咖啡，玛丽亚笑了。她轻声问道："爸爸，这意味着什么？"

父亲解释说："这三样东西面临同样的逆境——煮沸的开水，但其反应各不相同：胡萝卜入锅之前是强壮的、结实的，毫不示弱，但进入开水后，它变软了、变弱了。鸡蛋原来是易碎的，它薄薄的外壳保护着它的蛋液，但是经开水一煮，蛋液变成蛋清固体了。而粉状咖啡豆则很独特，进入沸水后，它倒改变了水。"

玛丽亚似乎一下子领悟了，笑着点了点头。

逆境并不是不可以改变的。面对困难，乐观的人会像咖啡一样，积极主动地用自己的行动改变环境，而悲观的人则会像胡萝卜那样一味地逃避退让，任由环境主宰自己。女孩们，别做只会一味抱怨的"胡萝卜"，要做就做勇于用行动改变环境的"咖啡"。

在人生的道路上，心中拥有阳光，才会全身灿烂；心中充满欢乐，才会满脸微笑。最快乐的人并不认为一切东西都是最好的，他们满足于自己的一切。尽情享受每一天的恩赐，把握短暂的每一分每一秒，快乐地让心跳起来，开心地去听一场音乐会、看一场画展、读一本好书，你会发现阳光心情并不是什么奢望。

人一生要经历很多事情，工作的变动和职务的进退留转对人生来说都是重大转折。都说树挪死，人挪活，人大概是要经常挪动的，这样才会在挪动中磨砺意志，在挪动中不断增进知识。但是，面对相同的变化，不同的人会有不同的态度。有这样一幅漫画，说两个小孩背靠背站在草地上，男孩脚下一个足球，女孩身边一把铁锹。他俩都望着正在下雨的天空，男孩哭了，女孩笑了。人生也是如此，同样是进退留转，对心态好的人来说是一种责任、一股动力，而对心态差的人来说，把握不好则会给心理、身体、家庭和事业带来负面影响。

所以，在人生的“关口”上，保持积极的心态非常重要。只有健康的心理才能避免让自己陷入困境，才能避免生理和心理上的疾病。我们无法改变人生扭转命运，但至少可以改变自己的人生观，可以在逆境中迎难而上。

有些人常常抱怨他们的想法无法实现，他们把自己的一切归因于周围的环境或人。其实，我们的境况并不仅仅是周围环境造成的。如何看待人生、把握人生，取决于我们自己的心态，也取决于我们的行动能力。

成功是一种心态，好的习惯是开启成功的钥匙，坏的习惯却是向失败敞开的大门。失败了不作检讨，就会将失败进行到底。不要为失败找任何理由，也不要为没有成功找无数借口。成功与失败往往只差一点点，只要每天多走一步就是卓越的开始，只要每天创新一点就是领先的开端，只要每天多做一点就是成功的积累。

所以女孩们，只有保持良好的心态，以积极的行动面对挫折，才能在困难面前建立信心，才会没有恐惧，并最终走向成功，从而获得美好的人生。

用行动成就梦想

牛津大学的克拉克教授从小有一个梦想，就是希望自己能像他心中的那些英雄那样改变世界，服务于全人类。不过，要实现目标，他需要到美国接受他需要的教育。

无奈的是，他身无分文，没办法支付路费，而到美国足有10000公里的距离。而且，他根本不知要上什么学校，也不知道自己会被什么学校招收。

但克拉克还是出发了。他必须踏上征途。他徒步从家乡尼亚萨兰的村庄向北穿过东非荒原到达开罗，在那儿他可以乘船到美国，开始他的大学教育。他一心想着一定要踏上那片可以帮助他把握自己命运的土地，其他的一切都可以置之度外。

在崎岖的非洲大地上，艰难跋涉了整整五天以后，克拉克仅仅前进了25英里。食物吃光了，水也快喝完了，而且他身无分文。要想继续完成后面几千英里的路程似乎是不可能的，但克拉克清楚地知道回头就是放弃，就是重新回到贫穷和无知。

他对自己发誓：不到美国誓不罢休，除非自己死了。他继续前行。

有时他与陌生人同行，但更多的时候则是孤独地步行。大多数夜晚他都是过着大地为床、星空为被的生活。他依靠野果和其他可吃的植物维持生命，艰苦的旅途生活使他变得又瘦又弱。

由于疲惫不堪和心灰意懒，克拉克几欲放弃。他曾想说：“回家也许会比继续这似乎愚蠢的旅途和冒险更好一些。”

他并未回家，而是翻开了他的两本书，读着那熟悉的语句，他又恢复了对自己和目标的信心，继续前行。要到美国去，克拉克必须具有护照和签证，但要得到护照他必须向美国政府提供确切的出生日期证明，更糟糕的是要拿到签证，他还需要证明他拥有支付他往返美国的费用。

克拉克只好再次拿起纸笔，给他童年时起就曾教过他的传教士们写了封求助信。结果传教士们通过政府渠道帮他很快拿到了护照。然而，克拉克还是缺少领取签证所必须拥有的那些航空费用。

克拉克并不灰心，而是继续向开罗前进，他相信自己一定能通过某种途径得到自己需要的这笔钱。

几个月过去了，他勇敢的旅途事迹也渐渐地广为人知。关于他的传说已经在非洲大陆和华盛顿佛农山区广为流传。斯卡吉特峡谷学院的学生们在当地市民的帮助下，寄给克拉克640美元，用以支付他来美国的费用。当他得知这些人的慷慨帮助后，克拉克疲惫地跪在地上，满怀喜悦和感激。

1960年12月，经过两年多的行程，克拉克终于来到了斯卡吉特峡谷学院。手持自己宝贵的两本书，他骄傲地跨进了学院高耸的大门。

一个人要实现自己的梦想，最重要的是要具备以下两个条件：勇气和行动。最初所拥有的只是梦想，以及毫无根据的自信而已。但是，所有的一切就从这里出发。拥有梦想，并且付出行动，女孩们就可能成功，因为梦想在起步的那一刻，就已经开始生根发芽。

梦想是所有成就的出发点，很多人之所以失败，就在于他们从来都没有，并且也从来没有想过踏出他们的第一步。其实，人生是一个旅程，而非目的地。旅程的快乐和到达目的地的快乐一样，其中的关键是，透过现实的伟大目标，按照希望和理想的方向努力前进。所以，梦想指的是伟大和令人鼓舞的目标。

当我们开始梦想时，就会对心灵深处产生作用，这时候从心底就会引发反作用，从而产生外在的复杂效应，这种作用当然是无限大的。所以当人的梦想在心灵深处起作用时，就可以把不可能变为可能。梦想可以靠着心底的作用，使事情的结局如己所愿，运势被打开。

大思想带来大成就，小思想带来小成就。纵观古今中外，大成就、大影响力的历史人物都是拥有大思想、大格局的人。小思想是大成就的障碍，是大成就的真正破坏者。

很多人都因为小思想而受苦。他们害怕，如果他们的思想太大、梦想太大、目标太大，如果实现不了，他们就会成为失败者。所以，为了不成为失败者，他们把目标定得很低。

有伟大梦想的人，即使是铜墙铁壁也不能阻碍其前进的脚步。有了梦想才有希望，才能激发潜能。树立希望后，人的思想和情感会变得坚定不移。梦想具有鼓舞人心的力量，它鼓励人们完成自己的事业；它又是才能的增补剂，可增长人们的才干，使一切美梦成真。

梦想能使人产生一种力量，这种力量是一种最奇妙的力量，也是存在于宇宙中最不可抗拒的力量。人因梦想而伟大，没有梦想的人生是最枯燥乏味的。

未来从现在开始

“爽爽，你不是说从这周开始要去图书馆学习吗？怎么还不去啊。”妈妈问道。

爽爽懒洋洋地赖在床上：“今天不想去了，从下周开始吧。”

“又拖到下周了？”妈妈用很重的语气反问道，“好吧，但是现在都几点了，你该起床了吧？你可是说过的不再睡懒觉了。”

“我要再睡一会儿再起。”爽爽说道。

妈妈看爽爽这个样子，就坐在旁边对她说：“爽爽，你看，你给自己安排的计划总也实现不了，你知道原因是什么吗？”

“你制订了计划是很好，但是不容易实现，因为有很多事情都是今天推明天，明天推后天，慢慢地你就会把它扔到脑后了。这样的习惯最要不得了。”

“嗯，好吧，我现在就起床按照计划去图书馆学习。”爽爽高兴地接受了妈妈的话。

以前有一首特别有名的诗，不知道女孩们是否记得：

明日复明日，明日何其多！

我生待明日，万事成蹉跎。

世人皆被明日累，明日无穷老将至。

晨昏滚滚水东流，今古悠悠日西坠。

百年明日能几何？请君听我《明日歌》。

这是明代钱福写的一则《明日歌》，这首歌旨在告诫人们珍惜今日。珍惜当下，不要将事情拖到明日去做，明日复明日，长此以往，万事皆成蹉跎。

与之相对应，明代文嘉又写了一则《今日歌》，内容为：

今日复今日，今日何其少！

今日又不为，此事何时了？

人生百年几今日，今日不为真可惜。

若言姑待明朝至，明朝又有明朝事。

为君聊赋《今日诗》，努力请从今日始。

特蕾莎修女和他们的思想一样，她说，世界上最美好的一天就是“今天”。为了把握好生命中的每个今天，特蕾莎修女为“今天”做了详尽的安排：

早上4点半，起床，做默想和晨祷。6点钟参加清晨弥撒，然后做杂务——有时是打扫院子，有时是清理厕所。7点半吃早点。8点钟开始服务工作——有时去麻风病院照顾病人；有时去安息之家服侍和安慰垂死者；或者去弃婴之家照料孩子；或者去贫民区帮助穷人；或者到医院、学校去查看，每一天她都会去不同的处所服务。对她而言，只要是对人有帮助的事，就没有一件是卑下的。

中午，午饭后休息半小时。

下午，参加一小时的集体祈祷，然后读《圣经》，或其他神修著作，接下来处理修会里的杂务。有时候修会里来了很多客人，人们急切地等着见她。她没有会客室，就站在教堂外的走廊里和客人说话。

晚上，晚饭后半小时做杂务，然后参加集体敬拜圣体的仪式，最后以集体晚祷结束一天。夜里10点钟，修女们就寝之后，她还必须在那间只有一桌一椅的斗室里继续工作——有许多来自世界各地的信件等着她处理，她必须持续工作到深夜。

时间对特蕾莎修女来说是极其宝贵的，以至于吃饭都被她认为是对时间的一种浪费。她甚至付诸行动把一日三餐减为一日一餐，致使教皇亲自出面干涉，她才不得不放弃。

我们知道，时间对每个人都是公平的。历史上凡是有成就的人都是善于抓住“今天”的人。

富兰克林说：“把握今日等于拥有两倍的明日。”今天该做的事拖延到明天，然而明天也无法做好的人，占了大约一半以上。不能做好今天的事，就可能无法做大事，也可能永远无法成功。所以，应该经常抱着“必须把握今日去做完它，一点也不可懒惰”的想法去努力才行。歌德说：“把握住现在的瞬间，你想要完成的事务或理想，从现在开始做起。只有勇敢的人身上才会有天才的能力和魅力。因此，只要做下去就好，在做的过程当中，你的心态就会越来越成熟。那么，不久之后你的工作就可以顺利完成了。”

正像李大钊所说，我以为世间最可宝贵的就是“今”，最容易丧失的也是“今”，因为它最容易丧失，所以更觉得它宝贵。时间并不能像金钱一样让我们随意储存起来，以备不时之需。我们所能使用的只有被给予的那一瞬间，也就是今日和现在。如果我们不能充分利用今日而让时间白白虚度，那么它将一去不返。

比照他们，我们又在做什么呢？“就还有这么点，明天再说吧！”“这么多，反正今天也做不完，明天再继续吧！”“这个不着急，明天再开始也不晚。”诸如此类的话几乎成了我们的口头禅。这样日复一日，最后我们发现堆积在我们手上的工作越来越多，不知道该从哪儿下手。其实，所谓“今日”，正是“昨日”计划中的“明日”；而这个宝贵的“今日”，不久将成为遥远的过去。对于我们每个人来讲，得以生存的只有现在——过去早已消失，而未来尚未来临。昨天，是张作废的支票；明天，是尚未兑现的期票；只有今天，才是现金，是有流通性的有价值之物。

女孩们，不要肆意挥霍你手中最珍贵的今天，在我们还可以自由地支配它的时候，让它发挥最大的作用，成就自己青春的梦想。

成功人士的做事秘诀是：抓住现在，不要留恋于过去，也不要把该做的事推到未来。

习惯折射着女孩的修养和品质，决定着女孩的命运是起伏还是平顺。好习惯，会让她们的生活井井有条，会让她们赢得更多信任的目光。拥有好习惯，注定女孩的人生将与众不同。

培养完美女孩使用书

好习惯让女孩大不同

加油，女孩！你是最棒的

贺西蒙　主编

金城出版社
GOLD WALL PRESS
北京 · 2021

图书在版编目（CIP）数据

加油，女孩！你是最棒的．好习惯让女孩大不同 / 贺西蒙主编．—北京 ：金城出版社有限公司，2021.1

ISBN 978-7-5155-2057-5

Ⅰ．①加… Ⅱ．①贺… Ⅲ．①女性－习惯性－能力培养－青少年读物 Ⅳ．① G78-49

中国版本图书馆 CIP 数据核字（2020）第 180608 号

加油，女孩！你是最棒的．好习惯让女孩大不同

主　　编 贺西蒙
责任编辑 李凯丽
文字编辑 张亚明
责任校对 李　涛
开　　本 710毫米×1020毫米　1/16
印　　张 60
字　　数 539千字
版　　次 2021年1月第1版
印　　次 2021年1月第1次印刷
印　　刷 三河市万龙印装有限公司
书　　号 ISBN 978-7-5155-2057-5
定　　价 220.00元（全五卷）

出版发行 **金城出版社有限公司** 北京市朝阳区利泽东二路3号　邮编：100102
发 行 部 (010) 84254364
编 辑 部 (010) 84250838
总 编 室 (010) 64228516
网　　址 http://www.jccb.com.cn
电子邮箱 jinchengchuban@163.com
法律顾问 北京市安理律师事务所　(电话)18911105819

目录

第一章

设定目标——点亮女孩人生成功的灯塔

目标，进取的动力

美国第四大个人电脑生产商迈克尔·戴尔，29岁便成为富豪，但他既不是靠继承巨额遗产，也不是靠中彩票，而是很早就播下希望种子的结果。

戴尔少年时期就勤奋好学，他十来岁就开始了赚钱生涯——倒卖邮票。戴尔用赚来的2000美元买了一台电脑，然后把电脑拆开，仔细研究它的构造及运作，并多次安装成功。

中学时，戴尔找到了一份为报商征集新订户的工作。他推想，新婚的人最有可能成为订户，于是雇用别人为他抄录新近结婚的人的姓名和通信地址。他将这些资料输入电脑，向每一对新婚夫妻发出一封有私人签名的信，承诺赠阅报纸两周，一次就赚了1.8万美元。这样下来，他买了一辆德国宝马。汽车推销员看到这个17岁的年轻人竟然用现金付款，惊愕得直吐舌头。

到了大学期间，迈克尔·戴尔经常听到同学们想买电脑的交谈，但由于售价太高，许多人买不起。戴尔于是想："经销商的经营成本并不高，为什么要让他们赚那么高的利润？为什么不由制造商直接卖给用户呢？"戴尔知道，万国商用机器公司规定，经销商每月必须提取一定数额的个人电脑，而多数经销商都无法把货全部卖掉。他也知道，如果存货积压太多，经销商的损失会很大。于是，他按成本价购得经销商的存货，然后在宿舍里加装配件，改进性能。这些经过改良的电脑十分受欢迎。戴尔见到市场的需求量巨大，于是在当地刊登广告，以零售价的八五折推出他那些改装过的电脑。不久，许多商业机构、医疗诊所和律师事务所都成了他的顾客。

后来，在父母的允许下，戴尔拿出全部积蓄创办了戴尔电脑公司，当时他才19岁。如今的戴尔电脑公司可谓享誉全球，而戴尔的个人财产早已过了百亿美元。

戴尔是杰出少年的楷模！

最伟大的成就在最初只是一个梦想。也许，你现在的环境并不很好，但你只要有梦想并为之而奋斗，那么，你的环境就会改变，梦想就会实现。

有一位名叫莱特的主教与他的朋友一起吃饭。席间，主教认为耶稣很快会再度降临，原因是一切事物的本质都被发现，所有可能的发明都已实现。他的朋友不同意，他认为未来的50年中会有许多意想不到的发明，比如人类会飞上天。

莱特主教生气地说："胡说八道！只有天使可以飞。"

这位主教有两个儿子，就是日后有名的莱特兄弟。他们与父亲完全不同，梦想有一天能飞上天空，后来他们果然把父亲认为"不可能"的事变成了现实。

成功者只看到他想要的目标，并不在乎自己是否具备足够的能力去达到。当他真正想要达到那个目标时，便会引导自己通过学习而获得足够的能力，然后通过所有的障碍，成功地达到了目标。

不要再将能量消耗在无聊的事情上，要用心地、认真地凝聚注意力于你真正想要的目标之上，然后用力一击。马上行动，通过不断地努力工作，就能达到成功者的目标。

许多人内心充满了激情和理想，然而一旦面对平凡的生活和琐碎的工作，却变得无可奈何了。他们常常聚在一起高谈阔论，然而一旦面对具体问题，就会不知所措。

一般人之所以不成功，正是因为他们永远将注意力放在事情的消极方面，于是眼中见到的只有困难、挫折、不可能，等等。种种的阻碍横亘在他们的意识中。并非他们不能成功，而是他们将注意力锁定在自己所不想要的东西之上。

有了理想，心中也就有了阳光，心灵世界一片光明，女孩的人生也就不同凡响！

凡事预则立，不预则废

伟大的目标是成就伟大成就的前提。

成功的道路是目标铺成的，设计人生的第一步，无疑应是为自己找一个明确的目标。

美国一位潜能大师有一句名言："成功等于目标，其他一切都是这句话的注解。"

美国汽车大王亨利·福特世界闻名，他的成功始于什么呢？答案是远大的目标。

他的目标就是为大众制造汽车，让人们享受快乐的时光。目标确定以后，福特先生就开始了他毕生追求的事业。

1947 年 6 月 6 日，亨利·福特先生离开了他为之奋斗、追求了大半生的汽车事业。美国各大报纸纷纷发表讣告和文章，以表对他的深切悼念。其中美国《纽约时报》写道：……当他来到人世时，这个世界还是马车的时代。当他离开人世时，这个世界已经成了汽车世界。他为“大众”造车，大众既是机械师亨利·福特的受益人，也偶然成为使他受益的人。

要想做生活、工作的主人，做时代的强者，就必须设定明确的目标，做到未雨绸缪、有的放矢。

因此，目标是人们行动的方向盘，目标是一种目的，一个可以实现的梦想，没有目标，人们就像行尸走肉，不会去努力，他们也不知道为什么要去努力，一错再错，错过了机会，错过了运气，错过了发展，可悲啊！有目标，人们就会勇往直前，告别漂泊的日子，重新改写着他们的命运。

美国汽车巨头福特曾经特别欣赏一个年轻人的才能，他想帮助年轻人实现自己的梦想。可年轻人的梦想却把福特吓了一大跳，他一生最大的愿望就是赚到1000亿美元——超过福特财产的100倍！

福特问他：“你有了那么多钱以后做什么？”

年轻人迟疑了一下说：“老实说，我只觉得那才能称得上是成功，至于做什么我也不大清楚。”

福特说：“一个人果真拥有那么多钱，将会威胁整个世界，我看你还是先别考虑这件事吧。”

之后在长达5年的时间里，福特拒绝见这个年轻人，直到有一天年轻人告诉福特他想创办一所大学，他已经有了10万美元，还缺少10万美元。福特此时才开始帮助他，他们再也没有提起过1000亿美元的事。

经过8年的努力，年轻人成功了，他就是著名的伊利诺伊大学的创始人本·伊利诺伊。

只有向自己提出伟大的目标后，才能有主心骨的感觉，那你才会全力以赴；反之，只拿着一个模棱两可的概念，那你的行动还会是一盘散沙，四处碰壁，迷失方向。所以，要想当一名杰出的女孩，一定要重视目标的价值，在生命的开端给自己一个好的开场白。

切勿盲目自大

每个人都会有自己的闪光点和值得骄傲的地方，但不可将这份骄傲无限放大，脱离实际。盲目自大的人，总是掩饰自己的缺点，而无限夸大自己的优点。这样的人不但得不到人们的欢迎，还会被人们所厌弃。

希望女孩们能够从下面这个寓言故事中体会出一点道理。

旋花高傲地挺起它那粗壮的躯体，笔直地伸向高空。碧绿的叶片是那样的宽厚密实，阳光映照在上头，熠熠生辉，令人羡慕不已。旋花陶醉于自己的美貌，不禁骄傲起来。它觉得自己跟周围这些粗俗丑陋的植物为伍，简直是降低身份，有损斯文。

它看到身边那棵老态龙钟的千年老树，觉得特别不顺眼，特别是深秋季节，当老树把它那枯黄的树叶洒满一地的时候，旋花更是厌恶倍增。

“你听着，老家伙！”有一天旋花不礼貌地对老树吼道，“你为什么总是挨在我的身旁，你也不睁开眼睛看看自己丑陋的样子！讨厌的老头，请识相一点，赶快离我远点！我一看到你就恶心！”

老树装作耳背没有听见，默默地忍受着旋花无礼的指责，只管想着自己的心事。不甘寂寞的旋花对此无可奈何，只得把矛头转向附近的刺李。

年轻的刺李长得非常茂密，简直就像一堵密不透风的围墙。

“喂，你叫什么名字？你那些讨厌的尖刺让人望而生厌，一想到它我心里就不舒服。

你太不自觉了，难道没有想到别人看到你那浑身是刺的怪模样，心里是多么的憎恶和难受吗？”

年轻气盛的刺李本想顶它几句，但一看到旋花那蛮不讲理的傲慢样子，觉得与这种不懂礼节的家伙斗嘴，只能是白费口舌。于是，它不吭不响，既不愿听，更不想去搭理。

老蜥蜴正趴在温暖的泥地上晒太阳，对旋花那种高傲自大、目中无人、老子天下第一的傲慢样子，实在是看不下去也听不下去了，忍不住用责备的口气数落了几句：“狂妄的旋花啊，看来你是一个地地道道的大笨蛋！你怎么不好好想一想，要不是爬缠在老树的枝干上，你能长得这么壮，爬得这么高吗？如果没有了刺李带刺的篱墙，你这个可怜虫早就让那些过路的人踩死了！”

故事在讲旋花，实际上是比喻有些人自己取得了一点点成功，就洋洋自得，认为自己有多么优秀、多么了不起，进而目空一切、不可一世。殊不知，大多数人都是普通人，没有超自然的能力，有的只是奋发向上的拼搏劲头和坚持不懈的毅力，少不了的还有父母的培养、老师的教育和朋友的帮助。缺失了这些，谁都不可能有安逸舒适的生活，不可能有坐在明亮的教室读书学习的机会，不可能有一次又一次的进步和荣誉。

有一条涓细的小溪，细小的流水是由山上融化的雪水和天上所下的丝丝雨水汇聚而成的。

一场大雨过后，溪水暴涨，细小的溪流一下子就变成了滔滔的洪水。小溪高兴得忘乎所以，心中滋长了骄傲的情绪，很想把自己升格为一条滔滔的大河。

于是，小溪借助雨水的威力，使劲地冲刷两边的堤岸。它卷走泥土，冲塌石块，尽力拓宽自己的河床。

令小溪感到遗憾的是，那可恶的风很快就驱散了带雨的乌云，明亮的太阳又高悬在蓝天中了。雨过天晴，溪水骤减，不仅无力再拓宽河床了，而且那小小的溪流也被自己所冲积的泥石挡住了。

如果小溪再不吸取教训、努力改变现状的话，往日那活泼跳动的小溪恐怕只能成为一汪不能够流动的臭水了。

女孩们就像那一条小溪，能力有限却能够涓涓流动不停息。如果有一天，借助外界的力量我们变得强大了，这时，正确的做法是再次审视自己的能力与成功事件的关系，是否真的是自己的力量促使了事情的成功，有没有外界力量的介入，等等。而不能像小溪一样盲目地想将自己升为更为宽阔的大河。如果没有正确认识自己的能力，当外力不复存在时，恐怕也要被“泥石”挡住了。而这“泥石”不是别的，正是女孩们内心滋长起来的那一份狂妄和自大。

盲目自大的人往往过高地估计个人的能力，失去自知之明。心高气傲的人，有的自视过高，总爱抬高自己贬低别人，把别人看得一无是处，总认为自己比别人强很多；有的固执己见、唯我独尊，总是将自己的观点强加于人，在明知别人正确时，也不愿意改变自己的态度或接受别人的观点。

自大的人一般很少关心别人，与他人关系疏远。他们经常从自己的利益出发，不太顾及别人。不求于人时，对人缺少热情，似乎人人都应为他服务，结果落得门庭冷落。还有的自大者过度防卫，有明显的嫉妒心，这种人有很强的自尊心，当别人取得一些成绩时，妒忌之心油然而生，极力去打击别人、排斥别人。

当别人失败时，幸灾乐祸，不向别人提供任何有益的信息。同时，在别人成功时，这种人常用“酸葡萄心理”来维持自己的心理平衡。

盲目自大的人认为自己是“天之骄子”，什么都懂，什么都会，应得到优待，而实际上这样的人不易被社会所接纳，而造成这一障碍的就是他们不切合实际的想法和眼高手低的做法。

了解了盲目自大的诸多害处，女孩们可以认真思考一下，自己有没有这种不良的心理倾向，如果有，一定要努力克服。

在追求目标的道路上：不抛弃，不放弃

在追求目标的过程中，为什么有的人放弃了，而有的人却成功了呢？

在20世纪70年代，拳王阿里与另一位拳坛猛将弗雷泽的一场比赛中，当时比赛已经进行到了第14个回合，阿里已经精疲力竭，濒临崩溃，这时如果一片羽毛落在他的身上也能让他轰然倒地。但阿里竭力坚持着，保持坚毅的表情和誓不低头的气势。最后，弗雷泽放弃了。当裁判宣布阿里获胜后，他才眼前一黑，双腿无力地跪倒在地。弗雷泽看着倒地的阿里后悔不已。

面对同一个目标，不抛弃、不放弃的信念让阿里保住了拳王的称号，而放弃让弗雷泽遗憾终生，与拳王之梦失之交臂。选择放弃，就是选择失败；选择坚持，就会赢得成功。

如果女孩有了目标之后，坚持不放弃，那么你将拥有完全不一样的人生。有的人实现了自己的目标，有了美好的生活；有的人则仍然在为生计奔波。要成为前一种人，女孩现在就要坚持，不管遇到的是困难挫折还是诱惑，都要学会时时激励自己，向着目标前行不动摇。女孩可以采取下面的方法。

1. 把目标写出来贴在显眼的地方

为了不轻易放弃目标，一定要把它写出来。如果再把它贴在显眼的地方，将会更加有效。只是认为“目标已经在我脑子里了”是不行的。如果不写下来，过一段时间，目标就会在不知不觉间被淡忘。

如果你想上某个大学的某个专业，你可以写“我是 ×× 大学 ×× 专业的学生 ××”，把字写得大大的然后贴在书桌前。这会激励你向着自己的目标，持续不断地做出具体的努力，即便累了、倦了，也不会轻言放弃。把你的目标贴在小册子上、笔记本上、书桌前或者卫生间的镜子上等显眼的地方。开始的时候你可能会觉得不好意思，但这会让你更加坚定执着地朝着既定的目标前进。

2. 定期检查目标的实施

仅仅把目标写下来是不够的，还要随时检查一下自己的目标。购物的时候，即便你事先写好了购物单，如果不随时拿出来确认，也经常会忘记购买自己该买的东西。因为你在商场转的时候，会被其他东西或广告吸引住眼球，而随时掏出购物单来看一看就不会发生这种事情了。倘若女孩十分热切地希望实现目标，就应该把目标记下来以便随时检查。把每天必须要做的重要事情记在小本子上，也可以记在手机里。

3. 实现目标时给自己一些称赞和奖励

所有的动物都追求快感和奖励，回避不愉快的经历。因此在训练动物的时候，常常用饲料做奖励。这个原理同样适用于人。大人教孩子跟别人打招呼，最常用的方法就是在孩子跟别人打招呼时对孩子笑一笑，并且抚摸孩子的头，称赞孩子几句。

我们大部分的行为都是在奖励中学会的，但是从别人那里得到的外部奖励是有限的。因此，要想掌控自我，就要学会自我奖励。

如果成功地完成了计划，可以在周末给自己买一张喜欢的CD，或者是买一些课外读物来看，这些都是自我奖励的方法。还可以对着镜子自我表扬："啊，你成功了。真了不起！"

4. 未能实现目标时给自己一些惩罚

为什么我们讨厌做作业还要强迫自己做？为什么我们为了不迟到而吃尽苦头？还有，当红色信号灯亮起的时候，为什么驾驶人都要停车？道理很简单，因为如果不那样做，将会有更痛苦的事情等待着我们。简而言之，就是要受罚。

改掉坏习惯和不好的行为，最常用的办法就是处罚。受谁的处罚？当然通常的情况都是接受别人的惩罚。但成功人士往往会确立目标，制订规则，当自己违反规则时通过自我惩罚来约束自我。这是和普通人不同的。即使自己的行为与目标南辕北辙，普通人也不会为难自己。女孩们真想有一个有意义的人生吗？真心想的话就应该制订一套自我惩罚的措施，在偏离正确的人生方向时给自己一些惩罚。例如你订了计划每天早上起来慢跑半个小时，但如果不能坚持，就要给自己一些惩罚。对准一个目标，毫不动摇，豁出命来全力以赴。即使遇到困难与挫折，也要给自己加油，再坚持一下，就能取得胜利。

只有这样才能逐渐扩大自己成功的可能性，甚至实现意想不到的目标。

制订一张“人生目标计划单”

目标是什么？如果你在大海里航行，它就是指引航向的灯塔；如果你在黑夜里跋涉，它就是你心中那束温暖的阳光。有明确的目标在，女孩才不会彷徨、踌躇，才不会上演南辕北辙的悲剧。

古人说：“千里之行，始于足下。”为了实现最终的目标，女孩们还要有将大目标分割成许许多多相互之间有关联的小目标的能力。这一点，我们可以从跆拳道的升级方法中得到启示。

跆拳道将整个拳法、腿法从易到难分成白、黄、绿、蓝、棕、红、黑等七段，而每一段里又分成不同的分段。初学者从最简单的白段学起，过一段时间当通过该段的考试后，就可以升段。因为每个分阶段的目标都比较容易达到，学员们就容易坚持学下去。因此在美国等西方国家，跆拳道能够进入主流社会并广受欢迎，成为大人小孩都喜欢的一种运动。俗话说：“一口吃不成胖子。”任何一个目标都是无法一步达成的，如果分成小的目标，行动起来就会更有动力和行动方向，同时当达到这些小目标的时候，也会进一步增强自信心。当一个个小目标实现了，实现大目标就比较容易了。

假如女孩对实现理想的道路感到没有自信，不妨把它分解成一个一个的小目标，并从现在就开始为之迈出第一步。通往理想的道路虽然很长，但是如果你将理想分解落实成几个阶段，那么理想对你而言就不再是天方夜谭了。你可以制订一份“人生目标计划单”，在上面写下你的长期目标、中期目标和短期目标，然后将目标具体到每一天，这样就可以让看似难以达到的目标具体成为一个个行动。

首先，长期目标需高远。高尔基曾经说过：“一个人追求的目标越高，他的才能就发展得越快，对社会就越有益。”如果你的长期目标只是建立在现实可能性的基础上，而不是出于对未来的憧憬，那么，你的目标就是短浅的，与其说是谨慎，不如说是害怕失败。其实，你的潜能远在你的想象力之外。“心有多大，世界就有多大”，你的眼界越宽广，你的潜能就会得到更大的发挥。正如高尔基所言：“目标愈高远，人的进步愈大。”也许你的目标永远也不会实现，但是，一个高远的目标可以激励你，使你焕发出更多、更高的能量，可以促使你到达你梦寐以求的高度。

其次，中期目标要合理。中期目标从时间上来说一般为3~5年，它相对长期目标要具体一些。制订中期目标的目的是为了更好地逐步实现长期目标，因此，中期目标通常是要与长期目标保持一致的。与长期目标不同的是，中期目标应该是现实合理的，是在三五年内就可以并且能够实现的目标，也就是说，在制订中期目标的时候，女孩们要在考虑现实因素的同时，做到具体可行。中期目标一定不能太笼统，否则就像空中楼阁一样，看似绚丽，其实只是昙花一现。因此目标必须具体。比如你想学好某一门外语，那么你就制订一个具体的目标，每天背30个单词，写一篇外语日记，看一份外文报纸，听一个外文节目。由于你定的目标很具体，并能按部就班地去做，目标就容易达到。

最后，短期目标要具体。短期目标必须清楚、明确、现实、可行，而不是幻想，短期目标对我们来说是必须有意义的，同时能与自我价值和长期目标一致。短期目标通常是指时间在1~2年内的目标，是中期目标和长期目标的具体化、现实化和可操作化，是最清楚的目标。

此外，为了确保短期目标的实现，女孩们还应该将目标细化到每一天。时常问问自己：现在在人生之中算是一个什么样的时期，是不是符合发展目标；每天都在做什么，得到的是不是现在最想要的或是最应该得到的；明天应该做什么，下一步应该做什么，要为达到目标准备些什么……

有了目标才是一个真正清醒的人

目标选择在我们的人生规划中，是最基础、最首要的内容。人有了目标，人生就会变得有意义，我们该做什么、不该做什么、为什么要那样做、是为了什么而做、该怎样做，有了目标，一切事情都会显得很透明，有了目标，便有了人生奋斗的方向。目标对于人生有巨大的导向作用，成功在刚开始的时候或许只是源于一种选择，选择了怎样的目标，就会有怎样的人生。为什么很多人没有获得成功？要么是他们没有明确的人生目标，要么就是他们将自己的目标定得过高，没有实现的可能，要么就是没有去积极实现目标。

有一群美国的天之骄子即将从哈佛大学毕业，他们的智力、学历、环境条件都相差无几，并且都对未来充满信心。在临行之际，学校对他们的人生目标进行了一次调查。

25年的跟踪调查发现，3%的人，25年来不曾更改过自己的人生目标，他们始终朝着一个方向不懈地努力。25年后，他们成了社会各界的顶尖人物，其中不乏白手起家者、行业领袖、社会精英。

10%的人，大多生活在社会的中上层。他们的共同特点是，那些短期目标不断达到，生活质量稳步上升。他们成为各行各业不可缺少的专业人才，如医生、律师、工程师、高级主管，等等。

87%的人，生活在社会的中下层。他们的生活都过得很不如意，常常失业，靠社会救济，并且常常在抱怨他人、抱怨社会。

西班牙哲学家塞涅卡说："有些人活着没有任何目标，他们在世间，就像河中的水草，他们不是行走，而是随波逐流。"

如果女孩没有目标，就犹如生活在睡梦中，浑浑噩噩、茫然度日；而有了目标才是一个真正清醒的人，才知道自己活着为了什么，未来才充满幸福。

一个在生命中没有目标的人，很容易受到一些微不足道的诸如忧虑、恐惧、烦恼和自怜等情绪的困扰。所有这些情绪都是软弱的表现，都将导致无法回避的过错、失败、不幸和失落。在现在的社会中，软弱者是不可能保护自己的。

女孩们应该在心中树立一个目标，然后着手去实现它。她应该把这一目标作为自己思想的中心。一个目标可能是一种精神理想，也可能是一种世俗的追求，这取决于她的本性。但无论是哪一种目标，她都应将自己思想的力量全部集中于她为自己设定的目标上面。她应把自己的目标当作至高无上的任务，应该全身心地为它的实现而奋斗，而不允许她的思想因为一些短暂的幻想、渴望和想象而迷路。

美国成功学大师拿破仑·希尔博士研究总结了数百位世界级成功人物

的成功经验后，提炼出了 17 条成功原则，其中之一就是：要成功，必须有明确的目标。

也许女孩们以前不知道自己每天忙忙碌碌地学习是为了什么，也许你不清楚将来自己会成为一个怎样的人，那么从现在开始，你就必须结束这种不清醒的状态，为自己制订一个明确的目标，只有这样才不会让你的行动像一盘散沙，四处碰壁，迷失方向。

处在最美好的人生起步阶段，女孩们如果起步起得好，以后的路就可以省许多力气；反之，有可能一蹶不振，轻者也得浪费时间走弯路。

所以，每个女孩都应该努力根据自己的特长来设计自己、量力而行。根据自己的环境、条件、才能、素质、兴趣等，确定进攻方向。不要埋怨环境与条件，应努力寻找有利条件；不能坐等机会，要自己创造机会；拿出成果来，获得社会的承认。要想当一名杰出的女性就一定要重视目标的价值，赢在人生的起跑线上。

目标是女孩行动的催化剂

生活中最可怕的事情莫过于像大海里漂浮的小船，不知道要去哪里，风往东吹，它便往东走，风往西吹，它便往西走，永远都在摇摆。你长大了想干什么？这是所有的女孩在青少年阶段都会遇到的一个关于人生目标的问题。“不想当将军的士兵不是好士兵”，同样，不想当杰出的人的女孩不是好少年。所以，女孩一定要向前看，不要停滞，更不要失望，否则后果很严重。我们能做的和应该做的就是让目标不断地激励自己的行动，日积月累产生化学效果。

1984年，在东京国际马拉松邀请赛中，名不见经传的日本选手山田本一出人意料地夺得了世界冠军。当记者问他凭什么取得如此惊人的成绩时，他说：凭智慧战胜对手。

当时许多人都认为这个偶然跑到前面的矮个子选手是在故弄玄虚。马拉松赛是比拼体力和耐力的运动，只要身体素质好又有耐力就有望夺冠，爆发力和速度都在其次，而说用智慧取胜确实有点勉强。

两年后，意大利国际马拉松邀请赛在意大利北部城市米兰举行，山田本一代表日本参加比赛。这一次，他又获得了世界冠军。记者又请他谈谈经验。

山田本一不善言谈，回答的仍是上次那句话：用智慧战胜对手。这回记者在报纸上没再挖苦他，但对他所谓的智慧迷惑不解。

10年后，这个谜终于被解开了，他在自传中说：每次比赛之前，我都要乘车把比赛的线路仔细地看一遍，并把沿途比较醒目的标志画下来，比如第一个标志是银行，第二个标志是一棵大树，第三个标志是一座红房子……这样一直画到赛程的终点。比赛开始后，我就以百米的速度奋力地向第一个目标冲去，等到达第一个目标后，我又以同样的速度向第二个目标冲去。

故事很简单，它所蕴含的道理是每个女孩都能领悟的。其实，人生就像跑步，当你为自己设定了一个长远的目标后，不要被路途的遥远而吓倒，你可以运用你的智慧，把你的目标分割成若干的小目标，用一个个小目标激励自己，用一个个小胜利鼓舞自己，这样你的奋斗之旅才会充满力量。

梦想成真只属于那些永不放弃的人，搁置梦想就等于丧失了获得行动的能量。实现梦想不是省略过程，而是在同样的时间里，产生出更多的行动的能量。要想让你的行动在有限的时间内以几倍的速度增长，就必须学会用目标来激励自己。下面就是快速实现梦想的8步战略。

第1步：编织梦想，写下你的心愿。

这些心愿包括你想拥有的、你想做的、你想成为的、你想撒播的。现在请坐下来，拿一张纸和一支笔，动手写下你的心愿。要记住，一动笔就不要停下来，写10~15分钟。你在写的时候，不必管那些目标该用什么方式去实现，就是尽量写，不要受限制。另外你写得越简明越好，这样才能立即写出来。这些目标可能有关你的学习、家庭、情绪、交友、健康、生活等，别将自己框住，涵盖越广越好，你要掌握住每一件与你有关的事，因为要达到目标的第一步，就是要知道它是什么结果。

第2步：下定决心要成功。

世界上没有任何力量能像信念这样有如此巨大的影响。人类的历史，可以说是信念的历史。哥白尼、哥伦布、爱迪生和爱因斯坦等人，他们的信念不但改变了自己，也改变了历史，改变了世界。每一位有志的女孩，若想改变自己，都先从拥抱信念开始吧；如果想效法伟人，那就效法他们成功的信念吧！

第3步：每天审视这些目标，充分体验当它们实现时的快乐。

当你制订出了所要追求的目标，同时也给这些目标找到了必须实现的充分理由后，事实上要实现目标的整个行动便已开始，你的资源锁定系统会按照你的目标及理由，主动地寻找能使目标实现的各种资源。要确保所制订的目标能够实现，你必须预先调整自己的神经系统，确信这些目标能带给你快乐，也就是说你一天至少得两次审视这些目标，充分体验当它们实现时的快乐。

在做这些事时你得完全运用上视、听、触等感官，让自己完全沉醉在目标实现的美梦里。

第 4 步：认真计划每一天。

你要做什么？你要如何开始这一天？你要得到什么结果呢？希望女孩从起床开始，一直到上床休息，全天都有妥当的计划。别忘了，你所有的结果与行动都来自内心的构想，因此就照你所期望的方式，好好计划你的每一天吧！

第 5 步：为自己创造一个完美的环境。

如果你对自己所盼望的生活没有清楚的概念，又怎能实现它呢？如果你不知道自己理想的环境是什么，又怎能创造出它呢？记住，头脑要有清楚而明确的信号，才能引导你到自己想要去的地方。

第 6 步：立即让自己行动起来。

当女孩把目标写下来之后，随之最重要的一步就是立即让自己行动起来，向着目标实现的方向拿出具体的行动，可别一拖再拖。

制订目标或许还不算太难，贯彻到底就不是一件容易的事了。相信很多人都有过这样的经验，刚定好目标时颇有磨刀霍霍的干劲，可是过了两个星期后就没劲了，实现目标的自信早已逃之夭夭。所以当你拟定一项目标后，先把它写在纸上或日程记事本上使目标具体化，然后持续 3 个星期，让它慢慢地成为习惯，最终你的目标一定会实现。

第 7 步：每天晚上睡前作自我回顾与检讨，衡量进度，看看自己哪一步已实现，哪一步是完成一半，哪一步还没有做，然后积极修正。

第 8 步：坚持到底，永不放弃。

像凸透镜一样聚焦全部能量

曾有一位苦恼的青年对昆虫学家法布尔说："我爱科学，也爱文学，对音乐、美术也十分感兴趣。我把全部时间、精力都用上了，却收效甚微。"法布尔微笑着从口袋里掏出一个放大镜说："把你的精力集中到一个焦点上试试，就像这块凸透镜一样！"

一个人的精力和时间本来是很有限的，在这种情况下，如果选不准目标，到处乱闯，几年的时间会一晃而过。如果想取得突破性的进展，就该像打靶一样，迅速瞄准目标；像激光一样，把精力聚于一束。一个人只要"咬定青山不放松"，长期专注于某一事业，他通常就能成为这方面的专家、成功者。

法国的博物学家拉马克，是兄弟姐妹11人中最小的一个，最受父母宠爱。他的父亲希望他长大后当牧师，送他到神学院读书。可他却爱上了气象学，想当个气象学家，整天仰首望着多变的天空；没多久他又在银行里找到了工作，想当个金融家；后来他又爱上了音乐，整天拉小提琴，想成为一个音乐家；这时，他的一位哥哥劝他当医生，于是他又学医4年。

一天，拉马克在植物园散步时，遇到了法国著名的思想家、哲学家、文学家卢梭。

受卢梭的影响，"朝三暮四"的拉马克，固定了自己的奋斗目标，他用26年的时间，系统地研究了植物学，写出了名著《法国植物志》。后来，他又用35年的时间研究了动物学，成为一位著名的博物学家。

世界上许多伟大事业的成就者都是一些资质平平的人，而不是那些表面看起来出类拔萃、多才多艺的人。为什么会出现这种情况呢？其实，在我们的生活中可以处处见到这种情况，一些人取得了远远超出他们实际能力的成就。很多女孩对此疑惑不解：为什么那些看上去智力不及我们一半、在学校里排名末尾的学生却获得了巨大的成功，并在人生的旅途中把我们远远地抛在了后面呢？其实，那些看起来智力平庸的人，往往能够专注于某一领域、某一事业，并长期耕耘不辍，最终实现了自己的目标；而那些所谓的智力超群、才华横溢的人，总是喜欢毫无目的地四处游荡，等到蓦然回首时，仍旧一无所有。

文学大师歌德曾这样劝告他的学生："一个人不能骑两匹马，骑上这匹，就要丢掉那匹，聪明人会把凡是分散精力的要求置之度外，只专心致志地去学一门，学一门就要把它学好。"鲁迅也说："若专门搞一门，写小说写十年，做诗做十年，学画画学十年，总有成功的。"

纵览古今中外，凡杰出者，无一不是"聚焦"成功的。法布尔为了观察昆虫的习性，常达到废寝忘食的地步。有一天，他大清早就伏在一块石头旁。几个村妇早晨去摘葡萄时看见法布尔，到黄昏收工时，她们仍然看到他伏在那儿，她们实在不明白："他花一天工夫，怎么就只看着一块石头，简直中了邪！"其实，为了观察昆虫的习性，法布尔不知花去了多少个日日夜夜。数学家陈景润数十年如一日地研究"哥德巴赫猜想"。清代著名画家郑板桥，作画 50 余年，始终"咬定青山不放松"，专画兰竹，不画他物，终于成为擅画兰竹的高手。还有徐悲鸿擅画马，齐白石擅画虾，黄胄擅画驴，而古人唐伯虎拿手的则是仕女画。画猫专家曹今奇，从 8 岁起学画，专画猫，他画的猫曾在中国内地首屈一指，连许多国外商人也向他高价订购"猫画"。

如果他们想行行拿状元，恐怕只能是白白浪费时间。

那么，女孩要怎么才能培养专注的习惯，克服“今天想干这个，明天想干那个”的朝三暮四的毛病呢？以下几点建议可供借鉴：

（1）找到真正的兴趣所在。兴趣，是推动学习的重要内在动机，往往可以决定一个人的一生道路。有了兴趣，我们就能废寝忘食、全神贯注。

（2）不要因一时不出成果而动摇。许多人一心想有所成就，这种心情是可以理解的，但过于急切地盼望成功，则容易走向反面。

（3）不要为别人的某些成功所诱惑。干事业，最忌见异思迁，而造成见异思迁的原因有很多，其中一个原因就是为别人的某些成功所动。正确的做法是认准自己的目标，执着地追求。

（4）不要怕艰辛，要舍得吃苦。有些人对爱因斯坦在物理学领域的杰出贡献羡慕不已，却很少琢磨他床下几麻袋的演算稿纸；有些人对NBA球员的声誉津津乐道，却很少去想他们每人究竟洒下了多少汗水。因此，千万不要光羡慕别人的成果，要准备下些苦工夫才行。

（5）控制自己的情绪、心态。应学会尽量少受外界干扰，即便受了干扰，也要及时“收回脑子”，这也是锻炼专注力的一个重要方面。

第二章

立即行动——让女孩的人生不留遗憾

许下一个愿望，用行动去实现

有一个很落魄的青年人，每隔两三天就到教堂祈祷，而他的祷告词几乎每次都相同。

第一次，他来到教堂跪在圣坛前，虔诚地低语："上帝啊，请念在我多年敬畏您的份上，让我中一次彩票吧！"几天后，他又垂头丧气地回到教堂，同样跪着祈祷："上帝啊，为何不让我中彩呢？请您让我中一次彩票吧！"又过了几天，他再次去教堂，同样重复他的祈祷。如此周而复始，不间断地祈求着，直到最后一次，他跪着说："我的上帝，为何您听不到我的祈求？让我中彩票吧！只要一次就够了……"就在这时，圣坛上突然发出了一个洪亮的声音："我一直在垂听你的祷告，可是，最起码你应该先去买一张彩票吧！"

这个故事告诉我们：一旦有了梦想，就必须用行动去实现梦想。如果有梦想而没有努力，有愿望而不能拿出力量来实现愿望，这是不足以成事的。只有下定决心，历经学习、奋斗、成长这些不断的行动，才有资格摘下成功的甜美果实。

而大多数的人，在开始时都拥有很远大的梦想，只是他们从未采取行动去实现这些梦想，缺乏决心与实际行动的梦想于是开始萎缩，种种消极与不可能的思想衍生，甚至于就此不敢再存任何梦想，过着随遇而安、乐天知命的平庸生活。

这也是为何成功者总是占少数的原因。

英国前首相本杰明·狄斯雷利曾指出，虽然行动不一定能带来令人满意的结果，但不采取行动就绝无满意的结果可言。

因此，如果女孩想取得成功，就必须先从行动开始。一个人的行为影响他的态度，行动能带来回馈和成就感，也能带来喜悦。

天下最可悲的一句话就是："我当时真应该那么做，但我却没有那么做。"一个好创意胎死腹中，真的会叫人叹息不已，永远不能忘怀。如果真的彻底施行，当然就有可能带来无限的满足。

女孩们，你现在已经有一个好愿望、想到一个好创意了吗？如果有，马上行动。

将一个愿望真正地落实到行动上，应遵循以下原则：

（1）做好各种准备工作，考察愿望是否切实可行。

（2）制订每年、每月、每日的行动步骤表，按计划去做。

（3）安排好行动计划的轻重缓急、先后次序。

（4）行动方案应明晰化、细致化，这样落实起来才能到位，才能更有效率。

不要幻想，要现实。

"明天是周六，我想去书店买书！"

"这个周末，我们去敬老院吧！"

"妈妈，咱们家的花园长出杂草了，明天我帮你一起除草吧！"

和很多人一样，有些女孩总是计划得好好的，可是最终完成的却没有几件，最后还要找出各种各样的理由来为自己解释。

"临时有事，太忙了！"

"我忘了！下次吧！"

于是，自然地，女孩又重复着口头演说，而最终毫无行动。因为在内心深处，她从来没有意识到行动的重要性，所以她总是不愿意去行动。

人有两种能力，思维能力和行动能力，很多人总是达不到自己的目标，往往不是因为思维能力，而是因为行动能力。

在偏远地区有两个人，其中一个贫穷，一个富裕。

有一天，穷人对富人说："我想到南海去，您看怎么样？"

富人说："你凭借什么去呢？"

穷人说："我有一个水瓶、一个饭钵就足够了。"

富人说："我多年来就想租条船沿着长江而下，现在还没做到呢，你凭什么去？"

第二年，穷人从南海归来，把去过南海的事告诉富人，富人深感惭愧。

这个故事说明了一个很简单的道理：说一尺不如行一寸。

俄国著名剧作家克雷洛夫说："现实是此岸，理想是彼岸，中间隔着湍急的河流，行动则是架在河上的桥梁。"

只有行动才会产生结果。行动是成功的保证。任何伟大的目标、伟大的计划，最终必然落实到行动上。拿破仑说："想得好是聪明，计划得好更聪明，做得好是最聪明又最好。"

所以，不要只是憧憬，不要只是计划，对于要做的事情，就应该积极地行动起来，行动才能使一切成为可能。

杰米是个很普通的年轻人，20多岁，有太太和小孩，收入并不多。

他们全家住在一间小公寓里，夫妇两人都渴望有一套自己的新房子。他们希望有较大的活动空间、比较干净的环境、小孩有地方玩，同时也增添一份产业。

买房子的确很难，必须有钱支付分期付款的首付款才行。有一天，当他签发下个月的房租支票时，突然很不耐烦，因为房租跟新房子每月的分期付款差不多。

杰米跟太太说："下个礼拜我们去买一套新房子，你看怎样？"

"你怎么突然想到开这个玩笑，我们哪有能力？可能连首付款都付不起！"他的太太非常怀疑他的话。

但是他已经下定决心："跟我们一样想买一套新房子的夫妇大约有几十万，其中只有一半能如愿以偿，一定是什么事情才使他们打消这个念头。我们一定要想办法买一套房子。虽然我现在还不知道怎么凑钱，可是一定要想办法。"

下个礼拜他们真的找到一套两人都喜欢的房子，朴素大方又实用，首付款是1200美元。他知道无法从银行借到这笔钱，因为这样会妨害他的信用，使他无法获得一项关于销售款项的抵押借款。

可是皇天不负有心人，他突然有了一个灵感，为什么不直接找包销商谈，向他借私款呢？他真的这么去做了。包销商起先很冷淡，由于杰米一再坚持，他终于同意了。他同意杰米把1200美元的借款按月偿还100美元，利息另外计算。

现在他要做的是，每个月凑出100美元。夫妇两个想尽办法，一个月可以省下25美元，还有75美元要另外设法筹措。

这时杰米又想到另一个点子。第二天早上他直接跟老板解释这件事，他的老板也很高兴他要买房子了。杰米说：“T 先生（老板），你看，为了买房子，我每个月要多赚 75 元才行。我知道，当你认为我值得加薪时一定会加，可是我现在很想多赚一点钱。公司的某些事情可能在周末做更好，你能不能答应我在周末加班呢？有没有这个可能呢？”

老板对于他的诚恳和雄心非常感动，真的找出许多事情让他在周末工作 10 小时。杰米和他的家人也欢欢喜喜地搬进了新房子。

显然，杰米能买到新房子，是他坚持行动的结果，行动让他的想法有了实现的机会。

当列车呼啸而过时，女孩们一定觉得很壮观，但倘若没有行动的车轮，它又如何飞驰？生命也是如此，想让生命的列车启动，唯有行动！而行动无疑成了生命乐章中最动听的音符。

马上行动

有一位名叫西尔维亚的美国女孩，她的父亲是波士顿有名的整形外科医生，母亲在一家声誉很高的大学担任教授。她的家庭对她有很大的帮助和支持，她完全有机会实现自己的理想。她从念中学的时候起，就一直梦寐以求地想当电视节目的主持人。她觉得自己具有这方面的才干，因为每当她和别人相处时，即便是陌生人也都愿意亲近她并和她长谈。她知道怎样从对方嘴里“掏出心里话”。她的朋友们称她是他们的“亲密的随身精神医生”。她自己常说：“只要有人愿给我一次上电视的机会，我相信我一定能成功。”

但是，她为达到这个理想而做了些什么呢？她什么也没做。她在等待奇迹出现，希望一下子就当上电视节目的主持人。

谁也不会请一个毫无经验的人去担任电视节目主持人。而且，节目的主管也没有兴趣跑到外面去搜寻天才，都是别人去找他们。

而另一个名叫辛迪的女孩却靠着扎实的行动实现了自己的理想，成了著名的电视节目主持人。辛迪没有可靠的经济来源，她白天去工作，晚上在大学的舞台艺术系上夜校。

毕业之后，她开始谋职，跑遍了洛杉矶每一个广播电台和电视台。但是，每个地方的经理对她的答复都差不多：“不是已经有几年经验的人，我们不会雇用的。”

但是她并未退缩。她一连几个月仔细阅读广播电视方面的杂志，最后终于看到一则招聘广告：北达科他州有一家很小的电视台招聘一名预报天气的女孩子。

辛迪在那里工作了两年，后来在洛杉矶的电视台找到了一个工作。又过了 5 年，她终于得到提升，成为她梦想已久的节目主持人。

西尔维亚那种失败者的思路和辛迪的成功者的观点正好背道而驰。分歧点就在于，西尔维亚一直是在幻想，坐等机会，期望时来运转。而辛迪则是采取行动步步实现理想。首先，她充实了自己；然后，在北达科他州受到了训练；接着，在洛杉矶积累了比较多的经验；最后，她实现了理想。

成功的最大敌人，是凡事等待明天。

在所谓的风平浪静的生活中，女孩也许经常说这样的话：“我要等等看，情况会好转的。”对于有些人来讲，这似乎已经成为他们习以为常的一种生活方式。他们总是明日复明日，因而总是碌碌无为。

你遇见过那种喜欢说“假若……我已经……”的人吗？这些人总是喋喋不休地大谈特谈他以前错过了什么样的成功机会，或者正在“打算”将来干什么样的事业。总是谈论自己“可能已经办成什么事情”的人，只是空谈家。“实干家”是这么说的：“假如说我的成功是在一夜之间得来的，那么，这一夜乃是无比漫长的历程。”

成功总是青睐意志坚定、精力充沛、行动迅速的人。这种人不但善于做出决定，而且善于执行决定。当面对问题的时候，他会全面考虑自己所面对的情况，果断地做出选择。他不是仅仅制订工作计划，还能够执行工作计划。他不但做出决定，还能够将决定贯彻到底。

如果你瞻前顾后，如果你习惯于犹豫不决，而不知道自己真正需要什么，那么你将永远不可能成功。这些不是一个成功者的品质。一个成功者不会是一个完人，会有各种各样的缺点，但是他却明白自己的思想。他知道自己需要什么，并且努力追求。他会犯错误，会遇到挫折，但他总是迅速地站起来，继续前行。

一张地图，不论它多么详细，比例尺有多么精密，绝不能够带它的主人在地面上移动一寸。一本羊皮纸的法禅，不论它有多公正，绝不能够预防罪行。一个卷轴，绝不会赚一分钱或制造一个赚钱的字。行动，才是滋润成功的食物和水。

女孩们，赶快行动吧，不要拖延，也不要恐惧什么。拖延，是恐惧的产物。现在，要感谢这个从勇敢的心胸里挖掘出来的秘诀。现在我们知道，要想克服恐惧，就必须时常毫不犹豫地起而行动，心里的烦躁才会一扫而尽，现在我们知道，行动会使恐惧心理减缓，遇到情况时不慌不忙。

不要逃避今天的责任而等到明天去做，因为，明天是永远不会来临的。现在就采取行动吧，即使你的行动不会使你马上得到成功，但是，动而失败总比坐以待毙好。即使成功可能不是行动所摘下来的那个果子，但是，没有行动，任何果子都会在枝上烂掉。

现在就采取行动。现在要采取行动。现在必须采取行动。女孩们要一遍又一遍，每一小时、每一天，都要重复这句话，一直等到这句话成为像你自己呼吸的次数一样多；而跟在它后面的行动，要像你眨眼睛那种本能一样迅速。任何时刻，当你感到推脱苟且的恶习正悄悄地向你靠近，或甚至当此恶习已迅速缠上你，使你动弹不得之际，你都需要用这句话提醒自己。

总有很多事需要完成，如果你正受到怠惰的钳制，那么不妨就从碰见的任何一件事着手。这是件什么事，并不重要，重要的是，你突破了无所事事的恶习。从另一个角度来说，如果你想规避某项杂务，那么你就应该从这项杂务着手，立即进行。否则，事情还是会不断地困扰你，使你觉得烦琐无趣而不愿动手。

当你养成“现在就动手做”的习惯，那么你就将掌握个人主动进取的精义。

诗人约翰·弥尔顿曾说：“只是站立等待的人也能有所得。”这句话也许相当诚恳而值得深思。但是，生命中真正的财富往往属于那些能以积极行动寻求的人。成功不会由挂着皇家徽章的铜管乐队伴随着行军而来，它往往属于长期艰苦努力工作的人。

采取主动，就能创造自己的机会。缜密思虑下策划的行动，是没有任何东西可以取代的。

你可以用尽各种方法，告诉全世界，你有多么优秀，但是你必须通过行动。要让别人知道你的成就，你应该先付诸行动，让人由行动中认清你的成就。

不要等待“时来运转”，也不要由于等不到而觉得恼火和委屈，要从小事做起，要用行动争取胜利。

立即行动——可以应用在人生每一个阶段的各个方面，帮助女孩做自己应该做却不想做的事情，对不愉快的工作不再拖延，抓住稍纵即逝的宝贵时机，实现梦想。

告别拖延和惰性，把握今天

生活中，女孩们都会有这样一些经历：早上闹钟响了，想起床又告诉自己“再睡几分钟吧”，结果有可能会迟到；想给亲友、同学打个电话，等到几小时、几天之后才打；这个月需完成的学习任务要到下个月才写；衣服堆得有味了才洗……

拖延使女孩无数美好的梦想、计划变成幻想，使女孩丢失了“今天”。

成功学创始人拿破仑·希尔说：“生活如同一盘棋，你的对手是时间，假如你行动前犹豫不决，或拖延行动，你将因时间过长而痛失这盘棋，你的对手是不容许你犹豫不决的！”拖延是行动的死敌，也是成功的死敌。拖延令我们永远生活在“明天”的等待之中，拖延的恶性循环使我们养成懒惰的习性、犹豫矛盾的心态，这样就成为一个永远只知抱怨叹息的落伍者、失败者、潦倒者。拖延是这样的可恶，然而却又这样的普遍，原因在哪里？

自信不足、心态消极、目标不明确、计划不具体、策略方法不够多、知识不足、过于追求十全十美，这些都是原因。

其实拖延就是纵容惰性，也就是给了惰性机会，如果形成习惯，它会很容易消磨人的意志，使你对自己越来越失去信心，怀疑自己的毅力，怀疑自己的目标，甚至会使自己的性格变得犹豫不决，养成一种办事拖拉的作风。

一日有一日的理想和决断。昨日有昨日的事，今日有今日的事，明日有明日的事。今日的理想，今日的决断，今日就要去做，一定不要拖延到明日，因为明日还有新的理想与新的决断。

杰出人士为了打败“拖延”这个敌人，往往会给自己制定一张严密而又紧凑的工作计划表，然后像尊重生命一样坚决地去执行它。

人们问富兰克林：“你怎么能做那么多的事呢？”“您看看我的时间表就知道了。”他的作息时间表是什么样子呢？

5点起床，规划一天事务，并自问：“我这一天要做些什么事？”

上午8点至11点，下午2点至5点，工作。

中午12点至1点，阅读，吃午饭。

晚6点至9点，用晚饭、谈话、娱乐、考查一天的工作，并自问：“我今天做了什么事？”

此外，由于种种原因，杰出人士也可能会被迫拖延自己想要做的工作，对于这种导致拖延的外在阻力，他们也有一套对付的方法。

维克多·雨果是19世纪法国著名作家。有一回，他为了创作一部新作品，便紧张地投入到工作中。可是，外面不断有人来邀他去赴宴，出于礼节，他不得不去，为此浪费了好多时间。最后，他想出了一个绝妙的办法，把自己的头发剪去一半，又把胡子剪掉，再把剪子扔到窗外。这样，他就不好出去会客，而不得不留在家里。于是他专心致志地埋头创作，把又一部巨著奉献给了人们。

惰性是人的一种劣根性，为了做成某件事，必须与它抗争，超越这种劣根性的钳制。但是这种抗衡和超越不容易心甘情愿，一开始总要由一些外力来强制，进而才能逐渐内化为恒定的精神和行为习惯。如果想战胜它，勤奋是唯一的方法。对于人来说，勤奋不仅是创造财富的根本手段，而且是防止被舒适软化、涣散精神的“防护堤”。

女孩如何克服拖延、摆脱惰性呢？美国著名组织管理专家、效率大师斯蒂妮·卡尔帕女士曾提出17种有效的方法。女孩们不妨一试：

（1）承认拖延。

（2）接受挑战。

（3）列出所有的借口和拖延的后果。

（4）纠正自己，避免去说“等到……”“暂时”这类的话。

（5）把制定期限视为一种生活方式。

（6）分而治之、积少成多，逐步完成。

（7）保持整洁有序。

（8）不要过分准备。

（9）要果断坚决。

（10）定出优先顺序以利于制订计划。

（11）留意自己的精力周期，将冗长乏味的事情安排在你精力水平处于巅峰的时间段里去完成。

（12）把你的计划和做法告诉别人，尽力完成承诺。

（13）果断迈出第一步。

（14）一次只处理一个问题。

（15）不要三心二意。

（16）每完成一样任务或方案，就奖赏一下自己。

（17）不能做完的事不要开始，开始了就一定要做完。

时刻准备着

准备之于成功，如同基石之于大厦。因此，准备是成功的基础，只有准备充分了，成功才会降临。当女孩们一点点地积累，一粒粒地积聚，一步步地走，我们就有了量变到质变的飞跃。人生是一个庞大的生命旅程，如果你能提前一一做好准备，那么你的每一段路走起来就会坚定自如、泰然自若了。著名节目主持人朱军在出版《时刻准备着》时，他说："我觉得这么多年来，我的状态始终是'时刻准备着'，而机遇都是在积极准备中光顾的。"

美国著名电台主持人莎莉·拉菲尔在自己的职业生涯中遭遇了18次辞退，她的主持风格曾被人贬得一文不值。

最早的时候，她想到美国大陆无线电台工作，但是，电台负责人认为她是个女性，不能吸引听众，想都没想地拒绝了她。

她来到波多黎各，希望自己有好运气。她不懂西班牙语，为了熟练掌握语言，她花了3年时间。但是在波多黎各的日子里，她最重要的一次采访，仅仅是一家通讯社委托她到多米尼亚共和国去采访暴乱，连差旅费都是自己付的。

在以后的几年，莎莉·拉菲尔不停地工作，不停地被辞退，有些电台甚至指责她根本不懂得什么是主持。

1981年，莎莉·拉菲尔来到了纽约的一家电台，但是很快被告知：她跟不上这个时代，为此，她失业了一年多。

有一次，她向一位国家广播公司的职员推销她的清谈节目策划，得到了对方的肯定。但是，那个人后来离开了广播公司，她不得不向另外一位职员推销她的策划，这位职员却不感兴趣。别人虽然同意雇用她，但不同意搞清谈节目，而是让她做一个政治节目主持人。

莎莉·拉菲尔对政治一窍不通，但是她不想失去这份工作，于是开始恶补政治……1982年夏天，她的以政治为内容的节目开播了，她有着娴熟的主持技巧和平易近人的风格，她甚至让观众打进电话讨论国家的政治活动，包括总统大选。这在美国电台史上是史无前例的。

莎莉·拉菲尔几乎一夜成名，她的节目成为全美国最受欢迎的政治节目。她现在是美国一家自办电台节目主持人，曾经两度获得全美主持人大奖。每天有800万观众收看她主持的节目。在美国传媒界，她就是一座金矿，无论到哪家电视台、电台，她都会带来巨额的利润。莎莉·拉菲尔说："我平均每1.5年就被人辞退一次，有些时候，我认为这辈子完了。但我相信，上帝只掌握了我的一半，我越努力，我手中掌握的一半就越庞大，终于有一天，我赢了上帝。"

当你有所准备的时候，面对挑战，你才能保持绝对的冷静。做好了准备，一切危险、困难、挫折，也就会被你摆平。有了准备，我们就不再彷徨。"书到用时方恨少"，平常若不充实学问，临时抱佛脚是来不及的。

人生之路漫长而又充满了未知，女孩们应该“时刻准备着”。为了美好的将来，储备对付一切难题的能量，准备一副冷静平和挑战困难的心态。就像莫里尼奥所说的：“当准备的习惯成为你身体的部分，它就会永远在那里，并帮助你取得令人惊讶的胜利。”

俗话说：有备无患。女孩们做事应该未雨绸缪、居安思危。

比别人先行一步

鬼谷子说：“作战的方法贵在控制别人，而不是被人控制。”控制别人就把握了成功，被人控制就抛弃了成功。控制别人，贵在抢占先机。抢先一步容易控制别人，落后一步容易被人控制。项羽也说：“先发制人，后发受制于人。”要想创大业建大功，就要抢占先机而不落于众人之后；就要使人追随我而不是我去追随人。

《兵经百篇·先》中说：“用兵作战要使自己先发制人，必须掌握作战的先声、先手、先机、先天。先声，即在声势上首先压倒敌人；先手，就是交战时抢先下手；先机，即把握作战的先行良机；先天，不用争夺而制止了争夺，不用争战而制止了战争，胸中早有了不战而屈人之兵的韬略。先发制人最重要，而在先发制人的各种手段中，又以先天最为重要。”

什么事都比别人先行一步就能取胜。要想永远领先，就要处处争先，永远争先。

女孩们，别总以为其他人比自己学习好是先天的，因为学习好的同学总会比别人先行一步，这就是学习好与差的原因所在。

有一个6岁的小男孩，一天在外面玩耍时，发现了一个鸟巢被风从树上吹掉在地，从里面滚出了一个嗷嗷待哺的小麻雀。小男孩决定把它带回家喂养。

当他托着鸟巢走到家门口的时候，他突然想起妈妈不允许他在家里养小动物。于是，他轻轻地把小麻雀放在门口，急忙走进屋去请求妈妈。在他的哀求下，妈妈终于破例答应了。

小男孩兴奋地跑到门口，不料小麻雀已经不见了，他看见一只黑猫正在意犹未尽地舔着嘴巴。小男孩为此伤心了很久，但他从此也记住了一个教训：只要是自己认定的事情，绝不可优柔寡断。这个小男孩长大后成就了一番事业，他就是华裔电脑名人——王安博士。

总是步别人后尘的人是成不了大器的。如此一来，成功永远属于别人，自己得到的只是残羹冷炙。聪明的人不随大流，目光独到，在别人还没“睡醒”之前就已经行动了。

在某一领域的领袖几乎都是起步比较早的人，他们不一定比别人做得好，但是因为起步早，他们有更多的机会调整错误。

早起的鸟儿有虫吃。卓越的成功者在做每一件事时都要比别人早一步，都要比别人更迅速地掌握未来的动态、资讯和走向。

女孩们，要想早有成就，那就赶快动手吧！

分解大目标，循序渐进

1968 年，罗伯·舒乐博士立志在加州用玻璃建造一座水晶大教堂，他向著名的设计师菲力普·强生表达了自己的构想：“我要的不是一座普通的教堂，我要在人间建造一座伊甸园。”

强生问他的预算，舒乐博士坚定而坦率地说：“我现在一分钱也没有，所以 100 万美元与 400 万美元的预算对我来说没有区别，重要的是，这座教堂本身要具有足够的魅力来吸引人们捐款。”

教堂最终的预算为 700 万美元。700 万美元对当时的舒乐博士来说是一个不仅超出了能力范围也超出了理解范围的数字。

当天夜里，舒乐博士拿出 1 页白纸，在最上面写上“700 万美元”，然后又写下了 10 行字：

1. 寻找 1 笔 700 万美元的捐款。

2. 寻找 7 笔 100 万美元的捐款。

3. 寻找 14 笔 50 万美元的捐款。

4. 寻找 28 笔 25 万美元的捐款。

5. 寻找 70 笔 10 万美元的捐款。

6. 寻找 100 笔 7 万美元的捐款。

7. 寻找 140 笔 5 万美元的捐款。

8. 寻找 280 笔 2.5 万美元的捐款。

9. 寻找 700 笔 1 万美元的捐款。

10. 卖掉 1 万扇窗户，每扇 700 美元。

60 天后，舒乐博士用水晶大教堂奇特而美妙的模型打动了富商约翰·可林，他捐出了第一笔 100 万美元。

第 65 天，一位倾听了舒乐博士演讲的农民夫妻，捐出第一笔 10000 美元。

90 天时，一位被舒乐博士孜孜以求精神所感动的陌生人，在生日的当天寄给舒乐博士一张 100 万美元的银行本票。

8个月后，一名捐款者对舒乐博士说："如果你的诚意和努力能筹到600万美元，剩下的100万美元由我来支付。"

第二年，舒乐博士以每扇500美元的价格请求美国人订购水晶大教堂的窗户，付款办法为每月50美元，10个月分期付清。6个月内，1万多扇窗户全部售出。

1980年9月，历时12年，可容纳1万多人的水晶大教堂竣工，这成为世界建筑史上的奇迹和经典，也成为世界各地前往加州的人必去瞻仰的胜景。

水晶大教堂最终造价为2000万美元，全部是舒乐博士一点一滴筹集而来的。

由此可见，许多困难乍一看起来像梦一般遥不可及，然而我们本着从零开始、点点滴滴去实现的决心，有效地将问题分解成许多板块，这将大大提升我们去攻克难关的信心和效率。

女孩们要想获得成功，首先就要选择好人生的奋斗目标——你最终想要到达的地方，然后设计好路线——第一站要到达什么地方，用多少时间；第二站要到达什么地方，用多少时间。设计好你的路线后，你只需一步一步向终点前进，终有一天你能到达终点，得到你想要的东西。

要成功就必须把大目标分解成几个阶段，然后再去分阶段实现大目标。

分解大目标时，需注意以下几点：

（1）目标必须合理。

（2）目标必须具体。

（3）目标必须限时完成。

（4）把目标写下来，更容易成功。

（5）大目标必须分解到今天，分解到现在。

（6）要有明确的最高目标和最低目标。

莫害怕，莫后悔

每个人将来要面临各种艰难的挑战，“不害怕”是心灵的起点，是为自己设下的最坚韧的防护，在现实生活中，也许女孩被碰得头破血流，或打拼得体无完肤，但只要你不害怕碰壁，不害怕失败，不害怕孤独，不害怕被人误解，并勇敢去闯，就一定能得到生活的回报。另外，世界上没有后悔药可卖，无论我们获得了什么，都是我们自己的决定与行动换来的结果。即使我们跌倒了，爬起来依旧是好汉。

一个叫路易斯·蒙坦特的人曾上过卡耐基的课，他非常敬佩卡耐基的讲话，他曾经忧伤得不想继续活下去，后来，他说：“忧伤使我浪费了10年大好光阴。这10年应该是生命力最强的时候——18岁到28岁。我现在体会到失去了这10年宝贵的光阴不能怪罪任何人，完全是我自己的错。”

那时所有的事都令他担心：工作、健康、家庭及自卑。他羞于见人，因为怕跟熟人打招呼，不惜绕道而行；若在街上遇到朋友，他也假装没有看见，因为他怕别人不屑理他。

他恐惧与陌生人会面，在两周内连连失去3个工作机会，只因为他没有勇气告诉这3位老板他有胜任的能力。

几年前的某一天，他在一个下午克服了他的忧虑——后来也很少再烦恼过。事情是这样的，他说：“那天下午，我坐在一个人的办公室里，那个人所遭遇的问题比我麻烦得多，而他却是我所认识的人中最开心的人。1929年，他发了财，不久又一贫如洗。1933年，他又发了一笔财，可是又没保住。1939年，他东山再起，却同样没法保住财产。他经历了破产，并被债主、仇家追得无处容身。这些打击足以令人崩溃，甚至想不开而自杀，但是他却举重若轻。”

蒙坦特说：“当时我坐在他的办公室里，我真羡慕他，希望自己也能像他一样。我们谈话的当儿，他丢过来一封他当天早上收到的信，并说：‘看看这封信。’”

“迈克说：‘让我来告诉你一个小秘密。下次你再有什么烦心的事，拿起纸笔，坐下来把你忧虑的细节通通写下来。然后把这张纸放在你书桌抽屉的最下层。几个礼拜后，你再去看它。你看的时候，如果还是觉得很烦，就再把它放回抽屉，过两个礼拜再看。它在抽屉里很安全，没有什么不妥。但同时，却可能有很多事影响到你所忧虑的事。我发现，只要有足够的耐心，那些想干扰我的烦恼，后来都会自动一一瓦解。’”

“他的忠告给我留下深刻的印象。我采纳迈克的做法也有好几年了，结果是，我真的很少再为什么事烦心过。”

人世间本没有如此多的让人害怕、恐惧的事情，只是大部分人不敢去尝试，他们害怕失败，但这种不战而败的结局会令别人看不起自己。与其“前怕狼，后怕虎”，不如放手干一场，不能成就别人那就成全自己。

女孩们更应该抛弃一切顾虑，把所想的大胆地实践出来，许多成功的人并不在于他敢想，而在于他敢为，没有其他的路可走，只有去行动！

第三章

专注认真——女孩成功的第一要素

力争精益求精

做事的标准，就是要追求精益求精，这是成功的秘诀。

伟人之所以伟大，是因为他们能够兢兢业业地完成好每一项任务，对于每一个细节都不放过。他们能够认真地去做有必要做的琐碎事情，毫不虚浮，毫不马虎。正是靠着一丝不苟，他们才变得聪明智慧、富有力量。而他们在做好每件小事的过程中，不知不觉地上升到了伟大的层次。

细节里潜伏着危机，对于小事，总是马马虎虎、不以为意，就容易引致大的灾祸。我们的人生是由若干个细节组成的，对于每一个环节都能做到一丝不苟的严谨，真正做到了环环相扣、滴水不漏，那么我们的人生之路就会走得平稳而踏实。

让我们想一想为什么许多庸人学无所长、碌碌无为？不难发现他们的突出特性就是难以做到精益求精。一个花很多时间去凿很多口浅井的人，又怎能挖出泉水甘美的深井？没有什么事情是简单的，任何一件事完成起来都要花费相当的精力，人心无法一分为二，只有精益求精才是解决问题最好最快的途径。

人类的历史有不少悲剧，都是那些不可靠、不认真的人造成的。无知与轻率所造成的祸害，不相上下。许多人失败的原因，就在“轻率”这一点上。他们念念不忘的，是想寻得较高的位置、较大的机会，使自己有用武之地。他们常对自己这样说：“我们在平凡、渺小的职务下，枯燥、机械地工作，有什么意义呢？那真是不值得去拼搏！”因此，他们的工作，往往需要他人的审查、校正。这样的人，难以做到优秀。

但是，凡是出类拔萃的青年，对于寻常、细微的每件事，都能认真思考，不肯安于“还可以”或“差不多”，而是精益求精。

巴尔扎克有时是一星期时间只写成一页稿纸，但他的声誉，却远非近代的某些不严肃的作家所能及。狄更斯在准备不充分时，不肯在公众前读他的作品。这些都是人们做事精益求精的美德。因为，时间足够使我们把每件事情办得更好。

《礼记》里有句话：“差之毫厘，谬以千里。”对于一些细节性的东西不要忽视，千里之堤，溃于蚁穴。所以在做每件事的时候，女孩们要尽量做到精益求精，不要怕浪费时间。

把细节做到完美的境界

成大事者与平庸者之间的距离，并不像大多数人想象的是一道巨大的鸿沟，两者的区别只表现在一个细微之处：把每个细节做好。

在荷兰，有一个青年农民来到一个小镇，找到了一份替镇政府看门的工作。他在这个门卫的岗位上一直工作了60多年，一生没有离开过这个小镇，也没有再换过工作。

也许是工作太清闲，他选择了又费时又费工的打磨镜片当作自己的业余爱好。就这样，他一磨就是60年。他是那样地专注和细致、锲而不舍，技术已经超过专业技师了，他磨出的复合镜片的放大倍数，比专业技师的都要高。借着他研磨的镜片，他终于发现了当时尚未知晓的另一个广阔的世界——微生物世界。从此，他声名大振，只有初中文化的他被授予了巴黎科学院院士的头衔。就连英国女王都到小镇看望过他。

创造这个奇迹的小人物，就是科学史上鼎鼎有名的、活了90岁的荷兰科学家万·列文虎克。他老老实实地把手头上的每一个玻璃片磨好，用尽毕生的心血，致力于每一个平淡无奇的细节的完善。终于，他在细节里看到了自己更广阔的前景。

或许女孩都有过这样的想法，觉得小事太小就忽略过去了。殊不知，看起来微不足道的一件小事，却体现着深刻的道理。试想，如果万·列文虎克没有将细节做到完美的习惯，他能表现得如此优秀吗？

米查尔·安格鲁是一位著名的雕塑家。有一天，安格鲁在他的工作室中向一位参观者解释为什么自这位参观者上次参观以来他一直忙于一个雕塑的创作。他说："我在这个地方润了润色，使那儿变得更加光彩些，使面部表情更柔和了些，使那块肌肉更显得强健有力；然后，使嘴唇更富有表情，使全身更显得有力度。"

那位参观者听了后不禁说道："但这些都是些琐碎之处，不大引人注目啊！"

雕塑家回答道："情形也许如此，但你要知道，正是这些细小之处使整个作品趋于完美，而让一件作品完美的细小之处可不是件小事情啊！"

那些成就非凡的大家总是于细微之处用心、于细微之处着力，这样日积月累，才能渐入佳境，出神入化。

一花一世界，一沙一天堂。如果女孩能执着地把手上的小事情做到完美的境界，你同样也会成为一个了不起的人物。

每天进步一点点

伟大的成就通常是一些平凡的人经过自己的不断努力而取得的，他们注重细节，每天懂得进步一点点，日积月累就前进一大步。

有些人总是责怪命运的盲目性，然而命运本身的盲目性就是以人的活动为主体的。天道酬勤，命运总是掌握在那些勤勤恳恳地工作、每天注意细节的人手中，就正如优秀的航海家总能驾驭在大风大浪中航行的船只一样。人类历史的研究表明，在成就一番伟业的过程中一些最普通的品格，如公共意识、注意力、专心致志、持之以恒等等，往往起着很大的作用。即使是盖世天才也不能小视这些品质的巨大作用。事实上，正是那些真正伟大的人物才相信常人的智慧与毅力的作用，而不相信什么天才。

牛顿无疑是世界一流的科学家。当有人问他到底是通过什么方法得到那些伟大的发现时，他诚实地回答道："总是思考着它们。"还有一次，牛顿这样表述他的研究方法："我总是把研究的课题置于心头，反复思考，慢慢地，起初的点点星光终于一点一点地变成了阳光一片。"正如其他有成就的人一样，牛顿也是靠勤奋、专心致志和持之以恒来取得成功的，他的盛名也是这样换来的。放下手头的这一课题而从事另一课题的研究这就是他的娱乐和休息。

牛顿曾对本特利先生说过："如果说我对公众有什么贡献的话，这要归功于勤奋和善于思考细节。"另一位伟大的物理学家开普勒也这样说过：

“只有对所学的东西善于思考才能逐步深入。对于我所研究的课题我总是穷根究底，想出个所以然来。”

英国物理学家、化学家道尔顿不承认他是什么天才，他认为他所取得的一切成就都是靠勤奋。约翰·亨特曾自我评论道：“我的心灵就像一个蜂巢一样，看来是一片混乱，到处充满嗡嗡之声，实际上一切都整齐有序。每一点食物都是通过劳动在大自然中精心选择的。”只要翻一翻一些大人物的传记，我们就知道大多数杰出的发明家、艺术家、思想家和著名的工匠，他们的成功在很大程度上都应归功于非同一般的勤奋和持之以恒的毅力。他们都是惜时如命的人。

英国作家兼政治家狄斯雷利认为要成功就必须精通所学科目，要精通它，只有通过持续不断地刻苦钻研，除此别无良策。

小池国三从13岁就背井离乡，在若尾商店做小店员，日后却成为小池商店董事长、山一证券公司创办人、小池银行董事长和东京瓦斯公司董事长。

有一天，有人问他经营事业致富的秘诀。

小池回答：“所有成功的企业家都不会冒失莽撞，不会操之过急，都是脚踏实地从山脚一步一步坚实而稳定地攀登到山顶的。他们不会梦想一下就跳到顶峰，而是先从他们能力所及的范围着手，先做小生意，脚踏实地地学习，一步一步充实自己的实力，小生意做成功，然后进一步做更大的生意，这样才不会招致失败。然而很多失败的生意人都犯了一个很大的错误，他们想一步登天，自己的资金只有100万，却不自量力大举借债来做1000万的生意。结果，负担不起利息，入不敷出，虽然艰苦挣扎，仍然非倒闭不可。就好像没有开花就想结实；一年级刚念完就想跳到六年级；没有练过跳高，一下子就想跳上山顶，那么自然非失败不可。”

在一些最简单的事情上，反复地磨炼确实会产生惊人的效果。拉小提琴看起来十分简单，但要达到炉火纯青的地步，又需要付出多少辛苦啊。有一个年轻人曾问卡笛尼学拉小提琴要多长时间。卡笛尼回答道：“每天12个小时，连续坚持12年。”

每一点进步都是来之不易的，任何伟大的成功都不可能唾手可得。德·迈斯特说过：“耐心和毅力就是成功的秘密。”没有播种就没有收获。光播种，而不善于耐心地、满怀希望地耕耘，也不会有好的收获。最甜的果子往往在最后成熟，西方有一句格言：“时间和耐心能把桑叶变成云霞般的彩锦。”

一个人有没有出息，不在于你处于什么环境，干什么工作，关键是看你怎样对待环境，怎样对待工作，如何看待小事。女孩的态度直接决定着你的命运，注重小事，每天进步一点点，命运就会掌握在你的手中。

用心才能做细

卢浮宫收藏着莫奈的一幅画，描绘的是女修道院厨房里的情景。画面上正在工作的不是普通的人，而是天使。一个正在架水壶烧水，一个正优雅地提起水桶，另外一个穿着厨衣，伸手去拿盘子——即使日常生活中最平凡的事，也值得天使们全神贯注地去做。

其实在生活中也需要养成用心做事的习惯，用心做事的价值在于，它是创造性的、独一无二的、无法重复的。

不要忽视任何一个细节，也不要认为小事可以放松。许多小事折射的，往往是一些有关大局的信息。

高桥是一家知名汽车生产公司的总工程师。

随着汽车业的日臻成熟，高桥所在的公司扩大了与日本一家生产高档轿车的公司的合作。他此行的目的就是与日方谈判，为他们提供轿车及附件。如果谈得顺利，公司将获得巨大的经济效益。

高桥只有40多岁，却已是知名的汽车专家，日方显得很慎重，派出年轻有为、处事谨慎的副总裁兼技术部课长百惠前去机场迎接。豪华气派的迎宾车就停在机场的到达厅外。高桥办完通关手续，走出大厅，来到举着欢迎他的小牌子的人面前，与百惠一行见面。宾主寒暄几句后，百惠亲自为高桥打开车门，示意请他入座。

高桥刚一落座，便随手“砰”地关上车门，声音极响，百惠甚至看见整个车身都微微颤了一下。百惠不禁愣了一下：“是旅途的劳累使高先生情绪不佳，还是繁复的通关手续让他心烦？他可是株式会社的贵客，得更加小心周到地接待才行。”

一路上，百惠一行显得十分热情友好，甚至到了殷勤的程度。迎宾车停在株式会社大厦前的停车坪里，百惠快速下车，小跑着绕过车后，要为高桥开车门。但高桥却已打开车门下车，又随手“砰”地关上车门。这一次，比在机场上车时关得还要响，似乎用的力还要重得多。百惠又愣了一下。

日方安排的洽谈前的考察十分紧张，株式会社董事长兼总裁铃木先生还亲自接见，令高桥感到非常满意。会谈安排在第三天。在接下来的两天里，百惠极尽地主之谊，全程陪同高桥游览东京的名胜古迹和繁华街景，参观公司的生产基地。高桥显得兴致很高，可回到下榻酒店时，他关上车门时又是重重地“砰”的一下。

百惠不禁皱了一下眉。沉吟了片刻，他终于边向高桥鞠躬，边小心地问道："高先生，敝社的安排没什么不妥吧？敝人的接待没什么不周吧？如果有，还望先生海涵。"高桥显然没什么不满意的："百惠先生把什么都考虑得非常周到细致，谢谢。"说这话时，高桥是满脸的真诚，百惠却显得若有所思……

第三天，接高桥的车停在株式会社大楼前，他下车后，又是一个重重的"砰"。百惠暗暗地咬了咬牙，暗中向手下的人吩咐几句后，丢下高桥，径直向董事长办公室走去。高桥正感到有些莫名其妙，百惠的手下客气地将他让到了休息室，说："百惠课长说是有紧急事要与董事长谈，请高先生稍等片刻。"董事长办公室里，百惠语气严肃地对铃木说："董事长先生，我建议取消与这家公司的合作谈判！至少应该推迟。"

铃木不解地问："为什么？约定的谈判时间就要到了，这样随意取消，没有诚信吧？再说，我们也没有推迟或取消谈判的理由啊。"百惠坚决地说："我对这家公司缺乏信心，看来我们株式会社前不久对该公司的考察走了过场。"铃木是很赏识这个精干务实的年轻人的，听他这么说，便问："何以见得？"

百惠说："这几天我一直陪着这个高总工程师。我发现他多次重重地关上车门，开始我还以为是他在发什么脾气呢，后来才发现，这是他的习惯，这说明他关车门一直如此。他是这家知名汽车公司的高层人员，平时坐的肯定是他们公司生产的好车。他重重关上车门习惯的养成，是因为他们生产的轿车车门用上一段时间后就易出现质量问题，不容易关牢。好车尚且如此，一般的车辆就可想而知了……我们把轿车和附件给他们生产，成本也许会降低很多，但这不等于在砸我们自己的牌子吗？请董事长三思……"

一个关车门的动作，可谓微不足道，相信无论是在生活中还是工作中都不会有人注意它，但恰恰是这种别人眼里微不足道的细节，被百惠捕捉到了，并通过进一步的细致分析，揭出了这一习惯性动作背后可能隐藏的深层问题，从而帮助公司避免了可能遭遇的重大损失。

作为新时代的青少年，女孩们应把百惠当作榜样，切实做到用心做事。用心做事，就是指用负责、务实的精神去做好每一天中的每一件事；用心做事，就是指不放过任何一个细节，并能主动地看透细节背后可能潜在的问题；用心做事，就是要让自己比过去做得更好，比别人做得更好。

女孩任何时候都要牢记：只有用心，我们才能做细。

聚焦小事，升华女孩的人生

人的一生是由许许多多偶然的和必然的事件组合而成的，有时一次偶然的事件会使某个人变成大人物，有时一次偶然的事件会使某个人变成小人物。

在常人看来，大人物总是和大事件联系在一起，小人物总是和小事件联系在一起。但是，大事件是由众多小事件构成的，无论大人物还是小人物，都会和一件又一件的小事发生关系。因此说，小事情是人一生中最基本的内容，聚焦小事，必能升华你的人生。

大事件是可遇而不可求的，小事情却每天都在发生。顺利、妥帖而又快乐地去处理一件小事是容易的，但每天都能顺利、妥帖而又快乐地去处理每件小事却是十分困难的。如果一辈子都无怨无悔地、谨慎小心地、愉悦欢快地去处理一件又一件小事，那大概要比做一件大事还要难。

大事能检验一个人的智慧、才能和品格，小事也能。如果每一件小事都做得漂亮、舒心，那女孩也能得到极大的快乐和对自我的肯定。古人说得好，小事虽然微不足道，但不做也是不能成功的。那些平时游手好闲的人，他的成就肯定不会超过常人多远。古人还说，忽视小事，专做大事的人，他的成就往往不如做小事的人。这是什么原因呢？因为小事来得频繁，办事所花的时间也多，积累起来数量也就大；而大事来得稀少，积累起来数量自然也就小了。

一件又一件小事地去积累，总有一天，你会惊讶地发现，自己是一个多么了不起的人。比如，雷锋，他并没有做什么惊天动地的大事，但他珍惜每一件小事，把每件小事都当作一个新的出发点，当作一件大事来看待，倾注全部的热情和心血，谁又能怀疑他的伟大呢——伟大的，其实也是平凡的。

一件事情会影响一个人的命运，几件事情会改变一个人的一生，从搬运工到哲学家，从奴隶到将军，从凡人到伟人，都不是一天、一月、一年就可以达到的，它需要经过长期的努力、长期的追求、长期的积累、长期的磨炼才能够达到。

也许一个穷人，会因为某种机遇而一夜之间成为腰缠万贯的富翁，但一个搬运工成为一个哲学家、一个凡人成为一个伟人而举世闻名，绝不是某个机遇的缘故。不断地追求，才有不断的进步；不断地行动，才有不断的成就；不断地积累，才有不断的提高；不断地积小步，才有跨大步的力量。

海伦·凯勒的老师安妮·沙利文说过，人们往往不了解，即便是要取得微不足道的成功，也必须迈出许许多多蹒跚艰难的脚步。

成功，不是直线，而是曲线。成功，是一个缓慢的积累过程，是一个缓慢的学习过程。攀登珠穆朗玛峰，需要从脚下第一步开始，不可能一下子就能跃上山顶，取得成功。

女孩们要想真正实现你人生的意义，使你的人生得到升华，那就从小事开始，一步一个脚印坚持走下去吧！

粗心是成功的大敌

贝蒂是个非常漂亮的小姑娘，但她的那些朋友们却总是叫她“粗心的贝蒂”。这是因为，贝蒂总是把东西放得到处都是，上学的时候也总是丢三落四的，每一次，妈妈都要在她起床上学后帮助她收拾房间。

妈妈曾经提醒过贝蒂，要从小养成细心、干净整洁的好习惯，要是一直如此粗心，不仅会影响到自己的学习成绩，等长大了以后还会妨碍到自己的工作和事业。但贝蒂却总是对此不屑一顾，妈妈对她说的话，她完全是一只耳朵进一只耳朵出。

一天，贝蒂正在花园里看书，这时候，她的好朋友安琪来找她：“贝蒂，我的表弟要借我的《鲁滨孙漂流记》画册看，你早就应该看完了吧，快点儿还给我吧。”

“哦，你等下，让我去找找。”贝蒂说着，就起身去找画册，一边找一边还说，“上次拿回来的那些画册，我现在都不记得放在哪里了。”

找了半天没有找到，贝蒂焦急地问正在厨房做家务的妈妈。

“那些东西不一直都在你的房间里吗？难道你自己都不记得放哪里了吗？”妈妈说。

“哦，我想起来了，安琪，你稍微等一下，我马上就去拿给你。”贝蒂很担心自己不小心弄丢了，那样安琪会很生气的。

贝蒂再次来到自己的房间，准备再深入找一下，但此时，她却看到自己的宠物狗正在撕咬画册——那么一本精致优美的《鲁滨孙漂流记》已经被小狗咬烂了，此刻已是面目全非！

“哦，我的天啊，那可是我姑姑专门送给我的生日礼物啊！”看到此景的安琪马上生气地喊起来，“贝蒂，看看你究竟是怎么保管我的图书的！你一点儿都不懂得珍惜它们，我以后再也不借书给你了。”说完，她就哭着离开了。

而此时，伤心的贝蒂也忍不住流下了眼泪。

妈妈看到了，过来轻轻地安慰贝蒂：“你是不是不注意，把画册放到了小狗可以够得到的地方？我都提醒过你多少次了？！没事了，我去买一本新画册还给安琪吧，你以后千万不能再这么粗心大意了。”

从那以后，贝蒂彻底变了，她无论做什么事情都不再粗心了。安琪也很快就原谅了她，她们又成好朋友了，而其他小伙伴们也都更加喜欢贝蒂了。

人们常说：“失之毫厘，谬以千里。”很多人失败的原因都是太粗心了，所以我们无论做什么事情都不能太马虎。作为一个女孩，养成洁净、细心、认真的习惯，才能成为一个优秀而美丽的女孩。

现实生活中，有些女孩做事情总是马马虎虎，非常粗心，这是一个很不好的习惯。她们总是认为，粗心、马虎不过是一个很小的问题，无关大局，不会产生很大的影响。但实际上，这种看法是完全不正确的。

“千里堤坝，溃于蚁穴。”发射火箭的时候，一丁点儿细微的疏忽就足以让火箭发射失败，并且最终造成巨大的经济损失；开火车的时候，司机一丁点儿的大意都可能酿成两列火车相撞的惨剧，造成人员、财产的重大伤亡和损失。这样的例子还有很多，它们不止一次地证明了，粗心大意要不得，马虎一小点儿都可能造成很大的损失，必须要彻底改掉。

那么，对女孩来说，如何改掉粗心大意的毛病呢？简单来说，主要的方法有两个：一是做事之前要先想想粗心大意所造成的严重后果，这样能够使自己在思想上引起足够的重视，进而转化成自己的实际行动，再进而养成认真的习惯；二是事情做完后要仔细地检查，一旦发现疏忽、遗漏的地方就要及时弥补，发现有欠缺的环节要及时补正。坚持这么做，就能逐渐改掉粗心大意、马马虎虎的毛病，养成认真、细心的好习惯。

迪士尼乐园的秘密

这是一个迪士尼游乐园游客的真实经历。

五一假期，小王带女儿到香港迪士尼乐园游玩，她的第一印象和大家一样：洁净，非常洁净，就好像是一个新开的乐园，园内的每一样设施都如同崭新的一样，干净的地面几乎一尘不染。但是实际上，香港迪士尼乐园已经开园多年，而且每年接待的游客量达到了500万人次，在这样的情形下，乐园是怎么保持如此的洁净呢？

带着这样的疑问，小王就一边陪同女儿游玩，一边很细心地留意身边的事。不久后，一件小事让她知道了事情的原委。当她们坐在一处游乐设施旁边休息时，旁边的一名游客正在喝可乐，然后他一下子不小心就打翻了可乐瓶子。虽然他赶紧捡起了瓶子，但还是有大半瓶的可乐洒到了地上，这名游客也没有太理会，径直就走开了。就在这时，附近的一名迪士尼保洁员迅速地跑了过来。她一边招呼游客不要踩到地上的可乐，一边开始清扫工作。只见保洁员首先用洁白的吸水纸铺在可乐污迹上，将地上的可乐吸干，然后又倒了一些清水在污迹上，用扫把反复擦洗，之后再用吸水纸吸干污水。她不断地重复上述过程，直到吸水纸上看不到可乐的一点痕迹为止。

这样的情景让小王心生敬意。的确，这就是迪士尼，这是它的一种文化。这种文化就表现在每个员工身上的那种重视细节，做好细节，从每一个细节中让游客感到舒心、放心的态度上。每个人的细心造就了一座时刻都能保持洁净的乐园，这洁净是给孩子们玩的，也是给孩子们看的。

老子说："天下难事，必作于易；天下大事，必作于细。"无论任何事，只要能够从细节上入手，做好每一个微小的地方，并且坚持不懈，就能获得成功。对一个企业来说，细节的把握很重要，对一个人来说更是如此，只有把每一个细节都做好了，才能实现整个事件的成功。

当一杯可乐洒在地上的时候，你会怎么做呢？恐怕没有几个人会像迪士尼的保洁员一样细心周到地处理掉吧。虽然，她只是一个小小的保洁员，但正因为有了诸多像她这样的保洁员，才成就了迪士尼非同一般的洁净。我们常说"那么一点儿小事不值得做"，可是如果每个人都不去做，那么就不会有真正的大的改变，也就不可能有如此干净的迪士尼乐园。

细微之处彰显品质。只有把每一个细节做好了，才能成就大事件的完美和成功。很多大型的公司和企业，都很重视细节。大型的汽车公司正是由于重视每一个汽车零部件的完美，才最终造就了高质量的汽车。试想，如果有一个零部件质量不过关，整个汽车也势必要受其影响而声名狼藉。

我们常说“做一件好事不难，难的是做一辈子好事”，是啊，没有人天生品质恶劣，也没有人天生就缺乏教养，但只有那些时时刻刻在小细节上都能保持完美的人，才让我们感到真正的品质彰显。这就是细节的力量，你没有注意到的别人注意到了。

所以，好品质不需要你去做什么宏图大事，也不是非要你身处高位，叱咤风云，在平常的生活中，注重每一个细节的把握，最终，你必将收获一个有价值的人生。

第四章

勤于思考——智慧决定女孩的前程

女孩要学会独立思考

思考好比播种，行动好比果实，播种越勤，收获也越丰盛。一个善于独立思考的孩子，才能品尝到丰收的喜悦。

要知道，没有独立思考的孩子，就没有独立性。美国的教育之所以如此成功，就是因为特别推崇孩子的独立思考。

美国人非常喜欢看黑人笑星比尔·考斯比主持的电视节目《孩子说的出人意料的东西》。这个节目在让你捧腹的同时，也让你深思。

有一次，比尔问一个七八岁的女孩："你长大以后想当什么？"

女孩很自信地答道："总统。"全场观众哗然。

比尔做了一个滑稽的吃惊状，然后问："那你说说看，为什么美国至今没有女总统？"

女孩想都不用想就回答："因为男人不投她的票。"全场一片笑声。

比尔："你肯定是因为男人不投她的票吗？"

女孩不屑地："当然肯定。"

比尔意味深长地笑笑，对全场观众说："请投她票的男人举手。"伴随着笑声，有不少男人举手。

比尔得意地说："你看，有不少男人投你的票呀。"

女孩不为所动，淡淡地说："还不到三分之一。"

比尔做出不相信又不高兴的样子，对观众说道："请在场的所有男人把手举起来。"

言下之意，不举手的就不是男人，哪个男人“敢”不举手。

在哄堂大笑中，男人们的手一片林立。

比尔故作严肃地说：“请投她的票的男人仍然举手，不投的放下手。”

比尔这一招厉害：在众目睽睽之下，要大男人们把已经举起的手再放下来，确实不太容易。这样一来，虽然仍有人放手下来，但“投”她的票的男人多了许多。

比尔得意洋洋地说道：“怎么样？‘总统女士’，这回可是有三分之二的男人投你的票啦。”

沸腾的场面突然静了下来，人们要看这个女孩还能说什么。

女孩露出了一丝与童稚不太相称的轻蔑的笑意：“他们不诚实，他们心里并不愿投我的票。”

许多人目瞪口呆，然后是一片掌声，一片惊叹……

看，这就是典型的美式独立思考。即使是在众目睽睽之下，女孩仍然能保持着自己的个性，坚持自己的想法。这种教育也许不是最好的，但却能充分开发孩子们的大脑，激发孩子的天赋，让孩子能走上最适合自己的一条路。

一个善于独立思考的孩子，才能品尝到金秋的琼浆玉液，享受到大地赐予的丰收喜悦。所以，女孩要培养独立思考的习惯，创造一个思考的空间。

伟大的物理学家爱因斯坦说：“学会独立思考和独立判断比获得知识更重要。不下决心培养思考习惯的人，便失去了生活的最大乐趣。思考、思考，我就是靠这个学习方法成为科学家的。”

那么，女孩要如何学会独立思考呢？在机械的记忆和死板的活动中是不能学会思考的，只有在思考中玩耍，在思考中学习，才能学会思考。

（1）创造一个思考的氛围。环境和氛围，对培养思考能力非常重要，也是基本的前提。要有一个平和温馨的环境，要有单独玩耍的时间和空间，不要给自己太大的压力。

（2）多问几个“为什么”，留给自己思考的余地，要提出自己的想法。

女孩经常在问号中思考，通过自己的思考和家长的启发，就能学会思考，自小养成爱思考的良好的行为习惯。

（3）自己的事情自己做。众所周知，独生子女普遍存在着一个不良的性格特征，其中之一就是懒惰。由于成人过分的包办代替，长此以往，孩子懒于动手动脑，不愿独立思考。所以，女孩要培养独立性，自己的事情自己做，遇到困难要想办法自己去解决，学会独立思考。只有这样，女孩在独立的基础上创造能力才会不断发展。

女孩学会独立思考，才会让我们日后看到有创新、有个性的人才。因此，女孩要大胆地想、勇敢地说、果断地做……

做个善于观察的人

我们生活的世界丰富多彩，认识世界最初的方式就是用眼睛去观察，观察在人们的一切实践活动中都具有非常重要的作用。观察力是智力活动的源泉和门户，人们通过观察，获得大量的感性材料，获得有关事物的鲜明而具体的印象，经思维活动的加工、提炼，上升到理性认识，从而促进智力的发展。俄国伟大的生理学家巴甫洛夫在他实验室的建筑物上刻着：“观察、观察、再观察。”

翻开名人传记，不难发现，人类历史上，尤其是科学发展史上的成功人物大都具备优良的观察力。意大利科学家伽利略，就是从观察教堂里铜吊灯的摇摆开始，经过实验研究，发现了钟摆的等时定律。伟大的生物学家、进化论的创始人达尔文从小热衷于观察动植物，坚持20年记观察日记，写出了《物种起源》。他自己曾说："我没有突出的理解力，也没有过人的机智。只是在追踪那些稍纵即逝的事物并对其进行精细观察的能力上，我可能在众人之上。"我国明代名医李时珍幼年时就爱观察各种花卉、药草的生长过程，细致地察看它们如何抽条、长叶、开花，花草的每一处细微变化都逃不过他的眼睛。正由于观察细致，他得以纠正古代药草书中的很多错误，而写出流芳百世的《本草纲目》……

通过诸如此类、数不胜数的事例，我们可以发现，多听、多看，锻炼感官、积累感性知识，是观察力得以发展的前提。观察的过程也恰恰是以感知为基础的，但并不是任何感知都可称为观察。真正有效的观察过程既包含感知的因素，也包含思维的成分，如果在观察过程中不注意锻炼思维能力，那么观察也只是笼统、模糊和杂乱的，既不可能抓住事物的主要特征，也不可能做出科学的判断。

女孩平时可以通过观察大自然来培养自己的观察能力。

法国著名的生物学家拉马克说："观察自然，研究它所生的万物；探求万物，推究其普遍或特殊的关系；再想法抓住自然界中的秩序，抓住它前进的方向，抓住它发展的法规，抓住那些变化无穷的构成自然界的秩序所用的方法。这些工作，在我看来，乃是追求真实知识的唯一的法门。"

1760年，正值德法交战之际，16岁的拉马克满怀着保卫祖国的激情入伍，由于他勇敢善战，很快被提升为中尉。但他的军事生涯很短，战争一结束他就退了伍，因为他并不喜欢当兵，而喜欢采集植物。

有一天，拉马克在巴黎的一个植物园散步时偶然遇见了卢梭，拉马克的言谈举止，尤其是对自然科学的见解给卢梭留下了深刻的印象，他认为这个年轻人将会有所作为，所以决定帮助他。通过卢梭的关系，拉马克幸运地进入了植物研究室。后来，他又结识了法国当时最有名望的科学家布封。后经布封提名，拉马克成为巴黎科学院的植物学院士。之后，布封对他说："你带我的儿子出去游历吧！带他到天涯海角，教他怎样做人。"拉马克遵命而行。他既是作为布封儿子的导师，又是作为皇家植物学家出外考察的。在这次难得的游历中，拉马克不仅收集了大量动、植物标本和矿石标本，并且大大地开阔了眼界和见识。

法国大革命后，皇家植物园改名为国立自然历史博物馆。这时，已经50岁的拉马克不得不改行，这看来是一件不正常的事，但这次改行却给科学界带来了意外的好处。当他从植物学研究转向动物学研究以后，通过对生物的发生发展的大量观察和研究，他的思想认识发生了骤然的变化，逐渐成了一个进化论者。

拉马克的思想能够有如此大的转变，他能够正确地理解自然界发展的规律，最终转变为进化论者，并在自然科学界取得了颇丰的成就，这无疑要归功于他多年认真观察自然现象，并进行科学分析的努力。

现在，很多女孩怕写作文，甚至有些人提到作文就头疼。许多人作文写不好，原因是他没有到生活中去亲身体验、仔细观察，所以写出的文章没有充实的材料，空空如也，只好草草了事。但是只要你去仔细观察，写作素材就会如长江之水滚滚而来。

在日常生活中，我们不仅要仔细观察，还要善于从不同的角度去观察，得到的写作材料才会丰富。这样既提高了自己的观察能力，又提高了自己的写作能力，还丰富了自己的写作素材，这不是一举多得吗？学过基本绘画的人都知道，在素描时，物体虽然是不变的，但是从不同的角度所观察到的形状都各不相同，要想把一幅画画完整，就必须从不同的角度去观察，然后确定一个最佳角度进行作画，这样，这幅画才会更有立体感，更生动形象。

擦亮眼睛，用心去观察，带给你的将是别样的风景，正所谓“横看成岭侧成峰，远近高低各不同”。

观察能力的强弱决定着一个人智力发展的水平，因为观察力是智力活动的基础。观察是聪明的基础，没有敏锐的观察力，就谈不上聪明，更谈不上成才。我们常为福尔摩斯的观察力惊叹不已，实际上我们每个人都应该向他学习，将观察力训练得更敏锐些。

在实际的学习、工作、生活中，怎样利用科学的观察，最大限度地发挥自己的聪明才智以取得成功呢？

首先，要选择正确的观察对象。对象选对了，就有发现的可能；对象错了，便徒劳无益。其次，思想不受任何约束。要避免陷入前人之见的怪圈，一旦有一种观点先入为主，占据了头脑，就很难再从所观察的现象中分析出其他因素。

再次，要具备积极的思维过程。要培养以积极探究的态度注视事物的习惯，要有意识地寻找可能存在的每个特点，寻找各种事物之间存在的联系。

观察不只用眼睛，更要用心。女孩应该学会用心去观察，做个有心人，做个会观察的人。

展开想象的翅膀

对于女孩的丰富想象力，有人说它脱离实际、毫无价值。其实，这是一种片面的理解。人类离不开想象，它对现实生活有着推动和促进的作用，对科技的发展、文艺的繁荣、社会的进步有着功不可没的价值。

1861年，素有“科幻小说之父”之称的法国著名作家凡尔纳，曾在一部小说里描绘了以下想象：美国的佛罗里达州将设立一个火箭发射站，火箭从这里发射，飞往人们心仪已久的月球，他还具体描述了飞行员在宇宙飞船中失重的情景。

令人感到不可思议的是，刚好过了100年，到1961年，美国真的在佛罗里达州发射了人类第一艘载人宇宙飞船。而且，宇航员在太空的许多失重情景，竟和凡尔纳在想象中描写的差不多。

不仅如此，直升机、雷达、导弹、坦克、电视机等，也都在凡尔纳的小说中有了雏形。

第二次世界大战初期，德国人制造的潜水艇，与凡尔纳小说中描绘的相差无几。

第一个把宇宙火箭送上天空的俄国科学家齐奥尔科夫斯基，也是从凡尔纳的小说《从地球到月球》里得到启示的。

可见，想象能打破传统的束缚，创造出辉煌的成就。

罗特是一家制瓶厂的设计师。他有一位女友，身材健美且爱好打扮。

一天，女友穿了一套膝盖上面部分较窄、腰部显得很有魅力的裙子来厂里看他。一路上，人们频频回头欣赏着这条裙子。

罗特也注意到这条裙子，他越看越觉得线条优美。他想，要是制成这条裙子形状的瓶子也许销路会不错。想到这里，他马上转身跑回设计室，连声“再见”也没说。女友也感到十分奇怪，很不高兴地独自走了。

罗特回到设计室就在图纸上画了起来。后来，这种瓶子制造出来以后，不仅外形美观，而且里面的液体看起来比实际分量要多。

不久，美国可口可乐公司看中了这种瓶子，并且以600万美元的高价收买了这项专利权。

生活中，许多东西的发明都是得益于另一东西的启发，因此，要想有所成就，就需培养由此到彼的想象能力。

爱因斯坦曾说：“想象力远比知识更重要。”

智慧比知识的水平更高，因为智慧就是创造力。那么，决定创造范围的想象力当然比知识更重要。但我们必须记住，知识是基础，也是绝不容忽视的。

为了使人类社会有更大的发展，我们需要极大的想象力。这就要求我们必须不断地进行思考训练，使自己的思想有飞跃的空间。由此，我们可以获得丰富的想象力。

拿破仑说：“想象支配人类。”只要我们的想象力不衰竭，我们的创造力就永不会枯竭。致使人生能够长久地停留在“保鲜期”，保持活跃的思想、敏捷的行动，将“成功”事业进行到底！

女孩在加强想象力的培养方面应注意以下几点：

（1）在看到或听到故事或者任何事情的过程中，也要不断练习猜想的能力，多为下一步、下几步想想，养成预测的习惯，这有益于想象力的开发与培养。

（2）凡事都要问个为什么，养成好奇的习惯。这是激发想象的源泉，也是推动想象力发展的动力。

（3）想象的材料来源于客观现实，只有对现实认真观察，才能在头脑中留下关于客观事物的感性形象，感性形象太少，想象就难以丰富。

（4）比喻和类比是想象力的花朵。一般来说，善于打比方的人想象力都比较活跃，所以，平时在讲话和写作中，你不妨多用一些比喻和类比。

慎重对待每一个判断

有时，一个判断能够决定一个人的命运，所以对待每一个判断都要慎重。

首先，不要总对自己的判断感到怀疑。

女孩们几乎每时每刻都在进行判断、决定，简单的如今天穿什么衣服，吃什么饭；慎重的如应该到哪所大学读书，读什么专业，是考研还是工作，等等。当我们已经成熟地考虑过问题，进而做出判断后，就不要总怀疑自己的判断了。

小娟在学校里是一个性格懦弱的人，她自己没有主见，总是优柔寡断、患得患失。这使得同学们根本不能信赖她。有同学请她吃饭，她会想到底去还是不去，去了怕同学会让她请客，不去又怕同学生气。就这么一件小事想来想去，最后告诉同学们："我不是不去，是因为还有事情要做。"

同学请教她问题，她会想到底是告诉还是不告诉，如果告诉了怕同学超过自己，不告诉同学又怕同学说她无能，同学问了半天，她只是沉默不语。

一次老师留了一篇文章，她写完了又改，改完了又写，总是认为不好。在临睡前，她又拿出来看，改了两句才睡。早上起来还是觉得不行，又拿出来修改，就是交到老师手里之前还改了一次。终于被老师拿走了，回到座位上她又觉得有些地方不好，于是跑到办公室告诉老师，她的作文还要改一下。

由于她这种犹豫不决的性格，使她很难得到同学们的信赖，所有与她认识的人，都为她这一弱点感到惋惜，直到现在她仍然是一个碌碌无为的人。

实际上，小娟要决定的不只是去不去吃饭、帮不帮同学、改不改作文，而是该选择哪一种生活方式。

一个办事果断的人，会得到人们的信赖，愿意和他做朋友或者与他合作，相反则会导致别人不愿与他接近或者共事。因为与总是犹豫不决、患得患失的人在一起没有安全感，你根本不知道朝令夕改的他会在什么时候改变主意。

恐惧、后悔、效率差，都和缺乏决断力有关。先耗了时间和精神去想该不该这么做，又要耗时间和精神去想要不要那样做。心情整日被这些事拖得沉沉的，人也变得疲惫不堪。因而，可能因为拿不定主意而爱听别人的意见、依赖别人，久而久之，你会变得更没有决断力。

因此，女孩一定要养成果断行事的习惯，既然拿定了主意，就不要再改变，不要给自己再留后退的余地。这样既可以增强你的自信，也可以博得别人的信赖。

优柔寡断的人需要改掉的是一整套的习惯。首先，遇到有小事要决定的时候，练习“快动作”，强制自己在某一时限内作决定，决定好了就不再改变。

当然，比较重大、长远的事不能如法炮制，不可能在有限的多少小时或多少分钟之内迅速决定学业、工作、婚姻之类的问题。不过，平时多采取快动作，可培养面临重大事项时的果断决策力。

除快动作训练之外，以下的方法也可促使你不对自己的判断感到怀疑。

1. 不要一出错就过于自责

如果你尽了全力去做一件事，就不要对自己求全责备，否则，长此以往，就会变成习惯性的自怨自艾了。谁都会犯错误，不要犯了错误就将自己看成一无是处。只要找到问题的根本所在，之后加以改正，尽量下次不再犯同样的错误就行了。

2. 不要追求十全十美

犹豫不决的人往往把事情设想得过于理想化，凡事都希望能做得比别人好，希望做得十全十美，因而时时害怕自己做得不够好。

3. 少征求别人的意见

你如果常常拿不定主意，一定有一批专为你提供意见的朋友。下次买东西的时候，尤其是衣服或装潢摆设之类表现你的个性的东西，别问人家的意见！学会自己做判断、做选择、做决定，相信自己的眼光。

4. 别模仿别人

你是不是一向都到你朋友说好玩的地方去度假？这回你自己挑个地方去。你是不是总喜欢按照姐姐的样子打扮？其实你穿牛仔裤会比穿公主裙更漂亮。你现在需要做的是让自我创造的原理产生作用：你要相信自己能想出好主意，也能做决定。照这个信念去做，这个信念就越来越稳固。

女孩们应该学会做选择，随后就应该相信自己的判断力。大家开始做决定的时候，可能会犹豫不决，但只要所做的事情是合法的，而且不危及人身安全，你应该相信自己的判断，并努力去做。

但是，不可否认的是，有时自己的判断会因为环境的不同、思维方式的不同而有偏差，这就需要女孩们谨慎，尤其是关系比较重大的事情，做判断更不能头脑发热、心血来潮或凭直觉。

女孩要炼就一双善于观察的眼睛

如果女孩拥有了出众的观察能力，就非同一般了，一定能有所作为。

观察是认识事物的重要途径，是智力活动的基础，是完成学习任务的必备能力。没有敏锐的观察力，就谈不上聪明，更谈不上成才。所以，女孩要炼就一双善于观察的眼睛，用它观察自然，观察社会，观察人生。

俄国生物学家巴甫洛夫说："观察，观察，再观察。"培养孩子观察的习惯，对发展孩子的智力是十分重要的。

任寰7岁就能写诗，9岁发表作品，10岁出版第一本诗集，12岁加入河北省作家协会，18岁考入北京大学中文系。曾出版诗、文集7部，发表各类文章近500篇，多次获国际、国内文学奖。这一切，都和父亲苦心培养她的观察能力是分不开的。

从小，当作家的父亲就以自己的切身体会教她自觉地学会观察和思考，发展她的观察和思考能力，并让她开始记日记。

任寰上小学二年级时，父亲开始有意识地培养她观察大自然。上小学三年级时，又教她注意观察人物，观察人的心理，进而观察社会和思考人生。

《10岁女孩任寰诗文选》就是她观察生活、思考生活的结晶。著名诗歌评论家谢冕称她的诗具有思辨性。在这本诗文选里，有她的观察手记，有人物速写等。

有一次，父亲带她到公园玩。临行前就告诉她：你要注意观察事物的特点，越细越好，回来写篇日记。这样，到了公园里，任寰就非常注意观察花、鸟、草、虫等。任寰本来好奇心强，求知欲旺盛，父亲很好地利用了孩子这一天性，经常带领孩子到大自然中去，让孩子在尽情地玩耍之中，观察万物的悄然变化。去看春天的绿芽、夏日的鲜花、秋季的果实、寒冬的落叶，去听蝉鸣鸟唱。这些都引起任寰的兴趣和思考。

任寰的父母经常引导她走向社会、走向大自然，接触生活，观察世界，扩大眼界，鼓励她遇事多问几个为什么，启发孩子思考问题。这对任寰后来的成功有极大作用。

观察之所以如此重要，是因为通过细致的观察，能透过表象看到事物的本质，以及另外一些不为人注意的细节。比如，艺术家有一种艺术家特有的眼睛，人们认为是白色的墙壁，画家的眼里却认为是红色的、黄色的、蓝色的……博物学家能一眼认出动物、植物的种类，侦探只要稍加观察就能确定作案凶手的特点……

牛顿小时候是公认的“笨孩子”，似乎一无是处，但是他通过细心的观察，成为了最伟大的科学家之一。

牛顿的少年时代，对各种事物都喜欢仔细地观察，而且都力图透过现象看本质，把不懂的地方彻底弄明白。夜晚，牛顿仰望天空神往那眨着眼睛的大大小小的星星。心里想，这星星、月亮为什么能挂在天空上呢？开普勒说，星星、月亮都在天空转动着，那它们为什么不相撞呢？刮大风了，狂风旋卷着沙石，人们都躲进了屋子里。牛顿却冲出屋子，独自在街上行走。一会儿，随风前进；一会儿，逆风行走。他要实地观察顺风与逆风的速度差，到底有着何种本质的差别。

所以，如果女孩能像牛顿那样，对她的学习和生活是很有帮助的。比如，有的孩子写作文“我的妈妈”，他不仅注意到了妈妈的音容笑貌、言谈举止这些现象，还能通过这些现象，发掘出妈妈的内心世界来。有的孩子观察大自然的景色，不仅注意到花草树木、气温云彩以及鸟类的活动、土壤的变化，还能从这些变化中找出哪些景色是春天到来的象征，哪些景色是寒冬来临的预兆……

观察能力是人认识客观事物或现象的基本能力。通过观察，孩子可以获得对事物的感性认知，促进智力的发展。那么，女孩要如何培养善于观察的习惯呢？

（1）明确观察目的。对观察任务的了解直接影响观察的效果。观察目的越明确，注意力就越集中，观察也就越细致、越深入，观察的效果也就越好。孩子在观察中，有无明确的观察目的，得到的观察结果是不相同的。比如，父母带孩子去公园，漫无目的地东张西望，转半天，回到家里，也说不清看到的事物。如果要求孩子去观察公园里的小鸟，那么，孩子一定会仔细地说出小鸟的形状、羽毛的颜色、眼睛的大小、声音的高低等。这样孩子就能有的放矢地去观察，从中获得更多的观察收获。

（2）扩展见识。观察力的高低与孩子视野是否开阔有关。孤陋寡闻的孩子，缺少实践的机会，观察力必然受到影响。看到同样一种现象，有的孩子能说出许多，有的孩子却说不上几句，这是什么道理呢？这与孩子知识学习的情况有关。知识学得扎实，道理融会贯通，观察问题就比较深刻。可以说，观察力基于知识与经验，而知识与经验的丰富与提高又会反过来促进孩子观察力的发展。

（3）在实践中观察。实践是认识的基础，观察的兴趣也是在实践活动中形成和发展起来的。比如，通过养蚕，可以观察到蚕如何睡眠、脱皮，怎样吐丝、结茧、变蛹，又怎样从蚕蛹变成蚕蛾等过程。

（4）让多种感官参与观察。在观察中，只要条件允许并能保障安全，不仅要用眼看，还要用耳听、用手摸、用鼻子闻、用嘴尝。用多种感觉器官参与观察活动，会增强观察的效果，较快地提高观察能力和发展智力。如果女孩做到了这些，那她可以称得上是个小小观察家了。

抓住灵感的火花

女孩们，当灵感如闪电、如火花一般在你脑中飞过，你能牢牢地抓住它吗?

灵感，又称顿悟，它是一种高度复杂的思维活动，是人们在实践活动中因思想高度集中而突然表现出来的一种精神现象。在创新性思维酝酿构思阶段，由于某种事物或现象的启发，促使创造者茅塞顿开，一下子突破了思维上的障碍，使思维跃进到明朗阶段，这种突变式的思维形式就称为灵感思维。

清代书法家郑板桥未成名时，成天琢磨前辈书法大家的字体，总想写得与前辈书法家一模一样。一天晚上睡觉，他用手指先在自己身上练字，朦胧之中手指写到妻子身上，妻子被惊醒，生气地说："我有我体，你有你体，你为何写我体？"妻子的话使他恍然大悟：应该自成一体，不能一味学人。在这种思想指导下，他刻苦用功，朝夕揣摩，最终成了我国著名的书法家。

可见，抓住了灵感，你就抓住了通向成功大门的金钥匙。

有个公务员叫杰克，繁忙的工作之余最大的爱好便是溜冰。收入微薄的杰克为到溜冰场溜冰花费了不少钱，手头非常拮据。杰克最向往冬天，因为冬天可以到冰天雪地免费溜冰。可是春天一来，这些天然溜冰场便消失了。

有什么补救的办法呢？杰克针对"冰天雪地"冥思苦想，除了想到人工制造冰场的方案外，也没有什么好的办法。即使有了人工冰场，皮夹子空空的杰克也只能望场兴叹。

一天，杰克的头脑中突然闪过一个念头：我干吗老在"冰场"上兜圈子呢？溜冰溜冰不就是一个溜字吗？只要能让人的身体溜来溜去，不就是一种乐趣吗？

于是，杰克开始集中思考怎样让人"溜"起来。他在观察了会溜的玩具汽车后，突然一个灵感涌上来："要是在鞋子底面装上轮子，能不能代替冰鞋？这样的话，一年四季都可以溜冰了。"

经过几个月的努力，杰克终于把这种鞋做出来了。不久，他便与人合作开了一家工厂，专门生产这种被称为旱冰鞋的产品。他做梦也没想到，产品一问世，就成为世界性商品。没几年的工夫，杰克就赚了 100 多万美元。

因为一个灵感，杰克发明了旱冰鞋，不仅方便了他人，自己也因此得到了丰厚的回报。

女孩思维活跃、灵感很多，但时常任其白白流逝，可采取以下计划来发掘捕获灵感：

（1）随时记录灵感。由于灵感具有稍纵即逝的特点，如果不及时记录，过后恐怕很难再回忆起来。所以许多杰出人物都非常重视灵感的记录。

托尔斯泰说："身边永远要带着铅笔和笔记本，读书和谈话时想到一些美好的地方、语言都要把它记下来。"

果戈理有一本厚达400多页的"万宝全书"，里面什么内容都有，上至天文地理，下至生活琐事，有时他外出散步，当听到或临时想起什么趣事，就快速跑回家，翻开这本"万宝全书"记下来。

法国物理学家安培有一次走在巴黎的大街上，忽然灵感油然而生，便在地上捡起小土块，在停在街边的一辆马车后板上演算了起来。

贝多芬有一次散步时忽然来了灵感，便蹲在地上写了起来，行人看见有人挡在路中央自然十分生气，但当大家看清是贝多芬时，便都停止了脚步，一直到贝多芬写完。

（2）多问自己几个"为什么"。如果不通过向自己提问许多"为什么"，历史上那些杰出人物就不会产生创新性的见解。

他们总是透过所有的表面现象去寻找真正的问题。他们从来不把任何事情看作理所当然的结果。

那些不明确的、看来似乎是一时冲动提出来的问题，往往包含着更多的创新性思维的火花。

（3）经常表达出自己的想法。女孩一旦有了想法，不管是什么样的想法，都要表达出来。如果是独自一人，就对自己表达一番；如果身处群体之中，就告诉其他人共同进行探讨。

你想要有创造力，就必须照料好大脑里每一株“杂草”，把它们当作一株株有潜在经济价值的新作物。

把你的不寻常的离奇想法说出来，把它们从头脑中解放出来。使你有机会更仔细、更充分地去审视、探索和品味，去发现它们真正的实用价值。

（4）永远充满创新的渴望。满足于现状，就不会渴望创造。时时保持创新的激情，灵感才可能出现。

要时刻保持怀疑的精神

琴纳是一位长期生活在英国乡村的医生，对民间的疾苦有着深刻的了解。当时，英国的一些地方发生了天花，夺去了许多儿童的生命。琴纳眼看着那些活泼可爱的儿童染上天花，因没有特效药不治而亡，内心十分痛苦。

有一天，琴纳到一个奶牛场，发现一位挤奶的女工尽管经常护理天花病人，却从没有得过天花。这令琴纳很是疑惑，因为天花的传染性很强，究竟是什么原因让挤奶女工得以幸免呢？琴纳隐约感到这其中隐藏着什么。他仔细询问后得知，她幼时得过从牛身上传染的牛瘟病。这个发现使琴纳联想到了一个问题，可能感染过牛瘟病的人，对天花具有免疫力。

想到这一点后，琴纳感觉自己已经找到了解决问题的突破口，于是马上采取行动，大胆地试验。他先在一些动物身上种牛痘，效果十分理想。为了让成千上万的儿童不再受天花之灾，他顶住一切压力，在当时仅有一岁半的儿子身上接种了牛痘。接种后，儿子反应正常。但是，为了要证明小孩是否已经产生了免疫力，还要给孩子接种天花病毒，如果孩子身上还没有产生免疫力，那么，他的儿子也许就会被天花夺去生命。

为了千千万万的儿童能够健康成长，琴纳豁出去了，把天花病毒接种到自己儿子的身上。结果孩子安然无恙，没有感染上天花，琴纳的实验终于成功了。从此，接种牛痘防治天花之风从英国迅速传播到世界各地。

人们总是羡慕发明创造者，实际上，我们身边就有许多成功的机会，就看你善不善于捕捉它。捕捉成功的机遇，取得意想不到的创新成果，往往取决于我们有没有捕捉问题的敏锐头脑，有没有善于从司空见惯的现象中发现问题、捕捉疑点的慧眼，有没有在权威下过“结论”、做过“论断”的所谓“终极真理”面前敢于质疑的勇气。

古人云：“学者先要会疑。”“在可疑而不疑者，不曾学；学则须疑。”西方哲学家狄德罗曾经说过：怀疑是走向哲学的第一步。当我们能够提出自己的疑问，提出自己的质疑时，就说明我们对这个问题有了自己的独立思考，在此基础上，才能够找到新的方法，从而以最快的速度解决问题。

一切从怀疑开始，成功也要从怀疑开始。有了怀疑，才有世间万物的进步；有了怀疑，我们才能突破现状、超越前人，有了怀疑，我们才有追求成功的动力。

拿破仑·希尔说：“思考能够拯救一个人的命运。”事实正是如此，有思考力的人才会有质疑精神，时刻发现问题，并具有创新精神，能主动掌控自己的命运。懒惰、平庸的人往往不是不动手脚，而是不动脑子，这种坏习惯阻碍他们走向创新；相反，那些最终能成大事者基本都在此前养成了勤于思考的习惯，善于发现问题、积极进行创新，努力地寻求解决问题的方法，甚至让问题成为改变自己命运的机遇。

女孩应该最大限度地鼓励自己和他人，大胆提出疑问，敢于否定以前的权威性观点，敢于说出自己独到的见解，这样才能牢牢地抓住成功的机遇，耕耘成功的果实。

不思考的徒弟永远出不了师

有一位擅长画猫的画家，由于画技高超，笔下的猫都栩栩如生，以至于许多人把他的画买回去挂在家里后，家里的老鼠都逃光了。因此，画家被人们誉为“猫王”。

不过，这位画家性格比较古怪，一生只带了两个徒弟：孙超和王品。

一天，画家把二徒弟王品叫到跟前，说：“你可以出师了，你不但学到了我画猫的全部技巧，而且还在很多方面超过了我。”二徒弟王品说什么也不愿意离开师傅，但画家态度坚决，王品只好含泪辞别了师傅。

大徒弟孙超见此，便心急火燎地找到画家说：“师傅，我也要出师。您为什么只让师弟出师呢？要知道我比他还早来半年呀！”

“的确，你跟我学画的时间比他长一点，但是，你这辈子恐怕也出不了师了。”画家严肃地说。

“为什么？”大徒弟孙超极为不解。

“你跟我学画，只知模仿，却没有任何创新，也就是说，你是在用手画画。而你师弟呢，则是用脑子画画，他画的猫在很多细节方面已超越了我。你的基本功虽然很扎实，但不

善于思考，不善于用脑，这就是你永远出不了师、也永远无法超越你师弟的原因。”大徒弟孙超听后，不服气地走了。

若干年后，大徒弟孙超画的猫在市场上无人问津，而二徒弟王品则成了远近闻名的“猫神”，人们都说他画的猫已超过了他师傅。

善于思考的人是有足够智慧的人。思想是世界上所有成功、富裕和快乐的来源，人类的所有智慧也都存在于思想之中。历史上所有伟大的发现和发明，都是灵感和思考的结果。思想主导着你的意识，决定你的个性、职业及生活中的每一个层面。

积极思考是一种智慧力量，如果一件事不经过思考就去做，那肯定是鲁莽的，除非你特别幸运。但幸运并不会时时光顾你，所以，最保险的办法是“三思而后行”。但“思”也并不是件简单的事，思考也有它的特点和方法。你必须从以下几方面入手：

质“疑”。学起于思，思源于疑。心理学认为：疑，易引起定向而探究反射。有了这种反射，思维便应运而生。

引“趣”。凡是富有兴趣的东西，多能引起人们的思维。

勤“学”。知识是思维的动力，一般说，学习愈勤奋，知识愈丰富，思维就愈敏捷。

攻“难”。思维的“脾性”是不爱和容易的问题打交道，而喜欢同疑难的问题交朋友。

动“情”。俗话说：“知情达理。”先动以情，引发思维，再达到通晓于理。

求“变”。将现有的知识结构进行调整，重新组合，可以激发思维，对已熟悉的事情变换一个角度来认识，可以引起新的思考。

只有养成了独立思考的习惯，我们才能在风风雨雨的事业路上独创天下。独立思考是一个人成功的最重要、最基本的心理素质。

第五章

永不言败——
女孩“爱拼才会赢”

永远进取，永不言败

进取，就是不知足，就是不满足已有的发展水平，不满足已取得的成绩。志向远大、努力向上是进取，为改变现状而奋力拼搏也是进取。一个人若是有了它，就会积极向上；一个社会有了它，就会充满活力，就会大踏步地向前发展；一个国家有了它，就会国富民强，蒸蒸日上。

进取心是一种极为珍贵的美德，它能促使一个人做他自己应该做的事，而不是在被动的状态下接受任务。胡巴特说：“这个世界愿对一件东西赠予大奖，包括金钱和荣誉，那就是‘进取心’。”

一个志向远大的人应当不断地发展自己，不断地丰富自己。在眼界上，努力吸收新的知识，思考新的问题；在事业上，努力争取年年有发展和增长。不满足于现状，不断否定自己，不断超越自己，不断给自己树立新的目标。简言之，进取心就是主动去做应该做的事情，而不是等待别人的吩咐。仅次于主动去做应该做的事情的人，就是当有人告诉他该怎么做时，立刻去做。更次等的人，只有在被人从后面踢一脚时，才会去做他应该做的事。这种人永远都不会有出头之日，他们往往生活在社会的最底层。然而最糟糕的是这种人，他根本不会去做他应该做的事，即使有人跑过来向他示范该怎样做，并留下来陪着他做，他也不会去做。他大部分时间都在失业中，因此，易遭人轻视，命运之神也不会永远眷顾他。

当一个人的进取心达到不可遏止的时候，他的成功便会具有必然性。比尔·盖茨认为：进取心是一个成功人士首先必须具备的品质。当一个人失去进取心时，他周围的一切都将失去光泽。

太阳神炎帝有一个钟爱的小女儿，名叫女娃。炎帝工作很忙，每天一大早就要去东海，指挥太阳升起，直到太阳西沉才回家。

炎帝不在家时，女娃便独自玩耍，她很想让父亲带她到东海太阳升起的地方去看一看。可是父亲忙于公事，总是不带她去。一天，女娃一个人驾着一只小船向东海太阳升起的地方划去。不幸的是，海上起了风暴，海浪把小船打翻了，女娃被无情的大海吞没了。

女娃死了，她的精魂化作了一只小鸟，花脑袋，白嘴壳，红脚爪，发出“精卫、精卫”的悲鸣，所以，人们又叫此鸟为“精卫”。

精卫痛恨无情的大海夺去了自己年轻的生命，她要报仇雪恨。因此，她一刻不停地从她住的发鸠山上衔来一粒粒小石子，或是一段段小树枝投进东海，想把大海填平。

大海奔腾着，咆哮着，嘲笑她：“小鸟儿，算了吧，你这工作就是干一百万年，也休想把我填平，还是省点力气吧！”

精卫意志坚定地答复大海：“哪怕是干上一千万年，一万万年，干到宇宙的尽头，世界的末日，我也要把你填平！”

“你为什么这么恨我呢？”

“因为你夺去了我年轻的生命，你将来还会夺去许多年轻无辜的生命。我要永无休止地干下去，总有一天会把你填成平地。”

精卫说完又飞回发鸠山去衔石子和树枝。她衔呀，扔呀，成年累月，往复飞翔，从不停息。后来，精卫和海燕结成了夫妻，生出许多小鸟，雌的像精卫，雄的像海燕。小精卫和她们的妈妈一样，也去衔石填海。

这虽然是个传说，但是精卫填海的精神对于女孩来说应该是一种很大的激励。它那种锲而不舍、永远进取、永不言败的精神难道不使我们为之震撼吗？

面对逆境，如果选择了放弃，也就选择了失败。在人生的旅途中，一些人虽然也曾经努力过，但还是以失败告终。这是因为在前进的路途中他们遭遇了困难，厌倦了漫长得看起来没有尽头的征途，于是他们停下来，寻找一个港湾，躲避风浪。

没有什么比半途而废和丧失希望对未来的威胁更大。放弃和丧失希望不仅不能解决现实存在的问题，而且还会让我们在未来陷入更大的困境。

女孩该如何培养自己的进取心呢？

首先，要做一个积极行动的人。当你认为有某一件事情应该要做的时候，就主动去做。

其次，要有出类拔萃的愿望。有时候，我们想提出某一建议，但没有提出来。为什么？因为我们担心、害怕。不是担心我们不能完成那项工作，而是担心别人会说三道四，害怕别人讽刺挖苦。这些担心和害怕使许多人失去了勇气，他们因此望而却步。

只要你勇敢地站出来，你就会受到人们的注意。更重要的是，你显示出了你的能力和抱负。还能有什么比这更让人欣喜呢？

最后，要磨炼自己坚忍的意志。

跌倒了，爬起来

小时候蹒跚学步，我们总是跌倒了，爬起来继续向前走。成长的过程即是一个在挫折、失败、痛苦中经历成功、收获喜悦的过程。谁都会经历挫折、失败，关键是在跌倒之后，女孩是否有勇气站起来仍以灿烂的微笑面对生活。

1998年7月21日晚，在纽约世界友好运动会上，17岁的中国体操队队员桑兰意外受伤。随后她成了全世界最受关注的人，她的坚强也开始感动着世界。当时桑兰正在进行跳马比赛的赛前热身，在她起跳的那一瞬间，外国队一名教练“马”前探头干扰了她，导致她动作变形，从高空栽到地上，而且是头先着地。这个笑容甜美的姑娘来自浙江宁波，1993年进入国家队，个性温柔。在遭受如此重大的变故后她表现出难得的坚强。她的主治医生说：“桑兰表现得非常勇敢，她从未抱怨什么，对她我能找到表达的词就是‘勇气’。”在知道自己再也站不起来之后，她也从不后悔练体操，她说：“我对自己有信心，我永远不会放弃希望。”

因为她的坚强、乐观，美国院方称她为“伟大的中国人民的光辉形象”，前国务院副总理钱其琛在看望桑兰时说：“中国领导人和中国人民都知道这位勇敢的女孩的故事。”美国前总统克林顿、卡特和里根都曾给桑兰写信，赞扬她面对悲剧时表现出来的勇气和坚强。桑兰与“超人”会面的经过在美国ABC电视台播出，而这个电视台50年来只采访过两个中国人，其中一个是桑兰。

面对不幸和困境，桑兰坚强而自信地说：“跌倒了再爬起来，这对体操运动员来说，是再平常不过的事情了，也是我的人生信念。对于自己过去所从事的体操事业，我从来没有后悔过，我现在只不过开始了一个新的、过去不熟悉的生活方式。尽管说自己现在重新站起来的可能性还不是很大，但我从来就没有放弃过希望。随着医学科学的进步，医学科学家肯定会研究出治疗脊柱脊髓损伤的新药。现在，我想拿的是人生的金牌。”

桑兰的坚强和乐观，不仅感动了世界，也同时为她自己迎来了新的生活。在困境和挫折面前，她的青春并没有因此而失去色彩，因为她的坚强，她的青春依然撒满了灿烂的阳光。

桑兰遇到的挫折可以说是对她人生的致命打击，残疾不仅意味着她的体操生涯就此夭折，也意味着她将终生坐在轮椅上，然而体育精神造就了她坚强的性格。在挫折之后，她选择的是坚强和微笑。在体育生涯中她是世界冠军，在人生之路上她仍然是世界冠军。正如法国大作家巴尔扎克所说：“苦难对于天才是一块垫脚石，对于能干的人是一笔财富，而对于弱者则是一个万丈深渊。”

“苦难是人生最好的教育。”古今中外大量事实说明，伟大的人格无法在平庸中养成，只有经历磨难，潜能才会激发，视野才会开阔，灵魂才会升华，你才会走向成功。吃常人不能吃的苦，必然能做常人不能做的事。

从2006年开始，有一位传奇的“90后”作家子尤引起了世人的关注。作为一个享有“小狂人”盛誉的文学才子，和李敖先生的快意交谈，使他名声大振；作为一个和癌症病魔顽强斗争的花季少年，子尤用自己的乐观与坚韧，向世人诠释着生命的真谛。

处于16岁的花样年华，子尤却得了不治之症，一般的孩子可能很难接受这样的痛苦和不幸，但是子尤却以他的坚韧和乐观感动了世人，他说这场病“真是上帝送给我的最好的礼物……我给你们看我的生，给你们看我的死、我的爱、我的痛……”疾病没有摧垮子尤的意志，相反，给了他平日没有的灵感与感悟，成了他才情的催化剂。子尤执着地与死神进行抗争，他还写了一首小诗来描述和感悟这种斗争的过程：“一次大手术，两次胸穿，三次骨穿，四次化疗，五次转院，六次病危，七次吐血，八个月头顶空空，九死一生，十分快活！”

从“十分快活”和前面文字的对比中，我们不难看出子尤的坚强。现实生活中，有很多挫折和不幸，小到考试失利、小病小痛，大到亲人故去、家庭破裂等，这些不幸，有一些可以避免，有一些难以避免。无论是否可以避免，在面对它们的时候，请女孩拿出桑兰和子尤的坚强，不要怨天尤人，不要哭泣消沉，要挺起胸膛，微笑面对。当然，对于这两种挫折的具体应对方案是不同的。从可以避免的不幸中，我们应该尽量地吸取教训，反思自我，避免同样的情况再次发生；而对于那些不可避免的事实，只能以积极的心态去接受。可以伤心，但是绝不要消极退避或者自暴自弃，即使无数次地跌倒，也要无数次地爬起来。

学会承受失败

人生一世，谁能够没有失败？而杰出者与庸人的区别就在于：如何直面失败。

1934 年，当希特勒统率军队时，丘吉尔喊出战争的危机，英国的政客们一笑置之；当德军侵入奥地利时，英国首相张伯伦与希特勒签署了以牺牲捷克斯洛伐克换取欧洲和平的《慕尼黑协定》，得意洋洋地向英国人民宣布：战争不会发生了！但丘吉尔却警告说，战争快要来临了！政客们对他怒目斥之。丘吉尔因而竞选失败。他坚持己见，又引起公愤，以至于被报纸指责为“缺乏谨慎和判断力”。

丘吉尔的远见卓识竟被因循守旧、苟且偷生的一些人当成了一文不值的垃圾。这种失败的境遇足以使一个人垂头丧气或是气得发疯，可是丘吉尔却像得胜回朝，依然衔着雪茄，悠然自得，还跑回家乡的别墅度假去了。他兴致勃勃地画画、看书、写作，好像他从未失败过似的。第二次世界大战爆发了，人们才想起有丘吉尔这个不受欢迎的人。因为他是唯一能在和平时刻洞察战争危机的人，只是他的预言和警言被世人领悟得太晚了。于是1940年丘吉尔崭露头角，当上了英国首相。

在失败面前，丘吉尔镇定自若的风度，令我们钦佩，也值得借鉴。

有一位年轻人，一心想成为出色的赛车手。服兵役时，他开过卡车。退役后，他去了一家农场开车。由于业余时间他常去赛车，名次不太好，使得他欠下一笔数目不小的债务。

某一年，他参加了威斯康星州的赛车比赛。当赛程进行到半程的时候，他的赛车位列第三，他有很大的希望在这次比赛中获得好的名次。

突然，他前面那两辆赛车发生了相撞事故，他迅速地转动赛车的方向盘，试图避开他们，但终究因为车速太快未能成功。结果，他撞到车道旁的墙壁上，赛车在燃烧中停了下来。

当他被救出来时，手已经被烧焦，鼻子也不见了，体表烧伤面积达40%。医生给他做了7个小时的手术之后，才使他从死神的手中挣脱出来。

经历这次事故，尽管他的性命保住了，可他的手萎缩得像鸡爪一样。医生告诉他说：“以后你再也不能开车了。”

然而，他并没有因此而灰心绝望。为了实现那个久远的梦想，他决心再一次为成功付出代价。他接受了一系列植皮手术，为了恢复手指的灵活性，每天他都不停地练习用残余部分去抓木条，有时疼得浑身大汗淋漓，却仍然坚持着。

他始终坚信自己的能力。在做完最后一次手术之后，他回到了农场，换用开推土机的办法使自己的手掌重新磨出老茧，并继续练习赛车。

仅仅是在9个月之后，他又重返赛场！他首先参加了一场公益性的赛车比赛，但没有获胜，因为他的车在中途意外地熄了火。不过，在随后的一次全程200英里（约为322千米）的汽车比赛中，他取得了第二名的成绩。

又过了两个月，仍是在上次发生事故的那个赛场上，他满怀信心地驾车驶入赛场。经过一番激烈的角逐，他最终赢得了250英里（约为403千米）比赛的冠军。

他，就是美国颇具传奇色彩的伟大赛车手——吉米·哈里波斯。

生活中，许多人要是没有遇到失败，就不会发现自己真正的才干。他们若不遇到极大的挫折，不遇到对他们生命本质的打击，就不知道怎样发掘自己内部潜藏的力量。

爱默生说："伟大人物最明显的标志，就是坚定的意志，不管环境变化到何种地步，他的初衷与希望，仍然不会有丝毫的改变，而终至克服障碍，以达到所企望的目的。"

卡耐基说："跌倒了再站起来，在失败中求胜利。"这也是历代伟人的成功秘诀。

失败是对一个人人格的考验。一个人除了自己的生命以外，在一切都已丧失的情况下，内在的力量到底还有多少？没有勇气继续奋斗的人，自认失败的人，那么他所有的能力，便会全部消失。而只有毫无畏惧、勇往直前、永不放弃人生责任的人，才会在自己的生命里有伟大的进展。

铁，要经过千锤百炼才能成钢；一个普通的人，要经过千锤百炼才能成为一个成功者、胜利者。在他奋斗进取的过程中，每一次失败就是一次锤炼。一个普通的人，身上有很多的缺陷、弱点和短处，带着这些毛病，他不可能成为一个胜利者、成功者。只有在失败的痛苦磨炼中，人们才肯丢掉这些毛病。

女孩在面对失败、挫折时，要做到以下几点：

（1）停止抱怨。不断地抱怨问题，只会让你情绪迅速低落。如果你想找出一个解决问题的办法，谈论你的问题是好的，但是让自己成为一个悲剧的主角只会使你持续抱有消极态度，并且一次又一次地提起它，不堪其扰。上帝对每个人都是公平的，抱怨最终只会让自己更被动。

（2）坦然接受事实。千万不要让失败日夜折磨自己的心灵。默默地接受这些事实吧，这会使你的情绪好一些，并且使你对将来抱有积极的态度。

那些错误、背叛你的朋友、你干过的傻事，统统让它们从你的脑海中消失吧！吸取教训并且勇往直前，而不是一直提醒自己这些事情，让它们把你拖垮。你的目标只有一个，就是成功。

（3）依然保持乐观积极的面貌，采用自我心理调适法，提高心理承受能力。一些研究发现，当心情沮丧的时候做一些你喜欢的事情，或者是购物，或者是“虚度光阴”，都有助于提高你的免疫系统的工作效率、释放紧张情绪。偶尔地放纵一下自己，你会更充满力量。

在疲倦和沮丧的时候不要躺下，那只能让你更消沉。站起来意味着你会更警醒、能够更快地思考、更好地解决问题和保持积极。

（4）调整思路，降低脱离实际的目标，及时改变策略。

面对困境，再试一次

1948年，牛津大学举办了一个题为“成功的秘诀”的讲座，邀请丘吉尔前来演讲。

演讲的那一天，会场上人山人海，全世界各大新闻机构的记者都到齐了。

上台后，丘吉尔用手势止住掌声，说：“我的成功秘诀有3个：

第一是，绝不放弃；

第二是，绝不绝不放弃；

第三是，绝不放弃，绝不放弃，绝不放弃。

我的演讲结束了。”

说完他就走下了讲台。

会场上沉寂了一分钟后，突然爆发出热烈的掌声，久久不息。这成为他最著名的一次演讲。

放眼古今中外的历史，可以说，成功者大都是经历失败最多、挫折最重的人。

儒勒·凡尔纳，不仅是著名作家，而且是科幻小说之父。可他的第一部科幻小说《乘气球五周记》投稿之后，竟被15次退稿，气得他差一点把稿子投进壁炉烧掉。世界短篇小说大师莫泊桑在他的成名作《羊脂球》发表之前，已经写了多少没有发表的作品呢？其稿子累积起来足有写字台那么高。就说我国小说创作和出版成就卓著的贾平凹吧，他的奋斗自然也是艰苦的。他起初寄往四面八方的小说稿被一篇又一篇连续不断地退回，竟有 127 篇之多。

如丘吉尔一样，他们最终成功的法宝是：永不言弃，再试一次。

不轻言放弃，再难的事也能成功。没有恒心，遇到困难就中途放弃，则一事无成，再容易的事也会成为困难的事。

天下事最难的不过 1/10，能做成的有 9/10。要想成就大事大业的人，尤其要有恒心来成就它，要以坚忍不拔的毅力、百折不挠的精神、排除纷繁复杂的耐性、坚贞不屈的气质，作为涵养恒心的要素。

一个人之所以成功，不是上天赐给的，而是日积月累自我塑造的，千万不能存有侥幸的心理。幸运、成功永远只会属于辛劳的人，有恒心不轻言放弃的人，能坚持到底的人。事业如此，德业如此。

“冰冻三尺，非一日之寒。”从这个自然现象中就能体现出恒心来，一日曝之，十日寒之；一日而作，十日所辍，成功的概率，几乎等于零。

大发明家爱迪生曾说：“我从来不做投机取巧的事情。我的发明除了照相术，没有一项是由于幸运之神的光顾。一旦我下定决心，知道我应该往哪个方向努力，我就会勇往直前，一遍一遍地试验，直到产生最终的结果。”

凡事不能持之以恒，正是很多人失败的根源。让我们一同来读英国诗人布朗宁的诗，以此共勉：

实事求是的人要找一件小事做，

找到事情就去做。

空腹高心的人要找一件大事做，

没有找到则身已故。

实事求是的人做了一件又一件，

不久就做一百件。

空腹高心的人一下要做百万件，

结果一件也未实现。

生活中，女孩面对失败、厄运时，不妨试试如下建议：

（1）认清失败的本质。如何看待失败，完全是态度问题，只要你不服输，失败就不是定局。

（2）检讨失败，吸取教训。要把失败看作是学习的机会。

（3）毅力要与行动结合。

（4）告诉自己："我一定能做到！"如果你一遇到困难就认为无法解决，那么就真的不会找到出路，因此一定要拒绝"无能为力"的想法。不要钻牛角尖。如果遇到一个难以解决的困难，不妨先停下来，找出原因，然后再重新开始。

（5）看清自己的弱点。从失败中学习，最难的是找出并正视导致失败的个人弱点。这个过程需要有真正坦诚的个性。一旦你看清自己的弱点，就要开始努力克服。

（6）成功是一连串的奋斗。千万不要把失败的责任推给你的命运。如果你失败了，那么继续奋斗吧！

进取心——做自己命运的开拓者

著名黑人领袖马丁·路德·金说过："世界上人们所做的每一件事都是抱着希望而做成的。"人的进取心越大，欲望也就愈强烈，就愈靠近目标。正如同弓拉得越满，箭头就飞得越远一样。有了明确、高远的目标，又有火热的、坚不可摧的愿望力量，必然产生坚决有力的行动。一个人只有不畏困难，不轻言失败，信心百倍，朝着既定目标永不回头，才能在有生之年走向成功。实现目标的欲望越强烈，成功的可能性就越大；相反，没有坚不可摧的成功愿望，目标就永远不可能达到。

有一位出身贫寒的农家少年，每当闲暇时间，他总要拿出祖父在他8岁那年送他的生日礼物——一幅已被摩挲得卷边的世界地图。他年轻的目光一遍遍浏览着地图上标注的城市，飘逸的思绪亦随之纵横驰骋，渴望抵达的翅膀，在幻想的风景中自由翱翔……

15岁那年，这位少年写下了他气势不凡的计划书——《一生的志愿》："要到尼罗河、亚马孙河和刚果河探险；要登上珠穆朗玛峰、乞力马扎罗山和麦金利峰；驾驭大象、骆驼、鸵鸟和野马；探访马可·波罗和亚历山大一世走过的道路；主演一部《人猿泰山》那样的电影；驾驶飞行器起飞降落；读完莎士比亚、柏拉图和亚里士多德的著作；谱一部乐曲；写一本书；拥有一项发明专利；给非洲的孩子筹集100万美元捐款……"他洋洋洒洒地列举了127项人生的宏伟志愿。这些志愿不要说实现它们，就是看一看，就足够让人望而生畏了。难怪许多人看过他设定的这些远大目标后，都一笑置之。所有人都认为：那不过是一个孩子天真的梦想而已，随着时光的流逝，很快就会烟消云散。

然而，少年的心却被他那庞大的《一生的志愿》鼓荡得风帆劲起，他的脑海里一次次地浮现出自己漂流在尼罗河上的情景，梦中一次次闪现出他登上乞力马扎罗山巅峰的豪迈，甚至在放牧归来的路上，他也会沉浸在与那些著名人物交流的遐想之中……没错，他的全部心思都已经被自己《一生的志愿》紧紧地牵引着，并让他从此开始了将梦想转变为现实的漫漫征程。

毫无疑问，那是一场壮丽的人生跋涉，也是一场异常艰难、简直无法想象的生命之旅。

他一路豪情壮志，一路风霜雨雪，硬是把一个个近乎空想的夙愿变成了一个个活生生的现实，他也因此一次次地品味到了搏击与成功的喜悦。44年后，他终于实现了《一生的志愿》中的106个愿望。

他就是20世纪著名的探险家——约翰·戈德。

有人惊讶地追问他，是凭借怎样的力量把那么多的艰辛都踩在脚下，把那么多的险境都变成了攀登的基石？

他微笑着回答道："我总是让心灵先到达那个地方，随后，周身就有了一股神奇的力量。

接下来，就只需要沿着心灵的召唤前进。"

进取心是推动一个人不断前进的强大动力。约翰·戈德的成功就在于积极进取的人生态度。一旦养成一种不断自我激励、始终向着更高目标前进的习惯，很多不良习性都会逐渐消失。进取心最终会成为一种伟大的自我激励力量，它会使我们的人生更加崇高。

那么，进取心源于哪里？它是怎样进入你生命的呢？什么是人的进取心？进取心是怎么来的，它有多重要？事实上，如果能解释进取心的本质，那么你也就能解释宇宙的奥秘了。激励你前进的，是你生命中的一种有趣而又神秘的力量。它存在于每个人的生命中，就像你自我保护的本能一样。它能促使一个人做他自己应该做的事，而不是在被动的状态下接受任务。

进取心是女孩人生的支柱。一旦你有幸受这种伟大推动力的引导和驱使，就会获得成功。因为进取心，这种内在的推动力从不允许你停下来，它总是激励你为了明天的成功而努力。你今天所达到的境地也许足以令人羡慕，但是你今日的位置和昨日的位置一样，无法让自己完全满足。一旦你想原地踏步时，你的耳边就会响起一个声音，召唤你追求进一步的成功。

一旦养成一种不断自我激励、始终向着更高目标前进的习惯，女孩身上的很多不良习性就会逐渐消失。进取心最终会成为一种伟大的自信心。当你的进取心达到不可遏止的状态的时候，你的成功也就成为必然，而你也就不会对学习产生一丝厌恶感，不会在失败后有放弃的念头，你的人生也会因此而一往无前。

不轻言放弃

希拉斯·菲尔德先生退休的时候已经积攒了一大笔钱，然而他忽发奇想，想在大西洋的海底铺设一条连接欧洲和美国的电缆。随后，他就开始全身心地推动这项事业。前期基础性的工作包括建造一条1000英里长、从纽约到纽芬兰圣约翰的电报线路。纽芬兰400英里长的电报线路要从人迹罕至的森林中穿过，所以，要完成这项工作不仅包括建一条电报线路，还包括建同样长的一条公路。此外，还包括穿越布雷顿角全岛共440英里长的线路，再加上铺设跨越圣劳伦斯海峡的电缆，整个工程十分浩大。

菲尔德使尽浑身解数，总算从英国政府那里得到了资助。然而，他的方案在议会上遭到了强烈的反对，在上院仅以一票的优势获得多数通过。随后，菲尔德的铺设工作就开始了。电缆一头搁在停泊于塞巴斯托波尔港的英国旗舰“阿伽门农”号上。另一头放在美国海军新造的豪华护卫舰“尼亚加拉”号上，不过，就在电缆铺设到5英里的时候，它突然被卷到了机器里面，被弄断了。

菲尔德不甘心，进行了第二次试验。在这次试验中，在铺到200英里长的时候，电流突然中断了，船上的人们在甲板上焦急地踱来踱去。就在菲尔德先生即将命令割断电缆、放弃这次试验时，电流突然又神奇地出现，一如它神奇地消失一样。夜间，船以每小时4英里的速度缓缓航行，电缆的铺设也以每小时4英里的速度进行。这时，轮船突然发生了一次严重倾斜，制动器紧急制动，不巧又割断了电缆。

但菲尔德并不是一个容易放弃的人。他又订购了700英里的电缆，而且还聘请了一个专家，请他设计一台更好的机器，以完成这么长的铺设任务。后来，英美两国的科学家联手把机器赶制出来。最终，两艘军舰在大西洋上会合了，电缆也接上了头；随后，两艘船继续航行，一艘驶向爱尔兰，另一艘驶向纽芬兰，结果它们都把电线用完了。两船分开不到3英里，电缆又断开了；再次接上后，两船继续航行，到了相隔8英里的时候，电流又没有了。电缆第三次接上后，铺了200英里，在距离“阿伽门农”号20英尺处又断开了，两艘船最后不得不返回到爱尔兰海岸。

参与此事的很多人都泄了气，公众舆论也对此流露出怀疑的态度，投资者也对这一项目没有了信心，不愿再投资。这时候，如果不是菲尔德先生，如果不是他百折不挠的精神，不是他天才的说服力，这一项目很可能就此放弃了。菲尔德继续为此日夜操劳，甚至到了废寝忘食的地步，他绝不甘心失败。

于是，第三次尝试又开始了，这次总算一切顺利，全部电缆铺设完毕，而没有任何中断，几条消息也通过这条漫长的海底电缆发送了出去，一切似乎就要大功告成了，但突然电流又中断了。

这时候，除了菲尔德和他的一两个朋友外，几乎没有人不感到绝望。但菲尔德仍然坚持不懈地努力，他最终又找到了投资人，开始了新的尝试。他们买来了质量更好的电缆，这次执行铺设任务的是“大东方”号，它缓缓驶向大洋，一路把电缆铺设下去。一切都很顺利，但最后在铺设横跨纽芬兰600英里电缆线路时，电缆突然又折断了，掉入了海底。他们打捞了几次，但都没有成功。于是，这项工作就耽搁了下来，而且一搁就是一年。

所有这一切困难都没有吓倒菲尔德。他又组建了一个新的公司，继续从事这项工作，而且制造出了一种性能远优于普通电缆的新型电缆。1866年7月13日，新的试验又开始了，并顺利接通、发出了第一份横跨大西洋的电报！电报内容是：“7月27日。我们晚上9点到达目的地，一切顺利。感谢上帝！电缆都铺好了，运行完全正常。希拉斯·菲尔德。”不久以后，原先那条落入海底的电缆被打捞上来了，重新接上，一直连到纽芬兰。现在，这两条电缆线路仍然在使用，而且再用几十年也不成问题。

菲尔德的成功证明了只要持之以恒，不轻言放弃，就会有意想不到的收获。

俗语说：世上无难事，只怕有心人。这个有心，就是有恒心，有了恒心，不轻言放弃，再难的事也能成功。没有恒心，遇到困难就中途放弃，则一事无成，再容易的事也会成为困难的事。

俗话说得好：滚石不生苔，坚持不懈的乌龟能快过灵巧敏捷的野兔。如果能每天学习 1 小时，并坚持 12 年，所学到的东西，一定远比坐在教室里接受 4 年高等教育所学到的多。正如布尔沃所说的，“恒心与忍耐力是征服者的灵魂，它是人类反抗命运、个人反抗世界、灵魂反抗物质的最有力支持”。

凡事不能持之以恒，正是很多人失败的根源。

女孩要培养不轻言放弃的习惯可以从以下几方面入手：

1. 合理的计划表可以帮助你坚持下去

设计合理的计划表，不仅可以理顺事情的轻重缓急，提高效率，而且可以在无形之中督促自己努力工作，按时或超额完成计划。

制订可行的计划和执行计划时要注意，也许你愿意用硬性的东西约束自己，或希望有充分的灵活性，甚至等自己有了灵感的时候才动工。可是万一你正好没有灵感，整个礼拜都没兴致工作的话，怎么办呢？这样下去，你就可能失去坚持下去的耐心，对自己的创造能力产生怀疑。

计划的制订，将迫使女孩自问这个严酷的问题：我真的想做这件事吗？即使进行得不太顺利，我还是按部就班地做吗？如果答案是“是”，那么你是真的想得到成功，合理的计划表可以帮助你坚持下去。

2. 将挫折转化为前进的勇气

有的失败会转眼被我们忘记，有些挫折却会给我们留下深深的伤痛。但是，无论如何，女孩们都不应该因为挫折而停止前进的步伐。每个人都必须为目标奋斗。如果你不继续为一个目标奋斗，你不仅会失去信心，还会逐渐忘记自己有个目标。如果你不再继续坚持的话，就会开始怀疑自己是否能成功地实现计划所定的目标。

有时你也许会因为目前完不成一个小的目标，而改做其他的尝试，这种随便的做法是一种变相的放弃。千万不要拿困难做借口，改作另一个计划。

3. 努力完成计划

当你坚持完成计划的要求，实现成功的目标后，你会更加坚定地做完以后的事情，这对培养你的不轻言放弃的习惯会有很大的帮助。不把事情做完的话，你会觉得自己像个没有志气的懒虫。以后如果你不敢肯定是不是能把事情完成的话，就很难再开始做一件新的事情。这是非常重要的一点。不管花多少时间，你都得面临这个问题：完成这件工作呢，还是放弃它？你最好从开始就搞清楚，自己是不是真的想完成它，要不然你何必花这些心力呢？

试着把劣势转化为优势

女孩们，也许你为相貌、身材抱怨过，为家庭条件、工作环境发牢骚。有时，奋力追求的却毫无结果。但，只要你还有乐观的心态、积极的行动和足够的智慧，就能扭转自己的人生劣势，出奇制胜。

女孩们听过“出卖落后”的故事吗？

某个岛国的一个偏僻小山村几乎与世隔绝，十分落后，生活极为困苦。

一天，村里一位智者召集全村人，语重心长地说：“如今都是什么年代了，咱村的人还过着和原始人差不多的生活，我们深感内疚和痛心！不过，大都市里的人过着现代化生活的时间长了，一定会感到乏味。咱不妨走点回头路，干脆过原始人的生活，利用咱的‘落后’出卖‘落后’，也许会招来很多城里人。咱们呢，也可以借此机会做生意赚钱。”

这一计划博得全村人的喝彩。从此，全村人开始模仿原始人的生活方式，在树上搭房，穿树叶纺织的衣服……

不久，日本新闻媒介惊奇地发现并报道了这个过着“原始人生活”的小山村。此后，成千上万的人慕名而至，参观者络绎不绝，众多的游客为山村带来了可观的财富。有经营头脑的人也来了，他们来这里修路、造宾馆、开商店，将这里开辟为旅游点。小山村的人趁机做各种生意，终于富裕起来了。过了若干年，这里的居民白天上树成为一种职业，晚上回到地面，脱掉兽皮树叶做的衣服，穿上了现代时髦的服装，住进建在景点外围的水泥结构的宿舍里，过上了现代化生活。

故事告诉我们：有的时候劣势、缺点不一定是件坏事，如果引导得好，就会把它转化为优势。把自己最弱的部分转化为最强的优势，对任何人都非常重要。

李小龙曾在海外华人中享有至高的声誉。但是却很少有人知道，李小龙练武本来是有先天缺陷的。

首先，他是近视眼，必须戴着隐形眼镜。

对此，李小龙坦诚地说：“从小我就近视，所以我从咏春拳学起，因为它最适合做贴身战斗。”

其次，他的两脚不一样长，右脚比左脚短五寸，但也正因为如此，他左脚专事远踢、高踢，如狂风扫叶；右脚专事短促的阻击性踢法或隐蔽性踢法，近身发腿如发炮。同时，两腿长度的不一致使他摆出的格斗姿势优美别致，独具特色，成为一种武功流派的典型。

美国总统罗斯福天生长了一张难看的大嘴，嘴唇又厚又黑，牙齿也极不整齐。后来有人出谋，精心为其制作了一个大烟斗，每次讲演时，他都将那个大烟斗轻轻托于嘴旁，这不仅遮掩了他那张大嘴的难堪，而且使他那别具一格的演讲家气质显得更加动人潇洒。

当然，我们并非都要像这些名人一样，但我们可以从他们那里学到一些如何应付弱势，以及如何充分利用已经出现的不能改变的弱势，化不利为有利，为自己战胜失败的人生助一臂之力。

拥有积极的心态，就能使一个人将自己的弱点积极地转化为最强的部分。这种转化的过程有点类似焊接金属一样，如果有一片金属破裂，经过焊接后，它反而比原来的金属更坚固。这是因为高度的热力使金属的分子结构结合得更为严密的缘故。

女孩可以根据下列步骤，把自己的弱点转化为优点：

（1）孤立弱点，将它研究透彻，然后设计一个计划加以克服。

（2）详细列出你期望达到的目标。

（3）想象一幅将你自己的弱势变成强势的景象。

（4）立即开始，努力成为你希望的强人。

（5）在你的最弱之处，采取最强的步骤。

（6）请求他人的帮助，相信他们会这样做的。

第六章

乐于助人——有爱心的女孩更幸福

保护女孩的善良天性

女孩3岁了，每一次看见一只蚂蚁，也许别的母亲会鼓励她的女儿一脚踩死那只蚂蚁来锻炼胆量，可是这个女孩的母亲却柔声地对她说：“女儿，你看它好乖哦！蚂蚁妈妈一定很疼爱它的宝宝呢！”于是小女孩就趴在一旁惊喜地看那只蚂蚁宝宝。蚂蚁遇见障碍物过不去了，小女孩就用小手搭桥让它爬过去。母亲一脸欣喜。

后来，女孩上幼儿园了。有一次，她吃完了香蕉随手乱扔香蕉皮。母亲看到了，就让她捡起来，带着她丢进果皮箱里。然后给她讲了一个故事：一个小女孩，在妈妈的熏陶下，总要把垃圾扔进果皮箱里。有一次马路对面才有果皮箱，她就过马路去丢雪糕纸。妈妈看着她走过去。然而一辆车飞奔过来，小女孩像一只蝴蝶一样飞走了。她妈妈就疯了，每天都在那个地方捡别人丢下的垃圾。当地人被感动了，从此不再乱丢垃圾。他们把那些绿色的果皮箱擦得一尘不染，在每一个果皮箱上都贴上小女孩的名字和美丽的相片。从此，那个城市成了一座永远美丽的城市。故事讲完了，女孩的眼睛湿润了。她说：“妈妈，我再也不乱扔东西了。”

转眼间，女孩上小学了。一个秋晨，有人打电话通知母亲，说她女儿在值日时没有把窗户关严，风把两块玻璃刮破了。母亲马上意识到这事在这个管理甚严的学校里意味着什么。

中午，母亲找来昨天值日的女儿。女儿怯怯地说：“昨晚放学时，教室里有两只蝴蝶，赶来赶去，总有一只飞不出教室。我只好开着一扇窗户，好让外面的飞进来，或者里面的飞出去，让它们结伴去玩，想不到会被大风刮破了玻璃……

女儿几乎落泪地嗫嚅着说，自己愿意赔偿这两块玻璃。妈妈一直无语，待她说完后，摸了摸她的头发说："没事了，去玩吧。"

后来母亲去了财务室："这两块玻璃的钱，我现在就掏……"

罗素曾说："在一切道德品质之中，善良的本性在世界上是最需要的。"唯有善良，可以让任何丑陋和邪恶自惭形秽，消失于无形；也唯有善良，可以让整个世界充满爱，每个人都可以为他人着想。保持善良的本性，恪守着心中的善良不变，是每个女孩都应该懂得的道理。

很多女孩天生就充满爱心和善良。在日常生活中，学会保护女孩表现出来的一点点善行，激发她们的爱心，终有一天等女孩长大成人的时候，就会具有令人欣赏的爱心和善意，彻底与冷漠无缘，成为一个受人尊敬的人。

心灵无私自高贵

在很久以前，曾经有一个贵夫人看到一个六七岁的小女孩独自在街上拾破烂，就把她带了回来。那位贵夫人给她洗澡，为她换上干净的衣服，又拿出最好的食物招待她。但到了晚上，那孩子却偷偷地跑掉了。

贵妇人很担心她，就把她找了回来。但第二天她又跑掉了，贵妇人对她的做法很不理解，就派了一个人悄悄地跟踪她。结果，那个人在一棵树下找到了她。原来，这树下有她的母亲、姐姐和妹妹。她们在那里做饭、吃饭、睡觉、醒来；她们在那里哭，在那里笑。因为那里就是她们的家。

原来，小女孩逃跑是因为她不想丢下自己的母亲而自己去享受美好的生活。因为她是那样爱她的母亲，尽管那是一个贫穷的蓬头垢面的母亲，但在她的眼里，却是最美的母亲，而母亲就是她的家。

这就是一个小孩子的天性，因为爱是人类的天性，他们的心灵没有被污染。无论在什么情况下，有爱心的人始终心系他人的安危，很少关注个人的得失，更不会因为别人的欺骗或者背叛而改变自己的爱心。

“那天踢球的时候，他得罪我了，这口气我一定要出。”我们在生活中经常会听到这种类似的话，即便是很不值得理会的小事情也要睚眦必报。其实，这只是我们的想法，小孩子一般是不会这么想的，因为人的天性是爱。

1911 年的诺贝尔和平奖获得者阿尔弗雷德·弗里德是奥地利著名的记者。阿尔弗雷德从小就是一个善良的孩子。因为家里比较贫穷，所以父母每天都为了一家人的生计奔波忙碌。为了能帮助父母减轻一点负担，小阿尔弗雷德决心去摆一个小书摊，并把自己的计划告诉了父母。

最初，阿尔弗雷德的父母并不同意他这么做，担心这样会影响到他的学业。后来，在阿尔弗雷德的软磨硬泡下，他的父母终于同意了。

很快，小阿尔弗雷德就成了一个小书摊的摊主。因为他服务热情，而且有很多有趣的图书，所以小书摊的生意特别好。在劳动中，小阿尔弗雷德学到了许多知识，也认识了很多朋友，每天都过得特别充实。

有一天，已经接近傍晚了，小阿尔弗雷德麻利地收拾东西，准备回家吃晚饭。这时，有 4 个和他差不多大的孩子围了过来，把他压在身子下面。一个孩子厉声问道：“你的钱呢？钱在哪里？快点给我们！”

当 4 个孩子在他身上乱搜的时候，他又气又急，慌乱中，他忽然看见街对面有一个警察，就大喊了一声："警察来了！"那4个孩子看见警察来了，都慌了，爬起来就跑。其中有一个孩子比较小，跑得慢，所以被小阿尔弗雷德一把抓住了。

警察过来了，看着凌乱的书摊和两个孩子，很严肃地问道："这里发生了什么事？你们两个在做什么？"

小阿尔弗雷德看了看旁边那个孩子，说："他想……他想租书看，可是我要收摊回家吃晚饭了。所以他就帮我收拾摊子。"

那个孩子感到很意外，他迷惑不解地问阿尔弗雷德："刚才，你……你为什么不报告警察？"

小阿尔弗雷德并没有回答，却反问那个孩子："你们为什么要来抢我的钱呢？"

那个小孩低下头，不好意思地说："我们已经观察你好几天了，本来也没想抢你的钱，可是今天我们没有弄到吃的东西，都饿坏了，所以才……"

"就因为我看你们的衣服很破旧，所以我知道你们抢钱肯定也是迫不得已，我也是穷人家的孩子，所以我才没有报告警察。"小阿尔弗雷德诚恳地说。

收拾好书摊之后，小阿尔弗雷德对那个孩子说："你跟我一起走吧，咱们一起吃饭去。"

那个孩子很感动地点了点头。小阿尔弗雷德带着他到附近的小吃店里，吃完饭后，又买了几张饼，说："你带给你的朋友们吧。欢迎你们明天还到我这里来，我可以请你们免费看书。"

第二天，直到很晚了，那4个孩子才来。这时，小阿尔弗雷德才知道，他们原来都是流浪儿，靠乞讨和拾破烂为生。从那以后，小阿尔弗雷德总是尽量帮助他们，而这4个孩子只要有时间，就会聚集在书摊上看书，帮小阿尔弗雷德收拾书摊。后来，他们居然成为很好的朋友。

古人云：“人之初，性本善。”施爱行善是人的天性，真正有爱心的人，无论在什么时候都不会放弃自己的爱心，即使是面对伤害过自己的人时也是如此。所以，女孩要培养自己的爱心，有爱心的女孩会幸福一生。

把快乐带给别人

这是守墓人亲身经历的故事：

每周，守墓人都会收到一位素不相识的妇人的来信，信中附着钞票，让他每周帮她在她儿子的墓地上放一束鲜花，这样的状况持续了很多年。

后来有一天，他们照面了。那天，一辆小车停在公墓大门口，司机匆匆来到守墓人的小屋，说：“夫人在门口车上，她病得走不动了，请你去一下。”

一位上了年纪的妇人坐在车上，表情有几分高贵，但眼神哀伤，毫无光彩。她怀抱着一大束鲜花。

“我就是鲁比夫人。”她说，“这几年我每个礼拜给你寄钱……”

“买花。”守墓人答道。

“对，给我儿子。”

“我一次也没忘了放花，夫人。”

“今天我亲自来，”鲁比夫人温存地说，“因为医生说我活不了几个礼拜。

死了倒好，活着也没意思了。我只是想再看一眼我儿子，亲手来放一些花。”

守墓人眨着眼睛，苦笑了一下，决定再讲几句：“我说，夫人，这几年您常寄钱来买花，我总觉得可惜。”

“可惜？”

“鲜花搁在那儿，几天就干了。没人闻，没人看，太可惜了！”

“你真是这么想的？”“是的，夫人，你别见怪。我是想起来自己常去的敬老院，那儿的人可爱花了。他们爱看花，爱闻花。那儿都是活人，可这儿的墓里哪个是活着的？”

老夫人没有作声。她只是小坐了一会儿，默默地祷告了一阵，没留话便走了。守墓人后悔自己的一番话太直率、太欠考虑，这会使她受不了的。

可是几个月后，这位老妇人又忽然来访，把守墓人惊得目瞪口呆：她这回是自己开车来的。老妇人微笑着，显得很开心：“我把花送给敬老院里的人们了。他们看到花是那么高兴，这真让我感到快乐！我的病也好转了，医生都不明白是怎么回事，可是我自己明白。”

给予比接受更能给人带来快乐。一个人尝试着把自己的爱心带给别人，他就能够在施予的过程中和他带给别人的快乐中发现自己的快乐。老妇人正是因为把快乐带给了别人，同时也就把快乐带给了自己，这样她的病当然会好了。给别人快乐，就是给自己快乐，每个人都该明白这样的道理。

能把快乐带给别人的人，一定是快乐的。因为他奉献出了快乐，是产生快乐的根源，所以本身也会很快乐。

老妇人失去了儿子，本来是不快乐的，但她通过帮助别人，把鲜花送给那些真正需要鲜花的人，她得到了快乐，自己的病也得到了缓解。这就是付出与得到的范例。

生活中，每个人都会遇到或大或小不顺心的事情或者是烦恼，在烦恼的时候我们总是更多地关注自己，而忽略身边的人。在自己的烦恼里挣扎得越久，越容易深陷其中难以自拔，最终导致抑郁。此时，你可以睁开眼睛去看看周围，为那些需要帮助的人做一些力所能及的事情，你也许就会发现，烦恼不见了，生活变得快乐起来了。

任何人都不是单独的个体，我们的社会是一个团体，每个人都要与别人有所联系。烦恼或者不幸时，帮助别人，就是把自己从个体的纠结中挣脱出来，与大众产生联系。这样，个人的不幸和烦恼就会随着与众人的亲密关系而消失于无形。因此，把快乐带给别人吧，这样，女孩们自身的烦恼才会解除。

拥有同情心

许多年前，在弗吉尼亚北部，冬天一个很冷的晚上，一位老人等待骑手带他过河，他的胡须上挂上的霜已结成冰。等待似乎是永无止境的，在冰冷的北风中，他的身体变得麻木和僵硬。

他听见马沿着冰冻的路面奔跑着逐渐远去的均匀的蹄声，当几个骑手路过时，他忧虑地看着他们。他让第一个骑手走过而没有让自己引起他的注意；第二个、第三个都这样过去了；当最后一个骑手来到老人坐的地方时，老人已像一个雪人。老人看着骑手的眼睛，说：“先生，您不介意带一个老人过河吧？我已经找不到路了。”

骑手停住了马，亲切地回答道：“当然，上马来吧。”看到老人被冻僵的身体不可能起身，他便下马帮助老人。骑手不仅带着老人过了河，还把他带到了目的地。当他们来到温暖的小屋前时，骑手好奇地问：“老先生，我注意到您让几个骑手走过而没有请他们带你。然而我来，您即刻请求我，我觉得奇怪，这是为什么？在这样寒冷的冬夜，您情愿等待和请求最后一个骑手，如果我拒绝，您怎么办？”

老人慢慢地从马上下来，看着骑手的眼睛说：“我在这里已经有些日子了，我想我更了解当地人。”老人继续说，“我看见了他们的眼睛，立即知道他们并不关心我的状况，请求他们帮助是没有用的。但在您的眼神里，我看到了友善和同情。”

这名骑手就是美国历史上著名的总统托马斯·杰斐逊。

善良是可以通过眼神来表现的，一个人可以穿得像个乞丐，但那透过眼睛表现出的善良却是没有办法消除的。这也从侧面说明，无论一个人的外表怎样，他的本质是不会变的，透过眼睛，透过真正的事件的考验，我们会分出真正的善良之人和不善之人。同样，真正的善良从来都不是外表做做样子就可以养成的，善良的心需要从关爱每一个人、帮助每一个需要帮助的人开始的。

一个没有同情心的人，是冷酷残忍的；一个没有同情心的世界，是冷漠可怕的。但同情心不会自发产生，同情心也要靠精心培植和维护，在心灵里播下爱的种子，才能长成同情之花；只有全社会都为同情心叫好呐喊，才能形成一个充满同情心的环境。

19世纪末叶的西伯利亚，富于同情心的小镇居民，常常在深夜房外的窗台上放着酸奶、面包和旧衣服，以供那些从流亡地逃跑的十二月党人食用，一些著名的十二月党人，就是靠着这些食物和衣服才逃出了冰天雪地的西伯利亚。小镇居民的名字至今谁也不知道，更不见经传史册，可他们的善举，不仅温暖了冻饿至极的十二月党人，也至今还温暖着世界人们的心田。

培根说：“同情在一切内在的道德和尊严中是最高的美德。”孟德斯鸠也说过：“同情是善良心所启发的一种情感之反映。”一个善良的人一定是充满了爱心和同情心的人，一个没有同情心的人也不可能是一个有爱心的人。拥有同情心，女孩就拥有了去帮助别人的善心和爱心，你就会懂得在困难和需要帮助时，给别人以帮助是一件多么美好和值得骄傲的事情，你的生活和生命都将因此而充满光彩。

播种善心

那年，她刚当高三班主任不久，班里发生了一件不愉快的事情，一个学生价值近千元的快译通在教室里丢了。一切迹象表明，偷东西的人就是本班学生。她当时非常自责，觉得这是自己对学生品行教育的失败。

那天放学前，她像往常一样站在学生们面前。学生们似乎都很紧张，一双双眼睛复杂地看着她，他们在等待她“破案”。

于是，她说：“大家都知道了，我们班里发生了一件不该发生的事情，有个同学错拿了别人的东西，我知道他不是故意的，他很后悔。我很了解他，我知道他一定会把这件东西还给同学的。我相信他，我敢用自己的生命打赌，他一定会这样做的！是的，我打赌，从现在开始我不吃饭，等拿错的东西还回去后我再吃饭。好了，现在放学吧。”

学生们都背着书包回家了，没有一个人留下来。

第二天，没有人把东西送回来，她也没有吃饭，可是她依旧打起精神去上课。

第三天，还是没有人把东西送回来。她喝了一杯水，忍着饥饿冒着虚汗坚持上完了一堂课。学生们都在静静地看着她，目光中充满关切。她知道，这些眼光中一定有一道是愧疚的，她要给他时间。

晚上放学之前，她在自己的办公桌上，看到了那个失踪的快译通、一块三明治和一封信。信上写道："老师，谢谢您的信任，我一定会改正错误的。"下面没有署名，她没有再追查这个学生是谁。但她坚信，他再不会这样做了。

后来有人问她："为什么要用这种自虐的方法来处理，如果那个学生真的不交出快译通，你岂不是要饿死？"

她说："如果进行搜查，胆大的不承认又没证据；胆小的承认了，成了小偷，从此他会永远抬不起头来，而且眼看就要高考了，他的这辈子不就毁了？"所以，她就用"绝食"、用信任来呼唤、催促那个学生"悄悄"改正错误。事实证明，她成功了。

伟大的教育家苏霍姆林斯基说："对人的热情，对人的信任，形象点说，是爱抚、温存、是翅膀赖以飞翔的空气。"信任是爱的基础，是构建人们之间关系的桥梁，也是温暖心灵的阳光。无论何时，都要对身边的人给以信任，这是我们获取友谊、拯救迷途心灵的最佳选择。

善良的力量有多大？看吧，不用审问，不用说谎，甚至不用猜疑，学生自动地拿出了偷走的东西。这就是善良的力量。

几乎所有的孩子都犯过错，而家长或者老师对待犯错误的孩子通常都以严厉惩罚为主。有些较为严格的家长甚至会以罚跪等方式来惩罚孩子，这样的方式或多或少都会给孩子造成影响，在他以后的学习生活中留下阴影。

小时候经历的事情总是会在我们日渐长大之后产生莫大的影响力，心理阴影，胆小懦弱……正如故事中的老师所说“胆小的承认了，成了小偷，从此他会永远抬不起头来”，就为了这个“会抬不起头的小偷”，老师拿自己的生命去做赌注，因为她知道，对一个孩子来说，她这样的举动是帮他回归正途的最佳方式。

这是善良的方式，是不伤害孩子自尊心又能让他明白自己错了的方式，这样解决问题之后，孩子不会留下心理阴影，在他今后的生活中，他都会记得这个为他“饿肚子”的老师，并由此做一个好孩子。

最可爱是那份爱心

夏季的一天，一位父亲带着两个孩子在一棵大树下休息。没事的时候，父亲就问孩子们：“如果可以满足你们一个愿望，让你们能够得到你们心中最想要的一件东西或者一种品格，你们想想，你们会选择什么呢？”

小女儿马上开口回答道：“我想要美丽。大家都喜欢美丽的东西，要是我变得美丽了，所有人都会喜欢我的。”

儿子的回答却很实际：“美丽都是暂时的，我才不要美丽呢！我想要财富，大堆的财富。只要有了钱，我可以买到我想要的任何东西，去我想去的任何地方，干我想做的任何事情。唯有金钱可以征服世界。”

听了他们两个人的回答，父亲一点儿都不高兴，他默不作声地摇了摇头。

机灵的小女儿一下子就明白了，父亲对他们两个的回答都不满意。于是，她想了一会儿，又说："啊，我知道了！财富和美貌一样，都是会失去的，而且很容易就失去了。我想，最好的愿望应该是拥有智慧，有一个聪明的头脑，这样，谁也不能把智慧给抢走，是不是？"

她兴奋地看着父亲，觉得自己的回答是正确的。可是父亲却轻轻地站起来，拿起一个小棍子在地上写了几个零。看着孩子们困惑的表情，他慢慢地说："你们所说的这些东西，美貌啊、财富啊，甚至是智慧，或者其他等等，其实就如同这很多个零。如果这些零的前面没有任何数字，那么这么多零就没有任何意义。但如果在这些零前面加上一个数字，这么多零就会有非凡的意义，而且可以拥有无限的价值。"

儿子一听，着急地问："那么，什么数字才能使后面的这些零产生无限的价值呢？"

父亲看着他，缓慢地说出了一个词："爱心。"

女儿马上就明白了：只要拥有爱心，人就能变得美丽、富有、充满智慧。她高兴地对父亲说："我知道了，到国际志愿人员日的那天，我也要做一名志愿者，参加爱心公益活动，去奉献出我的爱心！"父亲听到她这么说，欣慰地笑了起来。

那些幸福的人都是善良、拥有爱心的。爱心，是比财富更加受人尊敬的品质，是一个人的为人处世之本。女孩们，要想成为受人尊敬的人，就要注意培养自己的爱心。

大作家托尔斯泰说："如果一个人缺乏善心，那么他就分文不值，因为最坏的恶习就是缺乏善良。"拥有爱心是人类最美好的情操，每一个人，身处于社会这个大家庭中，都应该怀有一颗仁爱之心，爱自己的父母、家庭，爱老师、同学，爱朋友，爱周围的乡邻。

涓涓之水是可以汇聚成江海的，爱心的殿堂也是需要用一点一滴的沙石来构建。培养自己的爱心，就要从一点一滴做起，在平常生活中，让我们的同情心和怜悯的感情慢慢培养，努力养育一颗善良之心、仁爱之心。同情、关心别人，乐于助人，当别人处于困境时主动伸出我们的手，奉献出自己的爱心。如此，慢慢地，爱心就会深植于心灵深处，并且随着个人的成长而逐步得到升华，成为一种更高的修养和德行。拥有爱心，我们每个人的生活都将更加幸福和安康。

爱心是对所有有生命的东西的一种关注和怜悯，即便是路旁的一只流浪狗，都应该得到你善意的关照，花园里的一朵美丽的花朵，都应该受到你欣喜的赞扬，唯有如此，女孩的心才会在对生命的崇敬中变得更加富有爱意。

以善结友

战国时期，楚国梁国交界，两国边境上各设界亭，亭卒们各自在空地上种了西瓜。

梁国的亭卒非常勤劳，锄草浇水，瓜秧长得非常好；而楚国的亭卒非常懒惰，不务农事，西瓜的长势很不好，与梁国的瓜田就有了天壤之别。楚国的亭卒们心里妒忌，于是他们在一个无月的夜晚，跑过境把梁国地里的瓜秧给扯断了。

第二天，梁国的亭卒发现此事非常气愤，就将这件事上报给了县令宋就，要求也去扯烂楚国的瓜秧，哪知宋就说："这样做当然很解气，可我们明明不愿意他们扯断我们的瓜秧，为什么还要去扯断别人的瓜秧呢？明明是他人做得不对，我们再跟着学，这实在是太狭隘了。"人们觉得很有道理，就问他该怎么办，宋就说："你们可以每晚给他们的瓜秧浇水，让他们的瓜秧好起来。"梁亭的人听了宋就的话，都觉得很有道理，于是就照做了。

过了一段时间，楚国人发现自己的瓜秧长得一天好似一天，他们很奇怪，经过仔细观察，才发现原来是梁国人为他们浇的水，顿时觉得非常惭愧，无地自容，马上就上报了楚王。楚王听了之后，特备厚礼送到梁国，表示酬谢，并以示自责。结果，这一对原来敌对的国家后来成为了友好邻邦。

常言道："勿以恶小而为之，勿以善小而不为。"凡事无论大小，只要是行善的就应该去做。面对别人所做的恶事，不应该以恶制恶，而应该坚持我们的行善原则。现实生活中，千万不能因为别人先做了对自己不好的事就以牙还牙、以暴还暴，而要以善为本，恪守自己的道德准则，恶虽小也不为，善虽小也要为之。

在我们身边，经常会有人做一些违背道德的事，我们通常把这些事称作坏事。一些人做了一些坏事，这本是自然的，也是必然的事情。如果我们纠结于别人的错误，整天在关注别人说错了什么、做错了什么，恐怕我们不但阻止不了别人作恶，反而会阻碍自己在正直的道路上前进，从而为自己平添无数烦恼。

古希腊神话中有一位大英雄叫海格力斯。一天，他走在坎坷不平的山路上，发现脚边有袋子似的东西很碍脚，他就用力踩了那东西一脚，谁知那东西不但没被踩破，反而膨胀起来，加倍地扩大着。海格力斯恼羞成怒，操起一条碗口粗的木棒砸它，那东西竟然胀大到把路堵死了。

正在这时，山中走出一位圣人，对海格力斯说："朋友，快别动它，忘了它吧，离开它，远去吧！它叫仇恨袋，你不犯它，他便小如当初，你侵犯它，它就会膨胀起来，挡住你的路，与你敌对到底！"

生活中，我们难免会与道德堕落的人产生摩擦误会，甚至仇恨，所有道德堕落的人不过是路边的一处风景，它或许不美，但它却是宇宙中自然的存在。忽略它，不要让它对自己产生任何不利的影响，不论是行为上的，还是观念上的，然后沿着正直的道路前进。

否则，我们将使心灵受害，使自己痛苦不堪，直到被打倒在去往正直的道路上。

第七章

惜时如金——帮女孩延长人生长度

时间在你眨眼时 偷偷溜走了

时间是人类生命存在的形式之一。生命与时间，紧紧相依连，失去了时间，生命便成了虚幻；没有了生命，时间也就丧失了意义。

时间是最长的，它无始无终。新星爆发形成了星云，地球出现了江河，大地萌发了生命，原始森林里走出了人类，时间依然年轻，就时间的过去而言，不知流逝了多少；就时间的将来而论，它永无止境。

时间又是最短的，此时此刻你看了几行字，一分钟便消失了；深吸一口气，又花了半分钟。当你坐在课堂里发呆时，当你和朋友海阔天空地谈论无聊话题时，当你伸懒腰时，当你眨眼睛时，你可知道时间已经从你身边偷偷溜走了吗？看看下面这个小故事会对女孩有怎样的启发。

在皮尔森先生的书店里，一位犹豫了将近1个小时的男人终于开口问店员了："这本书多少钱？"

"1美元。"店员回答。

"1美元？"这人又问，"你能不能少要点？"

"它的价格就是1美元。"没有别的回答。这位顾客又看了一会儿，然后问："皮尔森先生在吗？"

"在，"店员回答，"但是，他正忙着一本书的出版工作呢。"

"可我还是要见见他。"这个人坚持一定要见皮尔森。

于是，皮尔森就被找了出来。

这个人问："皮尔森先生，这本书你能出的最低价格是多少？"

“1 美元 25 美分。”皮尔森不假思索地回答。

“1 美元 25 美分？你的店员刚才还说 1 美元 1 本呢！”

“这没错，”皮尔森说，“但是，在你犹豫不决和与我讨价还价时，我的时间流走了，你要为占用我的工作时间付费，你不认为 25 美分已经很便宜了吗？其他的话，我不多说了。”

这位顾客惊异了。他心想，算了，结束这场自己引起的谈判吧，他说：“好，这样，你说这本书最少要多少钱吧。”

“1 美元 50 美分。”

“又变成 1 美元 50 分？你刚才不还说 1 美元 25 分吗？”

“对。”皮尔森冷冷地说，“我现在能出的最低价钱就是 1 美元 50 分。”这人默默地把钱放到柜台上，拿起书出去了。

皮尔森用实际行为给这个男人上了令其终生难忘的一课：时间会在你做无意义的事情时流走，而流走的时间是无价的。

从此，这个男人争分夺秒地学习，最后终于成为一位有名的作家。

时间对人们来说就好比一笔财富。如果你不懂得珍惜，将钱用来买对你毫无价值的东西，起初你不会有所察觉，因为你的财产还有很多。但是，等到有一天，当你发现这笔财产已经被耗费得所剩无几时，想要再珍惜它就已经太晚了！我们对财富的消耗还能引起我们的警觉，因为它是一种有形的东西，但是，时间却看不见、摸不着，是一种无影无踪的东西，如果你不时时提醒自己，它就消逝了，而且根本不会引起你的警觉。

时间总在不经意间溜走，许多女孩对于光阴的流逝却很少在意，但是随着年龄的增长，时间就会越来越引起女孩的警惕，因为自己已经成为“时间强盗”的俘虏。

生活中有很多人甚至包括正在阅读的你，也许都有或多或少的丢三落四的习惯，这种坏习惯所带来的时间浪费值得引起我们的注意。比如，将当天用的课本落在宿舍，取书往返需要10分钟，这10分钟至少可以记忆3个单词。日积月累，丢掉的不只是几个单词、某件事物，而是时间，是知识，是金钱，是生命！

有的女孩喜欢睡懒觉，早晨赖在床上不起来。时间就在这种似睡非睡、迷迷糊糊的状态中流走了。一日之计在于晨，这是我们都明白的道理。早晨睡半小时懒觉的时间，你可以用来做3道数学题，朗读1篇文章，记下10个单词，而且效率要比平时高30%。这样算来，你浪费的就不只是半小时时间这么简单了。

还有的女孩物品摆放没有规律。写作业时，找书本用去5分钟，找钢笔用去3分钟，之后又找铅笔、小刀、尺子、橡皮，等东西都找到了，20分钟过去了。这些时间如果没有浪费，恐怕作业已经做完了。

还有做事磨蹭、发呆、闲聊等，这些都是女孩经常做而且十分浪费时间的事情。这就是我们所说的“时间强盗”。对付这些“时间强盗”最好的办法是：改掉丢三落四的毛病，早睡早起不赖床，将物品摆放整齐有规律，做事果断不拖沓，利用空闲时间做些有意义的事情，珍惜你拥有的每一分钟。

充分利用闲暇时间

如果你总感觉学习或工作的时间不够用，则不妨试试将闲暇时间充分利用起来。

闲暇时间也称作零碎时间，是指不构成连续的时间或一个阶段与另一个阶段衔接的空余时间。由于这样的时间不起眼，往往被人们毫不在乎地忽略过去。零星时间虽短，但若一日、一月、一年地积累起来，其总量也是相当可观的。充分利用闲暇时间，短期内也许没有什么明显的效果，但日子久了，一定会有惊人的成效。

我国宋代文学家欧阳修说：“余平生所做文章，多在三上——马上、枕上、厕上。”

三国时董遇读书的方法是“三余”：冬者岁之余；夜者日之余；阴雨者晴之余。也就是说充分利用寒冬、深夜和阴雨天，在别人休息的时间发奋苦学，他还认为“三余广学，百战雄才”。

看来，闲暇时间里确实蕴藏着伟大的力量，它足以使你成为不同寻常的人。

著名美国作家杰克·伦敦的房间有一种独一无二的装饰品，那就是窗帘上、衣架上、柜橱上、床头上、镜子上、墙上……到处贴满了各色各样的小纸条。杰克·伦敦非常偏爱这些纸条，几乎和它们形影不离。这些小纸条上面写满各种各样的文字：有美妙的词汇，有生动的比喻，有五花八门的资料。

杰克·伦敦从来都不愿让时间白白地从他眼皮底下溜过去。睡觉前，他默念着贴在床头的小纸条；第二天早晨一觉醒来，他一边穿衣，一边读着墙上的小纸条；刮脸时，镜子上的小纸条为他提供了方便；在踱步、休息时，他可以到处找到启发创作灵感的语汇和资料。不仅在家里是这样，外出的时候，杰克·伦敦也不轻易放过闲暇的一分一秒。出门时，他早已把小纸条装在衣袋里，随时都可以掏出来看一看，想一想。

鲁迅先生说过：“我把别人喝咖啡的时间都用到读书和学习上。”他几十年如一日，从不浪费一分一秒，为我们留下了700多万字的著作。就在他重病缠身的日子里，还在抓紧时间工作和学习，在逝世的前一天，还写了他最后的一篇作品《因太炎先生而想起的二三事》，真是惜时到了生命的最后一息。

有人算过这样一笔账：如果每天临睡前挤出15分钟看书，假如一个中等水平的读者读一本一般性的书，每分钟能读300字，15分钟就能读4500字。一个月是135000字，一年的阅读量可以达到1620000字。而书籍的篇幅从6万到10万字平均起来大约8万字。每天读15分钟，一年就可以读20本书，这个数目是可观的，远远超过了世界上人均年阅读量。然而这却并不难实现。

女孩们也可以效仿这些成功的伟人，充分利用自己的闲暇时间。已经有女孩开始这样做了，她们将外语单词和语法记在小本子上，将本子随身携带，等公交车时拿出来读一读，排队买饭时掏出来背一背，日积月累，她们的成绩有了显著的提高，这无疑要将一部分功劳归于闲暇时间的利用。

你一定不想落后，那就开始行动吧！让自己在闲暇时间里活动起来，相信你可以做到。

学会时间统筹

想一想，人的一生除掉幼年顽童期与老弱暮年期，能够用来学习和工作的时间只有短短的不足50年。而其中除却休息、吃饭、休闲娱乐、无聊发呆、交际的时间，所剩的可以有效利用的时间少之又少。而且，时间是一辆不会掉头的列车，错过了，就不会再追赶上。那么，要充分、合理地利用这有限的时间，学会时间统筹是必需的。

那么我们如何统筹安排自己的时间呢？

首先，我们头脑里面要对自己所做的事情有一个大致的轮廓。比如，今天都有哪些工作需要自己去完成？完成这些工作大概又需要多长的时间？我们还会有多少由自己个人支配的时间？

接下来，我们就可以放手做需要做的事情了。但是在做某件事情的时候，就要把其他额外的想法都放下，把自己的精力全部集中在这件事上面，专心致志地做你现在的这件事，这个时候，心里只有工作，这样我们就能够提高效率了。

当完成某件事情之后，我们就可以把自己从紧张的状态中解脱出来，彻底地放松一下自己了，比如，到了星期天，我们就可以睡个懒觉，或者去郊外呼吸一下新鲜的空气，或者听听音乐，听听自己喜爱的流行歌曲，或者也可以上上网，和朋友们聊聊天，以各种方式放松自己。只有休息好了，我们才可以让自己在学习、工作中保持充沛的精力。

关于时间统筹，下面有几条准则，你不妨试试看。

1. 明确目标，制订计划

时间统筹的第一项法则是设定目标、制订计划。目标能最大限度地聚集你的时间。因此，只有目标明确，才能最大限度地节省和控制时间。

人生的道路，时间和价值是存在对应关系的。有目标，一分一秒都是成功的记录；没有目标，一分一秒都是生命的流逝。爱默生说：“用于事业上的时间，绝不是损失。”

每天都应把目标记录下来，并且把行动与目标相对照。相信笔记，不要太看重记忆，养成凡事预先计划的习惯；不要定“进度表”，要列“工作表”；事务要明确具体，比较大或长期的工作要拆散开来，分成几个小事项。

玛丽凯说：“每晚写下次日必须办理的6件要务，挑出了当务之急，便能照表行事，不至于浪费时间在无谓的事情上。”

确定每天的目标，养成把每天要做的事情排列出来的习惯，把明天要做的事，按其重要性大小编成号码，第二天上午头一件事是考虑第一项，马上去做，直至完毕；接着做第二项，如此下去。

可以将事情按计划有序地完成，并且可以提高办事效率。

合理运用时间，可以让你生命中的每个日子都值得“计算”，而不要只是“计算”着过日子。女孩要学会制订可行性目标的尺度，并将每天的目标做出详细的实现计划。天天有目标，时时有计划，这样就能珍惜自己的时间，永不浪费。

2. 轻重缓急，主次分明

学习生活中你也许会对那些成绩优异的学生的精力感到惊奇，他们每天有那么多的活动安排，却还能将自己的时间分配得有条不紊，不仅能轻松完成作业、阅读自己喜欢的书籍，并且还有时间休闲娱乐，难道他们一天不是24个小时吗？其实，答案是他们比别人更懂得“要干最重要的事情”。

列出你今天、这一周和这个月要处理的事情，在一张纸上画出4栏，并在左上角贴上“重要而且紧急”的标签，你应在这一栏内填入必须立即处理的事情，并依次写下每项事情的处理日期和时间。

在右上角贴上“重要但不紧急”的标签，并填入必须做但不必立即处理的事情，同样依次写下每项工作的处理日期和时间。你应每天审查一下这一栏的事情，看会不会有事情变成“重要而且紧急”的项目。

左下角贴上“不重要但却紧急”的标签，在这一栏中所填写的，都是一些必须立即处理的琐事，诸如某人需要你的建议，有人要你马上去买一些小东西，等等。

最后，在右下角贴上“不重要也不紧急”的标签，你当然可以让这一栏一直空着，反正写在这一栏的工作，都是你可以不必在意的，但本栏的目的在于告诉你事实上有许多事情是属于“不重要也不紧急”的项目。

3. 分配时间，提高效率

如果你把最重要的任务安排在一天里你最有效率的时间去做，你就能花较少的力气，完成较多的工作。何时做事最有效率、最对自己的胃口，因各人的生物钟不同而有差异，我们要根据自己最佳的学习状况，最充分地利用最有效率的时间。当你面前摆着一堆事情的时候，应先问问自己的学习习惯，哪一些时间做什么事最有效？大凡成功者都是利用时间的高手。据说，1902 年，著名科学家科尔在纽约的一次学术报告会上，曾轻松地走到黑板前，很快列出了两条算式，两次计算结果相同，证明 2 的 67 次方减去 1 是合数，解决了 200 多年来一直被当作质数的谜，使与会者不禁叹为观止。有人问他为此花了多少时间，科尔回答说：“3 年内的全部星期天！”

每个人的生物时钟不同，但大体上是有相通性的。一般来说，人体在早晨 9 点到 11 点，下午 2 点到 5 点的注意力是比较集中的，这时也是工作效率最高的。当然，也有人在晚上甚至深夜时头脑最清晰，思路最敏捷，往往一些很有创意的设想就是在这个时间段迸发出来的。那么，仔细考察一下自己的状况，拿出最有效率的时间做最重要的事吧！

大家都知道华罗庚的时间统筹实验。浇水、择菜、学唐诗，很简单的事情，采用时间统筹的方法便可以节省很多时间，并且将事情做得有条不紊。他的实验告诉了女孩们一个道理，时间统筹可以让你在最短的时间做最多的事，而且每件事都可以做得很出色。

女孩不妨亲自试试看！

为实现计划挤时间

如何分配好自己的时间，在有限的24小时内做好自己需要做的事情呢？在此可以送给你一个字：挤。

没错，就是要挤时间。时间是挤出来的。那么怎么挤时间？

很简单，为时间做一份详细的计划表。而且计划表最好能够分等级，比如说大的等级可能是这一年内我要实现什么目标：比如语文成绩提高20分。接下来就是一些更细的计划：为了年末的语文成绩能提高20分，我要全面提高基础知识部分的得分，估计为5分；作文部分的得分，力求提高10分；阅读理解部分的得分，也是提高5分。

然后，怎样才能提高基础知识的得分呢？每月学习30个新字新词，平均下来每天一个字或词。每月看一本世界名著或者中国名著。这个可以计划为每天放学后阅读半个小时或者一个小时，具体时间看书的厚度和页码来定。每月给自己加10个阅读理解的练习，每隔两天做一次，每次时间大约为半小时，定在吃中饭后午休前的休闲时间。

现在我们再来看看上面的计划，算是很详细而且有层次。从年到月再到天，甚至小时。计划这么细而全的好处是，既能保证做到切实可行，又能有目标。人们在做一件事情的时候一旦有了目标，就不会觉得盲目而不知所从了。

大目标，比如这里的年计划，需要很强的意志力和耐心去坚持，而这些坚持只要每天认认真真地完成一个一个的小目标就可以了，这样算下来，大目标变得不再遥远而不可为了。你要做的，就是脚踏实地地做好每一步。

当然，在计划执行的时候，常常会碰到意外情况，这可能会打乱你已经做好的计划。那怎么办呢？

首先，要冷静，不要浮躁。如果可以，最好每个月调整一下计划，并且在计划里预留一些可能会发生的意外情况，别把时间排得太满，比如，某个中午该做阅读的时间，临时去做数学老师发的试题去了，那么就改为第二天中午，或者当天下午。总之，尽量不要破坏整个计划的进度。如果你订的那个计划，执行了一周，发现很多地方都完成不了，那么可以在周末，利用放假时间，好好调整原有计划，重新制订一个可以落实的。

要能落到实处，是制订计划的首要原则。不然，订了等于没订，就可能给自己带来沮丧感。

另外，制订计划的又一个原则是：充分利用白天的时间。科学研究表明，白天学习一个小时几乎等于晚上学习一个半小时。白天学习的效率还是很高的。所以，白天能做的事，别拖到晚上再去做。

当然，“身体是革命的本钱”，这句话什么时候都不过时，所以，女孩再怎么挤时间，也不能挤了应该休息的时间，能吃能睡，才能好好学习。

小心时间陷阱，警惕时间“窃贼”

时间是宝贵的，浪费一分一秒都是犯罪。但是人们往往在不知不觉中与时间擦身而过，浪费了时间却还蒙在鼓里。

那么时间是如何在不知不觉间被浪费掉的呢？

1. 做事情漫不经心

有些人对时间漫不经心，抱着随便打发的无所谓态度，这是缺乏人生价值观念的表现。其口里经常念叨的是：做点什么呢？打发打发无聊的时间。而且在时间管理上，就是有事业心的人，有时也会因漫不经心而丧失时间。因此，要追求高速，就要特别注意漫不经心给我们设下的陷阱。

2. 不会自我约束

每个人都有兴趣爱好，喜欢做那些自己感兴趣的事，并乐此不疲，越是年轻人，这种爱好表现得越强烈。我们都可能有这方面的感受，当看到一本精彩的散文而入迷的时候会手不释卷，不顾其他；当球迷球兴正浓时会放弃本来打算要做的事。在工作中，如果有几件事摆在面前由我们选择，我们往往会选择自己感兴趣的，有时候就忽略了它是否紧迫和重要。这些首先满足自身欲望的行为方式，常常使我们掉进时间陷阱，把该办的事拖延下来，造成了整个计划的被动。

因此，要跨越时间陷阱，就必须努力培养自我约束能力，改掉不良嗜好。要能抵抗兴趣偏好的诱惑，哪怕正在进行的活动是如此令人愉快，应该结束时就要适可而止；哪怕有的事情是自己乐意做的，只要它比起其他事情来还不那么紧迫和重要，就应该毫不犹豫地放下它。

3. 遇事墨守成规

有些人工作起来，从不知变通。对于这种情况，只要采取果断的办法，轻、重、缓、急分类处置，对可办可不办的事交由别人去办；对可阅可不阅的，不去阅览；抓住重要的事情认真处理，对次要的事情则快刀斩乱麻，才能卸掉重压，以更多的时间去做更重要的事。

4. 凡事喜欢亲力亲为

产生事事亲为的原因很多，主要在于：首先是不知道时间运筹术，即不知道自己有多少时间，过多地把工作包揽到自己身上，不管能否胜任，有些不重要的琐事由自己来做是否值得，不知道自己的任务是统领全局而不是亲力亲为。其次是按自己的行为模式要求旁人，错误地注重表现而忽略结果。再次是只看到节省时间于一时一事，只看到自己动手可以免掉督促、检查和交代的时间，没有看到一旦让别人去做之后，再碰到类似的工作，就可以不再亲自动手，最终会为自己赢得更多的时间。

要是你希望把时间纳入掌握之中，就不能有亲历亲为的念头。否则你将会失去生活乐趣，繁重的工作会使你压得喘不过气来。

5. 等待

生活中有许多时间都消磨在等待中了。等待的确是白白浪费时间，但我们也可以把它看作是一种超脱了日常的繁忙而得到的一份额外的时间馈赠。养成随身携带钢笔、明信片和邮票的习惯。当你在医院候诊室等着看病时，就可以利用这一小时的时间给朋友们写信，或带一本书看。你也可以带着一个笔记本，这样，当别人无聊地一遍遍翻着旧杂志的时候，你的一部著作说不定就在这里诞生了呢。

6. 做些无望的空想

我们的生命时常消耗在对明天的期待上，这样，我们就忘记了要好好利用眼前的时光。而时间是一去不复返的。为什么因焦急地盼望下周或明天就不珍惜现有的时间？如果我们能深刻理解现在是联结过去和将来的重要环节，我们就能更有效地利用眼前的光阴了。我们真应该说：“谢谢你，今天。”

7. 犹豫不决

悬而未决的问题缠身往往会影响你的工作，使你在能自由支配的宝贵时间里变得心不在焉。关键不在于你是否有问题要解决，而在于它们是不是你一个月或一年前就已经有的老问题。如果是长期以来一直没解决的问题，那么它们消耗了你多少时间和精力啊？你至少应该解决一些这类老大难的问题，使自己舒舒服服地生活下去。

当你拿不定主意时，其实完全可以缩小你的选择面，迅速做出决定。干脆、果断至少可以在生活的某一方面使你受益匪浅。

8. 不停地看电视

最近一项调查表明：在美国，普通家庭平均每天看电视的时间在 7 小时以上。虽然看电视是一种人们开心解闷的消遣，但是这却太耗费我们的时间了。为了避免那些毫无意义的节目，最好的办法是事先看看节目报，挑选那些你感兴趣的节目，而把省下来的时间更有效地加以利用。

9. 做事无的放矢

攻读一个学位要多长时间？完成一项工作要多少时间？你能照料多大面积的菜园？你有多少个晚上能用来参加社会活动？你还想做更多的事吗？精心地制订你的计划是减轻负担，节省时间的关键。

科学支配时间

女孩们，你们了解时间的真正价值吗？

哲人伏尔泰问：

“世界上，什么东西是最长而又是最短的；最快的而又是最慢的；最能分割的又是最广大的；最不受重视的又是最受惋惜的；没有它，什么事情都做不成；它使一切渺小的东西归于消灭，使一切伟大的东西生命不绝？”

智者查帝格回答：

“世界上最长的东西莫过于时间，因为它永无穷尽；最短的东西也莫过于时间，因为人们所有的计划都来不及完成；在等待着的人看来，时间是最慢的；在作乐的人看来，时间是最快的；时间可以扩展到无穷大，也可以分割到无穷小；当时谁都不重视，过后谁都表示惋惜；没有时间，什么事都做不成；不值得后世纪念的，时间会把它冲走，而凡属伟大的，时间则把它们凝固起来，永垂不朽。”

时间无限，生命有限。在有限的生命里把时间拉长的人就拥有了更多做事情的本钱。

生活中，时间的敌人有很多：

找东西。因为自己没有条理地随意堆放东西，所以找东西变得很困难。

时断时续。分配的学习、工作总是不能一气呵成。

偶发延误。对事情没有预先的准备和预料，措手不及。

贪玩，懒惰。

活在记忆里。对过去犯过的错误和失去的机会耿耿于怀，或者空想未来。

患得患失，瞻前顾后，拖拖拉拉。

缺乏理解就匆忙行动。

消极情绪。消极情绪使人失去干劲，学习、工作效率下降。

事无轻重缓急。

另外，以下原因也会造成时间浪费：承诺太多，贪多嚼不烂，夸夸其谈，应酬过多，个人组织能力不佳，缺乏目标，缺乏优先等级，缺乏完成期限，缺乏所需资源等。

有一些小建议，女孩不妨尝试一下：

每天要早起，这样坚持下去就可以节约许多时间。

午餐要适量。午餐不可吃得太多、太饱。否则到下午容易打瞌睡，学习、工作效率会降低。而学习、工作效率的降低，本身就是浪费时间。

要学会浏览报纸，不能事无巨细全部看完，这样会浪费时间。

要掌握快速读书的方法，从而获得书中最主要观点和内容。

不要花过多的时间在电视机上，只要看一看有关新闻和关于学习、业务方面的节目即可。

对自己的习惯要经常进行反省，好的保留，不好的坚决改掉。

别空等时间。假如必须花费时间进行等待，如等车、等电话等，应当把等待当作是构想下一步学习、工作计划的良机，或者用它来看书看报。

把表拨快 5 分钟，每天提早开始学习、工作。

经常装着一些空白卡片，以便随时记下各种有价值的资料，以备使用。这样可以节约大量的翻阅报刊的时间。

在每月制订计划时要有弹性，最好在计划中留出空余时间，以便应付紧急情况。

在完成重要事情、项目以后，要进行适当的休息，以求得学习、工作和休息的平衡。

对难度较大的问题要智取，不要蛮干。

一次最好只专心致力于一件事。

对自己的每一项事情都要确定完成的期限，要尽可能在期限内把它完成，绝不可超过期限。

遵守时间

最近，一位朋友向周总推荐了一位印刷公司老板。这位老板知道周总的公司在印刷方面花费很多，想争取到周总的生意。他带来了精美的样本、仔细计算好的价钱建议和热情的许诺。周总有礼貌地坐着，尽管他未到会前就决定不把生意交给他，因为他迟了 20 分钟才来。准时取得周总公司的印刷品是十分关键的。周总公司的产品的印刷部件星期三送到，星期四装订，星期五发送到下星期出席的座谈会地点，迟一天就跟迟一年那么糟糕。周总的公司可能要十多位工人在既定的一天才将销售信、订货单叠好塞进信封，如果印刷品没运到，啥事都干不成。所以，由于那位印刷公司老板第一次会议就不能准时出席，周总就推断出不能指望他能把工作干好。

许多你想打交道的精明、成功和有影响力的人士，并没什么“系统”去判断别人和决定买谁的东西，与谁做生意，帮助或信任谁。如果你不是守时者，别人会对你作负面评价。可以说遵守时间是一个有助于打动别人的简单方法。

守时就是遵守承诺，按时到达要去的地方，没有例外，没有借口，任何时候都做到。如果你对别人的时间不表示尊重，你别指望别人会尊重你的时间。如果你对自己的时间不尊重，你就没有影响力、没有道德的力量。但守时的人会取得职员、助手、货商、顾客……每一个人的好感。

诚实守信是一种美好的品德，更是做人的基本原则。近年来，诚实守信在社会上的被重视程度逐渐提高。

很多人能够认识到诚实信用的重要性，也希望自己能够成为一个有诚信的人。但不少人认为诚信的原则只是在大事中才能体现，而事实上要做到诚实守信，必须从小事做起。

约会准时问题是我们最常遇到的诚信问题之一。每逢节假日，朋友约好了出去是常事。事先我们都会定好时间和地点，可是到了时间后，总会有人迟到甚至不去。“起床晚了”“路上堵车”“自行车坏了”……迟到者总是有千万条理由——搪塞焦急等待着他们的人。更有甚者，参加活动的多数人都已到达，他却迟迟不露面，一个多小时过去了，该君来电话宣称自己“不想去了”，苦等半天的众人此刻的兴致已经扫去了不少。若是有多几人也“不想去了”，精心准备的活动也许就此泡汤。参加约会的应该都是交情不错的朋友，对待自己的朋友尚且这样，可见诚信的观念并未深入他们的内心。以如此草率的态度对待朋友间的约定，久而久之，这些人离背信弃义就不远了。其实，若是你真的有事情会影响你赴约，早一些告诉同行的人就会避免类似的局面出现，而你也算是坚持了诚信的原则。

生活中类似的问题还有许多，对于小事不加以重视的我们就这样一次次抛弃了诚信。我们在今后要做的，就是在小事上提高自己的注意力，将诚信的原则渗透到我们生活中的每一个细节。特别需要注意的是，在生活中，我们也许都会有过失信于人的经历，有些人会因此“破罐破摔”地反复践踏诚信，但实际上，我们人应当以亡羊补牢的态度在今后的生活中努力改变自己失信的习惯。

时间是最公正的消耗品，它不会因权贵、贫贱、俊丑而“短斤少两”。一样的品质，一样的尺度，在它面前人人平等。

时间最珍爱爱惜它的人们。声色犬马、碌碌无为，时间就会从你的身边悄悄溜走；不断学习，充实自己，你就会觉得时间在有意为你放慢步伐。

守时能使人生活不懒散，进而奋发积极；守时是对他人守信，必能获得人和；守时是守法的基本，自能受人尊敬。有时，守时也关系到国家的安危。战国时期，各诸侯国征战不休，连吃败仗的齐景公派田穰苴将军，与宠臣庄贾领兵回击。受景公宠爱的庄贾因骄横狂妄，未按约定时间到达军营，田穰苴因此将庄贾就地斩首。由此可知，守时是自古以来，攸关成败安危的关键。

守时是社交的礼貌：跟别人约好时间，就不能迟到。常有人约会迟到了，就振振有词地说：因为堵车、因为临时有电话、因为出门前有访客……这些都不是理由，不浪费别人的时间，才是最好的理由。你已经与别人约好了时间，就不能迟到，因为这是失礼的行为，而且在商场上，如果迟到了，必然因此会丧失合作的机会，所以守时是社交的一种礼貌。

守时是生活的义务：在职场上，上下班要守时，交货、付款要守时，这是职业的基本道德；在生活中，上下飞机、搭乘火车、参加社会活动都要守时，这是国民基本的礼仪；学生上下学要守时，吃饭、睡觉、交作业、交试卷，也要守时，这是女孩应有的学习态度。

守时是领导的需要：守时，就是惜时，就是对他人及对自己的尊重。一个领导者，要能让部属对他服从，守时是最基本的要素之一。如果领导者上班迟到，开会也迟到，便会让部下对他的言行不信任，甚至于也会对他的能力产生怀疑。

守时是人类的文明：守时是文明进化的产物，愈是先进的国家，对守时的观念愈是注重。俗语说，时间就是金钱，凡事讲求高效率的现代社会，守时已是做人处事、交际往来的重要课题；在分秒必争、讲究服务的今日，守时已是代表信用、重视顾客，以及对他人尊重的行为表现。

成功的秘诀在于守时，有时间观念，这是一种信用。

第八章

勤奋努力——这样的女孩离成功最近

天下没有免费的午餐

从前，老虎并不像现在这样威风，相反，它是所有动物中最弱小的一个。因为捕捉不到动物，常常是饥一顿饱一顿。

狮王把所有的小动物都召集起来说："老虎是我们中的一员，我们不能眼睁睁地看着它饿肚子而不管不问。我建议，大家都伸出友谊之手，拉它一把，帮它渡过难关。"

于是，动物们都给老虎送去了好吃的东西，唯有猫什么东西也没有送。

狮王不高兴地对猫说："大家都为老虎送了东西，你怎么什么都不送呢？"

猫说："你们送给它的东西虽然很多，但总有一天会吃完的，我要送给它一件永远吃不完的礼物。"

狮王不屑地说："算了吧，你除能送几只老鼠外，还能送什么呢？"

猫回答说："以后你会看到的。"

几个月以后，狮王又来到老虎家。好家伙！老虎家里里外外到处都挂着好吃的东西。

狮王问："这些东西都是猫送的？"

"不，"老虎说，"它送的礼物要比这些东西贵重千万倍！"

狮王好奇地问："那究竟是什么东西？"

老虎说："它教我练壮了身体，又教我学会了捕食的本领。"

"噢！"狮王从头到尾把老虎打量了一番说，"难怪你那么崇拜它呢，连衣服也和它穿得一模一样！"

再多的好东西都比不上一身本领。女孩们要想在社会上立足，就要摆脱依赖他人的想法，不断提高自身的能力，练就一身谋生的好本领，这样才能为自己赢得尊严。事实上，只有当一个人能够自立的时候，才能为自己赢得尊严。一个在穷困中仍然能够保持自立精神，不依靠别人的施舍生活的人，最终必将获得人生的成功。

杰克7岁那年，他的父亲去世了，他还有一个两岁大的妹妹，母亲为了这个家整日操劳，但是赚的钱难以让这个家的每个人都能填饱肚子。看着母亲日渐憔悴的样子，杰克决定帮妈妈赚钱养家，因为他已经长大了，应该为这个家贡献一份自己的力量了。

一天，他帮助一位先生找到了丢失的笔记本，那位先生为了答谢他，给了他1美元。

杰克用这1美元买了3把鞋刷和1盒鞋油，还自己动手做了个木头箱子。带着这些工具，他来到了街上，每当他看见路人的皮鞋上全是灰尘的时候，就对他们说："先生，我想您的鞋需要擦油了，让我来为您效劳吧！"

他对所有的人都是那样有礼貌，语气是那么真诚，以至于每一个听他说话的人都愿意让这样一个懂礼貌的孩子为自己的鞋擦油。他们实在不愿意让一个可怜的孩子感到失望，他们知道这个孩子肯定是一个懂事的孩子，面对这么懂事的孩子，怎么忍心拒绝他呢?

就这样，第一天他就带回家50美分，他用这些钱买了一些食品。他知道，从此以后每个人都不需要再挨饿了，母亲也不用像以前那样操劳了，这是他能办到的。

当母亲看到他背着擦鞋箱带回来食品的时候，她流下了高兴的泪水：

“你真的长大了，杰克。我不能赚足够的钱让你们过得更好，但是我现在相信我们将来可以过得更好。”

就这样，杰克白天工作，晚上去学校上课。他赚的钱不仅为自己交了学费，还足够维持母亲和小妹妹的生活了。他知道，“工作不分贵贱，只要是靠自己的劳动赚来的钱就是光荣的”。

女孩们如果凡事都想依靠别人，是永远无法赢得别人尊重的，而更重要的是自己也体会不到劳动的价值和快乐。只有自食其力才能够为自己赢得尊严，因此，女孩现在就要试着从点点滴滴的小事开始尝试着用自己的双手来创造劳动成果。相信这样的锻炼和经历，对于你将来更好地适应社会是大有益处的。

锤炼一双勤劳的手

著名哲学家罗素指出：“真正的幸福绝不会光顾那些精神麻木、四体不勤的人们，幸福只在辛勤的劳动和晶莹的汗水中。”勤劳，是中华民族引以为荣的传统美德。而如今，一些女孩“饭来张口，衣来伸手”，“贪图安逸”成为她们生活的主题。殊不知，将来害的还是自己。

有一位老农，临死的时候，把他的3个儿子召集到床前，对他们说：“我很快就要离开你们了，希望你们能在我去世之后比现在过得更好。我担心将来你们会受苦。因此，在我们家的那块地里，我埋下了一坛金子，这是我一辈子积攒得来的。”老人去世后，他的儿子便在老人所说的土地上挖金子，令他们感到奇怪的是，他们翻遍了每一寸土地，却始终没有找到那坛金子。他们感到很失望。当时恰逢播种的季节，随着失落的心情，儿子们将那块地进行了耕种。

几个月过去了，收获的季节来临了，由于儿子们深翻了土地，因此获得了前所未有的大丰收。更令他们高兴的是：他们恍然明白了老人的用意。

俗语说：千金唾手得，一勤最难求。有勤劳的双手，才有美丽丰硕的人生。

比尔·盖茨曾说："懒惰、好逸恶劳乃是万恶之源，懒惰会吞噬一个人的心灵，就像灰尘可以使铁生锈一样，懒惰可以轻而易举地毁掉一个人，乃至一个民族。"

亚历山大征服波斯人之后，他目睹了这个民族的生活方式。亚历山大注意到，波斯人的生活十分腐朽，他们厌恶辛苦的劳动，却只想舒适地享受一切。亚历山大不禁感慨道："没有什么东西比懒惰和贪图享受更容易使一个民族奴颜婢膝的了；也没有什么比辛勤劳动的人们更高尚的了。"

对于任何人而言，懒惰都是一种堕落的、具有毁灭性的东西。懒惰、懈怠从来没有在世界历史上留下好名声，也永远不会留下好名声。懒惰是一种精神腐蚀剂，因为懒惰，人们不愿意爬过一个小山岗；因为懒惰，人们不愿意去战胜那些完全可以战胜的困难。

因此，那些生性懒惰的人不可能在社会生活中成为一个成功者，他们永远是失败者。成功只会光顾那些辛勤劳动的人们。懒惰是一种恶劣而卑鄙的精神重负，人们一旦背上了懒惰这个包袱，就只会整天怨天尤人、精神沮丧、无所事事，这种人将成为对社会的无用之人。

许多女孩在安逸的生活中忽略了懒惰的可怕性而变得愚昧无知，她们只会从享受中体味生活，却不懂得如何去营造生活、创造生活。

勤劳和成功是相辅相成的，有很多人因为勤劳而成功，但却很少有因懒惰而成功的人。虽然勤劳并不一定能获得令人瞩目的巨大成功，但人们如果辛勤工作，却能够获得个人最大限度的成功。

成功的背后定有辛苦。远古人生火，要花很长的时间去摩擦木头或石头；要吃果实，就爬到很高的树上去摘。因此《圣经》中有两句话：

流泪撒种的，必欢呼收割。

那流着泪出去的，必要欢欢乐乐地带禾捆回来。

勤劳或懒惰不是天生的，很少有人一生下来就是辛勤的工作者，也很少有人是天生的懒虫，大多数人的勤劳或懒惰都是后天的，是习性所致。此外，孩童时期的家庭环境以及所受的教育，也都有很大的影响。

生活中，女孩要养成勤劳的习惯，应做到以下几点：

（1）自己的事自己做，比如洗衣服、刷鞋、收拾房间等。

（2）在学校里，多参加劳动；或走出校园，进行社会实践、公益活动。

机遇喜欢那些愿意“多付出一点点”的人

我们说机遇对每个人都是公平的，但有时又感觉它好像“不怎么公平”，因为它总是对喜欢索取的人十分吝啬，你越想着索取，越是什么也得不到；而对乐于付出的人则十分慷慨，你付出越多，得到的也就越多。

女孩们如果多读一些名人传记，就会发现很多成功人士与他的同龄人相比，并没有多少出众之处，甚至会有这样那样的缺憾。然而他们能够从芸芸众生中脱颖而出，往往是因为他们比别人多付出了一点点，从而赢得了走向成功的人生机遇。

美国著名汽车制造公司——福特汽车公司，是以福特的名字命名的。当年福特大学毕业以后，到一家汽车公司应聘，和他同时去应聘的3个人学历都比他高。他想恐怕没有什么希望了，但仍想尝试一下。于是，他便敲门走进董事长的办公室。一进办公室，他发现地上有一张废纸，就弯腰把它捡了起来，顺手把它丢进了废纸篓里，然后走到董事长的办公桌前，说：“我是来应聘的福特。”董事长对他说：“很好，很好，福特先生，你已经被我们录用了。”福特感到意外，董事长说：“前面3位的确学历比你高，而且仪表堂堂。但是他们的眼睛里只能看见大事，而看不见小事。而只能看见大事、忽略小事的人是不会成功的，所以我才录用你。”

福特就是因为比别人多付出一点点——弯腰捡起一张废纸，而得到了进汽车公司工作的机会。乐于付出的性格能够造就成功的人生。果然，后来福特干得相当出色，终于坐到了董事长的位置上。

事情往往就是这样的，你愿意多付出一点点，机遇便会回报你更多。

英国一家旅店的一位员工也是因为“多付出一点点”而交了好运。

那天，天已经很晚了，麦克正独自值班。这时，走来一对老夫妇，他们显然已经很疲惫了，但是，旅店已经客满了。

老夫妇很失望，刚要转身离开，却被麦克叫住了。

“是这样的。实际上我自己的那一间宿舍还空着，因为我会在这里值夜班，如果你们不介意它比较小的话，可以在那里委屈一夜，那里还算干净，你们看怎么样？”

夫妇俩欣喜异常。

安排好他们的住宿，麦克又向他们详细介绍了附近的饭店、商场以及出租车站等的布局。

第二天一早，老夫妇要离开了，看到仍是麦克在值班台，很高兴地和他交谈，并将房费递给他。

麦克说因为自己的宿舍不算旅店的客房，不收钱，并祝他们旅途愉快。

一段时间以后，麦克收到一封信，是老先生寄来的，问他是否愿意来美国发展。麦克以为老先生在和他开玩笑，只是回信说了一些感谢的话，并询问老夫妇那次旅游的情况和近日身体状况。

没想到，后来有一个美国年轻人来找麦克，说请麦克到美国某大公司任职。原来这位年轻人就是那对老夫妇的儿子，而那个老先生就是这家大公司的老板。

看，成功就是这么简单，它只需你比别人“多付出一点点”。

“多付出一点点”的目的，并不是为了即时得到相应的回报。成功者在付出时从来没有想到回报，他们知道，“多付出一点点”能够升华个人的道德修养，强化自己的工作能力，养成精益求精的工作习惯，培养积极愉悦的成功心态。

如果女孩能在不渴求回报的情况下，以一种积极自觉的态度比别人“多付出一点点”，你就会得到一盏照亮你前程的机遇之灯，而不仅仅是一种一对一式的简单回报。

勤奋是天才的试金石

学习是一件快乐的事情，但如果没有勤奋作为基础，快乐就会变成空中楼阁。那些卓有成就的成功人士，无一不是勤奋之人。

童第周是我国著名的生物学家，他小时候，考试总是不及格，排名全班倒数第一，甚至面临降级或退学的危险，这使童第周非常苦恼。他认为自己绝不能就此认输，基础差没有关系，但只要勤奋努力，一定能跟上其他同学，甚至超越其他同学。

经过仔细分析，他认为必须比别人花更多的时间在学习上，才能弥补先天不足这个缺陷，做到“笨鸟先飞”，才能缓解面临的种种压力。从此以后，童第周抓紧一切时间学习，宿舍熄灯后，他就跑到校园昏暗的路灯下继续读书。经过不断的勤奋努力，毕业的时候，童第周的学习成绩已经是全班第一了。

无论是生物学家、文学家，还是艺术家，他们的成功都和“勤”有着不解之缘。他们并非一出生就拥有过人的天分，他们之所以有后来的成就，并被人们尊为天才，全是平时勤奋和持之以恒的结果。

王羲之是中国历史上著名的书圣，可他少年时并不是一个才智出众的孩子，还稍显木讷。但他自七岁跟着老师学习书法起，便一直坚持勤学苦练。他每天都练习写字，从未间断，即便在休息的时候，也在揣摩字体的结构、间架和气势，经常手随心想，在衣襟上勾勾画画，时间一久，把衣襟都画破了。王羲之喜欢在家中的一个水池边习字，这样可以就地从池里取水研墨、洗笔和刷砚，经年累月，竟使一池清水变黑。现今王羲之的故宅仍有“墨池”遗迹，而“临池”也成为习字的一个代称。最终，王羲之集众家所长，改变了晋代以前平板匀整的篆、隶书法，创造了飘逸潇洒的行书、骨力刚健的楷书、神采飞扬的草书这三种具有个人风格的字体，可以说是勤奋造就了这位一代书圣。

受到父亲的影响，王羲之的儿子王献之同样从小爱好书法艺术，王羲之就以自己勤学苦练终成大器的亲身体会教导儿子。一天，当王献之开始临摹父亲的书法时，问父亲有什么秘诀可以速成。王羲之指着院子里的十八只水缸对他说：“秘诀是有，速成却不可为。你看，秘诀就在这些水缸里，当你把这十八缸水写完时，自然就知道秘诀在哪里了。”王献之遵循父训，天天从缸里取水磨墨习字，几年下来，这十八缸水果真被他用完了。功夫不负有心人，王献之的书法也有了很大的提高，并最终创造出结构微妙、字体秀丽的“今草”，也成为一代大家，与其父齐名，并称“二王”，又称“小圣”。

天才之所以成功，是因为他们曾经比别人付出过更多的汗水。没有哪一个人不通过勤奋就能获得真正的成功。

如果你有天赋的话，勤奋会令你的天赋更出彩；如果你没有天赋，那么勤奋一样会为你带来成功。学习固然需要技巧、方法，但女孩们永远都不要忘记一点：天才的成功来源于勤奋，勤奋是天才的试金石。

用勤奋把时间留住

1845 年 10 月 31 日，是德国著名有机化学家、诺贝尔奖奖金获得者阿道夫·冯·贝耶尔的 10 岁生日。前一天晚上，贝耶尔就高兴地盘算着：明天爸爸妈妈一定会带自己上街采购各种生日礼物，然后在家里热热闹闹地庆祝一番，或者带自己去痛痛快快地玩一玩。德国人对生日特别看重，小朋友们过生日总是这个样子的。谁知天一亮，父亲照例在早餐后就戴起老花镜伏案攻读，母亲则领着他到外婆家去消磨了一整天，直到黄昏才返回。

对父母这样的安排，贝耶尔感到很奇怪，也有点儿不高兴，细心的母亲看出了这一点。在回家的路上，母亲边走边开导贝耶尔："我生你时，你爸爸已 41 岁，还是一个大老粗。现在他跟你一样，正在努力读书，明天还要参加考试。我不愿意因为你的生日，耽误他的学习时间。妈妈现在只能尽心尽力，使我们的家庭生活丰富多彩一些。你长大了，可要使我们这个世界更加多姿多彩啊！"

贝耶尔的母亲出身名门，是德国一位著名律师、历史学家的女儿，她见多识广，通情达理，既是贤妻又是良母。她在贝耶尔 10 岁生日时给贝耶尔的这番教诲，成了贝耶尔受用终身的座右铭。贝耶尔在 1905 年 70 岁时获取诺贝尔化学奖之后写的一部自传中回忆说："这是母亲送给我的 10 岁生日的最丰厚的礼物。"

贝耶尔的父亲约翰·佐柯白原先是普鲁士总参谋部的一位陆军中将，军阶虽高，科学文化水平却不高。在军队服役时曾有一位牧师劝告过他，叫他退役后一定要学习，掌握一门科学技术，以便更好地立足于世界。他父亲认为牧师的话很有道理，自己又很热爱自然科学，所以50岁退役后便不顾别人笑话，拜师学习地质科学。小贝耶尔10岁时，他父亲已51岁，正是其苦心攻读地质科学、积极准备应考的第二个年头。父亲的好学上进、勤奋刻苦成为一种无形的力量，给贝耶尔的学习以有力的推动和深刻的影响。

父亲对贝耶尔既严格管教，又时时给予鼓励。1858年，年仅23岁的贝耶尔以出色的论文获得了柏林大学博士学位，父亲特意赶去参加了他的学位授予盛典，向他表示祝贺。因为贝耶尔是取得博士学位的人中年纪最小的一个，盛典结束时校长特别关心地问起他今后的去向。贝耶尔向在座的化学家们扫了一眼，耳边又响起了父亲那深沉的声音，于是从人群中请出了年轻有为的奥古斯特·贾古拉教授，对校长说："我要追随他！"父亲看到儿子接受了自己昔日的批评教育，脸上露出了满意的笑容。

贝耶尔年少得志却不自满。他牢记父母的教诲，学习父亲那好学不倦、珍惜时间的精神，几十年如一日地不断向科学高峰攀登，在研究有机染料和氢化芳香化合物方面作出了卓越的贡献，终于在1905年获得了诺贝尔化学奖。

伟人、名人视时间为生命，对时间无比珍惜，他们的成功是由于他们做出了超出常人的努力。时间对每个人都是平等的，谁有紧迫感，谁珍惜时间，谁勤奋，谁就可以得到时间的奖赏。

珍惜现在的时间，就要改掉拖沓的毛病，养成立即行动的习惯。那些懒惰的人最喜欢给自己找借口，他们最重要的特征之一就是拖沓，把今天的事情拖到明天，明天的事情又拖到后天，可能还要一直拖下去。这种错过太阳又错过星星的习惯，会消磨人的意志，使人怀疑自己的行为、毅力和目标。

漂亮的鸟儿，不要在天气变冷的时候才去筑巢，那会儿为时已晚，凛冽的寒风会在你还没有把巢筑好的时候就把你冻死；

勤劳的蜜蜂，不要在花朵凋谢的时候才去采蜜，那会儿为时已晚，花粉会飘落在地上，最终你将会因为没有食物而无法飞行；

灵巧的蜘蛛，不要在风雨来临的时候才去织网，那会儿为时已晚，风雨会把你辛勤的劳动成果撕破，你将因此而无处安身；

聪明的女孩，不要在考试的前夜抱怨时间过得太快，没来得及翻书就要进入考场。那会儿为时已晚，等待你的将是残酷无情的结果。

所以，女孩们要从现在开始，抓住身边的分分秒秒，养成珍惜时间的好习惯。

懒惰会让人失去斗志

在远古的时候，有两个朋友，相伴去遥远的地方寻找人生的幸福和快乐。一路上风餐露宿，在即将到达目的地的时候，他们遇到了一条风急浪高的大河，而河的彼岸就是幸福和快乐的天堂。关于如何渡过这条河，两个人产生了不同的意见。一个建议采伐附近的树木造一条木船渡过河去，另一个则认为无论哪种办法都不可能渡得了这条河，与其自寻烦恼和死路，不如等这条河流干了，再轻轻松松地走过去。

于是，建议造船的人每天砍伐树木，辛苦而积极地制造船只，并学习游泳；而另一个则每天躺下休息睡觉，然后到河边观察河水干了没有。直到有一天，已经造好船的人准备扬帆渡河的时候，另一个人还在讥笑他的愚蠢。

不过，造船的人并不生气，临走前只对他的朋友说了一句话："做每一件事不一定都得成功，但不去做则一定没有机会成功。要想成功，你一定要把懒惰的习惯扔得远远的。"

能想到河水流干了再过河，这确实是一个"伟大"的创意，可惜的是，这却仅仅是个注定永远失败的"伟大"创意而已。

这条大河终究没有干，而那位造船的人经过一番风浪最终到达了彼岸。这两人后来在这条河的两个岸边定居了下来，也都衍生了各自的子孙后代。渡过河的那一边叫幸福和快乐的沃土，生活着一群我们称为勤奋和勇敢的人；等河干的另一边叫失败和失落的原地，生活着一群我们称之为懒惰和懦弱的人。

富兰克林说："懒惰像生锈一样，比操劳更能消耗身体。经常用的钥匙，总是亮闪闪的。"当懒惰已经成为习惯，它就会像细菌一样，在女孩的生活中蔓延，使你的人生到处弥漫着懒散的气息。所以要想成功，就一定要远离懒惰的侵扰。

勤奋虽然辛苦，但最后得到的一定远远超出付出的；而懒惰的人，生活总是显得可怜、悲惨。

一滴汗水，一分收获，世上没有轻而易举就可以得到的才能，天才来源于勤奋。如果我们不能靠"勤"字来努力，如果我们吃不了勤奋之苦，我们又怎么能出人头地呢？只有流勤劳的汗，长出的树才会茁壮；只有吃勤劳的饭，才更香甜。

正像奥里森·马登所言：“如果你有才能，勤奋可以锦上添花；如果你没有才能，勤奋可以弥补不足。”

一位成功人士曾经说过：“我不知道有谁能够不经过勤奋工作而获得成功。”寓言中的守株待兔的人，曾经不费吹灰之力就得到一只兔子，但此后他就再也没有得到半只兔子。所以，不要指望不劳而获的成功。

哈佛流传着这样一句名言：“只有比别人更早、更勤奋地努力，才能尝到成功的滋味。”

勤奋的道理每一个人都懂，却不是每一个人都能做到，而那些真正做到的人，就能获得成功。天下没有免费的午餐，个人奋发向上的辛勤实干是取得杰出成就必须付出的代价，好逸恶劳的懒惰品行与任何杰出成就都无缘，正是辛勤的双手和大脑使得人们富裕起来。事实上，任何事业的成功都只能通过辛勤的实干取得。没有辛勤的汗水，就不会有成功的喜悦与幸福。

青春是宝贵的，所以，女孩们应该从现在开始抓住宝贵的光阴，勤奋努力地去完成自己的心愿，这样才能最好地实现人生的价值。真正的幸福绝不会光顾精神萎靡、四体不勤的人，幸福只在辛勤的劳动和晶莹的汗水中。

机遇之花需要汗水来浇灌

有人说过，机遇是一位神奇的、充满灵性的，但是性格怪僻的天使。它对每一个人都是公平的，但绝不会无缘无故地降临。只有经过反复尝试，多方出击，才能寻觅到它。

在成功的道路上，有的人不喜欢尝试，不愿走崎岖的小道，遇到艰辛或绕道而行，或望而却步，他们也就常与机遇无缘。而另一些人，总是很有耐性，尝试着解决难题，不怕艰难险阻，结果恰恰是他们能抓住不可复得的机遇。

机遇不会白白地降临，只有用汗水去不懈地辛勤浇灌，才能使机遇的花朵为你绽放。

“天下没有免费的午餐”，“有付出才能有回报”。这些至理名言都是在告诉女孩们，想要抓住机遇，要想获得成功，就要勤奋地去努力、去付出。

勤奋进取不仅是一种精神，更是人们落在实处的行动。一生之机在于勤，这是中国人的祖先遗训。人生态度千差万别，但概括起来不外乎3种：勤快，及时努力；随便，随遇而安；懒散，及时快活。第一种自然是值得肯定的人生态度。伟大诗人李白少年贪玩，是老婆婆“只要功夫深，铁棒磨成针”的教诲，促使他发奋苦读，学问大进。西晋时的刘琨、祖逖“闻鸡起舞”，也是一种勤奋。《后出师表》中说的“鞠躬尽瘁，死而后已”更是概括了诸葛亮以勤自勉的人生。

勤奋是通往成功路上的助推剂，这是世界上的通用法则，没有古今中外之分。

很多人喜欢看NBA的夏洛特黄蜂队打球，但令人想不到的是，这个队的1号队员博格斯身高却仅有160厘米！

这样的身高，即使在东方人里面也算矮个子，更不要说是在两米身高都嫌矮的NBA球队了。

是博格斯机遇特别好吗？不是，小个子博格斯之所以能成为NBA的球员，完全归功于他自己的百倍努力。

据说博格斯不仅是NBA里最矮的球员，也是NBA有史以来创纪录的矮子。但这个矮子可不简单，他曾是NBA表现最杰出、失误最少的后卫之一，不仅控球一流，远投精准，甚至在巨人阵中带球上篮也毫无所惧。

博格斯是不是天生的篮球好手呢？当然不是，而是意志与苦练的结果。

博格斯从小就长得特别矮小，但却非常热爱篮球，几乎天天都和同伴在篮球场上打球，当时他就梦想有一天可以去打NBA，因为NBA的球员不只待遇高，也享有风光的社会评价，是所有爱打篮球的美国少年最向往的梦。

每次博格斯告诉他的同伴："我长大后要去打NBA。"

所有听到的人都忍不住哈哈大笑，甚至有人笑倒在地上，因为他们认定一个160厘米的矮子是绝没有可能打NBA的。

他们的嘲笑并没有阻断博格斯的志向。他用比一般人多几倍的时间练球，终于成为全能的篮球运动员，也成为最佳的控球后卫。他充分利用自己矮小的优势，行动灵活迅速，像一颗子弹一样，运球的重心最低，不会失误；个子小不引人注意，抢球常常得手。

现在博格斯成为有名的球星了，他说："从前听说我要进NBA而笑倒在地上的同伴，他们现在常炫耀地对人说：'我小时候是和黄蜂队的博格斯一起打球的。'"

博格斯虽然个子矮小，却凭着一股韧劲和勤奋的努力，实现了常人认为不可能的理想。女孩们，你们的身边也存在着许许多多机遇，也许你们现在存在这样或那样的不足，但你们绝不能轻易对自己说"我不行"。为了实现愿望、达到目标，就一定要努力，要付出辛苦和汗水。只有这样，机遇才不会从你们身边跑掉，你们才有可能获得最后的成功，就像博格斯一样。

女孩们都读过很多伟人的故事，都深深地了解所罗门在几千年前所说的那句话的含义：“你见过工作勤奋的人吗？他应该与国王平起平坐。”孜孜不倦的富兰克林用他的一生对这句话做了最好的诠释，他曾经与5位国王平起平坐，曾经与两位国王共进晚餐。

那些善于利用机会的人在发现机会与把握机会的时候如同撒下了种子，终有一天，这些种子会生根、发芽、结果，给他们自己或是别人带来更多的机会。每一位一步一个脚印、踏踏实实工作的人其实正在离知识与幸福越来越近，可供他们选择的道路也越来越宽、越来越平坦、越来越容易往前走。这些道路其实向所有的人都是敞开的，无论是对头脑冷静、生活节俭、年富力强的机械师，还是对刻苦认真的学生；无论是对谨慎细致的公务员，还是对兢兢业业的公司职员。

懒惰的人总是抱怨自己没有机会，抱怨自己没有时间；而勤劳的人永远在孜孜不倦地工作着、努力着。有头脑的人能够从琐碎的小事中找到机会，而粗心大意的人却轻易地让机会从眼前飞走了。

无数的成功经验告诉女孩们：每一个新的时刻都能给人们带来许多未知的机遇，一个聪明的人，只要把握住这些“未知的机遇”，就能够在实现人生目标进程中取得成功。

那些能拼能赢者不会等待机遇的到来，而是寻找并抓住机遇、把握机遇、征服机遇，让机遇成为服务于他们的奴仆。换句话说，任何机遇都可以是他们手中的“金钥匙”。

第九章

勤俭节约——让女孩的人生富足无忧

学会勤俭节约

古人曾说：“俭，德之共也；侈，恶之大也。”今天，生活水平大大提高，一些女孩养成了大手大脚的习惯。一听到“勤俭节约”，她们总是一笑：早过时啦！

果真如此吗？

2006年4月17日，一位国家元首到美国访问，首场宴会将在微软公司董事会主席比尔·盖茨的私人豪宅举行，宾客们享用的晚餐只有三道菜：前菜是烟熏珍珠鸡沙拉，主菜是华盛顿州产黄洋葱配制的牛排或阿拉斯加大比目鱼配大虾任选其一，最后是甜品牛油杏仁大蛋糕。许多人惊诧万分。谁都知道盖茨很有钱，但是盖茨同样很节俭。就是这普通的三道菜，让我们又一次感受到了盖茨的吃喝哲学和人格魅力，给女孩们上了一堂生动的教育课。

历史上，杰出人士大都有着勤俭节约的习惯。

节俭是大多数成功者共有的特点，也是他们之所以成功的原因。他们养成了精打细算的习惯，有钱就拿去投资，而不是乱花。

许多年轻人往往把钱花费在吃喝、名牌、舞厅等地方。如果他们能把这些不必要的花费节省下来，时间一久一定大为可观，可以为将来发展事业奠定一定的经济基础。

不少青年一踏入社会就花钱如流水一般，胡乱挥霍，这些人似乎从不知道金钱对于他们将来事业的价值。他们胡乱花钱的目的好像是想让别人夸他一声“阔气”，或是让别人感到他们很有钱。

有些人收入不高，但花起钱来可真是愚蠢之极。他们会为了购买只有富人才买得起的奢侈品，把所有的钱都花光，但等到想做点事情时却身无分文。

美国一些富翁的儿子，常在校园里拾垃圾，把草坪和人行道上的破纸、冷饮罐收集起来，学校便给他们一些报酬。他们一点儿也不觉得难为情，反而为自己能挣钱而感到自豪。有的家庭经济并不困难，但要让八九岁的孩子去打工、送报、挣零花钱，目的是培养孩子自力更生、勤俭节约的习惯。美国著名喜剧演员戴维·布瑞纳中学毕业时，父亲送给他一枚硬币作为礼物，并嘱咐他：“用这枚硬币买一张报纸，一字不漏地读一遍，然后翻到广告栏，自己找一份工作，到世界上闯一闯。”后来取得很大成功的戴维在回首往事时，认为那枚硬币是父亲送他的最好礼物，它使戴维懂得了生活的艰辛，衣食的来之不易。

节俭不仅是财富的一块基石，也是许多优秀品质的根本。节俭可以提升个人的品性，厉行节俭对人的其他能力也有很好的助益。我们知道一个节俭的人是不会懒散的，他精力充沛，勤奋刻苦，而且比起那些奢侈浪费的人更加诚实。

节俭是人生的导师。一个节俭的人勤于思考，也善于制订计划。他有自己的人生规划，也具有相当大的独立性。女孩也要注意养成勤俭节约的习惯，这样才能更快地实现自己的人生规划。

一衣一食来之不易

有一次，王强去一个朋友家做客。晚餐时，厨师为朋友的女儿特别做了一盘酸奶油木耳，可是，小女孩却一点也不吃，将这盘菜全都倒在了地上，只因为这道菜不合她的口味。从这点王强可以看出，这个小女孩平时一定是被宠惯了的。

看见朋友对这种行为居然视若无睹，王强忍不住说道："真浪费呀！这么好的木耳不吃就倒掉。"

"有什么浪费的，树林里多得是。要吃的话，明天叫佣人再去采就是了。"小女孩说。"可是去采也是很辛苦的呀！你这是不尊重别人的劳动成果。""不会啦！有什么辛苦的呢？采木耳是一件很好玩的事呀！"

"真的吗？那我们两个人把这个星期采木耳的工作承包下来，怎么样？""好啊！我正想去森林中玩呢！有你和我一起，爸爸一定会答应的。"

于是，每天早晨，王强和小女孩去几公里之外的森林采一篮木耳回家。开始的头两天，小女孩兴致很高。第三天她有些受不了了，开始叫苦叫累，第四天就完全不行了。她说，她腰酸背痛不能去了。不过这几天，不管木耳做得味道如何，她都能吃得干干净净，一片不剩。偶尔她的父亲要扔掉一片，她都阻止道："哎！太浪费了，你不知道我采得多辛苦！"从此之后，她明白了节约是对劳动的最大尊重，因为一切东西都是来之不易的。

只有懂得辛劳的人，才懂得一衣一食一物的来之不易，也才懂得俭朴，在工作或事业中才能刻苦顽强。女孩们学会在节俭中积累财富，就是要学会珍惜金钱和物品、不浪费，要懂得自己的吃穿用都是来之不易的，随意浪费是不珍惜劳动果实、不尊重劳动的表现。所以要学会控制自己的行为，先认真思考再花钱，避免盲目消费；要养成储蓄的习惯，在花钱的时候尽量节俭一些，适当储蓄。

有些女孩之所以一踏入社会就花钱如流水，胡乱挥霍，是因为她们从不知道金钱对于事业的价值。她们胡乱花钱的目的只是想让别人觉得自己“阔气”，或是让别人感到她们很有钱。

具体来说，造成女孩们浪费的原因不外乎三种：一是对任何物品都讲究时髦，比如服饰、日用品、饮食等都想要最好的、最流行的，任何方面都想越阔越好；二是不善于自我克制，不管有用没用，想到什么就买什么；三是有了各种各样的嗜好，又缺乏戒除这些嗜好的意志。总之，她们从来不去考虑加强自身的修养，克制自己的欲望。

如果你是一个挥金如土、毫不珍惜的人，那么你的一生就可能因此而断送。因此，为了自己的将来，我们应当去掉攀比和虚荣的心理，及早养成节俭的好习惯。

那么，如何才能改掉浪费的毛病，养成勤俭节约的好习惯呢?

（1）正确认识金钱的含义。要懂得钱是什么，钱是怎么来的和怎样正确地对待钱财。

（2）学会花钱。要学会自己买东西，如何用钱，如何选择物有所值的物品。把钱保管好，防止丢失、被窃。养成先认真思考再花钱的习惯，避免盲目消费。可以要求父母让自己“一日当家”、记收支账，这是学会理财、培养节俭品质的好方法。

（3）学会积累。手里的零用钱、压岁钱应该计划使用，适当积累。在存钱、用钱的过程中养成节俭的好品质。

（4）懂得量入为出。必须明白，花钱要有经济来源，花钱要看支付能力如何。即使家庭经济富裕，也要坚持前面提到的三条标准。

（5）珍惜物品，不浪费。要懂得所吃、所穿、所用来之不易，随意浪费是不珍惜劳动果实、不尊重劳动的表现。经常参加劳动，体会劳动的艰辛。

（6）去掉攀比和虚荣的心理。让我们从现在开始，从身边小事做起，一点一滴地养成节俭的好习惯，为今后的好生活打下基础。

树立正确的金钱观

“金钱不是万能的，但没钱是万万不能的。”金钱的真正价值不在其能买东西，而在于它所代表的金银在社会上所发挥的巨大作用，所以，对于金钱，应抱正确的态度，取之有道，用之有度。

那么什么是正确的金钱观？是贪图富贵，挥金如土，还是只挣不花，做守财奴？虽然有钱没钱都可能导致罪恶，但金钱本身并不可怕，可怕的是不能正确地认识金钱。

很多女孩对金钱的诱惑更是缺乏抵抗力，所以树立正确的金钱观对她们来说尤为重要。

1. 树立正确思想

不乱花钱，就要从具体小事着手，要树立以节俭为荣、以铺张浪费为耻的思想。同时，培养我们计划用钱的能力，养成计划用钱的良好习惯。

有些女孩花钱大手大脚，可以听父母讲讲花钱大手大脚的坏处，体会一下自己的错误所在，从而改掉花钱大手大脚的坏毛病。

要懂得“一分钱逼死英雄汉”的道理，金钱上的比阔是有害于我们身心健康的，树立我们的正确金钱价值观是当务之急。

2. 制订用钱计划

“量入为出”，计划用钱，是从小就要培养的好行为。我们可以依据自己的需要和家庭负担的能力，确定每月可以由我们支配的钱数（数目要恰当，不宜太多），同时和父母一起制订开支计划，和父母约定，我们要按计划开支，节约下来的钱也可归我们自己。这样，我们有自己支配的资金，满足了我们的经济需要，也满足了我们要求自立的心理需要。因为钱是“自己”的，数目是有限的，所以我们就能够自觉控制自己的开支，并能有效地防止我们乱花钱的毛病。

3. 勤俭节约

我国宋朝的皇帝赵匡胤是节俭的典范。

俗话说：“天上神仙府，人间帝王家。”皇帝是一国之主，金银财宝可以任意享用，应该说是人间最富有的。皇帝的女儿是公主，也一定可以打扮得像天仙一般。可是，宋朝的开国皇帝赵匡胤却不一样，他不但生活俭朴，反对奢侈，还严格教育子女生活上也讲究俭朴。

有一次，他的女儿魏国长公主，穿着一件羽绣的华丽短袄去见他。宋太祖见了很不高兴，他命令女儿回去后马上脱下，以后也再不要穿这样贵重的衣服。

魏国长公主很不理解，噘着嘴巴说：“宫里翠羽很多，我是公主，一件短袄只用了一点点，有什么要紧？”

宋太祖严厉地说：“正因为你是公主，所以不能享用。你想想，你身为公主，穿了这样华丽的衣服到处炫耀，别人就会仿效。翠羽珍贵，这样一来，全国要浪费多少钱啊！按你现在的地位和生活已经够优越了，你不要身在福中不知福，要十分珍惜才是，怎么可以带头铺张浪费呢？”

公主没办法，只好脱去那件美丽的翠羽短袄，但心里仍然有点想不通。她想，你既然是皇上，又是我父亲，对我要求那么严格，看你对自己要求怎么样？于是，她向宋太祖试探性地问：“父皇，您做皇帝时间也不短了，进进出出老是坐那一顶旧轿子，也应该用黄金装饰装饰了！”

宋太祖却心平气和地对女儿说：“我是一国之主，掌握着全国的政权和经济，要把整个皇宫装饰起来也能办到，何况只是一顶轿子！古人说得好：‘让一人治理天下，不能让天下人供奉一人。’我应该这样做。倘若我自己带头奢侈，必然有更多的人学我的样子。到那时，天下的老百姓就会怨恨我、反对我。你说我能带这个头吗？”

公主一边听着，一边琢磨着每一句话，再看看皇宫里的装饰也很朴素，连许多窗帘都是用青布制作的。公主觉得父亲说的话确实有道理，于是就诚心诚意地向父亲叩头谢恩。

一个人修身养性需要勤俭节约，一个国家富强进步同样也需要勤俭节约。魏徵是唐代有名的诤臣，是唐太宗的一面“镜子”，他曾经提出过“欲求国之安必戒奢以俭”的观点。随着我国经济的发展，人们的生活水平日益提高，可有些人却身在福中不知福，过着奢侈浪费的生活。如果13亿人每人节约一粒粮，节省一分钱，节约一滴水，那将是一笔多么大的财富啊！

杜绝浪费，走出花钱的误区

虽然节约不会使你成为富翁，但浪费可能会让你成为穷光蛋。所以女孩学会理财的最好办法就是多存一点，少花一点。怎么才能做到呢？克服以下几个错误的消费习惯，你离目标就会近了一步。

从青少年种种畸形消费及其滋生原因中可以看出，引导青少年走出畸形消费，形成健康、科学、文明的消费方式已是何等迫切。事实上，青少年阶段正是女孩长身体、长知识和养成良好道德情操、行为习惯的最佳时间，也是树立科学人生观、价值观的重要时期。这一时期，她们对金钱的认识具有明显不稳定性、单一性、片面性特点。因此，要教育她们正确认识和对待金钱，懂得消费，合理消费。

如何引导她们走出误区？需要女孩从以下方面做起：

1. 克服冲动消费

你是不是一个冲动的消费者？如果是，有必要先算算这个习惯的成本。试想，如果每周都冲动地买样价值 100 元的东西，一年下来得多花大约 5200 元。当然，偶尔还是要慰劳一下自己，但不要太过分。如果经常有别人陪着购物，并且他还鼓励你去超过预算地购买东西，那么，最好还是自己一个人逛街。

2. 克服消气和赌气的消费

有些人将爱情和花钱视为相等的事，他们常常会去买贵重的东西向恋人来表示他们的情意，其实不必。有些人则会以花钱作为武器，抒发自己的压力或沮丧的心情。譬如说，妻子如果对丈夫发脾气，就会跑到最近的购物中心去大肆消费，以作为一种惩罚，这些都是不成熟的消费行为。

3. 少进便利店

便利店商品的价格比超级市场里的要高很多。如果经常在便利商店购物，一年下来，两者的消费金额会相差1000元以上。方便了自己，当然也就“劳驾”了金钱。

4. 尝试一下“选择性消费”的观念

你不应该对自己说：“我该不该买这东西？”而应该问：“这笔开销是不是会超过我这个月花钱的预算金额？”这可以使人花钱的本能得到满足，但又不过分。也就是说，不用强调自己必须放弃什么，而是强调自己的“选择能力”。

练习“选择性消费”的办法是先列出物品的优先顺序，然后再列上清单，问问自己，用同样的金额，还要购买哪些东西；还有，至少比较3个不同的品牌价格、服务和品质。

从小开始理财

女孩们，你会管理自己口袋里的钱吗？据一项调查显示，上海很多的青少年存在乱消费、高消费的现象，具体表现为花钱大手大脚、盲目攀比，消费呈成人化趋势；93%的学生缺乏现代城市生活经常触及的基本经济、金融常识，甚至不清楚银行信用卡的服务功能，不知道银行存款的利率等。类似问题在其他城市也比较突出。这反映出青少年的理财观念尚未形成、理财能力不强等诸多问题。

一位专家说：“理财应从3岁开始。”理财并非生财，它是指善用钱财，使个人的财务状况处于最佳状态，从而提高生活品质。

生活中，女孩在理财方面最容易犯的错误是：

（1）如果手中有几百元，她们就觉得富裕了。

（2）储蓄对她们来讲并不重要。

（3）花掉的要比储蓄的多。

（4）只能节省一点购买小件商品的钱。

（5）认为钱的能量并不很大，而且没有多少潜力可挖。

（6）花钱从来不作计划。

（7）不能正确地使用活期存款账户。

（8）不恰当地使用信用卡。

（9）从不了解钱的时效价值。

（10）现在享用，以后付钱。大多数女孩对钱的认识不够，没有忧患意识，眼前只有享受，认为以后会由父母把钱送到自己手上。

（11）没把钱当回事。她们总以为家长有的是钱，每天都能有大数目的零花钱，所以买东西从不考虑价格。

（12）买东西时，把身上的钱花个精光。

（13）向广告看齐。许多初高中生的早餐，不是“好吃看得见”的方便面，就是“口服心服”的八宝粥，他们不论是吃的还是用的都向广告看齐。

（14）向大人看齐。看见大人们经常泡桑拿，吃麦当劳，他们感到一种气派，不仅有羡慕之心，也学着去进行高消费。

（15）向明星看齐。据一家美容店老板介绍，她曾遇到不少崇拜明星的中学生来美容修发，说要做和明星一样的发型。

（16）许多初高中学生在钱花掉之前，已经有过数次的购买欲望。

（17）买了许多东西，但很少有令她们长期满意的。

（18）滥用别人的钱。

（19）只在花钱时她们才有一种满足感。

美国石油大亨洛克菲勒给儿子写的一封信中有这样几句话：

“有一点你要记住，财富不是指人能赚多少钱，而是你赚的钱能够让你过得有多好。

不懂得控制开销的重要性，就必须付出很大的代价。

控制开销不能让你一夜之间或一年之内致富，但它所构建的是你未来的财富。”

从中可见，理财能力对女孩来说是极其重要的。

在美国，很多孩子借助于父母的指导，是这样实现他们的理财目标的：

3 岁时，辨认硬币和纸币的区别；

4 岁时，知道每枚硬币是多少美分，能够买到多少东西；

5 岁时，知道基本硬币的等价物，了解钱是怎么来的；

6 岁时，他们就能够找到数目不大的钱，能够数大量的硬币；

7 岁时，懂得看价格标签；

8 岁时，知道要赚钱必须通过工作，还可以把钱存在银行里；

9 岁时，制订简单的一周开销计划；

10 岁时，知道每周节约一点钱，以备大笔开销使用；

11 岁时，知道购物时比较价格；

12 岁时，懂得使用银行业务中的术语并学习计划两周的开销。

理财要做到心中有数，要学会记账，明白家庭里的开销和支出情况，规划自己的理财目标、计划等。IBM 前董事长沃森的儿子从上初中时候起做每周的零花钱支出计划、每月的收支目标，很小就树立了商业意识，最后也成了 IBM 公司的首席执行官，良好的理财习惯创造了其灿烂的一生。

相比之下，不少女孩在中小学时对理财所知甚少，即使进了大学，也令人担忧。

新生入校后，对新环境既陌生又好奇，很多学生家长都是把一个学期的生活费一次性给孩子，学生一下子拿着这么多钱又没有父母的督促，缺乏一个统筹性的安排，盲目冲动性消费太多。进校后的一个星期就用掉半年生活费的状况在校园内屡见不鲜。

而大学生小峰呢，进校后，他总是先将每个月的伙食费放在旁边，然后再根据需要添置一些日常用品。电话费是一笔不小的开支，他一般都选择价格优惠的电话卡打。大学生小海经常关注校园内的招聘广告，利用业余时间打点儿工，如果打工多赚了点儿钱，他就会多买点衣服和自己喜欢的东西。

女孩们可以借鉴他们的做法，当一个理财好手：

（1）学习畅销书《钱不是长在树上》中的一个储蓄基本原则，配置自己的零花钱。可以将钱分成 3 份，第一份的钱用于购买日常必需品；第二份的钱用于短期储蓄，为购买较为贵重的物品积攒资金；第三份的钱作为长期存款放在银行里。

（2）减少开支。花钱应懂得克制，根据自己的家庭环境来考虑自己的消费水平，并向父母申请一定的日常零花钱。

（3）准备一个理财本，学会定期整理，做到收支平衡。

（4）与父母一起筹划家庭的金钱计划。例如假设家里要过一个重要的节日，怎么在有限的时间内安排，哪些东西是必须买的，哪些东西是次要的，该花多少钱，怎么购买。并自己设计一张预算表，从中引导自己如何规范花钱的方向及适度使用钱财。

（5）平时打工挣钱省下一半来，充抵一部分学业开销及今后上大学、考研等的费用。

为自己的将来投资

青少年时期是人生精力最充沛的时期，也是人生财富的重要积累期。当然，压力也接踵而来。上大学、考研、出国留学、结婚、买车买房……因此，一个懂得为自己将来投资的人，他将为以后的生活打下坚实的基础。

很多年前，几位年轻人从农村来到城市，进入一家印刷厂工作。其中一位年轻人第一天就到一家银行开了一个户头，养成了每月存款400元的习惯。5年后，他工作的印刷厂资金周转出现严重困难，面临立刻倒闭的危险。这个年轻人此时户头上正好有2万元的存款，他立刻取出钱来拯救这家印刷厂，也因此获得了印刷厂2/3的股份。

年轻人入股后，同时也对印刷厂的管理进行了大胆改革。他采取了严格的节约制度，协助这家工厂付清了所有债务，从而走出破产的风险。在他的努力下，这家印刷厂起死回生，生意一天天好起来，最后发展为一家大型的印刷公司。现在，这位年轻人凭借他在公司的股份，一周分到的红利，就比以前自己投入的2万元股金还多。

谁也不会想到，这位年轻人的成功，是由每月存几百元而引起的。实际上，有了一定的储蓄，就多了一定的机会，当机会来临时，就有一定的资金来做铺路石引导你成功。

每个人、每个家庭都有投资的最低资本的均等机会。要改善自己未来的财务状况，首要之务就是立即展开投资的行动。

学会理财投资的人，就像拥有一部钞票复印机。通常有一些人对于富人之所以能够致富，负面的想法是认为他们运气好或从事不正当的行业，较正面的想法会认为他们更努力或克勤克俭。但这些人万万没有想到，真正的原因在于他们的理财习惯不同，理财方式造成了贫富差距。

小余刚进单位的时候每月只有1000元的实习补贴，可那时还多少有点结余，现在收入高了几倍，反而成了“月光一族”。

经过反思，小余琢磨出了自己没钱的原因：并非收入少所致，根源是个人的理财、消费观念有偏差，以及没有掌握一些必备的理财技巧。可以肯定，她的花销缺乏条理性和计划性，花钱虽然不是大手大脚，但也算不上精打细算。例如，她和朋友经常等到晚上8点吃打折的洋快餐，看上去似乎很节俭，但洋快餐即使打到一折，也没有自己做的饭便宜呀！买衣服可能没买名牌，但买衣服的次数多。这样还不如按“少而精”的原则适当购买经典款式、能体现个人风格的较高档服装，从而延长淘汰周期，达到省钱目的。类似的花钱误区还可以找出很多。

小余找到了自己的理财误区，就为自己定了一个规矩：每月必须存上1500元。小余准备考研究生，因此准备攒够自己的学费。

不久，小余的储蓄计划就初见成效。

生活中，女孩如何聚沙成塔，为自己的未来累积一份可观的财富呢？

（1）学习理财。利用业余的时间学习理财的知识，多听听别人的建议或是上网、看电视，都可以从中了解相关的技巧，再归纳成为自己的理财观。

（2）建立目标。做什么事都要有目标，这样才不会迷失方向，而理财也可以为自己设定目标，在花钱时才会有所顾虑。

（3）开始储蓄。每月薪水中的一部分固定存入银行，或是做其他的投资，之后绝不用那笔资产，若干年后即可成为可观的财富。

（4）备用应急款。意外的产生不是个人所能控制的，所以需为临时需要做好打算，才不会手忙脚乱或动用定期存款而损失利息。

（5）开源节流。开源从节流开始，从日常生活中的小细节做起，不但是节俭，更有环保的美德，财富才能达到积沙成塔的效果。

（6）精明消费。适合别人的不见得适合自己，对于精明消费也因不同的收入、生活方式或价值观有所差异，所以，要慎选所需，而不要一味跟着流行走。

（7）拓宽财路。打工或做一份兼职，磨炼自己能力的同时，也可以增加更多的收入。

尽量存一笔钱

女孩们，你有自己的“小金库”吗？

为最好的朋友准备一份大礼，为上大学攒一笔学费，为未来的车房储蓄基金……你需要从零用钱、生活费、工资中“挤”出一部分，为自己存一笔钱。

刚毕业参加工作的小郑月薪2000元，工资的大部分都用于房租、在外吃饭、泡吧上。他工作3个月至今没有任何积蓄，每到月底，看到空空的钱包，就开始为自己不久后买房、买车、成家、担起养家重任而烦恼。

小郑于是下定了决心，要积攒自己的资金。他每月都拿出一定的资金存为定期，控制自己的消费。他为自己定下的第一个目标是一年存上1万元，并且制订了一个具体的行动方案。

（1）若无大的花费，每次出门钱包内的零花钱不得超过100元，且尽量不使用信用卡，以免超支。

（2）每月从工资单中拿出50%作为生活费用以及其他花销外，其余部分存银行。

（3）每星期做一次支出总结，看哪些支出可以节省。

一年后，小郑实现了自己的第一个目标，自己的存折上终于有了5位数的存款。

如果有意识地存一些钱，对于将来人生、事业的通达都有益处。

犹太人藤田田，因为恪守合同，他赢得了日本麦当劳的代理权，后来成为日本外餐业巨子。

他在日本写过一本关于经商的畅销书，提出了一个有趣的亿元储蓄法。虽然对于一般日本人而言要拥有一亿日元几乎是不可能的，但藤田田指出：只要最初10年每月存5万，以后每月存10万，最后15年每月存15万元，再加上利息，30年后就拥有1亿元了。要成为亿万富翁，根本无须运气或智慧什么的。只要能吃苦，咬紧牙关，只要花时间，谁都可以简单地存到1亿元。

藤田田本人真是这样做而且做到了。尽管他清楚，如果从赚钱的角度看，这样做并不合算，因为30年银行的利息根本抵不上货币贬值。但他认为：这样克制自己，不断和自己搏斗，对养成克己习惯起了极大作用。

他的做法说明，坚持储蓄，你将收获可观的财富。

女孩们可以尝试以下建议：

（1）确定储蓄目标。储蓄不是最终目的，理财是为了善用钱财，实现你的某项生活目标，如购买住房、轿车，或是读书深造，或进行投资。把储蓄目标贴在冰箱门、餐桌上等醒目的地方，提醒你时常想起存钱目标，激励你增加储蓄的动力。

（2）你一旦养成了储蓄的良好习惯，并能坚持数年，那么你就需要选择一种或几种适合自己的投资理财方式，以获得较高的投资回报，将你的生活装扮得更为艳丽多彩。

（3）定期从你的账户上取出几百元，存入你新开的存款账户中，给自己一段过渡时间去适应这种手中可支配现金比以往减少了的生活。待2~3个月后，逐步增加从账户中每次取出的金额，存入新的存款账户。

（4）小额储蓄起步。建议你先按月收入的10%参加储蓄，制订目标后要持之以恒。培养良好的储蓄习惯胜于偶尔一次存入一笔大额的钱款。

学会把金钱变成生活的助手

女孩们，对于金钱，你有着怎样的价值观？

温哥华的一个普通建筑工人赖维奎尔，在1986年中了760万美元的彩券。当年他发横财的时候其他人正在失业，在一般人的眼里，赖维奎尔真是走了大运，有了这么多钱，他一定快乐得不得了。然而事实是，赖维奎尔不仅没有得到快乐，反而陷入了烦恼与不幸。

自从赖维奎尔中了彩券后，他就再也没见过自己的女儿，而且好多亲朋好友也都离他而去，原因是他没有把这一大笔天降横财分给他们。赖维奎尔说："我现在要什么东西就可以买什么东西，但除此以外，我比其他任何人还要痛苦……有了这一大笔钱，我反而成了忌妒和仇恨的对象，人们不愿和我接近，我也时刻在担心有人接近我只是为了钱，我累极了……我买不到人心。有朋友就是有朋友，没有就是没有，爱是买不到的，爱一定要建立在真诚平等的基础上。"

现实生活中，许多女孩或者是因为不满足，或者是因钱而导致朋友的纠纷、感情的背离，或是因为钱已够多而失去了目标。总之，她们对钱又爱又恨，没有钱烦恼，有了钱不一定就会得到快乐。

在如何对待金钱的问题上，经常有两种极端做法。有些人只认钱、不认人，他们的唯一目标就是金钱，金钱成了支配他们生活的最重要因素。

还有另外一个极端，这是一些在任何情况下都绝不希望成为守财奴的人士。只要可能，他们总是避免和金钱发生关系。他们把其他事物置于铜臭之上，例如人与人之间的关系、家庭、健康、精神生活、温情。反正这种类型的人总是尽量回避"金钱"这个题目，收到的账单不开封，银行账单看也不看，绝对不谈论金钱。

这两种做法都过于极端。我们必须明确，金钱对我们到底有多么重要，我们需要为此付出多少时间。我们必须学会把金钱变成我们生活中的助手。

生活中，不少女孩要么花钱毫无节制，如流水一般；要么小气吝啬，如一只“铁公鸡”。

凡吝啬的人都是金钱的奴隶，而不是主人。对这类人来说，唯有金钱、财物才是最为重要的。敛钱、聚财是这类人的最大嗜好，也是他们人生的最大目的。他们的生活公式是：挣钱、存钱、再挣钱、再存钱……他们的最大乐趣是“数钱”：今天比昨天多了多少，明天比今天还会多多少；他们的哲学是：多了还要多，永远不会有满足的时候。

凡吝啬的人一般都不懂人与人的感情。他们不懂得亲情，不懂得友谊，不懂得人与人之间的感情，若是有的话，也要以金钱的标准去衡量。一般的处世原则是，认钱不认人。

即使是家人、爱人，也始终毫不含糊，“账”总是算得清清的，为了金钱有的甚至达到了“六亲不认”的程度。

凡吝啬的人一般都是自私的、贪婪的。这类人总是嫌自己发财速度太慢，总想不劳多获。

吝啬贪婪者金钱、财富都不缺，然而其灵魂、其精神却是在日趋贫穷。

吝啬果真能给吝啬者带来愉快吗？不能。其实吝啬者的生活是最不安宁的，他们整天忙着的是挣钱，最担心的是丢钱，唯恐盗贼将他的金钱全部偷走，唯恐一场大火将其财产全部吞噬掉，唯恐自己的亲人将它全部挥霍掉，因而整天提心吊胆，坐立不安，永远不会是愉快的。

吝啬者小气、心胸狭窄，在他们身上很少体现亲情二字，所以其内心世界是极其孤独的。尤其是当他们有难的时候（譬如在病中），他们才会感到缺少感情支持的悲怆，才会感到因为吝啬而失去的东西实在太多了，才会充分感觉到金钱的真正无能。

富勒一心想成为千万富翁，而且他也有这个本事。多年打拼之后，他拥有了一幢豪宅，一间湖上小木屋，几平方千米地产，以及快艇和豪华汽车。

但问题也来了：他工作得很辛苦，常感到胸痛，而且他也疏远了妻子和两个孩子。他的财富在不断增加，他的婚姻和家庭却岌岌可危。

一天在办公室，富勒心脏病突发，而他的妻子在这之前刚刚宣布打算离开他。他开始意识到自己对财富的追求已经耗费了所有他真正珍惜的东西。他打电话给妻子，要求见一面。当他们见面时，他们热泪滚滚。他们决定消除掉破坏他们生活的东西——他的生意和物质财富。

他们卖掉了所有的东西，包括公司、房子、游艇，然后把所得收入捐给了教堂、学校和慈善机构。他的朋友都认为他疯了，但富勒从没感到比这时更清醒过。

接下来，富勒和妻子开始投身于一桩伟大的事业——为美国和世界其他地方的无家可归的贫民修建“人类家园”。他们的想法非常单纯：“每个在晚上困乏的人至少应该有一个简单而体面并且能支付得起的地方，用来休息。”美国前总统卡特夫妇也热情地支持他们，穿上工装裤来为“人类家园”劳动。富勒曾有的目标是拥有1000万美元家产，而现在，他的目标是为1000万人甚至更多人建设家园。目前，“人类家园”已在全世界建造了6万多套房子，为超过30万人提供了住房。富勒曾为财富所困，几乎成为财富的奴隶，差点儿被财富夺走他的妻子和健康；而现在，他是财富的主人，他和妻子自愿放弃了自己的财产，而去为人类的幸福工作，他自认为是世界上最富有的人。

由此可见，善用金钱，你就会获得幸福和宁静。

对于金钱，女孩们应树立正确的观念：

（1）珍惜每一分钱，将它用在点子上。大手大脚、挥霍浪费只会损害你的将来。

（2）既不回避、鄙夷它，也不贪婪、吝啬，应保持平常之心。

（3）成为罪恶之源，还是人生的好帮手，钱的作用取决于你的驾驭之法。

制订花钱计划，不做购物狂

女孩对人对事有着极强的模仿力，买东西也是如此。看到电视剧中的女主人公在超市疯狂地采购，连标价都不看一眼就一股脑儿地往购物车中放，女孩的心中充满了羡慕之情。看到电影中的女主角身着漂亮的衣服走入高档时装店里，一件衣服都不试穿，直接就点着让服务员把自己想要的通通打包，女孩向她们投去讶异的目光。

看在眼里，记在心里，女孩也想要如同影视剧中的人物那样做一个购物狂。于是，在某日，当父母带着她到超市采购的时候，她也会不看标签地将大堆的东西扔在购物车中。

在家庭教育中，当父母遇到诸如此类的问题，一定要采取比较缓和而且让孩子容易接受的方式来引导她，帮她纠正错误的观念和言行。就小小的“购物狂”来说，父母也应该仔细地盘算一下，应该采用怎样合理的方式来教导女儿。

李燕有一个幸福的家，父母都是公务员，家里的情况也不差，是中等收入的家庭。

因为父母教导有方，今年13岁的李燕落落大方，是一个很懂事、非常招人喜爱的小姑娘。

李燕的父母从小就培养李燕自主料理自己生活的能力，包括在用钱方面。每次当李燕得了压岁钱之后，父母一般都会建议她把这些钱的大部分存在银行，这样等她上大学之后就可以拿出来作为学费使用。而剩余的小部分，则可以作为她平日里的零花钱。

李燕的父母为李燕所制订的是一个长远的用钱计划，那就是把压岁钱存起来作为将来上大学的学费，这不失是一个好的方法。在花钱方面，父母需要与女孩一同商议，制订一个双方都满意的计划。

现在的家庭中，几乎所有的父母都会给女孩一些零用钱。按天给、按周给、按月给……无论按照什么期限给女孩零花钱，女孩们不能在拿到钱的时候去做一个小购物狂，过了几天又伸手向父母要钱。

女孩要学会成为一个有条理的人。

乱花钱的女孩往往在生活自理方面都是一团糟，她们搞不清今天的作业有哪些，不知道自己的衣服放在哪里，更不用说兜里的钱了，心里一定是没数的。因此，女孩制订花钱计划，这不仅能够提高她的理财能力，而且在其他方面也能够加强她做事的条理性。

杜绝盲目消费，给女孩讲讲“性价比”

说到盲目消费，不由得让人联想到超市里的廉价促销活动。“跳楼价”“国庆特价”……广告牌上赫然地挺立着大大的数字，引来消费者疯狂地抢购。可是等到买了之后才发现，刚刚拼了命才拿到手的东西似乎自己根本就用不着。

这是很多人的经历，被广告诱惑，盲目消费，似乎在购买之前都没有时间仔细考虑清楚自己真正需要什么，就害怕考虑完了东西也被其他人一抢而光。

某些女孩正在学着同样的行为。她们在买东西的时候也学着某些人不管不顾，不管便宜还是昂贵，只要自己喜欢，就一定要买到手。

其实，相同的东西，比如两款不同品牌的电脑，它们有着相近的性能，可是一个价格高一点，另一个则价格低一点。为了节约用钱，同时也不失其功能，我们宁可选择价格低但是功能却不差的那一个牌子，这台电脑的性价比就比较高。

女孩清楚这个道理以后，她在今后挑选商品的时候也会想起“性价比”。例如女孩想要买一个文具盒，同样是盛装文具用，一个要 30 块钱，而另一个质量不差的却只需要 10 块钱。女孩就知道自己应该选择 10 块钱的那个文具盒，而不是多花 20 元钱去选择那款贵的。

在购买物品之前，一定要想清楚自己所要买的东西究竟有什么用，买回来之后是否能发挥很好的作用，而不是当“废品”一样地摆在家里，尤其是对于价格较为昂贵的东西。

1. 女孩在买东西前先考虑 5 分钟

5 分钟已经足够一个女孩子去思考她究竟需不需要眼前的物品了：第一分钟想一想自己有没有同类的东西，第二分钟想想如果没有，那么这件东西对我有什么意义，如果有意义，那么第三分钟就应该考虑这家的是不是质量又好价格又优，如果是，那么女孩还需要花上一分钟来想想自己这个月的零用钱还够不够买，如果超支，那么她就需要慎重考虑了。最后，等到女孩考虑成熟的时候，再花最后一分钟来想想自己父母赚钱的不易。

2. 要学会“货比三家”

事实上，很多女孩因为懒惰，在看到一件自己喜欢的东西时，就想要立马把它买下来，而不去考虑是不是同样的东西在别家会便宜许多。当她买了之后，才发现原来就在隔壁，她所买到手的物品要便宜一半多。因此，父母要培养孩子这种对比的意识，不然怎么知道哪样东西性价比高呢?

慷慨做人，不当小气的女孩

慷慨是一种可以培养的品质与能力，当一个女孩有足够的能力以及宽大的心胸时，慷慨自然而然地就存在于她的品格之中。慷慨不仅能够给受到帮助的人带来快乐，而且施与者也会同样感受到欣慰和愉快。

有一个孩子坐在路边的一堆金子上面，他伸出双手，好像在向路人乞求着什么。这个时候刚好一位神仙路过，问孩子：“小孩儿，你有这么多的金子还需要什么呢？”孩子说：“我虽然有金子，可是我不快乐，我想要亲情、友情。”于是，神仙送给了孩子这几样感情。

一个月后，神仙又从这里经过，依旧看到孩子摊开双手乞求着。他问：“孩子啊，我已经把那么多你想要的东西给你了，你还没有满足吗？”孩子答：“我一点满足感都没有，我还想要成功和荣誉。”神仙听后又把这两样东西给了他。

又过了一个月，神仙经过这里，孩子照样伸着双手。孩子对神仙说：“唉，虽然我拥有很多东西，可是我就是没有满足感。”神仙听后语重心长地对孩子说：“那么你应该学着付出啊！”

果然，当神仙在一个月后再次经过这里时，他看到小孩儿正在把自己的金子送给穷苦的人们，孩子的脸上露出了甜美的笑容。他对神仙说：“原来满足感藏在付出的怀抱里啊。当我一味地乞求时，虽然得到了很多，却没有感到满足。可是当我付出的时候，我为我自己的行为而感到骄傲。”

想要做一个吝啬与小气的人，那很容易，在别人向你寻求帮助的时候，你只需要不闻不问、不管不顾就可以了。可是要想做一个慷慨的女孩，那就不是一件简单的事情了。因为慷慨是一种人生态度，在于平日的修养与学识，更在于家庭的培育。一个慷慨的女孩，她会受到来自各方的欢迎，无论是同学还是亲人。

生活中只要保持一颗慷慨之心，那么无论你付出了多少，都会受到他人的赞扬。

不是所有人都是慷慨的，因为慷慨是一种能力。假如一个女孩连自己的生活都料理不好，那么她又如何有剩余的精力来帮助别人呢？因此，女孩应该有意识地培养自己的能力，因为只有足够的能力才能够在女孩的心中孕育出慷慨的精神。

对女孩而言，磨砺自己的气质，远比装饰外表更重要。好气质，会让女孩自身散发出夺目的光灿，会让女孩成为人群中最为瞩目的焦点。拥有好气质，女孩的未来也将会更加出彩。

培养完美女孩使用书

加油，女孩！
你是最棒的

好气质 让女孩最出彩

贺西蒙 主编

金城出版社
GOLD WALL PRESS
北京 · 2021

图书在版编目（CIP）数据

加油，女孩！你是最棒的．好气质让女孩最出彩 ／贺西蒙主编．—北京 ：金城出版社有限公司，2021.1
ISBN 978-7-5155-2057-5

Ⅰ．①加… Ⅱ．①贺… Ⅲ．①女性－气质－培养－青少年读物 Ⅳ．① G78-49

中国版本图书馆 CIP 数据核字（2020）第 180624 号

加油，女孩！你是最棒的．好气质让女孩最出彩

主　　编　贺西蒙
责任编辑　李凯丽
文字编辑　张亚明
责任校对　李　涛
开　　本　710毫米×1020毫米　1/16
印　　张　60
字　　数　539千字
版　　次　2021年1月第1版
印　　次　2021年1月第1次印刷
印　　刷　三河市万龙印装有限公司
书　　号　ISBN 978-7-5155-2057-5
定　　价　220.00元（全五卷）

出版发行　**金城出版社有限公司**　北京市朝阳区利泽东二路3号　邮编：100102
发 行 部　(010) 84254364
编 辑 部　(010) 84250838
总 编 室　(010) 64228516
网　　址　http://www.jccb.com.cn
电子邮箱　jinchengchuban@163.com
法律顾问　北京市安理律师事务所　(电话)18911105819

目 录

第一章

对女孩多用肯定，少用否定——有助于女孩建立自信

女孩最初的自信源于父母的鼓励和赏识

一个阳光明媚的下午，小女孩在家里玩布偶，爸爸在一边看报纸。突然，爸爸站起身，放下报纸。好像想起什么事情一样，骑着自行车就离开了。从此再也没有回来过。这个小女孩一辈子记得那个下午，爸爸怎样离开家门，妈妈后来怎样痛哭流涕。直到她结婚后，每当看到丈夫拿起报纸，她的第一个反应就是去关上房门。她害怕他也会和爸爸一样一去不回。

这个故事如果发生在男孩身上，结果会如何，无从考证。但女孩比男孩更容易受到影响是真的。就像一本小说的书名那样，男人是野生动物，女人是筑巢动物。女人从小女孩开始，就有一种强烈的归属欲望。

育儿专家们经常会提醒年轻的父母，不要把女孩单独留在家里太久。因为女孩比男孩有更强烈的不安全感；同时也有很多老师们会说，不要批评女孩子，因为女孩子更容易不自信。女孩经常会为了小事情和父母大吵一架，看起来像是在斤斤计较，其实是因为女孩子更需要父母不断地表达对自己的关心，她们对爱永远有需求。

有这样一个故事：

有一个擅长画画的小女孩，报名参加了一个课外辅导班。她的老师非常欣赏她，经常表扬她的作品，这个女孩子的画越来越好了。

后来，由于老师有事情，就请了自己美院的一个同学来继续教孩子们画画。新来的老师在上课之前就和朋友了解过这个班的情况，他知道有一个女孩画得很好，不用特别操心。于是他开始代课之后，很少去看女孩的作品，也很少让同学们看女孩的新作。

渐渐地，女孩觉得新来的老师不喜欢自己，就开始不去上绘画课。

有一天，女孩的母亲问她："你怎么不去上绘画课呢？以前你不是最爱去的吗？"

"妈妈，我觉得新来的老师不喜欢我。"

"怎么这样说呢？"

"以前的老师总是会关注我的作品，但是现在这个老师完全不在意我画得好不好。"女孩对妈妈抱怨道，看得出来，她真的很在意老师对她的看法。

"老师不关心你，一定就是因为他不喜欢你吗？也许他是觉得你已经做得很好了，才没有怎么管你。还有比你更需要辅导的同学等着他啊，所以他顾不上你了。"

"可是我以前的老师就经常关心我的作品！"女孩哭了起来。

这时候，妈妈突然想到自己和爸爸经常在女孩面前表扬表哥表姐，很少提到自己的女儿，于是决定和孩子好好谈谈。

"先别难过，妈妈给你分析一下你就会明白了。其实你最伤心的不是你自己的画儿画得不好，而是你现在的老师没有之前那个老师那样关注你，是吗？"女儿没有说话，看来妈妈分析的不错。

"其实每个人表达自己看法的方式不同，但是内心的想法是一样的。就像这两位老师，可能都很欣赏你，但是一个会自然而然地表扬你，另一个就会把对你完全地放心看成是对你的表扬。"女孩似乎没有很听懂，妈妈接着说道：

"就像妈妈和爸爸经常会在你面前表扬哥哥姐姐，那并不是因为我们更爱哥哥姐姐，我们表扬别人，恰恰是为了激励你。其实我们心中最爱的当然还是你。”

女儿脸红了，妈妈似乎说中了她的心事。

“不一样……”女孩开始思考妈妈说的这个问题，虽然她没有完全明白妈妈的话，但她将带着这个疑惑继续学习绘画，并在老师那里得到答案。

《读者》上曾有这样一个故事：

有一天，一个黑人小女孩走在大街上，不自觉地就被街上五颜六色的气球吸引了。她看见很多孩子买了气球，有的一放手，气球就飞上了天空。粉的、红的、蓝的、青的……突然，她看到了一个黑色的气球。

“先生，黑气球也能飞上天吗？”孩子问卖气球的男人。男人似乎看出了孩子的疑问中还有更深的含义，他取出一个黑色的充气气球，放在孩子手里：“黑气球当然也能飞上天空了，其实气球能不能飞起来，重要的不是它们的颜色，而是它们内在的气体。如果里面充的都是氢气，它们都能飞起来。你看！”说完拿起黑色的气球，松开手，它缓缓上升，越飞越高了……

黑人小孩其实是想问：“我能和别的孩子一样优秀、活泼、快乐吗？”对肤色的迷惑不解，转移到了对气球颜色的好奇上。卖气球的男人的回答解开了孩子心中的谜团，也是在帮助孩子确认自我，增强对自己的信心。女孩在自信心和安全感上都有点劣势，这时候也需要父母帮助女孩来确认自己。

“我爱你”这句外国人天天挂在嘴边的话，中国父母怎么说都说不出来，好像我们天生就少了这根筋，但当我们听到女儿的口中说出“爸爸我爱你”这样的话的时候，心中还是会和吃了蜜一样的甜，可见我们并不是不喜欢这样直露的表达方式。如果爸爸妈妈也能对女孩大声说出“我们爱你”，女孩肯定会很开心。

其实，表达爱的方式有很多种，说只是其中一种。我们的语言可以是肢体动作，也可以是白纸黑字。

当女孩放学回家之后，给她一个拥抱，一个吻；当女孩过生日的时候，给她写一张贺卡，表达对她的爱和感谢等等，都能温暖孩子的心灵。

家庭教育是一个潜移默化的过程，都是在各种各样的生活细节中完成的，所以父母一定要注意平时与女孩的对话方式。父母可能经常会说一些无心之语，让女孩觉得自己不如别人。比如：

“别人家的姑娘一回家就忙进忙出，我们家的可好，尽给我们添麻烦。”这样的比较，让女孩对父母有抵触的情绪。

“你别管，不添麻烦就好了。”这样会打击孩子的积极性，也不利于女孩参与家务劳动，缺少一份我为家庭做贡献的参与感。

“你真是投错胎了，本来应该是个男孩的。”这样的话容易让女孩向男孩性格发展，她会以为现在的男孩个性很好，并趋向偏激。

“别打扮得像个妖精。”现在很多女孩子爱美，会打扮得奇奇怪怪，父母看不惯。但不要说她的打扮完全不对或者没有品位，最好是说“你穿淡颜色的衣服更配你的皮肤”。这样的建议性的话。女孩在打扮上比较敏感，就算是父母，也不要妄自评头论足。

不要总是拿她与别人比较

很多家长喜欢在不知不觉中和别人对比，你的孩子上一个什么班，那我的孩子绝不能落后。其实，这种不根据孩子实际情况而盲目攀比的行为，最后的结果只能是害了孩子。

“别人行，你为什么不行？”这是许多妈妈训孩子的口头禅。某女士一说起女儿的学习就特别激动：“我们做父母的舍不得吃，舍不得穿，一心只想让孩子好好读书，可她就是不争气。我姐姐的孩子比她还小1岁，学习从来就没让父母操过心！我横看竖看，我的孩子不比别人差啊，别人行，她为什么不行呢？”

不少家长老想给孩子树立榜样，拿自家孩子的不足与别人的长处相比，以为这样就可以刺激孩子的上进心，其实，这样只能伤害孩子的自尊，即使刺激了她的奋发精神，到头来还是一种不健康的进取心，很可能会嫉妒别人的成功，或者难以接纳比自己优秀的人。拿孩子做比较，是一种盲目的教育心态。对于女孩来说，家长肯定别人的同时，如果语气和场合不当，难免会伤害了孩子，使女孩产生挫败感，不利于培养女孩的自信心。

没有一个孩子愿意承认自己比别人差，他们希望得到成人的肯定，他们对自己的认识也往往来自成人的评价，而这种肯定式的评价对孩子自信心的培养亦是尤为重要的。如果家长总是强调女孩比别人差，会使女孩经常自我否定，当她遇到困难时就会恐慌、退缩，拒绝尝试。

家长不要总是拿自家的女孩与别人家的孩子比，孩子之间是无法比较的。每个孩子都是自然界最伟大的奇迹，以前没有像她们一样的人，以后也不会有。由此，我们要让孩子保持自信。不论好坏，你都要鼓励孩子去尝试，这是最大化孩子潜能的重要通道，也是最大化孩子自信的源泉，更是使孩子实现人生价值的必经之路。

曾经有一位家长，自己是大学教授，才高八斗，对女儿要求极严。别人家的女孩钢琴弹得好，他马上叫女儿学钢琴，女儿要是钢琴弹不好，他就气急败坏；他又让女儿报考奥校，希望在理科思维方面一举成名，结果落空了，他极为沮丧，整天在家里苦着个脸。其实，女孩有自己的想法，她喜欢一个人待在屋里浮想联翩，幻想自己在宇宙中遨游，或者是回到中古时代和历史人物对话。但这些想法在父亲的眼中就是瞎扯，根本不可能实现的。

而主张“人性教育”的教师李圣珍认为，这样的孩子优点集中，尤其是哲学思维发达，性格敏感，想象力丰富，如果从事文学、哲学和历史方面的学习，一定大有前途。

李圣珍说：“每个孩子的智能发展是不均衡的，每个人都有各自的强项和弱项。如果孩子找到自己的最强项，使潜力得到充分发挥，便可取得骄人成就。”

李圣珍早年曾教过一个学生，这个学生的父母看到邻居家的孩子因为一篇作文而被南开大学免试录取，于是，父母便强迫孩子学语文、写作文。不料，一个学期下来，孩子的写作能力并没有多大起色。在和别人的攀比中，孩子的自信心也一点一点被消磨，最后彻底失去了学习的兴趣。不得已，父母把孩子送到了李圣珍老师这里。

在和这个学生接触的过程中，李圣珍发现她并不像他母亲所说的“是个笨孩子”，除了有点自卑意识外，并没有其他学习障碍。经过一段时间的教育，这个学生对化学产生了浓厚的兴趣，李圣珍就鼓励她去做实验、去探索、去发现更多的为什么。这个学生的智慧火花一下子被点燃了。后来，这个学生考上了一所高校的生物化学专业，毕业后又考上了另一所高校的研究生。

也许你认为自己的女儿很“笨”，但这可能仅仅是因为我们拿她的弱项和其他孩子的强项比较的结果。很多时候我们只看到孩子的弱项，而没有发现她们的强项，如果哪一天我们发现了她们的强项，那么，她们就会变成这方面“前程远大的高才生”。有的女孩可能在那些有音乐天赋的人面前，显得很平庸；但是如果你让她自己动手做一个布艺，会发现她很有设计感。家长千万不要因为孩子在某一方面“不可造就”，就将其整个人及今后的发展全部否定了。

永远不要拿自己的孩子和别人比较，不妨多多挖掘孩子的“可爱之处”。如果你很想让他做比较，那么请让他跟“昨天的自己”来比较。因为人最大的竞争对手其实是自己，战胜了自己，也就达到成功的效果了。

小莲的妈妈总喜欢拿小莲和别人比较。她总是说小莲不如乐乐漂亮，不如小雨会说话，不如阿丽懂事……小莲为此郁闷不已。

一天，小莲拿着自己的成绩单，兴冲冲地跑到家里。“妈妈，妈妈，我这次考了第三，比以前进步了好多！”

妈妈听了，先是一阵喜悦，不过很快又开始沉默，不一会儿，她说了这样的话：“虽然你比以前进步了不少，但比起邻居家的那两个孩子，还是差很多。他们一个今年考上了北大，另一个总是年级第一。加把劲，超过他们才算本事。”

小莲听了妈妈的话，那股兴奋劲早就跑到九霄云外了。

希望孩子可以做得尽善尽美是人之常情。可是，爱比较的家长可曾知道，这样的做法不但会让孩子反感，而且还会导致她丧失对自己的信心。每个孩子都有自己独一无二的个性，为什么非得让她们成为别人的复制品呢？拿自己的孩子和别人做比较的结果往往是：孩子痛苦，你这个家长更痛苦。也许有的家长会问：“我只是想了解她进步了多少，让她明白不能骄傲而已，或者为她寻找一个合适的目标。如果不用这种方法，还有什么更好的方法吗？”当然有，请看一个犹太家长的做法：

有一个叫格兰特的犹太小女孩，在一场考试后成绩一落千丈。她心情很糟，一下子由一个活泼开朗的小女孩变成了一个沉默的小女孩。因为她觉得自己太笨了，不好意思见朋友，于是整天把自己关在屋子里。

她妈妈发现了她的变化，便和她一起分析考不好的原因，逐条列出。最后得出这样的结论：之所以考不好，是因为不用功记单词，不愿意动脑子思考数学题，这些困难都是她自己能够解决的。这位妈妈还反复告诉孩子：“格兰特，你是个聪明的孩子，你还记得吗？你4岁的时候就能数数了，还会画出好看的画。”

她妈妈谈话结束后，还给格兰特留了一个小纸条：一个人的进步不是一朝一夕可以做到的，只要不断努力，及时总结一些经验，找到一些技巧，一切都会好起来的。

从此之后，格兰特不再灰心丧气，她每天都非常勤奋地学习，时常与自己的小伙伴们一起讨论数学问题。没过多久，她的学习成绩取得了很大的进步，她又恢复了以前的自信和乐观。

与其把力量花在对比上，不如试图挖掘隐藏在孩子身上的数不尽的“可爱之处”。

把孩子当作商品一样比来比去，到头来，很容易出现两种结果，一种是在这种比较中较差的一方会更糟糕，她觉得自己一无是处，什么也做不好；另一种是在比较中，较强的一方会因为优越感而过分膨胀，她为了保持自己的优越位置就会不断给自己施加压力，始终处于非常紧张的状态之中。这两种结果无疑都是负面的。

鼓励女孩大胆去做

有的父母总是觉得女孩不会有什么自己的主见，她的想法和意见也不重要，在女孩表达出她的意愿和想法时，家长也总是不屑一顾。当父母就家里的某个决策讨论的时候，女孩在一旁插嘴，父母就大声呵斥：“大人说话小孩子别插嘴”“这是大人之间的事，没你小孩子什么事，一边玩儿去”，实际上父母的这种态度已经对女孩产生了消极的暗示和影响，无疑是给热情高涨的女孩迎头泼了一盆冷水，使女孩自信全失，严重的可能会觉得自己在家里一无是处，可有可无，进而衍生出一些本来可以避免的心理问题，如轻视自己、自我怀疑等等。一旦女孩真的出现了心理问题，父母就要追悔莫及了。

诗人、国家一级作家骆晓戈教授是一位和蔼可亲的大姐，去大学任教前就是一位很得孩子们喜爱的师友。她的女儿岸子自浙江大学毕业后，凭过硬的自身条件被公派到美国留学。

骆教授夫妇的教子之道值得推崇。我曾有幸与他们共事几年，基本见证了他们夫妇对女儿岸子的教育。骆大姐家庭条件优越，唯一的宝贝女儿岸子身上却无骄娇二气。同事们都很喜欢岸子。

在骆教授的众多教育方法中，最大的亮点就是让孩子参与家庭决策。在岸子很小的时候，骆大姐要添置家庭共用品都会征求她的意见。比如买电视机，买多大的、什么品牌、什么颜色、什么价位等，甚至摆放在哪个位置都和她商量。岸子稍大了点，骆大姐就向她详细通报家庭收入情况，夫妇俩还会认真地和女儿预算一周、一月和一年的支出。后来，全家小到衣服大到房屋的购买，岸子都有充分的发言权和决策权。

“当家方知柴米贵。”由于从小就参与了家庭管理，岸子确实知道“一粥一饭当思来之不易，一丝一缕恒念物力维艰”。所以，除了一日三餐和合身的衣装，她就从不向父母伸手要这要那。在家里，岸子享有惯了平等的话语权，在外面，她就时刻做到了不卑不亢。尤其是，通过长期参与家庭决策和管理，她就自觉不自觉地有了振兴家业和贡献社会的责任感，一直刻苦学习，表现优秀，成绩优异。

一般来说，能够经常参与到家庭决策中来的孩子，性格较为开朗，能够在众人面前条理清楚、简明扼要地表达自己的见解和意见，能够主动关心别人、考虑别人的感受，有较强的集体责任感和责任心，待人接物也处处能彰显出自己的自信；而那些从来不参与家庭决策的孩子，考虑事情通常是狭隘的、自我为中心的，集体意识淡薄，依赖心理强，做事的主动意识差。因而可以看出，让孩子参与到家庭决策中来对孩子的健康成长有至关重大的影响意义。

孩子再小，也是家庭中的重要一员，不管孩子年龄大小，父母都要有意识地让孩子参与到家庭决策中来，一来可以让孩子感受到他在父母心中的重要性，二来也能实现较好的自我认知，感受到自我价值。要知道，父母的肯定是孩子自信心形成的一个尤为关键的要素。

让孩子参与到家庭决策中来，父母首先要主动培养孩子的参与意识。当父母平时在讨论问题或商量某个决策的时候，可以有意识地征询一下孩子的意见，如问问孩子“你觉得我们这么做怎么样？”“你认为我们买什么牌子的电视机好呢？”当孩子说出自己意见的时候，父母要及时给予回馈，如果孩子说的有道理，就可以按照孩子说的实行；如果孩子的想法欠考虑的话，父母就要给孩子讲清楚为什么这次爸爸妈妈没有听你的意见，指出孩子需要完善考虑的地方。这样就可以逐渐使孩子关心家里的事情，同时还可以提升孩子的思维，有助于他思考的全面性和理智性发展。

需要注意的是，父母在和孩子沟通的时候，应当把女孩当作一个真正的商量对象，和女孩说话的态度要和蔼，不能颐指气使，更不要对孩子的意见粗暴否定和冷嘲热讽，不要端出家长的架子，要让孩子感觉到，父母的确是想听他的意见的。

再有，并非家庭里的每一件事情都是适合女孩参与的。所以父母在让孩子参与之前，先要考虑好家里的哪些事情适合让孩子来参与，哪些是不适合的。通常来说，凡是参与的过程和结果有利于孩子身心发展的，就可以让孩子一同来参与，如家庭的计划开支、旅行计划等等。

最后，在女孩的参与过程中要引导孩子发表自主的意见。有些孩子在年龄较小的时候，家长说什么他只懂得点头，或是说“我听你们的”“你们说什么就怎么办”，这就说明孩子还没有真正有意识地参与进来，家长就可以适当教给孩子一些参与的方法，如在买东西的时候，就可以给孩子几个备选项目，让孩子从中选择，并让他说出他的思考过程和最终结论；或者当孩子就某项决策不知道从何下手的时候，父母可以给孩子提醒一些既往经验，让孩子从这个角度出发去主动思考。

总之，父母要抓紧一切时机，时刻让孩子感受到，自己是家庭中不可或缺的一员。

不要用对与错来评判女孩

生活中几乎没有几个父母是故意损伤孩子的自信心的，但无意识的伤害却处处存在。正如下面这位母亲：

一位母亲为她的孩子伤透了心，她在心灰意冷的情况下去找心理医生。

医生问：“当您的孩子第一次系鞋带时，打了个死结，从此之后，您是不是再也不给他买带鞋带的鞋子了？”母亲点点头。

医生又问：“孩子第一次刷碗的时候，打碎了一只碗，从此以后您是不是再也没用过他刷碗？”母亲称是。

医生接着说：“孩子第一次整理自己的床铺，用了很长时间，您看不过去，从此代替他叠被子了，是吗？”这位母亲惊愕地看了医生一眼。

医生又说：“孩子大学毕业去找工作，您怕孩子找不着工作，便动用了自己的关系和权利，为他谋得了一个令人羡慕不已的职位。现在您却为孩子的适应能力太差而感到恐慌了！您怕他不能胜任一份好工作，怕他娶不到媳妇，怕他以后过得很凄惨……”

这位母亲更惊愕了，从椅子上站了起来，凑近医生问：“你怎么知道的？”

“从那根鞋带知道的。”医生说。

母亲问：“我以后该怎么办才好？”

医生说：“当他生病的时候，您最好带他去医院；他要结婚的时候，您最好给他买好房子；他没有钱时，您最好及时给他送钱。这是您今后最好的选择，别的，我也无能为力。”

母亲这种不肯放手让孩子去为自己的未来负责的爱，伤害了孩子，使他适应外界环境的能力即自适应心理长期处于停滞生长状态或休眠状态，孩子最终成为“母爱”的牺牲品。

在生活中，很多母亲的过度关爱使女孩的心理成长停滞了，这种结果相信没有任何一位家长愿意看到。心理学家指出，孩子从一出生就带有一种“自适应心理”，这种心理是指人们自我调节，应变适应环境的能力。保加利亚学者佩尔努曾作过一段描述：“婴儿被相当于20公斤的力推出，从温度为37度的温暖母体腹水中被抛了出来。在那个环境中，他像宇航员处于无重量的状态，现在来到空气温度为20度左右的寒冷环境中，而且在这个环境中还必须呼吸。”

从他的这段论述中，我们不难看出，从新生婴儿脱离母体的那一刻起，就已经用他天生的自适应能力来积极回应母亲子宫之外广阔的生活环境。他不仅能够适应这种内外温差，而且很快便开始在这种环境中健康成长。

接下去，他会积极地适应家庭生活，以后还要适应复杂的学校生活，继而要适应更复杂的社会生活。

孩子不仅天生能够自我调节，适应外界环境，而且也确实应该主动去适应，这无疑对他们的未来产生极大的推动作用。心理学家认为，那些自适应心理素质好的女孩，她们对未来有着强烈的求知欲，她们会有选择地接受未来发生的事情，理智地分析生活中的变化。她们有主见，不盲从，明白想要的未来轮廓。因此，她们能够用“未来”的要求来规划自己的行为和思想，不断地为成长增值。

放开手让女孩去接受挫折的存在，对很多父母来说太难了。明明知道有些事情不能做，怎么可以眼睁睁看着女孩去犯错误呢？但如果父母真的想要让女孩有主见、有责任感也有相应的承受能力，就一定要在一些无伤大雅的事情上“眼睁睁”看着女孩犯错误。因为只有真正错过，她才会知道懊悔的滋味、负责任的滋味，还有让别人担心的滋味。

我们总是急于去教会女孩如何争取到成功，却很少教会女孩如何面对失败。失败也是人生中的一种常态，满心带着迎接成功的热情，如何面对失败后的落寞呢？

我们一再地和父母说“放手”，但是真正放手的决心和勇气，都是一个很高的门槛。如果你不知道自己是否可以真正做到给女孩一个自己成长的空间，可以问问自己是否能：

不强求女孩喜欢你自己喜欢的东西；

不评价女孩喜欢的东西是高雅还是庸俗；

不因为女孩没有听你的建议犯了错而暗自得意；

不把女儿的成功当成特别值得炫耀的事情。

如果这些你都能做到，那么你的女儿就是真正幸福而独立的。

不要苛求女孩“十全十美”

也许是由于望女成凤心切，大人们往往对自己的女孩很苛刻，但也比较容易忽略女孩的感受。在工作中，他们总是要求自己的领导能设身处地地替自己考虑这个，考虑那个，但一回到家庭生活中，目标就转移到孩子的缺点上，这也不是，那也不是。继而要求女孩应无条件地服从自己的意志，照着父母的完美计划成长。实际上，这种做法的结果无疑是在推着女孩朝逆反的方向发展，因为女孩会一天天成长起来，有了审视自己的目光，有了自己的世界观、人生观和价值观取向，便有了反抗的心理，对于父母的苛求和指责，便会经常说“不”。

作为父母应该知道，我们自己本身实际上也不是十全十美的，每个人身上也存在着这样或那样的缺点与不足，我们的孩子自然也不例外，为什么总是看不到呢？

如果我们真立志要做个好父母的话，首先就是要理解女孩的感觉，尊重女孩的选择，说不定女孩在某方面的不足正好可以成就其他方面的才能。父母要有眼力去发现女孩的特点。

由此看来，父母在教育女儿的时候，眼光同样很重要，父母们应该让自己多具备一些伯乐精神，及时发现女孩身上的特别之处。利用女孩自身的优点引导她，把她所有优秀的品质发挥出来，帮助她完成人生的自我超越，而不是只盯着某方面的不足不放。

有一项统计表明，从19世纪到20世纪的200年中，能够真正称得上“天才”的孩子只有寥寥的十几位。应该说，世界上大部分的孩子都是很大众化的，不是十全十美的。

责备只能使女孩消极地应对身上不良的行为、习惯。所以，做父母的不要总是苛求自己的女孩十全十美！最重要的是要让她们实实在在地学习，实实在在地做人，实实在在地做事，实实在在地成长，她们才会拥有完美的前途！

如果家长能换一种教育方式，把每个女孩身上的特质和性格罗列出来，然后一一告诉女孩你是多么欣赏她们，让她们感觉到自己是不能代替别人，别人也无法取代她们的，而且也觉得你看到了她们身上与众不同之处。那么，你的女孩就会越来越自信，也就会越来越完美了。

家长应该注意和孩子说话的语气。如果她还小，家长不妨将她抱在怀里告诉她你为她而骄傲，经常不断地给予她表扬，那女孩的感觉是否会更好一些呢？家长和孩子进行交流的时候，不仅在她做得好的时候要表扬。当她做出努力之后，尽管未达到预期的目标，也要进行适当的鼓励，在和女孩说话的时候让她永远感受到如沐春风般的温暖。

赏识也要把握好度

时常会听到有些家长说这样的话：“我的女儿太出色了，聪明绝顶，又那么漂亮！”

母亲这么夸女儿，一旁的女儿则羞愧得简直无地自容，这都什么和什么啊！

似乎，现在的父母觉得好孩子都是夸出来的。

不可否认，赞美确实能起到巨大的激励作用，不只是女孩，大人也一样，如果女孩在工作中得到表扬和夸奖，那么积极性也会大增，随之创造的是更多的价值。被夸奖被赞扬代表着被认可，被夸奖的人也更深入地认识到自己的价值。但是夸奖也要把握适当的“度”，掌握一定的艺术。过分夸奖或者夸奖不当的结果可能适得其反。

心理专家马丁认为：过分夸奖同贬低一样，不能帮助人树立自信，还会让人变得脆弱。所以家教中也应当注意避免过度夸奖。正确的夸奖方法应是先仔细观察，了解女孩所做出的努力和成绩，在此基础上，审其进步程度，有针对性、目的性的夸奖才是正确的夸奖，而过度夸大、吹捧千万不可盲目使用。

赏识女孩一定要有限度，惩罚女孩一定要有分寸，并且需要有明确的操作方式。如果父母过分夸奖女孩会使得她很难正确认识自己，不知道自己真实的潜力有多大。当然，因为父母的过分夸奖，懂事的女孩会去努力但能力达不到就容易产生压力，甚至会有失败感。

此外，如果过分地夸奖或炫耀女孩的长处，时间久了，易使女孩产生比谁都强的心理，不允许或不能接受别人超过自己的事实。大人在夸奖女孩时一定要实事求是，不要夸大其词，并在表扬女孩时应给她指出不足之处。

一位母亲忧虑地对老师说：“我们并没有给我的女儿什么压力，也很少责备她，更不会疾言厉色。我们奉行以奖励代替责备，为什么孩子会越来越忧虑呢？”

老师单独和这位念中学一年级的孩子交谈，发现她担忧自己不能名列前茅，所以很用功。她经常失眠，觉得压力很大，甚至想休学。

“我很怕考不好，所以每天读到深夜。”女孩说。

“你觉得学习有困难吗？所学的功课你不会吗？”老师问。

“不是，是怕考不好。如果落到三名以外，我会觉得很没有面子。我就是怕输掉！”

“你父母亲要求你考前三名吗？”

“没有。是我自己担心考不好，我就是很在意成绩。”女孩哭了起来，“我怕失败，那很没面子。”

“对谁来说，你会觉得没有面子？”

“我怕对不起爸爸妈妈！怕得不到他们的欢心。”女孩泣不成声。

这位名列前茅的女孩，因为长期生活在父母和亲人的夸奖之中。由于一直保持好名次，她未曾尝过父母没有夸奖的滋味。她怕失去夸奖，并把这个惧怕当成了一种严重的威胁。

可见，过度的夸奖给女孩带来的心理负担，慢慢地会加重女孩的心理压力，使女孩变得焦虑，遇到困难容易退却，缺乏信心。所以，千万不要看到女孩有一点小成就，就常常将夸奖挂在嘴边，动不动就表扬、夸奖。

著名作家毕淑敏曾写过一篇题为《请为你的夸奖道歉》的短文，说的是她的一位朋友到北欧访问，周末到当地教授家中做客。

这位朋友一进屋，看到了教授5岁的小女儿，这孩子长得非常漂亮。

朋友带去了中国礼物，小女孩有礼貌地微笑道谢。朋友抚摸着女孩的头发说：“你长得这么漂亮，真是可爱极了！”

教授等女儿退走之后，严肃地对朋友说：“你伤害了我的女儿，你要向她道歉。”朋友大吃一惊，非常不解地看着教授。

教授说：“你是因为她的漂亮而夸奖她，而漂亮不是她的功劳，这取决于我们两口子的遗传基因，与她个人基本上没有关系。

“你夸奖了她，孩子很小，不会分辨，她就会认为这是她的本领。而且一旦认为天生的美丽是值得骄傲的资本，她就会看不起长相平平甚至丑陋的孩子，这就成了误区。不过，你不要沮丧，你还有机会可以弥补，你可以夸奖她的微笑和有礼貌。这是她自己努力的结果。”

朋友听后，感觉的确很有道理。

不要认为教授对女孩太严苛，事实上他是非常赞同赏识教育的。只不过他认为，表扬不可过多过高，不能让孩子情绪过热，过多的赞美会让孩子产生错觉，要么认为自己比任何人都要出色，要么就逐渐形成压力，为了夸奖而去做。

女孩的父母对女孩的赞美应该就事论事，不可过分夸大其辞。父母在赞美女孩优点的同时也要适当泼点冷水，提醒女孩改正缺点。最好是了解女孩做事情的过程，把她做某件事情的良苦用心和艰难努力都看在眼里，然后再夸奖女孩。

父母对女孩的赞美要把握好时机和尺度，当女孩在表现出色的时候、取得进步的时候、需要鼓劲加油的时候，可以不失时机地赞美她。甚至在指出女孩的不足之前，也要先千方百计地肯定她的成绩，让女孩看到自己的优点，才有勇气、才能自信改正自己的缺点。

当然，必须提醒父母的是，对于女孩的夸奖最好能够适可而止，过多过分的夸奖，会带给女孩不必要的困扰，甚至形成焦虑。所以家长在平时对女孩的夸奖要适度，最好应用欣赏、交谈、聆听等方式代替过多的夸奖。

不要替女孩做主

凡凡是班上的一位“小不点”同学，之所以叫她“小不点”，一则是因为她长得比较小，二则是因为她的心理年龄也很小。周末放学回家了，这个“小不点”同学不会和同学们一起坐公交车回家，而是等妈妈开着车子来接她。在平日上课的时候，她的妈妈也会隔三差五地来看她，送点好吃的点心或是应季新到的新鲜水果，总之，“小不点”同学就是在妈妈的细心呵护下成长，不会受一点委屈，所以也就习惯地依赖妈妈了。

如果妈妈不在，“小不点”同学也会和同学们相处得很好，看上去乖乖的。不过她的行为习惯还是特别像个小孩子，自己很难独立，如果别人说去哪里，她总是像一只小尾巴跟着大家。虽然大家都很爱护凡凡，但即使是同龄人也会觉得她和大家有代沟，所以和“小不点”同学的谈话很难深入。

凡凡的妈妈也为她的孩子感到担忧：“我的小不点啊，你以后长大了之后可怎么办啊？”

上例中的凡凡很有可能存在着比较严重的依赖型人格障碍。依赖型人格障碍是一种以依赖心理为主要特征的人格障碍类型，青少年患者一般缺乏自信、自以为难以独立、自愿从属别人、任凭别人左右，如学业、职业的选择需要靠父母和他人决定，为了获得别人的帮助，不惜逢迎讨好。

这种依赖性的人格障碍一般是源于个人发展的早期。有的父母过分溺爱子女，并且鼓励子女依赖父母，不让他们有长大和自立的机会，以致久而久之，在孩子的心中就会逐渐产生对父母或是权威的依赖心理，长大之后依然不能自主，缺乏自信心，总是依靠他人来做决定，终身不能负担起独立选择采纳各项任务、工作的责任，形成依赖性人格障碍。

对这种依赖性人格障碍的治疗，可以采用如下的方法：

1. 习惯纠正法

依赖性人格的依赖行为已成为一种习惯，治疗首先必须破除这种不良习惯。仔细检查女孩的行为中哪些是习惯性地依赖别人去做，哪些是自己决定的。对于自主意识强的事件，以后遇到同样的情况应该鼓励女孩坚持自己的决定。

2. 重建自信法

如果只是简单地破除了依赖的习惯，而不从根本上找原因，那么依赖的行为也可能复发。重建自信的方法便是从根本上加以矫正女孩依赖型人格障碍。

第一步，清除童年的不良印迹。依赖型一般都缺乏自信，自我意识十分低下，这与童年时期的不良教育在心中留下的自卑痕迹有关。最好的方法是回忆童年时父母长辈说过的对自己有不良影响的话，比如："你真笨，什么也做不出来。""瞧你那笨手笨脚的样子"等，把这些话仔细地整理出来，然后一条一条加以认知重构。

第二步，重建勇气。可以选做一些略带冒险性的事情，每周做一项，例如：独自一人到附近风景点短途旅行；独自一人去参加一项娱乐活动或是一周规定一天"自主日"，这一日不论什么事情，决不依赖他人，通过做这些事情，可以增加勇气，改变以往事事依赖他人的弱点。

第二章

女孩也要坚强——“富养”应养出女孩坚强的一面

应拿捏好对女孩的保护度

惠施和庄子都是魏王的好朋友。一天，魏王分别送给他俩一些大葫芦的种子，对他俩说："你们把这些种子拿去种在地里，会结出很大的葫芦。比比看，你俩究竟谁种的葫芦大，到时候我还有奖赏。"

惠施和庄子都高兴地领受了，并去种在地里。

为了能种出比庄子更大的葫芦，惠施非常用心，而且每天都施肥、除草。庄子的葫芦就种在不远的地方，但他从不施肥、除草，只是到时候来看看，见没有什么异常，就做别的事去了。

没过多久，惠施的葫芦苗一棵一棵地相继死去，最后，一棵也没成活。而庄子的葫芦苗却长得格外好，慢慢地，都开花结了果，而且，长出的葫芦都很大。

惠施觉得很奇怪，就跑来请教庄子："先生，为什么我那么用心地栽培，所有的苗都死光了，而您从来都不曾好好地管理，反而长得那么好呢？"

庄子笑着答道："你错了，其实我也是在用心管理的，只不过与你的方法不同罢了。"

"那你用的是什么方法呢？"

"自然之法呀！你没见我到时候也要去地里转转嘛！我是去看看葫芦苗在地里是不是快乐，如果它们都很快乐，我当然就不用去管它们啦。而你却不管它们的感受，拼命地施肥，哪有不死之理啊？"

"这么说来，还是我害了它们？"

"就是啊！你的用心是好的，可是你不用自然之法，怎么可能得到自然万物的拥戴呢？”惠施恍然大悟。

这个故事对当今的家庭教育会有所启迪。在孩子成长的道路上，存在着一个非常温柔的陷阱，就是那些过分庇护孩子的父母亲自挖掘的。掉进陷阱里的孩子，由于被剥夺了犯错误和改正错误的机会，从而也失去了长大成人的权力。

保护孩子是父母的天性，没一个父母不对孩子倾注着满腔的热爱。没有父母的保护，孩子是很难长大成人的。然而，过度的保护则没有益处，只会使孩子变得软弱无能，缺乏自主性和独立性。

据报载，一名8岁的小女孩，仅仅因为偶然的迷路，她母亲便痛下“不再让女儿离开自己一步”的决心，并辞去公职，留在家里照看女孩。这样的事例，在生活中是很少见的，但家长对孩子过分呵护，凡事顺着孩子，生怕孩子饿着、累着、受委屈的现象却不是个别。我们在一些小学门口观察发现，家长早送晚接，更有甚者，干脆帮小孩做家庭作业，收拾学习用品，帮小孩值日打扫学校卫生区等。一个四年级的学生上课没带课本，老师问她为何不带课本，她却振振有词地说：“还不是我妈，忘记装了！”

有一位母亲，在孩子很小的时候和丈夫离异，这位母亲便把全部的爱转移在孩子身上，好吃好穿的任她挑，在家想干什么就干什么，想要什么母亲就帮她买什么，恨不得把天上的月亮也摘给她。母亲的娇惯和纵容，使她滋生了“唯我独尊”的心理。在学校里霸道十足，不听老师的话；在家稍不如意，就拍桌子摔碗；在社会上经常与人打架斗殴，最终走上了抢劫的犯罪道路。

另外，我们要说的是，父母过度保护孩子的做法其实是一种自私心理的反映。因为过分溺爱的背后，一定会有对孩子行动的禁止和干涉。父母们总是按照自己的意愿去爱孩子，总是站在大人的角度去判断何事该做，何事不该做，从来没有问过孩子是否真的就需要这样的保护。尽管这些都是出自于对孩子的爱心和关怀。但是父母们有没有想过，孩子会在这种连续“禁止”中，逐渐失去表达自己要求的能力，甚至会变成“无力量”“无意欲”“无关心”的“三无人类”。从某种意义上说，过度保护孩子，是一种无形的剥夺。

剥夺了孩子独立生活的权利，剥夺了孩子自主选择的意愿。这是一种悲哀！

过分保护导致如今孩子某些生理、心理机能退化。一些家长一方面在学业上拼命给自己孩子“加压”，另一方面又为她们在生活上尽可能地创造很好的条件，这便导致现在的孩子大脑“发达”，四肢无力。在舒适的环境中，孩子身体中的某些机能正在逐步退化。因为她们生活的需要很容易得到满足，几乎不用克服什么困难，不用付出，也就没有发展。孩子成长过程中用于发展自己能力的机会就这样被剥夺了。

真心地关注女孩的需要，不要把自己的意识强加于孩子。父母们应该放低自己的姿态，听听孩子内心深处的声音，真正将自己的关怀和保护用在刀刃上，给孩子们多一些自由成长的阳光、温度、水分、空气……别让你的孩子在“腻歪”了的爱中苟延残喘，倍感“生命不能承受之轻”。

保护女孩没错，但要留给女孩独立的空间，不管我们做父母的多么想保护孩子，她们一旦融入集体生活，就有一种强烈的独立意识，她们会把这种过分的关心看成是很没面子的事。可以说，当孩子们离开家长时，平时在父母温暖的怀抱下软化的独立意识开始得到了复苏。那些向来将孩子“含在口里怕化了，捧在手中怕摔了”的父母需要认真地去思索了。

要保护，不要约束

在幼儿园的课上，老师向小朋友们提问：“如果现在你面前有一位白胡子老爷爷可以帮助你改变性别，那么你们是想当男孩子呢还是女孩子？”

在场的小女孩们表现尤为活跃，并且大部分的女孩都选择“我要当男生”。老师感到很意外：“为什么你们都要做男生呢？”

“因为我是女孩，所以妈妈不让我爬树，不让我下河游泳。”其中一个小女孩如是回答。

可见，在这些幼稚的小女孩心中，她们不喜欢当女孩，其中最重要的一个因素就是当女生的束缚太多，让她们感到没有当男生自由。

“男女有别”，不同的性别就已经决定了不同的属性。男孩子的性格天生就是粗放型，喜欢大大咧咧，而女孩则更多的是细腻和乖巧。在平常的生活中，妈妈对女孩的束缚肯定会比男孩要更多一些，如果一个小女孩到了晚上7点还没有回家，妈妈们肯定不仅担心而且很容易将事情往不好的方向去想，换作男孩则不会这样。妈妈会答应一个男孩和同学一起结伴去郊游，如果换作女孩，免不了要唠叨一通。

性别就犹如一个标签，束缚着女孩自由成长的天性。

妈妈们习惯于对女孩过度的溺爱甚至有点“专制”。一个女孩在妈妈的保护下长大，一方面很容易被“娇生惯养”，另一方面很容易被“过度保护”。

这些从小就在妈妈的庇荫下长大的女孩，由于受到了过度的保护，她们会在成长的过程中出现一些性格上的缺陷，比如说对妈妈过分依赖，有时会不太喜欢参加集体活动，性格很内向很封闭，而且不太愿意和别人交流。

即便是这样，女孩依然渴望自由，尤其是随着年龄的增长，女孩子更不喜欢大人们打扰她那片属于自己的小天地，每当夜深人静的时候，她们独自一人在那里回味。

有的时候，正是由于家长的过度管教，反而会扼杀女孩本来美好的天性，令女孩感到窒息，甚至会产生不可预料的严重后果。

妈妈们可以静下心来好好想想，自己是不是也犯下过某些错误呢？她们对女孩所做的一切事情都不放心，只觉得要通过自己的照料心里才安稳。她们认为只要女孩能够“听话”就是好孩子了，并且据此名正言顺地严格管理女孩的饮食起居、学习计划以及社会交往活动等等，并且经常干涉女孩的各种事情，自作主张地为女孩安排一切。

著名的教育工作者孙云晓老师曾经说过：“中国的妈妈现在所做的事，就是在辛辛苦苦地酝酿着孩子的悲剧命运，争分夺秒地制造着女孩的成长苦难。实际上，我们是在和自己作战，用自己的奋斗来击毁自己的目标。”妈妈们越是限制女孩的自由，实际上就是在制造自己与女孩的距离，在某些时候会导致“控制”与“反控制”的斗争愈演愈烈。

妈妈在教育的过程中不要刻意约束女孩，妈妈把女孩管得越紧，女孩的压力反而越大。妈妈起到的是帮助女孩、开导女孩、鼓励女孩的作用，过分地施加压力，反而会不利于女孩的健康成长。

妈妈们在平时的教育过程中也要注意克制自己的想法和冲动，只有真正把属于女孩的空间还给她们，让她们从单一的生活中解放出来，女孩才会觉得自己成为自己的主人，才能获得真正的成长。

所以，妈妈们一定要给女孩足够的自由，对一些无关紧要的小事可以不管或者是少管，让她们养成独立生活的习惯。

妈妈们要相信自己的女孩可以独立，有些事情女孩一个人完全可以应付得了。妈妈可以适当地让女孩选择伙伴与之交往、控制自己干涉女孩的念头，一定要让自己时刻信任女孩、尊重女孩的独立人格，放开自己的手给女孩自由，让女孩自己说出她最喜欢什么样的生活，鼓励她向着自己不知道的方向前进，鼓励她发现自己的“新大陆”。只有这样，妈妈才能把女儿培养成为生活中的强者，让女孩走自己想走的路，水到渠成地到达自己应该到达的位置。

没有谁能够永远享受保护

被喂养惯了的动物，突然有一天将它们放养，结果它们已经不能依靠自己的能力独立捕食了。对于动物而言，捕食是它生存的基本技能，否则就要饿死。生存法则告诉我们：太过安逸，就会在危机到来的那一刻不堪一击。

同样的道理，在父母庇护下长大的女孩通常没有在社会中独自生存的能力。一旦父母因为某些原因无法顾及到她们，那样的话她们迟早会被社会淘汰。

在现今的社会中，独生子女居多，一个家庭可能会将几代人的关心与爱护都集中在一个孩子身上，尤其是女孩往往会得到更多的疼爱。妈妈们会在生活的各个方面照顾得无微不至：帮女儿穿衣系鞋带，陪着女儿复习准备考试……正是由于家人过分的爱护使得女孩过分地依赖家庭，凡事都不肯自己动手。这样的女孩长大之后明显地依赖心很重，凡事自己不想动脑筋，遇到事情就总想找人帮忙，而且习惯于推卸责任。这样的孩子势必不会为社会所青睐。

很多女孩的妈妈大概都会有这样的想法：女孩比较娇嫩纤细，弱不禁风，所以要尽自己的全力来保护她。但是，过度的保护，无疑就是不好的了。

妈妈要将女孩看做是一个独立的人，有独立的思想，也需要独处的空间。鲁迅先生曾说："子女是即我非我的人，但既已分立，也便是人类中的人。因为即我，所以更应该尽教育的义务，教给他们自立的能力；因为非我，所以也应同时解放，全部为他们自己所有，成为一个独立的人。"鲁迅先生的话正表达了这样一种现代儿童观——子女，是我的孩子，又不完全等同于我，他从母体出来后，已与母体分开，成了人类中的一个独立的人。因为还是我的孩子，作为父母就有教育他的义务，而这种教育主要是教给他自立的能力，因为他不等同于我，所以要解放孩子，使他们完全成为独立的人。

平时，妈妈应培养女孩的动手习惯，培养女孩做力所能及的事情。没有一个妈妈可以永久地照顾自己的女孩，因此要有意识的让女孩从小就做一些力所能及的事情。只有从小事做起，才能逐步培养起女孩独立自主的精神。

妈妈们也要给女孩犯错的机会，锻炼她的自理能力。妈妈们要避免对女孩的过度保护，在做任何一件事情之前充分尊重女孩的想法和意愿，放手让女孩自己拿主意。如果我们是因为担心女孩犯错而帮助她做好一切的话，那么，这种事事被领着的女孩永远不可能长大。

女孩懂得自我保护，家长更放心

有一些家长很重视对男孩生存能力的培养，但对女孩就是另外一种情况了。许多孩子的父母，千方百计地给女孩创造安逸舒适的生活条件，致使有的女孩到了中学，甚至到了大学，离开了父母就不会独立生活，处处表现出懦弱、畏缩、无能，这样的女孩将来恐怕难有出息。

一个缺乏独立生存和自理自立能力的女孩，就很难成为生活中的强者。家长的责任应该是教女孩掌握生存和自我保护的本领，使她们有勇气去面对生活中可能出现的危险与挑战。

“物竞天择，适者生存”是自然界和人类社会的普遍规律。如今，我们的不少女孩这种意识越来越缺乏。她们犹如温室里的花朵，生活自理、自控、自救、自我防范等方面的能力很差，所以屡屡发生女孩被拐骗、触电而死、溺水身亡等悲惨事件。

这并非仅仅是个“安全意识”问题。它至少还从一个侧面表明，家庭、学校对于学生生存能力的培养是不成功的，诸如此类的事件频发给我们的“生存教育”敲响了警钟：过分的呵护只会让女孩失去基本的生存能力，不理性的爱只会弱化女孩天赋的潜能。

有这样一个真实的故事：

在某省城宽阔的大街上，一清早就停放着一辆警车和一辆豪华客车。警车上坐着警察，可客车里坐的却不是犯人，而是佩戴红领巾的少先队员。

客车周围簇拥着黑压压一大群前来送行的人，男女老幼约有上百人。

只见车下的人一个劲地往车上递大包小包各式各样的食品，还喋喋不休地千叮咛万嘱咐：“别到处乱跑”，“不要喝生水，别吃不干净的东西”，“水杯、饭碗用自己的，不要用老乡的”，“睡觉盖好被子，别着凉”，“晚上上厕所带好手电筒”……

警车开动了，与客车一同离去。而直到车辆消失在大街的尽头，送行的人们仍旧站在原地，眼含热泪，眼巴巴地望着车开去的方向，很久都不愿离去，此情此景颇为“悲壮”，犹如生离死别。

其实，这只不过是某单位组织的一次小学生社会实践活动：从省城挑选20名小学生到边远山区学习生活一周，同时从边远山区挑选20名小学生到省城学习生活一周，即进行短期的“易地留学”。

看到眼前这种情况，观众无不感叹地说：“现在的孩子养得也太娇了，将来他们怎么能独立生存呢？”

这种担心绝非杞人忧天。其实，有许多孩子的父母，很不重视孩子生存能力的培养，将孩子护在怀中，便限制了他们发展能力的空间，使他们在未来的社会中束手无策。同时，父母过于紧张的保护意识，也容易使孩子对生活产生恐惧感，认为外面的世界充满不可抗拒的威胁，形成怯懦的性格。

云南弥勒市14岁的女孩被强盗扔进20多米深的山洞，但她却凭着坚强的意志力和良好的生存能力，靠吃洞中的青苔和岩洞水，在暗无天日的山洞中度过半月之久，最后终于获救；哈尔滨10岁的女孩莹莹遭遇绑架，一路上她假装昏迷、记住路标，趁坏人不注意，终得逃脱……

这些典型事例都是我们对女孩进行生存教育的生动素材，只要家长们舍弃短视、功利、肤浅的教育方式，将爱女孩的眼光放得更长远些，切实地在生活中注意培养女孩面对生存的态度和能力，赋予女孩坚强的品质，便一定能收到最佳的教育效果。

很多女孩子不喜欢运动量大的户外体育运动，如长跑、游泳等，但这样的体育运动对于孩子的生长发育和身体健康都是极为有益的，作为家长，可以鼓励、要求她们，但最好的方法，是抽出时间和女儿一起定期进行运动锻炼。

适当让女儿参与一些户外训练，让女儿有机会面对跟平时生活不一样的生存环境，训练女儿随机应变的能力，有了这样的基础，即使遇到危险，女儿也能很好地自救。

女孩要掌握的基本安全常识

“当当当——”屋外有人敲门，但却不说话。

“是谁？”妮妮问了一句，当时屋里只有妮妮一个人，可是外面没有人搭话。

那个神秘的人拧开了妮妮家的防盗门，直接敲妮妮家的木门。

糟了，妮妮这才想起来妈妈出去的时候她忘记了锁防盗门。

“当当当——”声音听起来这样刺耳。可是这个人到底是谁啊？妮妮躲在屋里，有点害怕了。她再次鼓起勇气大喊一声：“你到底是谁啊？”

可奇怪的是外面的那个人仍然不说话。

妮妮心想让他在外面敲门吧，不理他就是了。

可是，如果这个人把家里的门撬开了怎么办？妮妮一个人在屋里，越想越害怕。情急之下，妮妮马上拨通了妈妈的电话：

“妈妈……防盗门没有锁……有个人在一直敲门不说话……我害怕……他在撬门。”

“妮妮，你冷静一点，我就在楼下，马上回家。”

原来，妈妈正在回家的路上，而且确切地说就在楼下，妮妮心里一下踏实了，跑到门口听听一会儿妈妈会和那个神秘的人说什么。

“请问您找谁？”不一会儿，妮妮就听到了外面妈妈的声音。

那个人依旧不说话，不知在外面做什么，然后就走了。

妈妈在外面喊：“妮妮开门吧。”

妮妮打开门，马上就问妈妈：“刚才外面的那个是个什么人，吓死我了。”

“他是个聋哑人，而且看样子是从很贫穷的地方来，只是想讨一点钱，没有别的恶意。”妈妈向妮妮说道，“不过，妮妮你这样做是对的，对待陌生人一定要多几分防备才行。害人之心不可有，防人之心不可无啊。”

女孩子一个人在家时，经常会碰到有人敲门，“小妹妹，我是修水表的，你爸妈打电话让我现在过来，给我开门吧。”

“小同学，你看，我手机没电了，我又急着找我儿子，他在上大学，我找他有急事，你手机借我用一下行吗？用完了就还你。”

很多情况下，女孩往往是不假思索地就相信了对方，开了门、递给对方手机，而却没有意识到要保护自己，这不能不说明女孩自我保护意识太过于薄弱。

1998年11月18日是“流星雨之夜”。凌晨3点多钟，北京市八里庄地区14岁的女中学生马某和她表弟在看完流星雨回家的路上，遇到了罪犯庞某。庞某自称是联防队员，要察看马某的证件。当马某的表弟被支走回家取学生证时，庞某以去派出所为由将马某带上出租车，随后诱骗到一公园内隐蔽处，猛然将马某摔倒在地，并用木棍殴打马某的头部，见马某昏死过去，便对其进行流氓活动。当庞某发觉马某已经死亡，便用草覆盖尸体后逃逸。

据庞某交代，他将马某带走的路上，曾不止一次遇到行人，当时他心里很紧张，但马某并没有呼喊求救。另外，罪犯遇到马某姐弟的地方，离马某的家不过300米！距离凶案现场却有很长一段路程，庞某还打了一辆出租车。事后据那位出租司机反映，当时马某是自己打开车门上的车，一路上，她也一直没有向司机示警或求救。那位司机说“这个小姑娘死得太可惜了，其实当时只要她有一点暗示，我肯定会帮助她。”

女孩的死给我们以警醒，我们也不难看出，正是因为她毫无自我保护意识，才给不法分子提供了可乘之机，悲剧也由此展开。这样的事例不在少数，这其实也要求我们一定要时刻提高警惕，并增强观察、识别能力，不被坏人的甜言蜜语所迷惑，谨防上当受骗。

不光如此，我们还要学会在适当的时机与歹徒巧妙周旋、斗智斗勇，尽力保护自己，以增强感性认识和自我保护能力。如何帮助自己树立强烈的自我保护意识并尽可能地实行自我保护呢？不妨从以下几个方面做起：

1. 遇事要冷静，不要让所谓的哥们义气害了自己，也害了朋友。学会拒绝不正当要求，坚决不与坏人同流合污。

2. 不要随意泄露个人及家庭情况，以免被不法分子利用。

3. 独自在家时，不要给陌生人开门。如有人撬门爬窗，应立即大声呼救或电话报警。

4. 平时尽可能多地学一些法律知识，学会用法律武器保护自己的合法权利。

5. 遭到严重暴力侵害时，如绑架、劫持、伤害等，一般不要与其硬拼，但更不要吓得不知所措，屈服于恶势力。这时要镇静、机智地与之周旋，以寻找机会脱身并报警。

生活有美好、阳光的一面，但生活中也处处存在着危险。女孩正处于成长时期，阅历相对简单，社会经验相对不足，鉴别是非的能力也较弱，所以更应该加强自我保护意识，从而将伤害降低到最小。

教女孩做自己的守护神

放学之后，姗姗没有和小伙伴们一起回家，因为妈妈已经和她说好了下班之后来接姗姗，要姗姗站在原地不动地等她。

不一会，同学们都走了，刚才还热热闹闹的校门一下子冷清了许多。姗姗心里有点着急了：“妈妈呀，你怎么还不来啊！”

不一会，一个骑着自行车的阿姨迎了上来，对姗姗说道：“这个同学，你们家长出事情了，要我来接你回家。”

听了这个陌生阿姨的话，姗姗的心里有点觉得不对劲，就问她说：“我的爸爸妈妈现在在哪里？”

“他们现在都在医院，让我接你直接去医院。”阿姨笑着对姗姗说道。

听她这样一讲，姗姗更觉得奇怪了，爸爸妈妈都好好的，怎么会在医院里？眼前的这位阿姨，别再是个骗子吧。

于是姗姗继续问她："你知道我叫什么名字吗？"

"你叫……"阿姨说话顿住了，"哎呀！你的爸爸妈妈都在医院里，大人有很多事情忙，没来得及打听你叫什么？我说你这个孩子，来跟阿姨走吧。"

"不行，我妈妈叫我等她，我才不跟你走！"姗姗大声喊道。

这个阿姨马上对姗姗说："你小声点，这么大声干吗！快跟我走，快走！"说着就要拽姗姗上车。

这个时候姗姗敢断定她就是一个骗子，难道是个人贩子吗？没有别的办法，姗姗只能拼命大喊："我不认识你，你走，你走！"阿姨也觉得她不太好对付。

这时，姗姗看到妈妈从远处过来，并喊着自己的名字："姗姗——"

"哈，是妈妈。"姗姗喜出望外地向那里跑去，再看那个阿姨，早就跑得没影了。

现在很多不法分子在行骗的时候，往往会利用女孩子们虚荣、贪财的心理，说些甜言蜜语，送些礼品和钱物，用小恩小惠使女孩渐渐地钻入他的圈套。犯罪分子不管采用何种手段，他们都有一个共同点，即想方设法骗取女孩的信任，让女孩听他摆布。对待这些不怀好意的人，一定要提高警惕性，认清他的真面目。

如果女孩自己发现被拐骗后，首先要记住行走的路线和罪犯的相貌特征，要沉着冷静，不要惊慌和没有目的地乱跑。当碰到警察、军人在乘坐的车上时，要大声呼救，以求得大家的帮助。在被拐的途中，可趁对方不防备时及时逃生，或写一些字条留在人多的地方，写明自己的姓名、家庭住址、年龄、电话号码及父母的姓名等内容，说明自己被拐骗，现在在什么地方，请求见到字条的人报警。如自己被拐骗到异地，可以先暂时装出顺从的样子，同时要沉着机智，使其对自己放松看管和警惕；观察和了解所在地的具体地址、对方的姓名，趁其不备时拨打110报警电话；或让附近的邻居帮助自己捎出信件，向家里人或公安机关求援。当女孩陷入被拐骗的危险处境时，很重要的一点是树立坚强的求生意识，勇敢机智地面对困难，只要有一线希望，就要用十倍的力量去争取，相信一定能获得成功。重要的是，千万不要害怕。

对于尚缺乏处世经验的女孩来说，一定要警惕身边可能伸过来的“魔掌”，不要受别人的小恩小惠的诱惑，在平时就养成自尊自爱的好习惯，在遭遇到危险时，也要镇定地保护自己。

教女孩把握好善良的分寸

贝思和丽莎已经相识二十多年了。在这二十多年里，她们的关系一直很好。丽莎在10年前离婚了，这些年一直孤身一人。而就在最近，贝思的丈夫通知她，他要跟贝思离婚。伤心绝望的贝思于是在丽莎的邀请下搬到丽莎的家中居住，因为她自己的房子已经被卖了。

也许是因为同病相怜的缘故，丽莎很理解和同情贝思的遭遇，她也想竭尽全力来帮助贝思。为了减少贝思的生活开支，她让贝思跟她住在一起，分文不收。在一起生活的日子里，丽莎用尽了自己所有的积蓄来满足贝思的一切需要，如逛街、买衣服、外出旅游等。半年后，贝思结交了新的朋友而搬离了丽莎的家，而这时候的丽莎已经变得很贫穷了。更令丽莎难过的是，从贝思搬走以后，贝思便不再与自己联系，从那时候开始，她们两人再也没有说过话。

这一件事使丽莎感到自己受到了伤害。她告诉朋友："我太快而且毫无保留地敞开自己的胸怀和钱包，慷慨地给予了她我所有的一切。我难以抑制自己的表现，可是贝思的胃口却愈来愈大。"

为了贝思而甘愿付出自己所拥有的一切的丽莎最终因自己过度的善良而受到了伤害。其实丽莎作为贝思的朋友，在贝思出现情感的危机时对她提供必要的帮助是不错的，因为毕竟是朋友，互帮互助是应该的。但是，在给贝思提供帮助的时候，正像她自己后来所反省的那样，她过快而且毫无保留地敞开了自己的钱包，而没有考虑自己以后的处境。当然，很多看到这个故事的人，尤其是涉世未深却很讲究"义气"的青春期少男少女们可能会认为丽莎是将友谊看成了生命中最重要的东西，她对贝思是情深如海，至于最后贝思对她的背叛，过错应该全部归结于贝思。这样说似乎也合情合理。但是回过头来想一想，难道丽莎就不需要为这样的结局以及为她自己以后的生活承担责任吗？

如果一个人在考虑任何事情的时候都以自己的利益为出发点，那么也许这个人在别人眼里会有点自私。如果走向另一个极端，考虑任何事情都把自己排除在外，那样的结局也不会都像自己期待的那样美好。

人常说："爱己才能爱人。"善良不仅可以表现为为对方做好事，而且也应该首先表现为对自己的关爱。不错，善良是一种良好的心态，也是一个人获得他人尊重的前提，但是，表达善良也应该有一个尺度，无限度地、盲目地奉献自己，到头来很可能会迷失了自己。

“做人要做善良的人”，这是公理。但是在表达自己的善良时，也要把握一定的分寸。为了做到与人为善、对己友善，请务必抑制自己过分行善的欲望。

父母应该告诉女孩不要被美丽的假象所欺骗，真理往往就是混杂在假象中的，女孩涉世未深，她们的心智完全不足以解开事实的真相。对于那些不了解的事情，女孩们难免会对那些未知的领域做出错误的判断。这个时候，家长要告诉女孩，不要过于相信自己的眼睛，最好是用自己的头脑来看清事情的真相，一个女孩如果想要拥有大的格局，则必须要具备这样的素质。没有什么事物本身是可以影响人的，人们多半只是受到了事物看法的影响。告诉女孩遇到事情的时候，不要不经过调查，也不要匆忙下结论，更不能不思考就下论断，而是要用心去看清事情的真相。

实际上，懂得分享是一种高明的生存之道。当一个女孩肯抛弃自己的自私行为，能够勇于为别人付出的时候，其实就是帮助了自己。在这个崇尚合作的社会里，并没有一个人能够承担全部，而一个人的价值体现更容易在与人合作中表现出来。鼓励女孩分享自己所拥有的，会使女孩更容易找准自己的位置和方向。

女孩也要培养坚强品质

小女孩是父母的小公主，她们好像天生就胆小：她们怕黑，晚上睡觉时非要跟爸爸“抢”妈妈；她们说话细声细气，不敢争取自己的正当利益；

她们娇气，受不得委屈，有一点点伤就哭个不停……正因为如此，胆小和懦弱好像总是喜欢这些小女孩，于是小女孩受到小男孩的欺负便成了常事。

另外，女孩的胆小还会因父母而起。一种情况是，家长对女孩过分的溺爱会促使她们胆小。“宝宝不要动，小心烫着你！”“想吃梨？妈妈给你削，刀子会伤到手！”家长的过分保护会给女孩消极的暗示。在家长的溺爱下，女孩会变得娇纵、不可一世；再者，由于很多事情女孩都没有亲自体验过，她会对实践产生畏惧心理。这样的女孩在面对“侵略”时，常常只会躲避。还有一种情况是，当女孩哭时，很多父母经常这样吓女儿：“狼外婆来了，专吃爱哭的小孩子！”年幼的女孩很容易对家长的戏言信以为真，并且产生深深的恐惧。对生活带有恐惧心理的女孩，是很难有勇气面对别人的欺负的。在被欺负的时候，她的恐惧心理会卷土重来，给女孩幼小的心灵枷上一个巨大的阴影。

有这样一个故事：

4岁的小女孩桐桐非常胆小。有一次，妈妈带她去社区的小广场玩，旁边突然跑过来一个2岁多一点的小男孩，他直勾勾地盯着桐桐手里的小皮球，非常好奇的样子。桐桐看见了，不自觉地把球往身后藏，然后壮着胆喊：“你不许抢我的小皮球！”小男孩好像看出桐桐的胆小，冲上来就抢，桐桐吓得号啕大哭。妈妈连忙说：“小弟弟，你怎么可以抢东西呢？”又对桐桐说：“小弟弟比你还小呢，你为什么怕他？来，和小弟弟握握手，大家做个好朋友。”

小男孩做个鬼脸，跑了。从那以后，他只要看到桐桐经过，就会跑过来打她一下，或者把桐桐手里的东西抢走。而桐桐看到那个小男孩，总会不由自主地躲得远远的。

又有一次，桐桐正在楼下的车库里玩，看到那个小男孩朝这个方向走来，便马上对爸爸说：“爸爸，快把车库的门关上，那个小哥哥要打我。”

桐桐竟然将比她小的孩子升级为“哥哥”了。这也正是很多女孩家长感觉头痛的事，由于女儿的文静、胆小，常常在学校受那些“坏孩子”的欺负，自己又不好插手小孩子之间的事情，但又不知道怎样才能让胆小的女儿保护自己。对于这个问题，桐桐爸爸的解决方法是：

晚上，爸爸认真地问自己的宝贝女儿：“那个小弟弟比你小，怎么会是小哥哥呢？你能告诉爸爸你为什么这样怕他吗？”

“因为他总抢我东西，还老打我。”桐桐有点委屈地说。

“如果你按爸爸说的去做，小弟弟就不敢欺负你了。下次小弟弟再抢你东西，你就大声地对他说‘不许欺负我’，然后再把东西抢回来！”

第二天，桐桐跟爸爸出门，远远地看到小男孩走过来，爸爸就对桐桐使了个眼色，躲到一边。小男孩过来了，看到桐桐手里的玩具熊，就上来抢。桐桐鼓起勇气，大声说：“你不许抢我的东西！”然后用力把玩具熊夺回来，小男孩没想到桐桐变得这么“勇敢”，以后也不再抢桐桐的玩具了。

并不是所有的女孩都天生胆小，这与孩子的性格有关，当然与父母从小对她的教育也有很大的关系。家长要想让女孩变得娇而不弱，就要告诉她：躲避不能解决任何问题，用正确的方法去面对那些“纸老虎”，你才能永远不受欺负。

女儿遇到困难向父母寻求帮助的时候，父母要做的，不是替女儿解决问题，而是让女儿明白父母是她坚实的后背，无论她做什么父母都会帮助她、引导她，首先树立女儿的安全感，进而鼓励女儿自己面对困难，解决问题，少依赖父母。

女儿自己面对困难，不等于父母就在一边喊口号，女儿缺乏生活经验，父母是她可以依靠的最坚实的屏障，对于遇到的问题，父母可以提供一个开诚布公的讨论的平台，跟女儿一起讨论，或是提出建议，引导女儿认可并自己来实行。

优秀的女孩能正确看待失败

从前，在一座寺中有一个小和尚。他从小就在这座寺里出家了，是寺里的和尚们把他抚养长大的。他是个勤劳的小和尚，每天天还蒙蒙亮，他就要去挑水、打扫，做过早课后要去寺后的市镇上购买寺中一日所需的日常用品。回来后，还要干一些杂活，晚上还要读经到深夜。就这样，他一天也没有间断地过了10年。

有一天，小和尚有了点空，就和其他小和尚在一起聊天。他发现别的小和尚都过得很清闲，只有他一个人整天在忙忙碌碌。他发现，虽然别的小和尚偶然也会被分派下山购物，但他们去的是山前的市镇，路途平坦而且也比较近。而10年来方丈一直让他去寺后的市镇，要翻越两座山，道路崎岖难走，回来时肩上还要背着重重的米或者油等很重的东西。小和尚很奇怪，他就跑去问方丈："为什么别人都比我自在呢？没有人强迫他们干活读经，而我却要每天都干个不停呢？"方丈没有回答，只是微笑。

第二天中午，当小和尚扛着一袋小米从后山走回来时，发现方丈正在等着他。方丈把他带到前门，自己就在那里坐下读经，让小和尚在旁边等着。

太阳快要下山了，前面山路上出现了几个小和尚的身影，当他们看到方丈时，一下愣住了。方丈问那几个小和尚：“我一大早让你们去买盐，路那么近，又那么平坦，怎么回来得这么晚呢？”

几个小和尚面面相觑，说：“方丈，我们说说笑笑，看看风景，就到了这个时候。10年了，每天都是这样的啊！”

方丈又问站在自己身旁的小和尚：“寺后的市镇那么远，翻山越岭，山路崎岖，你又扛了那么重的东西，为什么回来得还要早些呢？”小和尚说：“我每天在路上都想着早去早回，因为肩上的东西重，我才更小心地走，所以反而走得又稳又快。十年了，我已经养成了习惯，心里只有目标，没有道路了。”

方丈听了他这一番话，就笑了，说：“道路平坦了，心反而不在目标上了。只有在坎坷的路上行走，才能磨炼一个人的心志啊！”

几个月后，寺里忽然严格考核所有的和尚，从体力到毅力，从经书到悟性，面面俱到。小和尚因为有了10年的磨炼，所以一下子脱颖而出，被选拔出来去完成一项特殊的使命。在其他和尚们羡慕和钦佩的目光中，小和尚坚毅地走出了寺门。

这个小和尚就是后来著名的玄奘法师。在去西方取经的路上，虽然艰险重重，他的心却一直闪着执着的光芒。历尽千辛万苦，他终于完成了自己神圣的使命，成为历史上有名的大法师。

道路平坦了，心思反而不在目标上了；灾难是一个人的真正试金石，只有在坎坷的路上行走，才能磨炼一个人的心智；只有经历过磨难的人，才能成为人生道路上的强者，把别人远远甩在后面。任何挫折都只是人生中的一道小坎儿，努力地迈过去，也许会是另一种命运的起点。

自从人被上帝赶出了伊甸园，人的日子就不好过了。在人的一生当中，总会遇到下岗、失业、失恋、离婚、破产、疾病等厄运，即使你比较幸运，没有遭遇以上那些厄运，你也可能要面临升学压力、工作压力、家人生活压力等等各种烦心事，这些事在人生的某一时期萦绕在你的周围，时时刻刻折磨着你的心灵，使你寝食难安。

法国作家杜伽尔曾写过这样一句话："不要妥协，要以勇敢的行动，克服生命中的各种障碍。"其实，我们远不必这么悲观，生活中是有各种各样的折磨人的事，但是生命不一直在延续吗？人类不也一直在前进吗？很多事情当我们回过头来再去看的时候就会发现，生命历经折磨以后，反而更加欣欣向荣。

事实就是这样，没有经过风雨折磨的禾苗永远不能结出饱满的果实；没有经过折磨的雄鹰永远不能高飞；没有经过折磨的士兵永远不会当上元帅；没有被老板、上司折磨过的员工也永远不能提高业务能力……这就是自然界告诉我们的一个很简单的道理：一切事物如果想要变得更强，必须经过折磨。

人也一样，只有历经折磨的人，才能够更快更好地成长。生命，永远只能在折磨中得到升华。一位心理学家说得好："一个周边高矮不等的木桶，它的盛水量不取决于最长的那块板，而取决于最短的那一块。"困难和挫折，对于处在人生初期的孩子们而言，是在所难免的，但同时它也是一所最好的学校。因为，具有坚强毅力的良好品格、受到挫折后的恢复能力和百折不挠、不向挫折屈服的好习惯，是一个成功者不可缺少的素质。培养坚毅的性格和承受挫折的能力，对我们以后的成长尤为重要。中国民间亦有告诫孩子们要学会吃苦的俗谚：“小时不晒背，老时必受罪。”少时吃苦，经历一些坎坷，除了强身健体之外，更强健心智，等到我们长大时，遇到挫折不至于脆弱。

告诉女孩，在生活中受到一点挫折就停步或绕行或后退，人生旅途必然一无所成。因此，多吃一点苦，多受一点挫折，既是对自己意志的磨炼，又给了自己面对现实生活的一次体验机会。

女孩没必要一定都是“铁娘子”

如今的孩子大都是独生子女，很多父母看不得自己的孩子受一点欺负，这也是不少家长对孩子进行“示强”而非“示弱”教育的根本原因。但道理很明显，“退一步海阔天空”，如果人与人之间发生矛盾，双方都互不相让，最终的结果只能是“玉石俱焚”。想避开这种潜在危害，就要让孩子懂得示弱。

撒切尔夫人做事果敢雷厉风行，被世人尊称为“铁娘子”。作为女孩，要从撒切尔夫人的身上学会果断坚定的品质，但还要注意保持内心柔软的地方，不要事事逞强。令人敬仰的“铁娘子”仅有一位，更多的人还是趋于平凡。很多家长都在告诉自己的孩子：遇到困难的时候要坚强，要不畏艰险不惧挫折，但却忘了告诉孩子：当遇到一些感到无能为力的事情的时候，也需要及时讲出来，请求别人的帮助，这并不是软弱，也并不丢人。

教孩子学会示弱，也可以从多方面着手，如多培养孩子的社交意识，让孩子学会合作、分享，引导孩子多从别人的角度来想问题，还可以多教孩子一些起码的社交礼仪。比如和别人见面的时候要主动地打招呼，当别人遇到困难的时候要主动表示关心和问候，在接受别人的帮助和服务的时候要真诚道谢，当犯了错误的时候要主动承认错误，尊重身边的每一个人等等。儿童教育家蒙台梭利说过，孩子只有掌握了社会交往的礼仪，才能有信心去发展他的社会性。想让孩子更好地在社会中伸展自如，就要授予孩子适时妥协退让的能力。只有这样，孩子才能在集体生活中做到既不受欺负排斥，也不欺负排斥别人，才能形成健全的人格并成为未来社会真正的强者。

在一条南北走向的峡谷上，西坡长满了松、柏、女贞等树，而东坡只有雪松。造成这种景象的原因其实很简单，东坡的雪总是比西坡的雪下得大，当雪积到一定程度的时候，雪松那富有弹性的树枝就会向下弯曲，直到雪从枝上滑落。这样反复地积，反复地落，雪松完好无损。其他的树因无此本领，便无法在东坡存活。

我们从小所接受的教育是“永不低头”“永不言败”，否则你就是懦夫。其实，“学会低头”是一种人生智慧。面对外界的压力，雪松尽力地去承受，当承受不了的时候，暂时弯曲一下。能屈能伸，刚柔相济，正是这种气度和风范，使松树经受了一场场暴风雪的洗礼。

被称为“美国之父”的富兰克林，年轻时曾去拜访一位前辈，那时他年轻气盛，抬头挺胸迈着大步，一进门，头就狠狠地撞在了门框上。出来迎接他的前辈看到他的狼狈样，笑笑说：“这是你今天拜访我最大的收获。要想平安无事地活在这世上，你就必须时时记得低头。”从此，富兰克林把“记得低头”作为毕生为人处世的座右铭，最终功成名就。而唐朝的柳宗元严正刚直，抨击官场丑恶锋芒四射，结果遭到种种打击，在事业上遭到严重挫折，还被逐出京城长安，流放到南方边境。到了晚年，他才有所感悟。

因此他说："吾子之方其中也，其乏者，独外之圆者。固若轮焉，非特于可进，亦可退也。"意识到自己行事不够圆滑，总是一味地高调，不懂得避让，因此不但没有惩奸除恶，还使自己的事业受到了极大的影响。

一个人固然不能没有自己做人的准则，但一味"方正"，不会"圆通"，该"低头"的时候不能"委曲求全"，就不能进退自如，而会陷入被动。只有强度而没有弹性和韧性的钢材称不上好钢；负重前进的车轮，必须是圆形，还得加上润滑剂。我们在为人处世上倘若过于"有棱有角"，直来直去，凡事没有变通的余地，一味地刚强，一味地强撑，只会给自己带来不必要的伤害甚至牺牲。

低头不是妥协，而是战胜困难的一种理智的忍让；低头不是倒下，而是为了更好更坚定地站立。该低头时就低头，调整一下目标，改变一下思路，就能巧妙地穿过人生荆棘，发现柳暗花明又一村的无限风光。

家长要让女孩知道，能屈能伸并不是忍辱负重，适当的低头并不代表屈辱。女孩子的自尊心很强，千万不要让她们觉得变相的"屈服"是一种耻辱。低头是为了更好地达成目标。家长要培养女孩正确理解成功的含义，"曲线救国"是为了让付出和回报更合理地分配。

如果父母都是强势的人，那么女孩很容易性格倔强。如果父母都是善于有所退让以达到更好效果的人，女孩也会从父母身上深刻理解到这种品质。比如在谈到各自工作的时候，应该避免表现出强硬的立场，而是应该多谈论一些认识并分析、解决问题的方法，这样，女孩们耳濡目染，能更直观地认识到适度低头的益处。

第三章

“富养”不等于“娇养”——让女孩明白没有付出就没有收获

让女孩做点家务

现在不少家庭有这样一种女孩：她们穿着宽松肥大的韩式裤子，留着冷酷另类的新潮发型，耳朵里塞着随身听耳机。别看她们在外风风光光，在家却是一个不折不扣的享乐派，她们不会做饭，不会洗衣服，不会缝扣子，甚至不知道家里的拖把放在哪里，更不用说在母亲生病时帮助倒热水喝。面对“游手好闲”的女儿，勤俭持家的母亲常常陷入困惑，她们常常在一起倒苦水：女儿和自己差距怎么这样大？

越来越多的家长喜欢用“衣来伸手饭来张口”形容如今的独生女，父母总会尽其所能地为孩子包办一切，致使孩子生活能力低下，缺乏独立生活能力。

究其原因，多是孩子养成了依赖父母的习惯，缺乏自立能力。

佳佳是一个品学优秀的孩子，一次学校组织一个活动，让大家回家帮妈妈做点家务活，然后用照片的形式表现出来，佳佳回家后就与爸妈说她选择洗碗，佳佳爸妈马上就答应了。

佳佳洗干净后，爸妈又适时对她的劳动成果进行了肯定，同时告诉她：从今天开始，各人洗各人用过的碗筷，佳佳想了一下点头了。

就这样从那张家务照片开始，佳佳在爸妈的引导下都是自己洗自己用过的碗，现在，这件事已成了一种习惯。

当然，佳佳的爸妈还考虑可以让佳佳叠被子，洗小衣服，等等，尽量做到自己的事情自己做。

虽然教育孩子已成为一个老生常谈的话题，但望女成凤的父母真的该好好反思一下，自己是不是把孩子保护得过于“无能”了呢？那么从现在开始，你就要做出改变：不要再无微不至地照顾孩子的生活起居，让孩子自己动手铺床、洗衣物。每天为孩子留出一件她力所能及的家务事让她去做。告诉孩子劳动的意义。每次孩子做完家务劳动，表扬或小小鼓励她一次。

教育家苏霍姆林斯基曾语重心长地告诫父母们：“不要把孩子保护起来而不让他们劳动，也不要怕孩子的双手会磨出硬茧。要让孩子知道，面包来之不易。这种劳动对孩子来说是真正的欢乐。通过劳动，不仅可以认识世界，而且可以更好地了解自己。劳动是最关心、最忠诚的保姆，同时也是最细心、最严格的保姆。”

有许多家长认为，孩子的首要任务是学习，只要完成好学业，其他的能力低一点儿也可以忽略不计，这实在是众多家长的教育误区。孩子生存能力低下，对他们的成长是很不利的。

在国外，许多父母都注重从小让他们的孩子做点家务，干一些给花园除草、倒垃圾或者修剪草坪等力所能及的事。这样长大的孩子成年以后，往往身体比较健康，生活得也很幸福，就连美国总统也不例外。

奥巴马有两个女儿，玛利亚和萨莎，虽然贵为总统女儿，但她们并没有被父母娇生惯养，奥巴马和妻子对她们姐妹的要求都非常严格。和别人家的父母一样，奥巴马夫妇在玛利亚和萨莎小时候也会要求她们两个做家务，如布置餐桌、清洗碗盘、打扫自己玩的地方和壁橱，擦桌子等。只要玛利亚按时完成某些家务活，她每周就会得到 1 美元。

让女孩尽早参加家里力所能及的劳动，可使孩子的生活充实、有趣。同时，在劳动中也能培养起孩子许多宝贵的品质，如责任感、独立性、自信心，以及珍惜时间和爱惜劳动果实等。做家务的益处主要表现在以下几方面：

1. 有利于培养孩子的责任感

孩子从小做力所能及的家务事，就会在不断的实践中逐步认识到自己是家庭的一员，应该而且必须完成一份家务劳动，为家庭集体承担一份责任，从而逐步形成一种家庭责任感。这种家庭责任感，便是今后社会责任感的基础。

2. 有利于培养孩子热爱劳动、珍惜劳动成果的好品德

劳动，是创造和获取物质财富的根本途径；劳动，是谋生的基本手段。现在的孩子大多不了解物质财富的来之不易，不了解父母工作的艰辛，但是却花钱大手大脚，不爱惜财物。孩子参加劳动后，明白创造财富的艰难，就会逐步改掉胡乱花费的不良习惯，养成爱惜财物的好习惯。劳动就是一种品德教育。

3. 有利于锻炼孩子的意志和毅力

坚强的意志和坚韧的毅力，是事业成功的必备品质。孩子在参加家务劳动中，在亲自经历和克服各种困难中，就能锻炼意志和毅力。

4. 有利于孩子养成勤劳的作风和培养劳动技能

懒惰笨拙的人是不受人欢迎的。从小参加家务劳动，不但能掌握一定的劳动技能，而且会养成勤劳的习惯。一旦走出家庭，走向社会，这些技能和作风就会在集体生活中表现出来，受到大家的欢迎。

5. 有利于提高孩子的智力水平

孩子学做家务，可以学到许多书本上学不到的知识。家庭是个小社会，家庭生活的内容涉及各种知识。孩子许多的小发明、小创造，大多是在家务劳动的实践操作中受到启发而产生的。多做家务肯定有利孩子的智力开发。

6. 有利于增强孩子的体质

孩子在紧张的学习之余，做一点家务，正是一种积极的休息，不但可以通过改变活动形式来调节大脑机能，而且有利于增强体质促进健康。

7. 有利于培养孩子的独立生活能力

一个人的家务劳动能力强，生活技能也高，独立生活能力就强，从而对生活充满自信心，能独立面对各种困难。许多青年人生活能力差，缺乏自立意识和能力，所处环境稍有变化就很难适应。究其原因，其中主要是从小缺乏家务劳动锻炼。

8. 有利于培养孩子的交往能力

家务劳动，也需要与外界交往。如采购、邻居往来、公益事务等。让孩子去做这些事，孩子会逐步学会怎样与他人打交道，提高交往能力。交往能力，是孩子今后独立生活不可缺少的能力。

9. 有利于培养孩子的审美情操

美，来自生活，来自劳动。审美情操，来自生活实践的体验。房间居室不经常打扫布置，就不会有居室环境的美；待人接物不妥当，就感受不到与人交往的行为美；懒惰笨拙，就无法体会到劳动创造的成果美。孩子的审美情操，就是从家务劳动，从经常的具体的洗涤、打扫、整理、布置、帮助他人、关心他人等实实在在的劳动实践中逐步培养起来的。

10. 有利于调节家庭气氛，和谐家庭关系孩子分担家务之后，亲身体验到家务劳动的繁杂，才会体会到父母终日辛苦操劳的不易，才会真正感受和珍视父母平日尽量不让孩子做家务的良苦爱心。同时，父母和孩子共同做家务，也会给家庭带来一种融洽、和谐、欢乐的气氛。

父母可以尝试着让女孩当一次家，这不仅可以锻炼女孩面对问题的能力，而且还能让女孩获得一定的技能和技巧。这不仅是一次道德教育，也是一个广阔无垠的、惊人的、丰富的思想世界。

女孩小时，正是孩子品性形成与发展的重要时期，极具可塑性。孩子虽小，却也具有独立的人格，也是家庭中的一员，父母应该适时教育，加以指导，让孩子在家里承担一定的责任。

我国古人也指出："父母之爱子，则为之计深远。"因此，对家长而言，只有立足于现在，适时地让女孩吃点苦，才能帮助女孩将来早当家。

在此，家长为了女孩将来能更好地适应社会，让女孩了解父母的辛苦与不易，在女孩上小学高年级或初中时，周期性地让女孩当一天(或两三天)家。

家长可以找一个周末，让女孩为第二天的生活与活动安排做一个预算与计划，然后从第二天早上起床开始，就由女孩上岗指挥与组织一天的家务与游玩。

不要为女孩包办一切

日本杰出的教育家多湖辉对于儿童心理和脑力的开发有着很深的造诣，他认为，增强女孩能力最好的办法，就是父母自己先成为"教育的实践者"。

爸爸妈妈们不仅要先了解女孩的心理动态，并且还要针对自己女孩独特的个性特征，不断地在生活和实践中摸索教育女孩的方法。实际上，要想让女孩能够脱离对别人的依赖，独立地发展和锻炼自己，并非是一件容易的事情。

很多父母对这样的一种说法抱有如下的态度：对于儿子，不应该太过于保护，但是如果是女孩的话，则最好能够尽全力来保护她，因为女孩子是那样的娇嫩和弱不禁风。

在传统的观念中，女孩向来都是处在被保护的位置，多多爱护自己的女孩看上去是那样的天经地义和理所当然。但是，如果把自己的女孩娇宠成一个“玻璃公主”，一天到晚仰着头等待着别人的照顾和呵护，遇到困难就不知所措。相信这样的女孩，无论走到哪里都不会再受人欢迎了。

富养女孩，并不是把女孩培养成一个娇气十足的小女人。如果你的女孩从小就是在被娇宠的环境中长大，那么她会习惯于对外界的依赖，她会对任何人说 OK，她会缺乏分析和判断的能力。当她遇到困难的时候，她不懂得反思自己，总会认为都是由于别人做得不够好，和同龄人相比显得更加蛮横。

玲玲是家中的独生女儿，平时爸爸妈妈都很宠爱她，事事都要顺她的意才行。所以，玲玲是个脾气不好且很骄傲蛮横的小孩。

每天早上，妈妈一大早就起来给玲玲做早餐，然后帮助她收拾好该带的东西，看看时间差不多去叫玲玲起床，再帮她挤好牙膏，然后帮她叠被子。等玲玲吃过早餐之后送她上学。

这一天，玲玲赖床没有起来睡过了头，等她醒来之后发现已经早上七点半了。“糟了，上学要迟到了！”玲玲大叫一声马上从床上蹦起来，匆匆忙忙地穿衣洗漱。临走前，她狠狠地对妈妈说道：“我今天迟到，都是你害的！”妈妈在一旁，感到自己辛苦照料的孩子居然如此不懂事，伤心极了。

相信很多家长会遇到类似让人感到沮丧的事情。根据一份对1500名中小学生的调查报告显示，其中有51.9%的学生需要家长帮助整理生活用品和学习用具，有4%的学生遇到困难无法独立解决，只有13.4%的学生偶尔做一下简单的家务，这种情况实在是令人担忧。

现代社会中独生子女居多，所谓的“集三千宠爱在一身”，几代人的关心和爱护都集中在同一个孩子身上，家长们都会精心地为女孩铺路：替她穿衣、替她系鞋带、替她安排工作、替她迎接挑战，替她做这做那，帮助她一次、两次、一百次……所以，女孩在家里凡事都不需要自己动手，她根本就找不到合适的机会。幸福的背后隐藏着危机，这样的女孩在长大之后不能自立，有着强烈的依赖心理，凡事不愿意自己动脑筋，遇到了事情之后第一个就想着找人来帮忙，这样的人很难被别人认可。

我国著名教育家陈鹤琴先生提出过：“凡是儿童能自己做的，应当让他自己做。”当女孩三四岁的时候，家长应该锻炼她逐步学会自己吃饭、穿衣服鞋袜、饭前便后洗手、收拾玩具等，到了五六岁时，可以让女孩学着洗小件的衣服，放手让女孩去做可以做的事，不仅能培养女孩的生活自理能力，还可以培养女孩的自信心。

女孩在成长的路上总是免不了跌跌碰碰。当一个女孩长大，喜欢这儿摸摸，那儿看看的时候，这正是她发现和体验自己能力的时候，如果这个时候作为家长担心宝贝会碰着、伤着而一味地保护，女孩将错过最好的发现自己能力的机会，也无法体验到自己战胜困难的喜悦感受，自信也就无从培养了。

让女孩体会劳动是一种乐趣

有个人死后，去了阎王殿。到了那里，看到那里生活非常安逸，这个人心想："我活着的时候生活太辛苦了，现在我死了，终于可以享受了。每天除了吃饭睡觉，没有别的事情，也不用辛苦地劳动了，这样的生活实在是太好了！这里简直就是天堂！"

然后，他向负责的人问道："这里是地狱吗？我实在难以想象地狱居然是这样好！"负责人说："没错，这里就是地狱！在这里你什么都不用做，好好享受吧！过一段时间你就知道这里就是真正的地狱。"

这个人想："怎么会呢？这里天天山珍海味，想吃什么就吃什么；还有舒适的床铺，想睡多久，从没有人管。早知道这样，我就不活了，活着还不如死掉呢！"

于是他就整天吃了睡，睡了吃，快乐得像个神仙。可是时间长了，他开始觉得十分寂寞和空虚，于是他去找负责的人，说道："我每天除了吃饭就是睡觉，和猪有什么区别？我不想过这样的生活了，你还是给我找一份劳动吧！辛苦点我也愿意。"

负责人答道："这里从来就没有劳动，想要什么马上就能得到，只有劳动不能得到！"那个人没有办法，只好回去了，又过了一段时间，他实在无法忍受这样的生活，又去找那个负责人，说道："我不想在这里住了，这种生活实在是难以忍受，你还不如让我下地狱！”

负责人说：“已经告诉过你了，这里本来就是地狱，你还以为这里是天堂呢？”

有劳有得，是一种享受；没有劳动，也没有获得，人生就毫无乐趣。每个人都渴望天堂般的生活，但如果天堂真的没有劳动，也没有获得，又有谁会愿意去呢？在社会上生存，用自己的勤劳换取生活的舒适，不正是一种享乐、一种幸福吗？

劳动不仅是生存的必需，而且还是一种乐趣。劳动可以让人体会到生活的意义和乐趣。

英国圣公会牧师、学者、著名作家伯顿指出：“你千万要记住这一条——万万不可向懒惰和孤独、寂寞让步，你必须切实地遵循这一原则，无论何时何地也不要违背这一原则，只有遵循这一原则，你的身心才有寄托和依归，你才会得到幸福和快乐；违背了这一原则，你就会跌入万劫不复的深渊，这是必然的结果、绝对的律令。记住这一条：千万不可懒惰，万万不可精神抑郁。”

告诉女孩天下没有免费的午餐

那天，乐乐和她的几个小伙伴围坐在一起讨论起自己的将来了。

花花抢先发言：“将来我想买好几百套的衣服，每天都不要穿重复的。我要把房间的四个角落都放上衣柜，分为春、夏、秋、冬四个季节。我还想养一只哈士奇，给它量身定制12套衣服，每个月都让它和别的狗与众不同。”

叶叶听了不耐烦地摇摇头：“就你那点理想，真俗气。”

花花不高兴了：“怎么俗了？那你的理想是什么，你说啊！”

叶叶接着说：“将来我的理想是能在世界上很多的国家打工，每一年去不同的地方，在那里一边打工一边赚钱养活自己，然后再用闲暇的时间去观览那里的风土人情。过了一年之后，我再去另一个国家。如果我赚的钱够多，我还可以申请一所不错的大学继续深造。等我环游一周回来，你们就发现我的世界观整个都变了。到时候我就写一本书，那一下就火了啊！”

花花听了之后倒吸一口凉气：“对不起，请问你会几国语言？”

豆豆接下来说了她的理想：“我的理想简简单单，没有那么难以实现。我只想在我所接触的范围内，把每一件小事做好，对每一个人都善意，能有利于事，能有利于人，能做到这些就很不容易了。如果有可能的话，我愿意在当地做一名志愿者。”

这些是朋友们的理想，乐乐不禁想到了自己，自己的理想是什么呢？看来，乐乐要好好规划了。

每个人的一生就好比一张白纸，你可以在白纸上用不同的色彩描画你未来的蓝图。但是，如果你存在以上的心理，那你只能漫无目的地画画，而你手中的画笔也会被人夺走，最后导致让别人替你画画。

这也导致了这样的一个结果，那就是：你永远只能跟在别人的身后，成为别人思想的附庸。

保罗·盖蒂在取得成功前有过3次失误。第一次是在保罗·盖蒂年轻的时候，他买下了一块他认为相当不错的地皮，根据他的经验和判断，这块地皮下面会有相当丰富的石油。他请来一位地质学家，对这块地进行考察。专家考察后却说：“这块地不会产出一滴石油，还是卖掉为好。”盖蒂听信了地质专家的话，将地卖掉了。然而没过多久，那块地上却开出了高产量的油井。

保罗·盖蒂的第二次失误是在1931年。由于受到大萧条的影响，经济很不景气，股市狂跌。盖蒂认为美国的经济基础是好的，随着经济的恢复，股票价格一定会大幅上升。他于是买下了墨西哥石油公司价值数百万美元的股票。随后的几天，股市继续下跌，盖蒂认为股市已跌至极限，用不了多久便会出现反弹。然而他的同事们却竭力劝说盖蒂将手里的股票抛出，这些被大萧条弄怕了的人们的好心劝说，终于使盖蒂动摇了，最终将股票全数抛出。可是后来的事实证明，盖蒂先前的判断是正确的。

保罗·盖蒂最大的一次失误是在1932年。他认识到中东原油具有巨大的潜力，于是派出代表前往伊拉克首都巴格达进行谈判，以取得在伊拉克的石油开采权。和伊拉克政府谈判的结果是，他们获取了一块很有前景的地皮的开采权，价格只有几十万美元。然而在此时，世界市场上的原油价格产生了波动，人们对石油业的前景产生了怀疑，普遍的观点是，这个时候在中东投资是不明智的。盖蒂再一次推翻了自己的判断，令手下终止在伊拉克的谈判。

1949年盖蒂再次进军中东时，情况和先前已经大不相同，他花了1000多万美元才取得了一块地皮的开采权。

保罗·盖蒂的3次失误，使他损失了一笔又一笔的财富。他总结自己这些年的失败说：“一个杰出的商人应该坚信自己的判断，不要迷信权威，也不要见风使舵。在大事上要有自己的主见，以正确的思维方法战胜一切！”

在以后的岁月中，保罗·盖蒂坚持己见，屡战屡胜，最终成为富豪。

爱因斯坦曾说：要是没有能独立思考和具有独立创造能力的个人，社会的向上发展就不可想象。社会需要具有独立思考和创造能力的人，这同时也是个人成功的必要条件，所以，如果你总躲在别人的背后，那么你只能一辈子碌碌无为。

有人说，朋友的建议是真诚而善意的，难道不应该听吗？父母的建议，尤其在重大事情上，难道不应该听取吗？当然，意见和建议都需要虚心地听取，但千万不能过分地依赖，否则就会失去自己。我们大可不必把自己的命运交给别人来决定，青少年要学会独立思考，要想成功必须把思考的权利掌握在自己手里。

天上下雨地下滑，自己跌倒自己爬。不论是思考做事还是为人处世，需要的是自助自立的精神，而不是来自他人的影响力，也不能依赖他人。爱默生说，坐在舒适软垫上的人容易睡去。依靠他人，觉得总会有人为我们做任何事，所以不必努力，这种想法就像高纯度海洛因，会使你在不知不觉中上瘾，最后自我毁灭。所以，要努力掌握自己的思维，做自己真正的主宰。

再高的塔都得一层一层上

小克莱门斯刚满 4 岁，但他已经是一名小学生了。他的老师霍尔太太是一位虔诚的基督徒，每次上课之前，她都要先领着孩子们进行祈祷。

有一天，霍尔太太给孩子们讲《圣经》，当讲到“祈祷，就会获得一切”的时候，小克莱门斯忍不住站起来，问道：“真的吗？祈祷真的可以获得一切吗？如果我祈祷上帝，他会给我任何我想要的东西吗？”

“是的，孩子。只要你愿意虔诚地祈祷，你就会得到你想要的东西。”

听到这样的回答，小克莱门斯高兴极了。此时他最想得到的是一块大大的蛋糕，因为他从来没有吃过蛋糕。而他的同桌，一个可爱的金发小姑娘每天都会带着一大块这么诱人的蛋糕来到学校。她常常问小克莱门斯要不要尝一口，倔强的小克莱门斯每次都坚决地摇头，但他的心是痛苦的，他其实很想尝尝那蛋糕是什么滋味。所以，那天在放学的时候，小克莱门斯兴奋地对小姑娘说：“明天我也会有一大块蛋糕。”

回到家后，小克莱门斯关起门，无比虔诚地进行祈祷，他相信上帝已经看见了他的表情，上帝一定会被自己的诚心感动的！

然而，第二天起床后，他找遍了所有上帝可能放蛋糕的地方，仍然什么也没有发现。他以为是自己不够虔诚，所以他告诉自己：以后每天都坚持祈祷，一定要等到蛋糕降临。

一个月后，金发小姑娘突然想起来，笑着问小克莱门斯：“你的蛋糕呢？”

小克莱门斯告诉小姑娘：“上帝也许没有看见我在进行多么虔诚的祈祷。因为每天有那么多的孩子都在做这样的祈祷，而上帝只有一个，他怎么会忙得过来呢？”

小姑娘惊讶地看着他说：“难道你每天祈祷只是为了一块蛋糕吗？你为什么不自己去赚钱买一块呢？几个硬币就可以买到了。”

小克莱门斯恍然大悟。从此，他决定不再祈祷。小姑娘说得很对，为什么不自己去赚钱买一块呢？所以，小克莱门斯对自己说：“我不会再为一件卑微的小东西祈祷了。”

不久，他就通过给别人送报纸或帮别人遛狗，攒够了买蛋糕的钱，他终于吃到了自己赚钱买来而不是祈祷得来的蛋糕。小姑娘的话使他受益终生，并指引他走向了新的道路。

多年以后，小克莱门斯长大成人，他就是美国著名作家马克·吐温。在很多艰难的日子中，他都牢记着一句话：不要为卑微的东西祈祷，要用双手实现梦想。

古往今来，凡成就事业、对人类有所作为的人，无不是脚踏实地、艰苦登攀的结果。要想实现自己的梦想，唯有勤奋努力地去行动，如果你想喝水，就自己拿杯子去倒；如果你想吃蛋糕，就只能用双手去拿，祈祷是没有用的，上帝就是你自己。人生就是这样，你想坐到那个位置上，你只能靠自己的积极行动去争取，而不是空想。天上是不会掉蛋糕的。

成功属于脚踏实地者，无论多么平凡的小事，只要从头至尾彻底做成功，便是大事。假如你踏踏实实地做好每一件事，就绝不会空空洞洞地度过一生。

我们都是平凡人，只要抱着一颗平常心，踏实肯干，有水滴石穿的耐力，我们获得成功的机会肯定不会比那些禀赋优异的人少。

有一位老教授曾说起他的经历：

“在我多年的教学实践中，发现有许多在校时资质平凡的学生，他们的成绩大多在中等或中等偏下，没有特殊的天分，有的只是安分守己的诚实性格。这些孩子走上社会参加工作，不爱出风头，默默地奉献。他们平凡无奇，毕业分手后，老师同学都不太记得他们的名字和长相，但毕业后几年、十几年中，他们却带着成功的事业回来看老师，而那些原本看来会有美好前程的孩子，却一事无成。这是怎么回事？

“我常与同事一起琢磨，认为成功与在校成绩并没有什么必然的联系，但与踏实的性格密切相关。平凡的人比较务实，能自律，所以许多机会都落在这种人身上。平凡的人如果加上勤能补拙的特质，成功之门必定会向他大方地敞开。”

脚踏实地的女孩，能够控制自己心中的激情，避免设定高不可攀、不切实际的目标，也不会凭借侥幸去瞎碰，而是认认真真地走好每一步，踏踏实实地用好每一分钟，甘于从基础工作做起，在平凡中孕育和成就梦想。

李嘉诚说：“不脚踏实地的人，是一定要当心的。假如一个年轻人不脚踏实地，我们使用他就会非常小心。你造一座大厦，如果地基打不好，上面再牢固，也是要倒塌的。”

不积跬步无以至千里，不积小流无以成江海。凡成就一份功业，都需要付出坚强的心力和耐性，若想坐收渔利，那只能是白日做梦。想凭侥幸、靠运气夺取丰硕的果实，运气便永远不会光顾你。

天上不会掉馅饼，舒适的生活和优秀的成绩都不是天上掉下来的，只有脚踏实地地积极行动才能换来成功的果实。亲爱的女孩，一定要记住：只有埋头苦干的人，才能显出真正的聪明，成就一番事业。

有缺点不可怕，最怕的是懒惰

1963年2月20日，巴克利在美国阿拉巴马州一个名叫里兹的偏僻小镇诞生。在这个人口只有6000人的贫穷小镇，巴克利一出生就遭遇了与当时很多贫穷黑人小孩一样的不幸。刚出生6个星期，小巴克利就由于患有贫血症而进行了一次全身换血的大手术。幸好手术非常成功，他终究逃离了死神的恶掌，幸运地生存下来。然而，祸不单行，不幸总是喜欢跟贫穷的人们过不去。

小小年纪的巴克利已经有了自己的目标，他要用篮球来让自己逃离贫穷，他有信心，也有决心。但当时很少有人会相信巴克利可以做到，甚至讥笑他在白日做梦，因为他没有表现出足够的篮球天赋。在高一的时候，巴克利的身高只有 178 厘米，所以他连校队也没能入选，但近 100 公斤的夸张体重却让教练建议他去打美式足球。虽然如此，但巴克利还是毫不动摇自己的决心，他坚持每天练球，直到深夜，风雨无阻，毫不理会别人的嘲笑眼光。

为了锻炼弹跳力，巴克利每天都在顶端非常尖锐的栏栅跳来跳去，吓得他的母亲和外婆心惊肉跳。他要告诉每一个人，他一定可以实现自己的梦想。母亲总是最支持儿子的人，她一直在鼓励着巴克利，让他坚持自己的理想。苍天不负有心人，经过一年的苦练，巴克利的球技有了很大的进步，他终于在高二的时候进入了校队。进入校队后，巴克利只能做替补，出场时间少得可怜，但他依旧没有怨言，一上场必倾尽全力，场下他也是训练最刻苦的一个。

升高三的那个夏天，巴克利奇迹般地疯长了 15 厘米，体重也增加了 10 公斤。这样，巴克利就有了一个很好的篮球员身材，再加上他刻苦练就的一身好球技，到高三的时候，他终于成了里兹高中篮球队的先发球员。凭着对篮球的热爱，经过不懈的努力，巴克利终于实现了他儿时的梦想，也实现了自己对妈妈的诺言，用篮球给妈妈带来了美好的生活。

勤能补拙是良训，一分辛劳一分才。从来就没有一下子的成功，只有默默不断的努力和积累，再愚笨的人经过刻苦努力都可以成为天才，而再聪明的人停步不前也难以取得大成就。女孩们，不要害怕自己做不到或者没有潜质，拥有自信和勤奋的精神，什么事情都可以做到。

天才出于勤奋，凡是在某一领域被称作天才的人，无一不是经过辛勤的汗水才换来这样的荣誉的。

有付出才会有收获，没有人可以不劳而获，这是一个众所周知的因果法则。在这个世界上，到处都有一些看上去能够并且应该成功的人，他们身上有着非凡的品质，眼中也闪烁着智慧的光芒。但是他们最终并没有成功，原因之一就在于他们缺乏勤奋的工作态度，也没有乐于付出的精神。而那些资质一般，并没有什么特别能力的人，反而可以通过勤奋弥补自身的不足，通过付出为自己赢得机会，所以他们常常能够成就辉煌的事业，得到富足的人生。

其实，自身的缺点并不可怕，最可怕的是懒惰。自身之拙，可能会成为我们成功路上的障碍，但成功者就是在克服障碍后才摘得桂冠的。有了勤奋，即使像太行、王屋二山那么大的障碍，也会被我们一点点地挖掉。因为在勤奋面前，再艰巨的任务都可以完成，再大的山也都会被“移走”。凡事只有踏实勤劳，才能获得真正的成功。NBA 的球星巴克利就是一个很好的例子。

一勤天下无难事，再大的缺点和不足都可以通过勤奋来弥补。对于女孩们来说，从小就养成“勤勉努力”的习性，并且在以后的学习生活中永远不减勤勉且更加努力，这种无形的财产和力量将会成为女孩终生受用的法宝。

第四章

正确指导女孩的爱美行为——外表的美丽的确能给女孩带来好运

适当赞美女孩的外貌

古语说：“士为知己者死，女为悦己者容。”可见从古至今，容貌对女性都有特殊的意义。其实我们生活中已经有很多这样的经验，一个女孩小时候长得不起眼，但“女大十八变”之后，越是有人夸奖她，她似乎越有朝气和光彩。如果说哪个女孩会完全不在意自己的容貌，那是骗人的，尤其是当她们有了爱美之心以后，更是会对自己的外貌非常在意。

婷婷是个外向的女孩子，她一直大大咧咧，同伴们都已经习惯和她称兄道弟，几乎没有什么人把她当成小女孩。上了初中以后，婷婷好像变了一个人，突然害羞起来，而且也不愿意再扎在男孩子堆里了。

有一天，婷婷的妈妈推门找婷婷，看到女儿正在对着镜子微笑、做各种鬼脸，妈妈简直惊呆了，这可不像那个总是要穿哥哥球衣的女孩啊。妈妈又高兴，又担心。高兴时因为她终于像个姑娘家了，担心的是她开始在意自己的外貌，会盲目追求外在的美。

“婷婷，忙什么呢？”妈妈想了想，决定主动和女儿交流。

“哦，没什么……”婷婷急忙将镜子收起来，“妈，以后进屋能敲一下门吗？”女儿有点生气，但是，妈妈从来都是这样直接进屋的啊。

“好的，我习惯了。不过你现在是大人了，妈妈以后进屋一定敲门。”妈妈马上改变了自己的态度，因为她有更重要的事情需要和女儿心平气和地沟通。

“其实，我最近看到一件衣服很适合你，一直想带你去买呢，但是是小碎花的，怕你不喜欢。”妈妈坐在了女儿床边，看着女孩红扑扑的脸，开始注意到，以前那个假小子已经不知不觉长大了，“是该给你买些新衣服了，以前那些都不适合你了。”

“那我想和妈妈一起去，这样我好试一下。”女儿的语气缓和了下来。

“好的，这样正好，你也好久没有陪妈妈逛街了。如果你愿意的话，我们再去买点盆景和小花回来，其实我一直都想养养花，你可以帮我的忙。”

“哦。”女儿淡淡地应了一声，完全没有反对的意思，看来，女儿真的是长大了。

从那以后，妈妈就把婷婷当作姑娘家来对待，再也不让她夏天穿着小背心去买水果，给她换了床单被罩，房间也重新布置了一下。在妈妈的细心呵护下，女儿变得越来越乖巧，也越来越有少女的美与羞了。

婷婷的妈妈很敏感地捕捉到了女儿爱美的心理变化，顺着这个变化，妈妈尽可能地做了自己可以满足女孩爱美之心的事情。这看起来很自然，妈妈也没有花很多的心思，但是实在是家长里面少见的细心之人。

很多人发现女孩爱美之后，会很直接地说女孩子“爱美”“不怕丑”之类的话，这些有点开玩笑的话语，会伤害女孩的自尊心，也会让女孩更加“偷偷摸摸”地爱美。

其实，女孩爱美是天性，如果女孩在容貌上不太有自信的话，爸爸妈妈应该尽可能自然地赞美一下女孩的外貌。

“你穿紫色的衣服真不错”“齐刘海挺适合你的脸型的”“你的眼睛和姑姑的眼睛一样又大又亮”“你们刘家人就是长得很修长”……这些话对女孩来说，可是证明自己美丽的重要证据。如果妈妈们回忆自己的少女时代，谁曾经赞美过自己的容貌，一定是记忆深刻的。但是，越是熟悉的人我们越是懒得去赞美、欣赏，这种习惯让我们忽略了身边需要赞美的亲人，是很遗憾的。

但是，也要提醒父母不要过于在意女孩的外貌，无论是长得很好看，还是很难看，都不要过多地强调。有人很习惯，如果自己的女儿长得不好，少说两句可以理解；为什么女孩长得好看也要少说呢？因为父母过于强调女孩长得好，会让女孩以为长得好是自己的功劳，然后很在意别人是否会看到这个“功劳”，甚至认为自己长的美就该得到比别人高的待遇。有一个备受夸奖的“小西施”回家对妈妈说：“妈妈，我们班上来了一个怪物。”

“怎么这样说？”

“因为他是唯一一个没有多看我两眼的男生，之前从来没有过！”小女孩的心里，竟然在意到了这个小细节，妈妈后悔自己以前太为女儿的美貌而得意了！

著名的教育家卡尔·威特就非常注意控制别人夸奖自己的孩子，每当有人赞叹小威特聪慧过人的时候，他就会说：“犬子尚有很多需要进步的地方，惭愧惭愧。”可是当小威特刚出生、身体孱弱的时候，老威特从来不在意别人怀疑的眼光，照样和孩子一起锻炼身体、训练他学习。

其实，老威特的教育思想也可以总结为这样：父母的责任就是帮助孩子对外貌有一个正面的理解，尤其是女孩子，人见人夸的女孩，父母尽量帮她降降心里面的得意之情；被人忽略的女孩，父母帮她树立一点容貌上的自信；一直被当成假小子的女孩，在有爱美之心的时候，父母多一些理解和心照不宣，让女孩大大方方找回“遗失的身份”。

著名的作家伍尔夫有一间属于自己的写作间，虽然只有三本书大的一张小桌，但正是在那个简单的书桌上诞生了伟大的女性文学作品。写《简·爱》的作者夏洛蒂·勃朗特也有一个不大的书桌，夏洛蒂最喜欢在上面创作了。其实，不管你的女孩是否有成为作家的潜质，她都应该有一个属于自己的小天地。

由于家庭条件各异，有的女孩可能会拥有公主一样的卧房、琴房和书房，而有的女孩只能在父母的床边摆一张小床，或者在客厅中间隔一道木板作为自己的卧室。但这些并不影响女孩对自己生活的满意程度，如果父母能够尽心地帮助生活条件一般的女孩打扮自己的卧室，她们都能感受到爱和美。

女孩的房间就像是女孩的心，能够看出她的思维习惯和性格爱好。一般来说，女孩子的房间里最好不要有太多不属于她的东西。父母因为寄放一些东西在女孩的卧室里，经常出入，就不能给她带来很安全、隐蔽的感觉。而女孩在长到青春期的时候，是非常需要这种安全感的。另外，女孩的房间最好有一点点艺术感。可以是名画的仿制品，可以是一圈漂亮的墙纸，可以是她自己最喜欢的一张照片，一家人的合影，或者是自己创作的第一幅画。

如果女孩喜欢在床头接很多的电器，耳机、电脑、音响的线总是缠在一起，建议爸爸妈妈最好帮她设计好走线，因为这些不安全，而且也容易引起女孩做噩梦。

如果女孩的小东西太多，妈妈可以和女孩动手做一些收纳盒子。这些盒子可以用买了纸巾、电器等日用品的结实的纸箱改造而成，最好是在外面包上可爱的包装纸。

如果女儿没有合适的床头灯，爸爸可以帮她接一个插座和普通的节能灯泡，妈妈帮她用电饭锅的盒子做一个灯罩，可以把纸盒的外面剪到只留下骨架，然后用半透明的纸糊上，贴上一些小兔子、月亮、星星等的贴纸，选择女儿最喜欢的颜色来包装一样，罩在节能灯上，这样既有朦胧的睡意感，更有爸爸妈妈的一片爱心在其中！

从着装上培养女孩的审美品位

有这样一个故事：

有一家的小女孩总是喜欢在地上打滚，刚换的衣服，总是三分钟就弄得很脏了，妈妈一直拿她没有办法，只好专门给她几件在地上打滚用的旧衣服，一回到家里就换上，任由她撒野去。

有一天，从省城里回来的叔叔给女孩带了一样礼物——一件纯白的公主样式的连身裙，蕾丝裙边，收腰蝴蝶结，两指宽的吊带，栀子花一样厚实的布料……一切都是那么完美无瑕，女孩喜欢得不行。

第二天，全家人都发现了女孩惊奇的变化，她再也不是那个在地上滚来滚去的野丫头了，她变得很规矩，很安静，很爱干净。那条洁白的裙子她穿了一个暑假，竟然连一滴墨水也没有沾上！

这个故事告诉父母的教养智慧有很多，但最简单最直白的一条就是：让女孩穿得体面一些，她们也会把自己当成一个体面人来对待。

如果你总是给女孩穿不整洁的衣服，又怎能指望她可以优雅如百合呢？

爱美是女孩的天性，大部分女孩从很小的时候就喜欢照镜子端详自己，喜欢漂亮的衣服和裙子，而且很在意别人的评价。女孩的父母们也愿意给孩子买漂亮的衣服、鞋子、头饰，把自家的女儿打扮成一个靓丽的人见人爱的小公主。然而，孩子在小的时候是没有形成一套属于自己的审美观念的，她们通常爱模仿母亲和身边亲密女性的穿着打扮，甚至是电视里自己喜欢的人物装扮。还有些爱美心切的女孩，趁父母不在家，便偷偷拿出妈妈的衣服、鞋子、化妆品，为自己“精心”收拾一番，往往弄得家长哭笑不得。所以，女孩的妈妈们，要注意从小引导女儿的审美观，给孩子一个中肯的形象建议。

一个人给人的最直观形象就是他的穿着打扮。民间有句谚语：“人靠衣装，佛靠金装。”俗语也常说：“人靠衣衫马靠鞍。”衣服是人的第二肌肤，穿一身漂亮的衣服，心情立即愉快起来，不自觉中，头扬起，胸挺起，脚步轻盈而有力，人也特别自信。服饰对人起着很大的辅助作用。

但是，不是说任何服饰穿戴在任何人身上一定都能产生美感。事实证明，服饰只有与穿戴者的气质、个性、身份、年龄、职业以及穿戴的环境、时间协调一致时，才能真正达到美的境界。正确着装，不仅能够给他人留有一个好的印象，也能给自己增添一份自信与魅力。

英国首相撒切尔夫人，素有“铁娘子”之称，个性鲜明，在服饰穿戴上也有自己独到的见解。她说：“我必须体现出职业特点和活力。”她认为，女性过分化妆容易给人以男人的玩物、花瓶之类的“浅薄感觉”。所以，她爱着深色、凝重的服装，这样显得严谨、高雅、庄重，突出了一位女政治家的个性风采。

着装没有必要太过华丽，也不一定“跟风”就是好，干净、整齐、合适一定是最重要的，要选择那些适合自己的、能够彰显自己气质的衣服，才是正确的。另外，如果孩子过分在意他人对自己形象方面的评价，难以容忍自己身上的一些小缺陷，父母就要多多引导孩子，让孩子能够正确地审视自己。

5岁的童童突然之间不喜欢去幼儿园了，每天早上都在家里耍赖，说想妈妈不愿意离开妈妈。童童的妈妈觉得事有蹊跷，便开始和孩子慢慢聊天，终于"套"出了童童的心里话："幼儿园的小朋友都说我头发难看，又稀又黄，我不想去幼儿园了。"

原来，童童因为从小有些缺锌，发质有些枯黄。然而妈妈却没想到，这成了孩子的不愿意上幼儿园的一个"心病"。

童童的妈妈觉得，孩子如果太在意这些小事，可能会产生自卑和胆怯的心理。于是妈妈想到了一个疏导的好办法。

"童童，你看童话书里是不是写着，温柔小公主的头发是金黄的、软软的呢？"

童童想了想说："好像是。"

妈妈继续说道："那小公主是不是特别温柔，特别受欢迎的呢？"

"是啊，原来我的头发和童话书里的小公主一样啊！"童童一下子兴奋起来，眼睛也亮起来了。

第二天，童童穿上了一件漂漂亮亮的裙子，跟着妈妈去了幼儿园。

也有一些家长，担心女孩太爱"臭美"，会影响她以后的心态和价值观，担心孩子养成虚荣、攀比的坏习惯。有位家长在女儿的穿衣打扮上，坚决不给女儿商量的余地，只让女儿穿自己选择的衣服，告诉孩子"你要不穿我给你拿的要不就什么都别穿”，结果孩子在她的强压之下，每次只好乖乖地穿上她选好的衣服。

试想，被剥夺了“臭美”天性的女孩，生活又怎能快乐？

幼儿期孩子的审美观还没有定型，需要家长、老师加以引导。很多孩子喜欢打扮，喜欢“显摆”，只是为了得到家长和老师的关注，所以家长们平时应该多关注孩子的情感需求，因势利导，引导孩子形成正确、健康的审美观。此外，爱打扮的女孩往往对色彩较敏锐，家长与其一味压制，倒不如抓住孩子爱美的特点，培养孩子的审美能力。

青春期的女孩追求“美”的愿望更加强烈，“跟风”倾向也更加严重。比如，有些青春期爱美的女孩喜欢给自己的头发变换不同的颜色，但目前，大多数染发剂中都含有过敏源——对苯二胺。这种物质很容易引起红肿、发痒、湿疹等过敏症状。还有一些染发剂中含有芳香胺类化合物，这是一种致癌物质。另外，染料经皮肤、毛囊进入人体，然后进入血液，很有可能会破坏血细胞，对身体百害而无一利。如果你的女儿同样喜欢染发，家长要给孩子讲明其中的利害关系，告诫自己的女儿，染发要有节制，不能随心所欲，否则会影响自己的身体健康。

家长要尽早让孩子知道，一个人的形象除了外在，更多的是内在，一个内心优雅的女性即使她在外貌上不够完美，也同样散发着一种他人难以抗拒的魅力。所以，家长应该由内而外，从仪容形态上培养女孩优雅的气质。当女孩使用很多化学性的物品来装扮自己的时候，家长最好能用科学的解释来制止女孩的这些行为。

告诉女孩不要当时尚的奴隶

女孩适当地追求漂亮，让自己的魅力得以与时俱进，对时尚的追逐、对自然的崇尚，是女性的永恒话题，而漂亮、随意、活力，也是年轻女孩的专利。

为了能够在纷繁的时尚潮流中脱颖而出，女孩必须要把握两条重要的原则：

1. 要注重时尚的和谐

时尚应当与自己的年龄相符合。不同年龄追求不同的时尚，女孩要根据自己的年龄特征来选择适当的时尚服装；其次，时尚也要有自己的性格与和谐，只有当内在的性格与时尚追求和谐一致的时候，女孩的美才能得到充分的体现。就如同旗袍给人以文静的感觉，“假小子”式的女孩就不适宜穿着；再次，要注意使时尚与所处的环境相和谐。即在选择时尚服饰时，应与一定场合的气氛相和谐。

2. 抓住时尚的精髓

时尚有其特定的内涵，非经提纯不能窥见其全貌，为此家长首先需要帮助女孩对时尚进行“提纯”。要从它的核心部位入手，将它的实质构成寻找出来、挖掘出来，为己所用。

时尚的女孩应当善于抓住流行色。流行的引领是服装，服装的引领是色彩。选用一两种流行色与基本色一起搭配，就能够做到既保持了自我又跟上了时尚。

时尚的女孩应当善于用细节点缀自己。选购裘皮大衣、添置羊绒套裙不必考虑流行色，但可以配上流行色的套衫或围巾，甚至一枚别针、一对耳环、一副项链，那上面的一点点流行色彩，就可以使女孩具有流行特质。

时尚的女孩应当善于自己创造流行。寻找流行目标，关爱自己，展现魅力，把自己当作是流行的晴雨表，偶尔别出心裁的装束，不小心就制造了新一轮时尚。

很多女孩为了盲目地追赶时尚，不惜重金，弄得自己看起来好像是一派风度，感觉却是越来越糟。究竟要把自己放逐到什么位置上，自己心里也没有分寸。而事实上，只有当一个女孩的内涵和外表协调统一的时候，她才会是最美的。

时尚与美并不是完全对立，一个不盲目追随时尚的女孩可以变得更美。聪明的女孩不会盲目追随，而是根据自己的内在精神需求与性格气质，从纷繁芜杂的时尚风潮中升华而出，而获得永久的魅力。

父母应告诉女孩，不要成为时尚的奴隶。俗话说："有人创造流行，有人跟从流行。"因为有众多的人迷信流行，因而有了大众时尚。有的女孩为了追求时尚，往往不考虑自己的年龄、形体、肤色，甚至盲从一些标新立异的时装。做时尚的奴隶是可悲的，父母要教会自己的女孩用眼睛观察自己，相信自己所拥有的不同之处，如果仅仅生活在他人的时尚观念中，所拥有的只能是盲从。

穿衣要与自己的风格相符

"涵涵！你有没有觉得，我有必要改一下长久以来我的穿衣风格啊。"闹闹又开始折腾了。

“你现在是什么风格？”涵涵一头雾水，不知道闹闹又想说什么。

“古典美女风格！你看不出来吗？”闹闹边说边扭了一下腰，还夸张地用食指从眉头上划过，“柳叶眉，水蛇腰——说的不正是我吗？”

“你有腰吗？不好意思，还真没看出来。”涵涵上下打量了一番，说了句令闹闹喷血的话。

“喂！涵涵同学！我的抗打击能力是很强的！”闹闹故意吼起来，“你没腰别以为别人也没有好不？”

“那你现在想变成什么风格？”涵涵看闹闹搞笑地拼命扭腰，忍不住加了一句。

“前卫少女型，你看怎么样？”

在一旁一直听她们说话的同学中有一个实在忍不住了，大笑着说：“小心变成‘街头小太妹型’……”

“哈哈——”大家都笑起来。

一般来说，服饰风格和女生的性格很相关。有什么样的性格一般决定你在人前呈现出什么样的服饰风格。

大体来说，女生的服饰风格有以下几种

自然型风格，又称运动型风格、随意型风格。无论在学校，还是在日常生活中，总会看到这样一类女生，她们给人以潇洒、活力、健康的印象，这类女生往往神态亲切，直线的身材颇有运动感，性格随和大方，在不刻意的修饰中表现着洒脱的魅力。她们比较适合宽松的、不需要太多装饰感的服装，中性打扮、自然型人打扮需要有品位，一般不用化妆。回避华丽、可爱，突出自然、休闲。

浪漫型，浪漫型风格又称为华丽型风格、性感型风格。五官甜美、女人味十足、眼神妩媚、身材圆润，适合华丽高贵的女性化服饰，给人大气、夸张的感觉。这一类女生适合穿做工华美的服装，华丽、光泽感强、细腻的面料，曲线感强、夸张的女性化图案，戴华丽、醒目、夸张的饰物，也可以选择较为饱和、华丽但不过于深暗的色彩，最好用类似色彩搭配。可以强调腰部和臀部曲线，贴身而合体才能尽现浪漫型人的妩媚性感，在所有场合穿衣服的度都可以略夸张。要回避锋利、坚硬、理性和平庸感。

古典型。古典型风格又称为传统型风格、保守型风格。一丝不苟的古典型女生，往往五官端庄、面容高贵，有一种都市成熟职业女性的味道，她们需要选择一些精致而正统的服饰来衬托自己。选择服装时，应该整体应遵守严谨端庄的风格，适合做工精良、剪裁合体的套装，直线剪裁，服装剪裁要简洁大方，忌夸张，越简单的款式越好，适合穿职业装，用丝巾做套装领部的点缀。

前卫型。前卫型风格又称现代型风格、个性型风格、革新型风格、摩登型风格等。她们往往有明亮的眼睛、个性的五官、骨感的身材。白天可以穿短裤与有个性的T恤，晚上又可以穿带有金属装饰物的服装。适合短小精悍的服装，款式突出新颖、别致，不对称斜裁风格，打破传统，可大胆采用不对称的裁剪。

戏剧型。戏剧型风格又称夸张型风格、艺术型风格。这类女生全身充满了鲜明的个性，打扮入时、引人注目。戏剧型人脸部轮廓线条分明、存在感强、五官夸张而立体，身材看起来比实际身高显高。标准戏剧型女生整体总给人以夸张大气的印象，存在感强，性格大胆、极端、有个性、与人较有距离感。她们适合穿包身、性感的衣服，曲线的鞋，夸张的饰品，夸张的青果领、大褶皱的连衣裙，中间收腰，下摆很宽的上衣；枪驳衣领、大尖领、方领，双排扣，适合有光泽感的面料，各种呢料、丝绒、皮革和闪光面料，软硬适宜，避免尼龙。要注意的是，要回避小孩化、小家子气的风格，切记要突出个性，拒绝平庸。

优雅型，优雅型风格又称为小家碧玉型风格、温柔型风格。这类人脸部轮廓柔美、圆滑，五官精致，有曲线感，身材圆润，走起路来很优雅，给人以小家碧玉的感觉。优雅型女生，无论身材和面庞曲线，都给人女人味的印象，因此，柔软的布料和曲线裁剪的服装都很适合她们。轻柔而流畅的款式最能表现她们优雅的气质。衣服也不强调垫肩，腰部和臀围要收得很合体，连衣裙穿起来往往最漂亮。颜色分四季，风格分八种，完全掌握自己适合的“色”和“款”后，不仅让您在各种场合都能最大限度地展现自己的美，在以后选择服饰的过程当中也能为您更省时、省钱、省力，还能成为搭配高手！

饰品的搭配有讲究

当女孩穿上了漂亮的衣服时，如果能够根据衣服的设计在合适的部位增加一些小饰品作为点缀，一定可以使女孩增色不少。

但是，家长在帮助女孩挑选饰品的时候需要注意，不仅在选择颜色上不能弄得七彩斑斓，也要注意不能一次性佩戴太多的饰品，否则的话会起到相反的效果。

具体说来，首饰可以分为戒指、耳环、项链、手镯、别针、袖口、领针、腰链、脚环，等等，关于饰品的佩戴更是一门学问，在很多时候它甚至比服装本身还重要，如果佩戴得宜，有如画龙点睛。

女孩因为脸型、身材、性格、气质的不同而具有不同的风格倾向，然而人本身所具有的风格往往决定了她适合哪一种款式风格的服装和首饰。

优雅型。这一类的首饰富于曲线美，有易碎感，如小花排列的手链、精雕细刻的戒指，等等，适合线条圆润、气质优柔文雅、极富女人味的人。优雅风格的人可用有飘逸感的轻质面料的裙装来搭配透明、娇贵的仿真首饰，如琼瑶小说中清丽脱俗的女主角。

古典型。这一类的首饰正统、精致、高贵，适合面部端正、气质高雅的女孩。紧贴颈部的珍珠项链、一分硬币大小的扣式耳环等都能与古典型的质地高档、直线裁剪的服装相配，完全可以体现出传统的闺秀风范。

天然型。这一类的首饰粗犷、自然，多用树叶等形状作为别针、坠子造型，适合身材高挑、具运动员风格的女孩。当女孩佩戴这样的首饰时，建议装扮应该力求线条简捷，质朴大方、不留豪华设计痕迹。整体风格闲适、潇洒。

前卫型。这一类的首饰造型小巧、新奇、别出心裁，极具个性，适合小巧玲珑、活泼好动、有俏皮少女或男孩儿气质的人。前卫风格的人可用奇特质地的面料做超短设计打扮自己，定能独树一帜。

温婉型。这一类首饰多采用蝴蝶结、花瓣、花心型造型，线条流畅柔美。适合身材适中、圆润、性感、有着洋娃娃般迷人双眼的人。浪漫风格的人最好穿紧身、性感设计的服装，多用大波纹的蕾丝做装饰，配上花型设计的耳环，细细的、有漂亮坠子的项链。

爱美是女孩的天性，特别是对女孩子而言，都希望能够把自己打扮得美丽动人，除了发型之外，饰品也是很重要的一方面。往往一件搭配得当的小饰品，会起到意想不到的作用，可以说是点睛之笔了。

现在卖饰品的地方随处可见，无论是实体店还是网上商城，而每个店铺中的商品更是琳琅满目，花样不断翻新。家长们尤其要注意根据女孩的自身特点帮助她们选择，小到一个发夹，都要和女孩的气质相配才好。

家长要根据女孩的体型选择适合的饰物。体型小巧的女孩子，就不宜搭配体积大的饰品。这样会给人一种不和谐的感觉，也可以讲是反差太大。比如耳饰类，体型小巧的女孩子应该搭配耳钉、长度稍短的耳坠，如果搭配大型的耳环或长线耳坠的话，很容易把别人的注意力引向耳饰的长度与自身身形的比较之中，扩大了自身的缺点，实非明智之举。

家长要根据女孩的性格特点选择合适的饰物。不同的人，在性格方面也有很大的差异，有的女孩子温文尔雅，有的女孩子活泼可爱，在饰品选择方面，也不能光追求新鲜。佩戴饰品是为了好看的，为了提升自身的气质与形象，不根据自身性格特点选择饰品，盲目搭配，往往不能体现其应有的价值，花钱不说，而且费力又不讨好。

家长要注意帮助女孩控制饰品的数量。饰品的搭配不要求多，只要有一两件精巧的配饰点缀即可，如果超过三件，就不免有些庸俗不堪了。饰品佩戴的原则是点缀和调节，使之与自己所要展现的气质合拍。

塑形对成长中的女孩有危害

有一种父母，在女孩小的时候，由于爱女心切，所以给她最好的享受，把一个原本漂亮可爱的小姑娘喂养成了胖胖的样子，后来女孩长大了，变得臭美了，天天对自己的体型不满意：“爸爸妈妈，你们怎么把我喂得这么胖啊！”听到了女孩的抱怨，父母们心里不免有几分不满：“让你多吃一点，不是为你好吗？”

但是说实话，如果一个女孩从小没有节制的发胖，而父母不加警觉的话，那将来肯定会是个问题，因为没有一个女孩是不爱美的。等到女孩子着急自己的体型以至于到“有病乱投医”的心理时，家长们才知道自己以前的纵容是多么地不明智。

有的时候，女孩往往希望通过这种“美容整形”的方法快速达到自己瘦身的目的，通过手术的方式矫正，以达到期望的样子。通过抽脂、形体雕塑等方法，让自己变得更加漂亮。

据说，在韩国有很多从艺的明星都愿意去做这种五官整形手术。这些年，因为韩剧的流行和韩国影视明星的美丽容貌受到大众的喜欢和追捧，使得亚韩整形之风盛行。不过，这些整形术常常是从事特殊工作的特殊人群才需要，比如演员、模特和专业的礼仪人员，等等，一般人最好别选择手术美容整形。因为这不仅是对人的身体的一种考验，也是对金钱的一种考验——一个整形手术常常花费十分昂贵。

不管怎样，这些需要动刀子的手术未免显得有点吓人，而且免不了会有一些后遗症或者是并发症之类，甚至有一些手术干脆以失败而告终。女孩小小年纪，怎么能够经受住这种手术带来的心理折磨和生理残害？

时下还有一种流行的减肥方法，叫做节食。然而女孩正是在处于人体生长发育最为旺盛的时期，身体中总是需要充足而均衡的营养，而节食势必会带来营养缺乏，从而给身体造成极大的伤害。

首先，节食会使人体的各种维生素摄入不足，谷类中含有丰富的维生素 B2，如不足时会出现口角炎等病症；而蔬菜中则含有大量的维生素 C，缺乏时会造成坏血病症；维生素 D 缺乏则可引起骨代谢异常，身体长不高，甚至骨骼变形；维生素 A 缺乏则会出现夜盲症。

其次，节食会引起蛋白质摄入不足，女孩的青春期发育一般较男孩子早，同时伴有明显的内分泌变化。蛋白质不足的后果最为严重，造成负氧平衡，从而使发育缓慢、消瘦，抵抗力下降，智力发育也会受到一定的影响，严重者还会出现营养性不良水肿。

最后，节食还会导致人体所需的热量不足，处于青春期的女孩机体代谢旺盛，活动量大，机体对营养的需要相对增多，每日所需要的热量一般不少于 12552 千焦，如果达不到这一要求，就会对生长发育产生影响，青春期的热量应高于成年期的 25% ~ 50%。

青春期的女孩身体正在发育，无论用什么样的方法来达到减肥的目的，都是残酷的。因为肥胖的形成并非是一朝一夕，一时心急想让自己立即变瘦，谈何容易？

所以，家长在养育女孩的时候最好能有一种意识，就是在喂养的过程中强调营养均衡，以免过犹不及。

如果女孩总是嫌弃自己体型太胖，但是又找不到太好的解决方法的话，父母只能安慰女孩，告诉她胖也是一种美。并不是说胖是不美，瘦就是美。社会的审美标准总是变化的，比如在唐朝的时候就是以胖为美，所以告诉女孩不要过于自卑，不管长成什么样子，都是独特的自己。

第五章

好品德，赢天下——善良与爱心让女孩受益一生

女孩善良的天性需要保护

曾经看到过这样一个故事：

一个雨天的早晨，我把孩子们送到学校后顺便去了一家快餐店，点了早餐。几张桌子上都是没有收拾的纸杯、盒子和法式炸土豆条。

一位年轻妇女与一个五六岁的女孩走了进来，她们坐下点菜时又进来一个人，背微驼，穿着一件破烂的上衣。他缓慢地走向一张狼藉的桌子，慢慢地检查每个盒子，寻找残羹剩饭。当他拿起一块法式炸土豆条放到嘴边时，女孩对母亲窃窃私语道："妈，那人吃别人的东西！"

"他饿了，又没有钱。"母亲低声回答。

"我们能给他买一个汉堡包吗？"

"我想他只吃别人不要的东西。"

当女服务员递给母女俩两袋外卖食品时，女孩突然从她的袋里拿出一个汉堡包，咬了一小口，然后跑到那人坐的地方，把它放在他面前的桌上。

这个乞丐很惊讶，感激地看着女孩转身、消失。

一个汉堡包并不值多少钱，但孩子咬了一口，然后递给了乞丐，这个汉堡包就是无价的了。它的无价之处，是因为那里面藏了一颗爱心，一颗善良的种子。小女孩的行动给很多人带来了快乐，给旁观的"我"，给她的母亲，给乞丐，也给她自己。我们不难想象长大后的小女孩一定会活得有价值，因为她善良。

学会保护女孩表现出来的一点点善行，激发她们的爱心，终有一天女孩长大成人，会具有令人欣赏的爱心和善意，彻底与冷漠无缘。

每个女孩的心里都住着一个天使，只要我们学会呵护，那善良的光芒就永远不会熄灭。

不妨从让座开始培养女孩爱的能力

一个人只有懂得先伸出自己的手，才能握住别人的手；而有过被爱的深切感动的人，更能有爱别人的能力。这样的道理用在亲情、爱情、友情都一样。如果为人父母者想要培养出一个富有爱心的女孩，让她长大能懂得自爱、爱人，那么从现在开始就要让女孩学会爱，拥有爱的能力！

1997 年 9 月 5 日，诺贝尔和平奖获得者——特蕾莎修女永远地离开了我们，这一天全世界都哭了。

能感动一些人的人很多，能感动天下每一个人包括罪犯、战犯、杀人犯的只有她——特蕾莎修女。

在诺贝尔和平奖的历史上，只有两位获奖者是全票通过的，一位是史怀泽博士，另一位就是特蕾莎修女。她的施爱让全世界的人都看到了希望。

她以最快的速度、最高的效率在全世界 127 个国家有 600 多个分支机构，仅 1960 年一年，就在印度创建了 26 所收容中心和儿童之家。

但是她的总部只有两个修女，一台老式打字机。她的办公室只有一把桌椅，她接待全世界的来访者的地点永远是——贫民窟、弃婴院、临终医院、收容院……

对她来说，给予他人以爱和尊严比给予食物和衣服更重要。

来她这里做义工的有许多世界级的知名人物，他们中有银行家、企业家、美国加州州长……她帮助了那些处于生活边缘的人，同时也影响了更多的人……

什么是爱心？那不是打电话到新闻媒体去告诉他们“我要献爱心啦”，也不是在镁光灯的闪烁之下向某慈善机构捐款，而是不漠视、不鄙夷不如我们生活条件的生命存在，是通过自己的努力去帮助别人，同时自己也怀着一颗博爱之心去生活。

也许你的女孩出生于繁华都市，也许你的女孩生长于穷乡僻壤，这些都不重要，重要的是要教会孩子如何正确对待出身，如何正确认识社会以及努力做一个具有爱心、乐于助人的优秀的人。这才是女孩健康成长的基石。

一位母亲为了让女儿体验没有水的感觉，暑假的时候，她特意带着上幼儿园的女儿从东北千里迢迢来到甘肃的定西。

在火车上，母亲告诉女儿她们马上就要到一个没有水的地方了。女孩便打算向骆驼学习，赶紧灌下一瓶牛奶。

到了定西的老乡家，母女俩从一口看似干涸的井中打起一桶水，那还是去年积下的雨水。村民告诉她们，日用水紧张，这水得循环着使用：先用来洗脸，然后再用来洗衣服，最后用这盆脏水去喂猪。

女儿担忧地问：“猪怎么能喝这样的水呢？”

妈妈反问：“那你觉得应该给它们喝什么？”

“我给它们喝柠檬汁，给它们喂牛奶。”女儿一脸稚气歪着头回答。

后来妈妈问她刚才从井里打上来的水能不能喝，女孩立刻回答：“不能喝，不干净。”

“如果你很渴了呢？如果你两天没喝水了呢？也不喝吗？”

“不喝。”

…………

就在那天晚上，小女孩哭了，不是因为她太渴，这儿太苦，而是因为妈妈训斥了她。但对她来说，再大的挑剔也抵不过口渴的难耐，于是她终于喝了两天来的第一口水。

这里每天早晨天气都有些阴沉，似乎一场雨即在眼前，给太久没下雨的土地及这两位远道而来的客人带来希望，可希望最终都破灭了。

土地已干得裂出了一道道缝，农民们面临的将是颗粒无收的命运。

这天，母女俩要回家了。女孩已和这儿的孩子结下了友谊，此刻的离去竟有些难舍。虽然那些孩子灰头土脸，衣着破旧，因为他们从未尝过水的畅快淋漓，但可贵的是他们纯真的童心和从单纯的眼中流出的晶莹的泪。

母女俩挥手告别了黄土地，把那里的贫穷落后留在身后，却把一种体会留在心里。年轻的母亲要让女儿体验的，是水的珍贵，更是一种爱的能力。

家庭环境是孩子一降生到这个世界时，就会接触的第一环境。因此，想要培养充满爱的能力的女孩，就要从小开始，而非等到学龄再期盼学校老师来教导。

培养女孩爱的能力，父母应该给女孩提供“爱心”教育机会。比如带女孩搭公车时，看到有老人上车时，父母自己以身作则起来让座，就是让孩子感受到“博爱”意义的好机会。同时引导女孩关心身边的人。如果听到有其他小朋友有困难，父母可以主动告诉女孩去问问同学是否需要帮助，并给予协助，让女孩从小就能体会帮助别人的快乐，也能让她更富有悲悯之心。

父母还可以教育女孩尊重生命。为了让女孩将关爱的情绪也能关注到人以外的事物，父母可以在家中养宠物，像猫、狗、鸟、鱼，或者种几盆花草。让女孩负责去饲养或换水、清理时，顺便告诉她万物生命的意义，让女孩自由去跟宠物互动，或者观察植物生长，她就能慢慢体会生命本来的尊严。

管教女孩亦给她充满爱心的感受。管教女孩必须有理有据，而且不能是情绪化的打骂，必须让女孩知道错在哪里，违反了一定要处罚，这是为了她将来的人格养成。这样，才不致让她有偏差的认知或行为产生。

多讲好的传说、故事给女孩听，也是一种好的“寓教于乐”的教育方式，故事的角色会影响、投射到孩子身上，会让她想去模仿众人景仰的英雄、善心使者，自然就会去检视自己日常生活的言行了。

告诉女孩善的力量可以驱赶恶念

这是一个真实的故事：

一个人陷入了生活的困境，他找不到出路，整天浑浑噩噩。后来有一天，陷入死结的他决定去抢银行。

结果，他被警察发现了。在银行门前，他被警察包围了。周围都是警察，他已经无路可逃。这时候，逃生的本性使得他顾不得什么道德良心，顺手就拉了一个人过来做人质。他用枪挟持着人质向外突围，面目狰狞可怕。此时的他，已暂时失去了理智，只想赶快逃跑。可就在这时，突然，他手里的人质大声地呻吟起来，最后竟然变成了痛苦的呐喊。原来，人质是一个孕妇，在极度的恐慌之下，她马上就要分娩了。眼看鲜血已经染红了孕妇的衣服，她的情况十分危急。

这时候，劫犯内心矛盾了，看着流血不止的孕妇，他的疯狂暂时冷却，变得有些冷静，他陷入了矛盾中。一边是漫长无期的牢狱之灾，一边是一个即将出世的生命，劫犯此时心中展开了一场良心、道德与金钱、罪恶的较量。终于，他将枪扔在地上，举起了双手。警察一拥而上。

众人要送孕妇去医院，已戴上手铐的劫犯忽然说："请等一等好吗？我是医生！孕妇已无法坚持到医院，随时会有生命危险，请相信我！"警察经过考虑打开了劫犯的手铐。一声洪亮的啼哭声不但象征着一个新生命的诞生，同时也象征着一个罪恶灵魂的苏醒。劫犯的脸上挂着职业的满足和微笑。警察将手铐戴在他手上，他说："谢谢你们让我尽了一个医生的职责。这个小生命是我从医以来第一个在我枪口下出生的婴儿，他的勇敢征服了我。我现在希望自己不是劫犯，而是一名救死扶伤的医生。"

一念成魔，一念成佛，善恶只在一念间，而唯有善可以挽救迷途的灵魂。每个人的心底都会有一份善念，哪怕这份善良已经尘封多年。生活中，我们要学会恪守心中的善念，时刻站在道德的正面，不管现状多么糟糕，处境多么窘迫，都应该牢记心中的善，行善事而不堕落，不投入恶的怀抱。

善良是世界上最可爱的东西。如果一个人没有善良的美德，那么他的聪明、勇敢、坚强等品质对社会来说将构成一种危险。只因你善良的回眸，可能就会使一颗在寒冬中挣扎的心享受到春的明媚。善良就如天使的翅膀，可以带来绚烂和美丽。所以不要吝啬你的善良，心中常怀善念，你的人生就会因此而变得更有价值。

我们说“人性本善”，是说在人性深处，众人皆是善良的，只不过有时候没有表现出来。在如今物欲横流的社会中，很多人由于繁忙和生活的压力，内心深处的善良有时候会体现不出来，或者暂时被隐藏了起来。但在最关键的时刻，在生死攸关或者最感动最温情的时刻，每个人内心的那种柔软的善良就会显露出来，重又变成善良纯洁的人。就如佛家有言“一念成魔，一念成佛”，善恶常在一念之间。一切恶念、恶言、恶行，对于自己和他人都是地狱；一切善念、善言、善举对于自己和他人都是天堂。如果人人都能弃恶从善，即使是地狱也能成为天堂。因此，每个人都要静坐常思己过，经常检点审视自己的内心，摒除心中的恶念，放弃伤人的恶言、恶行，让自己的心灵纯净，才会得到真正的内心平静和安宁。

告诉女孩善良也是一种力量

他对这个冷漠的世界已经彻底失去了希望，除了死他找不到其他解脱的方法。平安夜那天，他来到一家商店，想买一把水果刀，准备杀掉仇人之后自绝于世。

他反复试着刀锋，终于选定了一把。可是，就在他要离开的时候，售货员忽然叫住了他，把刀要了回来。他冷冷地站在那里，困惑地看着她往刀锋上一层一层地缠着纸巾，缠好之后，她手握刀锋，将刀柄一方朝着他，把刀递到他的手里。

“你这是干什么？”他问。

“这样就不容易碰伤人了。”女孩笑道。

“其实你不用管那么多，只需要卖刀就行了。”

“这里卖出的刀是用来削水果还是做别的，确实和我没关系，但我希望大家都能生活在安全的环境中，活得好一些。”女孩说。

他拿起刀走出了商店，心里忽然十分温暖。原来这世界上还有人不为任何利益地关心着他。虽然不多，但一点点也就足够珍贵了。

那天下午，他买了许多水果，仔细地用那把刀削着。他边吃边流泪边回想着那个陌生女孩的善意规劝，如果不是她，他的命运恐怕就要改写。自此，这把刀成了他警诫自己的法宝。

当内心绝望的时候，陌生人一句温暖的话、一个善意的举动，都能点燃内心对美好的信任和追求。这就是善良的力量，它能将人从痛苦的深渊中拯救出来，让人看到生活中光明的一面。也许，平时我们所说的每一句话、每一个动作都能影响到他人，我们每一个人都有责任去传递友善，而有一天这友善就会回到我们的身上。

作为一个普通的售货员，那个女孩实在是没有必要在意顾客到底购买了什么样的产品，具体要用它去干什么。但只因为心中的那一点善良，她愿意做个“多事者”，用纸巾将那可能会伤人的刀锋缠起来。真正要发生的惨剧谁也阻挡不了，但是，自己心中的那点善良和对陌生人的关爱是一定要表达出来的，也许这小小的善意就会阻止一场悲剧的发生。

无疑，故事中的女孩是善良的，拥有一颗友善的心，对待素不相识的人都能付出关爱，力图拯救他的灵魂。现在的社会上，恐怕这样的人已经很少了。

善良就如天使的翅膀，可以给你带来美丽和光明。善良又如沙滩上的粒粒细沙，看似平凡琐碎，但又无处不在，于细微处见精神。

善良不仅是物质上的给予，也是对人心灵与精神的关怀。当别人尴尬的时候，报以一个宽容的微笑；当别人紧张的时候，给他一点鼓励的掌声。这样平凡的举动，对别人来说就是善良的理解，会给一颗孤独或者冷漠的心灵注入一股温热的泉水，激活他为人的善良和真挚。

女孩们，请保持自己的一颗善心，在任何时刻，只要力所能及，就用善念来帮助人，哪怕是跟自己不相干的人。也许此时你并不能感受到这种善念的作用和伟大，也可能会觉得生活已经很不友好，自己干吗还要去帮助陌生人。但当你真正做成一件小事，用你的善心去温暖别人的时候，你就会发现，生活充满了温暖和希望。尽管暂时，你可能没有得到任何收益或者别人的赞赏，但命运之神会看着你，接受你的善良，并在恰当的时刻回馈给你。

告诉女孩不要太计较那些伤害

乾隆时期，在宣城市南20里有个地方叫梅龙，这里有两大姓，梅姓和胡姓。这两个姓在当地都是大家族，非常有名，姓梅的人家土地多，家大业大；胡姓的人家产业虽然略少于梅家，但势力很大，因为胡家有亲戚在宁国府做官。这可真是一山难容二虎，因此两大家族经常发生摩擦。

这一天，天突然下起了暴雨，一个梅家的妇女年龄约20有余，背着一捆柴正在山下路上往家里走，忽然看到有一个人倒卧在渠边。她赶紧丢下背上的柴，跑到溪边来拉那人。

原来，这是一个拆字先生，年约 50 岁，如今已经奄奄一息了。梅妇立刻把拆字先生背回了家里，取出干净的衣服换上，并且给他喝了姜汤。

不久后，那个拆字先生渐渐恢复过来了，但还很虚弱。于是就留在了梅妇家中调养。妇人见他谈吐文雅有理，就拿出好饭菜来招待他。一段时间之后，他的身体好了，就决定离开。

临走前，他把一柄折扇送给梅妇，告诉她说自己住在京城，是开帽子店的，专门给官员做帽子，因此认识很多官员，以后若是有需要他帮忙的，就拿着折扇来找他。之后，他又对梅妇说："我想要认你做我的干女儿，你看怎么样？"梅妇很高兴地答应了，并且行了父女之礼。临别，还送了些路费给拆字老者，老者没有推辞就满意地离去了。

第二年，梅姓和胡姓的人为了山的分界问题发生了冲突。胡姓因为有人做官，因此侵占了梅姓很多土地，还发生了流血死亡事件。后来事情闹到公堂，梅方被判有罪，要重金赔偿胡方的死亡者。梅姓不服，一直上告，可是官官相护，一直都是维持原判。一天，梅妇突然想到那位拆字先生的话，于是就把事情告诉了族长，然后就拿着折扇上京寻找拆字先生。

原来那拆字先生就是乾隆皇帝，他那年在江南私访，和随从失散了，慌乱中就到了梅龙，然后得到了梅妇的救助。回到京城后，他还常常想起梅妇的热情，感慨自己遇到了好人。

看到折扇，乾隆知道自己江南的干女儿来了。当梅妇到皇宫的时候，才知道自己所救的竟然是乾隆皇帝。乾隆听说胡家仗势欺人后大怒，当即就要判胡家灭九族之刑。

谁料这时候，那梅妇急忙跪求道："民妇也不愿意看到祸及胡家的九族，只要归还侵占我梅家的土地就可以了。”

满朝文武百官都被梅妇的仁德感动了，齐声夸赞她，乾隆皇帝也非常高兴。几天之后，乾隆就派出3000御林军护送梅妇回了梅龙。从那以后，当地再也没有人敢欺负梅家了，而梅家也一直恪守法规，善待邻里，深得当地百姓的爱戴。胡家人见梅家并没有再追究此事，也并没有依仗国亲之势为难胡家，内心深感愧疚，从此以后也开始结善行德，获得了人们的称赞。此后，梅龙这个地方就一片祥和景象，人们安居乐业，一直过着平静、与世无争的生活。

宽容别人，不锱铢必较，不耿耿于怀，和和气气地做个大大方方的人，你将会得到大家的赞颂。宽容是一种温和的泉水，在遇到矛盾和问题时更显得弥足珍贵，它比无止境的报复和怨恨更加有效，也更加愉悦人心。宽容好像一捧清泉，能够款款地洗去彼此之间的一时敌视，让双方冷静下来，从而更清楚地看清事实，由此，也可以看清自己。

生活中，我们会遇到很多伤害我们的人，历史上，很多战争或者仇恨也都是因为伤害而引起。面对伤害，我们该如此处理？像《罗密欧与朱丽叶》里的两大家族一样，仇杀流血不止，直到失去各自最亲的人？还是退开一步，放弃仇恨，给自己和对方一份平静愉悦？

作为皇帝的干女儿，梅妇是可以呼风唤雨的，至少可以凭借权力夺得对方的土地，但她没有，她只是公正地要回了本来就属于自己的东西，然后宽恕了别人。这样做的结果就是：原来伤害她的人也变成了行善的人，整个村庄都和谐美满起来，这就是宽容的力量。她放下了那些伤害，获得了比自己所拥有的更多的东西。

所以，在面对伤害时，请告诉女孩保持克制，以宽容之心去应对，给自己、也给别人留一条后路。要知道，冤冤相报何时了，唯有爱可以终结一切。所以让我们都充满爱心，以宽容的姿态对待这个世界，那么，世界就会宽容地对待你。

不要随随便便批评别人

有一位父亲给儿子写了一封信："听着，孩子，我有一些话要说。虽然你睡得正熟，一只小手掌压在脸颊下，你的额头微湿，蜷曲的金发贴在上面。我偷偷溜进你的房间，因为刚才在书房看报的时候，内心不断地受到苛责，终于带着愧疚的心情来到你的床前。

我想了许多事，孩子，我常常对你发脾气。早上你穿好衣服准备上学，胡乱用毛巾在脸上碰一下，我责备你；你没有把鞋子擦干净，我责备你；看到你把东西乱扔，我更生气地对你吼叫。

吃早餐的时候也一样。我常骂你打翻东西、吃饭不细嚼慢咽、把两肘放在桌上、奶油涂得太厚等等。到了傍晚，情况还是这样。我走在路上偷偷观察你，看见你跪在地上玩玻璃弹珠，脚上的长袜都磨破了。我不顾你的颜面，当着别的孩子的面叫你回家，并对你吼道：'长袜子是很贵的，你要穿就得爱惜一点。'想想看，孩子，这话居然出自为人之父的人的口。

记得吗？就是刚才，我在书房里看报，你怯生生地走过来，眼里带着惊惶的神色，站在门口踟蹰不前。我从报端上望过去，不耐烦地叫道：'你要什么？'你不说一句话，只是快步跑过来，双手搂住我的脖子亲吻。你小手臂的力量显示出一份情爱，那是上帝种在你心田里的，任何漠视都不能令它枯萎。你吻过我就走了，吧嗒吧嗒地跑上楼。

孩子，就是那时候，报纸从我手中滑落，我突然觉得害怕，我怎么养成了一个坏习惯啊！挑错、呵斥的习惯——这就是我对待孩子的方法吗？孩子，不是我不爱你，只是我对你期望过高，不自觉地用自己年龄的标准去衡量你了。

我实在不该把你当成大人，孩子，像我现在看到的你，疲倦地蜷缩在床上，完全还是婴孩的模样。记得昨天你还躺在妈妈怀里，头靠在妈妈肩上，我要求得实在太多太多了。”

托尔斯泰说：“我们平等地相爱，因为我们互相了解，互相尊重。”了解是尊重和爱的前提，拥有了相互之间的了解，才能以更真诚、博大的胸怀去关爱彼此。尽量去了解别人，尽量设身处地去思考问题，这比批评要有益得多，而且让人心生同情和仁慈。

生活中，你是不是动不动就肆无忌惮地批评别人呢？还是总是以不耐烦和嘲讽的眼神看着周围的朋友？

当别人在你面前犯错或者做了不恰当的事情时，你会怎么做？当你在别人面前犯了错误或者做了不恰当的事情，你想让别人怎么做？

当你准备好了对别人说的话时，要记得，那就是别人可能对你说的话。

当我们批评他人时，先想想自己“我做得怎样？”这样想的时候，你也许就会完全改变自己的想法和行为，并因此得到别人的爱。同样的道理，你也可以先想一想，如果犯错误的是我，我希望别人怎么说我？直言冷漠地批评我？还是善意地宽容，给我尊严和信任，让我愉快改正？相信，大家都会选择后者，那就这样做下去吧。

告诉女孩不要随便批评别人，当你看到别人的错误或者不当行为时，不妨先设身处地地站在他的角度想一想，然后用温婉的方式说出来。批评的本意是好的，但直言的批评毕竟太过于严苛，选择一种善意的方式，不去计较，也许比批评本身更有效。

女孩不能嘲笑别人

有一句名言是这样说的：“人性最深切的渴望，是得到别人的尊重。”每一个人都希望自己能够得到他人的认可和赏识，不分年龄、不分性别，谁都不想被别人嘲笑。可是许多女孩并不懂得要尊重每一个人，当看到身体上有残缺，或者是外表有些与众不同的人时，女孩往往会把这样的人作为嘲笑的对象，例如班里比较胖的同学，或是成绩较差的孩子。

小女孩会嘲笑他人，原因是当女孩到了一定的年龄段，不再因为共同喜欢一个玩具或是一首歌而结交伙伴，她们会选择与自己年龄、外貌以及行为相似的朋友在一起玩耍。几个孩子联合起来感觉到力量上的增强，再加上嘲讽他人所带来的快乐，很快的，女孩就会喜欢上这种感觉。其实，女孩嘲笑别人更多的就是为了获得乐趣。

在家庭教育中，父母应该告诉女孩，嘲笑别人是一种不礼貌的行为。不仅如此，还要让女孩从心底里去除这种不好的言行方式。让女孩知道：不论是谁，都有缺点和优点，就算是自己，也有某种程度上的缺陷。今天你轻易地嘲笑他人，或许明天就会有另一个人来嘲笑你。因此，学会尊重彼此，这才是最重要的。

在言传身教的过程中，父母可以按部就班地来让女孩消除心中对他人的偏见。例如，可以先让女孩在感情上同情被嘲笑者，让女孩想想，如果自己是那样的话心里会有什么感觉。然后在同情的基础上建立起女孩对被嘲笑者的尊重感，最后再让女孩把心中的那份同情与尊重付诸到行动上去，帮助之前被她所嘲笑的那个人。

家长需要通过说理、举例、实地考察以及给出具体的方法来去除女孩心中对他人的偏见。不仅这样，还要让女孩知道，生活在世界上的每一个人都是平等的，每个人都有自己的人格，每一个人都不希望被别人嘲笑。树立女孩的平等观念是非常重要的。

第六章

打造女孩的气质招牌——让女孩魅力瞬间倍增

仪表——女孩修养的外衣

一个女孩的修养除了体现在气质上之外，礼仪也是展露女孩人格魅力的外在表现之一。

仪表的整洁是女孩学习礼仪的第一步，自己打扮得整洁干净，也是对他人的一种尊重，毕竟谁都不愿意和一个邋遢肮脏的人讲话。无论女孩的长相是否美丽，父母在平日的家庭教育中，都应该教女儿学会保持面容干净。

此外，在衣服的穿着方面也有一定的礼仪。女孩的衣服可以不昂贵，但是必须穿着得体。作为未成年人，父母需要告诉女孩，她的衣服应该与年龄相符合。不能在这个年龄段打扮得过于花哨，更不能过分地涂脂抹粉。

除了仪表之外，女孩的言行举止也需要有礼仪的约束。父母总不希望看到从一个外表光鲜的女孩口中说出骂人的脏话，也不愿意看到自己的女儿随地吐痰、乱扔东西。因此，父母还需要传授给女儿一些关于言行方面的礼仪。

关于言谈，一个文雅的女孩子，她所说出口的话总是给人一种清新自如的感觉。相反，一个不注意言辞修饰的女孩子，往往容易说出让人反感的话语。父母需要教给女孩的是，无论是与谁说话，女孩的态度都应该是诚恳的，而且需要使用礼貌用语。过于沉默或者话太多都不是礼貌的表现。

仪容仪表以及言谈举止我们都已经略微提到。在家庭教育中，父母还需要结合实际来增强女孩子在礼仪方面的意识。例如，家中来了客人就是检测女孩礼仪学得如何的一个很好的机会。首先，父母需要让女孩知道，客人如果看到一个脏乱不堪的家庭会作何感想。所以，女孩需要先将自己的房间甚至整个家打扫干净，然后再准备好茶水准备迎接客人的到来。

客人来到之后，女儿要热情地对客人表示欢迎，用词和表情都应该表现得大方得体。还要与客人主动地进行交流，以展现小主人的风采。待到吃饭的时候，女孩要懂得先招呼客人用餐，而不是自己抢先端起饭碗。客人要离开的时候，女孩还需要起身送客，并且欢迎客人下次再来。

礼仪的学习是一个长久的过程，不同的场合需要不同的礼仪。因此，在教导孩子学习礼仪的时候，父母要随时提醒女孩用文明的言行来表达自己，不可松懈。时间久了，孩子所学到的礼仪也就自然地成了她为人处世方面的一个好习惯。

在任何方面，如果父母做的合理得当，父母就是孩子最好的老师。礼仪也是如此。因此，父母在平时不但要监督女儿保持文明，自己也要以身作则，无论何时，都不能有丧失礼仪的情况出现。

世界上各个国家都有自己的文明以及与之相适应的礼仪规范，作为一个普通人，我们不可能了解以及掌握全世界的礼仪。所以，在教育孩子的时候，父母需要重点培养的是女孩的礼仪意识。有了这样的意识，无论走到哪里，女孩都会知书达理。

大方——让女孩不再腼腆害羞

每个人都有过害羞的经历，甚至有的成年人，在一些场合因为尴尬也可能会表现出羞怯。因此，对于孩子羞怯的父母来说，首先，不能够认为孩子的羞怯是不正常的表现。羞怯或多或少也是人的一种天性，由于对事物的不了解而表现出来害羞的情绪，这也无可厚非。

父母需要弄清楚的是，腼腆害羞并不是什么坏事。因为腼腆的女孩往往有着细腻的内心，她丰富的情感世界正是因为腼腆而不为人知。许多著名的文学艺术家都有一个害羞的童年，这也是他们创作灵感的来源之一。

有时候腼腆未必不是好事，可是过于腼腆和害羞，就会影响女孩的交际能力，也会让女孩在学校或者其他场合感到困扰。因此，在家庭教育中，父母还需要有意识地帮助女孩克服害羞的情绪，让女孩在为人处世方面变得大方起来。

父母要想帮助女孩克服羞怯，那么首先就需要知道女孩究竟因为什么而害羞。有的女孩在熟悉的人面前并不会害羞，可是一旦在公开的场合下就会变得十分腼腆。这种羞怯产生的原因是父母平时没有注意对女孩在公开场合下勇气的训练。要想克服这样的情况，父母就需要鼓励女孩多参加一些集体的活动，多与同学交流，勇敢地表达自己的想法。

在一些家庭中，父母总是说这样的话："大人说话小孩子不要插嘴！"久而久之，女孩就不敢在他人面前表达自己的想法，也就会变得越来越害羞。所以，父母应该鼓励女孩大胆地说出自己内心的真实想法，而不是压抑女孩的讲话欲望。这样既可以锻炼女孩的思考能力与讲话方式，而且还能够让女孩变得有勇气。

还有些女孩之所以会有羞怯的表现，是因为她们对周围的环境感到不安全或者是有陌生的感觉。这同样也与父母有关。有些父母或者因为工作忙，或者因为其他的原因，平时没有给女孩足够的家庭温暖，长此以往，女孩就养成了孤僻的性格，不愿意与别人交往，慢慢地就会变得腼腆起来。

面对这样的女孩，父母需要给予她足够的关怀，让她感到有很多人都在关心着她，让温暖将孩子包围。时间久了，女孩腼腆的心理也就克服了。

另外也有一种情况是跟父母息息相关的。父母应该想一想，女孩的羞怯表现是不是与自己也有关系呢？有些父母本身就是有点害羞的人，或许父母在平时的言行中流露出来的羞怯感也在不知不觉中影响到了女孩。所以，要想帮助女孩克服害羞的心理，作为父母，首先就应该让自己从羞怯中走出来。

其实，羞怯最主要的来源是女孩对于自我的不自信。所以说，帮助女孩克服羞怯感最行之有效的方法就是先帮助女孩建立起自信。父母可以通过很多途径来让女孩树立起自信心。例如，平时父母就应该多多地对女孩表示赞扬，而且父母也要从心底里流露出这样的感觉。

害羞的女孩并不是在所有的时候都表现得扭扭捏捏，如果女孩在一次演讲中表现得非常不错，那么父母就应该抓住这次机会，对其大加夸赞，并予以一些物质上的奖励，这样，女孩慢慢地就会对自己有信心，也就会变得大方起来了。

狭窄的空间容易让人胡思乱想，在一个地方待久了，女孩也会感到厌倦。父母不如尝试着多带女孩到外面走走，旅行或者是郊游。女孩在玩的过程中不仅能够扩大眼界，而且还能够接触到不同的人和事，这对于增强她在为人处世方面的能力是很有帮助的。懂得了如何与人交流，当然也就不再腼腆了。

文静——好女孩不能是个“小捣蛋”

有的家长还在烦恼如何让自己的孩子变得活泼一点，可是另外一些家长却在为孩子的调皮而感到无可奈何。每个孩子都有自身独特的性格，无论是安静沉稳还是活泼好动，父母在教育孩子的过程中，都需要把握住其中的度。

文静的女生似乎很招人喜爱，无论是坐着还是站着，无论是在家里还是外面，性格恬静的女孩子都有着优雅的举止与恰当的言语。她们喜欢安静，可以自己在一个地方默默地看书，玩耍的时候也不会过于疯狂。大多数父母都希望自己的女儿属于文静的类型，而不希望自己有一个调皮捣蛋的孩子。

或许有的女孩生来就比较安静，但是文静的气质也是可以培养的。在小的时候，女孩和男孩由于还没有对性别足够的认识，他们的表现可能根本没有男女之分。因此，父母要尽早地开始对孩子进行性别意识的教育。

其实，女孩之所以安静不下来，也是有原因的。首先，因为年纪小，她的自控能力比较差，对于一件事的专注程度很低，而且保持专注的时间也很短。这就导致女孩在上课的时候可能喜欢东张西望，不集中精力听老师的讲课，或者就是前后左右地跟同学说话，成为课堂上扰乱纪律的“坏孩子”。针对这种情况，父母可以对女孩的专注力进行训练。一开始的时候，女孩注意力集中的时间可以短一些，然后再慢慢地加长，经过一段时间的训练之后，女孩的精力就能够保持比较久了，在上课的时候也就安静下来了。

另外，父母也可以在平时对女孩进行场合性的行为教育，告诉女孩在一些安静的场所不可以大声喧闹。例如在图书馆、课堂以及庄严肃穆的一些场合中，女孩都必须保持安静。父母不仅是要告诉女孩保持安静，还要让她明白为什么要保持安静。女孩知道了原因之后，今后在类似的场所中她就能够变得文静些了。

在家里的时候，父母要告诉女孩：东西不能够随便乱扔乱放，文静的女孩都是爱整洁、做事有条有理的人。除了在行为上，言语上的文静也是很重要的。父母要教育孩子在说话的时候保持一定的语调，因为过大的声音会让整个人显得吵闹，而声音太小的话也会让女孩看上去很胆小。

在自己家里要文静，到别人家做客就更应该如此了。除了要懂礼貌之外，在别人家做客的时候，女孩也不能乱动他人的东西，需要经过主人的允许。至于在别人的家中乱吵乱闹就更是不可以了。父母可以带着孩子到自己的朋友家去做客，当大人在谈话的时候，告诉孩子，她可以一旁安静地聆听，也可以静静地看书。

其实，文静是女孩的一种特质，文静的女孩子看上去给人一种清新淡雅的感觉，这种气质和感觉是需要时间来磨砺的。有的女孩可能在小的时候像男孩子一样疯狂，可是到了适当的年龄，她就自然地变得文静起来了。

父母不应该过于压制女孩活泼好动的性格。有的家长为了让自己的女孩变得文静，想尽办法让孩子安静下来，结果却忽略了孩子自身的感受，孩子也因此而变得沉默寡言起来。事实上，女孩子天生就有一种文静的气质，这种气质还没有表现出来，是因为年纪还没有达到。

当女孩能够静下心来做一件事情的时候，她就不再捣蛋了。所以，父母可以根据孩子的兴趣爱好培养孩子某些方面的才艺，例如美术、音乐等。这样，孩子在用心地画画或者是弹钢琴的时候，自然就变得安静了。

温柔——成就女孩好修养

温柔，是一种修养，是一种品性。不是所有的女孩都具有温柔的特质，然而温柔却是上帝赋予人类爱的起始。温柔是一种能力，更是一种真情的流露，它在感情的装饰下显得更加美好。

有两个女孩子。一个生长在富裕的家庭，由于父母工作忙碌，所以女孩就整日自己待在家里。除了上学以外的其他时间，女孩都在家里看电视，或者就是跟自己的小猫玩。女孩与其他的孩子不一样，她喜欢看打斗的电视剧或者动画片，受电视的影响，女孩的言行举止久而久之也变得粗暴了。她动不动就跟同学翻脸，跟父母吵架，烦躁的时候还打家里无辜的小猫。父母拿她越来越没有办法。

另一个女孩的家境并不富裕，家里除了一个玩具娃娃，什么可玩的东西都没有。可是女孩对这些并不在意，她没事的时候就去图书馆看书，在文学的海洋里释放自己的情感。因为读的书多，女孩子有着文雅的气质，她待人接物都像大人一样成熟，父母看了之后也觉得欣慰。无论什么时候，女孩说话都是用一种温柔的语气，哪怕是她生气了，却也从来不大发雷霆。

两个女孩有着明显的不同特质，一个暴躁无礼，一个却是温柔体贴。之所以会造成这样的差别，与各自父母的教育有着很大的关系。

由于父母忙碌，而且家境又好，第一个女孩从小就养成了骄奢的坏毛病，再加上无人管束，学了一些原本不属于女孩子的言行举止，于是女孩变得脾气暴躁，举止粗鲁；第二个女孩就不同了，她温柔的气质源于自身的修养。女孩没事的时候就去看书，与书中的人物共悲喜，在书海中寻求精神的高远。慢慢地，女孩的身上便有了温柔的特质。

看来，温柔更大程度上是后天修养得来的。温，温存与温和；柔，柔美与柔情。温柔是一个女孩子达到足够的修养之后所表现出来的一种气质，同时也是丰富的智慧与知识在她身上的体现。因此，在家庭教育中，父母要想培养女孩的温柔气质，就需要从女孩的内在修养着手。

据统计，妈妈在怀孕的时候如果能够始终保持平和的心态，而且言行举止都优雅得当，那么她的女儿就会有一定的温柔气质。相反，孕妇如果有一个糟糕的脾气，那么她的这种状态也会影响到自己的宝宝。专家也说，女性温柔的激素会让腹中的孩子变得更美丽，性格更温柔。

有的女孩特别喜欢表现自己，无论什么时候都抢着说话，抢着表达。但是，事实上这种做法并不可取。因为在着急的情况下所表达出来的行为与言语往往都是幼稚的。因此，我们建议父母在平时的教育中，要让女孩养成认真思考的习惯，而不是随便地表现自己。当言语在大脑中经过考虑后，说出来的话才会贴切。

注重细节，让女孩优雅起来

正如法国大将军儒贝尔所说："美！这是用心灵的眼睛才能看到的东西。"俄国作家契诃夫也说过："人的一切都应该是美丽的：面貌、衣裳、心灵、思想。"美，是人类不断追求的目标。正因为我们每个人的心目中都有对美的期望，因此才能在共同追逐美的途中相识、相知。美，是联系人与人之间情感的纽带，更是维护人类社会和谐的不可或缺的力量。

一个人只有懂得了美，才能够拥有无限的生活情怀与遐思。而为了要追求美、了解美，我们首先需要有一双发现美的眼睛。这双慧眼要从小就进行培养，因为自我们降生到这个世界上之后，美就源源不断地展露在我们眼前了。对于一个女孩来说，善于在自己的生活中发现美好的因素，这是一件多么美妙的事情啊！

美的产生是我们的主观感觉与客观物象相结合的过程。因此，在家庭教育中，父母要培养女孩发现美的能力，就需要结合主客观两方面的因素同时进行。父母可以带着孩子到大自然中去欣赏美景，不但用眼去看，还要用心去欣赏这自然之美。山川与河流、花草与鸟兽，只要用心，美的感觉就会如涌泉般冒出。

现代人大多生活在城市之中，欣赏自然风光的时间非常少。没有关系，城市本身也是一种美，一种人造的美。城市是展现人类智慧的地方，更是表现人们美好内心的一个窗口。如果没有机会欣赏自然的美景，父母也可以让女孩多发现城市的美丽。从宏伟壮观的体育场到优美雅致的咖啡屋，从高耸入云的钢筋建筑到马路两旁美丽的花丛……所有的一切，无不凝聚着人类智慧的美。

当然，外物的美好只是一种客体，要想真正地在心中感受到这种美，就需要我们有一颗能够感受美的心灵和一双懂得欣赏美的眼睛。因此，父母不但要让女孩多接触美的事物，还要让孩子对美有一种强烈的感知能力。因为只有主体的感知力与客体的美相结合的时候，才能够产生震撼人心的美。否则，缺少了任何一方，美都是不存在的。

在生活中，父母还要多鼓励女孩发现人性的美。其实，很多偶然的瞬间都足以表达这样的美。例如，在车水马龙的路中央，一位步履蹒跚的老人正拄着拐杖过马路。这时候，一个系着红领巾的少年在老人的身边停了下来，他轻轻地用手将老人的胳膊扶住，陪着老人一起过马路。这不就是人性之美吗？这样的美不需要鸿篇巨制来展现，只要你有一双善于发现的眼睛，人性的美就无处不在了。

爱默生曾说："为美而献身比为面包而活着要幸福得多。"我们相信，一个善于发现美的女孩，她也一定会成为生活中一道亮丽的风景线。

美不仅仅是外物的表面，哲思的美才是更深层次的美。在平时的教育中，父母还需要让女儿懂得生活中的一些哲理，让女孩学会思考生活。在用眼睛欣赏美，在用心灵感受美的时候，我们还应该做到用大脑去思考美。

培养女孩的审美力让女孩会美

一般情况下，女孩从三岁开始就有了对自我和外界的审美意识。从心理学的角度来讲，这一时期被称为审美敏感的时期。如果父母在这一段时间内没有对女孩进行正确的审美观教育，那么女孩的审美慢慢地就会出现偏差，最终偏离正轨。特别是女孩子，在审美敏感期内对自己的穿着打扮有着非常高的兴致，在这个时候，父母就应该给予她正确的指导，以免形成混乱的审美观。

妞妞一向是个乖巧的女孩，妈妈说什么她就做什么，吃穿住行，无论是生活的哪一方面，妞妞都听从妈妈的指导与建议。可是有一年冬天，三岁的妞妞突然不在妈妈的面前表现乖巧了。在外面冰天雪地的情况下，妞妞非要妈妈给她穿上夏天的裙子，嘴里还振振有词地说："没有什么衣服比裙子更漂亮！"

因为天气太冷，所以妈妈执意不肯让妞妞穿裙子。可是妞妞一直哭哭闹闹，妈妈也没有办法了。就这样，一连几天，每当早晨穿衣服的时候，妞妞都会要求穿裙子，妈妈也同样拒绝妞妞的无理要求。妈妈上班迟到，妞妞上幼儿园也迟到。终于，妈妈觉得这样下去不是办法，就对妞妞大声地呵斥道：“这么小就这么爱臭美！长大后还不知道怎样呢！变成个坏女孩也说不定！”

妞妞听到妈妈的训斥后忽然就不再吵闹了，以后再也没有要求穿裙子了。而且真的到了夏天可以穿裙子的时候，妞妞也不再要求。甚至妈妈给妞妞买回了非常漂亮的裙子，妞妞都执意不穿。

妞妞妈妈的教育方式无疑是错误的。冬天的确不适宜穿裙子，可是不能穿的原因只是因为天气寒冷，而跟长大后是否变为坏女孩根本就没有联系。可是妞妞的妈妈为了制止孩子的无理取闹，用恐吓的方式给了孩子不良的教育，最终导致妞妞对裙子产生了错误的审美观念。妞妞原本可能成为一个优秀的服装设计师，可是经过妈妈错误的审美教育之后，妞妞对于裙子的兴趣就彻底地被抹杀了。

因此，当孩子在审美敏感期的时候，父母一定要用正确的教育方式对其进行审美指导。例如，有的孩子因为好奇，所以会拿妈妈的化妆品在脸上随意地涂来涂去，把口红当眼影，却又把腮红当做口红来抹。这些其实都是孩子爱美的表现，父母看到这样的场景之后，千万不能大声地训斥她，而是要悉心地进行教导，告诉孩子：这些化妆品孩子以后也是可以拥有的，但是在现阶段必须以学业为重，不能把注意力都放在穿着打扮上面。

扼杀女孩的好奇心就等于扼杀了女孩的未来，因为孩子的好奇心很有可能是她日后成功的基石。假如女孩对化妆等事物流露出强烈的好奇时，父母不能硬性地压抑孩子的好奇，而是要给予她正确的指导，并且教给她正确的审美观念。

坐姿展现女孩的优雅

雨轩一个人坐在沙发上，塞着耳机陶醉于音乐中，这时妈妈推门进来看到她的样子："雨轩，你看看你的两个脚丫子都要翘到天上去了，快放下来吧。"

听妈妈这样一说，雨轩才注意到自己，原来自己的脚翘起了"二郎腿"，竟浑然不知。

"妈妈，您如果不说的话我都没有意识到啊。"雨轩不好意思笑笑，和妈妈解释道。

"所以，良好的坐姿要在平时就训练好。不要觉得是在自己家里就可以随便，因为一个人在家中的表现，到了外面可以自自然然地在不经意间流露出来。如果你到了社交场合，也是这样的坐姿，那就失掉了威仪，也会受到别人的轻视。"

"嗯，妈妈言之有理，我马上就改。"雨轩谢谢妈妈的好意提醒。

"呵呵，你可以平时在家中就训练自己良好的坐姿，习惯成自然之后，无论走到哪里都会有优雅的表现了，对不对？"妈妈和蔼地说。

"嗯，嗯，妈妈，良好的坐姿都需要有哪些注意的地方呢？您教我吧。"雨轩决定要向老妈请教。

"好啊，没问题。"妈妈痛快地答应了。

坐姿是一种艺术，坐姿不好，直接影响到一个人的形象。对于女孩来说，这一点尤为重要。因为它决定着你是一位高贵优雅的人，还是一个缺乏教养的人。

在各种场合，都要力求坐得端正、稳重、温文尔雅，这是坐姿的最基本要求。

坐姿如何，是影响社交的一大要素。虽然不宜用“坐如钟”来一律强求，但坐姿不端，在别人的心目中会留下一个不好的印象。

坐是以臀部作支点，借此减轻脚部对人体的支撑力。坐能使人们较长时间的工作，也是人们日常生活、社交中常用姿势之一。因此，端庄、优雅、舒适的坐姿很重要，而且良好的坐姿对保持健美的体型也大有益处。

那么，什么样的坐姿可使女孩看起来稳重、端庄、落落大方呢？

1. 面带笑容，双目平视，嘴唇微闭，微收下颌。

2. 立腰、挺胸、上身自然挺直。

3. 双肩平正放松、两臂自然弯曲放在膝上，亦可放在椅子或沙发扶手上，掌心朝下。

4. 双膝自然并拢，双腿正放或侧放，双脚并拢或交叠。

5. 谈话时，可以有所侧重，此时上体与腿同时转向一侧。

正确的坐姿关键在于腰。不论怎么坐，腰部始终应该挺直，放松上身，保持端正姿势。在社交场合中，坐姿要与场合、环境相适应。

1. 自然坐姿

平时坐在椅子上，身体可以轻轻贴靠于椅背，背部自然伸直。腹部自然收紧，两脚并拢，两膝相靠，大腿和臀部用力产生紧张感。与客人谈话时椅子坐得很浅，就显得你比较拘束。以脚用力着地来平衡身体，时间稍长就会觉得酸，这样的坐姿背部微驼，下巴突出，体态也不美。不妨一开始你就坐得深一些，然后背部保持直立，膝盖并拢，这会使你显得优雅而又从容。

很多人坐下来的时候喜欢将脚架起来，在社交场合，这一般被认为是不礼貌的坐法。如果是积习难改，那一定要注意架腿方式：收拢裙口，遮掩到膝盖以下部分。支撑的脚不要倾斜，双腿内侧靠近，大腿外侧收紧，双手自然搭在腿上。这样显得美观，能产生自然的美腿效应。

2. 曲线坐姿

双膝并拢，两腿尽量偏向后左方，让大腿和你的上半身构成 90 度以上的角度，再把左脚从右脚外面伸出使两脚的外线相靠，这样，你的身形便成一个 S 型，雅致而优美。以这种姿态而坐的女性一般是完美主义者，极重视自我的完美，追求每一部分、每一细节都显优雅，无懈可击。

3. 正式坐姿

膝盖与脚跟都并起，双面垂直向下，背脊伸直，头部摆正，视线向着对方。这种坐姿可用于面谈之类的正式场合，可给予对方诚恳的印象。但也不要双膝并得太紧，一动不动，这会给人产生一种紧张感，一种不安全感。

4. 进退坐姿

在交往时，对入座和退座也都有一定要求。入座时，应轻、缓、稳，动作协调柔和，神态从容自如。人应走到椅子前，转身背对椅子平稳坐下，若离椅子较远，可用右脚向后移半步落座。入座时，要娴静、文雅、柔美，若穿裙子则应注意收好裙脚。一般应从椅子左边入座，起身时也应从椅子左边站立，这是一种礼貌。如要挪动椅子的位置，应当先把椅子移到欲就座处，然后坐下。坐在椅子上移动位置，是有违社交礼仪的。落座后，应双目平视，嘴唇微闭，面带微笑，挺胸收腹，腰部挺起，重心垂直向下，双肩平正放松，上身微向前倾，手自然放在双膝上，双膝要并拢。亦可双脚一脚稍前，一脚稍后；两臂曲放桌子上或沙发两侧的扶手上，掌心向下。坐椅子时，一般只坐满椅面的三分之二，脊背轻靠椅背。起立时，右脚先向后收半步，然后站起。

坐时应克服不雅的坐姿。包括半躺半坐，前仰后倾，歪歪斜斜，两腿伸直跷起或双腿过于分开，跷二郎腿并颤腿摇腿，将两手夹在大腿中间或垫在大腿下，用脚勾着椅子腿，脚放在沙发的扶手上等。不雅的坐姿给人轻浮且缺乏修养的印象，是失礼及不雅之举动。

容貌和身材是天生的，但坐相却是可以更改的，坐相不佳就能直接削减气质的效应。因此，生活中的女孩在社交场合中，只要意识到自己的一举一动都在别人的“监督”之下，就能时时注意约束自己，在潜移默化之中渐渐养成优雅的坐姿。

站姿展现女孩的美丽

“阳阳，看看你，为什么总是弓着身站立呢？”妈妈在旁边唠唠叨叨，“如果我现在手里有照相机，一定把你的样子拍下来。”

阳阳从小好像就是有点站不直，如果旁边有墙的话还一定会靠上。记得上小学的时候，老师想启发阳阳站直了，还特意向她提问题“阳阳，我们做为人，就要挺直腰板站立，这个世界上，只有人类是顶天立地的动物，对吗？”

“老师，顶天立地的动物还有企鹅。”阳阳聪明的太不是地方，曾让好心引导她的老师大为恼火。

阳阳清楚地记着，军训的时候要我们站军姿，教官总是在她的后背猛拍一下，提醒她“站直了”。可见，这个老毛病一直伴随阳阳到长大。

“妈妈，我改不过来了啊，我一直以为自己是直的啊。”阳阳向妈妈抱怨说。

“阳阳，我来教你一个站直了的小窍门吧，你可以试试自己站立的时候身体往后倾，当你觉得自己身体在往后倾的时候，就说明你是站直了的；如果你觉得自己站着没有往后倾的感觉，那就说明你没有站直。不信的话，你可以试试。”妈妈告诉阳阳一个治疗“虾米站姿”的小偏方。

“嗯，我回去试试看，以后就能站直了。”阳阳谢过妈妈之后，打算自己练习一下。

美是一种整体感受，再绝伦的容貌，再标准的身材，如果加上一副萎靡不振的姿势，粗俗无礼的举止，美根本无从谈起。站立、行走、坐卧三个方面是人体最基本的姿态。

怎样才是正确的站立姿势呢？美姿动作的练习里，四分之三站姿的学习是非常重要的，许多其他的动作都经由这个标准的四分之三站姿而完成。其实，我们本来就很熟悉这样的姿态，但是若要取得一个较为标准的姿势，可以经由下列练习方法而得到。

面对镜子站立，两脚平伸与肩同宽。其中的右脚（左或右均可）往后走一步，脚尖朝身体的外侧与肩膀成平行线，前面的左脚收回与右脚成垂直线，左脚跟在右脚跟前一点点的位置，也就是从右脚尖到脚跟三分之二的位置。身体的重量交给右脚，或者说后面的脚承担，左脚较轻，两腿的膝盖都不可紧锁，保持弹性。反之，换左脚的姿势亦同。

另外，你还可以用以下的方法测验一下：把身体贴墙，后脑、肩、腰、臀部、脚跟等部位尽量贴近墙，使身体成为直线。站立时必须注意头要正，下颌微收，双眼望前，肩要平。切忌弯腰腆肚或耸乳突臀，否则你就会显得非常滑稽，又怎会有仪态可言？倘若你想自己的身段看来窈窕些，站立时可把身体稍为偏侧，一脚脚尖向前，两脚成45度角，挺起胸脯及挺直腰部，双手自然地垂下，腹和臀部都要尽量向内收缩，这样的站立姿势既美观又能使你看起来精神饱满。

当你已站立了一长段时间，开始感到疲倦，但却没有机会坐下休息时，有什么办法可以减轻疲劳感？这时你千万不要表现得无精打采，把身体随便靠向墙或其他可以靠背的地方，因为这会使你的仪态大打折扣。你应将肩稍稍向后，这样会使你看来挺直及精神些，双脚可间歇交替变换站立姿势，在感觉上就会好些了。

站姿的功法主要在脚板及小腿上，所以，除金鸡独立外，还可以进一步强化训练：脱了鞋子，取个端正自然，自我感觉良好的姿势，然后，提起一只鞋，将体重完全放在另一只脚上，脚跟弯曲。脚尖向上，反复做弯曲、向上的动作，每只脚做15次，双脚轮换进行。这样，一个平稳、优美的立姿就会练出来。作为女孩，保持身体正直、挺胸收腹，才是好的立姿。弯腰驼背，左右摇晃，或者斜靠在柱子或墙壁上，都会给人一种懒散、轻薄的感觉，根本无美可言，所以是不可取的。

绝对的自信让女孩风采倍增

有这么一位老太太，她已经80岁了，但她却仍然是一位活跃在时装界的超级模特。

这位老太太叫做卡门。1931年，卡门出生于美国纽约，从孩子时代开始，她就幻想着将来自己能成为一名美丽的模特。因此她向母亲要求进入艺术班学习，但被母亲拒绝了，在母亲看来，卡门实在是不起眼的，只是个有着“两扇门一样大的耳朵和一双又大又丑的脚”的女孩，别说将来能成为一位模特，就是能有一份糊口的工作就不错了。虽然遭到了拒绝，但卡门却深信自己是美丽的，一定可以成为模特。

13岁那年，在一次搭乘公交车的时候，卡门碰到了一位摄影师。她大胆地走上前打招呼，希望对方能帮自己拍一些照片并拿到杂志上去发表。“我很乐意为你拍照片，可是我没办法保证能把照片发表到杂志上！”摄影师这样说。卡门点点头表示理解，下车以后，摄影师就帮她拍了十多张照片，然后他把这些照片交给了一家规模很小的杂志社。但是那家杂志社以卡门“不太上相”为由，拒绝发表那些照片。

卡门拿着那些照片一遍遍地看，心里想：如果我真的很丑，那么那位摄影师一定不会为我拍照的。“我是美丽的，没有人能否认这点。”她对自己说。一年后，卡门拿着这些照片找到了一家大型时尚杂志社。两周以后，她竟得到了那家杂志社一位女编辑的约见，那位编辑拂了拂她的头发说：“你的脖子如果再长一英寸的话，我会直接送你去巴黎，但是……”也许是那位编辑不想把话说得太直接，她话锋一转接着问，“你觉得自己美丽吗？”

“没人可以否认我的美丽！”卡门说。

虽然卡门的脖子并没有“再长一英寸”，但也许是她的自信起了作用，那位编辑最终尝试性地让她做一段时间的时尚模特。而卡门似乎天生就属于T型台，在经过短暂的训练后，她一上舞台就散发出了与众不同的魅力。一个月后，杂志社正式聘用她为签约模特。从此，她正式开始了自己的模特生涯，并在第二年登上了《Vogue》杂志封面，成为当时最年轻的《Vogue》封面女郎。

卡门成了一位白天鹅，几乎所有的世界大师和全球名牌都争相请她做品牌代言，而她本人，也以尊贵典雅、超凡脱俗的独特气质获得了“冰山女王”的美誉，且在此后的几十年时间里长盛不衰。

2010年，卡门已经80岁了，但她先后在伦敦和北京的高级时装展览中惊艳全场。那时候有记者问她是怎么做到青春长驻的，她说：“你只要拥有自信就拥有了一切，没有人可以否定用自信塑造出来的美丽。”

钱学森说过：“不要失去信心，只要坚持不懈，就终会有成果的。”对想实现梦想的人来说，自信是弥足珍贵的，它能促进你在实现梦想的道路上不断采取行动，并且越挫越勇，最终抵达成功的彼岸。不要因为别人的一时否定而放弃了自己的梦想，要坚信：自己一定可以成功。

每个女孩都应该相信自己是独特的，自己所拥有的气质是与众不同的。在不断的培养和优化中，每个女孩都可以成为理所应当的“超级名模”。真正的优雅来自完善的内心，是充实的内心世界、质朴的心灵外在化的真挚表现，是自信的完美个性的体现。一旦你绽放出了自信，勇敢地去追求属于自己的美丽和成功，那么，属于你的独特气质就会散发出来，熠熠生辉，让人惊讶。

每个人都应该告诉自己：世上没有完全相同的两片叶子，自己本身就是独特的，有属于自己的气质，怎样发现这种气质，并且获得别人的赞赏，需要你充分相信自己，并展示自己。

自信即可打造出自己的气质，且绝对与众不同。现代的女孩们，不妨从现在开始，相信自己，发现自己。

第七章

做情绪的主人——高情商的女孩不任性，更理性

理解女孩的小情绪和小脾气

与男孩相比，女孩似乎来自另一个星球，她们的脾气天生就是变化无常。当女孩会表达之后，她们的苦恼原因会更加复杂，有的时候她会因为觉得父母不再爱她而哭，有的时候她会因为小伙伴不理她而哭。面对女孩的这些情绪变化，父母不可以轻易地否定，这是女孩成长过程中的正常现象，同样需要被尊重。

一天放学后，珍珍跑回家哭着说道：“妈妈，体育老师不让我进入学校的体操队。”

“老师为什么不让你去呢？”

“她说我的协调性不好。呜呜……”珍珍看上去难过极了。

“老师怎么可以这样说？我现在就打电话过去问问。”妈妈要为女儿摆平这件事，做出一副“打抱不平”的架势。

但是令妈妈吃惊的是，珍珍对妈妈的这种行动并不领情，她哭着对妈妈说：“臭妈妈，我不理你了。”说完就跑进自己的房间，“砰”的把门关上了。

女儿的这种反应把妈妈吓了一跳，妈妈最后也没有给学校打电话过去。

后来，珍珍向妈妈道出了自己的想法：“其实我并不是想把问题解决，只是想发泄一下。”

看，这就是女孩奇怪的脾气，她们又哭又闹，只是为了博得爸爸妈妈的同情，只是想获得他们的认可和安慰，并不是为了要解决问题。父母在了解了这一点之后，就可以在与女儿沟通的时候多聆听，少提建议。在女儿发泄脾气的时候，先要明确女儿是希望父母帮她解决问题，还是只想向父母倾诉一下。明白了女儿的心理，就能减少这种不必要的冲突了。

当女儿渐渐长大，父母会发现怎么平时乖巧伶俐的小女孩突然间变得脾气暴躁起来了呢？父母会为此忧伤、难过，甚至是生气。但是，在不了解女儿情绪的状况下，我们做出的任何帮助措施对女儿来讲都是不起实际作用的。当走入了女孩的内心之后，我们便了解女儿需要的很可能就是父母一个认可的眼神，一个关爱的动作。其实只要做到这些就足以使女儿从不良的情绪中摆脱出来。

敏感的小女生都希望自己的感情能够得到父母的重视和肯定，即便她真的受到了坏脾气的干扰，父母对她的情感认同也能够使她很快地从这种坏情绪中摆脱出来。

但是如果女孩觉得自己的情绪没有得到父母的肯定，就会认为父母对她不够尊重，她会因此继续伤心，并且情绪会变得更糟糕，甚至会苦恼、摔门、大发脾气。

事实证明，一直得不到父母对她情感肯定的女孩总会有一颗悲观的心。当女孩向您表达自己的情感时，尤其是负面情感，父母与其给孩子提供解决的办法，不如接受她的情绪，并对她产生情绪的遭遇表示同情。

女儿哭着对妈妈说：“妈妈，我的小白兔死了。”

“没事，回来妈妈再帮你买一只。”

“我只想要这只小白兔，我就喜欢它。”

听到女儿这样讲，妈妈不耐烦地说道："你这个孩子怎么这样任性呢？不就是一只小白兔吗？再给你买一只不就得了吗？"

女儿听到妈妈这样讲气不打一处来："你快别说了，烦死了。"

"你怎么这么大脾气……"

小女孩还想要一只和以前一样的小白兔是不合道理的，妈妈的建议才是合理的，但是妈妈说的话小女孩为什么会听不进去呢？正是因为父母不认同她的情感，才使她的情绪被激化。其实同样的事情，如果父母换个说法，效果就不一样了。

女儿哭着对妈妈说："妈妈，我的小白兔死了。"

妈妈同情地对她说："难怪你这样伤心。"

"它是和我最好的朋友了。"

"失去朋友是件很难过的事，妈妈理解你的感受。"

"我每天都喂它吃东西，还给它水喝。"

"是啊，乖乖很用心照顾自己的朋友，小白兔生病后你应该问问兽医就对了。"

女儿恍然大悟，不再哭了，她认真地对妈妈说："妈妈，你再买一只小白兔给我吧。"

这位妈妈在与孩子沟通的过程中表现出对孩子遭遇的同情，使孩子觉得和妈妈能产生共鸣。其实，父母对女孩的情绪认同就是向孩子传达了一个信息：你的感受是对的。女孩的情绪缓和起来之后，反而更容易采纳父母的建议。

小君回到家，看到桌子上的晚餐，忍不住大声抱怨："妈妈！你又做胡萝卜，我最不喜欢吃胡萝卜了。"

"你看上去很不高兴，今天发生什么事情了吗？"妈妈平静地问她。

"我很生气，在电影院里我坐得很靠后，而且什么都看不见。"

"怪不得你很不高兴，坐在后面确实没有什么意思。"

"而且我前面还是一个高个子的男生，他几乎挡住了我的视线，而且他的头还在不停地晃来晃去。"

"那的确很糟糕，你肯定什么都看不到吧。"

"是啊。"小君的脾气缓和了下来，"妈妈，你今天做的胡萝卜馅饼比以前的好吃。"

这位妈妈与女儿的沟通方式值得提倡。

当女孩情绪激动的时候，父母需要做的就是接纳她的情绪，而不是火上浇油。面对女孩的情绪，如果妈妈也不能保持理智，对孩子的坏脾气展开抱怨，那一定会引发一场战争，而且伤害母女的感情，妈妈觉得女孩不够懂事，女孩觉得妈妈不够体贴。

然而，当妈妈体谅并接纳了女孩的情绪之后，不仅会使女孩的气愤心情削减一大半，而且还会主动认识到自己刚才的冲动是错误的，并向妈妈委婉地道歉。

闹别扭不总是女孩的错

一些正处于青春期的女孩经常向同龄人抱怨自己的妈妈：“我妈妈可真唠叨，总是说了一遍又一遍。”“她总是心急火燎的。”“真是的，告诉她不用担心，她还要为此失眠。”

而一些处于更年期的妈妈也经常向朋友、邻居抱怨自己的女儿：“女儿以前可听话了，现在越来越倔强。”“我说东，她偏要往西。”“女儿现在什么都不告诉我，宁可告诉那些小毛孩。”……

当更年期的妈妈遇到青春期的女儿时，她们之间便有了“火药味”。妈妈总希望女儿按照自己设计的道路成长，而女儿总是渴望摆脱妈妈的影子，两者矛盾剧烈升级。

欣宜和妈妈向来是对“欢喜冤家”，两人的争吵在欣宜初三那年开始，到现在越演越烈。最近妈妈刚刚内退在家，听说高中女生容易早恋，就格外关注女儿和男同学的交往。可欣宜是学校里的文艺积极分子，总有不少男生打电话或写信找欣宜，欣宜怕妈妈知道后又要和她吵架，便什么都不跟妈妈说。妈妈只好以偷听女儿电话的方式来监督她，以防出现早恋问题。

一次吃着饭，欣宜讲起了学校里的事。她说某个男生球打得好，人也长得帅，唱歌比明星唱的还好听，还说女生都被他迷住了。妈妈听后，火冒三丈，指责女儿“不好好学习，受男生干扰”。

针对妈妈的批评，欣宜也不示弱：“我们班确实有女生对那个男孩有好感，有的甚至给他写‘情书’，可我对他没感觉，您用得着翻脸吗？”

吵着吵着，妈妈打了欣宜一巴掌，欣宜哭着跑了出去。从这以后，两人几天不说一句话。后来外婆把欣宜接过去住了一个月，母女关系才得到了缓和。

对于青春期的女儿来说，这一阶段自我意识已经产生，对异性会产生朦胧的好感，作为母亲，一方面，要理解女儿情感上的变化。妈妈应该告诉女儿学会保护自己；另一方面，也要分享女儿成长中的苦乐。妈妈最好以朋友的身份，宽容地看待长大的女儿。女孩的心灵是十分敏感而脆弱的，如果不能给女儿正常的亲子关爱或者采用不当的教育方式，那么很可能会给她造成一定的伤害。

其实女儿和妈妈闹别扭，不是女儿的错，一方面是因为青春期的女孩叛逆性比较强，喜欢特立独行，希望有更多个人的自由空间，就像上文的欣宜。另一方面造成母女矛盾的一个重要因素是：女孩潜意识里“喜欢父亲，排斥母亲”的情节在作怪。

岚岚在老师眼里是个懂事、听话的孩子，她学习成绩好，还多次被评为“三好学生”。可是，岚岚的妈妈却满腹烦恼，因为岚岚在家里经常会做出一些叫人无法理解的行为。

岚岚从小就和爸爸感情特别好，爸爸也很宠她，一有空闲就带着她玩。很小的时候，岚岚就认真地对爸爸说：“爸爸，长大了我要嫁给你。”爸爸妈妈听了也没放在心上。每次岚岚总喜欢对爸爸撒娇，而很少理会妈妈。

开始的时候，妈妈也没有在意，认为岚岚是孩子气，长大了就懂事了。但是岚岚现在已经上初一了，仍然没有任何改变，并且对妈妈更加仇视了。

妈妈对岚岚的种种行为深感困惑，这孩子是怎么了？是幼稚、没长大，还是出了其他问题？长期这样下去，岚岚和自己的关系岂不是会越来越僵？

岚岚有明显的亲近父亲、反对母亲的情绪和行为，也就是心理学上常说的“恋父情结”。“恋父情结”是一种性心理障碍，也称作性心理倒错。一般源于女孩在3～6岁时的第一情感敏感期没有得到正确的关爱和适当的教育。这一时期男孩恋爱母亲，嫉妒父亲；女孩亲近父亲，嫉妒母亲。弗洛伊德认为，这是一种本能的异性爱的倾向。父母习惯上把这看作亲情问题，很多父母觉得孩子喜欢哪一方都无所谓，尤其那些感情较好的夫妻，常常觉得孩子亲谁都一样。其实，这是孩子在进行性别角色方面的认同。因此，在这一时期，女孩需要格外亲近具有女性心理特征的母亲，从她那里学习女性特有的性格气质和举止神态，以便学会如何做女人。

如果女孩的“恋父情结”获得正确的解决，那么她在青春期里，基本上不会有仇视母亲，喜欢父亲的现象。母女之间的关系也将更加融洽。

上文中说到女孩和母亲之所以不和的两种深层原因，这里分别针对这两种原因给出父母好的解决方案：

接受青春期女孩的叛逆心理，并给她足够自由。青春期的女孩，她们的自我意识进一步发展，并逐渐形成自己的价值观，这种价值观有时与父母的价值观不同，遭到父母的反对，得不到父母的理解。于是她开始在同龄孩子中寻找共鸣，父母也就变得不那么亲近了。

这时候的家长，要耐心倾听女孩的想法。找个时间找个她容易接受的方式和她聊聊她的近况。比如她最近感兴趣的话题，她和同学、朋友的关系。学校里又有些什么新鲜事等。家长尽量多给她鼓励和表扬。让她知道父母是爱她的。家长也可以和她说说自己那个年龄时的一些事情和一些心路历程。也许不经意间的一句话，也能够给她启发。

摆脱“爱女孩，轻老伴”的错误家庭模式。使女孩顺利度过恋父情结期的最好办法是——将夫妻关系放在最重要的地位，其次才考虑她。这是很难做到的，但是从心理学的角度看，这样做又是必须的。因为女孩天生有一种倾向：牺牲自己，来平衡父母的关系。

如果父母关系不和谐，女孩会做出一些异常的举动来平衡这个关系。表面上，女孩是有“恋父情结”，实际上，这是对父母关系发出的信号。

父母双方必须摆脱“爱女孩，轻老伴”的心理，要让孩子知道：“妈妈（爸爸）才是爸爸（妈妈）最爱的人，我不是。但即使如此，爸爸妈妈依然无条件地爱我。”当女孩不必承担那些过于沉重的负担时，她就可以安心地做一个快乐女孩了。

帮助女孩找到宣泄口

女孩是天真无邪的，她们的喜怒哀乐很真实，也很强烈，这往往直接支配着她们的行为。同成人一样，女孩常常利用多种情绪来表达自己的需要与愿望。烦恼、攻击、挫折、愤怒这些侵犯性情感是点燃攻击性行为的导火线。因此，父母和老师应当更多地体察和理解女孩的情绪变化，为她们创造一定的条件，帮助她们将这些不良情绪发泄出来。

很多父母都认为，女孩没有太多学业上的负担，不愁衣食，受到的照顾无微不至，她们不会有什么压力。怎么会抑郁呢？其实，现在的女孩在得到铺天盖地的爱的同时，却越来越失去了随心所欲地玩的自由；在得到大量玩具的同时，却失去了与父母拥抱、游戏和谈话的机会；在幼儿园，教师与女孩、女孩与女孩之间有时会有一些矛盾发生，如受到批评、不能与小朋友友好相处，这些都会使女孩产生压力感。

在女孩的眼里，这是一个陌生的世界，每天都会有很多新的事物发生。女孩正以惊人的速度吸收各类不同的信息，结果她每天都发现很多不可理解的事情。爸爸妈妈可能会离开一段时间，不知去了哪里，还会不会回来？白天在街头看见一只大黑狗，晚上睡觉时就会想，狗会不会趁我睡觉的时候走进我的房间咬我呢？或者会不会有魔鬼躲在我的床底下呢？妈妈送我上幼儿园，爸爸、妈妈都不去，为什么我要去呢？幼儿园是什么地方？这些忧虑使女孩不安和恐慌。

有的女孩在小小年纪就遇到了感情上的重大打击，如亲人去世、父母关系紧张或离异、考试失利(特别是未考上理想的学校)等，往往会出现情绪上的强烈反应。此外，学习成绩不好，长相不出众，总认为自己处处不如人，不受老师重视，不引人注目等，也会使女孩产生一种失落感。

抑郁使女孩感到孤立、恐惧和不快乐。女孩抑郁起来并不知道自己哪里不对，只知道自己的感觉糟透了，不像以前的自己，心里的那种感觉会越来越糟糕。甚至有一些女孩还会通过饮酒、上网聊天、吸烟等来排解抑郁，但是这样的结果往往会使她们的抑郁加重，还有一些人试图自杀。

在日常生活中，父母要培养女孩开朗、自信、合作的性格，与女孩建立互相平等、互相尊重、信任的关系。父母不以家长的权威强迫、压制女孩，尊重女孩的意见。当女孩从父母那里体验到父母对她的尊重时，她就懂得了要尊重别人。

即使当女孩发生了比较激烈的事件时，父母也不能用简单粗鲁的方式处理，这会使女孩萌生愤怒感，非但不能解决问题，而且会造成破罐子破摔的不良后果。这时，父母应耐心地与女孩沟通，倾听女孩诉说，减轻女孩的心理压力，同时要帮助女孩正确地面对事件，妥善处理好与同伴的关系。

父母应该帮助抑郁的女孩缓解情绪。尽管并不是每个女孩都有患抑郁症的可能，但也应该引起父母的特别警惕，当女孩遇到困难、情绪压抑的时候，我们应该及时告诉女孩，不要把烦闷锁在心里，有不开心的事情要说出来。此外，还可以教给她一些宣泄情绪的小窍门，比如让她大哭一场，或者做一件自己喜欢的事情，还可以和好朋友倾诉等。

帮助女孩找到发泄情绪的合理途径。当女孩感到情绪郁闷但是无法发泄的时候，父母可以通过一些方法来帮助她们。比如说，可让女孩用语言发泄情感，创设悄悄话角，当她们感到愤怒时，独自大喊大叫，舞动自己的手臂。又如：可让女孩通过运动形式表达情感，设立体育角，当她们想打人的时候，就打陀螺，用沙包击靶子，或戴上手套任意打击沙袋，也可任意在垫子上翻滚，这样使女孩将自己的情感发泄到一个合适的替代对象上，从而得到心理的满足。

别被情绪牵着鼻子走

在很久以前，有一个叫作爱地巴的人。每次生气或者与人争执的时候，他就以很快的速度跑回家去，绕着自己的房子和土地跑三圈，然后坐在田地边喘气。

爱地巴工作非常勤劳努力，他的房子越来越大，土地也越来越广，但不管房子有多大，只要与人生气了，他还是会绕着房子和土地跑三圈。爱地巴为何每次生气都这样做呢？

所有认识他的人心里都疑惑，但是不管怎么问他，爱地巴都不愿意说明。直到有一天，爱地巴很老了，他的房地也已经很广大，他又拄着拐杖艰难地绕着土地跟房子走。等他好不容易走完三圈，太阳都下山了。爱地巴坐在田边喘气，他的孙子在身边恳求他："阿公，您年纪已经大了，这附近也没有人的土地比你的更大，您不能再像从前，一生气就绕着土地跑啊！您可不可以告诉我，为什么您一生气就要绕着土地跑上三圈？"

爱地巴禁不起孙子恳求，终于说出了隐藏在心中多年的秘密，他说："年轻时，我一和人吵架、争论、生气，就绕着房地跑三圈，边跑边想，我的房子这么小，土地这么小，我哪有时间、哪有资格去跟人家生气，一想到这里，气就消了，于是就把所有时间用来努力工作。"

孙子又问："阿公，那您年纪大了，又变成了最富有的人，为什么还要绕着房地跑呢？"爱地巴笑着说："我现在还是会生气，生气时绕着房地走三圈，边走边想，我的房子这么大，土地这么多，我又何必跟人计较呢？一想到这儿，我的气就消了。"

生气是拿别人的错误惩罚自己，聪明的人从来不会把时间浪费在自己无法改变的事情上。面对别人对自己的冒犯，与其自己生闷气，不如忘掉它，干好自己的事。然而真正做到不惩罚自己的人恐怕没有吧？不生气真的好难啊！

走在路上被人泼了水，虽然对方一个劲儿地道歉，你也明白人家不是故意的，可是看着自己湿漉漉的衣服，还是忍不住抱怨：真可恶，怎么这么倒霉？于是一整天都在想这件事，又后悔不已：早知道就早点出门，或晚点出门。总之，到头来还是在生自己的气。可是仔细想一想，真是不值得，反正已经被泼了，再怎么抱怨、后悔都没用，衣服还是湿的。那么，倒不如想：也许我穿这件衣服不好看，也许我会发财，不是常说遇水则发吗？这样一来，快乐指数就上来了，回家换件衣服，重新开始新的一天。宽恕了他人，宽恕了这件事，不就等于宽恕了自己吗？为什么要为了一件已经无法挽回的事而破坏情绪、浪费时间呢？

实际上，做到不生气有利于健康。心理医学研究表明，一个人心情舒畅、精神愉快，中枢神经系统处于最佳功能状态，那么，他的内脏及内分泌活动在中枢神经系统调节下处于平衡状态，使整个机体协调，充满活力，身体自然也健康。

那么怎样才能不生气呢？

在不幸面前，应保持冷静的思考和稳定的情绪，客观地做出分析和判断。要多方面培养自己的兴趣与爱好，如书法、绘画、集邮、养花、下棋、听音乐、跳舞、打太极拳等，可以修身养性，陶冶情操。对自己要有自知之明，遇事要尽力而为，适可而止，不要好胜逞能而去做力所不能及的事。不要过于计较个人的得失，不要常为一些鸡毛蒜皮的事而动辄发火，愤怒要克制，怨恨要消除。保持和睦的家庭生活和友好的人际关系、邻里关系，这样在遇到问题时可以得到各方面的支持。

自制力是女孩情绪的杀伤性武器

在一次暴雨之后，有一堵围墙被雨冲倒了，一个穷人从倒了的墙里挖出了一坛金子，他一夜暴富。有了钱之后，这位穷人想让自己变得更聪明一些，于是，他就向一位老人诉苦，希望老人能指点迷津。

老人告诉他说："你有钱，别人有智慧，你为什么不用你的钱去买别人的智慧呢？"

于是他就来到了城里，见到一个智者，就问道："你能把你的智慧卖给我吗？"

智者答道："我的智慧很贵，一句话100两银子。"

那个穷人说："只要能买到智慧，多少钱我都愿意出！"

于是那个智者对他说道："遇到困难不要急着处理，向前走三步，然后再向后退三步，往返三次，你就能得到智慧了。"

"智慧这么简单吗？"那人听了将信将疑，生怕智者骗他的钱。

智者从他的眼中看出了他的心思，于是对他说："你先回去吧，如果觉得我的智慧不值这些钱，那你就不要来了，如果觉得值，就回来给我送钱！"

当夜回家，在昏暗中，他发现妻子居然和另外一个人睡在炕上，顿时怒从心生，拿起菜刀准备将那个人杀掉。突然，他想到白天买来的智慧，于是前进三步，后退三步，各三次，正走着呢，那个与妻同眠者惊醒过来，问道："儿啊，你在干什么呢？深更半夜的！"

穷人听出是自己的母亲，心里暗惊："若不是白天我买来的智慧，今天就错杀母亲了！"

于是，第二天，他早早地就去给那个智者送银子去了。

我们在遇到不如意的事情时，常常会不分青红皂白地大发雷霆，由此导致很多误会，严重时甚至引发悲剧。如果我们遇事能够保持冷静，等了解了事实真相后再做决定，那么很多悲剧就都可以避免了。

19世纪英国道德学家塞缪尔·斯迈尔斯曾说：“财富掌握在意志薄弱、缺乏自制、缺乏理性的人手中，就可能会成为一种诱惑和一个陷阱。”对于那些手持万贯家财，却心灵空虚的人来说，即便能得到一切美好的物质享受，其精神上永远都是匮乏的，他随时随地都处于别人的有色目光之下。

人不应当只重视物质上的拥有，同样要不断充实精神财富，这样才是一个灵肉完美结合的人。没有自制力的人终将一无所成，因为一点的小刺激和小诱惑他都会抵制不了，进而深陷其中。控制自我情绪是种重要的能力，也是人区别于动物的重要标志。人是有理性的，而非依赖感情行事。托马斯·曼告诫人们：“抵制感情的冲动，而不是屈从于它，人才有可能得到心灵上的安宁。”

如果一个女孩有比较强的自制力，那么这个女孩一定能够战胜自我，远离祸害，做到快快乐乐。如果不幸遇到祸害，她也一定能够泰然处之，化祸为福。可见，自制对平安快乐的人生是极其重要的。

失落时帮她找回积极情绪

有个年轻人去微软公司应聘，而该公司并没有刊登过招聘广告。见总经理疑惑不解，年轻人用不太娴熟的英语解释说自己是碰巧路过这里，就贸然进来了。总经理感觉很新鲜，破例让他一试。面试的结果出人意料，年轻人表现糟糕。他对总经理的解释是事先没有准备，总经理以为他不过是找个托词下台阶，就随口应道：“等你准备好了再来试吧。”

一周后，年轻人再次走进微软公司的大门，这次他依然没有成功。但比起第一次，他的表现要好得多。而总经理给他的回答仍然同上次一样："等你准备好了再来试。"就这样，这个青年先后5次踏进微软公司的大门，最终被公司录用，成为公司的重点培养对象。

如果这个年轻人在前几次受到拒绝之后就失落放弃，便不可能获得最终的成功。

什么东西比石头还硬，或比水还软？然而软水却穿透了硬石，坚持不懈而已。也许，我们的人生旅途上沼泽遍布，荆棘丛生；也许我们追求的风景总是山重水复，不见柳暗花明；也许，我们前行的步履总是沉重、蹒跚；也许，我们需要在黑暗中摸索很长时间，才能找寻到光明；也许，我们虔诚的信念会被世俗的尘雾缠绕，而不能自由翱翔；也许，我们高贵的灵魂暂时在现实中找不到寄放的净土……那么，我们为什么不可以以勇敢者的气魄，坚定而自信地对自己说一声"再试一次"！

曾有人做过实验，将一只最凶猛的鲨鱼和一群热带鱼放在同一个池子，然后用强化玻璃隔开，最初，鲨鱼每天不断冲撞那块看不到的玻璃，奈何这只是徒劳，它始终不能过到对面去，而实验人员每天都放一些鲫鱼在池子里，所以鲨鱼也没缺少猎物，只是它仍想到对面去，想尝试那美丽的滋味，每天仍是不断地冲撞那块玻璃，它试了每个角落，每次都是用尽全力，但每次也总是弄得伤痕累累，有好几次都浑身破裂出血，持续了好一些日子，每当玻璃出现裂痕，实验人员马上加上一块更厚的玻璃。后来，鲨鱼不再冲撞那块玻璃了，对那些斑斓的热带鱼也不再在意，好像它们只是墙上会动的壁画，它开始等着每天固定会出现的鲫鱼，然后用它敏捷的本能进行狩猎，实验到了最后的阶段，实验人员将玻璃取走，但鲨鱼却没有反应，每天仍是在固定的区域游着。它不但对那些热带鱼视若无睹，甚至于当那些鲫鱼逃到那边去，它就立刻放弃追逐，说什么也不愿再过去。

不要被假象迷惑住你的智慧的灵光，经历了痛之后依然要执着，那才是坚强的！成功往往就在于最后一秒的坚持中。

家长面对孩子的失落情绪，最重要的是要有耐心倾听。让孩子把心中的委屈和不满都表达出来，舒缓了她们的情绪之后，再加以疏导。为她们认真地分析原因，和她们一起寻找正确的方法，为她们树立信心。

很多孩子在遭受挫折之后，变得沉默，不爱吃东西，这些都是她们对家长发出的求救信号。如果家长们工作太忙，忽略了这些表现，或者说没有引起足够的重视，孩子的心理会受到较大的伤害。因此，家长们平时应该多关心女孩们的“小举动”，有的时候，并不是没有新衣服穿、想吃好吃的东西那么简单。家长们切忌简单处理，草草了事。

多拥抱会让女孩更快乐

当女孩出生的时候，细心的家长都会发现一个问题：她似乎不太喜欢安分地躺在自己的小床上一个人玩耍。当妈妈把她抱上婴儿床转身离开的时候，她就会哭闹不止，直到妈妈跑过来哄她。难怪有的时候家长们会说自己的女儿：

“她知道欺负人呢，只要看我闲下来，就会哭闹着让我过来哄她。”

“这个小家伙，居然懂得找人陪她说话呢。”

这就是女孩的天性，她对于接触的感觉要比男孩敏感得多，幼小的女孩通常是以感受父母的拥抱来确认自己在他们心中的重要性。所以，多给女孩一些拥抱，她会生活得更加愉快。

小女孩波波在刚生下来的时候似乎不太受到爸爸妈妈的重视，在她很小的时候，妈妈就经常把她放在床上自己干活去了。波波起初经常会大哭大闹，但是妈妈对此不理不睬，任凭波波在床上“哭天抢地”。时间久了之后，波波果然不喜欢哭闹了，而且对周围的事物反应比较迟钝，有的时候爸爸过来逗逗她，她也没有什么反应。波波逐渐大了一些，但是她似乎不喜欢爸爸妈妈，也不喜欢听他们说话，也不喜欢笑，就自己一个人默默地坐在那里玩耍。这个时候波波的爸爸看出问题的严重性了：“这个孩子看上去呆呆的，会不会有些智障呢？”

波波被带到了医院，医生根据观察她的病情得出结论，波波所患的是一种“皮肤饥渴症”，因为她从小得不到父母的爱抚与亲昵，导致发育不好，并且妨碍到了智力的发展。

爸爸妈妈万万没有想到抱抱孩子能对孩子的发展有如此大的作用。而事实上，拥抱孩子能比语言更好地传达给父母想要表达的疼爱之情。一个经常接受父母拥抱的女孩，总是会比其他的女孩更加活泼开朗。不要小看拥抱，这种身体的拥抱激活了女孩大脑思维细胞的基因链，让她的每一种生命功能都能发挥到最大限度。

拥抱女孩所起到的作用是让她感受到爱。当领会到这个道理之后，聪明的父母就会明白其实很多其他的行为也都能起到和拥抱一样的作用。父母只要多用点心思，就能挖掘出很多向女孩表示爱意的举动，比如对女儿说一些温和的话，在说话的时候认真倾听并注意女儿的眼睛等等。

爱的动作是父母给予女孩最好的礼物，是保证两代人感情维系的最好方式，父母们千万不要放弃这个简单又具有温情的方法。

教女孩学会用理性控制情感

一个商人因为业务发展的需要，决定招聘一个店员。

他在商店里的窗户上，贴了一张独特的广告：“招聘：一个能自我克制的女士。每星期 4 美元，合适者可以拿 6 美元。”

“自我克制”这个术语在城里引起了议论，这有点不平常。这引起了人们的思考，也引起了父母们的思考。这自然引来了众多求职者。

每个求职者都要经过一个特别的考试。

“能阅读吗？孩子。”

“能，先生。”

“你能读一读这一段吗？”他把一张报纸放在小姑娘的面前。

“可以，先生。”

“你能一刻不停顿地朗读吗？”

“可以，先生。”

“很好，跟我来。”商人把他带到他的私人办公室，然后把门关上。

他把这张报纸送到小姑娘手上，上面印着她答应不停顿地读完的那一段文字。阅读刚一开始，商人就放出 6 只可爱的小狗，小狗跑到小姑娘的脚边。这太过分了，小姑娘经受不住诱惑要看看美丽的小狗。由于视线离开了阅读材料，小姑娘忘记了自己的角色，读错了。当然，她失去了这次机会。

就这样，商人打发了70个小姑娘。终于，有个小姑娘不受诱惑一口气读完了，商人很高兴。他们之间有这样一段对话：

商人问：“你在读书的时候，没有注意到你脚边的小狗吗？”

小姑娘回答道：“对，先生。”

“我想你应该知道它们的存在，对吗？”

“对，先生。”

“那么，为什么你不看一看它们？”

“因为我告诉过你，我要不停顿地读完这一段。”

“你总是遵守你的诺言吗？”

“的确是，我总是努力地去做，先生。”

商人高兴地说道：“你就是我要招聘的人。明早7点钟来，你每周的工资是6美元。我相信，你大有发展前途。”

后来，女孩的最终发展的确如商人所说，若干年后，女孩成了一个有着良好口碑的商人。

最难做到的是自制，因为它需要用自觉的行动来自我鞭笞、克制。但是，只有能够做到克制自己、懂得自制的人，才能在工作和生活中收获更多。没有自制力，我们就会变成像动物一样具有兽性的原始物种，动不动就会以武力相向，毫无秩序和道理可言，也就不会有人类的进步。

英国剧作家莎士比亚曾说过这样一段话：“理智可以制定法律来约束感情，可是热情激动起来，就会把冷酷的法令抛弃不顾；年轻人是一只不受拘束的野兔，会跳过老年人所设立的理智的樊篱。”

确实如此，年轻人的热情是值得鼓励的，没有热情的工作或者生活是不可想象的。但如果一味地热情，没有节制，则会影响我们更好地去工作和学习。如果我们希望能超越同龄人，做出不错的成绩，那就要服从理智，服从自我控制。否则，随意放纵，没有克制，失去理智的话，一切都会显得荒诞。

理智是最高的才能，人类的情感让我们比其他动物更多了份团结和合作，但如果情感不受控制，肆意而为，那么你最后将什么也得不到，甚至弄得满盘皆输。懂得运用理智来控制情感，有恰当的自制力的人，才可以凭借理性判断形势，作出决断，收获应有的成就。

帮助女孩学会将快乐变成习惯

不快乐的人即使看到阳光也不会感受到灿烂，所以忧郁的眼睛只会看到灰色。不快乐的人在遇到困难的时候总是把问题往不好的方面想，继而退缩、停止不前。不快乐的人不自信，她不会镇定地迎接挑战。不快乐的人遇到问题时往往惊慌失措，毫无主见。

你的孩子是否有这样的时候？或悲观忧郁，或在困难面前退缩迟疑和惊慌失措？如果是，那么你的孩子需要学习快乐的智慧。因为快乐的人始终拥有积极乐观的心态，因此也就拥有积极思考和主动应对的动力，也就会具备对人生的掌控能力。

张珊和张怡是姐妹俩，很小的时候她们就失去父母，相依为命。姐姐张珊整天闷闷不乐，总是抱怨生活。妹妹张仪却乐呵呵的，快乐地忙来忙去。不幸的是，一次火灾从天而降，虽然得救，但她们却被大火烧得面目全非。

姐姐经常唉声叹气：“被烧成这样，我以后怎么见人？还怎么养活自己？还不如死了算了。”妹妹则经常劝姐姐：“我们能捡回这条命，就证明我们的命很珍贵，我们是幸运的，应该让我们的生活更有意义。”

姐姐一直自卑自闭，她无法面对别人对她的嘲讽，最后吞食了大量的安眠药，结束了自己的生命。妹妹张仪却时常提醒自己：“我生命的价值比谁都高贵。”无论遇到多大的冷嘲热讽，她都咬紧牙关昂首挺过去，坚强乐观地生存下来。别人见到的她始终是一副快乐的样子。

一天，妹妹为别人送货，途中见到一个人不小心滑进河里，她救起了这个人。为了报答救命之恩，这个人决定帮助他。凭借着诚信经营，张仪从一个积蓄微薄的送货司机，逐渐发展成了拥有一个有数百万资产的运输公司的老板。

相同的经历，同样的不幸却有着不同的命运，理由很简单，就是看是否拥有快乐的心情和乐观的心态。不幸不可避免，但是命运却由自己掌控。用悲伤的眼睛看世界，又如何能看到生命中的阳光？所以，作为父母，培养一个懂得快乐、有着乐观心态的女孩尤为重要。

当女孩表现很好时，不要只是说“很好”。赞美要具体一些，说出细节，指出有哪些地方让人印象深刻，或是比上次表现更好，例如，“你今天主动跟警卫伯伯说早安，真的很有礼貌。”不过，赞美时也要注意，不要养成孩子错误的期待。有些父母会用礼物或金钱奖赏女孩，让女孩把重点都放在可以获得哪些报酬上，而不是良好的行为上。父母应该让女孩自己发现，完成一件事情所带来的满足与成就感，而不是用物质报酬来奖赏她。

第八章

知足才能淡定，智慧才能从容——淡定从容的女孩最出色

告诉女孩她不是世界的中心

再过几天就是晓白的生日了，爸爸妈妈说今年要给晓白过一个“豪华级别”的生日——举办生日晚会，请了很多的人过来陪她一起过生日，除了爸爸妈妈的一些比较要好的朋友、同事之外，晓白也想请她班上的同学过来。

晓白兴冲冲地抓起了电话听筒，给所有能想到的人都打了电话，最后她想起了班上有一个最不爱说话的男生张亮，晓白也想邀请他过来，让他和同学们关系更加融洽一些。

“张亮，下个周六的晚上，我要在家里举行一次生日晚会，我和爸爸妈妈都希望你能够参加，你有时间吗？”

“我还是不去了吧，路途太远了，怕晚上回来之后不方便。”

其实晓白心里清楚，张亮是害怕见到许多的陌生人，于是晓白安慰他说：“没事的，咱们班上有很多同学都来了，我还和妈妈说了，你的口琴吹得特别好，给你安排一个节目。如果你不来的话大家会感到遗憾的。”

“这样……那好，周末我过去吧。”电话那头的张亮终于大大方方地答应了。

妈妈在晓白后面一直听她打电话，她表扬晓白说：“晓白做得不错，你能够让别人感觉到他在你心目中的重要地位，这是一个很好的习惯啊。每一个人都有被尊重的需要，我们要满足人们的这种需要，这样很多事情都会迎刃而解。”

“嗯，那我们怎样才能让别人感觉到自己很重要呢？”晓白想进一步请教妈妈。

“其实很简单，只要在生活中不吝啬自己对他人的由衷赞美和认可，能尊重他人的兴趣爱好，在你的尊重和认可中让对方认识到自己的价值就可以了。这也是发挥你影响力的一种重要途径。”

嗯，晓白明白了，在生活中要懂得尊重别人，赞美别人，因为自己并不是这个世界的中心。

很多人都会有类似的体会：当被别人夸奖学习成绩好时，你的心里顿时觉得美滋滋的。当别人说你很懂礼貌时，你的笑容顿时绽放如花，当有人夸你漂亮，你会一整天心情愉悦，卡耐基也曾说：姓名是最甜蜜的语言，当你与有交往时，提出他的名字，并真诚地赞美他时，往往这样的人更容易走向成功……

而当你由衷地赞美对方时，你会发现，对方的反应也会同你一样。甚至是两个陌生人之间，也会因为一句赞美而迅速地拉近了距离。

每个人都渴望得到别人及社会的肯定和认可，尤其在付出了必要劳动和热情之后，都期待着别人的赞美。所以，不妨把自己需要的东西先慷慨地奉献给别人，而这无疑是在给你的人际交往添加润滑剂。

世界上的人大都爱听好话，没有人打心眼里喜欢别人来指责他，就是相濡以沫的朋友，你批评几句，对方往往脸上也有挂不住的时候。

美国哈佛大学的专家斯金诺通过一项实验研究证明，连动物的大脑，在收到鼓励的刺激后，大脑皮质的兴奋中心也会开始起劲调动子系统，从而影响它行为的改变。同样的道理，人作为万物的灵长，期望和享受欣赏是人类的基本需求之一。

林肯有一次在写信时，开门见山地说："任何人都喜欢受人奉承。"美国著名心理学家威廉·詹姆斯也说："人性深处最大的欲望，莫过于受到外界的认可与赞美。"

人类正是因为有这种渴望与价值的冲动，才会有人在一文不名、帮人打杂的情况下，仍不惜花掉仅有的微薄工资，去买法律书来看，充实自己、提高自己。

这个可怜的杂工绝非虚构，他就是美国前总统林肯。

人类大部分的成功和失败都源于对这种需求的满足。许多在事业上卓有成效的伟人正是因为他们懂得这种取人之术——真诚地赞美他人。

只要给予他人由衷的认可和毫不吝惜的赞美，人们自会感怀在心，牢记着你的每一句话，甚至在你早就忘掉自己的赞美之后，他们仍将视同珍宝般反复地在记忆中取出，慢慢地品味、咀嚼。

赞美的力量是巨大的，所以，在面对别人的时候，发现对方的优点，并给予真诚的赞美吧！

让女孩明白没有人必须对她好

在人际交往中尊重别人的人格是赢得别人喜爱的一个重要条件。人格，对每个人来说，都是最珍惜、最宝贵的。对每一个人来说，他都有这样一个愿望：使自己的自尊心得到满足，使自己被认可、被尊重、被赏识。如果你不尊重他的人格，使他的自尊心受到了伤害，当时，他或许会一笑了之，但是，你却严重地打击了他。事实上，如果你表示出了对他的不尊重，即使他当时对你还是很友善，但是，如果他不是一个精神境界极高的人，他以后是不会很喜欢你的。这样，你就“赢得了战场，而输掉了战争”。

相反，如果你满足了他的自尊心，使他有一种自身价值得到实现的优越感，那么，这表明你很尊重他的人格，你帮助他获得了自我实现。他因此会为你所做的一切表示友好，对你有一种感激之情，他便会喜欢你。

一些高明的政治家是精于此道的。为了笼络人心，赢得别人的拥护和支持，他们绝不轻易伤害别人的自尊和感情。一位评论华盛顿政治舞台的专家指出：“许多政客都能做到面带微笑和尊重别人，有位总统则不止如此。无论别人的想法如何，他都会表示同意。他会盘算别人的心思，并且能掌握这些心思的动向。”只有尊重别人，别人才会喜欢你。你满足别人的精神需求，别人才会满足你的精神需求。

怎样才能算是尊重别人呢？

1. 不要总是自命清高，容不下别人的批评和建议

对于别人的批评、意见，你要虚心接受，即使有不对的地方，你也不要当面反驳。不要什么事都认为自己正确，你应该学会站在别人的立场考虑问题，这样就会改变你固执的做法。

2. 对你周围的人要宽容

别人一不小心得罪了你，并再三向你道歉，你却仍然骂骂咧咧，得理不饶人，结果只会导致你们之间的关系越来越疏远，最终失去一个朋友或能做你朋友的人。

3. 不要在别人面前装出一副冷漠的神情

你冷漠地对待别人，别人会以为你瞧不起他。如果你周围的人诚恳地向你征求意见或诉说苦闷，你却显出一副心不在焉、不感兴趣的样子，即使你心里并没有不尊重对方的意思，可你的行为已经伤了对方的心。

4. 不要贬低别人的工作能力

当你周围的人在某一方面做出成就时，你应该给予适当的赞扬，而不是对其成就进行有意无意的贬低。即使你周围的人工作能力不强，你也不要贬低。否则，不但会使你们的交往不成功，还会激起更深的矛盾，甚至反目成仇。

最重要的一点就是要学会倾听。倾听，是有效的沟通过程中最强有力的招数，可是，事实上却很难找到喜欢倾听的人。如果你遇到真正能听你说话的人，而且能告诉你，你所说的真正意思，而不是他以为你说的是什么，那就是珍贵的经历了。善于听别人说话的人，应该能给对方反馈，说话的人会有心照不宣之感。说话的人知道，你的确在听他说话，他就能更倾心、更热忱、更愿意回报。

女孩因为知足，所以淡定

一位成功人士说："财富不仅仅指金钱，我们既有心外的财富，也有心内的财富。"可是现在的人却整天忙于增加金钱上的财富，而忽略了内心财富的积累。丢掉了心中的那一份清净，也就丢掉了知足常乐的好心态。因此，父母在教育女孩的过程中，应该注重女孩对内心品质的培养，而不是把"物欲至上"挂在口上，要孩子学做一个安分的女孩。

生活中却有不少的女孩，她们在得到这件物品的时候又要追着父母去买另一个，这些孩子的欲望永远也得不到满足。之所以出现这样的情况，其实与父母平时错误的教育是分不开的。一些父母认为，现在生活条件这么好，不能苦了自己的孩子，别人家孩子有的，自己的孩子就应该拥有。

然而这却是一种极其错误的观点，最终导致了孩子物欲的纵横。

有这样一个故事：

有一个小女孩，她每天晚上在睡觉之前都喜欢让妈妈搂着她，并且给她讲一个故事。有一天在妈妈的故事快要讲完的时候，女孩突然就用妈妈的口气为这个故事画上了句号：“从此以后，王子和公主过上了幸福美满的生活。”

女孩随后又问妈妈什么是幸福，由于问题来得突然，妈妈一时间也不知道应该怎样回答，于是就说：“幸福就是每天快快乐乐的，不愁吃也不愁穿。”可是，女孩又问妈妈：“那你的那位同事阿姨不是很有钱吗？她为什么总是不开心，总是跟你抱怨呢？还有，我们隔壁的那个哥哥，他有一个幸福的家庭，所有人都对他好，可他为什么还总是哭哭啼啼的呢？”

听到这里，妈妈沉思了一会儿，于是镇定自若地回答女儿说：“同事阿姨和隔壁的哥哥都不懂得知足，所以才发现不了生活的乐趣，也觉得自己很不幸。”听到妈妈的回答之后，女孩似乎很开心，她满足地对妈妈说：“妈妈，我们真幸福！能够天天听你讲故事，真好！”

此外，对于孩子在物质上的要求，父母还可以故意不马上给予她满足。等待的时间也是锻炼孩子耐心的好机会。一段时间之后，孩子的欲望就会减少，同时她也会发现，自己之前急切需要的东西，现在看起来似乎并不那么重要。慢慢地，孩子在向父母要东西的时候就会事先考虑清楚，这件物品到底是不是自己所需要的。

总之，一个在物质上安分的女孩，她的精力都能够更多地投入在学习或者其他更有意义的事情上。而当女孩的精力过多地放在追求物质上时，她的内心就会躁动不安，这对于青少年的成长是极为不利的。

托尔斯泰曾说：“物欲越小，人生就越幸福。”然而现实中，很多父母都会对生活有着各种各样的抱怨，更糟糕的是，他们的抱怨还是当着孩子的面进行的。有的说生活这么艰难，有的说工作一点都不顺心，还有的父母成天都羡慕富贵人家。在这样的家庭环境中，女孩又如何能够做到物欲上的安分呢？所以说，父母首先应该学会如何知足，这样，自己的女儿也就不会“物欲至上”了。

不要让女孩把注意力全部集中在对物质的追求上。事实上，许多家长除了整日奔波于工作地点与自己的家之外，就再也没有其他可以去的地方了。工作是为了赚钱，为了养家糊口，这当然没有错。可是生活并不是只有赚钱和工作，还有其他的美好事物等待着我们去发现。因此，不仅是孩子，家长也应该做到多多发现生活中美好的事物。在闲暇的时间可以带着孩子一同外出玩耍，而不是把注意力全都放在对物质的需求上。

知足的人更快乐

病来如山倒，病去如抽丝。昨天贝贝已经请假一天，在家里休息，没有想到今天照样高烧不退。

早上醒来，贝贝发现自己浑身无力，说话都有些张不开嘴，一想起自己要落下这么多功课，心里不禁有些着急。

“妈妈，我要什么时候才能去学校啊？”贝贝问妈妈。

“贝贝，你烧得太厉害了，需要恢复两三天的时间，这些都是人体的正常反应。难道这点小痛苦你承受不了吗？”妈妈温和地说。

“嗯，总之生病让人心情不爽。”贝贝只管自己嘟嘟囔囔。

“贝贝，人的一生难免会遇到一些疾病的困扰，我们只要坦然去面对就好了。面对痛苦我们要乐观，要知道痛苦和快乐是一对孪生兄弟。难道一个小小的发烧就能把你打倒吗？”

“可是很难受啊。”贝贝很委屈地对妈妈说。

“体力的恢复是需要时间的，只要你保持心情愉快，多吃点东西，很快就会康复的。最重要的是要保持一颗快乐的心。生活中只有懂得在痛苦中寻找快乐的人，才会过得有意义。这个时候就是锻炼你的时候，你要学会在这种病痛中找到快乐，才能更快地成长。”

“嗯，妈妈我知道了。有你的陪伴我很高兴，你温暖的胸怀可以让我倚靠。”听了妈妈的话，贝贝心里感到暖暖的，觉得自己其实是很幸福快乐的。

“这就对了，贝贝。”妈妈很高兴地对她说，“懂得让自己快乐，能够让自己在痛苦中找到快乐，这是人生寻找的真谛之一。”

其实幸福本没有绝对的定义，许多平常的小事往往能撼动你的心灵。能否体会幸福，只在于你的心怎么看待。想要拥有幸福的生活，就要怀有一颗感恩的心。

有时候，我们会错误地认为自己所拥有的一切都不值得感恩。诸如：朋友不值得感恩，因为他们并没有为我们做什么让我们感恩戴德的事情；老师不值得感恩，因为我们是交了学费的；身体健康不值得感恩，因为我们还小，本来就不该有什么疾病纠缠。这样的认知无疑是狭隘的，缺少对生活的热度和感恩之情。

因此，我们要懂得知足，懂得感恩，不仅感谢帮助我们的人，更要感谢曾经以及还在拥有的一切。世界无限大，而我们能够拥有生命、健康的体魄，享受食物、阳光，拥有家人的爱，不是值得感激的吗？

知足的人才不会被欲望牵着走

人类最容易在荣誉与财富两个方面和别人攀比，当一位朋友发现居里夫人的小女儿手里正在玩的是英国皇家科学院最近授予居里夫人的一枚金质奖章时，他不禁大吃一惊，忙问：“居里夫人，能够得到一枚英国皇家科学院颁发的奖章是极高的荣誉，你怎么能让孩子随便拿着玩呢？”

居里夫人说：“荣誉就是玩具，只能看看而已，绝不能永远守着它，否则就将一事无成。”

真正追求成功的人把眼前取得的成就看作是对过去的一个总结。

爱好虚荣的人在与周围各种各样的人的接触中，非常注意人们对自己的态度，喜欢想象他们对自己的评价，并以此作为一种客观标准而内化到自己的心理结构中去，在这个基础上形成自我形象，达到自我认识。也就是说，他们对自己的形象的建立和认识，常常在与他人的接触、想象他人对自己的判断和评价中形成。这种自我认识的方式，在一定程度上有利于深入认识自己，但是无形之中就给自己带来了巨大的压力。

有对中年夫妇，妻子整天为缺少财富而忧郁不乐，他们需要很多很多的钱。有了钱才能买房子，买家具家电，才能吃好的穿好的……可是他们的钱太少了，少得只够维持最基本的日常开支。

她的丈夫却是个很乐观的人。丈夫不断寻找机会开导妻子。

有一天，他们去医院看望一个朋友。朋友说，他的病是累出来的，常常为了挣钱不吃饭不睡觉。回到家里，丈夫就问妻子："下次如给你钱，但同时让你跟他一样躺在医院里，你要不要？"妻子想了想，说："不要。"

过了几天，他们去郊外散步。他们经过的路边有一幢漂亮的别墅。从别墅里走出来一对白发苍苍的老者。丈夫又问妻子："假如现在就让你住上这样的别墅，同时变得跟他们一样老，你愿意不愿意？"妻子不假思索地回答："我才不愿意呢。"

他们所在的城市破获了一起重大团伙抢劫案。这个团伙的主犯抢劫现钞超过一百万，被法院判决。

罪犯押赴刑场的那一天，丈夫对妻子说："假如给你1000万，让你马上去死。你干不干？"

妻子生气了："你胡说什么呀？给我一座金山我也不干！"

丈夫笑了："这就对了。你看，我们原来是这么富有：我们拥有生命，拥有青春和健康，这些财富已经超过了1000万，我们还有靠劳动创造财富的双手，你还愁什么呢？"妻子把丈夫的话细细地咀嚼品味了一番，也变得快乐起来。

不要去和别人攀比，别人拥有的你不一定拥有，但你有的别人也不一定拥有。

1. 抑制我们的物欲

物欲是什么？物欲是人生存环境中的一大障碍。中国古代思想家老子说：“祸莫大于不知足，咎莫大于欲得。”富人希望自己的钱更多，穷人希望自己口袋里也有钱。当人的物欲没有节制时，就会引出麻烦和祸害。一切脱离实际的欲望，都是生命的不幸。如果为了攀比，自己又没有能力实现，就会心态失衡，嫉妒怨恨，心里难受；如果心态失衡，胆子又大，敢闯“红灯”，那就是祸。钻进深渊最终会导致咎由自取的下场。不过，许多懂得珍惜生命的人则不会让自己引出麻烦，而是引出快乐。

2. 保持一颗平常心

中国古代的“福为祸所伏，祸为福所倚”的福祸论，讲述了世间有一个自然法则：有得必有失，有失必有得。老子的“曲则全，枉则直，洼则盈，敝则新，少则得，多则惑”，讲述了委曲可以求全，弯曲可以伸展，低洼可以充盈，敝旧可以生新，少取其实多得，贪多引出惑乱的哲理。因此，处于不利地位其实也有好的一面，我们完全没有必要自卑。保持一颗平常心，尽自己的力去做自己的事才是我们要关注的。

从容的女孩最出色

一身纯白的套装，面带微笑，每天早上，她走过公司的大门，人们都会投去羡慕的目光。她的高雅华贵由内向外散发，她的灿烂微笑毫不做作。这并不奇怪，拿着高薪，衣食无忧，兴许还嫁了位富豪，又有什么理由不高雅呢？

可熟悉她的人都知道，这些仅仅是人们的主观臆断罢了。

她只是这家公司的勤杂工，做着领报纸、送文件、打开水、拖地板之类的琐碎事，每月仅有1000元的薪水，她还经常被大家召来唤去。她下岗后找到这份工作。两年前离婚，负心的丈夫除了女儿什么也没有留下。她寄宿在娘家，和女儿住在父亲那间书房里。

父亲对她的影响极大。她小时候，家里日子过得很清苦。但父亲常对3个女儿说：“精神富足才算是真正富有，无论贫困还是富贵，都要优雅地活着。”

父亲不光用乐观的态度影响孩子，还用行动告诉他们如何快乐地过好每一天。父亲衣着极讲究，虽不是名牌西服，可总是一尘不染、风度翩翩。即使在最艰难的时期，父亲也不忘周末带着3个女儿到公园散步。有一次，父亲指着远处一对正在散步的父女说：“看见了吗？那是一家公司的老总和孩子，我们过得丝毫不比他们差。”

她相信父亲的话，美好的生活靠心灵的创造。她从不追求奢华的生活，可她的生活绝对高品质。她爱听音乐，喝自己磨的咖啡；她没有名牌的香水，但不化淡妆从不出门；她只是一名打工者，但从不觉得自己比别人低贱；她极少有品牌服装，但打扮得优雅脱俗；她从不在乎别人的评价，但在意自己是否真的开心；她也常常教育自己的女儿，但从不讲那些世俗浮华的东西。总之，她就这般心平气和地生活着。

贫穷不会磨灭一个人高贵的品质，反而是富贵让人丧失了志气。比之内心的充实和满足，外在物质的华丽和简陋都不值一提。因为一切的物质享乐都只是为了精神上的满足和快乐，再有钱的人，没有快乐也一样是“贫穷”的。

德国作家施瓦布说：“一个人的品格，犹如一朵花的芳香。”我们要细心地呵护和培养自己高雅的品位，让它散发出愉快的芬芳。但绝不是穿金戴银，啜几口上好咖啡，或开一辆大奔，出入几趟五星级酒店就能变得“品位”十足。一位智者说过：“人格无法在市场上买到，必须孜孜不倦地塑造。”一个人品位的形成，如同吃中药，是慢慢调理出来的。我们看古今中外那些有着高尚人格和不俗品位的人，都是十分注意这一“塑造”和“调理”功夫的。

有品位的人一定有优雅的风度，但是，风度的优雅没有固定的模式。各种各样的风度，有各种各样的优美。有的热情，有的文静，有的果断，有的谨慎，有的敏捷，有的庄重，有的温文尔雅，有的秀丽端庄，有的脉脉含情，有的含蕴深沉。

品位蕴含在我们日常生活的精致中，而生活中的精致无处不在。这种点滴的精致，溶入一个人的血液、生命、言行中，就形成高洁的品位，就显出非凡的教养，就透出摄人的高贵。这种精致的生活只在于我们的小心和习惯，而不在于环境的优劣。这种精致的生活越是出自粗劣的环境，它所培养出的一个人的天生风骨就越震慑人，这个人也更是有了脱离粗劣环境的力量。因为一切都表明：他虽出身于这样的环境，可他却超越了这个环境，这个环境已配不上他了，他已属于更好的环境，他的一切已显示他该拥有更好的一切。

生活的精致无处不在。整洁的书桌，干净的床铺，无不显示出一个人的生活品位。闲来学学钢琴绘画，陶冶身心的同时也显出我们生活的精致。无须金钱，无须地位，任何一个普通人都可以过上有品质的生活。

从容的女孩能够欣赏比自己优秀的人

每个人身上都有优点与缺点，爱看到优点的人比总看到别人缺点的人会更快乐、也更受欢迎一些。所以，我们鼓励每个人多去看别人的优点，多去欣赏别人，它带给别人自信的同时也愉悦了自己。一个会欣赏别人的人，是自信的、快乐的、勇敢的、开放的。

而这项本领，可以、也需要从小培养。很多家长认为，让一个不懂事的孩子懂得欣赏别人，难度很大。其实并非如此，生活中的点点滴滴都是极好的素材，就看你怎么使用。

欣赏是一种理解的延伸，是一种知性的壮美，是一种无穷的力量。一切力量本身都是有局限性的，因为它们产生着迟早将和它同等或超过它的力量。欣赏他人则简单地始终在起作用，它不产生阻碍它的对立关系。它消除现存的对立关系，它排除误解和不信任，通过呼唤真诚与宽容，从而强化了自我。因此，欣赏他人始终是一种真正的力量。这种力量的源泉在于一个人“心中有光”，有一颗仁慈、宽容、博爱之心，有一份热诚、坦荡、无私之情。

欣赏别人是一种美德。培根说过：“欣赏者心中有朝霞、露珠和常年盛开的花朵，漠视者冰结心城，四海枯竭，丛山荒芜。”古语有云，“欲将取之，必先予之”，“爱人者，人恒爱之”。人与人之间的关系往往是相互的，与人为善，也是与自己为善。在工作或生活中，同事朋友之间，需要相互理解，更需要相互欣赏，当你用欣赏的眼光看别人时，别人也会向你投来欣赏的眼光；当你用鄙视的眼光看别人时，别人也会向你投来鄙视的眼光。

一个会欣赏别人的人，首先要会欣赏自己，而要会欣赏自己，就要有自信，要有自信，就要有成功的感觉，要有成功的感觉，则要能做到，也就是经常有完成自己能力范围内的任务的机会。而当她完成时，还能及时地从周围的人中得到具体的反馈，对她的努力与进步表示肯定。

所以，对家长来说，重要的是多提供一些难度与孩子能力相当的事给孩子去完成。其中又有一定的技巧，一个很重要的方法是把学习或要完成的东西进行分解，而不是要求孩子一步到位。

比如走路，所有的孩子都不是一下子就会走路的，如果要求她一开始就会走、走得好，对她的自信只能是一个打击。而应把走路这件事分解为很多块，比如扶着东西走、走走爬爬、走得摇摇晃晃、走时摔跤不多了……孩子每完成一个阶段，都是付出努力的，这个时候要给予鼓励。

在孩子的学习与探索中，有一个问题要注意，就是很多家长常帮倒忙，总是忍不住要伸手去帮孩子，其结果是剥夺了孩子发现自己的机会与权利，这对自信心的构建没有丝毫的好处。其实，在成长中，每个孩子都会自然地去发现自己，并从中感受自己的能力，比如婴儿的翻身，她很努力地翻，但开始时总是不能成功，在一边的家长如忍不住用手推一下，帮她一把，这样做的结果是让她体验不到自己翻过去的成就与快乐，而事实上，孩子是完全可以自己完成翻身这个动作的，而且她还会找到一个令自己最舒服、最有效的翻身方法，在完成翻身这个动作过程中，她会体会、并找到自己的优势。

家长要做的，就是给孩子一个鼓励的眼神，或跟她说："宝宝，你这次翻得不错啊，你好努力哦。"让她知道她的努力你是明白的，就足够了。这样，孩子会有勇气继续尝试新的东西，她的自信也会建立起来。而孩子知道被人欣赏是一件很舒服的事后，她才会去欣赏别人。

只有同样努力过的人，才会欣赏别人的成就与努力，因为只有努力过，才知道要做到某个程度，是需要花很多工夫的，是很难的。小朋友多去经历，才能知道其中的难处，而且在这种经历中，得到正面的、积极的引导，才能学会欣赏别人，如果在她经历时，总是遇到挫败，她会放弃。家长首先要会欣赏自己的孩子，要认同、肯定孩子的每一点努力与付出。在这样的环境中成长，孩子自然而然地也会欣赏别人。

从容的女孩更容易得到别人的赞赏

孩子往往由于学习成绩较好或者某方面有特长而经常受到家长和老师的表扬，这种太多的表扬常常会误导孩子，使她们不能正确认识自己，于是就会滋长骄傲情绪。她们会因此夸大自己的优点，看不到自己身上的问题，而把别人看得一无是处；她们听不进别人的善意批评，总是处于盲目的优越感之中，就会逐渐地放松对自己的要求，因此导致成绩下降，表现也就不再那么优秀了。对这样的孩子，家长应该及时予以纠正，让她们正确认识问题。

盲目骄傲自大的人就像井底之蛙，视野狭窄，自以为是，严重阻碍了自己继续前进的步伐。科学家巴夫给青年人的一封信中这样写道：“切勿让骄傲支配了你们。由于骄傲，你们会在应该统一的场合固执起来。由于骄傲，你们会拒绝有益的劝告和友好的帮助。而且由于骄傲，你们会失掉客观的标准。”当然，我们要让孩子分清楚自信和骄傲的区别。

自信是一种积极的人生态度，它能使人乐观上进；而骄傲是对自己的不全面认识，是盲目乐观，常会让人不思进取。对于父母来说，应该培养孩子的自信心，但不能让她们滋长骄傲自满的情绪。形式上两者有很大的相似性，常会让人迷惑，孩子们常会把自己那点小得意看作是自信的表现，这时父母应该让孩子分辨出两者的区别。

家长应该让女孩认识到骄傲也是健康成长的绊脚石，任何成绩的取得只是阶段性的、局部的，只能作为一个起点。在学习上，知识是无边的海洋，如果一时一事领先就忘乎所以，恰恰是知识不够、眼界不宽的表现。“满招损，谦受益”，家长应有意识地给孩子介绍一些成功者的经验，告诉他们古今中外凡是有所作为的人都是在取得成绩后仍能保持谦虚奋进的人。

小兰已经小学五年级了，是个爱学习的女孩，由于学习成绩在班里一直名列前茅，因此非常自负。在家里，小兰认为自己已经是个大人了，对于父母说的话越来越不放在心上。在学校里，小兰也非常清高，不太愿意与成绩不好的同学一起玩，觉得跟他们在一起没什么意思。对于任课老师，小兰也不太尊敬，她认为老师的水平不过如此，自己自学都能够学到很多知识。唯一令小兰比较敬重的是她的班主任侯老师。侯老师是一位快退休的语文老师，他对小兰非常好，经常给小兰介绍一些学习方法，讲一些名人的故事。

有一次，小兰在一篇交给侯老师的周记中表现出自己看不起同学的思想，她还提到了一次与数学老师发生的争执，原因是数学老师批评小兰做作业不够仔细。

侯老师后来在小兰的本子上是这样写的：

“有人批评你，并不是他看不起你，而是他希望你进步。因为，他不批评你，你不会怨恨他，他批评你，你则会怨恨他，而他却选择了批评你，原因就是他希望你进步。侯老师也是这么希望的。”小兰深受触动，后来，她果然慢慢改正了自负的毛病。

批评往往直指一个人的缺点，如果一个人能够接受批评，她就能够比较清楚地看到自己的缺点。对于女孩来说，她在评论自己时常会出现偏差，原因是“不识庐山真面目，只缘身在此山中”，若能经常听取别人的意见或建议，就能不断充实和完善自己。

父母要教育孩子，取得了一定的成绩，这确实是自己努力的结果，但是不要忘记这里也包含着家长的培养、老师的教诲和同学的帮助。

另外，不正确的比较也容易滋长骄傲情绪。在班集体中，若以己之长与别人之短相比较，这样比较的结果，自然容易沾沾自喜，自以为什么地方都比别人强，因而看不起别人。父母应该开阔女孩的胸怀，引导她们走出自我的狭小圈子。带她们到更广阔的地方走走，陶冶她们的情操；让她们了解更多的历史名人的成就和才能，以丰富的知识充实头脑，使之变骄傲为动力。

许多人都看过《卡尔·威特的教育》这本著名的书，这本书写于1818年，是世界上论述早期教育的最早文献之一。

卡尔·威特生下来时是一个智障儿，但他的父亲老威特运用一种与众不同的教育方法，在小威特8岁时，就已经掌握德语、法语、意大利语、拉丁语和希腊语5种语言，同时，小威特还通晓动物学、植物学、物理学、化学，尤其擅长数学。小威特在9岁时就考上哥廷根大学。当他未满14岁时，就被授予哲学博士学位。16岁时又获得法学博士学位，并被任命为柏林大学的法学教授。

对于这样一位才华出众的天才，父亲老威特非常注意培养孩子谦虚的习惯，他禁止任何人表扬他的儿子，生怕孩子滋长骄傲自满情绪，从而毁了他的一生。

孩子产生骄傲往往源于自己的某方面特长和优势，父母应该先分析这种骄傲的基础：是学习成绩比较好、有某方面的艺术潜质，还是有运动天赋什么的。然后应让孩子认识到，她身上的这种优势只不过限定在一个很小的范围内，放在一个更大范围就会失去这种优势，正确的态度应该是积极进取，而不是骄傲懈怠，并且优势往往是和不足并存的，同时应该努力弥补自己的不足。

第九章

培养女孩的多才多艺——让她成为最耀眼的明星

音乐可以陶冶女孩的情操

音乐能够陶冶人们的情操，让人们从烦躁中解脱出来，从压力中得到舒缓，并且达到修身养性的作用。毕达哥拉斯就曾说：“如果我们把各种优美的音调融合在一起，就能使各种行为缺陷转化为美德。”希腊著名的哲学家柏拉图也说过：“如果教育适当，节奏和和声比什么都深入人的心灵，比什么都扣人心弦。人人知道，当我们的耳朵感受音乐旋律时，我们的精神就会起变化。”

除了陶冶情操之外，音乐还能够起到一些规范人们行为的作用。例如，一些国外的公共场所就会播放一种叫作“文雅劝说者”的音乐，这种音乐的旋律是经过专家精心地研究与编制后才在公共场所加以播放，以起到约束不好行为的规范作用。另外，有的工厂和企业也用音乐给员工进行精神上的调节，在紧张的工作之后，播放一小段轻松舒缓的音乐，让疲累的大脑和身体得到适当的缓解，从而让员工恢复到最佳的工作状态。

作为一种有节奏的律动，音乐在人的大脑中能够起到让细胞起和谐共振的同步作用，同时刺激大脑皮质神经细胞的兴奋度，从而让人们产生不一样的情感体验，以达到陶冶情操的目的。可以说，在家庭教育中，音乐是帮助父母培养孩子的好帮手。父母可根据孩子不同的特征和状态，适时地播放一些音乐，净化孩子的心灵。

在阳光明媚的清晨，在悠闲而宁静的下午，在温暖的家中播放一些舒缓而温馨的音乐，让温暖与舒适将孩子包围，让她在音乐中享受体验家庭的和谐，亲人的美好。当然，我们所说的背景音乐并不是指满街响起的流行音乐，因为一些流行音乐的歌词对青少年的成长并不能起到健康引导的作用，相反，还会让孩子迷失自我。父母播放的音乐最好是纯音乐，优美舒缓，或者是享誉世界的名曲，这些大师级的作品一定会让你收到不错的效果的。

女孩正处于成长的关键时期，对于任何事物都有着极强感知力，音乐也是如此。如果家长能够时不时地播放一些好的音乐，这样就可以增强孩子对音乐的感受力。在节奏中享受艺术带来的美妙，在音符中思考一些人生的道理。当然，如果孩子的情感细腻的话，在音乐中，她或许还能够与作曲的人在精神领域进行交流，也能够通过音乐引起某些方面的共鸣。

纯音乐给人以很大的遐想空间，孩子在听音乐的过程中可以尽情地放飞自己的想象力，在音乐的国度中尽情地遨游。

舒缓的音乐有助于人们放松紧张的情绪，如果孩子学习的压力过大，特别是面临升学考试的女孩，很有可能因为过于紧张而睡不着觉。这个时候父母就可以请出音乐这个好帮手，在孩子躺在床上的时候，播放一些节奏缓慢的轻音乐，让孩子闭上眼睛，放松心情。慢慢地，就会进入梦想。

有时候，因为对一些事情不满意，孩子的情绪会有或大或小的波动。无论是流泪哭泣、大吵大闹还是生闷气不说话，如果父母在这个时候拿女孩没有办法的话，不妨任由她做什么，而父母只需要放上一些舒缓的音乐就可以了。不知不觉中，你会发现女孩糟糕的情绪已经烟消云散了，洋溢在她脸上的还是之前快乐的笑容。

画画能培养女孩的美感

三味书屋中少年鲁迅曾用“荆川纸”蒙在小说的绣像上，将人物一个个描下来。他在回忆时风趣地说：“书没有读成，画的成绩却不少了，最成片断的是《荡寇志》和《西游记》的绣像，都有一大本。后来，因为要钱用，卖给一个有钱的同窗了。”这种情节，其实与你在课堂上偶然偷偷在笔记本上画一个小猫或者雪橇狗的往事有些相像吧。可见，这绘画中，确实有无穷的乐趣。

画画不仅不能培养美感和空间的把握能力，而且还能提高手眼以及大脑之间的协调力。孩子正在成长发育的关键时段，让身体的各个器官灵活起来是非常重要的。而且画画还能够激发孩子的想象力，既陶冶了情操，又锻炼了心智，何乐而不为呢?

孩子有着极强的模仿力，看到课本上有喜欢的图画，就想尝试着自己把它画下来。无论是照着画还是贴着画，对于提高孩子的审美能力都有一定的帮助。关于绘画方面的名人故事有很多，其中就不乏因为热爱画画而勤学苦练的例子。

“江南四大才子”之一唐伯虎的画画技艺很高，有一次，一个画家向他挑战，两个人在相同的时间里面，都完成了两幅非常好看的画，栩栩如生。正当大家争执不下谁画得好的时候，两只蝴蝶飞了过来，都围着唐伯虎的百花争艳图飞，还时不时地停上去。这时候，比赛的结果就出来了，唐伯虎的画骗过了蝴蝶的眼睛而当之无愧地成了赢家。

日本16世纪的“画圣”雪舟，因幼时家贫，不得不进山当和尚，但他酷爱绘画，常因为学画而误了念经，以致一再触犯庙里的长老。长老见他为绘画走火入魔、“屡教不改”，大怒，将他的双手反绑，捆在寺院的柱子上。雪舟虽然行动受制，却不愿意因此放弃绘画，想到伤心处，不由得泪如雨下。那些泪水刚好滴落在地上，激发了雪舟的灵感，他居然伸出了大脚趾，蘸着泪水就在地上画了起来，画出了一只活灵活现的小老鼠。长老见了大吃一惊，终于认定这孩子日后必有出息，便不再限制他绘画。后来，雪舟果然成了一代宗师！

许多女孩对粉笔都很感兴趣，因为从小就看到老师在黑板上用粉笔写啊画的，因此自己也有了强烈的好奇心，想要用粉笔诉说内心的情愫。她们会拿着粉笔乱写乱画，在黑板上、在墙壁上、在地上……这个时候，家长不能因为女孩弄脏了墙壁或者地板就大声地对其进行训斥，因为这会让她对涂鸦的兴趣有所丧失。家长最好用循循善诱的方式对女孩进行劝解，而且可以买一块小黑板，让孩子在上面尽情地涂鸦。

孩子的世界充满了无穷无尽的乐趣，与其让这些童年的乐趣随着时光的流逝而消失得无影无踪，倒不如让孩子拿起画笔尽情地涂鸦，以留住此时此刻的快乐与感受。

素描是学习绘画基础性的阶段，也是练习基本功的重要途径。因此，要想学好绘画就必须从素描练起。当然，对于孩子来说，素描的黑白色调也许会减少孩子的兴趣，但是如果真的是在绘画方面有潜力的孩子，家长就要想方设法让孩子带着兴趣学习素描。

学习名家名作并不是要求孩子能够模仿名人的作品，毕竟孩子还小，画不出难度高的作品。我们这里所说的学习，重点是学会欣赏。在平时的教育中，家长需要帮助孩子理解名作的内容，从结构、色彩、内涵等诸多方面进行诠释，这对于提高孩子对绘画的理解是十分必要的。

书法提炼女孩的沉静

文霞的妈妈认识一位阿姨学习书法已经有40余年，现在受人邀请在学校里面开班授课。文霞听妈妈告诉她说，无论工作多么忙碌，这位阿姨也一样是每天坚持练习写字，从不间断。

文霞感到很好奇，难道书法有这么大的魔力吗？怎么会让阿姨如此痴迷，手持一杆毛笔，一写竟是40年。

妈妈想把文霞带到阿姨的书法学校里面去，让文霞也接受一下良好的教育。出于好奇心的驱动，文霞也很想去看看。

来到办公室，阿姨热情地接待了文霞："文霞，你好。"

文霞对阿姨说："阿姨您真有魄力，居然一写就是40年从不间断。"

阿姨笑笑说："是哦，我从4岁的时候开始练习书法，那时爸爸对我的要求很严格，一个点要点到上万个，直到全身放松为止。写书法，这里面有无穷的乐趣。通过一幅字，一个人有多少涵养，读过多少书，眼明的人马上可以判断出来。"

文霞听了阿姨的介绍，又喜欢书法，又担心自己会坚持不下去，因为书法并不是一时兴起，随随便便可以学会的，而是要付诸几十年的努力才可以见到效果。书法很高雅，让文霞神往，文霞真的很想试一试，想达到阿姨所说的那种境界。

书法以其独特的工具材料为表现形式，具有鲜明的民族风格，从萌芽到发展至今绵延几千年而从不中断，一直屹立于世界艺术之林，并享有极高的声誉。书法自古以来是读书人的必修课。但是很可悲的是，现在的人们已经不再重视书法，甚至认为电脑打字可以完全取代汉字。甚至有的人不要说能写一手，就是连一些普通汉字都已经是能读而不会写了。

如今的社会在发展，时代在进步，书写方式也由原先传统的毛笔向如今的硬笔转型，甚至有被键盘所代替的趋势，这是社会发展的必需无可厚非。但是，无论社会怎么变，但是作为一个中国人，我们不可以轻易丢掉自己的文化，丢掉祖先留给我们的宝贵财富。

俗语说见字如见人，它能直接表现出人的学问、品格、情操、气质、甚至是人的经历与感悟，是我们人生的第二门面啊。

看一个人擅长写什么样的字，也可以观察出一个人的性格。如果一个书法家的一生专门以楷书见长，那么我们就可以毫无疑问地判断出他的性格相对来说是比较内向，而且做事的态度非常严谨认真，属于那种小心谨慎的人。而一个擅长写行草书的书法家，一般性格比较热情奔放不羁，这种人一般性格积极进取，不会轻易满足于现状。一幅好的行书或草书作品多数是作者在扎实的功底基础之上通过情感、激情迸发的瞬间而完成的。

同时，学习书法也可以培养一个人忍耐性与坚毅的品格，当你全神贯注融入其中的时候，是一种暂时的精神超脱，红尘中的一切俗事歪理都会消失殆尽，灵魂也随之净化。

舞蹈使女孩肢体优美

培养女孩对音乐舞蹈的兴趣，可以发展她的智力，以及培养她良好的个性品质，与此同时还可以满足女孩想象、联想、思维和创造性表现，交流合作的需要，为女孩身心健康的发展提供必要的外部条件。因此舞蹈在儿童教育中是促进女孩德、智、体、美全面发展的重要内容和有力手段。

好的舞蹈作品，能够使女孩在受到美的熏陶的同时，还能受到潜移默化的启迪和教育。从而促进女孩的身体素质、思想品德、智力开发及美学欣赏教育等综合素质的提高，达到寓教于乐的效果。还可以促进女孩的骨骼发育，提高女孩的身体素质。

女孩经常参加生动活泼的舞蹈教育和活动，可以增强她们的体力，促进幼儿骨骼、肌肉、呼吸、神经系统和循环系统的生理机能发育，加快新陈代谢，使她们的机体不断生长发育。例如：学习舞蹈《嘀哩、嘀哩》，通过用手模仿小草在春风中轻轻摇摆和花儿开放的动作，可促进女孩手指肌肉的灵活性和协调性以及指关节和腕关节、肘关节的灵活性；通过娃娃步、小碎步、蹦跳步等动作的学习可促进女孩的腿部肌肉的发育。学习动作、练习动作表演这个舞蹈的过程中，女孩的呼吸加快、心跳加速、胃肠蠕动的次数增多，神经系统与循环系统也都积极参加活动。由此可见，舞蹈不仅能增强女孩动作的协调性和节奏感，而且对女孩的身体机能健康发展有不可忽视的作用。

女孩在轻松、活泼、愉快的环境中通过身体动作去感受音乐形象，通过表情、动作表达自己的思想感情，易使女孩形成活泼、开朗、热情、大方的性格。舞蹈教学对女孩品德的形成也是十分重要的。例如舞蹈《学做解放军》，通过各种操练动作、杀敌动作，培养女孩勇敢、不怕困难的精神和爱憎分明的情感。如《采茶舞》中，通过舞蹈表现小姑娘清晨去茶园采茶，与小伙伴们一起劳动，然后跳起了欢乐的采茶舞，最后带着劳动的喜悦回家的场景，以此培养女孩爱劳动、团结友爱的好品质。通过民族舞的学习，可以培养女孩热爱祖国、热爱集体、热爱本民族音乐和舞蹈的热情。我国著名的舞蹈家吴晓邦说："艺术以它的感染力去培养人们良好的道德情操和高尚品质，鼓舞人们的乐观主义和进取精神。"舞蹈以感情活动为中心，通过潜移默化来塑造美的心灵，来辨别真、善、美和假、恶、丑。

让女孩在游戏中舞蹈，效果最好。女孩舞蹈不需要像成人那样跳得艺术化，对她们的训练也不需要像成人那样专门化。只要她们能用动作随心所欲地表现自己看到、听到、感受到的形象、情绪情感，随着节奏合拍地动作，与乐曲和谐就可以了。而这一切，只有女孩觉得她们在游戏时，才能很好地做到。

尽可能地为女孩提供最好的舞蹈环境。如果条件允许的话，建议家长能够为女孩提供比较好的练习舞蹈条件。因为所有的孩子都能够从幅度较大的、自由的身体运动中获得快乐。一个体操房或者是一个装有跨墙镜的现代舞蹈训练厅，都可以使运动变得更加愉快和优美，当然最好还能够有音乐伴奏。

折纸——让女孩创意无穷

当第一艘纸船从我们手中缓缓地浸入水面的时候，当第一架纸飞机在天空中放飞的时候，当第一个纸花篮中盛满了我们喜欢的糖果的时候……也许父母在回忆自己的童年时，自然地就联想到不可缺少的折纸时代。每一代孩子都有自己一代童年的快乐，但似乎无论是哪一代孩子，在某一时段都会对折纸产生浓厚的兴趣，有的孩子甚至是情有独钟。

曾几何时，各色的纸张在我们眼里是那么的具有吸引力，我们看着那光滑亮丽的纸面，脑海里早已想象着把它变成了花骨朵、小青蛙……简简单单的小纸片在我们心灵手巧的摆弄之下居然能够呈现出美妙的形态，如梦如幻，可爱极了。不可否认的是，折纸游戏能够给童年的孩子带来无尽的乐趣，同时也能够让孩子得到心智的锻炼，更加灵活地使用大脑和双手。

要让女儿在折纸游戏中变得心灵手巧，这还需要一个循序渐进的过程。女儿还在年龄很小的时候，父母就可以把纸张拿给她。先不要教她应该做什么，父母要先看女儿在面对纸张时的反应。一般情况下，年纪较小的孩子在拿到纸张之后都会以撕纸的方式寻找乐趣。把一张纸撕成纸条或是雪花片，然后漫天地挥洒，在飘扬的纸片中享受“胜利”的快乐。

这个时候，父母不要出面制止孩子的行为，因为这是孩子在对纸张的出现表示欢喜。孩子都是破坏的高手，父母越是制止，她就越是要做这件事。因此，家长不妨任其在一旁乱撕，自己却坐在一边用纸撕出有形状的东西。等到女儿看见之后就会感到好奇，这个时候家长再去引导着女儿撕出形状各异的小动物或者花儿，就显得更加有趣了。

待到孩子稍微大一点的时候，父母就可以教给她一些简单的折纸游戏，让她在纸张的世界中尽情地玩耍，发挥出最卓越的想象力。不过，做什么事情都需要慢慢地过度，从简单到复杂，折纸也是如此。一开始的时候，家长只需教孩子用简单的两三步就可以折出可爱物体的方法，等到孩子熟练的时候，再逐步增加难度。

折纸游戏长期玩下来之后，父母会发现女儿已经有了自己的一套折纸技巧。她能够把平面的纸张变成立体的形状，小猫、小狗、小兔子……在立体的世界中用空间的造型不断地创造快乐。父母还可以买一些专门教折纸的书籍给孩子看，或者跟孩子一同研究书上的折纸方式。最好是父母和孩子共同研发和开创几种新型的折纸游戏，更是其乐无穷。

在折纸的过程中，父母要不断地开发孩子的智力。例如，一个圆筒可以做出很多不同的东西，只需要在上下左右加上一些小零件，各式各样的折纸作品就会展现出不同的风采。此外，父母还需要激发女孩丰富的想象力和创造力，让她根据自己的想法折出更多更有趣的形状。孩子在折纸的过程中能够体会到无穷无尽的快乐，当她把一张纸变成一个艺术作品时，那种自我成就感就足以让她创作出下一个更好的作品。

有的折纸步骤比较复杂，孩子一次次地折，却一次次地失败。这个时候，父母要鼓励孩子，与她共同找出问题的症结所在，然后再继续试验，直到成功为止。在练习的过程中，父母还需要告诉女儿，做什么事情都要有耐心才会成功。等到女儿终于把复杂的折纸作品完成的时候，她的成就感就会异常的高。

有的父母本身就是心灵手巧的人，在女儿不会折的时候，就自己折出一个成品来给女儿玩。这样的做法其实并不科学，因为女儿玩折纸游戏就是为了在快乐中学习技巧，如果父母代替她把作品完成了，那还有什么意义呢？因此，在孩子折纸的过程中，父母只需要在必要的时候做适当的提示与指导就可以了。

烹饪能让女孩施展生活的艺术才能

俗话说：“上得厅堂，下得厨房。”似乎好女人的标准就是既能够在职场中驰骋，在家里又能够做出一桌美味可口的饭菜。其实，无论是上厅堂还是下厨房，这些都是生活的不同方式。不要觉得厨房的活儿又脏又累，其实当你身处其中的时候还会觉得别有一番滋味在心头。

现在的女孩在家里都是父母的掌中宝，哪里舍得让她下厨房做饭呢？可是父母应该考虑得更长远一些，难道自己的女儿长大后成为一个懒惰又不会做家务的女人很好吗？

孩子没事在家的时候，或者父母正在做饭的时候，可以让孩子在一旁看着、学着，让她了解做饭的过程。或许哪天父母因为忙碌而不能回家做饭时，孩子自己也不至于饿着肚子一直等待。

五花八门的菜谱、菜系、调味料、蔬菜、瓜果……颜色清新而鲜艳，色泽浓郁而逼人，怎能不对我们产生诱惑呢？即便是一碗淡淡的米粥，如果是自己亲自下厨，而且是用心煮出来的，那么喝在嘴里也觉得美意无穷。其实，这时候喝粥已经不是单纯地品尝粥的味道了，而是在体味一种幸福，那种你寄托在这漫长熬煮过程中的一份心情，喝粥的人都能读得懂，也都会珍惜而享受。

让女儿学着做一两样简单的饭菜，不仅能够提高她的生活自理能力，而且还能多一门手艺，在煮饭的过程中享受生活，多么惬意啊。在周末的早晨，她偶尔也能够给父母一个小小的惊喜，亲自为他们做上一餐早饭，给劳累一周的父母奉献女儿的一点心意，父母也会倍感温暖。

就像弹奏乐器一样，不用心弹奏的曲子听上去就没有灵魂。同样的，没有用心烹饪的饭菜吃起来也不会可口。做任何事情都需要用心去做，这是一种生活态度，更是一种积极而乐观的价值取向。

允许女孩尽情发挥想象力，做出与众不同的饭菜。孩子的想象力往往让家长目瞪口呆，她能够把酸甜苦辣咸全都集中于一个菜中，也能让一盘菜里装满了各式各样的水果和蔬菜。面对这种情况，家长除了适当地在味道上加以指导之外，其他的就不要干涉孩子了。让她尽情地去发挥，在烹饪中施展自己的生活艺术才能。

提高女孩能力的小才艺

“妈妈，你说手表为什么能转呢？它那么小，肚子里还能装东西吗？”

“什么乱七八糟的东西，想这些你能多考几分？快去学习！”

“弯弯的月亮像什么？”

“像扁豆！”

“你这孩子，脑袋里不知道都想的是什么东西！弯弯的月亮当然像小船了！”

“来，我教你画画，先画一条线，这是地平线，然后再画长方形，这是高楼……”

很多家长都忧心女孩“想象力匮乏”，实际上，原因很简单，因为家长的脑袋里拴着“分数”和“标准答案”这两根绳子，只要这两根绳子系着，女孩的想象力就很难发展。

任何时候，学习都是关系人生的大事。所以，所有的时间都应该拿来为学习服务，除了升学、考试，是不可以有其他七七八八的想法的，家长带着这样的教育理念，女孩畅想的机会和时间自然就被剥夺了。为了答题，为了得分，不管是家长还是女孩，一定会追求标准答案。标准化答案无形中又剥夺了女孩想象的空间，最后将女孩的想象力残忍扼杀！

家长们没有意识到，短期目标达成了，却以摧毁女孩身上最重要的东西——想象力为代价！没有想象力的人是一个体会不到乐趣的人，没有想象力的民族是一个没有创造力的、可悲的民族！

家长们没有意识到想象力的扼杀其实就是在我们的教育中进行的！父母的教育实际上成了女孩想象力和创造力发展的隐形杀手，只有家长彻底地根除这样的意识，进而在行为上严格注意，才能真正地培养起女孩的创造力！

爱因斯坦曾说过：想象力比知识更重要。严格地说，想象力是科学研究中的重要因素，在现实社会中，没有想象力，就没有新的发明与创造，就无法解决生产和生活中的新问题，人类社会就无法前进。

成人的世界常常太过现实，但是女孩的想象力需要灌输培养，千万不能让其自生自灭，让孩子错失了孩提时代幻想和想象的宝藏。可以选择一些好的故事，如《小王子》《爱丽丝梦游仙境》等童话作品，或在音乐的浮想联翩中激发孩子的想象能力。

家长可以引导女孩一边读《爱丽丝仙境》，一边将幻想的世界“抽着烟斗的毛毛虫”“红心女王的棒球比赛”等事物画出来。

父母也可以引导女孩描绘其场景：在一个阳光明媚的午后，爱丽丝坐在一棵大树下看书，却跟随一只小兔子来到了一个魔幻仙境。（女孩可能会画午后慵懒的阳光，懒懒地照在爱丽丝和她身旁的树上，她头顶的树上有一只小兔子在偷看她，远处是美丽的河流、草坪、奔跑的小孩……）

接着，开始了她的仙境之旅，相继遇到了会说话的茶壶，会隐身的妙妙猫，疯狂帽子先生等。在这里爱丽丝参加了一个令她毕生难忘的奇怪茶会。（女孩可能会画她想象出来的各种各样的怪人，穿着从未见过的奇装异服，有的喝茶，有的聊天，有的耳语，有的欣赏风景，有的心不在焉……背景也可随意想象，甚至可以超出书中所描绘的场景，给它添加更多的灵动元素。）

随心所欲地去画就行，不必拘谨于是否画得很好……

定式理论是德国心理学家缪勒和舒曼于1889年提出来的，思维定式或称心理定式是其中的一种。它指人由先前的心理活动和实践经验所形成的准备状态，决定着人后继心理活动的趋势，表现为在解决问题过程中做特定方式的加工准备。它使人以比较固定的思维模式对外物进行感知，即按一种固定的思路去考虑问题。

在孩子学习过程中，他们经常会由于受先前做题经验的影响，去套用某些公式或者某些方法，结果或者没有新意，或者没有用最巧妙的方法解决问题。而只有打破这种思维定式，才会喷涌出无尽的想象力。下面这位德国老师的教育方法值得家长借鉴。

在一个德国普通学校的课堂，小学二年级的孩子们正在上艺术课。

老师并没有像我们想象的那样，给孩子一个物体，让孩子简单地去临摹，而是先给孩子们讲故事：一个小朋友搬到了一所新房子里，房子是用砖头砌成的，阳光射进屋子里面，房子的周围有一些小花，一条小河从房子的后面流过。给了这几个条件以后，老师要求学生们根据自己的想象把新家画下来。

于是，有的孩子在新家的前面添加了停车场，画上了汽车；也有的孩子给新家画上了草坪，画上了小猫小狗；还有的孩子在屋顶画了栖息的小鸟。还有的孩子将河流画成了粉红色，非常漂亮。老师并没有埋怨孩子们瞎画，而是表扬了孩子们的创造精神。老师很欣赏那条粉红色的河流，简直漂亮极了！

父母要想让女孩拥有更多的想象力，首先父母要“童心未泯”，与孩子一起做小制作、做智力题、下棋、绘画、做趣味游戏……让孩子能在一种无拘无束的家庭环境下，发挥出自己的创造力。她的一些想法也许不符合常理，那也没关系。

父母更不必把孩子的好问当作一种负担和麻烦而予以压制，也不必因为自己不喜欢或不同意孩子的爱好，而试图逼迫孩子转换兴趣。请允许孩子犯一些小的错误，鼓励孩子自己动手去做更多的事……这些都可以培养孩子的想象力。

很多女孩小时候，喜欢编故事、讲故事，她们把这些故事讲给爸爸妈妈或一些小朋友听，有时也讲给自己听。对于孩子的这种行为，家长要积极鼓励，不要觉得女孩是在胡思乱想。

家长也可适当引导女孩续编故事，比如家长和孩子读完一个故事后，引导孩子按照某个主题去讲，讲到精彩之处，父母还可以用笔记下来，以资鼓励。时间长了，女孩的想象力会越来越丰富。

朗诵诗歌培养女孩的表演能力

女孩喜欢扮家家，她们总能演绎的有声有色。这正是女孩很早就显示出的天赋之一。女孩通常能够比男孩更早、更生动、更流利地使用语言，表达自己。

正是由于女孩天生具有这种天赋，所以父母更应及早培养女儿的表演能力。

一般情况下，女孩3岁时基本上就能做到清晰表达自己的想法。等女孩长到16岁，她联系着大脑左右半球的神经纤维——胼胝体比男孩大25%，这使她的左右脑半球交流更多，更容易用语言表达情感。甚至女孩大脑内负责语言和写作的区域也更活跃，所以女孩能使用更多的词汇，在讲述的时候能够有声有色。

如果女孩比较自卑但却对表演、主持比较感兴趣，家长也可以给她讲一些名人成功的故事来激励她。

“孩子是船，家教是帆，家庭是孩子成功的港湾。”家庭既是孩子的第一课堂，也是终身课堂；家长是孩子的第一任教师，也是终身教师。想成为一名优秀的家长，首先要了解孩子在各年龄段的生理和心理特征，特别是个性特征，学会尊重孩子，选择有效的教育方式、方法，高瞻远瞩，不断激发孩子成功的动力；除此之外，家长还要努力创建和谐的家庭氛围，让孩子幸福愉快地成长。歌德父母的做法就很值得倡导。

歌德是德国最伟大的诗人，是德国乃至整个欧洲著名的作家，还是一位多才多艺、知识广博的艺术家和科学家，备受世人的尊敬。他8岁能阅读德、法、英、意大利、拉丁、希腊等多种文字的书籍，14 岁开始写剧本，25 岁用了 4 个星期完成了风靡全球的小说《少年维特之烦恼》。人们称歌德为天才。这个天才的出身很普通，不过他有一对不一样的父母。

1749 年 8 月 28 日，歌德出生于莱茵河畔的法兰克福。父亲曾获法学博士学位，当过地方官。歌德小时候常和父亲去林中散步，背诵大自然的诗歌，认识动植物；稍大一些之后，父亲带他到各地旅游，走到哪里，父亲都能介绍出当地的历史、风土人情。

歌德家常有宴会，当然都是为孩子们举办的。这时歌德被允许站在椅子上，面对观众做演讲。他从结结巴巴、词不达意，慢慢变得口齿伶俐、声情并茂起来。

歌德的母亲是当地市长的女儿，她爱好文学，喜欢给孩子讲故事。有时到了关键处，妈妈故意停下来，要歌德设想接下来发生的事。母亲请人在家中演木偶戏，看完之后，歌德就和其他孩子兴致勃勃地排演这个剧目，他们背诵台词，准备道具，慢慢发展到自己写剧本，扮演角色。

在歌德晚年的回忆录中，他曾经这样写道：“这种儿童的玩意儿和劳作从多方面训练和促进了我的创造力、表现力、想象力以及一种技巧，而且是在那样短的时间，那样狭小的地方，花那样小的代价，恐怕没有别的途径能够有这样的成就了。”他一直非常赞成并感激父母的教育方式，因为正是由于父母亲人的陪伴和启蒙，才得以将他的潜能充分地开发，才为他日后的成就铺就了道路。

当您发现女孩有一定的语言天赋或表演天赋时，不妨参照歌德父母的做法，对女儿加以正确引导，使其才能得以充分发挥。

好人缘不是别人给的，而是自己挣来的。成长中的女孩，要能够敞开心灵的门扉，将小我的世界融入大我的世界。学会与人交往，懂得人情世故。拥有好人缘，女孩的世界才会结满友谊的花朵。

培养完美女孩使用书

加油，女孩！
你是最棒的

好人缘
让女孩会交往

贺西蒙　主编

金城出版社
GOLD WALL PRESS
北京 · 2021

图书在版编目（CIP）数据

加油，女孩！你是最棒的．好人缘让女孩会交往 ／ 贺西蒙主编．—北京 ：金城出版社有限公司，2021.1

ISBN 978-7-5155-2057-5

Ⅰ．①加… Ⅱ．①贺… Ⅲ．①女性－人际关系－青少年读物 Ⅳ．① G78-49

中国版本图书馆 CIP 数据核字（2020）第 180605 号

加油，女孩！你是最棒的．好人缘让女孩会交往

主　　编　贺西蒙
责任编辑　李凯丽
文字编辑　张亚明
责任校对　李　涛
开　　本　710毫米×1020毫米　1/16
印　　张　60
字　　数　539千字
版　　次　2021年1月第1版
印　　次　2021年1月第1次印刷
印　　刷　三河市万龙印装有限公司
书　　号　ISBN 978-7-5155-2057-5
定　　价　220.00元（全五卷）

出版发行　**金城出版社有限公司**　北京市朝阳区利泽东二路3号　邮编：100102
发 行 部　(010) 84254364
编 辑 部　(010) 84250838
总 编 室　(010) 64228516
网　　址　http://www.jccb.com.cn
电子邮箱　jinchengchuban@163.com
法律顾问　北京市安理律师事务所　(电话)18911105819

目录

第一章

美丽大方的形象——让女孩博得更多目光

美丽形象是女孩的资本

古代哲人伊本·穆格法曾说：“良好的形象是美丽生活的代言人，是我们走向更高阶梯的扶手，是进入爱的神圣殿堂的敲门砖。”

同是女孩，有的女孩富有魅力，人见人爱，而有的女孩却哀叹自己满腹才学，却无人赏识；有的女孩能够展现真我，活出精彩，也有的女孩却怨苍天无眼，命运不济。为什么同样的人生，却有着不同的境遇、不同的结果呢？

生活经验告诉我们，虽然每个女孩都想追求完美的人生，但很少有女孩会真正去注意自己在生活中、社会交往中的形象。一个注意自身形象并自觉保持好形象的女孩，总能在人群中得到信任，总能在逆境中得到帮助，也必定能在人生的旅途中不断找到发挥才干的机会，最终做到时刻用自己的风采魅力影响别人，活出自我真正精彩的人生。

所以说，好形象是女孩一生的资本，充分利用它不仅能给你的日常生活添色加彩，更有助于提升你的个人魅力及影响力。

女孩的形象，无论好坏，也都是充满着独特影响力的。因此，形象是女孩向世界展示自我的窗口，向社会宣传自我的广告，向别人介绍自我的名片。别人从女孩的形象中获取印象，而这个印象又影响着他们对女孩的态度和行为。同时，每个人都在这个最基本的互动过程中追逐着自己人生的梦想，实现着生命的价值。

有人曾说：“形象是女人的招牌，坏形象会毁了女人一生，而好形象令女人的魅力迅速提升。”很多追求成功的女孩只注重培养能力，而忽略了对自身形象的塑造，结果必定会影响自己的发展。如果她们能静下心来，认真地打造起自己的好形象，那就好比是给自己的人生打造了一块金字招牌，能够让女孩在风高浪险的生命历程中从容地经营人生，从容地成就人生。

树立外表形象

在日常生活中，女孩们可能常常听到这样的劝告：不要以貌取人。但是经验告诉我们，人是很难做到不以貌取人的。从人的审美眼光出发，爱美之心人皆有之，人们对美的认识，很多时候是从第一印象中产生的，而人的仪表恰好承载了这一“特殊”的任务。

美国的心理学者雷诺·毕克曼做过以下有趣的实验：

在纽约机场和中央火车站的电话亭里，在任何人都可以看到的地方放了10美分，等到一有人进入电话亭，约两分钟后敲门说：“对不起，我在这里放了10美分，不知道你有没有看到？”结果退还硬币的比率，询问者服装整齐时占77%，而询问者衣服较寒酸时则占38%。

电话亭里的人在被服装整齐的人询问时，会察觉此人可能跟自己说了很重要的话；而面对衣着寒酸的人，因为在不想接触的念头下，不想去理会对方的问题，所以根本没有听清楚他说的话，就开口回答“不”，企图赶走对方。

可见，良好的仪表犹如一支美丽的乐曲，它不仅能够给自身提供自信，也能给别人带来审美的愉悦，既符合自己的心意，又能左右他人的感觉，使你办起事来信心十足，一路绿灯。

小孙口才绝佳，对公司产品的介绍也得体，人既朴实又勤快，在业务人员中学历又最高，经理对他抱有很大期望。可做销售代表半年多了，他的业绩总上不去。

问题出在哪儿呢？

原来，他是个不修边幅的人，衣服老是松垮、不协调，双手拇指和食指喜欢留着长指甲，里面经常藏着很多“东西”。脖子上的白衣领经常是酱黑色，有时候手上还记着电话号码。他喜欢吃大饼卷大葱，吃完后，不知道去除异味的必要性。在大多情况下，根本没有机会见到想见的客户。

在竞争日益激烈的今天，仪容对一个人的作用是万万不能忽视的。形象创造价值、形象决定命运的说法绝不是夸大其词。

一个人的外貌对于他本身有影响，穿着得体就会给人以良好的印象，它等于在告诉大家：“这是一个重要的人物，聪明、成功、可靠。大家可以尊敬、仰慕、信赖他。他自重，我们也尊重他。”

如果能找对自己的长处，切合自己的特点，改造自身的形象，那每个女孩都会散发出与众不同的迷人光彩，使自己成为一块名牌！

每一天，都有一些人在对别人品头论足，那么他们是凭什么说人家的呢？是凭借别人的言行举止留给他的印象。这就证明，一般来说，个人的黄金形象是可以细化成为一些具体的方面。一般来说，个人形象是由以下几个因素构成的：个人的外在表现；个人的实质性内涵；人格的可信度。

如果人以100分作为个人形象满分的话，那上述3个方面将各占1/3。但是如果这3项中有一项特别薄弱的话，那其他方面的分数也会受影响。

眼光敏锐的人能够从路过身边的人中指出哪些是成功者。因为成功者走路的姿势、一举一动都会流露出十分自信的样子。从他的气度上，就可以看出他是一个自立自主、有自信和决心完成任何工作的人。一个人的自主、自信和决心是他万无一失的成功资本。同样，眼光敏锐的人也能随时随地看出谁是失败者。从走路的姿势和气质上，可以看出他缺乏自信心和决断力；从他的衣着和气势上可以看出他不学无术；而且他的一举一动也显露出他怯懦怕事、拖拖拉拉的性格。

历史上，杰出人士大都是那种具有人格魅力的人，而他们的人格魅力之所以能够得到众人的认可，一个很重要的原因就是，他们能够尽量地自我展现，能够给别人了解自己的道德品格、思想情感、性格气质、学识教养、处世态度等的机会。

杰出人士大都有着一套属于自己的展现个人形象的方法：

1. 仪表整洁，衣着得体。

现代社会中，杰出人士们坚持这样一个人际吸引的原则：一个人风度翩翩，俊逸潇洒，能产生使人乐于与之交往的魅力。

2. 精神饱满，神情自然。

他们在社会交往中始终保持旺盛的精力、饱满的热情、大方自然的神情。与人交往，神采奕奕，精力充沛，显得富有自信，这样就能激发对方的交往热情，活跃交往气氛。

3. 谈吐幽默，言语高雅。

谈吐能直接反映出一个人是博学多识还是孤陋寡闻，是接受过良好教育还是浅薄无知。

4. 举止大方。

杰出人士大都具备朴素大方、温文尔雅的行为习惯，举止稳重，文明得体，坐、立、行的姿态正确雅观，能表现出自己良好的教养，给人留下成熟、值得信赖之感。

女孩是否也想跻身杰出者的行列？那么从现在开始，打造你迷人的外在形象吧！

学会展示自己

在日常的生活中，有些女孩并不愿展示最棒的自己，认为展示才华是一种炫耀，是虚荣的表现。实际上，这种想法是大可不必有的。人生是一个大舞台，每个人都是舞者，将最精彩最优美的舞姿奉献给观众，一定会博得热烈的掌声和美丽的鲜花。

在有一年的春节联欢晚会上，全国亿万观众同时被一个节目深深地感动了。这是个群舞，叫作“千手观音”。表演者动作分配有序，节奏感很强。全场演出，观众只看到了一张生动美丽的面孔，而其他演员只扮作“千手”的角色，让观众看到了她们的手臂。

这场演出是精彩的，是成功的。而更加令人感到震惊和感动的是：这个舞蹈的所有演员全部是聋哑人。她们听不到一点声音，也无法利用有声语言进行交流，她们在表演时对音乐节奏的把握完全取决于舞台旁几位聋哑老师手语的指导和平时的训练。

舞台上，这些舞者是光彩照人的，她们的每一个动作都精确到位，优美异常，让观众切切实实地感受到了“千手观音”般的神圣。舞者们在舞台上将自己最美的一面展示给了观众，她们赢得的不只是鲜花和掌声，还有观众们的喜爱和尊敬。

展示并不等同于炫耀，同样，炫耀也不是完美的展示。每个人都有表现自己才华的权利，而且应该鼓励这种展示。但是，如果拿自己的才华作为炫耀的资本，这种行为是大大不可取的。

某位影视明星上大学时的一段经历，会对女孩有所启示：

他在北京电影学院学习表演专业，学习认真，成绩优异。刚刚大三就已经上演了几部电影，并在其中一部担当主演。导演很看好他，老师很欣赏他，同学也很羡慕他。他渐渐地感觉飘飘然了。逢人便谈自己演的电影，自己塑造的角色，连课堂发言也如此。老师让分析角色，他说着说着便又扯到了自己的电影上，一来二去，同学觉得没有新意，颇有不满之词。

“是老师的一番话让我开了窍，”他说，“那天我又不自觉地谈到了我原来参与的电影，这时，我们的教授抬手示意我先停一下，老师在讲台上踱着步子，向左走五步回来，再向右走五步，再回来，反复几次之后，停在了他原来站的那个位置上，对大家（可我感觉到目光是直视我的）说：‘你们都是优秀的。也许今天你们为能在北影读书感到骄傲，可北影总有一天会为你们感到自豪。这，需要你们经历过无数次的锻炼与打磨。如果你们只满足于自己目前的状态，为现有的一点点小成绩而沾沾自喜，那么只能像我刚才在讲台上踱步一样，最终回到原点，没有突破。’老师的话只有几句，只讲了不足一分钟，却在我耳边回荡了近30年，直到现在。”

他说老师的这段话造就了他今天的成绩。他从此明白了，作为演员，就要大胆地去展示，尝试塑造各种不同的人物造型，但这只能是在银屏上，退下银屏，就要有所收敛，昨日再辉煌的成就也不足以成为今日炫耀的资本。

女孩们，在需要展示你的才华时，就充分地去展示，做到热情洋溢、落落大方；在不适宜展示自己时，就要做到韬光养晦，含而不露。如此收放自如，既展示了自己的风采，又有效地保护了自己，这是你应该学会的。

擦亮气质招牌

女孩的美丽，已经被人们无数次讴歌和赞美，文人骚客为此差不多穷尽了天下的华章。其实，在美丽面前，诗歌、辞章、音乐都是无力的。无论多么优秀的诗人和歌者，最后都会发出奈美若何的叹息！

美丽的女孩人见人爱，但真正令人心仪的永恒美丽，往往是具有磁石般魅力的女孩。那么，什么样的女孩才具有魅力呢？三个字：气质美。

气质是女孩征服世界的利器，就如同一座山上有了水就立刻显现出灵气一样。一个女孩只要插上了气质的翅膀，就会立刻神采飞扬、明眸顾盼、楚楚动人起来。

著名化妆品牌羽西的创始人靳羽西说过："气质与修养不是名人的专利，它是属于每一个人的。气质与修养也不是和金钱权势联系在一起，无论你是何种职业、任何年龄，哪怕你是这个社会中最普通的一员，你也可以有你独特的气质与修养。"

那么，现代的女性应具备哪些气质呢？

1. 人格之美

女性气质的魅力是从人格深层散发出来的美，自尊、自爱、端庄、贤淑、善解人意、富于同情心等都是美好的人格特征。相反，轻浮、自私、叽叽喳喳和鼠肚鸡肠的女人，即使容貌长得再漂亮、惹人喜爱也只是过眼云烟。

2. 温柔的力量

说到温柔，人们自然会想到圣母的画像，想起在极其柔和的背景中圣母玛利亚温柔而圣洁的微笑。这微笑向人们展示了她的善良、无邪、温柔和博爱，她巨大的艺术魅力亘古不衰。

3. 腹有诗书气自华

读书和思考可以增加一个人的魅力。知识和修养可以令人耳聪目明，也会给一个女孩增添不凡的气质。学识和智慧是气质美的一根支柱，有了这根支柱，完全可以弥补容貌上的欠缺。

4. 可贵的坚韧

柔的温情并不是主张女孩子一味地顺从、依赖、撒娇，女性也要有个性、有主见、有行为的自由。这种独立性是一种情感中的柔韧和追求中的坚定，是一种意志上的自持和克制力，是一种既不流于世俗又深深地蕴含着理性的行为。那些见异思迁、毫无主张、遇到挫折便哭哭啼啼的女孩，即使长得再漂亮也不会有人喜欢的。相反，对美的事物毫不动摇，坚持不懈追求的精神，完全可以使丑姑娘变得美丽。

气质是一种灵性，一个女孩如果只靠化妆品来维持，生命必定是苍白的。只有有气质的女孩才能表现出美丽的内涵。

气质是一种智慧，一点点地雕琢着一个人，塑造着一个人，一个不经意的动作，就能吸引所有人的目光。

气质是一种个性，蕴藏在差异之中，只有不断创新，才能拥有与众不同的韵味，成为一个让人一见难忘的人。

气质是一种修养，在城市流动的喧嚣中，洗练一种超凡脱俗的“宁”与“静”，面对人间沧桑，才会嫣然一笑。

对女孩而言，气质是一种永恒的诱惑，因为气质不仅仅靠外貌就能获得，还要拥有丰富的智慧与常识，拥有傲人的气度与素质。

在生活水平日益提高的今天，用来美化包装女孩的手段可谓层出不穷。皮肤不白可以增白，五官不正可以再造，脂肪过剩可以吸除，形体不美可以训练，但至今还没听到有“女孩气质速成”之类的技术面世。

事实上，女孩的气质首先是先天的或者说是与生俱来的，其次，后天长期的潜心修养也很重要。而刻意模仿、临时突击则是难以从根本上改变气质的，弄不好“画虎不成反类犬”，成为效颦的东施，反为不美。

真正高贵脱俗、优雅绝伦的气质，需要的是全方位的修养和岁月的沉淀。像一抹梦中的花影，像一缕生命的暗香，渗透进女孩的骨髓与生命之中，让她们能够在面对岁月的无情流逝时，仍然能够拥有一份灵秀和聪慧，一份从容和淡泊……

每天保持微笑

微笑无声，却传达着“我喜欢你”“我表示欣赏、赞同”“你很受欢迎”等丰富的含义。

微笑，是为人处世中最有价值、最富有吸引力的面部表情。

生活中，微笑的威力巨大。

微笑能给对方良好的第一印象；微笑可以表示对他人的尊重和友好；微笑能打破僵局，解除人的心理戒备；微笑能表示对他人赞许、理解、谅解等态度。

一天，美国酒店大王希尔顿在新酒店营业员工大会上问大家：“现在我们酒店新添了第一流的设备，你们觉得还应该配上哪些第一流的东西，才能使顾客更喜欢希尔顿酒店呢？”员工们纷纷提出自己的意见，但希尔顿并不满意，他说：“你们想想，如果酒店只有第一流的设备，而没有一流服务员的微笑，顾客会认为我们提供了他们最喜欢的全部东西吗？如果缺少服务员美好的微笑，能使我们的上帝有回家的感觉吗？”

稍停片刻，希尔顿又接着说：“我宁愿走进一家设施简陋而到处充满服务员微笑的酒店，也不愿去一家装饰富丽堂皇但不见微笑的酒店。”

正是这微笑，让希尔顿酒店赢得了不少顾客，给希尔顿带来了信誉和成功。的确，微笑是人际沟通的通行证。微笑能给人以温暖，令人愉悦和舒畅。

有人把微笑称为一种有效的“交际世界语”，这是十分恰当的。正如礼仪学家罗杰·E. 艾克斯泰尔所指出的那样：“有一个世界通用的动作，一种表示，一种交流形式，它存在于所有的文化与国家中，人们不分国别、不分种族地使用它，并理解它的含义。它可以帮助你与各种关系的人交往，不论是业务伙伴，还是朋友，它是人们交流中唯一最有用的形式。那就是微笑。”

与人初次见面，面露微笑，就好像具有一种磁力，使人顿生好感；见到老朋友，点头微笑，打个招呼，会使人感到你不忘旧情，是个重礼仪的人；服务人员自然地面露微笑，则会给人一种宾至如归的感觉。一家百货公司的经理曾说过，在录用女店员时，小学未毕业却能经常微笑的女子，比大学毕业而满脸冰霜的女子机会大得多。

女孩在微笑时，要发自内心、发自肺腑，无任何做作之态，防止虚伪地笑。只有笑得真诚，才显得亲切自然，与你交往的人才能感到轻松愉快。切不可“皮笑肉不笑”或笑过了头，给人傻乎乎之感。

微笑的基本做法是不发声、不露齿，肌肉放松，嘴角两端向上略微提起，面含笑意，使人如沐春风。

微笑可进行技术性训练。因为人们微笑之时，嘴角两端向上翘起。练习时，双颊肌肉向上抬，口里可念着普通话的“一”字音。训练眼睛的“笑容”时，取厚纸一张，遮住眼睛下边部位，对着镜子，回忆过去的美好生活，使笑肌提升收缩，嘴巴两端做出微笑的口型，随后放松面部肌肉，眼睛随之恢复原形。

还可以在多人中间讲一段话，讲话时注意自己的笑容，并请同伴们给予评议，帮助矫正。

掌握礼仪

古人说：“无礼不能立。”中国是一个历史悠久的礼仪之邦，讲究文明是人们的处世之本。礼貌待人，反映着一个人的精神面貌和文化素质，是心灵美、语言美和行为美的和谐统一。

而今天，我们经常见到或听到一些女孩缺少文明礼貌的行为：脏话连篇、随地吐痰、在一些公共场合旁若无人地大声喧哗、随手乱扔废弃物、买东西交款不排队、上公共汽车乱挤等。人们瞧见了会说：“这孩子缺家教。”

有时，一个小小的不文明的举止，会让人陷入不利境地。

有个年轻人骑车赶路，到了黄昏还没有找到住处，心里很着急。忽然，他看见远处一位老农，便高声喊："老头子，这儿离旅店还有多远？"老人回答："五里！"年轻人赶了十多里路，仍不见人烟。他自言自语道：老头子骗人，五里！什么五里？他猛然醒悟过来，这"五里"不是"无礼"的谐音吗？问路不讲礼貌，怎么能得到正确答复呢？于是，他掉转车头往回赶，见那位老农还在那里，他急忙下车，恭敬地叫了一声："老大爷！"老农说："你已经错过了路头，如不嫌弃，可到我家一住。"年轻人问路称呼老人不用敬语，说话、待人粗鲁，其结果是"不施一礼，多跑十里"。

女孩说话运用敬语和谦语，可以与人增进友谊，使人乐于合作、乐于提供帮助和方便，让人觉得你有修养。

当然在平时，即使你是率直、不拘小节的人，对别人说话时也应尽量注意礼貌及谦和的态度，如此经常不忘以诚恳的口吻说"请""谢谢""对不起""您好""麻烦您""抱歉""请原谅"等谦让语，必定使你待人处世更加顺利成功。

在公共场合，女孩需留心自己的言行举止，不可等闲视之。

一天，妈妈带小丽去参加老同学聚会。用餐时，大人们推杯换盏尽情地聊着，小丽伸着筷子，看哪盘菜好吃就一个劲儿地挑着吃，一副不管不顾的样子。有人开了个玩笑说："这小丫头真精啊！"妈妈听了简直无地自容。是呀，在家里吃饭这不算什么事，奶奶每次做了好菜都紧着小丽吃。像三鲜虾仁这道菜，小丽就专挑虾仁吃，奶奶还帮着她挑，直到把盘子里的虾仁挑得一个不剩，留下一堆黄瓜片，她才住手。现在虽说到了外边，可习惯已经成自然了，这丢脸的吃相一时哪里改得过来。

女孩除了要吃有吃相、坐有坐相，还应注意以下几种令他人生厌的行为举止：

1. 公开露面前，需把衣裤整理好。尤其是出洗手间时，你的样子最好与进去时保持一样，或更好才行，边走边扣扣子、边拉拉链、擦手甩水都是失礼的。

2. 参加正式活动前，不宜吃带有强烈刺激性气味的食物（如蒜、韭菜、洋葱等），以免因口腔异味而引起交往对象的不悦甚至反感。

3. 在公共场所里，高声谈笑、大呼小叫是一种极不文明的行为，应极力避免。在人群集中的地方特别要求交谈者加倍地低声细语，声音的大小以不引起他人注意为宜。

4. 在众人之中，应力求避免从身体内发出的各种异常的声音。咳嗽、打喷嚏、打哈欠等均应侧身掩面再为之。

5. 公共场合不得用手抓挠身体的任何部位。文雅起见，最好不当众抓耳搔腮、挖耳鼻、揉眼搓泥垢，也不可随意剔牙、修剪指甲、梳理头发。若身体不适非做不可，则应去洗手间完成。

6. 对陌生人不要盯视或评头论足。当他人进行私人谈话时，不可接近之。他人需要自己帮助时，要尽力而为。见别人有不幸之事，不可有嘲笑、起哄之举动。自己的行动妨碍了他人应致歉，得到别人的帮助应立即道谢。

7. 在人来人往的公共场所最好不要吃东西，更不要出于友好而逼着在场的人非尝一尝你吃的东西不可。爱吃零食者，在公共场所为了维护自己的美好形象，一定要有所克制。

8. 在大庭广众之下，不要趴在或坐在桌上，也不要在他人面前躺在沙发里。走路脚步要放轻，不要走得“咚咚”作响，遇到急事时，不要急不择路，慌张奔跑。

9. 感冒或其他传染病患者应避免参加各种公共场所的活动，以免将病毒传染给他人，影响他人的身体健康。

10. 对一切公共活动场所的规则都应无条件地遵守与服从，这是最起码的公德观念。不随地吐痰，不随手乱扔烟头及其他废物。非吐非扔不可，必须等找到污物桶后再行动。

另外，女孩与人谈话时，需做到以下几点：

1. 和别人谈话的时候一定要看着对方的脸。当别人对你说话的时候，一定要专心致志，漫不经心会让人觉得你是有意怠慢。这是一种不可原谅的粗蛮行为，甚至是对他人的一种羞辱，因为别人与你说话，你置之不理，就等于说你对他的话不屑一顾。别人说话的时候，不要总是用“是”“不”或是清咳来干扰对方，这一点往往会造成不好的影响。

2. 用言语或是动作偶尔表达你的赞同就足够了，有时频繁地点头表示赞同也会令人不快。

3. 谈话不可长篇大论，次数不可过于频繁，这样才不会让你周围的人离你而去。

4. 未经别人允许，不要贸然介入别人的活动或是上去帮忙，这也是十分粗鲁的举动，一定要尽量避免。别人的事情他自己必定有自己的解决办法，事后如果你认为他那样做有所不妥，那么你有足够的时间去帮他纠正或是补充。

5. 在别人谈话的时候打断别人也是一种不礼貌的行为。不经过慎重考虑，不要胡乱指责任何人。

总之，对女孩来说，保持良好的文明礼仪，将受益终生，它不仅增添你的形象魅力，更能令你在事业成功的道路上如鱼得水。

优雅谈吐印象好

谈吐能直接反映出一个人是博学多识还是孤陋寡闻，是接受过良好教育还是浅薄无知。而杰出人士往往能够在社交中侃侃而谈，用词高雅恰当，言之有物，对问题见解深刻，反应敏捷，应答自如，能够简洁、准确、鲜明、生动地表达自己的思想与情感，表现出其不同凡响的气质和风度。

作家于伶回忆与鲁迅先生谈话时说："鲁迅先生谈吐深刻、严密、有力而又生动活泼，句句吸引我们。渐渐谈下去，愈来愈强烈地散发出真挚的热情，又有一种严峻的强大的威力，从瘦削的脸上透射出来。"使人听得入迷，产生"听君一席话，胜读十年书"之感。

有人不善言谈是因为怕说错话。说话不当固然会伤人，但是否永远保持"沉默是金"的信条，永远信奉"闭口深藏舌，安身处处牢"，你就可以高枕无忧了呢？答案是否定的。

要做一个成功者，要获得他人和上级的重视和赏识，沉默寡言绝非是成功之道。

成功者要想脱颖而出超越他人，就必须具备高超的说话技巧。苏秦游六国，说服各国国君联合；诸葛亮先是在隆中茅屋里侃侃而谈天下三分之势，说得刘备大为心折，后又舌战群儒，说服吴国国君孙权主战；至于当今的推销员，更是凭着说话的技巧，说动千万个顾客。国外有研究者调查了数千名事业获得成功的人，试图找出他们的共同之处，结果发现，这些人都懂得巧妙地使用言语的方法。

在语言方面，交谈的总要求是：文明、礼貌、准确。语言是组织交谈的载体，交谈者对它应当高度重视，精心斟酌，这是不言而喻的。

女孩在交谈中，一定要使用文明优雅的语言。下述语言，绝对不宜在交谈之中采用。

1. 粗话

有人为了显示自己为人粗犷，出言必粗。把爹妈叫“老头儿”“老太太”，讲这种粗话，是很失身份的。

2. 脏话

讲脏话，即口带脏字，讲起话来骂骂咧咧，出口成“脏”。讲脏话的人，非但不文明，而且自我贬低，十分低级无聊。

3. 黑话

黑话，即流行于黑社会的行话。讲黑话的人，往往自以为见过世面，可以吓唬人，实际上却显得匪气十足，令人反感厌恶，难以与他人进行真正的沟通和交流。

4. 怪话

有些人说起话来，怪里怪气，或讥讽嘲弄，或怨天尤人，或黑白颠倒，或耸人听闻，成心要以自己的谈吐之“怪”而令人刮目相看，一鸣惊人。爱讲怪话的人，难以令人产生好感。

5. 气话

气话，即说话时闹意气，泄私愤，图报复，大发牢骚，指桑骂槐。在交谈中说气话，不仅无助于沟通，而且还容易伤害人、得罪人。

女孩们在交谈中多使用礼貌用语，是博得他人好感与体谅的最为简单易行的做法。

所谓礼貌用语，简称礼貌语，是指约定俗成的表示谦虚恭敬的专门用语。

在社交中，尤其有必要对下述礼貌语经常加以运用，并且多多益善。

1. 您好

“您好”，是一句表示问候的礼貌语。遇到相识者或不相识者，不论是深入交谈，还是打个招呼，都应主动向对方先问一声“您好”。若对方先问候了自己，也要以此来回应。

在有些地方，人们惯以“你吃饭了没有”“最近在忙什么”“身体怎么样”“一向可好”，来打招呼、问候他人，但都没有“您好”简洁通行。

2. 请

“请”，是一句请托礼貌语。在要求他人做某件事情时，居高临下、颐指气使不合适，低声下气、百般乞求也没有必要。在此情况下，多用上一个“请”字，就可以逢山开路、遇水架桥，赢得主动，得到对方的照应。

3. 谢谢

“谢谢”，是一句致谢的礼貌语。每逢获得理解、得到帮助、承蒙关照、接受服务、受到礼遇之时，都应当立即向对方道一声“谢谢”。这样做，既是真诚地感激对方，又是对于对方的一种积极肯定。

4. 对不起

“对不起”，是一句道歉的礼貌语。当打扰、妨碍、影响了别人，或是在人际交往中给他人造成不便，甚至给对方造成某种程度的损失、伤害时，务必要及时向对方说一声“对不起”。这将有助于大事化小、小事化了，并且有助于修复双方关系。

5. 再见

“再见”，是一句道别的礼貌语。在交谈结束、与人作别之际，道上一句“再见”，可以表达惜别之意与恭敬之情。

优雅的谈吐可以在生活中培养，而且有以下几点技巧：

1. 有效的说话态度

说话时应该态度从容，双目注视对方，表示出诚挚的神情。随时注意对方的反应，这是说话有效的关键所在。发现对方很感兴趣的样子，你就继续深入；发现对方怀疑的样子，你就要对你刚才说的话稍加解释，不要只顾往下说；发现对方神情不悦的样子，你就该设法结束或者换一个话题；发现对方要插话或问话的样子，就要停顿让对方发表意见，这才称得上交流。谈话时不管对方反应，只是自己一味滔滔不绝，这样你就是在说给自己听了，这亦是谈话之大忌。

2. 说对方关心的话

人最关心的是与自己有关的事，所以不能只谈自己的主张。一再说“我”，会让对方觉得自己的存在和主张被忽略了，因而在心中形成一道鸿沟，即使你说得再天花乱坠，他也只是漫不经心。对方既然是和你同样的人，当然也有谈论自己的欲望。如果希望表示你的出色，就不要只专注于谈论自己，而要把会话的方向转向对方和对方关心的问题，对方将给予你更高的评价。

3. 不要故作高深

说话不需要矫揉造作，卖弄辞藻。动辄引经据典做高深状，其实言之无物，结果对方早已听得心烦，还是等于白说。说话应以打动对方为最高目标。用质朴自然的话把自己最熟悉的事讲出来，最能打动人心。自己一知半解的问题，最好不要信口开河，“以其昏昏，使人昭昭”是不可能的事。

其实，即使是最生动活泼的会话，其内容也有不少是无意义的赘言。至少在开始的一长段时间内，大家都不会情绪热烈地敞开心扉。如果这时你就抛出一些抽象的理论或高深的哲理，无疑会使对方难以产生共鸣，对方只好关闭刚欲开启的心扉，让你独自在高雅的天空翱翔。

人生并不是在做戏，“无聊的谈话”正是为了在双方心灵之间先拉好吊桥的钢缆。有一句话说得很正确：“不要执意于深奥或好听的话，相反地，要用普通的句子和身边的事物作话题，来建立你的人际关系！”

4. 使人赞同的说话方法

在谈话中提出自己的观点，又使这种事情与对方有连带关系，对方将会欣然赞同你的观点。比如说，“我也是这么想的”“我也有这样的感觉”“看来我在这点上与你相同”“你可能也知道这件事”等。如果你叙述的感觉和经验，使对方觉得与他的感觉经验有相似之处，他当然会赞同你。正如对好恶感的心理分析所得出的类似性原理：有类似的态度、观点的人容易亲近。

如果必须讲出与对方观点相反的话，也应找出一些共同的地方，有了这些双方一致的共同点，你的相反观点也较容易被对方接受。

无论你拥有再高的天赋，受过再高深的教育，穿上再漂亮的衣服，拥有规模再大的财产，如果你不能用优雅的谈吐来表达自己的思想，你的品位并称不上高，你的人生也并不完美。为了在交往中成为受欢迎的人，优雅的谈吐是必不可少的。那么，女孩们从现在就开始培养吧。

打造翩翩风度

人们常说“他真是风度翩翩”“她秀外而慧中”等类似的话，这指的都是一个人的风度。

风度是一个人性格、气质、文化水平、道德修养的外在写真，是人自身所具有的较为稳定的行为习惯的外在表现方式，即一个人在言谈举止中自然表现出的各种独特的语气、语调、手势、动作等。

由于人的性格、气质不同，内在修养不等，行为习惯各异，每个人的风度也就不尽相同。良好的风度是众人所追求的，而它则是以个人良好的文化素养、渊博的学识、精深的思辨能力为内核的。那些胸无点墨、不学无术的人，任凭其仪表怎么美丽，也不可能拥有美好的风度。

良好的风度需要较长时间的培养与修养，要加强自身内在的涵养，使自己心灵美，然后这种内在美才可能转化为良好的风度。

没有人愿意和毫无风度、畏畏缩缩、不自信的人交往。如果不懂怎样和人交往，必将是孤立的。可以说，人际关系的好坏是决定人生成败的重要因素。所以，我们必须注重自身风度，随时随地给别人留下良好印象：说话有尺度，交往讲分寸，办事重策略，行为有节制，别人就很容易接纳你、帮助你、尊重你，满足你的愿望。

生活中，一些人能像磁石吸引铁屑一般，自然而然地吸引他周围的人，做事则得心应手、顺心如意，这是因为他们拥有磁铁般富有吸引力的风度、个性。尽管看起来他们似乎没有那些不怎么成功的人努力，但机遇围绕着他们打转，朋友们称他们为“幸运儿”。如果我们进一步分析，会发现他们有着迷人的风度、个性，这就是他们赢得人心的原因所在。

培养受人欢迎的风度是很必要的，它能使成功的机遇倍增，能够发展人际关系，塑造良好形象。

那么，女孩如何打造自己的翩翩风度呢？

懂得幽默。以轻松的心态处世，人生将充满光明，也会使与你接触的人受到感染。

时常微笑。笑容会使你显得和蔼可亲、平易近人。

注意你的声音。讲话的语调开朗、镇定、平稳的人最受人喜爱。

不要忽略礼貌，常说“请”和“谢谢”。

注意自己的身姿，抬头挺胸，让大家知道你充满自信。

不要吝啬赞美的话，如果你对谁有好感，就该向他说出来。要对别人有兴趣，谁都觉得只关心自己的人很乏味。

与对方的目光相接，表示你沉稳、自信，同时表示你对对方感兴趣。

多读报纸杂志，及时掌握当前的热门话题，能够变得健谈起来。

把自己当主人。因为你觉得害怕，所以才会害羞。但如果你把自己当作主人而非客人，主动招呼、照顾别人，就会使人觉得愉快。

勇于参加讨论，发表意见。通常人们都很佩服那些勇于站出来发表自己看法的人。另外，被认为很有魅力的人一般都很主动、很活跃。

不要动不动就发脾气。常发脾气只能让人对你多加提防。

能相信别人。爱猜疑的人不会给人以温暖和关怀，而温暖和关怀是魅力不可或缺的要素。

要有自己的原则。让人知道你也会生气，也会对某些事看不惯，不是一个“好好先生”。

第二章

高效说话的技巧——让女孩一开口就与众不同

美丽的语言使女孩魅力倍增

会说话的女孩很容易被周围的人接受，即便是她有着一颗不成熟的心灵，但是由于她的话语在出口之前已经经过了一番美丽的修饰，所以别人听起来也会感到悦耳，从而十分愿意与她亲近。

一天夜里，国王梦到自己的牙齿全部都脱落了，他的内心十分不安，害怕有什么不好的事情将要发生，于是就请来了两个懂得解梦的术士前来为他解惑。国王说："昨夜里我梦到自己的牙齿全都掉了，这是怎么回事呢？"

听到国王的问话之后，第一位术士不假思索地回答道："陛下所做的梦跟死亡相关。也就是说，在陛下所有的家人都死去之后，陛下才会死掉。"国王听到术士的答案之后大发雷霆，就派人"赏"了他100大板。

之后国王又问第二个术士，术士考虑了片刻回答道："陛下，您的梦是个吉祥之兆啊！意思是说，您是所有王室成员中最为长寿的一个！"国王听到这个回答之后很是满意，于是便奖赏了第二位术士50两黄金。

两个术士解梦的内容其实都是一个意思，可是第一个术士说完之后挨了板子，第二个术士却得到了很大的奖赏。究其原因，还是因为第一个术士没有第二个术士会表达。美丽的语言能够让女孩魅力倍增，因此，在家庭教育中，父母需要锻炼孩子的语言表达能力，不仅要让她学会表达，而且要善于用美丽的语言把自己的内心世界展现在别人的面前。

平时父母在教女儿如何更好地说话时，首先就要锻炼她的措辞。特别是在说一些别人不容易接受的话语时，更加要用比较委婉的语言表达。父母可以让孩子看一些趣味词汇的书籍，多掌握一些表达的用语。在教导孩子说话注意用词恰当的同时，父母也应该留心自己的说话方式，在批评孩子的时候不能够说伤害她自尊心的话语。

除了用词要恰当之外，女孩子在与人交流的时候，还应该有着流畅的表达能力。有的孩子言语表达能力差，说话总是磕磕巴巴，其实流畅地表达自己的能力是可以培养的。父母可以买一些故事类的书籍给女孩，每天晚上让女孩在看完一个故事之后就合上书，然后重新把这个故事叙述一遍。久而久之，女孩就能够用流畅的语言来表达了。

柔和的语调也是语言表达很重要的一个方面，因为尖刻与强调的语调都会让听的一方感到厌烦。聪明的女孩子在与他人交谈的时候都会时刻注意自己声音的速度与力度，力求保持柔和，让语言像音符一般从口中流淌出来。

说话很容易，可是用美丽的语言表达出来就不那么简单了。这是一种语言能力，需要父母的尽心培养才能够达成的一种美丽。

另外，父母要培养孩子欣赏别人的意识。因为赞扬往往是在欣赏的基础上才会从内心里流露出来的，当你欣赏一个人的时候，你自然地就会用比较优美的语言来表达心中的那份倾慕。

有效交谈很重要

有效交谈是这样一种交谈：通过一定的方式进行当众说话，最后将你想要表达的观点或意见准确地传达给你的听众，进而达到你说话的目的。

这听起来似乎很复杂，其实却很简单。它要求不说“废话”，却能将你的意思表达清楚。

一切说话的艺术都是服务于你说话的目的的。你或许想使你的听众明白你的观点，或许想让他们改变自己的观点转而赞同你，这样你就需要采取一种适当的方法让你的说话发挥作用。比如，“使对方一开始就说‘是’”，我们说这样一种说话策略或艺术是一种有效的说话方式，那是因为这种方式有益于实现有效交谈。

在现实生活中，很多时候，我们由于没有注意到适当的说话方式或其他种种原因，而没有实现有效交谈。比如，一个新手对着一位顾客推销他的汽车，但是到最后都没有使顾客明白这辆汽车到底有哪些优点，以及他为什么要选择这辆汽车，那么我们就说这个新手没有实现有效交谈。需要注意的是，假如顾客意识到了这辆汽车确实很不错，但是由于其他原因而没有买，这种情况下，我们认为这个推销员实现了有效交谈。

凯瑟琳·阿尔弗雷德是一家纺织厂的工程总监。这家工厂以前采用的方法和标准足以应付过去的生产量。但是最近，他们增加了新的项目，加大了生产任务。为此，凯瑟琳设计了一套新的标准，它不仅使员工可以根据纺纱的质量和数量来提高自己的收入，而且使工厂提高了生产量。凯瑟琳在一次会议中向公司的领导层介绍了这套新的标准，并且希望得到采用。她因为相信自己设计的标准更加适合公司的发展，因此指出公司原来的做法是完全错误的，并且为新办法进行了辩护。她满以为自己会得到大家的支持，可结果却是，凯瑟琳的新标准没有得到通过。

凯瑟琳的标准明明比以前的更加先进，领导们也知道这一点，为什么却不让它通过呢？唯一的解释是，凯瑟琳没有实现有效交谈。她忽视了说话的技巧和艺术，没有给领导留面子。

凯瑟琳在上了卡耐基训练班的几堂课之后，开始意识到这一点。她建议再召开一次会议。会上，她请领导们指出问题出在何处，就每一个要点展开了讨论，并请他们拿出解决方案。而她在适当的时候，引导他们依照她的思路来提建议。这么一来，当会议结束的时候，她所要提的方案就差不多出来了。他们也很赞同这个方案。

这个例子说明：实现有效交谈是十分重要的，它在很大程度上（但不是绝对）决定了你能不能达到你的目的。而有效交谈的实现，则需要适当的说话方式。如果你希望自己的讲话能够成功，你就应该注意运用有效的说话方式。

从双方投机的话题谈起

有一天，爱默生和他的儿子想把一头小牛弄进牛棚。爱默生用力拉，儿子用力推，但是小牛就是不肯进去，因为它更加喜欢牛棚外面鲜美的嫩草。一位爱尔兰农妇见到这种情形，就把自己富有母性的指头伸进小牛的嘴里，让它感觉到自己在吮吸母牛的乳头。于是，它一面吮吸，一面跟着农妇进了牛棚。这位农妇不会像爱默生那样写散文，但是她却更加懂得小牛需要什么，因而能够轻易地解决这个难题。

第一次世界大战期间，英国首相劳埃德·乔治也用了这种方法来处理人际关系。那时候，一些战时的要人，像威尔逊、奥兰多、克里孟梭等都已经在人们的心目中褪色了，唯有乔治还能够占据重要的领导地位。

乔治说，如果一定要用一个原因来解释的话，那就是他每次在钓鱼之前，都首先问鱼儿喜欢吃什么。

不错，每个人都有自己的需要。你认为这很幼稚、很荒唐吗？事实上，除了你自己，你不会对任何人、任何事感兴趣。因此，总是和对方谈论你想要的东西，或自己感兴趣的事情，这是极为不明智的。你感兴趣的是你自己的需要，但是如果你想赢得他人的欢心，改善与他人的关系，你就首先要问对方需要什么，看看对方对什么感兴趣。

当然，从对方感兴趣的话题入手，还有一个问题需要解决，那就是，如果你自己对这个问题不感兴趣或者不同意对方的意见怎么办？要知道那样会很容易引起争执。所以，我们在一开始谈话的时候，不但要注意选择的这个话题应是两个人都感兴趣的，而且是双方持有相同意见的。即使你对这个话题并不感兴趣，也至少应该表现出你很感兴趣的样子；假如你对这个问题有不同的看法，你也需要把它藏在心里，不要把它说出来。

从双方投机的话题谈起，这样做会有很好的效果。耶鲁大学已经过世的教授菲尔普在小时候就曾经有过这样的经历。

菲尔普 8 岁的时候，有一天，他到姑妈家串门。晚上，一位中年人也到姑妈家来做客。打完招呼之后，那位先生立即把注意力集中到了他身上。那时候，菲尔普对帆船十分感兴趣，而那位中年人恰好也跟菲尔普有相同的爱好，并且跟他一样，也认为西班牙的帆船是全世界最好的帆船。于是，两个人非常高兴地谈论了许多关于帆船的知识。客人走后，菲尔普依旧十分激动，他兴奋地对姑妈说：“这个人真有趣，居然对帆船有这么大的兴趣。”

但是姑妈说的话却让他大吃一惊。姑妈告诉菲尔普，其实那位客人是个律师，而且他本来对帆船毫无兴趣。

“那么，”菲尔普不解地问道，“他为什么跟我谈了这么多关于帆船的话呢？”

“他是一位绅士，”姑妈说，“是一位很有修养的人。他知道谈论让对方感兴趣的事情并且跟对方取得一致的意见，能够使对方感到愉悦，也能够使自己受到欢迎。”

由此可见，即使你是装着对某一个话题很感兴趣，并且跟对方是一样的意见，这对你的社交也是有很大的帮助的，更不用说你真的如此了。

杜甫洛是一个面包公司的老板，他一直在想办法将自己公司的面包卖给一家大酒店，因为这家酒店不但需求量很大，而且在业内很有影响，可以为他们树立一个很好的口碑。四年以来，公司的销售代表差不多每个星期都去拜访一次那家酒店的总经理，而且租用酒店的房间，但是这些措施都失败了。杜甫洛决定改变一下策略。

他搜集到了这家酒店总经理的许多资料，他惊奇地发现这位总经理原来是美国酒店业协会的会员，而且因为热衷于该协会的活动，成为该协会的会长。而杜甫洛本来就对酒店业有着十分浓厚的兴趣，并且一度想要加入酒店业协会。

这一次，杜甫洛亲自拜访酒店总经理的时候，就以酒店业协会为话题开始了他们的谈话。果然，这位总经理对这个话题十分感兴趣，兴致盎然地跟杜甫洛谈了半个小时。这场谈话无疑使总经理非常高兴。在杜甫洛离开的时候，总经理邀请他加入酒店业协会，杜甫洛则愉快地接受了他的邀请。

在谈话中，杜甫洛并没有向他提起关于面包的事情。但是，几天之后，酒店的一位分部经理打来电话，要杜甫洛把面包的样品和价格表拿到酒店去。

“我不知道你们对总经理用了什么高招儿，”那位经理说，“不过，你们确实已经成功了。”

在一开始的时候，从双方投机的话题谈起，不仅能够打开话题，而且会使对方消除紧张和戒备心理。如果你能够和对方取得一致的意见，对方就会慢慢地接受你，进而接纳你的意见，增进和你的亲密关系。

而如果你选择的只是你自己感兴趣的事情，或者是一个有可能存在较大分歧的话题，那么，你们的谈话就会变得十分糟糕。

什么场合说什么话

你可能会遇到这样的情形——一个人拍拍你的肩膀，然后说：“请给大家说两句。”而这个时候，你多半正在津津有味地倾听别人精彩的谈话，或者正在考虑明天怎么样向你的顾客推销商品。但是你发现，人们的目光很快地转移到你的身上来了。而你大概还没弄清楚是怎么回事，大家就一致欢迎你讲话了。你可能会觉得比较尴尬，因为你根本没有打算站起来说话。

在这样的时候，最好的办法是：你先随便说上几句无关紧要的话，争取一个喘息的机会；然后开始讲适合这个场合的、与对方关系密切的话题。

因为对方永远只对自己和自己正在做的事情感兴趣，所以，你可以就地取材，从对方或当时的场合抓取你说话的话题。当然，这个话题你必须熟悉。

讲话最根本的两点其实就是“说什么”和“怎么说”。“说什么”就是你说话的内容，针对不同的场合，你的说话主题应该有不同的变化；“怎么说”就是怎么把这些话表达出来，针对不同的场合，你需要采取有针对性的说话技巧。交际场合经常会出现这样的一种情况：有的人侃侃而谈、口若悬河；有的人却呆坐半天、一声不响，即使有时候想说话，也会因为找不到合适的话题和方法而无从谈起。

不管是即兴说话，还是准备充分的说话，你都必须设法针对特定的场合。你必须关心的有两点，即当时的人和当时的场合。你可以谈论与对方有关的话题，说说他们是谁、正在做什么，特别是他们为社会和人类做了什么贡献，等等。

而关于场合的问题，确实十分复杂。你可以讲这次聚会的缘由，比如它是周年纪念日，还是表扬大会，或是年度聚会，或者是政治性或商业聚会。由于前来参加聚会的人与聚会主题都有一定的联系，因此，如果你就此发表你的谈话，你当然能够吸引对方的注意力。

最成功的讲话，都是对对方和场合的真实感想，并且做到了因地制宜。尽管这种说话是针对一定的场合的，它们就像昙花一现一样，一般都只在特殊的场合、特殊的时刻展现，但是人们的愉悦却远远不止于此。在你还没有想到之前，他们已经把你当作说话高手了。

你在说话的时候总是会以一定的社会角色——可能是一个医药学专家，也可能是一个律师——出现在人们面前，所以当你出现的时候，人们总是容易把你的社会角色和你联系起来。但是在不同的场合，你的身份可能会有变化。比如，作为医药学专家的你出现在一个朋友的聚会中时，如果没有人提及，你可能并不需要大谈你的医学知识，这时候你的身份只是一个普通的朋友，而不是你的专业角色；但是当你出现在学术座谈会上时，你需要展现的当然应该是你渊博和专业的医药学知识，这时候你的角色已经发生了变化。因此，我们在不同的场合说话时，一定要注意自己的身份。

中国的语言十分有特色。有一次，某地举行修辞学年会。会长在开场的时候这么说："先让我这老猴要一要，然后你们中猴、小猴接着要。我老猴肯定要不过你们中猴、小猴，但是总是要开个头的。"代表们听了都觉得很有意思，都笑着鼓掌，大家的情绪都被带动起来了。会长是与会者中的权威，又年近古稀，他把自己比作老猴，把其他与会者比作中猴、小猴，不但形象地描述出了老、中、青三代学者共聚一堂，而且显得非常幽默。并且，在修辞学的研讨会上，会长故意用这种修辞表示自谦，与主体身份、客观对象以及具体场合都十分协调，因而取得了非常好的效果。但是，假如一个中年学者说"我是中猴，先让我来要一要，然后你们老猴、小猴接着要"，即使他是会长，这么说也很不得体。这会使听的人产生反感，而且把年纪大的学者比作老猴是不尊重他们的表现，因为按照他的身份是不能这样打比方的。所以，我们一定要把握好当时场合下自己的身份是什么，之后再开口说话。

在不同的场合，当我们的角色发生改变的时候，我们需要说不同的话。比如某一天，你先与室友交谈，然后去上课，最后回到家和妈妈交谈，另外你还有可能参加了一次义卖活动。在这一天你的角色转换了许多次，有朋友身份、学生身份、孩子身份、商家身份、慈善者身份等，每一种身份都确定了你应该怎么说话。当然，这些东西你可能了解，只是你没有意识到而已。

我们在不同场合说话，还必须符合当时的语境，也就是说，我们所选择的材料、语言内容、表达方法和说话结构都要切合特定的场合，符合特定的时间、地点和人物等因素。

如果参加一个喜宴，人们会期望我们在仪式中说："这个孩子真漂亮。"但是如果你说："这孩子我可不大喜欢，他长得太奇怪了。"你就会引来无数责备的眼光。在婚礼上，我们应该祝福新婚夫妇幸福、白头偕老，而且不要忘记称赞新娘很漂亮。

如果你在非洲东部的农村，遇到了一个非常熟悉的人却只是简单地说了一声"你好"，你可能会被认为很无礼，而且你也无法跟他们处好关系；你应该停下来，耐心细致地询问对方的家庭、家畜和健康状况。有些地方，在婚礼上对新婚夫妇说希望他们会有很多儿子是适合的；但是在美国，如果你还这么说的话，就会被认为是十分突兀和无礼的。

但是，很多人偏偏做不到这一点。水管工人可能会告诉你，你家的厕所需要一个新的套筒垫圈，而通常不会告诉你这是个什么东西——这会使你很茫然——因为他根本没有意识到他面对的是一个对水管修理一窍不通的人。显然，对他而言，这是一次失败的沟通。他应该告诉你套筒垫圈是什么东西，应该买多大的，最好还告诉你到哪里去买最实惠。

一位在夏威夷悠闲度假的文艺工作者接受了电视节目的采访。女记者这么问他："您这些天感觉好吗？"她本来可能是想问"您是否每天都如此悠闲地享受生活"，殊不知，她问的那句话是在询问别人的身体时才用的。结果，那位文艺工作者也只好平静地回答："是的，托你的福。"

而如果你在董事会上大大咧咧的，像平时对待同事一样，一点儿都不注意说话策略的话，你很有可能会给他人留下不好的印象，从而面临失业的危险。

话要说到点子上

如果一个朋友对你说一件他经历过的事情时这样说："我到一家公司去谈业务。那家公司在 ×× 街的转角，门牌是 ×× 号。×× 路正在修马路。我记得这家公司以前不在这个位置，以前应该是在 ×× 街，也可能不是。我去那家公司遇到了……"

虽然他讲了一大堆话，但是你发现你根本不知道他想要讲什么。后来他终于讲到他在那家公司遇到了一个老同学，你才恍然大悟，明白他要讲的原来是这件事。

其实他不必说那么多话。他为什么不直截了当地把要表达的意思说清楚，却说了那么多不知所云的废话呢？那是因为他没有说到点子上。

你可能也面临过这样的困境：当你费尽九牛二虎之力终于讲完的时候，对方却仍然一片茫然，他根本没有听出来你打算讲什么意思，直到你最后强调了你的观点之后，他才会说："哦，原来你要说的是这个！"

我们都知道这么说话的效果很差，因为你既没有让别人明白你的意思，又没有使你的话具有很强的说服力。原因在哪里？因为你没有说到点子上。

很多人在表达观点时，喜欢在最后才引出自己的结论。这是他们在中学和大学里学到的技巧。这样做导致的结果是，在得出主要观点或者结论的时候，对方早已对你所说的话失去兴趣了，因为他们已经没有足够的耐心了。这也是由于你没有抓住重点。

有人认为，说话说得越长代表说话者的水平越高。这是一种错误的看法。主祷文仅有56个字，如果把它的篇幅加长一点，你认为它还有那么大的感召力吗？

林肯总统在葛底斯堡的讲话也只有226个字，但它却流传至今。在那次典礼上，来自马萨诸塞州的爱德华·伊韦瑞特发表了长达两个小时的演讲，随后林肯却只讲了两分钟，可是你对爱德华·伊韦瑞特这个名字有印象吗？

事实上，无论事情多么复杂、道理多么深奥，都只是那么一点或者几点经过概括和抽象的认识。而这些认识，是精华，是核心，是本质。只要抓住他们，你就能使你的说话言简意赅、简练有力。

当你和别人交谈时，你说了一大段话才把观点表达清楚，或者更糟，你自己都不明白自己在讲什么，尽管对方表现得彬彬有礼，可他们还是会面带倦容。你完全可以说得更加简练些，用尽量少的话表达你的观点，即抓住你说话的重点。

当然，如果你觉得必须用一篇论文才能说清楚你的观点，我并不反对。但是如果事情明明可以用一句话说完，你为什么非得把它说成一篇论文呢？根据我的经验，长篇大论一般都会损害你说话的内容。当你把它写成论文的时候，你必然会用许多与你的意见毫无关系的词语来充斥你的论文，从而使你说过多的废话。

上面的道理听起来似乎很容易，但是人们往往因为各种原因，在实际讲话的时候忘记了这一点。

约翰是美国加利福尼亚的一个富翁。某年他飞往国外，准备在当地寻找合作伙伴投资建厂。三天后，该国某厂的一位经理跟他进行了商业谈判。

这位经理十分能干，通晓市场行情，约翰对他十分满意。他接着对合资企业的前景做了一番令人鼓舞的描绘，令约翰感到十分高兴。正准备签约时，这位经理颇为自豪地说：“我们公司2000多名职员，去年共创利100万美元，实力绝对雄厚……”

约翰一听，心里想：2000多名职员一年才赚这么一点儿钱？这离自己的预期利润相差太多了，而且，这位经理还这么自豪和满意。于是约翰当即终止了合作。

试想一下，如果那位经理不说那句沾沾自喜的话，谈判就一定成功了。正是他不着边际的话暴露了他和公司的弱点，从而使他失去了这笔重要的业务。回想起来，那位经理一定会十分痛心。

我们经常看到，有的人滔滔不绝地谈论，然而词不达意或语无伦次，让人听了生厌；还有些人则喜欢夸大其词。我们在说话的时候，一定要把多余的话去掉，准备一些简单明了的话，一开口就往点子上说，千万不要生拉硬拽，令人不知所云。

别光顾自己说

有很多人有这样的毛病：他们一开始讲话，就以为自己是这个世界的主宰了，从不考虑对方的反应和感受；他们不知道根据对方的感受来调整自己的讲话策略。

许多人在说话时只谈论自己感兴趣的事情，而对方对这些事情却感到无聊之极，他们不知道应该根据对方的兴趣来改变话题。

也有这么一些人，他们在讲话的时候，完全依靠自己的思考方式来表达，就好像是在自言自语一样。为了解决上面的问题，你必须和听众进行沟通，而不是自己说自己的。你可以依照以下的方法来做到这一点：

1. 谈论对方感兴趣的东西

对方之所以会对你的说话感兴趣，是因为你的谈话内容和他们有关系、与他们的兴趣有关系，或者与他们的问题有关系。正是这种与对方相关联的内在联系，才使讲话者能够抓住听话者的注意力，从而保证听和说之间的沟通顺利进行。而这种沟通，正是你说话成功与否的重要评断因素。

注意，我在这里说的不仅是你整个说话的主题，而且包括你说的每一个字句，你必须保证它们是与对方有关的。艾黎克·琼斯顿是美国前商会会长，他时刻注意到要针对说话对象的兴趣讲话。他的每一次演讲都不会让听众觉得他是在念油印出来的一份拷贝文件，而像是特意为他们准备的。演讲者根据听众所关心的事情和兴趣来演讲，听众绝对会更加注意。

如果面对听众时你从不顾及听众心中自认我为中心的天然倾向，你就会发现自己面对的是一群烦躁不安的人。他们会表现出对你的演讲很不耐烦，会不时地看时间，并且渴望离开。为避免这样一种情况，你应该随时注意你所说的是不是听众所感兴趣的。如果不是，就请换点他们感兴趣的东西。

2. 鼓励对方积极参与

你可以用一点小小的技巧，以便让对方紧跟着你的思路前进。如果你在说话的时候能够让对方来协助你展示某个观点，或是把你的观点戏剧化地表达出来，他们的注意力必然会集中到你身上。

这是因为，当对方被你带入“表演”中时，他们就会敏锐地观察所发生的事情。很多说话者意识到了自己和对方之间存在着一堵墙，但是他们不知道，如果能邀请对方共同参与，这堵墙就可以被推翻。

提问也是一种最常用的方法。一些说话高手总是喜欢请对方跟着他重复一句话，或向对方提一个问题。帕西·H·华亭曾经提出了一些如何让听众参与讲话的建议。他建议可以让对方对一些事情进行表决，邀请他们共同参与解决问题。

他把听话者描述为“企业的伙伴”。如果你让对方参与进来，那么你相当于把合伙人的权力送给了他们。

3. 让对方进入场景

如果你确实很想和对方沟通，你就必须了解他们，并且让他们知道这一点。

一位专家给一家废物处理公司的执行董事们做了一次培训。在培训之前，他特意在一辆垃圾车上工作了三天。他一开始就告诉他们，自己已经拖运了三天的垃圾。“他们完全被我吸引住了，”这位专家回忆道，“我的观点很好地被接受了。”显然，这是因为他和对方很好地联系在了一起，因为他了解到了他们的感受。

4. 强调优点

要确保对方清楚他们可以从你的说话中得到需要的东西。因此，你需要在讲话的开始就强调对方所能获得的好处，并且要不断地强调。

一位说话高手会在他讲话的时候，一开始就提出一个对方可能会问自己的问题，然后告诉对方可以从他的讲话中找到答案。这是个非常好的技巧。

5. 让对方也说话

当你在说话的时候，可能对方也有要说的东西。这个时候，你必须给他这样的机会。这么做的最大好处是，如果你想说服一个人，最好的办法莫过于借助于他自己的嘴巴。

说的话要引人入胜

一般而言，人的注意力很不容易集中，除非你的谈话有足够的吸引力。当你以单调低沉的语气在谈论某一话题时，对方容易感到乏味，从而导致注意力不集中。

在一次不甚精彩的演讲中，听众中间有一个人站起来离开了。他的妻子站起来对大家解释说："请原谅我的先生，他有梦游的毛病。"连演讲的人都笑了。

如果你不想在你讲话的时候出现这样的情况，你就必须学会抓住对方的注意力。如果发现对方根本没有注意到你在讲什么，你就必须改变你的话题（当然，是暂时的），或者改变你讲话的方式。

林肯是能够抓住对方注意力的，他非常清楚怎样才能做到这一点。在做律师时，一天，一位老态龙钟的妇人找到他，哭诉自己被欺侮的事。这位老妇是独立战争时一位烈士的遗孀，每月靠抚恤金维持生计。不久前，出纳员居然要她交一笔手续费再领取抚恤金，而这笔手续费差不多相当于抚恤金的一半，这分明就是勒索。

老妇在林肯的帮助下把出纳员告上了法庭，但是被告在法庭上矢口否认他向这位老妇要过手续费的事情。由于这个狡猾的出纳员是口头对老妇进行勒索的，在没有凭据的情况下，形势显然对老妇不利。

轮到林肯发言的时候，无数双眼睛盯着他，想看他有没有办法扭转乾坤。

林肯用自己抑扬顿挫的声音开始了辩护。他首先把听众引入对美国独立战争的回忆。林肯两眼闪着泪光，述说爱国志士是怎么忍饥挨冻地在冰天雪地里战斗，为浇灌“自由之树”而洒尽最后一滴鲜血的。最后，他以巧妙的设问，得出令人怦然心动的结论：

“现在历史已经成为遗迹。1776年的英雄们，早已经长眠于九泉之下。可是他们那衰老而可怜的遗孀还在我们面前，要求替她申诉。不用说，这位老妇人以前也是位美丽的女子，也曾经有过幸福美好的家庭生活。不过，战争和岁月使她失去了这一切。她变得贫穷无依，不得不向享受着革命先烈用鲜血和生命争取来的自由的我们请求援助和保护。试问，我们能熟视无睹吗？”

发言戛然而止。人们被感动了，他们中有的捶胸顿足，扑过去要揍被告；有的眼圈泛红，流下了同情的眼泪；还有的当场解囊相助。在人们的一致要求下，法庭通过了保证烈士遗孀不受勒索的判决。

光是善良，并不一定能使林肯赢得这场官司。但是林肯巧妙地把人们——包括法官——的思维引到有利于他的一面，从而赢得了这场官司。

这就是引人入胜的好处——它能使对方被你的话吸引住，从而被你说服。你必须使自己的讲话引人入胜，这样才能吸引对方。

我要成为“万人迷”

含之的学校里有一位出名的生物老师，所有的同学——即便是再不喜欢学习生物的学生，都喜欢听他讲课，因为这位老师讲课实在是幽默，不知不觉地就在讲课的过程中插段笑话，把同学们逗得哈哈大笑。

记得有一次，这位老师带领大家到山上做校外实习，沿途看到许多不知名的植物，学生好奇地一一发问，老师都详细地回答解说。

一位女同学忍不住停下了脚步，对着老师赞叹地说："老师，您的学问好深广呀，什么植物都知道得那么清楚！"

老师则回头眨了眨眼，笑道："这就是我为什么故意走在你们前头的原因了，只要一看到不认识的植物，我就'先下脚为强'，赶紧踩死它，以免漏底！"学生们听了个个笑得合不拢嘴，这次实习之旅是一趟充满了欢乐的丰富之旅。

含之也曾经慕名前去听这位老师讲课，确实很能够吸引人。含之甚至羡慕他的口才，梦想着如果有一天自己也变得特别会讲笑话，能把所有的人逗得哈哈大笑该有多好啊，那肯定会成为"万人迷"。

说话是人的一种能力，一种本领，一种功夫，也是一门游刃有余的艺术。大凡艺术创作都有其基本原理，说话这门学问也概莫能外。

在人类说话发展史上，话语及其效能是有等级的。文采非凡的人说的话叫雅言，反之叫作白话、粗话。做奴隶被看作是会说话的牲畜，说与不说没什么区别；做奴才被看作是会说话的工具；做帝王被认为是金口玉言，一言九鼎的圣人，写在纸上的话便叫作圣旨，随口骂人的话叫作圣训，说的话叫作圣谕。话本身就有这么多种类，自然而然也就要看对象说话了。

战国时期著名的纵横家鬼谷子曾经经典地总结出与各种各样的人交谈的办法："与智者言依于博，与博者议论依于辩，与辩者言依于要，与贵者言依于势，与富者言依于豪，与贫者言依于利，与卑者言依于谦，与勇者言依于聚，与愚者言依于锐。”“说人主者，必与之言奇，说人臣者，必与之言私。”

上面两句话意思是说，和聪明的人说话，必须见闻广博；与见闻广博的人说话，要有灵活的辨析能力；与地位高的人说话，态度要敬仰；与有钱的人说话，言辞要大大咧咧；与穷人说话，要给予优惠或实利；与地位低下的人说话，要谦逊有礼；与勇敢的人说话，要敢作敢当；与愚笨的人说话，可以锋芒毕露；与领导说话，须用奇特的事打动他；与下属说话，须用切身利益说服他。

俗话说，“看碟下菜，量体裁衣”，见什么人说什么话，这倒不是要求我们“曲意逢迎”“溜须拍马”，而是要灵活机动，具体对象具体对待。

见什么人说什么话，不光要注意对方的身份，还要从心理上进行分析、地域上划分，年龄、性质、职业、性格、文化修养、兴趣爱好等都是我们需要注意的点。

1. 看清对方的身份地位

比如，与领导说话或是探讨工作，就应该尽量用“请教”的语气让领导多指导工作，多讨教办事经验，他会觉得你尊重他，看重他，所以，在工作中，在办事过程中即使你全都懂，也要装出有不明白的地方，然后主动去问领导：“关于这事，我不太了解，应该如何办？”或“这件看来这样做比较好，领导还有什么指教的吗？”

领导一定会很高兴地说：“嗯，就照这样做！”或“这个地方你要修改一下！”或“大体这样就好了！”如此一来，不但会减少错误，还会在领导面前呈现自身的价值，有了他的帮助和支持，后面的事情就好办多了。

2. 看对方的性格和心理状态

性格外向的人善于言谈，乐于交往；性格内向的人多半沉默寡言。同性格开朗的人谈话，你可以侃侃而谈；同性格内向的人谈话，就应注意分寸，小心用词。一次，孔子的学生仲由问：“听到了，就去干吗？”孔子说：“不能。”又一次，另一个学生冉求又问：“听到了，就去干吗？”孔子说：“干吧！”公西华在旁听了疑惑，就问孔子：“两个人的问题相同，而你的回答却相反。我有点儿糊涂，所以来请教。”孔子说：“求也退，故进之；由也兼人，故退之。”意思是说，冉求平时做事好退缩，所以我给他壮胆；仲由好胜，胆大勇为，所以我劝阻他。所以，谈话也要看对方的性格和心理状态。

不同的人在不同的情况下有不同的心态，有时候不会从外部表现上明显地表露出来，这时作为表达者就应当洞察对方的心理，以便进行有效的交流。

言语交流中还经常会有“言者无意，听者有心”的情况，说话不注意洞察对方的心理状态，往往会发生意想不到的问题。《红楼梦》第八十三回写到大观园中一个婆子教训自己的外孙女：“你这不成人的小蹄子！你是个什么东西，来这园子里头混搅！”这话正好被黛玉听到，她误认为婆子在骂她，于是大叫一声道：“这里住不得了！”直气得“两眼反插上去”。婆子的话本来是不让外孙女到大观园中来，但黛玉却不这么想。她那种寄人篱下的特定处境和心态使她产生误会。所以同样一句话，不同的人听来感受是完全不同的。

所以，我们说话一定要看对象，注意对方的心理状态，观察对方的性格特点，尽量避免说话时伤了人。

3. 细节上注意

（1）根据性别的差异。对男性，需要采取较强有力的语言；对女性，则可以温柔一些。

（2）根据年龄的差异。对年轻人，应采用鼓动的语言；对中年人，应讲明利害，供他们斟酌自主选择；对老年人，应以商量的口吻，尽量表示尊重的态度。

（3）根据职业的差异。不论遇到从事何种职业的人，都要运用与对方所掌握的专业知识关联较紧的语言与之交谈，对方与你的互融感就会大大增加。

（4）根据性格的差异。若对方性格豪爽，便可以单刀直入；若对方性格迟缓，则要“慢工出细活”；若对方生性多疑，切忌话语连篇，应该不动声色，使其疑惑自消。

（5）根据文化修养的差异。一般来说，对文化程度低的人所采用的方法应通俗易懂，多使用一些具体的数字和实例；对于文化程度高的人，则可以采取高雅的说理方法。

（6）根据兴趣爱好的差异。凡是有兴趣爱好的人，当你谈起有关他的爱好方面的事情时，对方都会充满热情，同时也会在无形中对你产生好感。

言为心声，说话可以展现一个人独有的魅力，现代社会里，人离不开说话犹如鱼儿离不开水，在说话的领域中，学会见什么人说什么话，你的路也就会顺畅许多。

第三章

会幽默的艺术——让女孩幽默地“笑傲江湖”

从小培养女孩的幽默感

幽默能够减轻人们心中的压力，是人们为了适应生活与环境所进行的情绪宣泄。有幽默感的女孩一般不会有暴躁的脾气，因为幽默中会让女孩变得大度。因此，在家庭教育中，培养女孩的幽默感也是帮助孩子成长的一个重要方面。

林语堂一向坚持用英文写作，他的作品散发着诙谐与幽默的特质，他也因此而被人们称为“幽默大师”。

林语堂在生活中也是个幽默的人，这似乎是与生俱来的。无论做什么事，他都有自己的方式。

除了写作，林语堂还喜欢演讲，而且喜欢用心准备过之后才上台发表演讲。因此，林语堂对于那些即兴的演讲邀请，往往会表示拒绝。不过他拒绝的方式却也不失幽默，让人们很容易接受。

林语堂有一次受邀到一所大学参观，事后校长请他到学校的餐厅与学生们一同吃饭。校长觉得这是同学们难得的与大师交流的好机会，于是就请林语堂说点什么。可是这就把林语堂为难到了，他是最不喜欢临时讲话的。

于是，林语堂就给同学们讲了一个笑话：据说在罗马帝国时期，国王为了迫害人民，经常让人和兽一起搏斗，人最终都会被猛兽残酷地杀死。可是却遇到了一次例外，那一次国王又让一个人与狮子搏斗，可是这个人因为胆子大，根本就不害怕眼前的这头猛兽。他走到狮子的跟前，对狮子讲了一番话，没想到狮子居然走开了。

国王觉得很是蹊跷，于是又让那个人与老虎搏斗，可是结果仍旧一样。国王这个时候就问那个人为什么，只见那人不慌不忙地回答到：“陛下，我就是跟它们说，吃掉我容易得很，可是吃完必须要讲一番话！”

林语堂的这个笑话逗得在座的所有人都哈哈大笑，校长懂得了其中意思而不好再要求什么了。

幽默能够化解一些尴尬的气氛，而且还能够让人的负面情绪在很短的时间里就烟消云散。有幽默感的女孩，她的身边不乏朋友，因为朋友都喜欢听她讲话，并在其中寻找快乐。

那么如何帮助女孩增强幽默感呢？阅读书籍无疑是一个不错的方法，因为读书能够扩大知识面，而知识又能够增加自身的智慧，幽默正是有智慧的体现。仔细观察，我们会发现，生活中极具幽默感的人往往都是聪明的人，有智慧的人。他们经历得多，读的书多，因为见多识广，所以幽默就自然地跟随着他们了。

其次，幽默感的培养还需要女孩懂得关心与体谅别人，因为幽默就是宽容的表现。父母要培养女孩乐观旷达的人生态度，还要培养女孩良好与高尚的情操，对生活与外界始终保持一种良好的心态以及乐观向上的精神。

俄国作家契诃夫说：“不懂得开玩笑的人，是没有希望的人。”只有懂得幽默真正意义的人才能够用幽默来化解生活中的苦难，才能够在忙碌中用淡淡的一笑来缓解自己情绪上的压力。

幽默地“笑傲江湖”

南南的个性大大咧咧，不仅如此，还很会说笑话，有的时候，即便她没有讲笑话给大家听，大家看到她还是想发笑。也许是因为这个原因吧，大家都很喜欢南南。

南南的幽默感是有特点的：首先，南南模仿能力超强。如果和同学一起在电视上看到精彩的片段，南南一定可以给大家再“倒带重来”一遍。如果在学校中遇到比较搞笑的人或事，南南也会利用她的模仿能力再给大家表演一番，甚至到了出神入化的地步。

其次，南南还是有点贫的。她对于不熟的人还可以比较正经对待，不过看到了这些熟悉的朋友，就忍不住想多说几句没用的废话。再有呢，就是南南很大大咧咧，不像一般的女孩那样拘小节，有的时候看上去也很搞笑。她会像绅士一样蹲下来帮助同学修理自行车，总是乐呵呵的样子，谁会不喜欢她呢？

总之，南南的幽默也许是天生的。大家确实喜欢幽默的人，她能给大家的生活带来不少欢乐。

女孩们，如果能成为一个幽默的人，那肯定会为人际交往能力加分不少。

在社会生活中，幽默是无处不在的。幽默是语言的润滑剂，如果你善于灵活运用，必将为你的生活带来无穷的轻松和乐趣。

幽默是人际交往中的磁石，可以将周围的人吸引到你身边来；幽默也是转换器，可以将痛苦转化为欢乐，将烦闷转化为欢畅。每个人都喜欢与机智幽默的人做朋友，而不愿与忧郁沉闷、呆板木讷的人交往。

首先，幽默可以缓解冲突。

人际交往中，磕磕碰碰在所难免，遇到棘手的问题或尴尬的场面，恰当地运用幽默，能产生神奇的效果。

小镇上一家酒馆老板脾气暴躁，听不得半句坏话。一次，一个过路人在此喝酒，刚喝一口，就忍不住叫起来："酒好酸。"老板听后大怒，吩咐伙计操起棍子打人。这时又进来一位顾客，问："老板为什么打人？"老板说："我卖的酒远近闻名，这人偏说我的酒是酸的，你说他该不该打？"这个人说："让我尝尝。"刚尝一口，那人眼睛、眉毛都挤在一起，脱口说道："你还是把他放了，打我两棍子吧。"大家哄堂大笑，一句诙谐的话语平息了一场纠纷。

其次，幽默还可以帮你拥有成功的社交。

在中国素有"巴蜀鬼才"之称的魏明伦到我国台湾进行文化交流时，与闻名海内外的台湾奇才李敖相见。

李敖："欢迎魏先生，我是李敖。"

许博允（音乐家，李魏会面的牵线人）："你们两位都是鬼才，这次会面，真可说是'鬼'撞'鬼'了，哈哈。"

魏明伦："不敢当，不敢当，李敖先生是大巫，我是小巫，今天是小巫见大巫。"

李敖："巫山在四川，魏先生从四川来，大巫自当是魏先生。"

许博允打趣李魏见面是鬼撞鬼，而魏明伦更正说是“小巫见大巫”，这样，魏明伦既回应了许博允的打趣，又表达了自谦，可谓一举两得。而李敖的表现，出言也是相当俏皮，他以魏明伦来自四川的原因，谦称“大巫自当是魏先生”。这么一来，三人会谈的场景仿佛就在眼前，不由得使我们感受到一股春风拂面般的欢畅。而这，自然要归功于三人幽默风趣的谈吐。

语言幽默的人在社交中往往大受欢迎。最能聚集人脉的人常常是颇具幽默的人。我们都喜欢幽默的人，但并不是每个人都会使用幽默。相反，许多人认为幽默是上帝赋予的先天禀赋，后天无法获得。其实，幽默是可以后天获得的。

对生活丧失信心的人不可能再运用幽默的资源，整天垂头丧气的人也无法体会幽默的妙用。因此，能够幽默的人首先应该对生活充满期望和热爱，自信地对己对人，即使身处逆境，也是快乐的。

女孩们要使自己变得幽默，快乐是幽默的源泉，保持快乐，不仅可以带给自己幽默，还可以让别人幽默起来。怎样才能保有“快乐”呢？秘方之一是自娱自乐。这一点每个人都会，但最好不要应付了事。即使心情忧郁时，也找点自己愿意做的事，给情绪添点欢乐的色彩。

幽默是可以学习的，因此为了开发自己的幽默资源，必须先进行“投资”。多读些民间笑话、讽刺小说，多看一些喜剧，多听几段相声，随时随地收集幽默笑话。你可以将幽默、有趣的文章剪贴，并加以分类归档。

周围世界中充满了幽默，你要睁大眼睛去观看，并且竖起耳朵去倾听。幽默来源于两个世界，一个是你真诚的内心世界，一个是生活中周围的客观世界。当你用智慧把两个世界统一起来，并有足够的技巧和创造性的新意去表现你的幽默力量时，你会发现自己置身于趣味的世界中，人际关系也由此顺畅起来。另外，在运用幽默口才时应注意以下几个问题：

要注意场合。在不适当的场合展示所谓的幽默，会造成不良的影响，甚至是严重后果。

美国前总统里根有一次在国会开会前，为了试试麦克风是否好用，张口便说："先生们请注意，5 分钟之后，我将宣布对苏联进行轰炸。"一语既出，众皆哗然。里根在错误的场合、时间里，开了一个极为荒唐的玩笑。为此，苏联政府提出了强烈抗议。

其次要区别对象。就像音乐是给会欣赏音乐的人听的，绘画是给会品味画的人看的一样，找错对象的幽默难免会造成双方的难堪。

与残疾人开玩笑要注意避讳。俗话说："不当着和尚骂秃子，瞎子面前不谈灯。"拿他人的缺陷、不足开玩笑，会伤害对方。

内容要健康，格调应高雅。

态度要友善。冷嘲热讽地开玩笑，别人会产生反感。

和异性、不同辈分的人开玩笑要适当，"荤段子"不可说。

不可板着脸开玩笑。

不要以为捉弄他人也是幽默。别人会误以为你是恶意的而令你祸从口出。

不可总大大咧咧地开玩笑，让人觉得你不够成熟、踏实、庄重。

正如一位名人所说："幽默是生活波涛中的救生圈。"幽默能够营造一种轻松、诙谐的谈话和交往氛围，能让人在紧张的环境中得以放松，能愉悦人的心情，也能够抚平生活中出现的波涛和褶皱。既然幽默有这么多的好处，女孩们何不学着成为一个能带给身边人快乐的幽默大师呢？

借题发挥

借题发挥法，顾名思义，就是借现场的人、事、物甚至对方的语言为题，加以发挥、阐述，诠释出全新的思想来，从而制造幽默。

德国科学家亚历山大·冯·汉波尔特访问美国总统杰弗逊的时候，看见他书房里的一张报纸，上面刊登了对他攻击辱骂的言论。

“为什么让这种诽谤言论在报上发表呢？”汉波尔特拿起那张报纸说道，“这家胆大妄为的报社为什么不查禁？或者对该报的编辑加以罚款？”

“把报纸放进你的口袋里吧，先生，”杰弗逊笑嘻嘻地回答说，“万一有人怀疑我们是否有新闻自由，你可以把这张报纸给人们看看，并且告诉他们你是在什么地方找到它的。”

上例中，杰弗逊接过对方的话题，把它与“新闻自由”联系起来，令人拍案叫绝。

借题发挥常能让人巧妙地达到自己的目的，尤其是在某些场合，它比直言其事更显得委婉曲折。

借题发挥是指巧妙地借助别人的某一话题，引申发挥，出人意料地表达自己的某种思想。在日常生活中，有些场合，有的话不宜直截了当地说，这时巧用借题发挥，会起到意想不到的效果。

借题发挥能让坏事变成好事，让平淡生出幽默。

在现实生活中，由于受传统文化的影响，人们的大脑中存在着许多忌讳观念。如大年三十不能说“死”“亡”“灭”等不吉利的词语，吹灭蜡烛应当说成“止烛”；婚宴上不能说“离”“散”“死”等词语。诸如此种禁忌，在我们的生活中有很多，但有时不自觉地说出或做出了一些有违“大忌”的话或事时，如何应付呢？这就要用到一种“临时发挥，化忌为喜”的幽默术。

所谓“临时发挥，化忌为喜”式幽默术，就是在不自觉地做了或说了一些有违“大忌”的事或话时，或者由于客观的原因而带来一些不愉快、不吉利的事情时，及时地用一些双关语、名诗佳句、谐音字词等化忌为喜，消除尴尬，抹掉人们心头的阴影，使快乐重新回到心头。

大刘应邀参加一位朋友的婚礼，可天公不作美，小雨从早到晚一刻也未停过。等大刘赶到朋友家时，衣服上溅满了星星点点的泥水。当新人双双向他敬酒时，朋友看到他满身泥水，略带歉意地说：“冒雨前来，叫你辛苦了。这都怪我没选好日子。”大刘赶忙接过话茬幽默地说：“老兄此言差矣，自古道：‘久旱逢甘雨，他乡遇故知，洞房花烛夜，金榜题名时’，这人生的四大喜事，让你们小两口一天就赶上了两个，这才叫双喜临门呢。”一句话说得满堂喝彩，大大活跃了当时的气氛。大刘意犹未尽，接着说道：“既然说到了雨，敝人有首打油诗，借此机会赠给两位新人。”接着便吟道：“好雨知时节，当婚乃发生。随风潜入夜，听君亲吻声。”一首歪诗吟罢，逗得新娘面颊绯红，引来满座欢笑。

上例中，大刘机智地临场发挥，使本来不受婚礼欢迎的雨，瞬息之间带上了逗乐喜庆的色彩。

临场发挥是很讲艺术性的，要发挥得招彩而又得体是不容易的。但只要在这方面做个有心人，那么，不久的将来，你的口中也会妙语连珠，幽默诙谐。

活学活用

人的一生，都是在不停地学习。这个学习包括两个方面，第一种是学习文化知识，如学生们每天坐在教室里听老师讲课；另一种则是在实践中学习，学习各种技术技巧。学习的效果也可以分成两种，一种是潜移默化式的，另一种就是立竿见影式的——我们把这一种叫作活学活用。幽默技巧中也有一种方式叫作活学活用式的幽默。

活学活用式的幽默是指在学习别人的做法时，立刻理解并掌握别人的方法，然后将这种方法运用到自己的实践中来，当时学习，马上应用。

一个吝啬的老板叫仆人去买酒，却没有给他钱，仆人问："先生，没有钱怎么买酒？"

老板说："用钱去买酒，这是谁都能办到的，如果不花钱买酒，那才是有能耐的人。"

一会儿，仆人提着空瓶回来了。老板十分恼火，责骂道："你让我喝什么？"

仆人不慌不忙地回答："从有酒的瓶里喝到酒，这是谁都能办到的。如果能从空瓶里喝到酒，那才是真正有能耐的人。"

不花钱买酒与空瓶里喝酒一类比，其内在就出现了针锋相对的矛盾，谐趣顿生。仆人“现炒现卖”的学习灵性，表现出了他非凡的智慧。

球王贝利向足球爱好者们赠送过各式各样的礼物，像明信片、手帕、袜子、护腿、球鞋、球衣等，甚至有几次他被球迷团团围住，不得不剪下头发相赠。

在一次比赛之后，有个足球俱乐部的老板挤到贝利跟前，竟然向贝利要“几滴血”，他央求贝利道：“请给我几滴血吧，我要把您的血输到我的球队的中锋身上，这样会大大增强他们比赛的意志。”

贝利风趣地答道：“先生您能不能送我几滴血呢？那样就能大大增加我的财气啦！”

输贝利的血能增强比赛的意志，那么输老板的血自然也就应该能增加财气啦！只要前者能够成立，那么后者也应该能够成立！看来贝利不仅是球王，而且还很有“学以致用”的幽默精神。

活学活用式的幽默同别的幽默技巧，如以谬还谬，仿造仿拟式的幽默有共通相似的地方，也有不同的地方。活学活用式的幽默关键的地方是要尽快学习掌握对方的方式方法，深刻地理解对方的意图。然后就是马上学以致用，将学到的方式方法尽快投入使用。在这一使用过程中，要注意应巧妙地置换条件，否则按照正常的方式去理解，则没有幽默可讲了。幽默的力量只有突破常规才能显示出来。

拿自己开开玩笑

如果你有风趣的思想，轻松地面对自己，你便会发现自己可以原原本本地接受自己的身高、体重或其他身体特征；你也会发现幽默能帮你以新的眼光去看你对经济的忧虑。也许你无法得到真诚的爱，但是你能使你的人际关系充满温暖和谐——与人分享欢乐，甚至和仅仅有一面之缘的人也会有很好的关系。

自嘲是自己对自己幽默，是消除自己在沟通中胆怯的良方。

自嘲是运用戏谑的语言，向别人暴露自身的缺点、缺陷与不幸，说的俗一些，就是把脸上的灰指给对方看。

俗话说得好："醉翁之意不在酒。"自嘲同样是这个道理，有着独到的表达功能以及实用价值。

长篇小说《围城》重版，《谈艺录》与《管锥编》问世以后，钱锺书的名声日盛，求访者愈来愈多，钱锺书有不愿意接受访问的脾气。有一天，有一个英国女士打电话给他，要求拜访，钱锺书在电话里说：

"如果你吃了一个鸡蛋感觉很好，又何必认识那只下蛋的母鸡呢？"

在这里，钱锺书自比"母鸡"，虽然是有意贬低自己，但却是在说英国女士没有必要来拜访他。

正如人们喜欢谈论一些关于别人的笑话一样，在适当的时候，也要拿自己开开玩笑，要善于自嘲。

美国著名的律师乔特是最善于讲关于自己笑话的人。有一次，哥伦比亚大学的校长蒲特勒在请他做演讲时，曾极力称赞他，说他是“我们的第一国民”。

这实在是一个卖弄自己的绝好机会。他可以自傲地站起来，一副得意洋洋的神气，仿佛是要对听众说：“你们看，第一国民要对你们演讲了。”

但是聪明的乔特并没有如此。他似乎对这种称赞充耳不闻，却转而调侃自己的“无知”。这种自嘲很快博得了听众的好感。

他说：“你们的校长刚才偶然说了一个词，我有点听不太懂。他说什么‘第一国民’，我想他一定是指莎士比亚戏剧里的什么国民。我想，你们的校长一定是个莎士比亚专家，研究莎士比亚很有心得，当时他一定是想到莎士比亚了。诸位都知道，在莎氏的许多戏剧中，‘国民’不过是舞台的装饰品，如第一国民、第二国民、第三国民，等等。每个国民都很少说话，就是说那一点点话，也说得不太好。他们彼此都差不多，就是把各个国民的号码彼此调换，别人也根本看不出有什么分别的。”

这实在是一种非常聪明的方法，它使自己与听众居于同等的地位，拉近了自己与听众的距离。他不想停留在蒲特勒所抬举的那种高高在上的地位上。如果他换一种说法，用庄重一点的言辞，比如，“你们校长称我为第一国民，他的意思不过是说我是舞台上的一个无用的装饰品而已。”虽然表达的意思是一样的，但是绝对不能把那种礼节性的赞词变为一种轻松的笑话，也绝对不会取得那样的效果。

无论是在一帮很好的朋友中，还是在一大群听众中，能够想出一些关于自己的笑话，能够适当地自嘲，是赢得别人尊敬与理解的重要方法，远远要比开别人玩笑重要得多。拿自己开开玩笑，可以使我们对世事抱有一种健全的态度，因为如果我们能与别人平等地相待，就可以为自己赢得不少的朋友。相反，如果我们为显示自己是怎样的聪明，而拿别人开玩笑，牺牲别人来抬高自己，那我们一生一世也难以交到一个朋友，更不用说距离成功有多遥远了。

成功的人士从不试图掩饰自己的弱点，相反，有时他们会拿自己的弱点开开玩笑。而现实生活中，我们却经常可以遇到一些专喜欢遮掩自己弱点的人，他们也许脸上有些缺陷，也许所受教育太少，也许举止粗鲁，他们总要想出方法来掩饰，不让别人知道。但他们这样做，却于无形中背弃了诚恳的态度，毫无疑问，与之交往的朋友会对他们形成一种不诚恳的印象，从而不敢再与之交往。

世界上最不幸的就是那些既缺乏机智又不诚恳的人。很多人常常自以为很幽默，经常喜欢拿别人开玩笑，处处表现出小聪明，结果弄得与他交往的人不敢再信任他，以前的朋友也会敬而远之，纷纷躲避。

适当地拿自己开开玩笑吧，这不仅是一种机智，更是驱散忧虑、走向成功的法宝。

婉言曲说成幽默

有些事直接发表自己的见解不太合适，容易让人误解或不愉快，婉言曲说是很好的方法，而且这种婉言曲说不同于修辞格里的委婉修辞方法，它是形成幽默的一种语言艺术。

王麻子是个极爱占小便宜的人，常常在别人家白吃白喝，吃完了上顿等下顿，住了两天住三天。一次，他在一朋友家里吃了三天后，问主人道：“今天弄什么好吃的呀？”

主人想了想，说：“今天我们弄麻雀肉吃吧！”

“哪来那么多麻雀肉呢？”

主人说：“先撒些稻谷在晒场上，趁麻雀来吃时，就用牛拉上石磨一碾，不就得了吗？”

这个爱占便宜的人连连摇手说：“这个办法不行，还不等石磨过来，麻雀早就飞跑了。”

主人一语双关地说：“麻雀是占惯了便宜的，只要有了好吃的，怎么碾(撵)也碾(撵)不走。”

现在我们谈论的“婉言曲说”的幽默法，可以说是“婉曲”的变格，它是说话人故意把所要表达的本意绕个圈子曲折地说出来，利用婉言来获得幽默效果。

克诺先生来到一个陌生的城市，走进一家小旅馆，他想在那儿过夜。

“一个单间带供应早餐要多少钱？”他问旅馆老板。

“不同房间有不同的价格，二楼房间 15 马克一天，三楼房间 12 马克一天，四楼 10 马克，五楼只要 7 马克。”

克诺先生考虑了几分钟，然后提起箱子就走。

“您觉得价格太高了吗？”老板问。

“不，”克诺回答，“是您的房子还不够高。”

一般说来，幽默应避免敌意和冲突，否则，幽默就会被减弱或者消亡。从这个意义上讲，婉言曲说最适合构成幽默。

一个法国出版商想得到著名作家的赞扬，借以抬高自己的身价。他想，要得到一个大人物的好感，必须先赞扬赞扬他。

这天，他去拜访一位知名作家。他看到作家的书桌上正摊着一篇评论巴尔扎克小说的文章，便说：“啊，先生，您又在评论巴尔扎克了。的确，多少年来，真正懂得巴尔扎克作品的人太少了，算来算去，也只有两个。”

作家一听就明白了出版商的意图，便让他继续说下去。“这两个人，其中一个是您了。可是还有一个呢？您说，他应当是谁？”

作家说：“那当然是巴尔扎克自己了。”

出版商顿时像泄了气的气球，悻悻地走了。

出版商想求得知名作家的赞扬，故意登门拜访。作家呢，不好直接拒绝，就来了个婉言曲说。出版商把世间懂巴尔扎克作品的人确定为两个，一个，他自然要送给作家了；另一个，他是给自己预备的。但自己说出来，那太没涵养，况且自己认可的东西并不一定能得到作家的赞同，还是启发作家说出来吧。由此，出版商一直沿着自己的设计和思路，准备着一种情感——他期待着作家的赞扬，让作家指出他是懂巴尔扎克作品的人。

作家并不回绝对方的话，因为那太扫人兴了。但是他有意漠视对方的“话外音”，一句答话，让对方的期待栽了个大跟头，作家回答的是，另一个懂巴尔扎克的人是巴尔扎克自己。于是双方没戏唱了，只好散场。

凡有大成就者，向来都是舌吐方圆的专家，他们不仅仅专长于自己的一份事业，而且在待人接物上有着独到的迂回之术，他们能够在让人发笑的过程中不知不觉加入自己的观点。

著名的法国钢琴家乌尔蒙，年轻时有一天，他弹奏拉威尔的名曲《悼念公主的孔雀舞曲》，节奏太慢，正在听他弹奏的拉威尔忍不住地对他说："孩子，你要注意，死的是公主，而不是孔雀。"

在这里，拉威尔将公主与孔雀这两种原来互不相干的事物，出人意料地联系起来，使人们产生惊奇，并在笑声中意会到拉威尔话语的真正含义。

拉威尔对乌尔蒙的演奏"节奏太慢"，并不是采取直接批评的方式，而是采用婉转的暗示："死的是公主，而不是孔雀。"这样，使演奏者首先得回味一下，拉威尔的话到底是什么意思？弄清楚了，便意识到自己处理作品中的失误。应该加快速度，快到什么程度呢？拉威尔的话给了提示，是孔雀舞曲。演奏者的脑海中定会浮现出美丽的孔雀翩翩起舞的英姿。拉威尔的旁敲侧击，使乌尔蒙明白了自己的毛病所在。

幽默是一种高超的语言艺术，这种艺术是在婉言曲说中产生的。说话直愣的人不可能创造出幽默来。按部就班，一是一，二是二，实说实，虚说虚，没有任何的发挥就不可能碰撞出幽默的火花。

幽默使赞美耳目一新

近代电磁学的奠基人法拉第有一次被邀请去做电磁应用理论演讲。在演讲过程中，一位贵妇人故意挑衅地对法拉第质问道："教授先生，你能解释一下，你给我们大家讲这些鬼东西到底有什么用吗？”

法拉第被这位不懂电磁应用却又蛮横的贵妇激怒了，他克制住了自己的愤怒，幽默地回答说：“这位夫人，你难道就能够预料到刚刚出生的孩子会有什么用处吗？”

这位夫人自觉没有道理再争辩下去，故而悻悻地离开了。

事实上这位贵妇人对于电磁理论一窍不通，因为不懂，所以不会由衷地祝贺和赞美法拉第的成就。

幽默能够使赞美生动活泼，让人耳目一新。在和睦与宽松的气氛中打动对方的心，提升对方的自我满足感以及被认可的价值。

一对刚刚结婚不久的甜蜜夫妇，他们对于新生活的激情以及热情很高，妻子总是每天用尽心思地把饭菜做好。

一次，妻子照旧兴高采烈地把饭菜摆上了桌，老公表现出对妻子的崇拜状，幽默赞美道：“老婆真是很会做饭啊，照这样下去，估计我们附近的餐馆该关门大吉了。”

即使这位新婚妻子并没有多好的手艺，但是做老公的从来没有埋怨过说不好吃，还天天给予幽默的赞扬，这是对妻子没有功劳也有苦劳的认可和鼓励。

老公的幽默称赞让妻子更加乐不可支，他的赞赏让妻子欣慰于自己的劳动成果得到了肯定，同时也让妻子对自己的好感倍增。守在一个懂幽默的老公身旁，能时时刻刻享受幽默带来的喜悦，哪一位妻子会不喜欢呢？

在日常的生活与工作中，幽默赞美是一项受人追捧的口才技巧。幽默作为赞美口才中最大的闪光点，不仅仅能够给人带来轻松的感觉，更重要的是能够给自己带来更多的机遇。

总之，幽默是一个人能力的反映，懂幽默的人赞美水平也会很高。当然在生活中并不是人人都有幽默的口才，他们的赞美因此往往只会赞而不会“美”。要学会在人际交往中给予他人幽默的赞美，赢得他人的欢心，那就学会旁征博引，从生活中认真学习并发现幽默的存在形式，练习并掌握这些幽默形式，做到幽默赞美将会是手到擒来的事情了。

适度的幽默赞美是成功沟通的催化剂

用适度的幽默的赞美语言与人沟通，可以尽快促成他人与自己关系的升温。适度的幽默赞美是成功沟通的催化剂，只要细心观察，你可以把对方的外表、穿着、服饰、品位、谈吐、内在的修为、学识、工作的态度、精神、毅力等作为重点。还可以就当时所处的周遭环境，包括办公室摆设，有纪念性的物品，对方的收藏、喜好、最近得奖或您无意中得知的事迹；甚至相约在其他场合如餐厅等，都可以就对方的选择，找出特色，予以幽默赞美。

幽默赞美需要发自内心，而非表达于口中及眼眸，我们随时可以找出特色赞美一个人，然而，若非发自内心，你的眼中呈现的“不真”，马上会被识破；如果你不是真正认同，宁可不说半句，只以点头微笑，反而更为得体。幽默赞美是“过犹不及”的，在一次的沟通交谈中，频频灌迷汤固然令人感到肉麻，但如果每次见到一个人，老盯着同一件事猛献殷勤，也会叫人受不了。

于明明曾有一位女性下属，性格比较外向，而且嘴巴很甜，而于明明爱漂亮，又会搭配衣服，稍一动手，就变出很多看似一套套的新衣服。而那位下属，却是于明明的苦恼之一，因为每天早上她一到公司，对方的眼睛就盯着她转：“哇，经理，又买了一套新衣服，对不对？颜色好漂亮，穿在您身上就是不一样。”隔天一见面，又来了：“看看，又一套了，很贵吧？还有项链、耳环，也是新的吧？我就缺这个本事，不会搭，像您……”她会对着客户“恭维”她的经理，说辞几乎都是：“在我们经理英明的带领之下，我才有今天的成绩，好多人都问我跟我们经理多久了？其实也没多久，但是她大人大量，肯教我，对不对？”

于明明被她的过分“恭维”及不诚的眼神弄烦了，只好告诉她：“不是你没见过的就是新衣服，我的衣服有的五六年了，只是保养得好，配来配去就不一样了，你一嚷嚷，人家以为我多浪费，怎么天天买新衣，以后请别再说我的衣服了。”而当她得知这位下属在她面前说得甜如蜜，背后却对客户中伤她时，她一点也不惊奇，因为她早已从她的“过度恭维”中观察出“玄机”了。

张艺谋做人很随和，做导演却极富个性，说话也富有幽默。对其同班同学另一位名导演陈凯歌，他的评价如下：“凯歌是个很出色的导演，我跟凯歌的特点在于：我们都保持自己的个性，这种个性你可以不喜欢、不欣赏，但凯歌从不妥协，他保持他的个性。而中国这样的导演很少。不能因为凯歌的作品没有得奖，就说这说那的，我觉得这是一种短视。”

赞美可以让人心情愉悦，让人充满自信与乐观的生活态度。适度的幽默赞美就像香水一样，让人容易接受并乐享其中。

出乎意料让人喜出望外

赞美既然是幽默的，那么赞美的话语就应该是出乎意料的，出乎意料不仅仅是辩论幽默、处世幽默等交流场合的必杀技，也是幽默赞美的特质之一。

一些人在公共场合赞美别人时，自己想不出怎样赞美，只能跟着别人说重话，附和别人的赞美。常言道，别人嚼过的肉不香。朱温手下就有一批鹦鹉学舌拍马的人。

一次，朱温与众宾客在大柳树下小憩，独自说了句："柳树好大。"宾客为了讨好他，纷纷起来互相赞叹："柳树好大。"朱温听了觉得好笑，又道："柳树好大，可做车头。"实际上柳木是不能做车头的，但还是有五六个人互相赞叹："可做车头。"朱温对这些鹦鹉学舌的人烦透了，厉声说："柳树岂可做车头？"于是把说"可做车头"的人抓起来杀了。

在整日聚首的人际关系中，一家人之间或一个科室的同事之间，有些赞美很可能多次重复，已经形成某种公式和习惯，这就没什么意义和作用了，比如，某个处长每次开会总结工作的时候，都像例行公事一样对大家赞扬几句，其内容和说法总是笼统的那么几句话，就像是同一张唱片或同一盘录音带只是在不同的时间播放一样，让人感觉乏味。

为赞美加一点新意，鼓励作用会更大。

正如有人所说：“一点新意，一片天空。”这样幽默赞美之术会更趋完美。赞扬要有新意，当然要独具慧眼，善于发现一般人很少发现的“闪光点”和“兴趣点”，即使你一时还没有发现更新的东西，也可以在表达的角度上有所变化和创新。

幽默赞美的新意很重要，但更需要我们综合各方面的因素来恰当表达“新”意，否则便会弄巧成拙、适得其反。马克·吐温曾经说过：“一句幽默的赞美能当我十天的口粮。”

我们每天都让新鲜的赞美流淌入他人的生活中，那么彼此的生活食欲就会增强。

赞人独特让你印象深刻

当一个人处在众口一词的赞美中时，往往不再把这种同一内容的赞美当回事，这时，如果你能找到别人都忽视了的优点来进行幽默赞美，就必然能引起这个人的注意。因为人总是希望别人能尽可能多地发现自己的优点。

为了突出与众不同，给人留下深刻的印象，说话讨人喜欢的人往往是独特的。比如对一个健美冠军，他不会去赞美其长得真健壮、真美，因为可能电视、广播、报纸都已介绍过了，而且电台、广播、报纸的赞美不比我们的赞美更让人激动吗？此时，他会挖掘对方的不明显的优点去加以赞美，比如赞美其烹调手艺等。爱因斯坦就这样说过，别人赞美他思维能力强，有创新精神，他一点都不激动，他作为大科学家，听这类话都已听腻了，但如果谁赞美他小提琴拉得真棒，他一定就会兴高采烈。

说话讨人喜欢者的赞美，从来不跟在别人后面，人云亦云，而是竭力去挖掘别人一些不为人知的优点，表现其幽默赞美的独特性，让人得到一些新的刺激，这样的效果反而更好。

小杜是学校里出了名的“歌星”，每次晚会或其他娱乐活动都少不了他。

在一次元旦晚会上，他又成功地演唱了一首歌，表演结束后，台下一片喝彩声。回到观众席，大家对他的歌声还在赞不绝口。这时一个师弟对他说：“师兄，你的舞也和你的歌一样棒啊，刚才看你在台上如蝴蝶翩翩的舞姿，觉得你跳舞肯定也很厉害。”

听惯了别人称赞自己会唱歌的小杜头一回听人如此关注并称赞他的舞蹈，自然非常开心，就故作谦虚地说自己不太会跳舞，长项还是唱歌。这时，师弟马上接上他的话：“对呀，师兄的歌喉真是没得说。有空教教我吧。”小杜在愉快的心情中欣然应允。瞧，这位师弟没有把小杜被公认的唱歌水平拿来赞美，而是夸他舞一定也跳得不错，一下子吊起了他的胃口，让他心里十分舒服，很爽快地答应了师弟的要求。

学会寻找和发现别人与众不同的成绩和长处，你的赞美也要巧妙地与众不同；经常既恰到好处又实事求是地赞美别人，别人就喜欢你，你就容易得人心，同时也是你对自己的认可。

真正会说话的人善于发现别人发现不到的优点和长处。

比如，某将军屡战屡胜，有人称赞他：“你真是个了不起的军事家。”他无动于衷，因为他认为打胜仗是理所当然的事。而当别人指着他的鬓须说：

“将军，你的鬓须真可与美髯公相媲美。”听到这话，将军笑了。

幽默赞美的角度很重要，新颖的角度将起到事半功倍的效果。

赞美是所有声音中最甜蜜的一种，赞美应该给人一种美的感受。独特的赞美语言，是有魅力的，有吸引力的。

富兰克林参加了宾夕法尼亚州议会的选举。在选举前夕，困难出现了。有个新议员发表了一篇很长的反对他的演说，在演说中，竟把富兰克林贬得一文不值。遇到这么一个出其不意的敌人，他该是多么令人恼火呀。他该怎么办呢？

富兰克林自己讲述道：“对于这位新议员的反对，我当然很不高兴，可是，他是一位有学问又很幸运的绅士。他的声誉和才能在议会中颇有影响。但我绝不对他表现出一种卑躬屈膝的阿谀奉承，以换取他的同情与好感。我只是在事隔数日之后，采用了一个别的适当的方法。

“我听说他的藏书室有几部很名贵，又很罕见的书。我就写了一封信给他，说明我想看看这些书，希望他不会向反对我一样反对我忠诚的要求。我的幽默以及写信的大度让他立刻答应了。”

富兰克林用一种不露痕迹的幽默赞美方式，赞美新议员，恰如润物细无声。

表达赞美的方式有很多，要针对不同人、不同场合、不同时间选择最为恰当的方式。选择赞美方式时，既要考虑表达方式的新意，又要考虑对方的感受及最后的效果，综合去思考，将会找到最适宜的表达方式。

适时赞美让办事更容易

幽默的赞美应当符合时间的要求，在合适的时间说出了不合适的赞美，即使幽默也不会带给大家真正的欢娱，反而会引起人们的厌恶。

另外，恭维和赞美绝不同于巴结讨好、阿谀奉承。恭维和赞美是为了协调人际关系，表达自己对别人的尊重，以增进了解和友谊，更重要的是交上朋友好办事。幽默的恭维与赞美对公关的沟通工作至关重要，幽默的谈吐会提升公关的气质与内涵，提升公司的形象。

每个人都希望得到别人的赞美，每个人都对别人有一份期待，希望得到尊重，希望自己的地位和荣誉得到肯定和巩固，这就需要得到别人恰如其分的幽默恭维和赞美。

初次见面，适当地幽默恭维是有礼貌、有教养的表现。幽默不仅可以获得他人的好感，而且还可以和对方在心理上、情感上靠拢，缩短彼此的距离。

1987年4月底，饰演贾宝玉的演员欧阳奋强到香港参加电视剧《红楼梦》首映式。他一踏进机场休息室，亚洲电视台著名演员黎燕珊就挤到他身边，热情地说："你是欧阳奋强吗？我叫黎燕珊。他们都说我长得像你。""黎小姐比我长得漂亮多了。"欧阳奋强说。亚视艺员领班高先生风趣地说："黎小姐可是香港的贾宝玉呀。"

这番相互赞美的话自然贴切，使迎接的气氛热情而和谐。言辞会反映一个人的心理，轻率的说话态度，会让对方产生不快的感觉。因此，幽默赞美也不要太离谱，以免别人会觉得你太虚伪。

把对方美化成道德上的“完人”。幽默赞美可以是多方面的，通常你把对方说成是道德上的完人比称赞他的衣饰得体更有效果。

有一位母亲在和别人聊天的时候，谈起自己的儿子。儿子想让母亲给他买一条牛仔裤，但儿子怕遭到母亲的拒绝，因为他已经有一条牛仔裤了。于是儿子采用了一种独特的幽默方式，他没有像其他孩子那样苦苦哀求或耍赖，而是一本正经地对母亲说：“妈妈，你是世界上最好的妈妈，你见没见过一个孩子，他只有一条牛仔裤？”

这颇为天真而略带计谋的问话，一下子打动了母亲。此时，这位母亲谈起这事，说出了自己当时的感受：“儿子的话让我觉得若不答应他的要求，简直有点对不起他，哪怕在自己身上少花点，也不能太委屈了孩子。”

一个小孩子，以一句反问就说服了母亲，满足了自己的需要，他从母子道义上刺激母亲，让母亲觉得儿子的要求是合情合理的，而不是过分的，何况儿子在提要求之前已经以赞美之词笼络了妈妈的欢心。因此，在说服自己的亲人时，可以适时撒娇、适时夸赞，取得说服的最佳效果。

求人办事，要幽默赞美对方的能力和权威，如果他帮你办不了事，他就会在自尊心上受不了，脸上无光。只要你的赞美得当，抓住了对方的弱点，那就没有办不成的事。

恰当赞美让你深受其爱

赞美是人人都乐意领受的礼物。赞美如同冬日的阳光，总是能在寒冷中给人带去一丝暖意。而如果能在赞美的时候加入幽默调味，便能让我们的赞美更加的自然流露，更能让对方感觉沁人心脾的诚意，平淡的生活也便平添些许甜美滋味了。

在一个小镇上，一个贫穷的小伙子爱上了一位富家小姐，那位小姐的美貌完全把他给迷住了。于是他迫不及待地跑去向姑娘表白："我的姑娘啊，你是如此的美丽，我愿意为了你，把我所有的财产都置于你的足下。"

姑娘不客气道："你本身就没有多少财产啊。"小伙子听姑娘这样一说，并没有泄气，反而灵机一动，说："你说得太对了。可与你娇小的玉足比起来，它们就显得很多了。"小伙子如是说完之后，姑娘便深深地被他的话打动了，接受了他的告白。

这位小伙子的机智浪漫——让赞美的话语直达姑娘的心田，最终赢得了姑娘的芳心。他对姑娘的夸赞不仅有文采，还有着幽默的风趣。他能把赞美的技巧发挥到如此地步，可算是个高手了。

巧妙赞美可以让恋爱中的两个人的感情更加亲密，同样，在和朋友之间的相处中，幽默的赞美更能让对方满心欢喜，心中受用。

爱听赞美的话是人的天性。当我们赞美别人时，对方会发自内心地感到开心并对我们产生好感。赞美要有一个度，赞美不是虚伪的浮夸，更不是溜须拍马的花言巧语，而是要真正去发现他人身上的闪光点，并不是一味地说他人好话，而不说真话。只有那种移情入理的带有情感的赞美才能体现人际交往中的互动关系，对方才能够感受你对他真诚的关怀。

拿破仑虽然身居高位，但他特别讨厌那种溜须拍马的奉承之语，所以很多人因为不知道这一点，而招致拿破仑的厌恶，但有一位士兵聪明地说了一句话，而让拿破仑欣然接受了他的赞美。他当时是这样说的："将军，您居功至伟却最不喜欢他人的阿谀奉承，您真是正义之士，我们都应该向您学习啊。"这句简单的话没有加入任何的修饰，士兵只是了解了拿破仑的喜好和脾气秉性，抓住了拿破仑的优点——不喜奉承，加以赞美，就博得了拿破仑的喜欢，从而受到了拿破仑的赞赏。

作曲家海顿早期的弦乐四重奏相当著名，他的一位法国朋友曾经这样夸赞道：

第一，小提琴就像一位善于言谈的中年人，不断更新话题来维持着整个"集体"的谈话。第二，小提琴就如第一小提琴的好朋友一样，他总是夸赞第一小提琴话中蕴藏的机智，而很会表达自己；在"集体"的谈话中，他就是那个默默聆听，对别人的意见表示赞同，而从不提出自己的意见。

大提琴则像是一位庄重的老者，很有学问，且能说会道，他的话简短但中肯，也支持第一小提琴的意见。至于中提琴则像一个善良而有些啰唆的妇人，她的话没有半点重要意见，还经常嚷嚷着插嘴。

不得不说这位法国朋友的想象力和语言天赋是何等的了得，他的夸赞不是简单的形容弦乐四重奏有多么的动人、多么的好听，而是幽默地把每一种乐器拟人化，赋予人格，而弦乐四重奏被形象地比喻为四个人的谈话过程，由此便让人明白了四重奏的特点，同时也用优美的语言夸赞了海顿的音乐才能。他的这种赞美的方式好比赠送别人礼物时附带的包装，虽然不是礼物本身，却能先让接收礼物的人心情更加愉悦。

幽默是拒绝的最好借口

在人际交往中，我们总有被人拒绝或拒绝别人的时候。拒绝表述总难离一个“不”字，而这个“不”字又往往最不好意思说出口。当然，坦白直率地拒绝或严词拒绝也未尝不可，但这样往往使对方产生不快，认为你不近人情。既要把“不”字说出口，又能赢得人家的宽容和体谅，和他人保持良好的人际关系，绝非易事。敢于说“不”，诚然不易，而善于说“不”，则更加难得。所以给“拒绝”找一个适当的方式，幽默是拒绝的最好借口。

断然拒绝别人可以显得一个人不拖泥带水，但对遭到拒绝的人来说，却是很不近人情的。聪明人这时会幽默地绕个圈子，不直接说出拒绝的话，而让对方明白其中的意思。

1799年，年轻的拿破仑·波拿巴将军在意大利战场凯旋。从此，他在巴黎社交界身价倍增，也成为众多贵妇追逐青睐的对象。

然而，拿破仑对此却并不热衷。可是，总有一些人硬是紧追不放，纠缠不休。当时的才女、文学家斯达尔夫人，一直在给拿破仑写信，想结识这位风云人物。

在一次舞会上，斯达尔夫人头上缠着宽大的包头布，手上拿着桂枝，穿过人群向拿破仑走来。拿破仑躲避不及，于是，斯达尔夫人把一束桂枝送给拿破仑，拿破仑说道："应该把桂枝留给缪斯。"

不过，斯达尔夫人认为这只是一句俏皮语，并不感到尴尬。她继续有话没话地与拿破仑纠缠，拿破仑出于礼貌也不好生硬地中断谈话。

"将军，您最喜欢的女人是谁呢？"

"是我的妻子。"

"这太简单了，您最器重的女人是谁呢？"

"是最会料理家务的女人。"

"这我想到了，那么，您认为谁是女中豪杰呢？"

"是孩子生得最多的女人，夫人。"

他们这样一问一答，拿破仑在幽默的回答中也达到了拒绝的目的。斯达尔夫人也知道了拿破仑并不喜欢自己，于是作罢。

小王毕业以后分到一个小地方打杂，开始时很失意，成天和一帮哥们喝酒、打牌。后来逐渐醒悟过来，开始报名参加等级考试。

有一天晚上，他正在埋头苦读，突然一个电话叫他去某哥们家集合，一问才知道他们"三缺一"。小王不好意思讲大道理来拒绝他们的要求，也不想再像以前没日没夜地玩了，便回答说："哎呀，哥们儿，我的手艺你们还不清楚啊，你们成心让我'进贡'嘛，我这个月的工资已经见光了。"一阵哄笑后，对方也不好食言，后来他们都知道小王已经另有他事，也就不再打扰了。

小王面对自己不愿意参与的交际，先诚恳地表示了自己的"笨拙"，即自己不擅长打扑克，并幽默地说那是自己的酸手艺，言外之意自己去了的话怕会是影响大家玩牌的兴致。小王的拒绝艺术在于，懂得将自己的语言绕弯子。

绕着圈子拒绝别人，是讨人喜欢的一种幽默说话方式。但绕圈子必须做到不讨人厌，也就是说必须巧妙、生动趣味，三言两语能够把拒绝的意见表达出来。如果绕了半天，对方还是一头雾水，那就弄巧成拙了。

委婉的幽默拒绝口才修炼：

装聋作哑。对于你不想回答的问题，或者无论怎么回答都对你不利的问题，你可以佯装没听见，糊涂带过。

答非所问。故意曲解问题的方向，说一些无关重要的话，甚至可以把话题转移到无关轻重的问题上。

在对方还没有说出口，或者还没有说完某个意思的时候，即作出错答，也是一种很好的拒绝技巧。这样，如果等对方把问话全说出来，就会表达出某种特别的意思，难以收拾。因此，在别人把话说完以前，先考虑到对方要问什么，在他的问话未说完时，就迅速按另外的思路作答，一是可以转移其他听众的注意力，二是可以使问者领悟，改谈别的话题免于因说破造成尴尬局面和一些不愉快的后果。

巧妙的幽默拒绝更易让人接受

约会是男女开始真正意义上的恋爱的标志，所以，接受别人的约会请求也意味着接受别人的求爱。对于不愿意接受的示爱者，我们应该拒绝与其约会，不能因为一时心软而使对方误会，导致真正明确两人关系时牵扯不清，给对方造成更大的伤害。拒绝约会应该有“快刀斩乱麻”的魄力，因为这不仅仅代表对一次约会的推搪，而且暗示着自己对对方爱情的谢绝，这就要求我们一方面要把握说话的分寸，不伤害对方的感情，另一方面要表明心意，断绝对方再次邀请的念头。

找各种各样的幽默借口来推搪约会，使对方体会到拒绝之意。

上课、加班、身体欠安、天气不好……这些都可以成为拒绝约会的好借口。在搬出这些借口的同时，可以有意地露出破绽，让对方从借口的不严密性中明白是在有意敷衍。此外，也可以以幽默的方式暗示自己确实不愿意与对方交往。总之，借口不能找得太严密、太合乎情理，不要让对方误认为是客观原因导致不能赴约，从而把约会的时间推至以后，令自己再次处于被动局面。

有一位热情的小伙子向一位美丽的姑娘表达了自己的爱慕之情，但是这位美丽的姑娘并不喜欢这位小伙子。

在小伙子真情告白完之后，姑娘问道：“你真的很喜欢我吗？”

小伙子说：“当然了，我保证自己是真的喜欢你，我对天发誓……”

姑娘问：“那你有什么证据可以证明你爱我呢？”

小伙子热切地说：“我的心，我用我这颗真诚的心可以证明。”

姑娘笑笑，说道：“呵呵，真的很对不起，你是唯‘心’主义者，而我是典型的唯‘物’主义者啊。唯心主义者和唯物主义者怎么能够在一起呢？”

小姑娘明明知道小伙子说的“真诚的心”和哲学名词是不同的，但是小姑娘知错犯错，机智地将小伙子的那颗“真诚的心”说成了是唯心主义，然后通过自己的唯物主义思想立场，将拒绝巧妙委婉、幽默地表达了出来。

在这则恋爱拒绝案例中，我们可以发现拒绝言谈在一种因素的加入下会更容易让人接纳，那就是幽默。无论是义正词严地拒绝还是委婉的拒绝，拒绝者都是巧妙地从对方的话语里找到拒绝的理由。拒绝者的聪明之处就在于这里，即使我拒绝了你，那也是因为你的表现不够充分。

能够得到别人的爱是一种魅力，能够巧妙地拒绝一份自己不情愿的爱更是一种魅力。在拒绝时，如果加入了幽默的推辞，就会使自己的拒绝更加容易被对方接受。

灵活拒绝助你化解为难

在为人处世的过程中经常会遇到令自己为难的事情，这个时候难的不是直接拒绝，而是如何巧妙地拒绝。巧妙地拒绝，可以得到他人的理解，不至于伤害和气，而一口回绝毕竟会让自己处于尴尬的无奈之中。

毕达哥拉斯说过：“最短、最老的字——‘好’或‘不’——需要最慎重的考虑。”

在幽默做事中，无法巧妙说“不”，你就不是一个很会处世的人。你会变成一个不情愿的奴隶，你会成为别人需要欲望下的牺牲品。想想看，当你必须说“不”时，你有多少次说了“好”？你是不是怕拒绝伤害别人的感情所以本能地说了“好”，等到事后又后悔自己的所作所为？你是不是一个只会说“好”又不能照顾自己，却整天带着叹息和罪恶感与别人相处的人？如果是这样的话，你已成为别人的包袱。他们开始憎恶你，也将逐渐减少对你的爱意和关怀，直至消失为止。

电台记者邀请爱因斯坦发表讲话，并答应给他每分钟1000美元的酬金。

“我的话根本不值那么多钱。”爱因斯坦拒绝说。

“你大概不喜欢金钱吧？”

“哦，基金会最近寄给我面值1500美元的支票，我倒挺喜欢的。不过，我把它当作书签用，后来它连同那本书一起丢失了。”

“这实在太可惜了。”

“一点也不。依我看，每一份财产都是一块绊脚石。”

爱因斯坦用幽默的方式拒绝了别人，他通过幽默介绍自己对金钱的态度，来谢绝了电台的邀请。

拒绝在幽默的人们那里已经变得轻而易举。无论你所爱的人对你的要求是微不足道或是无关紧要，你都有权利说“不”，因为这样你才能顾及自己的情况，而以真实的态度面对别人。无论你现在说“不”的语气或态度如何，你可以学习更有效率、更温暖的方式。即使你在困扰之中，仍能幽默地说“不”，而且不会失去友谊。

第四章

融入群体，善于合作——为女孩增添成功的砝码

我们需要与别人合作

北美有一种生存时间最长、最具生命力的植物——红杉。它生命力之所以如此顽强，就是因为它们的生存隐含了一种“团队合作”的力量。这种力量坚不可摧！

美国加州的红杉，高度大约是90米，相当于30层楼高。

科学家深入研究红杉，发现许多奇特的事实。一般来说，越高大的植物，它的根理应扎得越深。但科学家却发现红杉的根只是浅浅地浮在地面。理论上，根扎得不够深的高大植物是非常脆弱的，只要一阵大风，就能将它连根拔起，可红杉又为何能长得如此高大，且屹立不倒呢？

研究发现，红杉必定生长在一大片的红杉林中，并没有独立生长的红杉。这一大片红杉彼此的根紧密相连，一株接着一株，结成一大片。自然界中再大的飓风，也无法撼动几千株根部紧密连接、占地超过上千公顷的红杉林。除非飓风强到足以将整块地皮掀起，否则再也没有任何自然力量可以撼动红杉分毫。

红杉的浅根，正是它能长得如此高大的利器。它的根浮于地表，方便快速而大量地吸收赖以生长的水分，使红杉得以迅速生长，同时，它也不需耗费能量，像一般植物扎下深根，用深根的能量来向上生长。

既然连植物都用“合作”而增强生命力，为什么人类就不可以呢？成功不能只靠自己的强大，成功需依靠别人，只有帮助更多人成功，女孩自己才能更成功。

作为社会中的一员，谁也不能总是单独行动，有些事情靠一个人的力量是无法完成的。因为，每个人的能力总是有限的。

有些人精力旺盛，认为没有自己做不到的事。其实，精力再充沛，个人的能力也还是有一个限度的。超过这个限度，就是人所不能及的，也就是你的短处了。

每个人都有自己的长处，同时也有自己的不足，这就要与人合作，用他人之长补己之短，养成合作的习惯。

从前，有两个饥饿的人得到了一位长者的恩赐：一根鱼竿和一篓鲜活硕大的鱼。其中，一个人要了一篓鱼，另一个要了一根鱼竿，之后他们便分道扬镳了。

得到鱼的人原地就用干柴搭起篝火煮起了鱼，他狼吞虎咽，还没有品出鲜鱼的肉香，转瞬间，连鱼带汤就被他吃了个精光，过了一段日子，他便饿死在空空的鱼篓旁。

另一个人则提着鱼竿继续忍饥挨饿，一步步艰难地向海边走去，可当他已经看到不远处那蔚蓝色的海洋时，他用尽了浑身最后一点力气，也只能眼巴巴地带着无尽的遗憾撒手人间。

又有两个饥饿的人，他们同样得到了长者恩赐的一根鱼竿和一篓鱼。只是他们并没有各奔东西，而是商定共同去找寻大海。他俩每次只煮一条鱼，他们经过遥远的跋涉，来到了海边，从此，两人开始过上以捕鱼为生的日子。几年后，他们盖起了房子，有了各自的家庭、子女，有了自己建造的渔船，过上了幸福安康的生活。

这个故事告诉女孩，在面临困境时，无论你的眼光是短浅还是长远的，往往依靠自己一个人的力量很难能够摆脱困难。只有合作，产生一种合力，才能取长补短，进而帮助你渡过难关，最后获得成功。

学会与别人合作

今天的时代是市场经济时代，市场经济是广泛的交往经济，离不开与各类人的合作；今天的时代是竞争时代，只有选择合作，才能成为最具竞争力的一族。

为了成功，你必须联合别人。

如果女孩能将个人与其他人做适当的搭配组合，相辅相成，便可收到良好的“相乘功效”。

下面为你介绍五条与别人合作的原则，它能帮助你无论在什么位置都能成为“令人赞叹佩服、乐于追随”的成功人物。

第一条原则，做每一件事情，都要符合人性的要求。为此，至少要做到两点：一是抱着“真情、友爱”的处世态度；二是把这种态度随时随地付诸行动，同时还要戒除对人苛刻冷漠、与人斤斤计较、与人争得头破血流的陋习。

把真情和友爱渗透到每一件事情当中去，就能产生成功所需要的一切。

第二条原则，多贡献，多施予。一个人的成就，大致上是与他的施予成正比的。成功的人都是慷慨施予的人物。那些肯大力布施、肯慷慨奉献的人往往受益匪浅。然而苛刻、自私、吝啬的人却无法做到这一点。

第三条原则，要使你周围的人，觉得他们自己很重要。如何使别人觉得他很重要？请你记住这项基本原则：人们都渴望感到“他们是你生活的一部分，在你心目中占有一定分量”。如果能满足这项要求，你就能轻易获得他们的赞美、尊敬，以及通力合作的回报；而当人们感觉到被其他人排除在外时，往往会显得漫不经心，转而采取对立的态度与行动。行之有效的办法就是，你可请求别人帮你一些忙，使他们觉得自己很重要。

第四条原则，要以平易近人的方式说话。平易近人是最好的沟通技巧，以这种方式说话是影响人的最有力武器。

说话者有两项基本职责。一是要说出必要的知识；二是吸引对方的注意力，把对方吸引住。

第五条原则，要能替人保守秘密。替人保守秘密，正是你赢得其他人的影响力的重要方法之一。

朋友一旦深知“他们所告诉你的事情，都会就此停住，不再流传出去”以后，就会对你更亲切殷切、格外关照。

他们认为你是很可靠、很值得信任的人，一旦获得什么消息，就会自动告诉你。

别人对你的忠诚，通常与你保密能力成正比。

能够合理地掌握以上五项原则，你就能寻找到值得信赖的合作伙伴，这样一来，对你的人生将有很大的帮助。

女孩们要努力学会与别人合作，而且要学会与不同的人合作。

合作不应该有局限性，实际上任何人都应是合作的对象。合作，不仅指家人之间的合作、亲戚之间的合作、朋友之间的合作、同事之间的合作，还指个人与企业或其他组织之间的合作，与本地区的合作，跨地区、跨省甚至跨国的合作。合作的范围越广，合作的境界越高，生存的空间越大，获取的能量就越大。

很多人进入了一个误区，只愿意与亲戚、朋友合作，凭着自己的好恶取舍合作，这是一般人有意无意奉行的原则。依此原则行事，你的合作圈就大大缩小了，机遇光临的概率也必然大大减少。那种特别对你的脾气，特别合你的胃口的人，实在是太难找了。

在社会这个大环境中，什么样的人都可以成为合作的对象。因此，你必须学会跟各式各样的人合作。

伯牙与钟子期的知音式的合作当属上乘，可是更多时候都是非知音的合作，普通人与普通人的合作，甚至有时还会是对手与对手的合作。要学会跟任何人合作，才算合作能力高。

当然合作类型是各式各样的。有全局性合作、有局部性合作，有长期性合作、有短期性合作。有时为了办好一件事而与人合作，在这件事情上跟他合作，并不是整个事业都与他合作。这种合作，哪怕双方在一些观念、信仰等方面有重大差异都不要紧。善于与各式各样的人合作，特别是善于与差异极大的人合作，这是发展大事业的需要。

“合作”是女孩面对的一个现实问题。现在，合作呈现多元化趋势，已不再局限于与你身边的人合作，必要时还要与不同肤色、不同文化、不同信仰的人进行合作，所以，从现在开始，女孩就要有意识地培养自己与别人合作的能力。

相互包容是合作的前提

每个人的性格、习惯都不尽相同，合作团队中的成员更是如此。大家有着共同的目标，却有着不同的行事习惯和风格，彼此之间往往会有诸多或大或小的摩擦，要想与合作对象顺利地达到目标，对于合作尺度的把握应该是比较巧妙的。相互包容是合作的前提。

一个宽容的人，能够对那些在意见、习惯和信仰方面与自己不同的人表示友好与接受。宽容最能够表现出一个人的耐心、谦恭、明智与深谋远虑，通过敞开心胸接受新观念和新资讯，往往可以使自己的知识更丰富，个性更完善，更具想象力。如果一个人只会封闭自己，那就无法接触到更多的信息，以及思想的不同层面。如果我们反过来，乐于接受新的观念，乐于对不同的声音表现出容忍、谅解与友善，那么我们就能不断地提升思维能力。

一天，刘邦在洛阳南宫边走边观望，只见一群人在宫内不远的水池边，有的坐着，有的站着，一个个都是武将打扮，互相交头接耳，像是在议论着什么。刘邦好生奇怪，便把张良找来问道："你知道他们在干什么吗？"

张良毫不迟疑地答道："这是要聚众谋反呢！"

刘邦一惊："为何要谋反？"

张良却很平静："陛下从一个布衣百姓起兵，与众将共取天下，现在所封的都是以前的老朋友和自家的亲族，所诛杀的是平生自己最恨的人，这怎么不令人望而生畏呢？今日不得受封，以后难免被杀，朝不保夕，患得患失，当然要头脑发热，聚众谋反了。"

刘邦紧张起来："那怎么办呢？"

张良想了半晌，才提出一个问题："陛下平日在众将中有没有最恨的人呢？"

刘邦说："我最恨的就是雍齿。我起兵时，他无故降魏，以后又自魏降赵，再自赵降张耳。张耳投我时，才收容了他。现在灭楚不久，我又不便无故杀他，想来实在可恨。”

张良一听，立即说：“好！立即把他封为侯，才可解除眼下的人心浮动。”

刘邦对张良是极端信任的，他对张良的话没有提出任何疑义，立即封雍齿为什邡侯。

见雍齿也被封侯，那些未被封侯的将吏一个个都喜出望外：“雍齿都能封侯，我们还有什么可顾虑的呢？”

事情真被张良言中了，因此就这么轻易地化解了。

刘邦的这次论功封赏，体现了战争中以地位作用高低论功，在发现由此出现的一些矛盾后，又能以宽容为怀，化解矛盾，这种思考既保证了自己队伍中骨干积极性的发挥，又能做到队伍的基本稳定，的确是高明之举。

人与人之间有时候因为某些利益方面的问题而发生矛盾，在矛盾面前，若能够有较大的气量，以宽容的态度去对待别人，将心比心，就会在时间的推移过程中，逐渐改变对方的态度，使得矛盾得到缓和。一旦与他人发生矛盾，受到他人错误对待，应该有“单恋”的精神。不因对方对待自己态度上有错而改变自己初时的热情和真诚，始终不渝地以友好的感情对待对方。有了这种“单恋”的态度，便能唤起对方的醒悟与行动反馈。

要与他人合作得好，就必须做到不苛求合作者（当然，这并不是说对合作者一味地无原则地迁就），不吹毛求疵，多一点宽容忍让，做到勿以小恶弃人大美，勿以小恶忘人大恩，让合作者感到他合作的环境和谐、融洽，这样的合作能更加牢固、长久。

相互包容可以使人去除芥蒂与隔阂，以更坦荡和明朗的胸怀面对彼此。

相互包容可以促进大家的合作，使合作的效益达到最大化。

步入社会，女孩们要与各种各样的人接触、交往、合作。合作就要相互包容，在合作中发现他人的优点和长处，将之吸收，转变为自己的优势，并将这一优势发挥得淋漓尽致，这才是合作的本领。

合作：让集体的力量发生核裂变

有一次，我国著名诗人、学者、爱国民主战士闻一多先生给学生上课，他走上讲台，先在黑板上写了一道算术题：2+5=？然后，闻一多先生问道：“大家谁知道二加五等于多少吗？”学生们有点疑惑不解地回答：“等于7！”闻一多先生说：“不错，在数学领域里，2+5=7，这是天经地义的。但是，在艺术领域里，2+5=10000也是可能的。”

说到这里，他拿出一幅题为《万里驰骋》的国画给学生们欣赏。只见画面上突出地画了2匹奔马，在这2匹奔马后面又错落有致、大小不一地画了5匹马，这5匹马后面便是许多影影绰绰的黑点。

闻一多先生指着画说：“从整个画面的形象看，只有前后7匹马，然而，凡是看过这幅画的人，都会感到这里有万马奔腾，这难道不是2+5=10000吗？”

由此可见，组合后的力量是无穷的。如果我们之间能够多一些合作，就会产生巨大的力量。合作是现代人的一项基本素质与品格。如果一个人不能与人真诚合作，他就不可能成功。社会越发展，越离不开许许多多人的精诚合作，而那种一意孤行、天马行空的道路是行不通的。

合作不是一般意义上的人际交往，而是为了一个共同的目标结成的互助互利的双赢关系。合作的力量在任何时候都大于每个部分的力量。一个人的才能和力量总是有限的，唯有合作，才能最省时省力、最高效地完成一项复杂的工作。没有别人的协助与合作，任何人都无法取得持久性的成功。

元旦马上就要到了，老师让文艺委员刘力和马亮筹备班上的迎新春文艺晚会。两人劲头很足，找了不少资料，想弄出一个有新意、有特色的文艺晚会。

刘力和马亮想了很多主意，开始还觉得不错，可是后来刘力去其他班级一打听，他们想的法子别人基本上都想过了，如果就这样去参加评选，肯定拿不到奖。

刘力和马亮都觉得有点灰心了，刘力干脆说："要不我们就随便搞一个算了，我也不想拿什么奖了，厉害的人那么多，我们拿什么去和人家比啊？"

马亮也有点泄气，可是还不肯就此罢手，他想了想，对刘力说："要不我们在班上召开一个会议，号召大家出谋划策？""算了吧，我们俩是文艺委员都没有办法，你还能找谁去啊？"刘力没精打采地说。

"可不能这么说啊，人多力量大，如果能集合大家的智慧，说不定能有很好的创意。""那好吧，我们试试。"刘力答应了。

没想到，这个问题在班上一拿出来讨论，所有的同学都很积极地献计献策，他们收集了不少好点子，在大家的帮助下，他们很认真地策划晚会的每一个细节，每个同学都认真做准备，力争使自己的节目做到最好。

在最后的新春晚会评选上，刘力和马亮策划的晚会终于赢得了第一名的好成绩。

个人的力量总是有限的，但许多人合作，就可以发挥各自的优势，取长补短，把事情做到最好。女孩们在平时的学校生活中，也需要融入集体，学会与人合作，共同解决学习和生活中的难题，这样不但能把事情做好，还能增进同学间的友谊，与同学更和谐地相处，施展你的才华，从而走上成功之路。

掌握“借力”发挥的技巧

在社会中生存，一个人总会显得势单力薄，如果你能够借助他人的力量，学会借力发挥出能量，把别人的优势转变成自己的强项，那么，女孩在做事时将会如鱼得水。

战国时，魏国的信陵君为人忠厚、讲仁义。他的门客达到三千多人。其中有一位门客叫侯生，本是屠户出身，其才平平，其貌庸庸，受到其他门客及家人的嘲弄与鄙视。而信陵君以士之礼待之，一视同仁，毫无嫌弃和厌恶之感。相反，还能尊重他的意见，成全他的要求。公元前248年，秦国围攻赵国都城邯郸，赵王数次遣使向魏求救。魏王怕引火烧身而不敢发兵，但是在各国一片合纵抗秦的呼声之下，又不能对邻居见死不救。他只好派大将晋鄙率领十万人象征性地救援，虽大造声势，实则驻军于邺下，停滞不前。

信陵君多次请求魏王催促晋鄙进兵，魏王不听。他一怒之下，带领自己的一千多门客准备与秦军决一死战。临别找侯生，侯生却一反常态，对信陵君的此行无动于衷。一怒之下，信陵君行出数里，可是越想越不对劲，于是就想回头问个明白。

原来侯生使的是欲扬先抑之计，他故作冷淡，使信陵君诧异，然后再提出自己的意见。侯生指出这样行动无异于以卵击石，与其铤而走险，不如偷来兵符，操纵军队。最后在好友朱亥的帮助下，终于盗得了兵符，操纵军权。信陵君手握兵符传令全军："父子俱在军中者，父归；兄弟俱在军中者，兄归；独子无兄弟者，回家赡养父母；有疾病者，留下治疗。"这一成人之美的命令深得人心，除去按命令留下的人外，剩下八万精兵及一千余门客，个个斗志昂扬，最后大败秦军。

信陵君的成功并非偶然，他的仁义使他在遇到困难时，很多人愿意帮助他，甚至为他拼死卖命。其中的道理，就是借脑思考。光靠单枪匹马闯天下，在现代社会难有作为。借力时，要遵循以下步骤。

与有影响力的人做朋友。应该随时留心周围人的品格、能力及其影响力，要用真心去交朋友。为了赢得他人的真诚相助，你必须先付出真心，人心都是肉长的，你天长日久的付出总会有所回报。

谋求别人的帮助。别人能否帮你的忙，还看你平时表现如何。所以要求你与人交往时，目光放远些，不因小利而不为，亦不因利大而为之。如果你与对你有所帮助的朋友发生了不愉快，你应首先谅解他。平时的基础打好了，到关键时刻自然"得来全不费工夫"了。你待人好，人家对你自然有真心，关键时刻帮助你一把也在情理之中。

这是信陵君借助门客的谋略取胜的例子。生活中，我们还常常遇到借助别人的资本来做事以达成功的事情。

靠一分钱一分钱积攒，不仅时间漫长，而且也很容易错过机遇，所以，在进行艰苦的原始资本积累的同时，还应当善于借用别人的钱来为自己赚钱。现代有许多赤手空拳闯天下而成功的大老板，日本角荣建设公司董事长角荣便是其中之一。

在发迹之前，角荣长期专心经营“没有资金赚大钱”的生意，费了好长一段时间才想出一套“预约销售”的方法。这个办法是譬如有人要卖某处山坡上的木材时，他就前去找买主，一找到，他就跟买主接洽。他说：“那座山上的木料价值有100万元以上，主人现在有意以80万脱手，请你把它买下来，两个月内保证赚一成。超出一成利润时，超出部分由我所得，如果赚不到一成时，我可以赔你一成的利润。”角荣又让有钱的朋友给他做连带保证。如果买方把它买下来，买好之后，角荣就代买主销售，如此他往往以买价2倍左右的价格脱手。对买主来说，两个月就有一成的利润，而一成利润比一年的银行利息要多得多，而且有保证，安全可靠，因此找买主并不困难。这项预约促销的方法，虽然需要有一点社会信用才能办得到，但如果你有信用，有人替你担保，你只要有诚意和勤于跑腿，这项事业就可以日益壮大。在创业都需要大本钱经营的今天，角荣做这项不要资本的生意确有一套，并且颇有所获。

他本来一无所有，经过10年的努力，就是靠着这种高超的“借术”，赚取了10亿日元。

在女孩向着一个目标前进时，你并不是孤立的个体，身边有许许多多的力量可供你借助。在你才思枯竭时，可以借助别人的谋略；在你金钱匮乏时，可以借助别人的资本；在你知识不足时，可以借助别人的智慧。

“借力”并不是女孩“无力”之下的无奈之举，而是“成事”的智慧之道。

合作才能共赢

合作是指两个或两个以上的个体为了实现共同目标或者共同利益，而自愿地结合在一起，通过相互之间言语和行为的配合与协调，从而实现共同目标，最终个人利益也获得满足的一种交往活动。

大凡明智的人都懂得联合起来改变自己的命运，历史上六国联合抗秦，都得互保，而联合一旦破裂，就都被强秦所灭。香港两大富豪李嘉诚和包玉刚的联合可谓成功经典，包玉刚帮助李嘉诚控股和记黄埔，李嘉诚帮助包玉刚登陆九龙仓。在协同合作的情况下，可以创造出 1+1>2 的效果，这样明显的道理，一旦被掌握和运用，就能产生巨大的推动力，让应用它的人获得成功。

史蒂芬是一位演员，刚刚在电视上崭露头角。他英俊潇洒，很有天赋，演技也很好，开始时扮演小配角，现在已成为主要角色演员。从职业发展上看，他需要有人为他包装和宣传以扩大知名度，因此他需要一个公关公司为他在各种报纸杂志上刊登照片和有关他的文章。

不过，要成立这样的公司，史蒂芬拿不出那么多钱来。偶然一次机会，他遇上了 Rose。Rose 曾经在一家很大的公关公司工作了好多年，她不仅熟知业务，而且也有较好的人脉。几个月前，她自己开办了一家公关公司，并希望最终能够打进公共娱乐领域。到目前为止，一些比较出名的演员、歌星、夜总会的表演者都不愿同她合作，她的生意主要还只是靠一些小买卖和零售商店。当史蒂芬把他的想法告诉 Rose 后，Rose 与他一拍即合，与他合作。

史蒂芬成为 Rose 的代言人，而她则为他提供出头露面所需要的经费。

他们的合作达到了最佳境界，史蒂芬是一名英俊的演员，并正在时下的电视剧中出现，Rose 便让一些较有影响的报纸和杂志关注他。这样一来，她自己也出名了，并很快为一些有名望的人提供了社交娱乐服务，他们付给她很高的报酬。而史蒂芬不仅不必为自己的知名度花大笔的钱，而且随着名声的增长，也使自己在业务活动中处于一种更有利的地位。

合作是件快乐的事情，有些事情人们只有互相合作才能做成。不合作不仅他不能得，你也不能得。史蒂芬和 Rose 通过彼此合作，弥补了个人能力的有限，最终促成了双方利益的双赢，这就是合作。

一个出色的球队，并不是几个大腕球星就能支撑起来的，取得好的成绩还需要整个团队的合作，一个好的教练……

一堆沙子是松散的，可是它和水泥、石子、水混合后，却比花岗岩还坚硬。

所以说，女孩在学习和工作的过程中，只有时刻保持合作的意识，才能取得更大的成绩，才能有所成就，从而开拓自己的辉煌人生。

1. 女孩要在思想里有自主合作的意识。

合作意识是个人意愿、感觉、情感、思维等过程的心理总和，主体意识、情感意识、参与意识是合作的重要因素，如果合作有意义，个人的行为、成功与荣耀与集体息息相关，个人成功与团体的成功同样重要时，个人就会意识到合作的价值。

独木难成林，一个人的力量总是有限的，即使像诸葛亮一样的人物，失去了精兵良将，也只能提着心唱空城计，六出祁山的结果只能是运移汉祚终难复。

所以说，每个人都要有合作的意识，要有合作的态度，不能依仗着自己的能力，演绎单枪匹马的个人英雄主义，而轻视团体中其他人的作用。

2. 寻找可以互补的合作者。

水桶的容积不取决于最长的木板，而被最短的木板限定。合作也是如此，一个团体能够取得多大的成绩，也决定于最弱的那个环节。

《三国演义》中，刘备创业初期，手下能征惯战的武将有很多，让曹操羡慕得不得了，可是刘备连安身之地也没有，就是因为缺少运筹帷幄的军师。如果他没有三顾茅庐请孔明，即使招引了更多猛将，也是徒劳的。

所以说，女孩在选择合作伙伴的时候，一定要请与自己能力互补的朋友参加。合作像是齿轮组，互相咬合在一起才能彼此带动，如果只是重复叠加，合作本身的内聚力就发挥不出来，效果也会大打折扣。

合作是一个共同提高的过程，并不是简单置换的闹剧。我们只有从合作伙伴身上找到自己的弱点，并弥补弱点，才能提高自身生存的本能，合作才会变得有意义。

3. 重视与合作伙伴沟通。

一个人的思维是有限的，集思广益才是合作的精髓。我们在合作的过程中，要敢于发表自己的意见，也要虚心听取他人的想法。只有这样，才能将大家的力量集中在一起，战胜我们面前共同的困难。

善于合作是一个人谋求发展的永恒主题，要有心与人合作，善假于物，那就要取人之长，补己之短，而且能互惠互利，让合作的双方都能从中受益。

别把私人利益带进来

要合作，首先就要放弃个人的利益，如果女孩私心太强，什么利益都想自己独吞，一点小亏都不肯吃，这种态度只会导致你合作的失败。而如果你能公私分明，做到大公无私，达成双方利益共享，那么你的合作就是成功的。

吉田忠雄是日本吉田工业公司的董事长。吉田工业公司是世界上最大的拉链制造公司，年营业额达25亿美元，年产拉链84亿条，其长度达1900000千米，足够绕地球47圈。吉田忠雄本人被称为“世界拉链大王”，他说他的成功是由于“善的循环”。这与他小时候捕鸟时受到的教育是分不开的。

吉田忠雄的父亲吉田久太郎是个稳重而又有正义感的小鸟贩子，他以捕捉、饲养、贩卖小鸟为生。7岁时，吉田忠雄就上山给父亲当帮手。他们捉鸟从来不捕幼鸟，不捕喂养期的成鸟。用吉田久太郎的话说，首先得保证鸟类能够代代繁衍，这样才可能永远捕到鸟。这是一个善的循环，它在吉田忠雄的心中打上了深深的烙印。在捕鸟、驯鸟的岁月里，吉田忠雄吸收了影响他一生的精神营养，他从鸟儿那里学到了热爱自由、坚强不屈的性格，这为他日后艰苦创业、登上世界“拉链大王”宝座打下了坚实的思想基础。

25岁时，吉田忠雄创办了专门生产销售拉链的3S公司。50岁时，吉田忠雄建成了世界一流的拉链生产工厂，完成了年产拉链长度绕地球一周的宏愿，每逢有人追问他的成功之道时，吉田忠雄总是笑着说：“我不过是爱护人与钱而已。人人为我，我为人人，不为别人利益着想，就不会有自己的繁荣。对赚来的钱，我也不全部花完，而是一部分作为员工的红利，一部分再投资于机器设备上。一句话，就是善的循环。”

吉田忠雄信奉“善的循环”哲学。他相信在互惠互利的情况下，才能真正做到双赢。公司支付的红利，他本人只占有16%，他的家族占24%，其余60%由公司员工分享，这是其他老板难以做到的。吉田忠雄要求公司职员把工资及津贴的10%存放在公司里，用来改善设备，提高利润；员工每年可以分到8个月以上的奖金，但他要求员工奖金的2/3购买公司的股票，公司由此增加资金，员工薪水与资金更加提高，且可以拿到20%股息。由此形成公司与员工之间的“善的循环”。

说到底，与人合作的技巧就是公私分明，因为与人合作只想到自己的人，绝不会有好的回报。一切以损害别人的利益来充实自己的人都会受到社会的谴责、公众的鄙视。

现代社会奉行人人相亲相爱，大家互帮互助，而不是人人尔虞我诈，互相侵害。人人相亲相爱，大家互帮互助的社会是一个理想的、美好的社会。

请把你从自己的狭小天地里释放出来，以开放的眼光看世界，意识到人类的家园建设必须靠每一个个体尽心尽力地奉献才能壮美辉煌，并切实地拿出实际行动来。

女孩们也应努力做到：

保持一颗平常心，认认真真做事，老老实实做人；

与人方便，万事随缘；

多一份善心；

珍惜时间，努力学习，努力锻炼，为一生的发展打下坚实基础；

“天生我才必有用”，信任自己、尊重自己。

永远和团队拧成绳

一个成功的人必定是一个善于合作、善于融入集体的人。和团队拧成一股绳，这是一个为我们未来打下基础的良好习惯。因为谁都不可能是一座孤岛，一个人要取得成功，必须学会与别人一道工作，并能够与别人合作。这个习惯可以让我们不再孤独，不再迷茫，因为，和大家在一起，你会收获很多阳光，很多欢笑，以及很多很多的爱与温暖。

一个人的力量是有限的，只有大家拧成一股绳，才能产生无比强大的能量，获得一个人无法取得的成就。

彼得大帝小时候十分喜欢玩游戏，尤其是玩军事游戏。可是，他是个皇帝，这使得他有一种与生俱来的优越感。因此，在游戏中他总是做首领，总是无礼地指挥小伙伴们干这干那，有时还会随意打骂他们，致使小伙伴们总是躲着他。小彼得也感觉到了小伙伴们对他的疏远，但他搞不明白为什么，就去向他的一位叔叔请教。

叔叔听他说了自己的困惑，哈哈一笑，引导他说："你是不是希望他们可以和你亲密无间啊？""是呀。"小彼得一听叔叔一语中的，高兴地回答。"那你知道问题出在哪里吗？"叔叔进一步问。"我就是因为不知道才来问您的。"彼得不高兴地回答。叔叔说："虽然你是皇帝，但他们还是很愿意和你一起玩，只是你总是以皇帝自居，在游戏中没有礼貌地让他们干这干那。你喜欢争强好胜是对的，但你总是利用你的地位来达到这一切就不好了。""他们原来是因为这个啊。"听了叔叔的分析，彼得高兴得一蹦三尺高。随后，他又为难地问叔叔："那我以后应该怎么做呢？"叔叔看到小彼得诚心改过，也希望小彼得成为一位人人尊敬的好皇帝，就进一步引导他："首先，在游戏中你应当把自己当成他们中普通的一员，而不是什么皇帝，要平等地对待小伙伴们。然后，在行动上对你的伙伴要讲理，有时也应听听他们的想法，不可无理取闹。总之，你要融入他们当中去，去体会和了解他们的感受和想法，去和他们合作，共同完成游戏，这样你就会从中学到很多东西。”叔叔最后补充说：“我觉得你应该在明天游戏的时候试着去当个普通的士兵，然后慢慢和你的小伙伴们接近，直到他们接受你为止。”小彼得点了点头。第二天，小彼得对大家说：“从今天开始，我在游戏中不当司令了，我就当一个士兵吧。”大家感到很奇怪，小彼得接着说：“你们以后就叫我彼得好了，我希望大家在游戏中互相合作，打好我们的仗。”

慢慢地，在军事演习中，小彼得身先士卒，和小伙伴们一起冲锋陷阵，摸爬滚打，经常是一场游戏结束，衣服磨破了，手脚也擦伤了，但他毫不介意，还对小伙伴们说：“不要紧的，你们不是也和我一样吗，在这里我只是一个小兵而已。”

集体是我们成长的摇篮，和大家拧成一股绳，你会在集体中汲取营养，脱颖而出。

人们在日常的学习和工作中，相互间难免会有很多挤压和碰撞，但是我们要有集体的意识，在集体的智慧中，筑起共同的新高度。

首先，和大家拧成一股绳还需要奉献与分享。

一位著名的企业家曾说过：“当别人遇到困难时，我不会坐视不管，我会尽力帮助他，这样做不但不会让我损失什么，反而会给我带来荣誉，让我的事业更加顺利。”

这就是集体智慧中的奉献与分享。当我们在帮助别人的时候，无形之中也会体现出自己的价值，也会让自己赢得竞争中的成功。因此，女孩应善于利用集体的智慧，用无私的奉献和分享，润滑合作中的摩擦，从而使双方的成果得以扩大。

我们只有在合作中勇于奉献、乐于奉献，我们才有分享成功的资格，我们才能发挥集体的智慧，将心与心串成通向成功的天梯。

其次，集体的智慧不是互相依赖。

集体的智慧，还在于要指导彼此如何克服自身的短处，发挥自身的长处，而不是完全依赖对方的优点，漠视自己的缺点。

有这样一对朋友，一个动手能力强，一个动脑能力强。本来是一对很好的合作伙伴，并且有希望通过双赢的理念，成功地做一些事情。

可是，在具体合作的过程中，擅长动脑的经常不切实际地幻想，让擅长动手的去做。

他认为自己就是负责想，想出来后就完全依赖另外的人做。

擅长动手的人也很糟糕，他没有提供一些切实的改进建议反馈给动脑的人，认为动脑就是别人的事，就应该想得周详。而自己只是负责实施，能做就做，不能做就扔下不管。

可想而知，这样是不可能拥有双赢效果的，因为他们没有拧成一条心，都把希望寄托在别人身上。这样做的后果必然是，动脑的人越来越不知道怎样想，动手的人越来越不知道怎样做——他们的依赖致使双方的长处都没有充分发挥出来，短处反而更加明显。所以说，在集体的合作智慧中，一定要摒弃依赖的心理。

最后，学会欣赏别人，尊重别人。

有时候，一些人会出现这样的情况：自己有了进步，就欢呼雀跃，高兴得手舞足蹈，可当别人有了成绩时，却视而不见，充耳不闻，甚至挖苦别人。女孩们应该十分清醒认识到这种做法是没有修养的表现。

一位学者说过：“一个人总能在某一处胜过别人，而在这一处上又总会有更强的人胜过他，学会欣赏每个人会让你受益无穷。”智者尊重每个人，因为他知道人各有其长，也明白成事不易。

学会欣赏别人、学会与人合作是一笔宝贵的财富。

总之，女孩要记住：众人拾柴火焰高！

每个人都不是一座孤岛

晓西是一个性格内向、不合群的初中生，她从来不与同龄的朋友或者同学一起玩，上课时也不愿意举手发言，如果老师提问时问到她，她总是紧张得说不出话来。同学们在一起开心地玩时，她就缩在旁边不出声，一副郁郁寡欢的样子。她总是喜欢独自待在家里，一个人做事。即使在想出去玩的时候，也不要父母陪着她一起出去。班上开展集体活动时，她更是自己一个人躲得远远的。

晓西的性格比较孤僻内向，是什么原因让她形成了这样的性格呢？她家住在一栋高层的公寓楼里，周围没有和她年龄相仿的同学，爸爸妈妈忙于工作，常常把她关在家里。久而久之，她就变得孤僻不爱说话，对周围的人产生不信任感，很少向父母、老师及同龄人打开心扉。

阳阳是晓西的同学，是一个性格比较外向的女孩，她善解人意、乐于助人，比较善于与同学交往。她在音乐方面有一定的特长，平时爱唱歌，那优美的旋律时时打动着同学们。她英语也很不错，还担任他们班的英语课代表，同学们都愿意与她交流。

当女孩身边有这样两个同学：一个胆小、怯懦、自卑，不愿与人接触，孤立自己；一个自信、勇敢、大方、阳光快乐，你更喜欢哪一个呢？肯定是后者。既然选择了后者，那你为什么不能选择在现实中勇敢地走入集体、伙伴中呢？这不仅能使你的生活变得丰富多彩，还能让你在与不同的人交往接触过程中，使自己的性格变得开朗、宽容，对外界环境的变化具有更强的适应能力。

相反，你越是把自己孤立起来，就越变得自卑多虑，在一个人的世界里你怎会快乐？由于离群索居，人际关系不良，内心经常处于孤单寂寞的状态。取得成绩时，没有人与你分享快乐；受到打击时，没有人为你分担痛苦，你自己就像是漂流在茫茫大海中的一叶孤舟，慢慢地被人遗忘。走出自己的小世界，广泛地与周围的同学、朋友交流，只有在集体中你才能感受到生命的活力，得到真正的快乐。

那么如何融入集体呢？

首先，女孩可以从主动与同学打招呼做起，每天都能主动与同学愉快地聊天。如果能逐渐养成这些习惯，说明你已经开始摆脱困扰你的孤独感了。

其次，女孩可以多参加学校或班集体的活动。只要一有机会，就参加班集体或同学自发组织的各种各样的文艺、体育、娱乐、社交活动，广泛参加各种活动，才能活跃情绪，孤独感就会在不知不觉中消失。也只有多参加各种活动，才能缩小你与同龄伙伴之间的差异。

再次，学会主动关心别人。有的人对别人的事不闻不问，毫无热情，这种冷漠的态度正是孤独性格的孪生兄弟。你对别人冷漠，别人也对你冷漠；冷漠导致疏远，疏远又导致感情上的距离和裂痕，这样你怎能不孤独呢？

因此，要体贴别人，善于在别人需要帮助时主动给予帮助，对于同学、朋友要经常给予注意和关心。你如能主动伸出友爱之手，你的手就会被无数友爱之手握住。那时，又怎会感到孤独呢？

最后，还要有自己的朋友圈子。在与别人的交往中要多交几个知心朋友，在这种充满友情、有着共同兴趣和志向的集体中，你不仅不会感到孤单，而且能从不同的人身上学到不同的东西。学会与不同的人交往，培养更活泼开朗的性格。

女孩们，在青少年时期一定要大胆地敞开你的心扉，迈开你的双脚，走到集体中去，走到同学中去；伸出你的双手，付出你的爱心，架起心灵沟通之桥，你将收获一种性格，收获多彩的人生。

遵循“群体规则”，不做“独行侠”

有人曾经做过这样一个试验：他将10只猴子放在一只笼子里，并在笼子中间吊上一串香蕉，只要有猴子伸手去拿香蕉就用高压水枪教训所有的猴子，直到没有一只猴子再敢动手。然后用一只新猴子替换出笼子里的一只猴子，新来的猴子不知这里的“规矩”，竟又去拿香蕉，结果触怒了原来在笼子里的9只猴子，于是它们代替人执行惩罚任务，把新来的猴子暴打了一顿，直到它服从这里的规矩为止。试验人员如此不断地将最初经历过高压水枪惩戒的猴子换出来，最后笼子里的猴子全是新的，但却没有一只猴子敢再去碰香蕉。

群体中有这样一种现象：当一个人进入一个新的群体以后，他便开始受到这个群体规则的影响，当其中一个成员的行为和群体规则不符的时候就会受到群体的惩罚。人类的惩罚大有法律，小有排斥和舆论，等等。所以如果你在一个新的集体中，就要尽快地适应这个规则，这样才能让自己的生活变得顺利。如果你过分看重自己的需求，游离于群体之外，以为像独行侠似的单打独斗，就能获得个人的成功，往往会离成功越来越远。因为，社会越是发展，就越是注重群体的合作，越是讲究遵循群体的规则。

一群意大利籍华裔学生到杭州举办夏令营。晚饭后，老师带着学生们去西湖边散步。天太热，许多人大汗淋漓。有几个人想回去，说还是宾馆里好，有空调。但是另一些人却不愿回去，还要往前走。于是，分歧发生了，双方都很固执。有人提议，掷硬币，正面往前走，反面往回走。大家一致同意。硬币一转，反面朝上，大家立即往回走。一路上，原先坚持往前走的人，没有一个人发出一句抱怨，虽然心里很遗憾，但脸上都是笑嘻嘻的，似乎已忘记了刚才的争执。

这是一个群体相处的小例子，一个人有必要保持一定的独立性，不能处处从众，但是在集体中的个人假如因为自己的情趣与其他人相左，便自行其是，最后只能使大家都扫兴，这样的人是没有人愿意与之交往的。

王芳有几分才学，但更有几分孤傲。任何一个同学发表什么观点，她都嗤之以鼻，不屑一顾。班上的任何活动她一概不参加，孤芳自赏。老师与她谈心，希望她多关心集体，她便以让她当班长作为交换条件。

有一次，班级搞活动到郊外远足踏青，她好不容易答应参加了，但活动还没结束，她就一个人坐出租车回家了。终于，大家被激怒了："她有什么了不起的？”王芳最终成了孤家寡人，没人愿意理她。

在现实生活中，女孩千万不要像王芳那样自以为是，凌驾于集体之上，损害与人相处、合作的关系，或者认为这是一种主体意识，是在把握自己的命运。其实这样非但不能融于集体之中，反而会形成对抗，得不到别人的信任和好感。这样的人不仅在现在的学习生活中处于孤立的境地，就是在以后走上社会也必定不会受人欢迎。

卡耐基认为，一个人在事业上的成功，基于专业技术的因素占了15%，另外的85%要靠人际关系，即与人相处和合作的品德和能力。在现代社会中，这种能力的重要性越来越突出。聪明人总是善于营造和谐的群体氛围，借助群体的力量，在群体中保持自我的发展，在发展自我中促进群体的合作。女孩们，从现在开始树立集体参与、集体合作意识，在集体的海洋中自由地遨游吧！

每个角色都同样重要

纽约市一家中学为了给贫困学生募捐，决定排演一出名为《圣诞前夜》的话剧。9岁的凯瑟琳很幸运，被老师选中扮演剧中的公主。接连几周，母亲都煞费苦心地跟她一起练习台词。可是，无论她在家里表现得多么自如，一站到舞台上，她头脑里的词句就全都无影无踪了。

最后，老师只好让别人替换了她。老师告诉凯瑟琳，她为这出戏补写了一个道白者的角色，请她调换一下角色。虽然她的话挺亲切婉转，但还是深深地刺痛了凯瑟琳——尤其是看到自己的角色让给另一个女孩的时候。

那天回家吃午饭时，凯瑟琳没把发生的事情告诉母亲。然而，细心的母亲却觉察到了她的不安，没有再提议练台词，而是问她是否想到院子里走走。

那是一个明媚的春日，棚架上的蔷薇藤正泛出亮丽的新绿。凯瑟琳无意中瞥见母亲在一棵蒲公英前弯下腰。“我想我得把这些杂草统统拔掉。”她说着，用力将它连根拔起。“从现在起，咱们这庭园里就只有蔷薇了。”

“可我喜欢蒲公英，”凯瑟琳抗议道，“所有的花儿都是美丽的，哪怕是蒲公英！”

母亲微笑着打量她。“对呀，每一朵花儿都以自己的风姿给人愉悦，不是吗？”她若有所思地说。

凯瑟琳点点头，高兴自己战胜了母亲。

“对人来说也是如此。”母亲又补充道，“不可能人人都当公主，但那并不值得羞愧。”凯瑟琳想母亲猜到了自己的痛苦，她一边告诉母亲发生了什么事，一边失声哭泣起来。母亲听后释然一笑。

“但是，你将成为一个出色的道白者。”母亲说，并提醒凯瑟琳是如何爱朗读故事给自己听的。“道白者的角色跟公主的角色一样重要。”

在最后举行的话剧演出中，凯瑟琳的道白者角色得到了大家的一致赞誉。

池田大作说：“樱花有樱花的美，梅花有梅花的香，桃花有桃花的色彩，李花有李花的风味。百花争艳，才会有花园的美丽。”和百花一样，我们每个人都有各自的使命、个性和生活方式，我们每个人都要开出自己的花朵，亮出自己的个性，这样世界才能和谐美丽。

人们常说：“红花还要绿叶来衬，否则就显示不出红花的鲜艳夺目。”

实际上，任何一个花园里都不可能只有红花而没有绿叶和小草，那绝对是违反自然界万事万物和谐相生的规律的。

在美丽的童话里，每一个少女都梦想成为最高贵的公主，高贵典雅；同样的，在绚丽的舞台上，每一个演员也都希望自己能成为主角，光彩照人。小姑娘凯瑟琳也不例外，在一开始排练剧目的时候她明明是主角，但随后却被换成了配角，这是很难让人接受的，她一开始心里觉得很不舒服，她没有办法把自己主角的位置让给别人。但在妈妈的一番苦心开导后她才意识到，其实主角和配角一样重要，主角不可少，配角同样不可少，对每一场成功的演出来说，主配角都是一样不可或缺、一样重要的。

当然，我们很清楚，在现实生活中，不是每个女孩都可以成为公主。大家都想争第一，都想处处成为别人关注的焦点，那是很不实际的。与其如此，还不如摆正自己的心态，努力培养团队合作的意识，学会和他人一起来合作和公平竞争，不管大事小事都尽心尽力，不论哪个角色都努力演好，发挥出自己的水平和才智，这样才是最好的表现。有了这样的心态和表现，即便你不是主角，也能凭借自己的独特和努力获得大家的认可和尊敬，迎来自己的绚烂。

如果受到排斥怎么办

晓晴班上的学习委员是个优秀的女孩，也是一个漂亮的女孩，但是同学们都不喜欢她。为什么呢？因为她总是看不起同学，觉得自己比别人都强，那种从骨子里带出的骄傲使同学们就渐渐地远离她了，更准确地说，是不敢靠近她。

这天，晓晴有一道许久想不出来的题目，就想拿过去问问学习委员，而她却态度很不好地说了一句：“我一会儿要排成绩表，忙得很。”

晓晴小声咕哝一句：“啧！估计她也不会吧，又死要面子不说。我怎么要往枪口上撞呢？怎么找到她那里了？”

人缘好的人，说话有人听，办事有人帮，走到哪里都有朋友，显得十分的友好亲切，自己也会感到轻松愉快，工作效率也高；而人缘不好的人，形影相吊，孤家寡人，他对别人冷淡，别人对他的态度也漠然，谁与他都格格不入，到哪里都不会有人受到欢迎，而自己感觉到是处在一个紧张、沉闷的环境中，甚至会导致心理、生理疾病。

如果在与人相处的过程中发现有矛盾，首先应该多分析一下自己的原因。

1. 多反思自己。自己是否在平时与人相处的时候总是沾沾自喜、目中无人，是否经常会盛气凌人，是否容易在一些小节方面得罪别人，是否自身有很多的缺点和不足。

2. 多观察别人。如果有人对你有意见，是否是因为你过于优秀而使他产生了自卑感而对你敬而远之。

不管是因为自己的原因还是由于别人的误解，既然已经在与人交往的过程中出现了隔阂，要想解决这个问题，就应该想办法缩短与别人的心理距离，达到彼此相容。具体说来应注意以下几点：

1. 注意加强个人修养。在日常生活中的为人处世中，不要处处争强好胜，以和为贵，处事大度，与人为善、心胸坦荡，更不要怕闲言碎语，能够谅解他人，不虚伪自私，更不应该有报复猜疑心理。必要的礼貌与适当的控制有助于解除误解。假如你能够宽容忘却别人的过失，会使他人更愧疚、悔过，便会以加倍的友好弥补过去的失误。

2. 等距离交流。应该对每位同学都热情相待，态度真诚谦让，主动大方。不要与某位同学成为密友，形影不离，给人造成错觉：他们是好友，我们知趣些。你得到一个陪伴，却失掉了众多能够帮助你的人。等距离外交并不是要讨好每一个人，更不是不讲原则地做老好人。

3. 敞开心扉。就是说能够开诚布公，使别人了解你、认识你，达到情感交流的目的。向别人敞开心扉要比自我封闭更能使自己感到满足。一般人都喜欢坦诚的人。在与人相处的过程中发挥自己最大的能量，互通有无，使人信服，以调动大家的积极性。

学会拒绝不合理的要求

“蕾蕾，帮我个忙，可以么？”安安一副哀求的表情。

“啥事，别客气，说吧。”面对安安的求援，蕾蕾反而显得很大方。

“我今天不想去上课了，你能不能帮我请个假？”安安说道，“我想去一个僻静的花园里背我喜欢的散文，今天上午的课没有意思，不想去了。你就跟老师说我病了，行不？”

蕾蕾心想这个安安居然让自己帮助她说谎，怎么可以答应呢？蕾蕾显出了犹豫的神色。

“蕾蕾你放心，出事我兜着，你按照我说的来，老师不会怀疑的。”安安一脸的恳切让蕾蕾无法拒绝。

“哎！算了，我舍命陪君子了。”蕾蕾无奈地答应了安安。

到了学校，蕾蕾找到了班主任老师："安安今天请病假，不能来学校上课了。"

可是谁也没有想到班主任老师居然给安安的家里打了个电话，捎带着向安安的家长聊一下安安的近况，结果纸里包不住火，终于露馅了。

"蕾蕾，安安根本就没在家啊，她现在也不在学校，那她现在哪里？"老师过来拿蕾蕾质问。

……怎么说呢？真是让蕾蕾犯难。

于是，蕾蕾只好说："是早上安安这么让我转达的，其他的我也不知道。"

就为这件事，蕾蕾反思了一个上午，原本就不想答应安安的，为什么又不好意思拒绝呢？

如果你想活得自在一点，原则一点，就请勇敢地站出来说"不"。记住，你不必为拒绝不正确的事情而内疚，因为那是你的权利，也是你走向成熟必上的一课。

尤其是女孩子，容易对别人有过分的迁就而丧失自我，这就需要我们学会选择和拒绝。

女孩子也要学会怎样正确地拒绝别人。不仅仅学会拒绝别人的索求，更要学会拒绝别人的给予。

身处逆境时，旁人出于同情，出于怜悯，出于种种纯洁或是不怎么纯洁的理由，会伸手搀扶你一把。你不要把这种搀扶当作一种依靠，一种幸运。你要学会拒绝，为自己舔舐伤口。人生的道路很漫长，坎坷之途谁都有。人，最终还是要靠自己站起来，越过这个坎，磨难将是你的一笔财富。

不懂双赢，难成大器

自然界中的生物懂得和谐共处，互利共生。豆科植物将养分输送给固氮菌，固氮菌向植物提供氮素。彼此生存，互为条件，保持和谐，在自然界的生存竞争中立于不败，这是一种双赢的智慧。

在亚热带，毒蛇的主要食物是青蛙，青蛙却以有毒的蜈蚣为美食，在青蛙面前是弱者的蜈蚣，却能够使比自己体形大得多的毒蛇毙命，一般的毒蛇对蜈蚣都无可奈何。有趣的是，冬季里，捕蛇者却在同一洞穴中发现三个冤家相安无事地同居一室，和平相处地生活。它们经过世代的自然选择，不仅形成了捕食弱者的本领，也学会了利用自己的克星保护自己的本领：如果毒蛇吃掉青蛙，自己就会被蜈蚣所杀；而蜈蚣杀死毒蛇，自己就会被青蛙吃掉；青蛙吃掉蜈蚣，自己就会成为毒蛇的盘中餐。这样一来，为了生存，青蛙不吃蜈蚣，以便让蜈蚣帮助自己抵御毒蛇；毒蛇不吃青蛙，以便让青蛙帮助自己抵御蜈蚣；蜈蚣不杀死毒蛇，以便让毒蛇帮助自己抵御青蛙。三者相克又相生，这是一个多么美妙的平衡局面。

懂得双赢，往往更能解决生死攸关的问题。当曹操率领八十万大军南下攻吴之时，诸葛亮审时度势，做出了一个可以双赢的决定，与东吴联合抗曹。此举不但为吴国抗曹补充了兵力、提供了良策，更是为了日后保全自己、发展自己。他在政治上掌握大局，尤其是如此双赢的举措的确为后人称道。诸葛亮的成功，在于他善于利用自己和外部的力量，不仅为他国提供帮助，也为自己造福，只一计便获得两方的巨大收获。

如今，国际竞争日趋激烈，面对澎湃的经济大潮，各大公司为了生存与发展，纷纷采取合作的方式，彼此联手，互通物资与信息，在奔涌的潮流中彼此互动、共谋发展、壮大自己。这也是一种双赢的智慧。

美国商界有句名言："如果你不能战胜对手，那么就加入他们中间去。"现代社会中，竞争已经不再是"你死我活"的老格局，而是更高层次的合作，企业追求的也不再是"单赢"，而是"双赢"甚至"多赢"。对个人来说，懂得双赢的智慧可以避免让自己走入孤傲、独拼的狭窄小道，而迎来光明通畅的大道，更快实现目标和走向成功。

一个篱笆三个桩，一个好汉三个帮。

成功的获得不仅要靠自身的努力，还要靠很多人的帮助、指导和鼓励。想想看，如果没有美国航天局众多工作人员的支持，阿姆斯特朗能在1969年成功登上月球吗？如果没有前人的探索和积累，先进的科学、技术、医学能由某个人发明出来吗？如果把宇航员、科学家、医生放在一个真空的环境中，仅凭个人的智慧、力量和天赋，他们甚至无法开展一般的工作，更别说取得重大的成功了。事实上，从身边成功的和有经验的人身上得到的帮助越多，获得成功的机会也就越大。

成功不能只靠自己。在专业化分工越来越细、竞争日益激烈的今天，靠一个人的力量是无法处理好所面对的问题的。一个人可以凭着自己的能力取得一定的成就，但是如果把你的能力与别人的能力结合起来，就会取得更大的令人意想不到的成就。

相传佛教创始人释迦牟尼曾经问他的弟子："一滴水怎样才能不干涸？"弟子们面面相觑，无法作答。释迦牟尼说："把它放到大海里去。"一滴水只有融入大海才能生存，才能掀起滔天巨浪。同样，个人再优秀，凭借一己的力量也很难取得成功，只有借助于集体的力量，才能取得更大的成就。

一加一等于二，这是人人都知道的算术，可是在实际生活中，两个人合作所创造的价值，就不再是将两个人各自所创造价值的简单相加了，而极有可能是一加一等于三，等于四，等于五……

一个人即使再强大，他的力量也是有限的，因为个人的力量很难突破环境的限制。成功人士善于与人合作，善于融入集体，一个人要取得成功，必须学会与别人一起工作，并能够与别人合作。

现在是一个注重集体主义、需要团队精神的时代。没有完美的个人，只有完美的团队。个人的知识和能力是有限的，依靠和利用团队成员的知识、经验和能力共同完成工作才是明智的选择。

因而，在生活中女孩们应该多参与一些需要彼此协作的活动，如足球、篮球、跳皮筋、跳绳，既有团体之间的对抗与竞争，更有团队内部的协调一致，非常有利于培养一个人的团队精神与竞争能力。

要记得，自己的强大并不能保证获得成功。唯有依靠群体的力量，才能抵达成功的峰顶；也唯有帮助更多人成功，我们才能有往上成功攀升的能量。一个人在社会中不能孤立生存，只有与人合作，取人之长、补己之短，才能互惠互利。与人合作能够营造一个互惠共存、和平安宁的生存环境，而互相孤立或者无休止地争斗只会导致毁灭。所以在生活和学习中，我们一定要学会与人合作，只有这样我们才能获得成功。

第五章

“我喜欢结交更多的朋友”——不懂交友的女孩会孤单

精心营造自己的社交圈

媛媛和花花都是梦秋的好朋友，但是她们的性格却是截然不同的。

媛媛看上去非常阳光灿烂，脸上的笑容总是如升起的太阳一般有朝气。而且只要是有她在的地方，总能给大家带来快乐。她特别喜欢笑，即使是生病或是受伤了，她也很少哭鼻子。她还是一个很热心的女孩，乐于帮助别人解决问题。

而花花是一个咋咋呼呼说话有时会很尖刻的小女生，有的同学会对她退避三舍。

最近花花不知怎么了，身上总是带有一种青春期特有的伤感，仿佛一朵忧郁的兰花，总是莫名其妙地皱眉，和往常相比，好像更不合群了。如果单单是变得忧郁了那也是个不错的进步，关键是脾气反而变得更大了，除了和几个合得来的朋友之外，她都不怎么和其他的人相处。在大多数同学的眼中，她成了一个“冰美人”。

那天花花一反常态地跟大家说:“我想转学,到贵族学校去积累点人脉。”

花花一定是发烧了吧？梦秋看到她坚定的表情，感到匪夷所思：积累人脉就一定要去贵族学校吗？这是否有必然的联系呢？

记得很早之前，妈妈就和梦秋说过：“你想拥有什么样的生活，完全是自己可以决定的。如果以快乐的心情看待周围的人和事，就会觉得生活很美好，如果以忧伤的心情看待周围的人和事，那么你会觉得自己是最委屈的人。”

梦秋真希望花花要珍惜眼下的生活。

女孩们，在现在这样的一个社会，我们不得不提到一个词就是“人脉资源”。亚里士多德说，一个生活在社会之外的人，同他人不发生关系的人，不是动物就是神。很多同学可能会说：“人脉不就是互相帮忙吗？如果我帮不上别人的忙，人家凭什么要来和我打交道呢？”这是对人脉的一种误解。我们在这里要谈一个关于非权力感召力的概念。非权力感召力是一种对他人的感召力，是在与他人的交往中，在人际关系的互动中产生的。与他人建立真诚美好的关系是非权力感召力的源泉。

卡耐基曾经指出：一个人的成功有时并不在于他有多强的能力，当一张无所不至的人际关系网撒下时，就已经成功了一半。

非权力感召力作为一种感召力有时候通过单独行动来影响别人是有难度的，你需要他人的帮助，所以拥有这种感召力的人总是拥有良好的人际关系。他们广交朋友，在遇到困难的时候，他们依靠朋友的关系网，总能化解眼前的困难。即使这些成功者智商并不高，但他们在事业上也能超人一等。

《射雕英雄传》里的郭靖就是这样的一个典型例子。

都说郭靖是个笨人，但是他却成了天下人人佩服的大英雄。看看靖哥哥周围的人，他怎么可能不成功呢？郭靖的师傅不下十位，既有以侠义自称的江南七怪、擅长内功心法的马钰道长，又有武功盖世的洪老帮主、童心未泯的周伯通，更不用说聪明过人的奇女子蓉儿，等等。

正是这“多元化”的师资组合，站在人尖的肩膀上，“笨”得像木头一样的郭靖终成一代大侠。郭靖虽然脑子反应比较慢，但他深深懂得，独腿走不了千里路，要真正在江湖上闯出一条路来，必须兼收并蓄，集众家之长。

有一首歌唱得好，“千金难买是朋友，朋友多了路好走”。还有一句类似的俗语，“在家靠父母，出门靠朋友”，说的都是人脉。人脉就是人际关系网，就是你结交的好人缘，就是你在需要时，可以毫不犹豫开口求助的那些人。女孩们要谨记：这是一个合作的年代，谁都不可能成为鲁滨孙那样的孤胆英雄，而应该是站在巨人肩膀上的英雄。

朋友不以贫穷自卑

有一个富翁，年轻时家里很穷，他的父母都是农民，他从小就生活在饥饿和窘迫之中。节日的花衣服、过年的压岁钱、喜庆的爆竹、父母的呵护……这些本该属于孩子的专利都与他无缘。

最使他难忘并终生感恩的是小伙伴对他无私、真诚的帮助和呵护。只要小伙伴手里有两块糖，肯定就会有他的一块；伙伴手里有一个馒头，那肯定有他的一半。在贫穷和饥饿之中，还会有什么比这更宝贵的东西呢?

一眨眼 30 年过去了。在这段时间里，世界上有许多事情变了样。此时，富翁步入中年，外出闯荡的他今非昔比。30 年的奔波劳碌、摸爬滚打，富翁一路风尘仆仆地走过来了，成了一个精明的企业家。有一天，少小离家的他动了思乡之情，于是在一个艳阳高照的日子，富翁回到了家乡。

当日，他走遍全村，感谢叔伯大爷、兄弟姐妹这些年对父母的照顾，并每家送了一份礼物。夜里，富翁在自家的堂屋里摆桌请宴，赴宴者全是从小光着屁股一块儿长大的玩伴，他们自然也是四十几岁的中年人了。

按照那里的风俗，赴宴者都要带点礼物表示谢意。大家来的时候都带着礼物，有的还很丰厚。富翁令人一一收下，准备宴席之后请大家带回。

当然，还有自己馈赠的礼物。

正在大家热热闹闹布菜斟酒的时候，门开了，一个儿时旧友走了进来。他的手里提着一瓶酒，连声说："对不起，我来晚了。"

大家都知道这个朋友日子过得很艰难，其情其景，一点儿也不亚于富翁儿时。

富翁起身接过朋友提来的酒，并把他拉到自己身边的座位上坐下，朋友的眼里闪过几丝不易察觉的慌乱。

富翁亲自把盏，他举着手里的酒瓶，说："今天，我们就先喝这一瓶，如何？"一边说，一边给大家一一倒满，然后大家一饮而尽。

"味道怎样？"富翁问，所有赴宴者面面相觑，默不作声。旧友更是面红耳赤，低下了头。

富翁瞧了一眼全场，沉吟片刻，慢慢地说："这些年我走了很多地方，喝过各种各样的酒，但是，没有一种酒比今天的酒更好喝，更有味道，更让我感动……"说着，站起来，拿起酒瓶，又一次一一给大家斟酒。

喝完之后，富翁的眼睛湿润了，朋友也情难自抑，流泪了，原来他们喝的竟是一瓶水！

华盛顿曾说："友谊是一种缓慢生长的植物，必须经历并顶得住逆境的冲击，才无愧友谊这个称号。"朋友不以贫穷自卑，朋友亦没有地位的差距，友谊是毕生难寻的一笔宝贵的财富。作为女孩，拥有一份纯真持久的友谊，是一辈子的财富。

朋友是毕生难觅的一笔珍贵财富。友谊，在相互接触中产生，在世事磨砺中发展，在坎坷和危险中闪光。

俗话说，“在家靠父母，出门靠朋友”。在这个社会上，我们不可能孤立地生存，一旦碰到什么事情，帮你的只有朋友。想在事业上有很大的进步，也要得益于朋友的帮助。

朋友是自己的一笔财富，多个朋友多条路，朋友会对你未来的生活产生奇妙的影响。

多一个朋友多条路，这条“路”有时在你人生地不熟时为你指点迷津，有时为你打开难以求助的门扉，有时贴心贴肺地为你解开迷惑的心结，有时在你陷入困境时伸出援助之手。

朋友没有贵贱之分。真正的朋友无论在你飞黄腾达的时候，还是处于人生低谷的时候，都会以一颗不变的心去对待你。真正的朋友不论时间的长短，不论利益的消散，都会在你最需要的时候拉你一把。

物质的财富来去散尽，并不会伴随人的一生，而人与人之间真正的友谊却不会随着财富的增减、岁月的流逝而有丝毫的消退，只能历久弥新。一个真正的朋友往往是也将是你人生最宝贵的财富。

女孩们，如今的时代，是讲求团队合作的年代，谁都不可能成为鲁滨孙那样的孤胆英雄，而应该是站在巨人肩膀上的英雄。朋友多了，视野才更开阔，生活才更充实，自己的帮手和社交平台才会越来越宽阔，成功和幸福也才会更近。

别人都夸我“人缘好”

“好，先这样，有时间我们常联系。”妈妈放下了电话，反而笑眯眯地看着旭旭。

“旭旭，杨阿姨刚才一直都在表扬你。说你既聪明又懂事，走到哪里都招别人喜欢。”听妈妈这样一说，旭旭心里乐开了花。

“杨阿姨自己也有个女儿啊。”旭旭想起来了。

“杨阿姨总是说，如果她的孩子能像旭旭一样活泼开朗、懂事大方就好了。”妈妈说道。

杨阿姨家有个小女孩和旭旭同岁，可是她为人比较冷漠，而且对别人都不感兴趣，很难和大家融在一起，别人也很难走入她的内心世界。确实，连旭旭都不太喜欢和她玩，因为旭旭一看到她冷漠的表情，就不想和她接近了。

一个浑身上下透着亲和力的人，和一个整天板着脸神情严肃的人相比，相信绝大多数的人都会选择前者作为自己的交往对象。因为只有他身上具备这种爱人的气质，他才会表现得对他人有很大的兴趣，就能吸引人们与他交往。

由此旭旭得到了一点体悟：如果要想让别人不冷落自己，要想让自己在一个圈子中更具有影响力，最好的方法是提升自己的亲和力，多一点对他人的关心和尊重，这样才能在人际交往的舞台上更具魅力。

一起分享这个故事吧：

黄牛看见狐狸在树下呜呜地哭，就问它为什么悲伤。

狐狸抹了一把眼泪，说：“人家都有三朋四友，唯独我孤零零的，心里难受哇……”

黄牛问：“花猫不是你的朋友吗？”

狐狸叹了口气，说："花猫与我交友一载，没请过我一次客，这算什么朋友？我早跟它散伙了。"

黄牛问："山羊不是你的朋友吗？"

狐狸摇摇头，说："山羊与我结拜半年，从未给过我一分钱的好处，还有啥朋友味？我早跟它断绝来往了。"

黄牛长叹了一声，问："听说你曾经跟大黑猪的关系还可以。"

狐狸气得直跺脚，说："我早把它给踢了！你想想，大黑猪能帮我什么忙？当初我根本就不该认识那个蠢家伙。"

黄牛戏谑地一笑，调侃地说："狐狸先生，我送你一样东西吧。"

狐狸眼睛一亮，心想这下可以讨到便宜了，立刻止住哭，问道："什么东西？"

黄牛扭过头，扔下一句"贪鬼"，说完头也不回地走了。

对朋友不能付出真诚的人永远得不到真正的友谊，他们将是可怜的终生孤独者。

有人曾说："有求于人才会去找朋友，很快就没有朋友。如果你愿意要朋友，先做别人的朋友。"交朋友贵在真诚，一个只肯为自己打算盘的人，到处受人鄙弃，他一辈子都很难交到朋友。

古希腊政治家伯利克里说过："我们结交朋友的方法是给他人以好处，而不是从别人那里得到好处。"只有真心对朋友好，以真心换真心，这样你才会取得朋友的信赖和帮助，你的朋友也就会越来越多，这才是真正的交友之道。希望有所收获的友谊不是友谊，而是交易。懂得付出的人是真正拥有财富的人，尽管他拥有的财富并不变，但只要他能帮助朋友，只要还有朋友需要他的帮助，那么他就是一个真正富有的人。所以，女孩们，要想交朋友的话，一定要真诚。

记住别人的名字

1898年一个寒冷的冬天，纽约石地乡发生了一起悲惨的事件。那天地上积满了雪，天气寒冷。发莱到马棚去驾马，那马好几天没有运动了。当它被引到水槽旁时，竟然在地上打起转，并且双蹄腾空，一下子就把发莱踢死了。

发莱留下一个寡妇、三个孤儿，还有几百美元的保险。他10岁的长子吉姆为了赚钱养家，不得不到砖厂去工作，他的任务是把沙放进模型中，然后将砖放到一边，让太阳晒干。

这男孩因为家庭的不幸从未有机会接受教育，但因为有爱尔兰人乐观的性格和讨人喜欢的本领，后来他参政了。经过多年以后，他养成了一种非凡的记忆人名的奇异能力。

他不知道学校到底是什么样子，但在他46岁以前，4所大学已授予他学位，因为那时他已经成为民主党全国委员会的主席、美国邮政总监。

有一次，一位记者在访问吉姆时，问他成功的秘诀是什么。他回答说："苦干。"

记者不相信地说："请不要开玩笑。"

他却反过来问记者："那么，你以为我成功的原因是什么？"

记者回答说："我知道你能叫出1万人的名字。"

"不，你错了，"他说，"我能叫出5万人的名字！"

不错，正是这种能力使吉姆帮助罗斯福入主白宫的。

每一个人都有一个属于自己的名字。我们与人交往，记住并能叫出对方的名字，是获得对方好感最简单、最明显、最重要的方式。记住别人的名字，而又很轻易地叫出来，等于给予别人一个巧妙而有效的赞美。有了这样的赞美，你将很容易获得别人的欢迎甚至是友情。

一位心理学大师在介绍人际交往的技巧时说："在与人交往时，每个人的内心都渴望受到重视，渴望给他人留下深刻的印象，因此，他们非常希望别人能记住自己的名字，并希望自己的名字能被人永远记住，而不被遗忘。所以，当有人在出乎他人意料时喊出他人的名字，他的心里会非常高兴。"那么，你能喊出多少人的名字？

越是一些不经意的小事和细节越能够反映出一个人深层次的素质。生活中，如果你留意的话就会发现，在交际活动中，绝大多数人是十分看重自己名字的，他们往往把名字与友谊联系在一起。比如，多年不见的同学、同乡相会时，如果对方仍记着你的名字，你心里必定非常高兴，彼此间的感情也会因此而亲近几分；相反，如果对方把你的名字忘得一干二净，或出现"张冠李戴"的情形，你势必感到没劲，在心理上就可能与之拉开距离。

尽管名字不过是一个人的代号，但是，人们却十分重视它，这是因为它包含有特殊的意义。一个人的名字与他的尊严、地位、荣誉、心理，及其彼此间的感情友谊紧密联系在一起。甚至可以说，名字就是你，你就是那个名字，这一点在交际中表现得尤为明显。

当人们的名字被遗忘、被搞混，不管有意无意都可能带来不良的影响，轻者让别人心理上反感，拉开彼此距离，重者会影响彼此感情，损害人际关系。

学会叫对方的名字，是与人相处最起码的起点。记住别人的名字，是对别人最起码的礼貌和尊重。有时好朋友之间的交往，恰恰是从记住对方的名字开始的。

心理学家发现，当许多人坐在一起讨论某个问题时，如果在你发言中提到了多个人的名字及他们说过的话时，那么，被提到的那几个人就会对你的发言重视一些，也容易接受一些。为什么一个称呼会引起这么大魔力呢？那就是“被重视”这个因素在起作用。

因此，在与人交往的时候，我们要努力记住他人的名字。这样做，一方面是出于礼节礼貌，表示尊重；另一方面又是珍视感情的表现。从一定意义上说，记住别人的名字是一种廉价但有效的感情投资。记住他人的名字就等于把一份友谊深藏在心里，记忆的时间越久，情谊就越深，如同一瓶陈年好酒，越放就越醇。在交际中记住对方的姓名，对方必定会从中体验到你的深情厚谊，感受到他在你心目中的位置，进而增加亲切感、认同感，加深彼此的感情。

学会化解朋友之间的矛盾

列夫·托尔斯泰和屠格涅夫都是闻名于世的俄国大文豪，他们之间曾经有过一段颇为曲折且发人深省的交往。

1855 年，托尔斯泰在彼得堡认识了比他大 10 岁的屠格涅夫。尽管屠格涅夫感到这位新朋友的脾气很大，性格倔强甚至有时候很粗野，但仍然从心底喜欢和欣赏他的才华。于是两人成了关系很好的朋友。

1861 年，屠格涅夫的新作《父与子》成稿了，他邀请托尔斯泰到自己的庄园来，把稿子给他看。午餐后，托尔斯泰拿起稿子躺在沙发上看，但越看越觉得兴趣索然，渐渐地不禁掩卷入梦。当他醒来后，发现屠格涅夫刚刚背转过身子出了门，当天便没有再进来。

第二天，诗人费特邀请他们二人到家中做客。席间，屠格涅夫对自己女儿的家庭教师大加称赞，因为她教导自己的女儿为穷人补衣服，为慈善事业捐款。

不料，托尔斯泰对屠格涅夫的话很是不以为然，居然带着讽刺的口吻说："我设想一位穿着华贵的小姐，膝上放着穷人破烂的衣服，这实在是在表演一幕不真实的舞台剧。"

屠格涅夫本来就对托尔斯泰昨天看稿的表现有所不满，此时一听他这么说，顿时气不打一处来，便怒不可遏地大声咆哮起来："这么说，是我把女儿教坏了？！"

托尔斯泰也不示弱，针锋相对地予以反驳。于是，两个人在客厅里从争吵到互相推搡，后来互相抓住对方的头发，乒乒乓乓地大打出手。

就因为这一件小事，两位大作家的关系自此中断了 17 年。

直到 1878 年，托尔斯泰在经历了长期的内疚和不安后，主动写信给屠格涅夫道歉。

他写道："近日想起我同您的关系，我又惊又喜。我对您没有任何敌意，谢谢上帝，但愿您也是这样。我知道您是善良的，请您原谅我的一切！"

屠格涅夫立即回信说："收到您的信，我深受感动。我对您没有任何敌对情感，假如说过去有过，那么早已消除——只剩下了对您的怀念。"

一场积聚多年的冰雪终于消解了。不过此后不久，另一件事又差点使他们的关系再次陷入危机。幸运的是，吃一堑长一智，他们这次都知道如何避开了。

这一年，在托尔斯泰的盛情邀请下，屠格涅夫到勃艮纳庄园做客。有一天，托尔斯泰请客人一起去打猎。屠格涅夫瞄准一只山鸡，“砰”地开了一枪。

“打死了吗？”托尔斯泰在原地喊道。

“打中了！您快让猎狗去捡。”屠格涅夫高兴地回答。

猎狗跑过去之后很快便回来了，但却一无所获。“说不定只是受了伤。”托尔斯泰说，“猎狗不可能找不到。”

“不对！我看得清清楚楚，‘啪’的一声掉下去，肯定死了。”屠格涅夫坚持说。

他们虽然没有吵架，但鸟儿失踪无疑给两个人带来了不快之感，仿佛二人之中有一个说了假话。可是，这一次他们都意识到不应再争执下去，便把话题转向别处，尽量在愉快的消遣中打发时光。

当天晚上，托尔斯泰悄悄地吩咐儿子再去仔细搜索。事情终于弄清楚了：山鸡的确被屠格涅夫一枪打中了，不过正好卡在了一枝树杈上面。

当孩子们把猎物带回来时，两位老朋友简直开心得像孩童一般，相视大笑。

争辩是无法解决问题的。人与人之间，没有差异和分歧是不可能的，关键在于能否处理好这些分歧，不要使分歧影响感情和关系。正确的做法是“求大同，存小异”“大事化小，小事化了”，以互谅互让的态度而不是用争辩的方法去处理彼此间的分歧。

人世间许多不愉快的事，都起因于无谓的争辩。

低级心理浓厚的人才会争辩，一个人格思想健全的人，他承认一切意见都是相对的，因此他注意倾听别人说的话、别人的意见。若有不赞同之处，他一定平静地、客观地说明理由，若他的理由充足，对方能信服的话，他也不认为对方智力低下或者判断力差；若他的理由不充足，别人的意见是对的话，他也甘心认错，并不感到屈辱，因为他的目的，是尽量了解事情的真相。

而争辩者，假如一方的意见被对方证明错误的时候，他会感到不安，他会觉得被侮辱了人格。所以争辩的双方，一定都认为自己的意见绝对正确，稍遇异议，他们一定会野蛮地大动肝火，互相指责对方的错误，于是就争辩起来，假定有一方让步，就不会产生争辩，但一定没有哪一方会让步。争辩像斗鸡，谁胜谁败没有关系，反正双方都是错的。

争辩对一个人精神上、身体上的损害还在其次，最大、最可怕的影响是在人际关系上，因为争辩发生的地方，合作是不可能的。一旦没有了社会合作，人类的进步必定停滞。历史上大多数战争的起因，不过是国家间为了琐屑的事件引起大规模的争辩。

在争辩里面，没有胜利的人，也没有最后定局的话。

所以，女孩们，一切都是相对的，花费精力争辩太不值得，最明智的做法是相互谅解和谦让。

成为异性交往中受欢迎的角色

安然是班里的班委，在学校人缘很好，很多人都很欣赏她。紫烟对此甚是纳闷，安然长得并不怎么样，可大家就是喜欢她。更气愤的是，紫烟所欣赏的那个男生也是天天围着她转，对紫烟冷冷的。紫烟四处求问，别人告诉她说：女人的魅力不光是靠美貌。

其实紫烟也是被自己的嫉妒心蒙蔽了。安然之所以受欢迎，旁观者是一清二楚的。首先，安然是班干部，这决定了她基本能和班上所有人交流，甚至连其他班也会有很多人认识她，这个优势在学生时代是一定的；其次，安然有着一颗善良的心，一个同班同学这样说："和她相处真的很开心！我是被她的人格魅力所吸引的。"而且她性格随和，活泼开朗，喜欢把自己骄傲的东西展示给别人，和朋友在一起的时候，她总是笑得很大声、很开心，她很会玩，也很有个性；再次，安然是个才女，很有智慧，喜欢写一些文采飞扬而略带感伤的文字，而且成绩很好，比较有思想。安然是这样说自己的："有时落落大方，像薛宝钗；有时弱不禁风，像林黛玉；有时疯疯癫癫，有时安安静静；有时热情如火，有时冷若冰霜；有时烦躁不安，有时漠不关心……其实我是一个蛮复杂的人！"

试想，这样一个人际关系良好的人，怎么会不受欢迎呢？

思想引导行为；行为养成习惯；习惯造就性格；性格决定命运。好性格是人际交往的基础，一个拥有良好性格的人，一定会在生活中拥有更多的朋友，在工作中拥有更好的发展。而好性格的养成是从一点一滴的行动中得来的，多理解别人，富有同情心，及时提供帮助，不嘲笑别人……这样坚持下来，你也会成为一个受欢迎的人。

日常生活中，女孩们都希望自己受人欢迎，能成为大家关注和喜爱的对象，但却只有很少数的人能做到这样。那么，好人缘到底要怎样打造呢？

其实，每一个人想要成为异性交往中受欢迎的角色，最重要的就是在与人交往的时候，要学会顾及别人的感受，善于为别人着想。同时，还要把自己锻炼成一个有内涵、有自信的人，我们可以变得开朗一些，在学习生活中更加积极主动地与同学交流。如果整天只是闷头一个人读书，谁也没那个工夫去理你。友谊是交流出来的，或是言语上的互相鼓励，或是行动上的互相帮助，都是很有必要的。当然，最基本的一些事情还是要注意的，比如说男生要尽量会一项集体性的体育运动，要学会幽默，以及细心地做事情；女生则要尽量注意自己的形象，尽量保持微笑、礼貌待人、善解人意等等。

就像开头案例中的紫烟，她其实根本不必太在意安然，也不必太嫉妒，她可以每天微笑着面对同学们，有什么事都真心热情地帮忙，然后把自己最真实的一面展示给大家，这样自然就会得到好人缘。

对于女孩来说，自信是相当重要的，不管外表如何，都一定要相信自己，把自己的优势和闪光点展现出来。不要固守在自己的小圈子里，更不能想当然地把别人想象成不怀好意的人。

总之，女孩们需要注意，如果你想在异性交往中成为受欢迎的人，那就一定要学会用真诚和信任来提升自己的魅力，不仅对异性，对同性朋友也要多一些理解和宽容。如果这样做了，你就会发现自己身边的朋友越来越多。

鹿与豺交朋友

在一个名叫金巴兰的大森林里，住着一只鹿和一只乌鸦，它们相处得很和睦。有一天，一只豺来到森林里，对鹿说："你住在这座森林里，也没有一个伴儿，你如果和我交个朋友，那该多好啊。"鹿听了豺的话以后，便把豺领到了自己家里。乌鸦远远地看见豺走来，就对豺有了戒心。它把鹿叫到一边，悄悄地对鹿说："兄弟，你和一个不了解它的地位、身份和脾气的豺交朋友，可不太明智啊。"但是鹿没有听乌鸦的劝告，仍然同豺交了朋友。

一天，豺对鹿说："朋友，离这儿不远的地方有一大片金黄的稻田，到那里去你可以吃到你最喜欢吃的食物。"鹿听了豺的话，就每天到那片稻田里去吃稻子。护田人发现鹿天天来吃稻子，就布了网，准备捉住它。

有一天，鹿刚刚来到田里就陷进网里了。鹿在网里想：在这危难时刻，我的朋友豺如果能来帮我的忙该多好啊！这时，豺果然到稻田里寻找鹿，当它发现鹿陷进了护田人的网里时，心想：鹿终于陷进网里了，好哇，这回护田人剥了它的皮，我就可以吃肉了。

鹿突然发现了豺，急忙哀求道："朋友，你能救我脱险吗？你不救我，我肯定活不了了，请你想办法咬破这个网，救救我吧。俗话说：'患难知朋友，战场显英雄。'你如果救了我，我是不会忘记你的恩情的。"

豺说："朋友，我可怜你，我看到你落难，心里十分难过，我一定要咬破这张网。不过，今天是我的斋戒日，不能吃肉，这网是用羊肠做的，如果我一咬，便会破坏了我的斋戒，等明天早晨再说吧。明天一早，我就来救你。"豺说完就走了，然后找了个隐蔽的地方藏了起来。

天快黑了，乌鸦还不见鹿回家，心里非常着急。它四处寻找，最后发现鹿正陷在网里。乌鸦说："朋友，你怎么会掉进网里？你的朋友豺在哪儿？"

鹿说："兄弟，这就是我不听你的话，和豺交朋友的下场，'不听好人言，遭殃在眼前’啊。”

“朋友，你赶快鼓起肚子躺在地上装死，听我大声叫的时候，你立刻爬起来逃走。”乌鸦说完，便飞到一棵树上去。鹿听了乌鸦的主意，就鼓起肚子躺在地上，假装死了。

护田人走近一看，以为鹿真的死了，便放下木棒，赶快去放网。在护田人收网的时候，乌鸦立刻呱呱地叫起来。鹿听到乌鸦的叫声，爬起来撒腿就逃，护田人发现鹿跑了，抬起木棒向鹿扔过去，木棒没有打中鹿，正好打着藏在树丛后面等着吃鹿肉的豺。

常言道:“君子之交淡若水,小人之交甘若醴;君子淡以亲,小人甘以绝。”交什么朋友，怎样交友，这是一个问题的两个方面。朋友有君子、有小人，交友也有君子之交和小人之交。

君子之间的友谊平淡清纯，但真实亲密而能长久。小人之间的友谊浓烈甜蜜，但虚假多变，经不起时间的考验。女孩在社交的时候，一定要分辨小人和君子，免得自己成为被人陷害的“鹿”。

明代苏浚将朋友分为四种：“道义相砥，过失相规，畏友也；缓急可共，死生可托，密友也；甘言如饴，游戏征逐，昵友也；和则相攘，患则相倾，贼友也。”因此，交友要选择，多交益友、畏友、密友，不交损友、昵友、贼友。“近朱者赤，近墨者黑。”这些古训说明交友对一个人的思想、品德、学识会产生深刻的影响。

清代冯班认为：朋友的影响比老师还大，因为这种影响是习气相染、潜移默化的，这就是《孔子家语》中说的：“与君子游，如入芝兰之室，久而不闻其香，则与之化矣。与小人游，如入鲍鱼之肆，久而不闻其臭，亦与之化矣。”涉世不深的女孩，尤应注意谨交友、慎择友的古训。在交友时要有知人之明，不要错把坏人当知己，受骗上当，甚至落入坏人的圈套而无法自拔。

君子之交以互相砥砺道义、切磋学问、规劝过失为目的，友谊是建立在互相理解、思想一致的基础之上的，故虽平淡如水，但能风雨同舟，生死不渝；小人之交是建立在私利的基础上的，平时甜言蜜语、信誓旦旦，一旦面临利害冲突，就会交疏情绝，反目成仇。

君子之交和小人之交的区别在于“同道”还是“同利”。小人之交是为了私利而互相勾结，所以见利就争先，利尽就交疏，这样的朋友是假朋友，或者是暂时的朋友；君子之交是坚持道义的原则和社会的使命，所以能够相益共济，始终如一，这样的朋友才是可靠的真朋友。所以女孩们要交志同道合的真朋友，不要交追逐私利的假朋友。

自己制订一个交友的标准

妞妞总是觉得自己的好朋友太少了，她自己曾经分析过原因，但是还是找不到原因。

后来，妈妈给妞妞一个提示：“妞妞，你对待别人的态度反差太大了。你仔细想想自己平时的表现，对待你的好朋友，你会有说不完的话，可是对那些和你不熟的人，你一句话都不会说，这样的话，你怎么会有更多的朋友呢？你应该平等地接纳更多的人，才会获得更多的朋友啊。”

“可是，当我遇到了和自己不熟的人，我就觉得不好交流，怎么办？”妞妞把为难之处告诉了妈妈。

“如果是这样的话，那让妈妈给你一个关于对待朋友的禁忌吧，如果你把这些记住了，就不会在和朋友交流的时候犯错了。”妈妈的话，犹如是一颗定心丸，让妞妞心里踏实了许多。

“那，妈妈，您把那份宝贵的禁忌告诉我吧。”妞妞迫不及待地向妈妈哀求。

“嗯，我会告诉你的，不过，妞妞，妈妈还想告诉你的是，交朋友最宝贵的在于真诚，不要因为不敢和人说话而禁锢住自己，只要让人感受到了你的真诚，语言再笨拙都不会影响你们交流的效果。”

女孩们，人际关系需要维护与和谐，没有和谐的人际关系你怎能无忧无虑地去办事？

所以人际交往要时时注意和谐，在与人交往的时候，需要注意一些禁忌，可以保证你在与人交往的过程中不会犯错：

1. 忌言谈举止轻浮

与人交往时，语言要文明，举止要礼貌，说话有条理，言简意赅。别人谈话时，要虚心倾听，不打断对方谈话，不做心烦意乱的动作，不搔首、抓腮、挖耳、抠鼻、剪指甲、跷着二郎腿等，更不要随便翻阅别人的东西。

2. 忌分等级待人

对别人一视同仁，不卑不亢，不论对方地位高低、资历深浅、条件优劣，自己都要热情谦虚，既不巴结讨好，也不傲慢自居。

3. 忌自以为“什么都懂”

对不知道的事不说，别人不了解的也不要牵强附会、东拉西扯，让对方反感，交往必然失败。

4. 忌过分打扮

与人交往时，衣着要与身份相符，整洁大方。当然，也要考虑被交往对象的生活习惯。如不修边幅或过分修饰，难免使对方产生误解或给人一种浮华轻薄、华而不实的感觉。

5. 忌随便误解对方

对别人谈论的事，要正确理解。如果是出于无心，就不要过于认真，想入非非，甚至造成误解，使人感到不雅。

6. 忌花言巧语，虚伪客套

在交往中，态度要诚恳，实事求是，讲心里话，不用虚伪的客套话骗人。当然，讲话也要注意分寸。

7. 忌显示自己有恩于人

在交往中，不要多谈自己的好处，不要认为自己足够对得起人家，别人太对不起自己了。应该常提受人恩德的事，使对方心中也感到舒服。

8. 忌了解自己不应该知道的事情

在交谈中，不可多嘴多舌，贸然打听别人的秘密或对方难以启齿的事情，使对方受窘。忌有意无意揭穿他人的秘密。

9. 忌幽默过度

朋友之间、熟人之间开开玩笑是免不了的。它不但可以活跃气氛，融洽关系，增进友谊，还可以使开玩笑的人具有幽默感。但是，凡事都有个“度”，超越了这个“度”，不但达不到预想的目的，还会弄巧成拙，适得其反，开玩笑也是如此。

开玩笑的“度”没有固定的衡量标准，它是因人、因时、因环境、因内容而定。

具体如下：

要看对象。由于人的性格各不相同，使得他们的承受能力也有所不同。有的人开朗活泼，有的人寡言少语，也有的人生性多疑。因此，同样的玩笑对有的人可以开，对有的人就不能开。

要看时间。同一个人，在不同的时间里会有不同的心境和情绪。有时情绪好，有时情绪低落。同样一句玩笑，在对方心情开朗时，他不会计较，而当他心情坏时，就可能耿耿于怀。因此，开玩笑最好选择在大家心情都比较舒畅时。

开玩笑还要看场合和环境。一般来说，在安静的环境中；在庄重、紧张的场合；在悲哀的环境中，不应该开玩笑；在大庭广众之下，应少开或不开玩笑。要看内容。开玩笑要讲究内容健康高雅，注意情调。

10. 忌随便发怒

喜怒哀乐，本是人之常情，也是人的内心世界的真实表现。俗话说“气大伤身”，发怒者会给自己的身体带来不良的影响自不必说，还要影响发怒者的自身形象。因为人们常会认为发怒者缺乏修养，不宜深交。

11. 忌口出恶语

俗语说：“良言一句三冬暖，恶语伤人六月寒。”在社交活动中应极力避免恶语的出现。语言本是人们交流思想、传递信息和沟通情感的工具，但恶语却是损害别人尊严，刺痛别人神经和破坏相互关系的祸根，是社交之大忌。但是，只要我们每个人都从我做起，不断提高自身素质和修养，注意语言美，充分认识到尊重别人，就是尊重自己，伤害和侮辱他人的同时也贬低了自己，那么，在社会交往中就不会出现恶语伤人之事了。

12. 忌搬弄是非

所谓飞短流长，意思就是说长道短，评论他人的好坏是非。这同样是社交之大忌。常言道，人与人交往贵在真诚，要以诚相见。那种当面是人背后做鬼，私下议论别人是非的做法，是不利于团结的，而且会伤害朋友之间的感情，最终使你失去朋友。

对朋友的过失不能幸灾乐祸。人非圣贤，孰能无过！一个人在工作和生活中出现差错和过失是在所难免的。对待朋友的错误不能熟视无睹，更不应幸灾乐祸，而应积极相助，指点迷津。这才称得上是真正的朋友。只有这样的人在社会交往中才会赢得朋友的信赖，交到更多更好的朋友。

13. 忌言而无信

社会交往中，信用二字至关重要。自古就有“一诺千金，一言百系”，“一言既出，驷马难追”的说法。因此，要让别人相信你、尊重你，你就必须要言而有信。

古人云：“人无信，不可交”。如果女孩们言而无信，在社交场合中就不会有自己真正的朋友。

自我封闭，损失最多的一定是自己

晚上闲着没有事做，盈盈打开电视来消遣时间。

盈盈找到了一档娱乐节目，主持人采访一个即将大学毕业的学生，问她未来的职业规划是什么，她说：“我是学管理专业，将来希望做一个出色的经理助理。”

主持人继续问道：“那你对将来的经理有要求吗？”

这个学生如实回答："如果我将来的经理是一个具有个性魅力的人，我会以我的职业生涯做赌注，一心一意为他工作。"

看到这里，盈盈的妈妈对爸爸说："看来在工作中要提升个人魅力啊，才能吸引更多的人才为你服务。"

爸爸回答道："你说的没错，我需要提高我的个人魅力才能增加在职员心目中的影响力，在这个社会中有个性魅力的人确实有很大的影响优势。你看你在家里的影响里就远远大过我，盈盈很多事情都听你的，这就是一个很好的证明嘛。"

盈盈听了问妈妈："什么是个性魅力呢？"

妈妈说："一个人的魅力更多的是来源于内心，那才是个人魅力的源泉。有魅力的人会放开自己，懂得关心别人，这样才能得到大家的爱戴。"为了说明这个道理，妈妈还给盈盈讲了一个故事：

有个女孩，家境非常富裕，不论是财富、地位、能力、权力，还是外表，都没有人能够比得上，但她总是郁郁寡欢，连个可以谈心的人也没有。于是她去请教一位长辈，如何才能具有魅力，赢得别人的喜欢。

长辈告诉她："你能随时随地和各种人合作，心地善良，讲些善话，听些善音，做些善事，用些善心，那你就能成为有魅力的人。"

女孩听后，问："善话怎么讲呢？"

长辈道："就是说欢喜的话，说真实的话，说谦虚的话，说利人的话。"

女孩又问："善音怎么听呢？"

长辈道："就是转化一切声音，把辱骂的声音转为同情的声音，把毁谤的声音转为帮助的声音，哭声闹声、粗声丑声，你都能不介意。"

女孩再问："善事怎么做呢？"

长辈道："就是助人的事、慈善的事、服务的事、合法的事。"

女孩更进一步问："善心是什么心呢？"

长辈道："善心就是你我一样的心、一颗平常心、包容心、责任心。"

女孩听后，一改从前的骄矜，不再自恃相貌美丽，也不在人前夸耀自己富有，对人总谦恭有礼，对周围的人体恤关怀，成为拥有魅力的人了。

听了妈妈的故事，盈盈明白了："魅力不是来自外表，而是来源于纯洁善良的心。多懂得关心别人，自己也会得到最真实的快乐。以后我要向故事中的小女孩学习。"

妈妈笑着说："盈盈，其实你也不必刻意要求自己，只要能拥有一颗温暖的心去关心自己周围的同学，很快你就会成为一个受欢迎的人了。"

"嗯。"盈盈高兴地点点头。

有个女孩出生于农民家庭，父母都没有文化。尽管如此，她自小勤奋好学，家里寄予她很大的希望，她也想依靠自身的努力使父母生活得更好一些。因此，她埋头苦读，从小学到高中，再到大学，她的学习都很好。但由于一心读书，她很少交朋友，根本就没有什么知心伙伴。因此，她常感到很孤单、很寂寞。尤其是参加工作后，在机关上班，工资较低，仍旧无法接济父母，她心里经常自责。不仅如此，她总是感到很难与人相处，总是一人独来独往，虽然心中也很想与人交往，但又不敢，也不知道怎样去结交朋友。四年前经人介绍和某同事结婚，但两人感情基础不好，常为一些小事吵架。因此，两年来她有一种难以言状的苦闷与忧郁感，但又说不出什么原因，总是感到前途渺茫，一切都不顺心，老是想哭，但又哭不出来，即使是遇有喜事，她也毫无喜悦的心情。过去很有兴趣去看电影、听音乐，但后来就感到索然无味。工作上也无法振作起来。她深知自己如此长期忧郁愁苦会伤害身体，但又苦于无法解脱。有时她感到很悲观，甚至想一死了之，但对人生又有留恋，觉得死得不值，因而下不了决心……

对于孤独的人，所有这些怜悯都不能穿透那堵把自己和世人隔开的墙壁。在这封闭的墙内，不仅拒绝别人哪怕是极微小的帮助，而且还用各种方式来惩罚自己。在孤独这座牢狱里，拥有孤独的人同时充当了双重角色：受难的囚犯和残酷的罪人。正由于孤独使人丧失了自尊与自信，他们总是自我责备、自我贬低。无论对环境还是对自我，都不能积极地对待。对环境压力总是被动地接受而不能积极地控制，更谈不上改造；对自我也总感到难以主宰而随波逐流，于是在人生征程上没有理想与期待，只有失望与沮丧。

总感到茫然无助，陷入深重的失落感而难以自拔，对一切都难以适应，只能退缩回避。我们周围常常有这类人，当生活环境发生重大变化而呈现出巨大反差时，当人生之旅中出现一些变故、遇到一些挫折时，或者仅仅是环境不如意时，便精神不振、心神不定，百无聊赖而焦躁不安，不思茶饭，更无心工作，甚至不想生活，整个儿跌入消极颓丧中。

只有敞开自己的心灵，用心去接纳别人，与别人分享自己的快乐与忧伤，才能彻底摆脱孤独的阴影。

孤独和自我封闭给人们带来的是种种消极的体验，如沮丧、失助、抑郁、烦躁、自卑、绝望等，因此孤独对人体健康有很大的危害。据统计，身体健康但精神孤独的人在 10 年之中的死亡数量要比那些身体健康而合群的人死亡数多一倍。人的精神孤独所引起的死亡率与吸烟、肥胖症、高血压引起的死亡率一样高。

一般来说，人的天性是不能忍受长期的孤独的，但是，有的人自己将自己推至了孤独的境地。

其实，孤独并不可怕。一生之中，每个人都得或多或少地体验到孤独感。以下我们介绍一些克服孤独感的一些方法：

战胜自卑。只有咬破自卑心理织成的茧，你才能冲出黑暗，远离孤独。

为他人做点什么，让自己受欢迎。

多交一些知心朋友，交流之中，你能够体会到友谊的温暖。

多参与外界活动，开阔心胸。

培养一些业余爱好，从中获得乐趣。

狄德罗曾经说过：“忍受孤寂或者比忍受贫困需要更大的毅力，贫困可能会降低人的身价，但是孤寂可能败坏人的性格。”为什么要自我封闭而承担那么大的辛苦和劳累呢？女孩千万不要走近自我封闭的怪圈，因为那样只能伤害你自己和与你最亲的人。

我喜欢结交更多的朋友

悠悠赖在家里和妈妈聊天，妈妈喝了杯水，对悠悠说道：“悠悠，在生活中，个性的魅力是最能吸引他人注意的，通过自己的个性最能够彰显一个人的影响力，这种影响力实质上是通过得到别人的喜欢而发挥出来的。”

悠悠好奇地问妈妈：“我希望自己有更多更多的好朋友，怎样才能得到别人的喜欢呢？”

妈妈笑而不答，却反过来问悠悠：“你认为怎样做才好呢？”

悠悠想了一下，并没有得到合适的答案，妈妈就给悠悠讲了一个故事：

美国总统西奥多·罗斯福不仅是政界耀眼的明星，在日常生活中他同样是一个异常受欢迎的人，不管是政府官员还是他的亲戚朋友，就连仆人都喜爱他。他的那位黑人男仆詹姆斯·亚默斯，写了一本关于他的书，取名为《西奥多·罗斯福，他仆人的英雄》。在那本书中，亚默斯说：

“有一次，我太太问总统关于一只鹑鸟的事。她从没有见过鹑鸟，于是他详细地描述了一番。没多久之后，我们小屋的电话铃响了。我太太拿起电话，原来是总统本人。他说，他打电话给她，是要告诉她，她窗口外面正好有一只鹑鸟，又说如果她往外看的话，可能看得到。

“他时常做类似的小事。每次他经过我们的小屋，即使他看不到我们，我们也会听到他轻声叫出：‘呜，呜，呜，安妮！’或‘呜，呜，呜，詹姆斯！’这是他经过时的一种友善招呼。”

有一天，罗斯福到白宫去拜访，碰巧塔夫脱总统和他太太不在。他向所有白宫的仆人打招呼，都叫出名字来，甚至厨房的小妹也不例外。当他见到厨房的亚丽丝时，就问她是否还烤制玉米面包。亚丽丝回答说，她有时会为仆人烤制一些，但是楼上的人都不吃。

“他们的口味太差了，”罗斯福有些不平地说，“等我见到总统的时候，我会这样告诉他。”亚丽丝端出一块玉米面包给他，他一面走向办公室，一面吃，同时在经过园丁和工人的身旁时，还跟他们打招呼……他对待每一个人，就同他以前一样。他们仍然彼此低语讨论这件事，而艾克胡福眼中含着泪说：“这是将近两年来我们唯一有过的快乐日子，我们中的任何人，都不愿意把这个日子跟一张百元大钞交换。”

“你知道罗斯福为什么受到那么多的人的喜爱吗？”妈妈讲完故事后问悠悠。

“是因为罗斯福真正关心每一个人。”

“对他人的关心让他赢得别人对他的敬重，这是罗斯福成功的秘诀之一，也让他成了一个很有影响力的总统。悠悠，其实我们每一个人都希望得到别人的喜欢，罗斯福的成功告诉我们一个真理，只有真正喜欢别人的人才能得到别人的喜欢。”妈妈说。

“妈妈。我明白了。我们要关心他人，一个只会关心自己的人很难得到他人的喜欢，过度喜欢自己的人，把精力都放在了关心自己身上，别人无法从他那里得到关心，当然也不会注意他。”

妈妈说：“对，就是这个道理。要想得到别人的喜欢，我们就要先去喜欢别人。”

女孩们，友爱是人在一生中最值得珍藏的一笔财富。当你取得了巨大的成绩，他像你一样沉浸在幸福之中；当你遭遇困境厄运，他同你一样悲痛忧伤。不论你遇到什么事情，你时刻都会感觉到在这个社会上你不是一个人在孤立无助地生活，你时刻都在另一双眼睛的视野里，你时刻都在另一颗心灵的关怀中。

真正的友情是我们最宝贵的财富，为了友情，我们甚至可以放弃生命。

在越南有这样一个故事：

几发炮弹突然落在一个小村庄的一所由传教士创办的孤儿院里。传教士和两名儿童当场被炸死，还有几名儿童受伤，其中有一个小姑娘，大约8岁。

村里人立刻向附近的小镇要求紧急医护救援，这个小镇和美军有通信联系。终于，美国海军的一名医生和护士带着救护用品赶到了。经过查看，这个小姑娘的伤最严重，如果不立刻抢救，她就会因为休克和流血过多而死亡。

输血迫在眉睫，但得有一个与她血型相同的献血者。经过迅速验血表明，两名美国人都不具有她的血型，但几名未受伤的孤儿却可以给她输血。

医生用掺和着英语的越南语，护士讲着仅相当于高中水平的法语，加上临时编出来的大量手势，竭力想让他们幼小而惊恐的听众知道，如果他们不能补足这个小姑娘失去的血，她一定会死去。

他们询问是否有人愿意献血。一阵沉默做了回答。每个人都睁大了眼睛迷惑地望着他们。过了一会儿，一只小手缓慢而颤抖地举了起来，但忽然又放下了，然后又一次举起来。

“噢，谢谢你。”护士用法语说，“你叫什么名字？”

“恒。”小男孩很快躺在草垫上。他的胳膊被酒精擦拭以后，一根针扎进他的血管。

输血过程中，恒一动不动，一句话也不说。

过了一会儿，他忽然抽泣了一下，全身颤抖，并迅速用一只手捂住了脸。

“疼吗，恒？”医生问道。恒摇摇头，但一会儿，他又开始呜咽，并再一次试图用手掩盖他的痛苦。医生问他是否针刺痛了他，他又摇了摇头。

医疗队觉得有点不对头。就在此刻，一名越南护士赶来援助。她看见小男孩痛苦的样子，用极快的越语向他询问，听完他的回答，护士用轻柔的声音安慰他。顷刻之后，他停止了哭泣，用疑惑的目光看着那位越南护士。护士向他点点头，一种消除了顾虑与痛苦的释然表情立刻浮现在他的脸上。

越南护士轻声对两位美国人说：“他误会了你们的意思，以为自己就要死了。他以为你们让他把所有的鲜血都给那个小姑娘，以便让她活下来。”

“但是他为什么愿意这样做呢？”护士问。

这个越南护士转身问这个小男孩：“你为什么愿意这样做呢？”

小男孩只回答：“因为她是我的朋友。”

故事让人震撼！这个越南小男孩为了救他的朋友，甚至甘愿献出他自己的生命。由此我们可以看出，有的时候，友谊是无价的，它甚至可以超越生命。

无需更多的语言，女孩们，做一个辛勤的耕耘者吧，去耕种那一片友谊的花园。

朋友多了路好走

世界顶级激励大师安东尼·罗宾说：“人生最大的财富便是人脉关系，因为它能为你开启所需能力的每一道门，让你不断地成长、不断地贡献社会。”拥有了强大的人脉，你就开启了施展能力的大门，可以尽情发挥出自己的才能，取得成功。在生活中，我们要时刻谨记，广泛结交良友，建立自己的人脉圈，因为不知何时，你就会因此而得益，成就自己的精彩人生。

人脉是一个人成功的外力，善于利用外力的人，常常能获得意想不到的成功。

一个人再困顿，如果他有几个富贵、成功的好朋友，他就还有希望。因为，人脉具有重大的成功潜力。

好人脉能够为你创造机遇。不善于经营人脉的人无法有效地把握迎面走来的机遇，常常与机遇失之交臂。

人们成功机遇的多少与其交际能力和交际活动范围的大小几乎是成正比的。因此，我们应把营造好人脉与捕捉成功机遇联系起来，充分发挥自己的交际能力，不断扩大自己的人脉网，发现和抓住难得的发展机遇，进而拥抱成功。

心理学家也曾做过一项研究，研究对象均为学术智商很高的科学家，他们之中有的人出类拔萃，有的人成绩平平。研究结果表明：这一差别的原因，就在于那些获得大成就的人善于交际，拥有自己广大的交际网，因而可以随时从各个方面获得自己所需要的信息或数据；而那些成绩平平的人则因不善交际，得不到别人的帮助。另一个有说服力的统计数字是：诺贝尔科学奖奖金自 1901 年设立以来，到 1972 年为止的 286 名获奖者中，有三分之二的人是因与别人合作进行研究而获奖的。而且，因协作研究获奖占总获奖数的比例逐渐上升，在诺贝尔奖设立的头 25 年为 41%，第二个 20 年跃升至 65%，而现在则为 79%。

美国著名成人教育家戴尔·卡耐基有一个基本观点：“一个人的成功，15% 取决于专业本领，85% 取决于人际关系与处世技巧。”这一观点得到了人们的高度重视和广泛推崇。无数事实证明：你的专业本领往往只能给你带来一种机会，而交际本领则可以给你带来千百种机会；有了专业本领只能利用自身能量，而交际本领则可使你利用外界的无限能量。

有人说：“看一个人的人际关系，就知道他是怎样的人，以及将会有何作为。大多数人的成功都源于良好的人际关系。”由此可见，人脉资源对于个人发展的重要性。所以要想成功，要想在以后将事业做大，就必须经营好自己的人脉，因为人脉是致富的推动器。

广交朋友的几条途径

如果你想在人际交往中给别人一个好的印象，就应该学会如何去活跃气氛，怎样活跃气氛呢?

1．以诚相待

以诚相待，就是诚心实意地对待别人。其最基本的就是对人讲真语，言行一致。在生活中，要做到不轻视别人，不讨好别人，以善为念，以心相交，不为利动，没有私心，在任何情形下都言行诚实，这些无疑是人际交往中的一笔宝贵的财富。

2．赞赏并让别人觉得重要

人际交往中还有个极重要的法则，如果我们遵守这个法则，便可以得到许多友谊和永恒的快乐。但是，如果我们破坏了这个法则，就可能后患无穷。这个法则就是：衷心地赞赏他人，时时让他人感到重要。约翰·杜威说过："人类本质里最深远的驱策力就是：希望具有重要性。"威廉·詹姆士也说过："人类本质中最殷切的需求是：渴望被肯定。"人类的这种需求，使人类有别于其他动物；也正是这种需求，使人类产生了文化。

3．重信用，赢取信任

除了以诚相待之外，要想赢得人际关系，还应当具备的品质或者说应当遵守的法则是：重信用。只有这样，才可能赢取信任。

一个年轻人如果希望闻名世界、流芳百世，他首先要获得人家对他的信任。一个人如果学会了如何获得他人信任的方法，那么他就可以很好地在人际中生存。任何人都应该懂得：人格是一生中最重要的资本，而糟蹋自己的信用无异于在拿自己的人格做典当。

罗赛尔·赛奇说：“坚守信用是成大事者的最大关键。”个人要想赢得别人的信任，一定要下极大的决心，花费大量的时间，不断努力才能做到。

4. 引发共鸣

成功的社交应是众人畅所欲言，各自都表现出最佳的才能，做出最精彩的表演，最忌一个人唱独角戏，大家当听众。为达到这一目的，就必须寻找能引起大家最广泛共鸣的内容。有共同的感受，彼此间才可各抒己见，互相交流看法，气氛才会热烈。所以，你若是社交活动的主持人，一定要把活动的内容同参加者的好恶、最关心的话题、最擅长的拿手好戏等因素联系起来，以免出现冷场。

5. 夸张般的赞美

和朋友久别重逢见面后不免寒暄一番，你完全可以借此发表一番高论，把每个人的才能、成就、天赋、地位、特长等做一种夸张式的炫耀与渲染，并会让朋友们感到你深深地了解、倾慕他们。这种把人抬得极高，但没有虚伪、奉承之感的介绍，会立即使整个气氛变得异常活跃，友情会加深一层。

6. 寓庄于谐

社交需要庄重，但长时间保持庄重气氛会使人精神紧张。寓庄于谐的交谈方式比较自由，在许多场合都可以使用。用幽默、诙谐的语言，同样可以表达较重要的内容。

7. 给一个无痛苦的伤害

有时候，那些毕恭毕敬的夫妻未必就没有矛盾，而平日吵吵闹闹的恋人可能会更亲热。社交也是如此，若彼此开句玩笑，互相攻击几句，打一拳、给两脚，反倒显得亲密无间、无拘无束。

8．善意的恶作剧

有分寸地、善意地取笑别人并不是坏事。善意的恶作剧具有出人意料的效果，它能引起众人的欢笑。人们在捧腹大笑之际，超脱了习惯、规则的界限，享受不受束缚的“自由”和解除规矩的“轻松”。

9．带些小道具

朋友相聚，也许在初见面时因打不开局面陷于窘境，也许在中间出现冷场。这时，你随身携带的小道具便可发挥作用。一个精致的钥匙链可能引发一大堆话题；一把扇子，既可用来遮阳光，又可在上面题诗作画，也可唤起大家特殊的兴趣。小道具的妙用不可小瞧。

10．制造悬念

在相声里，悬念是相声大师的“包袱”。有意制造悬念，会使人更加关注你的一举一动。当大家精力集中、全神贯注时抖开“包袱”，人们发觉这是一场虚惊，都会付之一笑，报以掌声。

11．怪问怪答

交谈中，不时穿插一些意想不到的、貌似荒谬而实则有意义的问题，是一种很好的活跃气氛的形式。那些一本正经的人会给人古板、单调、乏味的感觉。也许会有人时常问你一些荒谬的问题，如果你直斥对方荒谬，或不屑一顾，不仅会破坏交谈气氛、人际关系，而且会被人认为缺乏幽默感。

12．耐一时

忍耐，不是懦弱的表示；忍耐，是勇者的象征。一个人能够忍耐一时，坚持下去，纵使有一时的不如意，也终将成为过去，逆境也能转为顺境。

13．忍一句

古德说：“喜时之言多失信，怒时之言多失礼。”一个人在盛怒时所说的话，容易伤害别人，也容易造成摩擦。所以，如果我们能忍一时之气，就不会造成无谓的纷争。

14．退一步

人生的旅途上，能退一步想，海阔天空。凡事退一点，留给别人一点余地，也是自己的一种修养。

15．饶一招

禅家有首偈语说："何必争强来斗胜，百千浑是戏文场；顷刻一声锣鼓歇，不知何处是家乡。"在人生的舞台上没有什么值得争强好胜，有时候让人一步就是自己的胜利，所以你要有"得饶人处且饶人"的涵养与心量。

第六章

交际中的办事策略——会交际的女孩赢天下

委婉地表达自己的想法

以前，有一个国王，他有一个美丽的女儿，国王视之为如掌上明珠。凡是公主要求的东西，国王从来都不会拒绝，就是她要天上的星星，国王也恨不得攀登天空，为公主摘下来，点缀为彩衣。

一个春雨初霁的午后，公主带着婢女徜徉于宫中花园。忽然间，公主的目光被荷花池中的奇观吸引住了。原来池水的热气经过蒸发，正冒出一颗颗状如琉璃珍珠的水泡，浑圆晶莹，闪耀夺目。公主看得入神忘我，突发奇想："如果把这些水泡串成花环，戴在头上，一定美丽极了！"

她打定主意，于是跑回宫中，把国王拉到了池畔，对着一池闪闪发光的水泡说："父王！您一向是最疼爱我的，我要什么东西，您都依着我。现在女儿想要把池里的水泡串成花环，戴在头上。"

"傻孩子！水泡虽然好看，终究是虚幻不实的东西，怎么可能做成花环呢？父王另外给你找些珍珠水晶，一定比水泡还要美丽！"国王无限怜爱地看着女儿。

"不要！不要！我只要水泡花环，我不要什么珍珠水晶。如果您不给我，我就不活了！"公主哭闹着。

束手无策的国王只好把朝中的大臣们集合到花园，忧心忡忡地说道："各位大臣们！你们是本国最有智慧的人，你们之中如果有人能够以奇异的技艺，用池中的水泡为公主编织美丽的花环，我便重重奖赏。"

"报告陛下！水泡触摸即破，怎么能够拿来做花环呢？"大臣们面面相觑，不知如何是好。

“哼！这么简单的事你们都无法办到，我平日是如何善待你们的？如果无法满足我女儿的心愿，你们统统提头来见我。”国王盛怒。

“国王请息怒，我有办法替公主做成花环。只是老臣我老眼昏花，实在分不清水池中的水泡，哪一颗比较均匀圆满，能否请公主亲自挑选，交给我来编串。”一位须发斑白的大臣神情笃定地打着圆场。

公主听了，兴高采烈地拿起瓢，弯下腰，认真地舀取自己中意的水泡。本来光彩闪烁的水泡，经公主轻轻一触摸，霎时破灭，变为泡影。捞了半天，公主一颗水泡也拿不起来。

显然，公主做水泡花环的梦想是难以实现的，谁能将镜中美丽的花朵采撷下来？又有谁能够把水中动人的月影掬在手中？可是，当公主哭闹、国王盛怒之时，直接拒绝无疑是最愚蠢的行为，甚至可能招致杀身之祸。所以，聪明的大臣运用了自己的智慧，通过委婉的方式让公主自己领悟到水泡是无法串成花环的。

断然拒绝别人虽然显示出一个人果断有魄力，但对遭到拒绝的人来说，心情将是无比糟糕的。每个人都有自尊心，对对方自尊心的维护或伤害，常常是影响人际关系好坏的直接原因。在人际交往中，有些表达，如拒绝对方的要求、表达不同于对方的意见、批评对方等，又极容易伤害对方的自尊。这时，委婉就像一道善意的门缝，给他人留下了出入的空间，同时也给自己留了一个入口，既能完成表达任务，又不伤害对方的自尊。

几乎没有人——包括那些自诩言谈最为直截了当的人——能有哪一天不使用委婉语的。

生活中有许多事情是“只需意会，不必言传”的，如果说话者不考虑当时的情境、不顾及别人的感受，把想说的话直接地表达出来，不仅起不到应有的作用，还会引起对方的不悦，破坏相互之间的和谐关系。而委婉地表达自己的意思，即使是批评，别人也会很容易接受。

传说汉武帝晚年时很希望自己长生不老，一天，他对大臣们说：“相书上说，一个人鼻子下面的‘人中’越长，命就越长；‘人中’长一寸，能活百岁，不知是真是假？”东方朔听了这话后，知道皇上又在做长生不老梦了，不觉哈哈大笑。

皇上见东方朔似有讥讽之意，面有不悦之色喝道：“你怎么敢笑话我！”东方朔脱下帽子，恭恭敬敬地回答：“我怎么敢笑话皇上呢，我是在笑彭祖的脸太难看了。”汉武帝问：“你为什么笑彭祖呢？”东方朔说：“据说彭祖活了800岁，如要真像皇上刚才说的，那彭祖的‘人中’就有八寸长，那么，他的脸不是有丈把长吗？汉武帝听了，也哈哈大笑起来。

东方朔这种委婉含蓄的批评，让汉武帝愉快地接受了。

但是，女孩们在使用这种表达方式时也要注意，委婉不等于晦涩难懂，它的表述技巧首先是建立在共同语境中对方能够明白的前提下，否则你的表达就是没有意义的；另外，委婉并不适合任何场合，需要直白的时候就不要委婉，否则反而会引起别人的反感。

因此，在与人交往时，直言快语固然会赢得别人的信任，但是如果什么事情都直言快语那就极有可能会让对方颜面尽失，下不来台。这时，如果能换另外一种表达方式，委婉地说出自己的意思，也许会有不一样的结果。

保持谦逊

古人云："满招损，谦受益。"一个懂得谦逊的人，懂得人生无止境，事业无止境，知识无止境。

为了启发人们谦虚处世，俄国作家列夫·托尔斯泰也做了一个很有意义的比方："一个人就好像是一个分数，他的实际才能好比分子，而他对自己的估价好比分母，分母越大，则分数的值越小。"

一个人不管自己有多丰富的知识，取得多大的成绩，或是有了何等显赫的地位，都要谦虚谨慎，不能自视过高。应心胸宽广，博采众长，不断地丰富自己的知识，增强自己的本领，进而创出更好的业绩。如能这样，则于己、于人、于社会都有益处。

古希腊的著名哲学家苏格拉底，不但才华横溢，而且喜爱奖励后进，运用著名的启发谈话启迪青年智慧。每当人们赞叹他学识渊博、智慧超群的时候，他总谦逊地说："我唯一知道的就是我自己的无知。"

音乐大师贝多芬曾谦逊地说自己："只学会了几个音符。"

但也有一些不懂谦虚的人，最喜欢的就是用自己的长处和别人的短处相比，喜欢挑别人的毛病，总觉得自己很优秀。这样的人，很难主动去学习别人身上的优点，只要自己稍微取得一点成绩就会兴高采烈，而一碰到挫折就会灰心丧气。这样的人，常常遭遇失败。

由于骄傲，"力拔山兮气盖世"的项羽，最终败在了他所轻视的刘邦手下；由于自大，"过五关斩六将"的关羽败走麦城。

法国资产阶级革命时期的风云人物拿破仑，也是吃了骄傲自大的亏。

早年他曾以“神速和勇猛”的战争手段，常常以少击多，出奇制胜，大军所向披靡，被人称为战神。然而，胜利冲昏了他的头脑，丰功伟绩使他骄傲如狂，他居然认为“‘不可能’，只是庸人字典中的字眼”，与他无关。他因此武断专横，为所欲为，在大获全胜的奥斯特里茨战役后的第七年，他又亲率60万大军进攻俄国，被打得一败涂地，后来被流放到圣赫勒拿岛，从巅峰跌到了谷底。

以上的故事告诉我们：人，贵有自知之明。谦虚谨慎才不致将自己置于不利的处境。

孔子年轻的时候曾经拜老子为师请教学问。在谈到怎样为人处世时，老子说了一句话：“良贾深藏若虚，君子盛德，容貌若愚。”这句话的意思就是：善于做生意的人，总是把珍贵的宝贝隐藏起来，不让人轻易看到；有修养、品德高尚的人，往往在表面上显得很愚笨。

老子的这句话中其实隐含着做人的深刻道理，他告诫人们：不要傲慢无礼，务必谦虚谨慎；过分自高自大或对人炫耀自己的能力，是非常有害的。

“月盈则亏，水满则溢。”

谦逊不是要我们觉得自己渺小，而是为了更好地了解自己，给自己一个准确的定位，并能发挥自己的特长，规避自己的弱点，成就自己的人生。

所以，人立身处世，必须谦虚谨慎，温良恭让，善于隐匿，虚怀若谷，不矜功自伐，不肆意张扬，这样才能很好地保护自己，并受到别人的欢迎和拥戴。

生活中，女孩们如何保持谦逊呢？

诚恳地对待每一个人。

了解别人的优点，同时学会理解别人的不足。

建立内在的自我价值，任谁的打击也不要动摇。

即使自己的确才学过人，也要顾及他人的自尊。记住，尺有所短，寸有所长，别人未必没有比你强的地方。

用谦虚打开人脉大门

小宋毕业于名牌大学，就职于一家事业单位。单位里要写很多材料，她毕竟刚来，公文写作还不很熟练，于是每次写好后，她都要给同事老王看，待老王修改完，她再拿去请科长审阅。很快，小宋的材料越写越好，老王已经没有什么可以修改的了，可科长仍旧东涂西抹，不留情面。小宋虽有些不悦，但没说什么，依然是很谦虚地请科长批改。

老王愤愤不平，他认为科长的水平已修改不了小宋的文章了。小宋只是笑，显得不介意。有时被老王逼紧了，她也只是说："不就是改个材料吗，又不是修改我的人生。"

由于小宋的谦虚勤奋或许还有才能，科长把小宋推荐给上级宣传部门，小宋升职了。

一天，上级要求科里写一个大材料，材料组织好后，科长让人先送到宣传部门说是请上级把关，两天后，小宋把材料修改好，这个材料得到了上级的好评。科长很满意，说："小宋还真行，我没有看错人。"小宋请大家吃饭，有人私下里对小宋说："你应该让科长请你吃饭才对，那文章是你写得好。"小宋说："那怎么行，我会写材料是你们教的，我得感谢你们才对。我老爸在我参加工作时，送我八个字，'第一感恩，第二宽容。'"学会了宽容，你就有可能反过来修改领导的文章，学不会宽容，你的文章就永远被领导修改。

小宋由始至终，并没有抱怨科长的专制和挑剔，而是感激科长给自己带来的成长进步的机会。事实也证明了这一点，由于虚心，由于自省，由于感恩，她的能力和职位确实得到了提升。

身在职场，与上下级和同事相处的时候，要互相理解，互相帮助；要多反思自己的不足，多感激别人的恩惠，少谈论别人的缺点，对矛盾不要老是耿耿于怀。如果能做到这些，同事之间的摩擦就会减少许多，工作就会更加和谐，生活也会更加温馨。正如法国启蒙思想家卢梭所说：“忍耐是痛苦的，但是，它的结果却是甜蜜的。”

清代金缨的《格言联璧》中有这样一句话：“静坐常思己过，闲谈莫论人非”，在后世广为流传。它的意思是沉静下来要经常自省自己的过失，进而以是克非、为善去恶；闲谈的时候莫议论别人的是非得失，这是儒家倡导的道德修养的重要方法。

这个看起来非常严肃的道德问题，可以通过感恩和人的需要结合在一起。

因为感激他人对待自己的恩德，所以在遇到冲突和矛盾的时候，不是寻找和指责他人的不是，而是静下心来，反省自己的错误。即使他人有不对的地方，也因为感恩的缘故能够在内心谅解他。这样的处世态度，既有利于人与人之间关系的和谐，也有利于个人的成长和进步。

现实生活中，有些人总是认为别人对自己的帮助是“应该”的；而有些人在得到别人的帮助后一点儿也不知道回报，甚至一时感激之后，马上就忘掉了；还有一些人甚至不图感恩，恩将仇报……与此相反，一旦有人不小心损害了自己的利益，许多人都会牢记在心，甚至长期内心耿耿于怀。这时，他们会把别人对自己的伤害整天挂在嘴边，一见到人就大讲不停，甚至会以牙还牙，导致冤冤相报……这样的人绝不在少数。

懂得感恩是一种美德，而随时不忘责己之过更是一种珍贵的美德。总是回顾自己的过错，不随意把过失抱怨到别人头上，而是谦卑地寻找自身的不足，同时以一颗感恩的心来对待别人，这样的人怎能不取得进步，获得良好发展呢？

人与人之间应该互相理解、互相帮助。多反思自己的不足，多感恩别人的帮助，对彼此间的矛盾不要耿耿于怀，尽量不谈论别人的缺点。若能做到这些，人与人之间的摩擦就会少很多，而整个社会就会更和谐，生活也会更加温馨舒适。

一个时时刻刻铭记着自己的引路人、念念不忘别人对自己的恩典，同时又能够凡事从自身找错误、不随意抱怨他人、宽容谦虚待人的人，一定会闯出更好的天地。

守护你的尊严

自尊，也称自尊心，是一种自己尊重自己、爱护自己，并期望受到他人和社会的尊重与爱护的心理。自尊心是人们前进的动力，是一种积极的心理品质。

古人曾说：“欲人尊我，必先自尊；欲人重我，必先自重。”古往今来，守护尊严的事例不胜枚举。孟老夫子不满齐宣王的无礼，故意装病不见他；饥民耻于吃嗟来之食；陶渊明不为五斗米折腰……

20世纪初，徐悲鸿在欧洲留学时，曾碰到一个洋人的寻衅。那个洋人说："中国人愚昧无知，生来就是当亡国奴的材料，即使送到天堂深造，也成不了才！"徐悲鸿义愤填膺地回答："那好，我代表我的祖国，你代表你的国家，等学习结业时，看到底谁是人才，谁是蠢材！"一年之后，徐悲鸿的油画就受到法国艺术家的好评，此后数次竞赛，他都得了第一，他的个人画展，竟轰动了整个巴黎美术界。这样令人惊叹的成就，是那个洋人远远不能及的。

"人不可有傲气，但不可无傲骨"的警句至今仍如黄钟大吕，回响在我们身边。

一个人，即使是一个弱者，如果能唤醒自己心底的尊严，他将会获得重新积聚力量的机会和重新审视自己的能力。

生活中，许多女孩希望父母不要在客人面前说自己的缺点，反感大人（包括父母、老师）居高临下地训斥自己，希望大人有事与自己商量解决，重视他人对自己的评价，重视自身的穿戴、言行，这都是自尊的表现形式。它有利于优化自己，提升自己。

自尊，是无价的，是人最珍贵的、最高尚的东西，因此，我们可以贫穷，但我们不能失去做人的尊严。

一个人如果没有自尊，他就会自卑、自馁，就不会爱惜自己，就会自暴自弃，什么也不干，什么也干不成。

一个人如果没有自尊，就不会自重自敬，就会盲目服从，人云亦云，没有自己独立的思想和主见，因此，其骨子里散发的就只有"奴气"。如此的人，怎么让人正视、尊重？"自敬，则人敬之；自慢，则人慢之。"

这是一条千古颠扑不破的真理。

当然，自尊不等于唯我独尊，不等于刚愎自用，更不等于自负、自夸、自命清高。一个人若总是过于自爱自贵，最后总会遭受失败。

女孩们，无论今后是春风得意，还是贫困潦倒，你都要保持做人的尊严，唯有你自己自爱、自尊、自敬，才会得到他人的尊敬。因为，你把自己看成什么样的人，你在别人的眼里就是什么样的人。

用“倾听”打开交际之门

多年前，有一个贫苦的儿童从荷兰移居来美，他家境非常贫寒，放学后，他为一家面包店擦窗，每星期赚到半美元。平常每天到街上用篮子拣拾煤车送煤落在沟渠里的碎煤块。这个孩子叫弗兰克，一生仅受过 6 年的学校教育，但最后竟成为美国新闻界一个最成功的杂志编辑。他是怎么成功的？

他 13 岁离开学校，充任西联的童役，每星期工资 6.25 美元，童役的生活是艰苦的，工作时间长，休息时间很少，即使这样艰辛，弗兰克也没有放弃寻求受教育的信念。不但如此，他还努力进行自我教育。他把坐车、吃早饭的钱节省下来，买了一本《美国名人传全书》，如饥似渴地读起来。随后，他就给这些名人写信，请他们寄来他们童年时代的补充材料。

他是一个善于倾听的人，请求名人讲述自己的故事，他写信给那时正在竞选总统的加菲大将，问他是否确实曾一度在一条运河上做拉船童工，而加菲也回信给他。他写信给格莱德将军询问某一战役，格莱德给了这个 14 岁的孩子一张地图并邀请他吃晚饭，并且和他谈了一整夜。他写信给爱默生并请爱默生讲述关于他自己的生活。这位小孩不久便和全美最著名的人都有通信：爱默生、勃罗克、夏姆士、浪番洛、林肯夫人、爱尔各德及戴维斯。

他不但与这些名人通信，还利用假日去拜访他们，最终成为他们家里最受欢迎的客人。这些经验，使弗兰克产生了一种很强的自信心。这些名人的思想和作为激发了他的理想和志向，改变了他的人生。

俗话说："倾听的耳朵是虔诚的，倾听的心灵是敏感的。有了倾听的耳朵和愿意倾听的心，你才会拥有忠实的朋友。"弗兰克能静静地倾听对方的谈论，是他与这些名人交往的首要原则，也是他能取得成功的法宝。如果你想成为一名成功者就要做一个善于倾听的人。正如查尔斯·洛桑所说的："要令人觉得有趣，就要对别人感兴趣——问别人喜欢回答的问题，鼓励他谈谈自己及其成就。"

假如你想让别人喜欢你，那么就让对方谈他的兴趣、他的爱好和他的旅行经历等。

让他人谈自己，一心一意地倾听，要有耐心，要抱有一种开阔的心胸，还要表现出你的真诚，那么无论走到哪里，你都会大受欢迎。

人们都喜欢听自己的声音，也需要有人倾听，就像需要食物一样。如果你花时间听他们诉说，你会创造惊人的奇迹，会建立伟大的友谊。倾听是为了努力去理解别人，然后才能争取被别人理解。

西方有句谚语："上帝给我们两只耳朵，却只给了一张嘴巴，其用意是要我们少说多听。"人人都希望被了解，因而急于表达自己，但是却疏于倾听。事实上，学会倾听是突破交往障碍的有效方法，当你走出自己的小天地，试着站在别人的立场上，做一个好的听众，你就能够成为一个广受欢迎的交际高手，从而赢得更多的朋友。

在与人交往的时候，每个人都希望别人能听自己说话，这是一种正常的心理欲求。但如果一个人一直凸显自己，把自己摆在首要位置上，滔滔不绝地讲述自己的故事和观点，那么别人就有可能因为过多的“吸收”而产生逆反心理，最终甚至会感到厌烦。别人也需要交流，需要对方的倾听，也有受人关注的欲望。所以当你忍不住要夸夸其谈的时候，不妨推己及人，试着静下心来听一听对方的话；尤其是当交谈气氛陷入尴尬时，更要以平和的心态对待，表现出自己的真诚和热忱，适时扮演对方的知音。

在人际交往中，专心致志地倾听对方讲话，能够使对方感受到信任和尊重。在生活中，倾听是一种解决矛盾和冲突的最好办法。学会倾听是一种技巧，也是一种艺术。

一个真正受欢迎的人，常常把表达的机会让给别人，把自己看作是别人倾诉的对象。倾听他人说话是对他人的敬重，同时更能抓住对方话中的有用信息。同时还要注意不要随意打断他人谈话，以免断章取义。

从心理学的角度讲，善于倾听会使对方心情愉快，会换来对方的理解、信任和欢乐；会使对方吐露出内心的苦恼或喜悦；最重要的，它还会使说话者感觉到自身价值的存在，从而满足对方渴望被重视的心理，双方的交往也因此变得愉快。倾听是美丽的，善于倾听的人是迷人的。倾听是人际交往中最动听的音符，所以女孩们只有学会倾听、学会理解，才能在生活中真正走近他人。

与人交往，可圆可方

慧慧在小区里看到几个小朋友在墙上乱涂乱画，跑过去对他们说：“你们不可以在这上面乱画，快别画了，快别画了。”

可是奇怪的是，这些小孩子好像并不把慧慧的话放在心上，依旧在那里乱涂乱画，而且涂得越来越乱了，还有小朋友在那里朝慧慧做鬼脸。

“你们这些坏小孩，太不道德了，一会儿保洁员过来肯定会说你们的。”慧慧很生气。

这时妈妈走了过来：“慧慧，发生了什么事情？”

“这些小朋友在乱涂乱画，我要他们马上停下来，他们却都不理我，我很生气。”慧慧向妈妈“告状”。

“是吗？让妈妈过去试试。”妈妈说着就走了过去。

“小朋友，你们在做什么？”妈妈走过去热情地和他们打招呼。

“我们在画画。”

“哦，画得真好。”当妈妈表扬他们的时候，这些小孩显得很高兴。

“不过，这么漂亮的画，你们却把它放错了地方。墙上的画都是不会保存很长时间的，只要过一段时间，就会有叔叔过来把墙粉刷一遍，那你们不就白画了吗？而且，这面墙原本是白色的，你们却把它涂得这样脏，那要辛苦保洁员阿姨来清理，对不对？”妈妈耐心地开导他们。

好像妈妈的说教很有效，那些小朋友站在那里，听妈妈说话。

“所以，你们应该把漂亮的画都画在纸上，带回家给爸爸妈妈看看，对吗？”妈妈这样问他们。

其中有几个小朋友点点头。

“嗯，那回家拿纸，在纸上画吧。这面墙，让我们共同爱护它好吗？”

慧慧真服了老妈了，她这样一说，那帮小孩都特别服帖。

“妈妈，您玩的是什么手段，真高啊！刚才把我气的，他们怎么就不听我说呢？”

“他们都是小孩子，你说话有那么多的棱角，他们怎么会接受呢？”妈妈一语点破了慧慧的疑问，“我在说服他们之前，要先夸奖他们，肯定他们，后面的话他们才会接受啊。说话也是需要圆融的。”

看来，慧慧还需要再修炼一段时间了。

每个人都有自己的想法，但并不是每个人都会将自己的想法暴露，在与人交往时，面对不同的人，你会有不同的态度，有的人你愿意亲近，你觉得他值得做朋友，而有的人则相反，所有的这些，你如何迅速地判断和识别呢？

其实，要想了解他人并不难，你不是想猜测出别人的内心活动、选择可以交往的朋友吗？那就需要从对方的一言一行中去捕捉一点一滴的信息，以此来判断对方的想法。

这其实也是人际交往时必须具备的能力，这样不但能使沟通交流变得畅通，而且还会为你提供切实的帮助。

要想了解他人，首先要学会察言观色。一个人的想法往往会通过他的态度及动作流露出来，只要我们仔细地观察他人，即学会察言观色，便可以了解他人的想法。

春秋时期的齐国宰相管仲深明察言观色之道，等到适当的时机再从旁进谏。但是有一次，他稍不小心，还是触到齐桓公的“逆鳞”。

当管仲审核国家预算支出的情况，发现宴客费用居然高达三分之二，其他部门的经费只有三分之一，难怪会捉襟见肘、效率不高。他认为这太浪费，此风断不可长。于是，管仲立刻去找桓公，当着众臣的面说：“大王，必须要裁减执行费用，不能如此奢侈……”

话未说完，没想到桓公面色大变，语气激动地反驳说：“你为什么也要这样说呢？想想看，隆重款待那些宾客目的是使他们有宾至如归的感觉，他们回国后才会大力地替我国宣传；如果怠慢那些宾客，他们一定会不高兴，回国后就会大肆说我国的坏话。粮食能够生产出来，物品也能制造出来，又何必要节省呢？要知道，君主最重视的是声誉啊！”

“是！是！主公圣明。”管仲不再强争，即刻退下。

管仲的机智与聪明就在于他善于察言观色。如果换作是其他忠义顽强好辩的人士，继续抗争下去，可以想象会有什么后果。

从桓公的脸色和语气中管仲察觉到此时桓公心情不佳，不会接受劝谏，自己应做到该进则进、该退则退、当止则止，于是他不再继续损害君主的尊严，而是在后来的工作中慢慢影响桓公，使问题逐步改善。

事实上，女孩们在与人交往时也应这样，要注意顺着对方的心意，不可逆犯对方的忌讳。否则非但达不到目的，反而会使自己处于非常尴尬的局面。所谓“出门观天色，进门看脸色”，尤其是在求人办事时，只有善于从对方面部表情做出准确判断，再付诸行动，才会有成功的可能。

其次，可以通过语音洞察人心。

说话速度是一种特征，是一个人与生俱来的气质及平日与人交往中锻炼所形成的。但是异常的说话速度常常与内心的思想有很密切的联系。比如，平时能言善辩的人，突然变得口吃起来，或者相反，平时说话不得要领的人，突然说得头头是道，这就要注意是否发生了什么事情，影响他们，以致使他们的心里发生了重大变化。

这是因为一般情况下，人在心里有烦恼不安或恐惧等感情时，说话速度都会快得异乎寻常，以此自欺欺人，缓和内心的不安与恐惧，但是，由于没有冷静地思考，所以，即使说得滔滔不绝，内容却空洞无物。

同样，如果是一个平时总是沉默寡言的人，突然间话多得令人感到不自然，此人一定有了不愿他人知道的秘密。

与说话速度一样，声调也是语气的特征之一——人的思想处于激动状态时，声调往往会提高。某位作曲家也曾说："要提出与对方相反的意见时，最简单的办法就是提高音量。"

如果女孩做一个生活的有心人，仔细留心他人的语速和声调，就可以轻而易举地探知他人内心的想法。心中的巨人一旦唤醒，就可以产生神奇的力量。

信守一个诺言

"人无信不立。"为人处世，讲诚信、守承诺，是基本前提。只有如此，才能赢得别人的尊重和信任。

汉代的季布以诚信著称，当时人谚云："得黄金百斤，不如得季布一诺。"李白在《侠客行》中高歌："三杯吐然诺，五岳倒为轻"，以五岳为轻来夸张侠客然诺之重，热情讴歌了助信陵君窃符救赵又如约自刭以谢的侯嬴以及此类的侠客，可见诚信的分量。

良好的信用，不仅让人赢取名誉、事业顺风，而且可以改写成败，甚至生死。

公元前4世纪，在意大利，有一个名叫皮斯阿司的年轻人触犯了国王，被判绞刑，在某个法定的日子中将被处死。皮斯阿司是个孝子，在临死之前，他希望能与远在百里之外的母亲见最后一面，以表达他对母亲的歉意，因为他不能为母亲养老送终了。他的这一要求被告知国王。国王被他的孝心所感动，允许他回家，但是他必须为自己找个替身，暂时替他坐牢。这是一个看似简单其实近乎不可能实现的条件。有谁肯冒着被杀头的危险替别人坐牢，这岂不是自寻死路。但，茫茫人海，就有人不怕死，而且真的愿意替别人坐牢，他就是皮斯阿司的朋友达蒙。

达蒙住进牢房以后，皮斯阿司回家与母亲诀别。人们都静静地看着事态的发展。日子一天天过去了，皮斯阿司还没有回来，刑期眼看就快到了。人们一时间议论纷纷，都说达蒙上了皮斯阿司的当。行刑日是个雨天，当达蒙被押赴刑场之时，围观的人都在笑他的愚蠢，幸灾乐祸者大有人在，刑车上的达蒙面无惧色，慷慨赴死。

追魂炮被点燃了，绞索也已经挂在达蒙的脖子上。胆小的人吓得紧闭双眼，他们在内心深处为达蒙深深地惋惜，并痛恨那个出卖朋友的小人皮斯阿司。就在这千钧一发之际，在淋漓的风雨中，皮斯阿司飞奔而来，他高喊着："我回来了！我回来了！"

这一幕太感人了，许多人都以为自己是在梦中。这个消息宛如长了翅膀，很快便传到了国王耳中。国王闻听此言，也以为这是谎言，便亲自赶到刑场，他要亲眼看一看自己优秀的子民。最终，国王万分喜悦地为皮斯阿司松了绑，并赦免了他的刑罚。

这个震撼人心的故事告诉我们，诚信的力量何等巨大！信守诺言，你将在孤独时得到友情的温暖，你将在困境中得到人们的援手。诚信，是一个人的形象和品牌，以此推销自己，你便会在事业上、婚姻上获得成功。

生活中，一些女孩有意无意地忘了自己的承诺，以为无足轻重。其实不然，许下诺言，就一定要去实现它，这是你在这个社会立足的根本。你一再地违背自己的诺言，就没有人会再相信你，在别人眼里你也就成了一个十足的小人。跟你打交道的时候，别人会一直在想："会不会又想骗我？还是别搭理她吧！"试想，在这个人际关系十分重要的社会里，没有了朋友，你还能做什么？随着我国诚信制度的建立、健全，一个人的诚信将与他的生存能力直接挂钩。未来社会将会这样：不诚信者，寸步难行。

坚守承诺能使你受人尊敬，也能给你带来很多成功的机会。也许为了这个承诺你付出了很多，但是你会在以后收到数倍的回报。

女孩在许诺时需注意以下几条准则：

（1）你在许诺的时候要想想"我真的能履行诺言吗"这句话。当感到自己做不到时，你最好不要轻率地向别人许诺。

（2）在已经许诺了以后，你就应该认真地对待，努力地去实现它。即使是一个小小的承诺，比如"明天把书还给你"，在你完全可以做到的情况下也不要掉以轻心。

（3）如果你做不到你曾许诺过的事，就应该及时地通知对方。你充足的理由和真诚的歉意会使别人原谅你的，同时也可避免不必要的误解和名誉上的损失。

善于发现别人的优点

骆驼很高，羊很矮。骆驼说："长得矮不好。"羊说："不对，长得高才不好呢。"骆驼说："我可以做一件事情，证明矮不好。"羊说："我也可以做一件事情，证明高不好。"

它们俩走到一个园子旁边。园子四周有围墙，里面种了很多树，茂盛的枝叶伸出墙外来。骆驼一抬头就吃到了树叶。羊抬起前腿，趴在墙上，脖子伸得老长，还是吃不着。骆驼说："你看，这可以证明了吧，矮不好。"羊摇了摇头，不肯认输。

它们俩又走了几步，看见围墙上有个又窄又矮的门。羊大模大样地走进园子去吃草。骆驼跪下前腿，低下头往门里钻，怎么也钻不进去。羊说："你看，这可以证明了吧，高不好。"骆驼摇了摇头，也不肯认输。

它们俩找老牛评理，老牛说："高有高的长处，矮有矮的长处；高有高的短处，矮有矮的短处。你们只看到别人的短处，看不到别人的长处，是不对的。"

金无足赤，人无完人，谁都会有自己的缺点。相反"尺有所短，寸有所长"，每个人也都有自己的优点。女孩们只有善于发现别人的优点，才能好好地利用这些优点为自己服务。

拿破仑一生中指挥过众多大战役，并屡屡得胜，一个重要原因就是善于用人。拿破仑懂得，人总是各有所长，各有所短。因此，他选拔将才从不要求十全十美。他善于发现别人的优点和长处，并利用它来为自己服务。

按这一原则，他果断选择了贝赫尔做他的参谋长。他说：“贝赫尔缺乏果断，完全不适于指挥任务，但却具有参谋长的一切素质。

他善于看地图，了解一切搜索方法，他对于最复杂的部队调动是内行。”这样的人，对一切都喜欢自作决定的拿破仑来说，无疑是一位最理想的参谋长。

钢铁大王安德鲁·卡内基曾经亲自预先写好他自己的墓志铭：“长眠于此地的人懂得在他的事业过程中起用比他自己更优秀的人。”

任何人如果想成为一个企业的领袖，或者在某项事业上获得巨大的成功，首要的条件是要有一种鉴别人才的眼光，能够识别出他人的优点，并在自己的道路上利用这些优点。

一位商界著名人物说：他的成功得益于善于发现他人优点的眼力。这种眼力使他能把每一个职员都安排到恰当的位置上，而从来没有出过差错。不仅如此，他还努力使员工们知道他们所担任的位置对于整个事业的重大意义，这样一来，这些员工无需监督，就能把事情办得有条有理、十分妥当。但是，鉴别人才的眼力并非人人都有。许多经营大事业失败的人都是因为他们缺乏善于发现他人优点的眼力，他们常常把工作分派给不恰当的人去做。尽管本身工作非常努力，但他们常常对能力平庸的人委以重任，反而冷落了那些有真才实学的人，使其埋没在角落里。

一个所谓的干才，并不是能把每件事情干得很好、样样精通的人，而是能在某一方面做得特别出色的人。比如说，对于一个会写文章的人，他们便认为是一个干才，认为他管理起人也一定不差。但其实，一个人能否做一个合格的管理人员，与他是否会写文章是毫无关系的。他必须在分配资源、制订计划、安排工作、组织控制等方面有专门的技能，但这些技能并不是一个善写文章的人就一定具备的。

世上成千上万的经商失败者，都败在他们把许多工作加在雇员的肩上去，而不去管他们是否能够胜任，是否感到愉快。

一个善于用人、善于安排工作的人就会在管理上少出许多麻烦。他对于每个雇员的特长都了如指掌，也尽力做到把他们安排在最恰当的位置上。但那些不善于管理的人却往往忽视这一重要的方面，而总是考虑管理上一些鸡毛蒜皮的小事，这样的人当然要失败。

善于发现别人的优点，就要避免下面几种情况：

不以第一印象作为取舍判断的唯一标准。第一印象，也就是第一次对人知觉时形成的印象，它往往最深刻，而且常会成为一种基本印象而影响对他人各方面的评价。俗话说，先入为主，讲的就是这个道理。人们很重视给别人的第一印象，但也该看到，第一印象得之于较短时间的接触，又无以往的经验作参照，主观性、片面性较强。所以，一定要注意其消极的一面，既不能因第一印象不好而全盘否定，又要防止被表面的堂皇所迷惑，

“金玉其外，败絮其中”，这样的例子也屡见不鲜。要练就一番透过现象看本质的本事，在长期的相处中全面、正确地认识和了解他人。

不因一时一事评价人。某人刚犯了一个大错误，于是就说，他从来就不是好人，这是近因效应在作怪。在较为长期的交往中，最近的印象比最初的印象更占优势，这是一种心理惯性。由于这种惯性的作用，人们往往会以最近的印象来评价人。另外，还有所谓“光环”效应，即人的一种优点、优势放大变成了笼罩全身的“光环”，甚至原来的缺点也被掩盖或者蒙上了一层夺目的光彩，这种对他人认知的最大失误就在于以偏盖全。

“借一斑而窥全豹”并不总是适合于一切人和事，个别和局部并不一

定能反映全部和整体。

在人的诸多行为或性格特征中抓住某个好的或不好的，就断定他是好人、坏人，无疑是幼稚的。恰当地、全面地认知他人，就要克服说好全好、说坏全坏的绝对化行为。

切莫先入为主。第一印象固然是一种先入为主，除此之外，在我们的头脑中，总有一些先在的、得之于各种途径的观念，并常常以此来评价和判断他人，因为这样所耗费的心理能量最少，也就是说，它最省事。但是，图省事往往会造成一些认知偏差。比如美国人开放，英国人保守，商人精明世故，农民老实本分……这些说法虽与某些人的特征相吻合，但绝不是个个如此，还要“具体问题具体对待”。人如其面，各有不同，不能用概念来衡量人，把人简单化。

女孩们不要以自己的好恶评价人。每个人都有自己的好恶，如果投你所好，你就全面肯定，不合你的胃口就一棒子打死，让个人好恶蒙蔽了眼睛，你当然很难发现别人真正的优点，这样就不利于与他人合作。

给别人说话的机会

某电气公司的约瑟夫·韦伯，在宾夕法尼亚州的一个富饶的荷兰移民地区进行视察。

“为什么这些人不使用电器呢？”经过一家管理有序的农庄时，他问该区的代表。

“他们一毛不拔，你无法卖给他们任何东西，”那位代表厌恶地回答，“此外，他们对公司怒气很大。我试过了，一点希望也没有。”

也许真是一点希望也没有，但韦伯决定无论如何也要尝试一下，因此他敲了敲那家农舍的门。

门打开了一条小缝，屈根堡太太探出头来。

“一看到那位公司的代表，”韦伯开始叙述事情的经过，“她立即就当着我们的面，把门砰的一声关起来。我又敲门，她又打开门；而这次，她把反对公司和对我们的不满一股脑儿地说出来。”

“‘屈根堡太太，’我说，‘很抱歉打扰了您，但我们来不是向您推销电器的，我只是要买一些鸡蛋罢了。’”

“她把门又开大一点，怀疑地瞧着我们。”

“我注意到您那些可爱的多明尼克鸡，我想买一打鲜蛋。”

“门又开大了一点。‘你怎么知道我的鸡是多明尼克种？’她好奇地问。

“我自己也养鸡，而我必须承认，我从没见过这么棒的多明尼克鸡。”

“那你为什么不吃自己的鸡蛋呢？’她仍然有点怀疑。”

“因为我的来亨鸡下的是白壳蛋。当然，你知道，做蛋糕的时候，白壳蛋是比不上红壳蛋的，而我妻子以她的蛋糕自豪。”

“到这时候，屈根堡太太放心地走出来，温和多了。同时，我的眼睛四处打量，发现这家农舍有一间修得很好看的奶牛棚。”

“事实上，屈根堡太太，我敢打赌，你养鸡所赚的钱，比你丈夫养奶牛所赚的钱要多。”

“这下，她可高兴了！她兴奋地告诉我，她真的比她的丈夫赚钱多，但她无法让那位顽固的丈夫承认这一点。”

“她邀请我们参观她的鸡棚。参观时，我注意到她装了一些各式各样的小机械，于是我诚于嘉许，惠于称赞，介绍了一些饲料和掌握某种温度的方法，并向她请教了几件事。片刻间，我们就高兴地在交流一些经验了。”

“不一会儿，她告诉我，附近一些邻居在鸡棚里装设了电器，据说效果极好。她征求我的意见，想知道是否真的值得那么干……”

“两个星期之后，屈根堡太太的那些多明尼克鸡就在电灯的照耀下满足地叫唤了。我推销了电气设备，她得到了更多的鸡蛋，皆大欢喜。”

事情的要点就在于，如果韦伯不是让屈根堡太太自己说服自己的话，就根本无法把电器设备卖给她！

给他人说话的机会，有时比自己唠叨不停大有价值。

在任何时候都留有余地

一位顾客，到一家百货公司要求退回一件外衣。她已经把衣服带回家并且穿过了，只是她丈夫不喜欢。她解释说“绝没穿过”，并要求退换。

售货员检查了外衣，发现有明显干洗过的痕迹。但是，直截了当地向顾客说明这一点，顾客是绝不会轻易承认的，因为她已经说过“绝没穿过”，而且精心地伪装过。这样，双方可能会发生争执。于是，机智的售货员说：“我很想知道是否你们家的某位成员把这件衣服错送到干洗店去。我记得不久前我家也发生过一件同样的事情，我把一件刚买的衣服和其他衣服堆在一起，结果我丈夫没注意，把那件新衣服和一大堆脏衣服一股脑儿塞进了洗衣机。我怀疑你是否也遇到这种事情——因为这件衣服的确能看出被洗过的痕迹。不信的话，你可以跟其他衣服比一比。”

顾客看了看证据——知道无可辩驳，而售货员又已经为她的错误准备好了借口，给了她一个台阶下。于是她顺水推舟，乖乖地收起衣服走了。

故事中的售货员之所以能顺利解决这起小事件，避免纷争，关键之处就在于她事先替那名顾客找好了借口，留足了余地。

俗话说："人活脸，树活皮。"此话道出了人性的一大特点：爱面子。可是我们不能只爱自己的面子，而不给他人面子。每个人都有一道最后的心理防线，一旦我们不给他人退路，不让他人下台阶，他只好使出最后的一招——自卫。因此，当我们处世待人时，应谨记一条原则：给别人留点余地。

一句或两句体谅的话，对他人宽容一点，这些都可以减少对别人的伤害，保全他的面子，给他留余地。

多年以前，通用电气公司面临一项需要慎重处理的工作，免除查尔斯·史坦恩梅兹某一部门的主管之职。史坦恩梅兹在电器方面是一等的天才，但担任部门主管却是彻底的失败。然而公司却不敢冒犯他。公司绝对解雇不了他——而他又十分敏感。于是他们给了他一个新头衔。他们让他担任"通用电气公司顾问工程师"——工作还是和以前一样，只是换了一个新头衔——并让其他人担任部门主管。

史坦恩梅兹十分高兴，通用公司的高级职员也很高兴。他们已温和地调动了他们这位最暴躁的大牌明星职员，而且他们这样做并没有引起一场大风暴——因为他们让他保全了面子。

让他人保全面子，这是十分重要的，一两分钟的思考，一句或两句体谅的话，宽容他人的过失，都可以减少对别人的伤害。

必须解雇员工或惩戒他人的时候，不要忘了这一点。

审定合格的会计师马歇·葛伦杰说：“解雇别人并不有趣，被人解雇更是没趣。我们的业务具有季节性，所以，当所得税申报热潮过了之后，我们得让许多人开路。我们这一行有句笑话：没有人喜欢挥动斧头。因此，大家变得麻木不仁，只希望事情赶快过去就好。通常，例行谈话是这样的：‘请坐，史密斯先生。旺季已经过去了，我们已没什么工作可以给你做。当然，你也清楚我们只是在旺季的时候雇用你，因此……’

“这种谈话会让当事人失望，而且有一种有损尊严的感觉。所以，除非不得已，我绝不轻言解雇他人，而且会婉转地告诉他：‘史密斯先生，你的工作做得很好（如果他是做得很好）。上次我们要你去纽瓦克，那工作很麻烦，而你处理得很好，一点也没有出差错，我们要你知道，公司十分以你为荣，也相信你的能力，愿意永远支持你，希望你别忘了这些。’结果如何？被遣散的人觉得好过多了，至少不觉得‘损及尊严’。他们知道，假如我们有工作的话，还是会继续留他们做的，或是等我们又需要他们的时候，他们还是很乐意再回来。”

宾州的佛雷德·克拉克谈到了发生在他们公司的一段插曲：

“有一次开生产会议的时候，副总裁提出了一个尖锐的问题，是有关生产过程的管理问题。由于他气势汹汹，矛头指向生产部总监，一副准备挑错的样子。为了不在同事中出丑，生产部总监对问题避而不答。这使副总裁更为恼火，直骂生产总监是个骗子。

再好的工作关系，都会因这样的火爆场面而毁坏。凭良心说，那位总监是个很好的雇员。

但他再也不能留在公司里了。几个月后，他转到了另一家公司，据说表现很不错。”

安娜·玛桑也谈到相同的情形，但因处理方法不同，结果也不一样。玛桑小姐在一家食品包装公司当市场调查员，她刚接下第一份差事——为一项新产品做市场调查。她说道：“当结果出来的时候，我几乎崩溃，由于计划工作的一系列错误，整个结果当然完全错误，必须从头再来。更糟的是，报告会议即将开始，我已经没有时间与老板商量这件事了。”

“当他们要求我做报告的时候，我尽量使自己不致哭出来，免得又惹得大家嘲笑，我吓得发抖。因为太过于情绪化了，我简短地说明了一下情况，并表示要重新改正过来，以便在下次会议时提出。坐下后，我等待老板大发雷霆。”

“出乎意料的，他先感谢我工作勤奋，并表示新计划难免都会有错。他相信新的调查一定正确无误，会对公司有很大助益。他在众人面前肯定我，相信我已尽了力，并说我缺少的是经验，而非能力。”

“我挺直胸膛离开会场，并下定决心不再有第二次这种情形发生。”

假如我们是对的，别人绝对是错的，我们也会因为让别人丢脸而毁了他的自尊。传奇性的法国飞行先锋和作家安托安娜·德·圣苏荷依写过：“我没有权力去做或说任何事以贬低一个人的自尊。重要的并不是我觉得他怎么样，而是他觉得他自己如何，伤害他人的自尊是一种罪行。”

当一个人已经做出一定的许诺——宣布一种坚定的立场或观点后，由于自尊的缘故，便很难改变自己的立场或观点。这时必须顾全他的面子，为其铺台阶，如说一些有利于他的话。

“在那种情况下，任何人都想不到。”

“当然，我理解你为什么会这样想，因为当时你并不清楚事情的经过。”

“最初，我也这样想的，但后来我了解到全部情况，我就知道自己错了。”

这是每个人都懂得的——给别人留点余地。

即使对方犯错，我们是对的，也应该给他留有余地。要帮助别人认识并改正错误，保全他们的面子，给别人留点余地。

多用“我们”这个词

用“我们”代替“我”，可以缩短你和大家的心理距离，促进彼此之间的感情交流。

新婚燕尔，新娘对新郎说：“从此以后，就不能说‘你的’‘我的’，要说‘我们的’。”新郎点头称是。一会儿，新娘问新郎：“亲爱的，我们今天去哪儿啊？”新郎说：“去我表姐家。”新娘就不乐意了，纠正说：“是去我们表姐家。”新郎去洗手间，很久了还不出来。新娘问：“亲爱的，你在里面干吗啊？”新郎答道：“我在刮我们的胡子。”

这虽然只是一则笑话，可是它体现了一个问题，即“我们”这个词可以制造彼此间的共同意识，拉近双方的距离，对促进人际关系将会有很大的帮助。

曾经有一位心理学家，做了一项有名的实验，他选编了三个小团体，并且分派三人饰演专制型、放任型、民主型的三位领导人，然后对这三个团体进行意识调查。

结果，民主型领导人所带领的这个团体，表现了最强烈的同伴意识。而其中最有趣的就是这个团体中的成员大都使用“我们”一词来说话。

经常听演讲的人，大概都有过这样的经验，就是演讲者说“我们是否应该这样”比“我这么想”更能使听众觉得和对方的距离接近。因为“我们”这个字眼，也就是要表现“你也参与其中”的意思，所以会令对方心中产生一种参与意识，按照心理学的说法，这种情形是“卷入效果”。

小孩子在玩耍时，经常会说“这是我的东西”或“我要这样做”，这种说法是因为小孩子的自我显示欲直接表现所造成的。但有时在成人世界中，也会出现如此说法，而这种人不仅无法令对方有好印象，可能在人际关系方面也会受阻，甚至在自己所属的团体中形成被孤立的局面。

人心是很微妙的，同样是与人交谈，但有的说话方式会令对方反感，而有的说话方式却会令对方不由自主地产生妥协之心。

事实上，我们在听别人说话时，对方说“我”“我认为……”带给我们的感受，将远不如采用“我们……”的说法，因为这种说法可以让人产生团结意识。

在开口说话时，我们要注意这样的细节，多说“我们”。用“我们”来做主语，以此来制造彼此间的共同意识，这对促进我们的人际关系将会有很大的帮助。

“我”在英文里是最小的字母，千万别把它变成你语汇中最大的字。

一次聚会，有位先生在讲话的前三分钟内，一共用了36个“我”。他不是说“我”，就是说“我的”，如“我的公司”“我的花园”，等等。随后一位熟人走上前去对他说：“真遗憾，你失去了你的所有员工。”

那个人怔了怔说：“我失去了所有员工？没有呀，他们都好好地在公司上班呢！”

“哦，难道你的这些员工与公司没有任何关系吗？”

亨利·福特二世描述令人厌烦的行为时说：“一个满嘴‘我’的人，一个独占‘我’字、随时随地说‘我’的人，是一个不受欢迎的人。”

在人际交往中，“我”字讲得太多并过分强调，会给人突出自我、标榜自我的印象，这会在对方与你之间筑起一道防线，形成障碍，影响别人对你的认同。

因此，会说话的人，在语言传播中，总会避开“我”字，而用“我们”开头。下面的几点建议可供借鉴：

1. 尽量用“我们”代替“我”

很多情况下，可以用“我们”一词代替“我”，这可以缩短你与大家的心理距离，促进彼此之间的感情交流。

例如：“我建议，今天下午……”可以改成“今天下午，我们……好吗？”

2. 说话时应用“我们”开头

在员工大会上，你想说：“我最近做过一项调查，我发现40%的员工对公司有不满的情绪，我认为这些不满情绪……”

如果你将上面这段话的三个“我”字转化成“我们”，效果就会大不一样。说“我”有时只能代表你一个人，而说“我们”代表的是公司，代表的是大家，员工们自然容易接受。

3. 非得用“我”字时，以平缓的语调淡化

不可避免地要讲到“我”时，你要做到语气平淡，既不把“我”读成重音，也不把语音拖长。同时，目光不要逼人，表情不要眉飞色舞，神态不要得意洋洋，要把表述的重点放在事件的客观叙述上，不要突出做事的“我”，以免使听的人觉得你自认为高人一等，觉得你在吹嘘自己。

不要谈论别人的隐私

每个人都有不想让大家知道的事情，即每个人都有自己的隐私。与人相处中，要极力避免谈论别人的隐私。

避免谈论别人的隐私，一是不可在谈话中拐弯抹角地刺探别人的隐私，二是不可知道了别人的一点点隐私就到处宣扬。宇宙之大，谈资无所不有，何必非要以他人的隐私当作谈资而后快呢？

对待别人的隐私，要切忌人云亦云、以讹传讹。首先要明白，你所知道的关于别人的事情不一定确凿无疑，也许另外还有许多隐情你不了解。要是不加思考就把所听到的片面之言宣扬出去，难免不颠倒是非、混淆黑白。话说出口就收不回来，事后明白了真相时才后悔不迭，但此时已经在同事之间造成了不良的影响。

事实上，人与人之间的关系相当复杂，如果不知内幕，就不可信口雌黄，以免招惹是非。

现实生活中有一种人，专好推波助澜，把别人的隐私编得有声有色，夸大其词地逢人就说。

人世间不知有多少悲剧由此而生。有些人虽不是这种人，但偶然谈论

别人的隐私，也许无意中就为别人种下祸患的幼苗。

要是有人向你说某人的隐私，你唯一的办法是，像保守你自己的秘密一样，不可作传声筒，并且不要深信这片面之词，更不必记在心上。如果茶余饭后要找谈话的资料，那天上的星河、地上的花草，无一不是谈话的好题目，不必一定要说东家长、西家短才能消遣时间。

不要过分关心并谈论他人的隐私。敏感和细腻是女性的特质，运用得当，会为自己的人际关系起到润滑的作用，可若过于主动介入同事的隐私并加以评点，就会引起别人的厌恶感，于己也不利。

学会借助他人的力量

一个小男孩在他的玩具沙箱里玩耍。沙箱里有他的一些玩具小汽车、敞篷货车、塑料水桶和一把亮闪闪的塑料铲子。他在松软的沙堆上修筑公路和隧道时，在沙箱的中部发现一块巨大的石头。

小家伙开始挖掘石头周围的沙子，企图把它从泥沙中弄出去。他是个很小的男孩，而石头却非常大。他开始手脚并用，似乎并没有费太大的力气，石头便被他连推带滚地弄到了沙箱的边缘。不过，这时他才发现，他无法把石头继续向上滚动，翻过沙箱的边墙。

小男孩下定决心，一定要搬开石头。于是，他采用了手推、肩挤、左摇右晃等各种办法，一次又一次地向石头发起了冲击。可是，每当他刚刚觉得取得了一些进展的时候，石头便滑脱了，重新又掉回沙箱里。

小男孩只得哼哼直叫，拼命使出吃奶的力气猛推猛挤。但是，他得到的唯一回报便是石头再次滚落回来，还砸伤了他的手指。最后，他觉得一点儿办法都没有了，就伤心地哭了起来。此时，这整个的过程，男孩的父亲从起居室的窗户里都看得一清二楚。当泪珠滚过孩子的脸庞时，父亲来到了他跟前。父亲的话温和而坚定："儿子，你为什么不用上你所有的力量呢？"

垂头丧气的小男孩抽泣道："我已经用尽全力了，爸爸，我已经尽力了！我用尽了我所有的力量！"

"不对，儿子！"父亲亲切地纠正道，"你并没有用尽你所有的力量。你没有请求我的帮助。"

说完，父亲弯下腰，轻轻地就将石头搬出了沙箱。

比尔·盖茨说："一个人永远不要靠自己一个人花 100% 的力量，而要靠 100 个人花每个人 1% 的力量。"一个人尽全力做不到的事情，借助大家每个人的一点力量就足以完成。

人是社会化的动物，在遇到障碍或者困难时，必须要懂得寻求他人的帮助，借他人之力，方便自己，这是真正成功者应有的素质。

俗话说：孤掌难鸣、独木不成林。一个涉入社会生活的人，一定要懂得寻求他人的帮助，借助外界的力量来方便自己。一个没有多少能耐的人必须这样，一个有能耐的人也必须这样，就算我们浑身都是钢，也打不了几个铆钉。

因此，处在成长期或者还年轻的女孩，一定要在学习或者生活中善于利用他人的力量，这才是立足当今社会的明智之选。

学习不是唯一出路，却是女孩改变自我的最重要出路。好成绩，会让女孩成为同学们羡慕的榜样，成为父母心中最大的骄傲。拥有好成绩，女孩才能决定未来的命运航向。

培养完美女孩使用书

加油，女孩！你是最棒的

好成绩让女孩有出息

贺西蒙　主编

金城出版社
GOLD WALL PRESS
北京 · 2021

图书在版编目（CIP）数据

加油，女孩！你是最棒的．好成绩让女孩有出息 ／贺西蒙主编．—北京 ：金城出版社有限公司，2021.1

ISBN 978-7-5155-2057-5

Ⅰ．①加… Ⅱ．①贺… Ⅲ．①女性－学习方法－青少年读物 Ⅳ．① G78-49

中国版本图书馆 CIP 数据核字（2020）第 180609 号

加油，女孩！你是最棒的．好成绩让女孩有出息

主　　编 贺西蒙
责任编辑 李凯丽
文字编辑 张亚明
责任校对 李　涛
开　　本 710毫米×1020毫米　1/16
印　　张 60
字　　数 539千字
版　　次 2021年1月第1版
印　　次 2021年1月第1次印刷
印　　刷 三河市万龙印装有限公司
书　　号 ISBN 978-7-5155-2057-5
定　　价 220.00元（全五卷）

出版发行 **金城出版社有限公司**　北京市朝阳区利泽东二路3号　邮编：100102
发 行 部 (010) 84254364
编 辑 部 (010) 84250838
总 编 室 (010) 64228516
网　　址 http://www.jccb.com.cn
电子邮箱 jinchengchuban@163.com
法律顾问 北京市安理律师事务所　(电话)18911105819

目录

第一章

热爱学习——知识是对女孩最有益的投资

生命的根本保证是学习

“读书而不思考，等于吃饭而不消化。”这句话告诉我们学习的本质就是培养人的能力，只有通过学习，掌握了这些能力，才能让我们的生存更加有保证。古人云：“授我以鱼，只供一饭之需；教我以渔，则终身受用无穷。”在学习中探索生存的技能，在生存中体会学习的奥秘，人生才会越来越有意义。

穷人的孩子早当家，小王冕七八岁的时候，就已经能帮家里做事了。父母安排他每天牵着牛出门去放牧。

有一天，小王冕跟往日一样出门去放牛。可是一直等到太阳落山，妈妈做的饭菜都凉了，也没见王冕回家。又过了一会儿，牛独自从院门外回来了，自个儿在院子里转了一圈，然后慢悠悠地钻进了牛圈，但放牛的王冕却没有一起回来。

父母非常担心，想要出去寻找，就在这时，王冕气喘吁吁地从外面跑了回来，他先到牛圈一看，发现牛已经回来了，这才松了一口气。父亲把他叫到面前，询问他回来晚的原因，王冕低下头，内疚地解释说：“是我听书忘记时间了。”

原来，王冕放牛路过村里的那个学堂时，听见从里面传出朗朗的读书声，一下子就给吸引住了，特别羡慕，他把牛拴在野地里让它吃草，自己则悄悄地溜进学堂，听学生们读书，听一句，记一句，非常入迷，不知不觉，太阳已经下山了。

当他跑到草地去找牛，发现牛已挣断绳子，不知跑到什么地方去了。幸亏路走熟了，牛顺着回家的路，自己回到圈里了。虽然牛安全地回家了，可王冕挨一顿打是免不了的。

父亲把他狠狠打了一顿，教训他以后不许在放牛时去听书。然而这一顿棍子，并没有把他的求知欲打掉。两天之后，同样的事情再次发生了。当父亲又要拿棍子打他时，母亲便劝解道："孩子这样痴心，打也不会有什么用的，干脆这牛别让他放了。"从那以后，父亲再不让他去放牛了。

当时，正好村旁山上的佛庙要雇人做些粗活，于是王冕便到庙里住了下来。白天做一些杂事，换两顿饭吃，到了晚上他就睡在佛殿内，借着桌案上摆放的长明灯的微弱光线，聚精会神地看书，每晚都看到大半夜才睡觉。

由于王冕的刻苦好学，当地一个名叫韩性的学者收他做了徒弟，跟着他一起学习。

有了这样好的条件，王冕倍加珍惜，每天都很努力地学习。为了让自己掌握更多的技能，他还在劳作、读书之余迷上了写诗作画，经过勤学苦练，他终于在诗画方面取得了突出成就。

如此恶劣的环境也没阻挡住王冕好学的精神，学习使他插上了梦想的翅膀，从此改变了生存的环境。在竞争如此激烈的年代，学习更成为现代人生存和发展的必要手段，是学习让我们掌握了生存的技能，是学习让我们体会了人生的意义。

学习化生存是最佳的生存方式，它更多的是一种理念，一种通向睿智、丰富、幸福生活的途径。

现在，我们迈入了以信息化为标志的知识经济时代。生产的信息化，使劳动也具有鲜明的智能化特征。

“知识经济是以学习为基础的经济，与之相适应的社会是学习型社会。”女孩面对信息爆炸的时代和科学技术日新月异的飞速发展，只有坚持不懈地学习，才能使用日新月异的劳动工具；也只有不断学习新的生存技能，才能在生存竞争中立于不败之地。

知识是登上成功顶峰的基石

在这个世界经济形势日新月异的时代，知识越发显得重要，通过终身学习来获取知识成为人们讨论得越来越多的话题。

不管你承认与否，在知识经济时代，知识分子注定要扮演各行各业的主角。他们把握时代脉搏，领导时代潮流，站在时代前列，渊博的知识、丰富的经验和超凡的能力是他们获取成功的资本。

英国唯物主义哲学家弗兰西斯·培根在《新工具》一书中提出了“知识就是力量”的著名论断，他写道：“任何人有了科学知识，才可能驾驭自然、改造自然，没有知识是不可能有所作为的。”

随着社会的发展，知识的作用愈加重要，特别是知识经济已经来临的今天，可以说，知识不仅是力量，而且是最核心的力量，是终极力量。

对此，李嘉诚先生曾深有体会地说过，在知识经济的时代里，如果你有资金，但是缺乏知识，没有新的信息，无论何种行业，你越拼搏，失败的可能性越大；但是你有知识，没有资金的话，小小的付出都可能有回报，并且很可能获得成功。

所以说，人没有钱财不算贫穷，没有学问才是真正的贫穷。因为钱财的价值有限，而知识的价值无限。

有了知识积累，命运便会为你开启一扇幸运之门，使你一步步走向成功。

当年，华罗庚虽然辍学，但他凭借对数学的热爱，一直没有放弃学习，积累了许多数学知识，为他以后的发展和成功打下了坚实的基础。

一次华罗庚在一本名叫《学艺》的杂志上读到一篇《代数的五次方程式之解法》的文章，惊讶得差点叫出声来："这篇文章写错了！"于是，这个只有初中文化程度的19岁青年，居然写出了批评大学教授的文章：《苏家驹之代数的五次方程式解法不能成立之理由》，投寄给上海《科学》杂志。

华罗庚的论文发表后，引起了清华大学数学系主任熊庆来教授的注意。这位数学前辈以他敏锐的洞察力和准确的判断力认为：华罗庚将是中国数学领域的一颗希望之星！

当得知华罗庚竟是小镇上一名失学青年时，熊庆来教授大为震惊！熊庆来教授爱才心切，想方设法把华罗庚调到了清华大学当助理员。进入这所蜚声海内外的高等学府，华罗庚如鱼得水。他一边工作，一边旁听学习，熊庆来教授还亲自指导他学习数学。

命运再一次对这位努力不懈怠者展现了应有的青睐。到清华大学后的4年中，华罗庚接连发表了十几篇论文，自学了英文、德文、法文，最后被清华大学破格提升为讲师、教授。

华罗庚的事例说明，获取知识最直接、最有效的途径就是学习。学习，是明天最富革命性、创造性的生产力。新世纪的最大能量来自学习，最大竞争也在于学习。学习已经越来越具有主动创造、超前领导、生产财富和社会整合的功能。面对信息的裂变、知识的浪潮，“终身学习”是每个现代人生存和发展的基础。

终身学习，即离开学校以后靠自己的努力继续学习。这对女孩的自学能力提出了挑战。

“未来的文盲将不是那些不会阅读的人，而是没有学会怎样学习的人。”这绝非危言耸听之语。“自行学习、自我教育、自我管理”，这是现代人汲取知识的重要渠道，也是终身教育的重要形式。

自学能力的核心是想象力、创造力。这是一种能改天换地、塑造全新的自我的伟力。培养和训练创新的能力，要从青少年时代起步，养成质疑多思的习惯。在接受教育（包括课堂教学）时，不能只是个带着耳朵的听众，而要开动大脑这台机器，打破常规地思考、讨论、比较、鉴别，要积极主动参与教学过程，开掘创新思路。平时，在独立治学时，也要经常问几个为什么，启发思考和探索问题的积极性。

从生活中学习

女孩们，人生处处皆有学问。生活、社会是一部浩如烟海的“无字”宝典，是一所最广阔、最优秀的大学。古往今来，无数杰出人物差不多都是从生活的实践中总结窍门、发现捷径，最终得以创造出一番事业的。

刘邦本是个毫无文化的农民，唯一的优点就是他十分擅长与人交际，他从天天与朋友喝酒赌博中，总结出与人交往的要诀，锻炼出察言观色的技巧。后来他威震海内，开创大汉基业，韩信也不由得感叹道：“韩信善将兵，陛下善将将也！”

戏剧大师莎士比亚，14岁辍学，16岁打工谋生，在戏院从事最下等的工作，扫地、喊演员上场等，但是，就是在这样的环境里，他刻苦积累了一些舞台动作、念台词等方面的知识和窍门，为他以后的写作奠定了基础。

音乐家海顿，少年时长期过着流浪生活。他却在居无定所的漂泊中，不断完善自己的音乐技巧，最终成了世界交响乐之父。

托尔斯泰在基辅公路上散步时，每当遇到农民，他就主动与他们进行攀谈，并时时在小本子上记下有用的东西，因此，托尔斯泰把这条公路称作他的“大学”。

达尔文对在剑桥大学所学的专业神学毫无兴趣。于是，他除了听生物课以外，还参加科学考察活动，向社会上的教师、农夫、工人学习。

达尔文说：“我认为，我所学到的任何有价值的知识都是在自学中得来的。”

虽然达尔文同时上了两所大学，但是，“社会大学”给他的知识要比剑桥大学给他的知识更多。

高尔基曾这样说道：“这个警察比我的那些教师们更透彻、更明白地为我讲明了当时的国家机构。”高尔基从“社会大学”中读“无字书”所获得的一切，为他日后所创作的“有字之书”提供了无限的源泉。这在高尔基的自传三部曲——《童年》《在人间》《我的大学》之中均有体现。

歌德说得好：“人不是靠他生来就拥有一切，而是靠他从生活中所得到的一切来造就自己。”

所以，女孩们不仅应该勤读与爱好、兴趣、职业有关的“有字之书”，同时还应该领悟生活中的“无字之书”。

从书中汲取营养

冰心是中国著名的作家，她很小的时候就表现出了天资聪颖的特质，那时候，她的舅舅是她的启蒙老师。每天晚饭后，舅舅都要给小冰心讲一段《三国演义》的故事，小冰心总是听得非常入神。不久之后，小冰心就兴致勃勃地拿起一整本的《三国演义》，囫囵吞枣似的读了起来。

开始读书的时候，由于太小认字还不是很多，小冰心就只能挑选那些认字较多的段落看，谁知看着看着，只看其中的一些片段已经不能满足她的阅读需求了。于是，她就开始重头阅读，虽然有些字的字音根本不对，例如把“诸”读成了“者”，但她都没放弃。

发展到后来，小冰心见到什么书都要翻过来看看，就算不是一本书，只是几页简单的纸，只要上面写有字，她都要看看。很多时候，由于看书入了迷，小冰心头也顾不得梳，脸也顾不得洗，完全沉浸在书本里，随着那些主人公命运的跌宕起伏，她时不时地会开心地笑起来，过一会儿又会默默地流下眼泪。

一次，妈妈让小冰心去洗澡，而她在房间里看《聊斋志异》看得入了迷，直到洗澡水都凉了也没有去洗。妈妈看到这种情况后非常生气，她从女儿手中夺过书，随手撕成了两半，一半抓在手里，另一半狠狠地摔在了地上。小冰心一看，急忙跑过去，捡起地上的那一半又接着看了起来，把妈妈弄得哭笑不得。

当冰心 8 岁的时候，她就已经读完了《水浒传》《聊斋志异》《东周列国转》《西游记》《儿女英雄传》《再生缘》等作品。10 岁的时候，舅舅告诉她，读书是要有选择的，然后就为她列出了一些书目，除了《国文教科书》之外，还有《论语》《左传》《唐诗》等等。

在看书的基础上，舅舅还让小冰心阅读《诗经》，增添诗歌方面的修养。在这样的循循善诱和勤奋阅读中，小冰心开始对中国古典诗词产生了浓厚的兴趣。

11 岁的时候，冰心回到了自己的故乡福州。在那里，她祖父的房间了摆满了书，这里成了她的乐园。只要一有空，她就跑到祖父的房间里看书，看完之后就放回原处，从不乱动祖父房间里的东西，因此，祖父非常宠爱她。后来，在祖父的书桌上，冰心读到了法国名著《茶花女遗事》，这种翻译过来的小说深深地吸引了她，于是从那时开始，她便喜欢上了翻译小说，开始阅读外国的名著。从国外的书中，她明白了许多外国人的人情世故，知道了国外的人民也有像中国人一样的悲苦离合。

冰心涉猎非常广泛，从大量的阅读中，她吸收了丰富的文学知识，为她日后成为著名的作家打下了坚实的基础。

在我们平常的生活和工作中，就像鲁迅先生所说的，我们“必须如蜜蜂一样，采过许多的花儿，才能酿出蜜来”。从书籍中，我们可以吸收到足够的养分，丰富自己的知识，逐步提高自己的学识和认知水平，为自己将来的工作和事业打好基础。

名言说得好：“书是人类最好的朋友。”读书可以使人明心、清脑、益智、养气。“明心”指的是读书可以开阔人的心胸，涤荡人的灵魂；“清脑”指的是读书可以拓宽人的思路，开阔人的视野；“益智”指的是读书可以增长人的智力和才干；“养气”则指的是读书可以陶冶人的情操，提高人的自身修养和气质。

那么，女孩们要如何读书以“养气”呢？

首先，要多读与你所从事的工作相关专业方面的书，以养“才气”。

作为一个现代人，一定要有较高的才干、能力，才能适应工作环境，并胜任自己肩负的职责，这就需要靠多读专业书来实现。

其次，要多读文学艺术方面的书籍，以养“灵气”。

对待纷繁复杂的工作和生活，要保持敏捷的思想、灵活的工作方法，不至于陷入呆板、机械的教条主义中，为此，你就需要多读一些文学、艺术方面的书籍，提高自己的文学修养，增强自己的想象力和创造力。

再次，多读政治方面的书籍，以养“大气”。

要培养一种“大气”，就要多读政治理论方面的书籍，准确把握其实质和精髓，要能够做到理论联系实际，学以致用。

如果你能够遵照着这几个标准来读书，那么不久之后你就会发现，你的生活正发生着微妙的变化，它将变得越来越好，你的自我感觉也会越来越好。

尝试用各种方式为头脑“充电”

在瞬息万变的现代社会，各种知识更新极为迅速。如果女孩只满足于已经掌握的那点知识而不能与时俱进地吸收新的信息、新的知识，不能利用各种手段为头脑“充电”，那么终究有一天会被社会淘汰。不想被淘汰，那就行动起来吧。

相信你最先想到的方法就是读书。古人说“读书破万卷，下笔如有神”，可见大量地读书，尤其是读好书对个人会有怎样的益处。

世界上没有天才，非学就无以成才，读书无疑是知识积累的最好方法，书是人类的精神食粮，也是成大事者的必备之物。

“天下才子必读书”这似乎已是一条规律，不知你是否注意过下面这些情况，它们或许会让你对这一规律理解得更深刻。

当我们研究成功人士的事业时，常常发现：他们的成功一直可以追溯到他们拿起书籍的那一天。

在我们知道的成功人士之中，大多数都酷爱读书——自小学开始，经由中学、大学，以至于成年之后。

书虽然是一种没有声音的东西，但是它对人类的影响却是非常深远的，如果你经常阅读各行业成功人士的传记或者是自传，并通过静心的思索，你就有可能从中找出适合自己的成功之路。

俄国著名的学者赫尔岑说过：“书是和人类一起成长起来的，一切震撼智慧的学说，一切打动心灵的热情都在书里结晶形成。书本中记述了人类生活宏大规模的自由，记述了叫作世界史的宏伟自传。”

书籍蕴含着千百年来人类的智慧与理性，正因为其中的人性之处，才使得一些书伟大，灿然有光。

书籍是一种工具，它能在黑暗的日子鼓励你，使你大胆地走入一个别开生面的境界，使你适应这种境界。

读书习惯是一种文化素质，是国民尤其是国家未来的建设者——青少年必备素质中的一个重要组成部分。

在日常生活中，常常可以听到一些人说“我爱好读书”。能把读书作为一种爱好，比起不喜欢读书来说是一大进步，但还远远不够。我们不能把读书和看球赛、玩扑克、赏花草一样，当作一种纯粹的消遣去满足，或当作一种雅兴去炫耀，而应使之成为一项生活的内容，一种生命的需要。读书，就像给精神补充养分一样，是保持身心健康的需要，是改变命运的需要，是自我实现的需要。

著名作家蒋子龙先生说："书是可以随身携带的大学。"读书不但可以获取知识，而且可以懂得做人的道理。但是，读什么书，什么时间读书，怎么读书，怎么处理好读书与生活、学业的关系，这些问题要是解决不好，可能会给女孩的学习、生活甚至整个人生带来不良影响。所以，女孩不但要重视阅读，还要做一个聪明的阅读者。

那么，你是不是一个聪明的阅读者呢？有没有养成读书的习惯呢？

在现实社会中，女孩要养成读书的习惯，说难也难，说易也易。难者大多强调"学习繁忙""没有时间"，正如鲁迅讽刺过的一些人那样，"有病不求药，无聊才读书"，甚至无聊也不读书。这种人要想养成读书习惯确实会很难。其实，如今我们都有较为充足的空闲时间：双休日、节日长假、课外时间……看几页书的时间每日都有，就看你用不用在读书上。只要经常有计划、下意识地拿起书来阅读、学习，这样日复一日地坚持下去，久而久之，读书习惯也就自然而然地养成了。

如果认为获取知识只有书籍一条途径，那么就大错特错了。其实在现代社会，人们获得知识的渠道十分广阔。比如电视，不管人们对其传媒作品的质量如何评价，它们都是我们文化环境的组成部分。电视已成为人们生活中最主要的信息来源之一。电视可以作为一种娱乐消遣的手段，使人们在轻松愉悦的情绪状态下观察社会、扩展视野、获取知识。

另外，互联网也无疑为学习提供了巨大的资源。互联网是一种利用计算机从全球成千上万台计算机获取信息的工具，是一个能使每个人进入到浩瀚的信息海洋尽情畅游的天地。这些信息包括文字、图表、声像资料、软件等。这些信息实际上包容了所有可想象的客观对象，它们是由图书馆、博物馆、政府机构、公司、大学、研究机构和许多其他机构及个人提供的，里面有许多有价值的资料。

除却以上所说的有形的学习资源，其实在我们身边还有一个无形的却无时无刻不在影响我们的、内容极为丰富的知识库——社会。

有人说，我们的社会、我们的生活是无时不在书写的一本“无字书”，比喻可谓贴切至极。

古人曰：“读万卷书，行万里路。”意思是说人要有较多的知识和丰富的阅历，也是要人们能理论联系实际，善于利用知识处理各种事情。丰富的阅历也是成大事者不可缺少的资本，特别是女孩，阅历一般较少，这就要求我们不但要注意书本知识，也要注重生活、社会中的知识积累。

有诗云：“纸上得来终觉浅，绝知此事要躬行。”读书学习获取知识诚然重要，但实践获真知也是必不可少的。

通过阅读“有字之书”，你可以学习前人积累的知识、前人的经验，并从中取得借鉴，避免走岔道、走弯路；通过读“无字之书”，你可以了解现实，认识世界，并从创造历史的人那里学到书本上没有的知识。

如果你想尽快、尽好地读通读透“有字之书”，并取其精华、去其糟粕，把“死书”读成活书，就要善于读“无字之书”。

“用自己的眼睛去读世间这一部活书”，“倘只看书，便变成书橱，即使自己觉得有趣，而那趣味其实是已在逐渐硬化、逐渐死去了”。

重视“读世间这一部活书”——读“无字之书”，也是大文豪鲁迅的主张。

鲁迅少年时代有很长一段时间在农村度过，而且也乐于与农村少年为友，喜欢到农村看社戏，所以他从农村少年、农村社戏中了解了很多农村生活，也因此增长了不少见识，他后来创作的《故乡》《社戏》等短篇小说的生活素材都是在那时积累的。

鲁迅先生一生针对当时的社会弊病，写了许多杂文。如果鲁迅不注意读社会现实这部“无字之书”，只知闭门做学问，他又怎么会从中看出“世人的真面目”，怎么会成为“一个伟大的画家”，“用他手中那支强而有力、泼辣而又幽默的笔，画出黑暗势力的丑陋面目呢”？

“无字之书”内容丰富、含义深刻，需要女孩用较长时间甚至一生来阅读。

获取知识的途径多种多样，也许你还有其他方法，那么就请你继续坚持，同时，你还可以将你的好方法讲出来与朋友分享，让大家共同进步。

有目标有计划地积累知识

女孩们，你们是否曾立志做一个无所不知的通才？其实，不同的社会有着不同的需求，对人才的知识结构要求也不尽相同。善于根据社会需求而随时调整自己的人，才会常胜不败。

大家都喜爱福尔摩斯吧，他是英国作家柯南道尔笔下的著名侦探。他勇敢机警，具有高超的侦探、分析、推理、判断才能。比如，瞟一眼，他就可以猜出某人的大致经历，关于烟灰，他能够辨识 140 多种；对各种不同职业人的手形他极为熟悉；就是凭裤管上的几片泥点，也可判断罪犯作案的行迹……

福尔摩斯侦探故事对人的启发之大，就连爱因斯坦在写《物理学的进化》

一书时，也忍不住用了它来做全书的开头。他从福尔摩斯的侦破过程，说到科学家寻找自然奥秘的一般方法。

人们都很想知道福尔摩斯为什么能够在错综复杂的疑案中独具慧眼出奇制胜，他究竟掌握了一些什么知识。柯南道尔在《血字的研究》一文中给我们列出了一张有意思的简表：

夏洛克·福尔摩斯的学识范围：

1. 文学知识——无。

2. 哲学知识——无。

3. 天文学知识——无。

4. 政治学知识——浅薄。

5. 植物学知识——不全面，但对于莨菪剂和鸦片却知之甚详。对毒剂有一般的了解，而对于实用园艺却一无所知。

6. 地质学知识——偏于实用，但也有限。但他一眼就能分辨出不同的土质。他在散步回来后，曾把溅在他裤子上的泥点给我看，并且能根据泥点的颜色和坚实程度说明是在伦敦什么地方溅上的。

7 化学知识——精深。

8. 解剖学知识——准确，但不系统。

9. 惊险文学——很广博，他似乎对一世纪中发生的一切恐怖事都深知底细。

10. 提琴拉得很好。

11. 善使棍棒，也精于刀剑拳术。

12. 关于英国法律方面，他具有充分实用的知识。

可见，每个人都应有自己的知识结构系统，以实际需要为准。女孩们在建立知识结构时应把握以下原则：

（1）合理。客观事物具有普遍联系，遵循这一原则建立知识结构，能将学到的知识迁移，增进理性记忆和应用，触类旁通、举一反三、思路畅通、有所创见。一个人的知识应由具有相关性和规律性的知识组成。这些系统内容上有必然联系的思维组合体，是相对安全的。你得对一些已有的知识系统有针对性地加强学习，并在完善知识结构上花一些精力。

（2）随时调整。不同的人在知识结构上也存在差异，而一个人在不同的发展阶段又有不同的知识结构。人们应该针对自己的兴趣和目标自动地、随时地调节知识结构，这是知识结构的动态性特征要求的。

（3）动态。在充实自己的时候，各类知识都应有所发展，不应有所偏废。据统计，人类知识的总量，每隔5~7年便要翻一番，即知识的总体结构始终处于动态的发展之中。与此相对应，个人的知识结构也是处于动态发展中的。

（4）简约。如果知识结构不简约，必定使大脑负担过重，从而妨碍独立思考，不利于创造。大多数科学家都相信，自然界的基本原理是屈指可数的，有效的知识结构应是极简约的，而不是庞杂的。华罗庚说："书要越读越薄。"把书真正读懂了，形成了知识结构，那便简约了。但是简约不代表贫乏，而是"精粹中的简约，简约中的精粹"。

（5）实践。实践不仅是获取知识的一条途径，同时也是一条原则。知识只有与实践相结合，才能发挥出它的效力。

在实际行动中，女孩应做到以下几点：

（1）学会取舍。有句名言说："什么都想知道，结果什么也不知道。"对于自己所接触的知识，要善于鉴别其真正的价值，以便决定取舍。在信息爆炸、知识更新速度不断提高的今天，这一问题显得尤为重要。搜集的资料要经得住时间的考验，要力求在相当长的时间内对自己的工作有所裨益，而不至于在短时期内失去其作为资料存在的意义。

（2）去粗取精。任何名著、佳作都不可能字字闪金光，句句皆良言。一般都会既有其独到的见解，也可能有失之偏颇之处，有些甚至是良莠混杂。积累知识必须善于分析，去粗取精，去伪存真，为我所用，要善于沙里淘金，撷取闪光的思想、观点和方法。

（3）及时摘录。一位著名学者曾告诫青年，一发现有价值的资料就要如获至宝，马上摘录下来。读书看报，随时都可能碰到有用的资料。这时，就要立即做成卡片。有些零星的、散见在报纸杂志上的资料，如果不及时收集，往往如过眼烟云，稍纵即逝。重新查找不仅费时间，而且有的资料往往一时很难再找到。

利用卡片、笔记等方式积累知识，是为了帮助记忆。

（4）广泛占有。马克思为了研究政治经济学，阅读了1500多种书籍，甚至连关于农业化学、实用工艺学之类的书都不放过。对资料的统筹兼顾，实际上也是在培养自己的综合能力和预见性。

研究某一具体问题，必须尽可能地占有涉及这一问题的所有资料。只有在大量资料的基础上进行归纳分类、分析、综合，才能有所发现，有所创见。

（5）注意求新。积累知识要尽可能反映最新动态，增加最新的信息。在一定时期内，针对某一问题的研究，不仅要收集前人对这一问题的看法和观点，了解他们探索的足迹，同时更要注意收集同时代人的研究成果，特别是目前的研究进展情况。这就要求我们不仅要在大部头著作上搜寻，更要注意经常阅读各种期刊、评论及文摘。

懂得学以致用

中国有句谚语："学了知识不运用，如同耕地不播种。"有了知识，并不等于有了与之相应的能力，运用与知识之间还有一个转化过程，即学以致用的过程。

如果你有很多的知识但却不知如何应用，那么你拥有的知识就只是死知识。死知识不能解决实际问题。

因此，女孩们在学习知识时，不但要让自己成为知识的仓库，还要让自己成为知识的熔炉，把所学知识在熔炉中消化、吸收。

我们应结合所学的知识，参与学以致用的活动，提高自己运用知识和活化知识的能力，使我们的学习过程转变为提高能力、增长见识、创造价值的过程。

我们还应加强知识的学习和能力的培养，并把两者的关系调整到黄金位置，使知识与能力能够相得益彰、相互促进，发挥出巨大的潜力和作用。

近代化学家、兵工学家、翻译家徐寿与华蘅芳研制"黄鹄"号，是学以致用的范例。

徐寿在做这项工作时，并非贸然行事，而是采取了十分慎重的循序渐进的科学态度。他首先试制了一个船用汽机模型，成功后又试制了一艘小型木质轮船。在此基础上，为精益求精，他继续进行研究改进，最后成功制造了我国造船史上第一艘实用性蒸汽轮船。取得了成熟的经验后，徐寿又主持研制了“惠吉”“操江”“测海”“澄庆”“驭远”等多艘轮船，为我国近代早期的造船业做出了巨大贡献。

作为北京大学、南开大学等多所名校荣誉学位获得者及牛津大学荣誉院士，金庸认为，一个真正优秀的学者，要关怀社会和人民，要学以致用。

他曾说：“学者应该解决人民需要解决的问题，应该对社会有贡献，应该有入世的精神。比如，对王安石变法研究的意义，远远超出考证哪个皇帝皇后的生卒年月。”

“我研究历史，也研究社会学。做学问一定要学以致用，这样的学问对社会才有贡献，才有意义。”

可见，女孩们不可一味死读书，读死书。

如果一个人完完全全将书本中的知识应用到理论与实际当中去，那么就会受到一些条条框框的束缚，这样很难有新的创造。

在历史上有很多食古不化、奉行教条而失败的例子。《三国演义》里的马谡，自称“自幼熟读兵书，颇知兵法”，但在街亭之战中，只背得“凭高视下，势如破竹”“置之死地而后生”几句教条，而不听王平的再三相劝以及诸葛亮的叮咛告诫，将军营安扎在一个前无屏蔽、后无退路的山头之上，最后落得一个兵败地失、狼狈而逃、斩首示众的下场。

所以，想获得成功就一定要学以致用，否则生搬硬套书本上的知识，必然会给你所从事的事业带来损失。

19 世纪末，制造飞机的热潮在全世界范围内一浪高过一浪。但一些知识丰富的大科学家却纷纷表态，发表自己的看法和见解，抵制飞机的制造。比如，法国著名天文学家勒让认为，要制造一种比空气重的机械装置到天上去飞行是根本不可能的；德国大发明家西门子也发表了相似的见解；能量守恒定律的发现者、著名的物理学家亥姆霍兹又从物理学的角度，论证了机械装置是不可能飞上天的结论；美国天文学家做了大量计算，证明飞机根本不可能离开地面。但是，令人想不到的是，1903 年，连大学校门都没进过的美国人莱特兄弟凭着勇于创新的精神，将飞机送上了天，为人类做出巨大贡献。

“尽信书，不如无书”。会学，更要会用。学习的知识只有有效地运用到生活和实践中去，才会发挥其效用，否则就是一些死的没有用的东西。

第斯多惠说：“学问不在知识的多少，而在于充分地理解和熟练地运用你所知道的一切。”

所以，在日常生活和工作中，我们应该把在学校里、在社会上所学到的全部知识都淋漓尽致地发挥出来。比如，一辆汽车冲入了泥坑不能上来，一个人用尽力气推了半天，车还是没有上来。而另一个人则把几个滑轮挂在旁边的树上，又把几个挂在车上，然后用坚韧的绳子串起来，不用很大的力气就把车拉了上来，这个人显然是运用了物理学中省力做功的原理。

生活中，女孩们如何学以致用呢?

（1）将你的学习内容与目前和今后的生活、工作加以对比，以便清楚自己需要学习什么知识才能提高能力、学习什么知识才有利于全面发展。

（2）对于已经学习过的知识，可以用实际操作的方式加以验证。比如，学了物理电学后，可以去安装电灯、安装或维修半导体或电子管收音机；依据压力的定义，通过实际操作去测定某一重物对支持物所产生的压力等。

（3）把所学得的知识应用到社会实践中，综合地利用各门学科的知识。例如，学过化学后，参加化工厂的实际操作；或者运用物理学的力学原理去进行某种工具的改革等。

活到老，学到老

晋平公是我国历史上一位有名的人物，他在位期间不仅政绩不凡，而且学问也非常不错。当他70岁的时候，他还觉得自己掌握的知识太少了，希望能够再多读点书，长点见识。但是对于一个70岁的老者来说，再去读书学习是多么的困难啊。想到这些，晋平公就对自己的想法不是那么自信了，于是他就去请教一位非常贤明的臣子——师旷。

师旷是一位双目失明的老人，博学多识，虽然眼睛看不到，但是心里却亮堂得很。晋平公见到师旷，就问："你看，我已经70岁了，年纪的确是不小了，但我还想再读点书，增长一些学问，可我自己却没有信心，总觉得是否太晚了呢？"

师旷听完回答说："您说太晚了，那么为什么不把蜡烛点起来呢？"

晋平公一下子愣住了，他根本不明白师旷在说什么，于是就说："我在跟你说正经话呢，你跟我瞎扯什么啊？哪有做臣子的随便来戏弄君主的呢？"

师旷一听就笑了，连忙说："大王，您误会了，我这个双目失明的臣子，怎么敢随便戏弄大王您呢？我也是在跟您认真地谈论学习的事啊！"

晋平公听了，更加不解了："这话怎么讲呢？"

师旷就说："我常常听说，人在年少的时期很好学，如同获得了早晨温暖的阳光一样，那太阳越照越亮，时间也就越久；人在壮年的时候好学呢，就如同获得了中午明亮的阳光一样，虽然中午的太阳已经走了一半，但它的力量很强，时间也还剩下很多；而如果到老年的时候好学，虽然此时已是日暮时分，没有了阳光，但他还可以借助蜡烛的亮光啊，蜡烛的光亮虽然比不上太阳那么明亮，但是只要获得了这么一点有限的光亮，还是比在黑暗中摸索要好得多吧。”

这下，晋平公恍然大悟了，他高兴地对师旷说：“你说得真是太好了，确实如此！现在，我有信心了。”

其实，读书就像一本人生中最难得的存折，不论年龄、环境怎样变化，一个人都不能动摇学习的信念。像这样一点一滴地积累，你就会成为世界上最富有、最快乐的人。

一个人“并不一定要终生受雇于人，但是必须终生学习”。活到老、学到老，这是我们该谨记的。学习的过程是一个不断积累的过程，不但是知识积累的过程，还是能力积累的过程。只有不间断地学习，自己的眼界才能变开阔，认知才能更深刻，能力也才能获得提高。在今天这个时代，关键问题已经不在于你能否“活到老学到老”，而在于只有“学到老”才能“活到老”。没有学习，便没有“生存”。

什么叫作自觉学习？所谓自觉学习，就是没有人要求、强迫，主动、积极并且很出色地做好自己的事情。学习是不能靠别人督促的，而要靠主动的心态和自身的求知欲。

养成自觉学习的习惯，要给自己立下规矩。例如：学习必须做到一心一意；每天都要保证自己有一定的时间用来学习；学习没有达到预期目标的时候要继续努力，等等。一定要让自己的头脑和学习产生一种相对固定的关系——不学习就不行。像这样不断坚持下去，学习的自觉性也会一天天地培养起来。与此同时，还要强化自己的学习动机，培养自己对学习的热情。

女孩们一定要注意，学习是自己的事情，不是为了老师，也不是为了家长，而是为了自己的将来。不过也要注意，在不同的年龄段，学习的方式也是不一样的，绝不能把自觉学习仅仅理解成是老老实实地待在书桌前写作业，那是非常狭隘的。

知识是对女孩最有益的投资

书本是最宝贵的财富，而书本最终能够带给人的，就是知识。想要让女孩一辈子过得幸福、充实，就要给她足够多的知识，去应对人生中的各种困难，争取各种机会。

我们都很熟悉的主持人曾子墨，就是一个典型的博学多才的女孩。她的自我介绍就能说明这一点："我是曾子墨，曾子的曾，孔子的子，墨子的墨。"

翻开曾子墨的简历，你会发现上面有这样的简介："参与完成了摩根士丹利历史上最大规模的并购交易。1998年回到香港，加入摩根士丹利亚洲分公司，一年后升任经理。2000年，加入凤凰卫视资讯台担任财经节目主播，主持的栏目包括《财经点对点》《财经今日谈》和《凤凰正点播报》。2001年采访香港举行的财富全球论坛，3天内总共采访了8位大企业和财团的领袖，并参与制作专题节目《复关入世十五年》。2002年采访了亚洲开发银行35届理事会年会和'两会'。参与拍摄的纪录片《我们在朝鲜的日子》获得观众一致好评。现担任《社会能见度》《世纪大讲堂》以及《经济制高点》的主持人。”

如今，呈现在人们眼中的这个意气风发的女子，再也不是记忆中那个梳着小辫，用春秋战国时期的三个“子”来介绍自己的小女孩了。在她身上，人们所看到的，是一个美丽、坚定，有着巨大能量的都市女主播。而她今天所拥有的一切，都与她扎实的学问和深厚的积累分不开。

从小，在子墨的观念里，在家就要做一个好孩子，在学校就要做一个好学生，就算工作，也一定要做一份最好的工作。高三时，当别的同学正在高考的煎熬下彻夜难眠，曾子墨就以北京市模拟考试前三名的成绩被保送到人民大学金融系。一年后，当别的同学正在为托福考试冲刺的时候，她以托福660分的高分被达特茅斯大学以全额奖学金的方式录取。1996年毕业后，曾子墨在美国华尔街的摩根士丹利从事投资工作，在担任分析员两年中的出色表现使她成为该公司最耀眼的明星员工。出色的成绩，让子墨与众不同。

同样，著名的才女“老徐”——徐静蕾也是一个凭借才气打开事业局面的女孩。她的博客点击量常年高居榜首，“这不是我的工作，也不是我最爱的一种表达方式，然而这无疑是我觉得最舒服的一种表达方式。”在自己的博客里，嬉笑怒骂，爱情、事业、朋友，徐静蕾既无话不说，也能调整好与大众的距离。

点开徐静蕾的博客，这个小小的地方和她的人一样，清新淡雅，白净的背景，简单的文字，没有浮躁和喧嚣，有的只是一丝安静、一点惬意，而这一点点的感觉就足以吸引无数博友每天来到这里，偶尔留留言，向对好友倾诉一样，和老徐成为朋友。

徐静蕾写自己的喜怒哀乐，写亲人朋友，写剧组工作。做演员她拿过百花奖，做导演她拿过金鸡奖，更令人意想不到的是，她还唱歌、出书、开公司。对徐静蕾本人而言，向自我不断地探寻或许是她永远的追求。

观众第一次认识1974年出生的北京女孩徐静蕾，是她在赵宝刚导演的电视剧《一场风花雪月的事》中扮演的女警察。但是在演出了几部戏之后，她觉得如果一个东西完全变成一份很职业化的工作的话，就没有了创新，所以开始考虑拍电影。于是，她在一年内接了四部电影，并凭借主演的电影《开往春天的地铁》获得了百花奖最佳女主角。

2002年，徐静蕾又一次决定改变自己的人生。一向十分有主见的徐静蕾这次接受了一个好朋友的建议。她决定执起导筒，用自己最喜欢的方式来表达。这一次她夺得了金鸡奖最佳导演处女奖。就是这个金鸡奖最佳导演处女奖让徐静蕾惊喜万分，因为这部《我和爸爸》毕竟是徐静蕾的第一部导演作品，能受到专家的肯定自然十分难得。2004年，她当选第52届圣塞巴斯蒂安国际电影节最佳导演奖；2006年，她当选第14届大学生电影节最受欢迎导演奖。在经历了岁月的磨炼之后，徐静蕾终于由一个“玉女”转化为集表演、编剧、导演、制作于一身的“才女”。

“人大多数生活中95%的时间都是作为一个普通人活着。”回头再看徐静蕾，的确是个耐看的人。略施粉黛的亲切笑容，让人感觉犹如邻家女孩般亲近，正如老徐说的，现代人都具有漫长的青春期。不同于娱乐圈的繁华、艳丽，老徐是个清新、淡雅、内外兼修的人，这种气质源自一个人的内涵。

而老徐的这般花样人生，与她年幼时被逼着写字，逼着读书又是分不开的。在浮躁的娱乐圈中，她是一个真正有文化的才女。

知识改变命运，对女孩来说尤其是如此。可能很多父母并不知道美国的脱口秀节目主持人奥普拉·温弗瑞。但她的成长，值得每一个家长细细体会。

奥普拉小时候生活的环境很糟糕，她逃学、吸食毒品，甚至在14岁的时候流产一次，她的妈妈把她赶出了家门。奥普拉以为自己会像一个混混一样度过余生，但她生命的转折点，出现在14岁那年。

对她忍无可忍的母亲把她扫出家门，扔到父亲那里。继母命令她每周背诵20个单词，否则别想吃饭。父亲与继母一唱一和，二人的执着让人敬畏，尤其是父亲，他制定了教育大纲，以大纲为基础来统领、构建和引导奥普拉的成长。读书、读书、再读书，奥普拉完成了继母布置的任务后，还要继续满足父亲的要求——每周写读书报告。

“有些人让事情发生，有些人看着事情发生，有些人连发生了什么事情都不知道。”她的童年是在黑暗中长大的，却意义非凡，奥普拉永远记得父亲跟她说过的这句话。那时，她就开始反省自己到底属于这几种人中的哪一种，自己是不是也应该主动让事情改变。

于是，奥普拉改头换面，她参加了学校的戏剧俱乐部，并常常在朗诵比赛中获奖。在费城举行的有1万名会员参加的校园俱乐部演讲比赛中，她凭借一篇短小震撼的演讲拔得头筹，赢得1000美元的奖学金。1983年，坚持不懈的奥普拉终于遇上了自己的伯乐，慧眼识珠的“AM芝加哥”电视台老板顶着压力，史无前例地以23万美元年薪聘用了这位体重200磅的黑人女子当“脱口秀”主持人。奇迹出现了，30天后，奥普拉的访谈节目收视率直逼全台首位。

无论是曾子墨式的一路优秀，还是老徐式的“十项全能”，抑或是奥普拉式的崛起，都在告诉父母，只有知识才能改变女孩的命运。

学习知识也要有所甄选

女孩每天接触的知识千千万万，既有有益的，也有有害的；既有需要的，也有不需要的；既有全新的知识，也有过时的知识。女孩在学习过程中要懂得甄选，学习有益于自己身心发展的知识。

试想，一个经常在阅读沉思中与哲人文豪倾心对语的人，与一个只喜爱读凶杀言情故事和明星花边轶闻的人，他们的精神空间是多么不同，他们显然是生活在两个不同的世界中。

在茫茫知识海洋中，女孩要力求寻觅上乘之作、经典之作，要多读名著，多读“大书”。所谓经典名著、“大书”，都是经过了时间的沉淀和筛选。一些社会学家曾做过统计，其结论是：至少要经过 20 年的阅读检验而未曾沉没，这样的著作方有资格称为经典、名著。

美国学者，《大英百科全书》董事会主席莫蒂然 · J. 阿德勒认为：所谓名著，必须具备 6 条标准：

（1）读者众多。名著不是一两年的畅销书，而是经久不衰的畅销书。

（2）通俗易懂。名著面向大众，而不是面向专家教授。

（3）永远不会落后于时代。名著绝不会因政治风云的改变而失去其价值。

（4）隽永耐读。名著一页上的内容多于一般书籍的整个思想内容。

（5）最有影响力。名著最有启发教益，含有独特见解，言前人所未言，道古人所未道。

（6）探讨的是人生长期未解决的问题，在某个领域里有突破性意义的进展。

读书各有妙法，许多学有专攻的人士，能读出个中滋味，读出门道。作家韩少功读书择优而读，择要而读，将自己有限的时间投于特定的求知方向，尽可能增加读书成效，给人以启示：他将书分为可读之书、可翻之书、可备之书、可扔之书4种。认为“勃发出思维和感觉的原创力，常常刷新着文化的纪录乃至标示出一个时代的高峰”，“作为人类心智的动力和光源”，对于每个人精神不可或缺的书，是可读的。

可读之书也要根据其对自己的价值大小分出层次，采用不同的方法来读。至于采用何种方法，女孩则要根据自己的需要自主选择。

读书大致分为4个层次：

（1）浏览，即以“一目十行”的速度翻阅大量书籍，了解概貌，是读书的初级层次。它能扩大阅读者的知识的横向接触面，可掌握新近的信息。通过浏览，可筛选知识，捕捉自己所需的资料信息，也可通过随便翻翻式的阅读，调节脑力、增益情趣。

（2）通读为读书的第二层次。通读，是对全书的概览，以较少的时间，进行扫描式的阅读，以对全书的框架、主要观点、重点章节有个总体了解。一般读小说，是采取通读的方式。

（3）精读这是读书的第三层次。即对自己需要加深了解的章节精研细读。对精读的部分有时要反复阅读，认真思考，并做笔记，力求将它变成自己的血肉。

（4）研读是读书的第四层次，也是最高层次。在这一阶段，将精读部分与以往获得的知识，或同类书籍进行比较研究，带着质疑的眼光品味书籍，进行评论，提出新的见解。这种阅读更具创造性。

第二章

女孩的“乐学”状态需要保养——好父母让女孩爱上学习

很聪明的女孩为何会学习吃力

一些家长会遇到这样的状况：他们的女孩在很多方面都十分优秀，看起来聪明伶俐，从小就受到了来自各方的赞扬和欣赏。可是女孩却偏偏在学习方面出现了问题，并不是成绩不好，而是在总成绩优异的情况下，某一科考得特别差，而且无论如何都没办法提高。

小雪今年 15 岁了，就读于某私立学校的初中三年级。她生长在一个非常富裕的家庭里。

小雪有很多兴趣特长，是学校的“明星”主持人，弹钢琴、画画、书法、跳舞等许多方面都拿过奖；而且积极上进，富有组织才能，是本年级的学生会主席；人也很聪明，语文、历史、英语等学科成绩优异。但令人惊讶的是，这样一个显然是发展比较全面的女孩，却有着一个使她和她的亲人、老师极为困惑和苦恼的问题——她记不住书上的公式，因此，数学、化学和物理成绩较差。

为此，她的父母想了各种各样的办法帮她提高这几门成绩，但收效甚微，每次考试，她的这些成绩还是上不去。最后，在老师的建议下，父母带她来到了心理咨询中心，希望心理医生能帮小雪解决这一问题。心理医生经过仔细检查后发现，小雪有严重的数学障碍，因而导致了她记不住公式，在运用方面就更加困难。

美国学习障碍儿童咨询委员会提出了学习障碍的定义：“学习障碍儿

童表现出一个或多个基本心理过程失调，包括理解或运用口语、书面语，可能表现在听、说、思维、阅读、书写、拼写、推理或计算方面的失调。这些情形可能与知觉障碍、脑损伤、轻微脑功能障碍、难语症等有关。但是它不包括主要由视觉、听觉或运动障碍、心理迟滞、情绪紊乱或环境不利造成的学习障碍情形。”小雪数学等成绩差，正是因为在计算和推理等方面出现了障碍。

对于女孩的学习障碍，家长首先应该知道，有学习障碍的女孩并不同于智力上落后的孩子。

相反，学习障碍的女孩甚至在智力上是超群的，除了某一两科成绩差以外，她们在其他方面表现得十分出色，丝毫看不出有什么缺陷。因此，女孩的学习障碍只是在某一种学习能力上的缺失，与女孩的智商高低没有关系。有时候，学习障碍可能与遗传因素有关，孩子在完成某项学习任务的时候表现得十分吃力，这并不是谁的错，而且可以通过特殊的训练得到恢复。另外，学习障碍更不是生理上的残疾所导致的。据统计，大约有5%至10%的孩子有不同程度的学习障碍。

针对有学习障碍的女孩，父母和老师就要有意识地在她的弱项上帮助她提高成绩，最主要的是掌握学习方法，以达到自主学习的能力。例如，在数学方面有障碍的女孩，父母可以多帮助孩子做计算和推理方面的练习，通过熟悉公式和公式应用来逐步提高对数学的理解。在语言学习方面有障碍的孩子，例如英语，父母和老师则要让孩子多熟悉字母和单词，特别是增强英语语境的氛围。

消除学习障碍是一个漫长和持久的过程，在这个过程中，父母一定要耐心地给孩子提供帮助和支持，而不应该有喝斥或者不耐烦的表现。

给孩子创造一个良好且放松的学习环境，让孩子在没有压力的环境下慢慢地摸索。

让女孩在乐趣中消除学习障碍

在某方面有学习障碍的女孩，由于成绩一直没有长进，导致她对这门科目已经没有了兴趣，或者丧失了信心。这就需要父母在帮助孩子扫除障碍的过程中，首先要建立女孩对此门课程的兴趣，从特殊的角度着手，让她在快乐中学习。

多尝试不同的学习方法

在了解女孩有某方面的学习障碍以后，父母就不应该再让孩子按照以往或者大多数孩子的学习方法进行学习了，而是要找出不同于大众的特殊方法，在新的方法中找寻突破口。当然，这就要求父母和老师帮助女孩多找一些学习方法，只有这样，才有更大的几率帮助女孩找到最合适自己的那一种学习方法。

帮助女孩克服厌学情绪

在我们身边，不少女孩都有着或多或少的厌学情绪，厌学情绪的产生与女孩的成绩是否优秀没有太大的关系，有些孩子即便是成绩非常好，她们可能也对上学有一些抵触心理。可是，孩子们为什么会讨厌上学呢？

靓靓上初三了，马上面临着毕业考试，因此，父母对她管教得严厉了一点儿，尤其是在学习方面。但是，父母发现，靓靓似乎是越来越不爱学习了，成绩也开始直线下降。父母着急上火，但靓靓自己却像个没事儿人似的整天乐呵呵的。

靓靓的父母跟老师诉苦："原来放学还知道看看书、做作业，可一上初三就连作业都不做了，书也不看了。要么看电视，要么就坐在电脑前，不是上网就是打游戏，反正就不看书做作业。你说她两句吧，她就'嗯'、'啊'，说一会儿就去，可过半个小时你再看，她还在那玩儿呢。"

"我们尽量去和她做朋友，逮住机会就给她做思想工作，可怎么说也没用，道理她都听不进去。问她为什么不学，她说'不为什么，就是不想学'。孩子这么大了，我们不可能，也不想整天监督着她学，可她根本理解不了父母的苦心。有时候早晨去学校的时候，她总是磨磨蹭蹭、拖拖拉拉的，似乎很不愿意去学校。"

心理学家称，很多女孩的厌学心理与她们聪明与否没有太大的联系，而是因为对学习产生了厌倦，所以想要逃避。但是，长期的厌学会影响女孩学习的心情，进而导致成绩下降，这是十分危险的。根据专家总结，女孩之所以会产生厌学情绪，主要原因有三：

1. 家庭与父母对女孩的期望过高。父母希望孩子有一个好的未来，当然也就希望孩子通过从小认真学习来实现这个愿望和目标。但是，由于现在的父母对孩子的期望越来越高，而且成天挂在嘴上，这就导致女孩承受的压力是她们已经无法负荷的，因此才会产生厌学情绪。

2. 学校是给女孩施加压力的第二座大山。为了让学校有不错的升学率，学校和老师都在不遗余力地传授知识。可是，有的老师由于心急或者恨铁不成钢，对成绩不好的女孩不是批评就是指责，丝毫没有顾忌到女孩的自尊心，让女孩越来越反感老师和学校，也就不想再去学校了。

3. 女孩自身对学习概念的模糊。从小到大都照着父母的要求按部就班地读书学习，可是却没有人告诉女孩，学习究竟是为了什么，以至于很多女孩都觉得学习就是为了升学考试，而没有更深远的理解。由于对学习概念的模糊，再加上升学压力大，虽然有的女孩也很努力，可是对学习还是有着抵触情绪，心中十分烦闷。

以上三点就是造成女孩产生厌学情绪的几种原因。为了消除女孩的厌学情绪，父母和老师首先就不能给女孩很大的学习和心理压力，而要给女孩创造一个健康快乐的学习环境。同时，老师的教学方式也要有所改进，在遇到成绩不好的女孩时要语重心长地跟她交流，而不是用批评和指责的方式逼迫她向前。只要学校的氛围不给孩子的心理造成过大的压力和负担，那么孩子的厌学情绪就一定会烟消云散的。

父母要引导女孩懂得调试情绪

在家庭教育中，父母可以经常与女孩交流一下在学校的心得，告诉女孩，如果觉得学习太累，那么就让自己停下来稍事休息。听听音乐或者出去玩一玩，要懂得自己帮自己消化负面的情绪，等到情绪恢复正常或者愉悦之后再回去学习。

让女孩弄清学习的目的

父母还需要让女孩知道，学习不仅仅是为了升学考试，而更重要的是要提高自身的素养，让自己具备独立学习的能力，而且慢慢地热爱学习。父母不妨给孩子灌输一些“终身学习”的概念，举一些事例来帮助孩子理解，让孩子弄清学习的真正目的。

用游戏来培养女孩的智商

女孩天生爱玩，学龄前的儿童更是如此。作为父母，与其让女孩在胡乱玩耍中浪费掉宝贵的时间，不如用游戏来培养女孩的智商，在迎合孩子爱玩天性的同时，让她的大脑也从中受益。父母一定不要小看各种简单的游戏，实际上，它们对开发儿童的智力有着想象不到的帮助性，是家长配合学前教育最好的方式。

女孩对其他事物的注意力也许并不高，但是当她在玩游戏的时候，却有着成年人无法想象的高度集中力。在了解游戏和亲身参与游戏的过程中，女孩通过观察以及在大人的指导下掌握游戏规则，这不仅能丰富女孩的感性认识，而且还能培养她对外物的观察能力。

游戏是需要想象的，例如搭积木，相同的积木块却可以搭建成各式各样的形状。因此，玩游戏还可以丰富女孩的想象力。在玩的过程中，父母不要用程式化的东西来束缚女孩的思维，而是要顺着她的意愿来，她想要怎么玩就怎么玩，天马行空的想象会让女孩在心中勾勒出五彩斑斓的世界，让她的想象力发挥到极致。

此外，一些特定的游戏因为有其本身的规则，父母在引导女孩玩耍的时候虽然不能完全拘泥于已有的形式，不过为了发展女孩的逻辑思维能力，可以把现成的经验与女孩的想象力相结合，通过分工和角色转换来完成各种各样的游戏。女孩的逻辑思维能力就是在这个过程中逐渐增强的。游戏要求孩子在玩的过程中能够快速地做出一些反应和判断，这种反应和判断的方式能够帮助女孩在不知不觉中养成敏捷思考的能力，这对开发孩子的大脑是十分有益的。

游戏不但能够增强女孩的观察力、想象力和逻辑思维的能力，通过游戏，女孩的自信心也会得到加强。父母与女孩一同玩游戏的时候，应该偏向于在一旁给予引导，而不是全盘地把现有的经验教给孩子，以便充分调动她的参与性和积极主动性。玩游戏的过程其实也是孩子努力达成自我愿望的过程，是自我目标实现的途径，通过自己的想象，经过一系列的情绪体验，当女孩最终完成了游戏之后，她的自信心就会自然地得到提升，而且也让孩子有了靠自己努力来实现愿望的意识。

在玩游戏的过程中，为了更加有效地让游戏产生寓教于乐的作用，家长也可以在一旁对孩子多加启发，可以提出一些思考性的问题，让女孩子在轻松愉快的氛围里得到锻炼和启发。

游戏除了能够开发女孩各种各样的能力和智力以外，还有一个强大的功能就是丰富孩子的知识，激发她的求知欲望，让她通过游戏去感受和认知外界环境。在做游戏的时候，父母可以有意识地把增长知识的环节融入其中，让女孩在快乐中学到新东西，这种方式不仅能够让新知识牢固地印在女孩的心中，而且还能让女孩觉得学习是一件愉快的事情，从而对学习产生浓厚的兴趣。

小学女孩重在培养兴趣

兴趣是学习最好的老师，也是激发求知欲望的根本动力。因此，在小学教育的阶段，父母在家庭教育中需要多培养女孩对学习的兴趣，以便在更好、更稳固地提高孩子学习成绩的同时，让女孩的课外知识也不断地丰富起来。一旦有了学习兴趣，学习将不是一件枯燥乏味的事情。相反，在兴趣的推动下，女孩会更加积极地发挥自己的思维能力，集中注意力，主动地克服学习过程中各种各样的困难，将知识印刻在自己的脑海中。

既然兴趣对于学习如此重要，那么，家长平时又要如何来培养女孩对学习的兴趣呢?

其实，孩子永远都是学习的主体，而家长在培养女孩学习兴趣的时候只是在一旁起着推动的作用，也就是为提高女孩的积极性创造良好的环境。要培养女孩的学习兴趣，首先就要积极创设问题情境，通过问题来激发女孩的兴趣。例如，家长如果给女孩讲一个故事，在讲故事的过程中可以不断地停顿来提出问题，让女孩设想接下来的情节或者故事的结果，并且让女孩说出为什么会这样猜想，这种提出问题与解决问题的过程对学习兴趣的培养是非常有效的。当女孩习惯了这样的学习方式以后，再回到学校学习课堂知识的时候，就会用同样的方法来吸收新知识，以达到好的学习效果。

小学学习阶段的女孩仍旧保留有爱玩好动的心理特征。因此，在培养女孩学习兴趣的时候，家长就完全可以针对孩子的心理，充分调动她的动手能力，创造出具有操作性的情境。例如，如果孩子对一些几何知识感到迷惑，那么家长就可以通过用实际物体的演示来让她真正地了解知识内容，并且让她亲自参与其中，根据书本上的讲解摆放物体，在体验的同时掌握知识。这不仅培养了孩子的学习兴趣，而且也提高了她的动手能力。

此外，悬念情境也是激发孩子学习兴趣的一个好方法。

总之，培养女孩的学习兴趣是完全符合小学阶段孩子心理发展特征的。所以说，无论是在学校的课堂学习，还是在家中的课后学习，老师和家长都应该充分利用女孩的心理特征，通过培养她们的学习兴趣来达到学习的效果。

家长要让女孩不断地体验到学习的乐趣。由于小学生的注意力比较短暂，如果她刚刚还有着浓厚的学习兴趣，而且在新知识的学习中获得了相当的快乐，但也有可能在短暂的喜悦之后就忘记了刚刚的快乐旅程。因此，家长在平时的生活中要时不时地让女孩体会到学习的乐趣，时间久了，这种乐趣就会一直萦绕在她心头，学习兴趣自然而然地就会产生了。

小孩子是需要鼓励的，当她掌握了一些新知识以后，家长不妨给予她适当的奖励，口头表扬也好，物质奖励也好，这些方式都是为了让女孩乐于走入下一个知识的学习阶段之中。所以说，适当地给女孩一些奖赏是非常重要的。

防止女孩成为“学习机器”

所谓“学习机器”，指的是孩子平时除了学习之外，与学习无关的事基本上都不会参与。不参与的原因有两种，一是因为父母怕耽误学习，不允许孩子参加课外活动，也不准孩子跟其他同学玩耍；二则是因为孩子没有参与其他活动的能力。也就是说，因为家长平时什么事情都为孩子包办了，除了学习之外，任何事情都不用孩子操心，孩子因此也什么都不懂。

王女士的女儿菲菲今年就要参加高考了，菲菲学习很努力，成绩也不错，王女士对女儿十分满意，而且也经常在别人面前夸赞自己的孩子：“我家菲菲学习特别刻苦，每天晚上我如果不叫她上床睡觉，她能一直坐在那里学习，有时候我都睡醒一觉了她还在看书。每天除了吃饭睡觉，菲菲基本上都在学习。”

菲菲在小学和初中的成绩都是全班第一，有时候甚至能够取得全校第一的好成绩。中考以后，她以优异的成绩考入了全省唯一的一所重点高中。由于重点学校的学生都是尖子，为了让自己的成绩不落后，菲菲学习越来越刻苦努力，有时候甚至学习到废寝忘食的程度。

在紧张的环境下熬过了将近三年，菲菲马上就要参加高考了。可是就在临近高考的前一个礼拜，菲菲突然觉得身体不舒服，突然在教室里晕倒了。菲菲被老师和同学们送进了医院，经诊断，她得了急性心肌炎，需要住院治疗。菲菲因病不能参加高考，王女士后悔不已。

王女士对于女儿的关心全部倾注于女孩的成绩上，孩子优异的成绩让她觉得在外人面前特别神气，然而她却忽略了孩子生理和心理上的健康，根本不知道自己的女儿正承受着巨大的考试压力，就连女孩的身体出现病痛她也没有察觉到。像王女士这样的家长并不少见，很多家长为了让女孩在成绩上不落后于别人，不是给孩子请家教就是想方设法让孩子进重点学校。家长的初衷当然是好的，可是却不知道自己的行为正在给女孩带来伤害。

学习成绩并不能代表一切，一个成绩优异的女孩，因为精力完全倾注在学习上，对生活中其他的事情一无所知，基本的家务活也不会做，没有组织和领导能力，更缺乏人际交往的技巧。这样的女孩即便是考入了名牌大学，她自身所缺乏的能力和素质也会让她在大学里感受到前所未有的压力。因为大学毕竟不同于中学，如果说中学里面只要学习好就是好学生，那么大学里需要的就是素质全面的人才。因此，在家庭教育中，父母不能让女孩只会学习，而学习之外的其他事情却什么都不懂。

成绩优秀不代表一切。一个优秀的人应该是有责任心的人，是有着很好适应社会环境能力的人，是善于观察、懂得关心他人的人，更是德智体全面发展的人。如果女孩只会学习，而其他方面却一团糟，不懂得如何料理自己的生活，甚至自私自利，那她对社会又有什么用呢？

现代教育越来越提倡素质教育，为的就是全面提高女孩的能力，让女孩在学习之余参加各种各样的活动，学习与人交往的诸多技能。整体素质高的女孩，无论是在什么地方，无论是做什么事情，都能够表现出色，在日后的工作中也能够如鱼得水。而那些除了学习以外什么都不会的女孩，在今后社会的打拼中会吃更多的苦头。

女孩逃学了，怎么办

在每一个学习阶段，都会有一些女孩出现逃学的不良行为，这让父母感到非常无奈。造成女孩逃学的原因主要来自两大方面，一方面是其自身的主观原因，另一方面是社会、学校和家庭等客观原因。先让我们来分析一下女孩逃学的主观原因，也就是心理因素。由于现在学校课业压力比较大，一些成绩不好、性格也较为内向的女孩，由于自卑而厌倦学校的生活，为了逃避自己不想看到的人和事，这些女孩往往会选择逃学作为躲避的方式。

其实，并不是成绩不好的女孩都有逃学的倾向，逃学也是分阶段的。女孩因为成绩不理想，她就会自责，如果再加上老师和家长的埋怨，那么她心里的自卑和反抗情绪就会上升，最终选择逃离父母和学校。如果这个时候家长和老师不及时给予她心理上的帮助和指导，那么偶尔的逃学很可能会发展为习惯性逃学。

除了孩子的主观原因之外，外在的几大因素也是让女孩产生逃学行为的主要诱导。

首先，父母和老师在教育上的某些偏颇容易让女孩有逃学的倾向。一些学校会根据成绩的高低把同学分到不同的班级，这种做法给成绩差的女孩有一种“不如人”的感觉，慢慢地丧失对学习的信心，也就不愿意再在学校里面待下去。当女孩在学校里受了委屈，或者心情低落的时候回到家时，可是得到的不是父母的安慰和关心，反倒是被一片指责声所包围。因此，是学校与家庭共同把女孩推出了校园的门外。

除了学校和家庭教育上出现了问题之外，女孩逃学还有可能是受到其他人的引诱。一些高年级不学无术的学生整日在社会上闲逛，她们伙同社会上的不良青年引诱还在学校学习的孩子，告诉她们外面的世界有多精彩，出去也不用再为学习而苦恼。就这样，原本成绩就不理想的孩子因为经不住外面的诱惑而逃学了。一次两次以后，逃学就会变成家常便饭。

最后，社会上一些不好的言论也会影响到女孩。例如，近年来社会上流传着一些“读书无用论”的说法。特别是在大学生找工作都十分困难的情况下，这种说法更是风靡一时。甚至有些文化程度不高的家长也经常给女孩有意无意地灌输这样的思想，导致女孩觉得读书确实没用。

针对以上的这几种原因，无论是女孩的自身还是外部因素，家长和学校都应该积极地采取相应的措施来补救，不要让逃学的女孩从此走上堕落的深渊。在家里，父母要给女孩足够的温暖，让她感受到亲人的温情，而不是因为成绩不好就受到所有人的冷眼。在学校里，老师要尽量用合适的教育方法来帮助女孩提高成绩，而不是一顿呵斥和责骂就完事了，要充分考虑到女孩的自尊心。而学校方面则要警惕社会不良青年和言论对在校学生的影响，定期给学生开展这方面的教育活动，让学生明辨是非。

给女孩足够的关心比什么都重要。试想一下，如果女孩因为成绩差或者在学校有什么地方不顺心，如果回到家里家长能够及时地发现她的情绪波动，再跟她进行适当的交流，给她以关怀和温暖，让她的不良情绪渐渐地消失，那女孩还会用逃学的方式进行反抗吗？

不要用成绩来苛求女孩

许多女孩都会这样抱怨："考得好了，他们就高兴得不得了，又是买这个又是买那个，还到处夸赞我们。可是一旦考差了，他们的脸色立马就阴沉下来了，不停地唠叨批评，说我们没有好好学习，还说我们辜负了他们的一片苦心。"生活中，父母与女孩之间的矛盾在一些程度上取决于女孩学习成绩的好坏。事实上，除了责备和批评之外，很多女孩也因为成绩不理想而被父母打过，这样的做法使女孩更加不堪忍受。

梓希从小就跟着爷爷奶奶在农村生活，她的父母都在城里，因为没有时间抚养孩子，所以只好把梓希送到乡下。梓希六岁的时候才回到父母身边，爸爸妈妈为了给她最好的教育，于是把梓希送到了全市最好的小学，毕业之后又让梓希进了重点初中。可是梓希的成绩并不是很好，这让父母很不满意，父母觉得为梓希做了这么多，可是她却拿不出好成绩作为回报。然而梓希也有自己的想法，她觉得父母根本就不在意自己的生活，只是一味地关心着学习成绩是否提高。梓希经常与父母吵架拌嘴，成绩也在不断下降。

梓希和她父母的苦恼也是很多家长和女孩深有体会的。一方面，父母为了女孩学习成绩的提高，不是找家教就是让女孩进辅导班，甚至不顾女孩的意愿单方面地把她送进重点学校，让女孩在紧张的状态下承受学习的压力。另一方面，孩子因为从心底对父母的做法不满意，甚至有些怨恨，虽然知道父母也是为了自己，可是自己就是不能转变对她们的看法。就这样，父母觉得女孩不争气，女孩认为父母不关心自己。久而久之，女孩的成绩不但得不到提高，反而可能严重地影响父母与女孩之间的感情。

专家建议，父母要学会辩证地看待女孩的学习成绩。对于成绩本来就不错孩子，父母只需要让孩子保持她的水平，在没有感受到太大压力的情况下，可以向前突破，但是绝不能够硬性地规定女孩应该考多少分数。对于成绩并不理想的女孩，父母则要从女孩的心理出发，了解女孩成绩不好的真实原因，并且通过沟通与交流来帮助女孩，而不是一味地责怪。女孩的进步需要时间来证明，而不是一次两次的考试就能够看出来的，也许因为很多原因，导致女孩在考试的时候没有发挥好也说不定，这并不能说明女孩在平时就没有努力学习。

积极看待偏科，女孩的特长才有发展空间

应该用积极的态度来看待偏科，因为偏科的孩子说不定会在某一方面有更大的成就。

爱因斯坦 3 岁多还不会讲话，父母很担心他是哑巴或是智障，曾带他看医生。直到 9 岁，他讲话还是不通畅，讲每一句话之前都要经过长时间的思考才开口。在念小学和中学时，爱因斯坦成绩平平，加上他举止缓慢，

不爱与人交往，老师和同学都不太喜欢他，教他希腊文和拉丁文的老师甚至想把他赶出校门。

所以爱因斯坦从小跟着叔叔学习，没进过正规的学校。叔叔雅各布是电器工厂的技工，喜爱数学。当小爱因斯坦来找他问问题时，他总是用很浅显通俗的语言把数学知识介绍给爱因斯坦。

在叔叔的影响下，爱因斯坦很早就受到了科学和哲学的启蒙。

文学家钱锺书，十岁入东林小学，十九岁被清华大学破格录取。他生于诗书世家，自幼受到传统经史的教育，擅长中文、英文，却在数学等理科上成绩较差。报考清华大学时，数学仅得 15 分，清华大学老师因他国文、英文成绩获得满分，破格录取。

上面所提到的两位名人都是偏科的例子，然而偏科并没有给他们带来多大的恶果，相反，他们在别的方面却表现出了极大的天赋和才能。由于思维方式和用脑方式的不同，每个人所擅长的科目都有偏差，只是有的偏差大，而有的偏差小一点。而爱因斯坦和钱锺书就都属于偏差较大的人。

其实，如果说女孩有一两门功课表现得特别优秀，但另外几门特别不好，那说明她的思维方式是朝着某一个特定的方向发展的，正因为她能在这一个方向上发展得深，所以不能在另一个方向上走得有多好。

因此，如果自己的女孩有偏科现象，父母还要朝积极的方面想，而且要多挖掘女孩擅长科目的潜能。当然，在基础学习阶段，因为面临着升学的压力，女孩如果有偏科现象，父母还要尽量帮助女孩提高成绩，找寻适当的学习方法，而不能因为偏科就完全放弃这一科目的学习，这对于升学考试是极为不利的。

对于严重偏科的女孩，父母不如“放手一搏”。例如，有的女孩在语言上相当有天赋，每次语文和英语考试都是名列前茅，而且还有着同龄人不具备的潜能。可是她却在数学等理科知识的学习上十分吃力，甚至考试只得了几分。面对这样的情况，如果不是孩子努力与否的问题，那么父母不如就让孩子朝自己有潜能的方向发展，而不要为了升学考试对孩子强求太多，也许她将来在语言和文学上有很深的造诣。

不爱“学习”并非不求上进

在我们身边，不少女孩都有着或多或少的厌学情绪，厌学情绪的产生与女孩的成绩是否优秀没有太大的关系，有些孩子即便是成绩非常好，她们可能也对上学有一些抵触心理。可是，孩子们为什么会讨厌上学呢？

靓靓上初三了，马上面临着毕业考试，因此，父母对她管教得严厉了一点儿，尤其是在学习方面。但是，父母发现，靓靓似乎是越来越不爱学习了，成绩也开始直线下降。父母着急上火，但靓靓自己却像个没事儿人似的整天乐呵呵的。

靓靓的父母跟老师诉苦：“原来放学还知道看看书、做作业，可一上初三就连作业都不做了，书也不看了。要么看电视，要么就坐在电脑前，不是上网就是打游戏，反正就不看书做作业。你说她两句吧，她就‘嗯’‘啊’，说一会儿就去，可过半个小时你再看，她还在那玩儿呢。”

“我们尽量去和她做朋友，逮住机会就给她做思想工作，可怎么说也没用，道理她都听不进去。问她为什么不学，她说‘不为什么，就是不想学’。孩子这么大了，我们不可能，也不想整天监督着她学，可她根本理解不了父母的苦心。有时候早晨去学校的时候，她总是磨磨蹭蹭、拖拖拉拉的，似乎很不愿意去学校。”

心理学家称，很多女孩的厌学心理与她们聪明与否没有太大的联系，而是因为对学习产生了厌倦所以想要逃避。但是，长期的厌学会影响女孩学习的心情，进而导致成绩下降，这是十分危险的。根据专家总结，女孩之所以会产生厌学情绪，主要原因有：

（1）家庭与父母对女孩的期望过高。父母希望孩子有一个好的未来，当然也就希望孩子通过从小认真学习来实现这个愿望和目标。但是，由于现在的父母对孩子的期望越来越高，而且成天挂在嘴上，这就导致女孩承受的压力是她们已经无法负荷的，因此才会产生厌学情绪。

（2）学校是给女孩施加压力的第二座大山。为了让学校有不错的升学率，学校和老师都在不遗余力地传授知识。可是，有的老师由于心急或者恨铁不成钢，对成绩不好的女孩不是批评就是指责，丝毫没有顾忌到女孩的自尊心，让女孩越来越反感老师和学校，也就不想再去学校了。

（3）女孩自身对学习概念的模糊。从小到大都照着父母的要求按部就班地读书学习，可是却没有人告诉女孩，学习究竟是为了什么，以至于很多女孩都觉得学习就是为了升学考试，而没有更深远的理解。由于对学习概念的模糊，再加上升学压力大，虽然有的女孩也很努力，可是对学习还是有着抵触情绪，心中十分烦闷。

以上就是造成女孩产生厌学情绪的几种原因。为了消除女孩的厌学情绪，父母和老师首先就不能给女孩很大的学习和心理压力，而要给女孩创造一个健康快乐的学习环境。

在家庭教育中，父母要引导女孩懂得调试情绪。父母可以经常与女孩交流一下在学校的心得，告诉女孩，如果觉得学习太累，那么就让自己停下来稍事休息。听听音乐或者出去玩一玩，要懂得自己帮自己消化负面的情绪，等到情绪恢复正常或者愉悦之后再回去学习。

父母还需要让女孩知道，学习不仅仅是为了升学考试，而更重要的是要提高自身的素养，让自己具备独立学习的能力，而且慢慢地热爱学习。父母不妨给孩子灌输一些“终身学习”的概念，举一些事例来帮助孩子理解，让孩子弄清学习的真正目的。

正确对待成绩

生活中，这样的场景随处可见：成绩下来了，有的学生欢呼雀跃；有的学生小声抽泣；有的学生情绪消沉，面色凝重；有的学生厌倦学习，想离校出走；甚至有个别学生萌生了轻生的念头。因为学习成绩不理想，怕面对家长、老师、朋友，已成为众多青少年的共同心理。其实，过于关注分数，把它作为成败的标志、心情好坏的风向标，产生过重的心理压力，是不可取的。

考试是为了及时查漏补缺，主要是作为自我测验、检查的手段。也就是说，考试不应作为我们学习的目的，至于考试所得分数，需具体分析。由于各种因素的制约，分数并不能完全判断出我们学习的全部情况。

拿破仑小时候很笨，学习成绩非常差，唯有身体健壮是他的优点。他在巴黎军事学校毕业时的成绩名次是第42名，虽不知该班毕业生人数是多少，但排列到第42名，总不能算是好成绩。从传记来看，他只有数学比较好，其他学科都很差。据说，他终生不能用任何一种外语准确无误地说或写。更有趣的是，战败拿破仑的威灵顿公爵，小时候也被称为“愚蠢”的孩子，在学校的学习成绩很糟。甚至连他母亲也说他是个“笨蛋”。

从郭沫若先生读中学时的两张成绩单上来看，他当时显然算不上优等生。第一张成绩单平均成绩79分，包括国文、图画在内的3门功课不及格，最差的仅35分。第二张成绩单上，图画、习字的成绩也很一般，倒是理科成绩如几何、代数、生理等比较优秀。后来他没有成为数学家或医学教授，却成了诗人、书法家、考古学家。

通过上面的名人事例，我们完全可以得出这样的一个结论：成绩并不能代表一切，并不能决定人生，不能以天赋论英雄，也不能以分数论英雄。很显然，仅仅用学校的成绩单来衡量女孩的聪明与才智是不公正的。

要学会正确对待成绩，女孩需注意以下几点：

（1）考得好成绩后千万不可骄傲。一次考试只是人生众多考试中的一朵小小的浪花，它只是一个新的起点，远远不是终点。所以，不要站在成绩上沾沾自喜、志得意满。

（2）恢复心理的平衡，变自卑为自信，变失望为新希望，早日振作起来，重整旗鼓，放下心理包袱，轻装上阵。

（3）成绩不好，我们要总结教训，分析原因。是平时没有努力还是考试时粗心大意，是学习方法不对还是学习效率太低？要通过差距找原因，通过原因找对策，通过对策求进步。有些女孩没考好，并不是没有努力，而是方法有误。

人生处处是考场。机会永远短缺，竞争永远存在，女孩要始终保持一颗上进心，正确对待考试成绩，为未来发展积蓄能量。

第三章

科学的学习法——让女孩轻松成为“学习达人”

学习要选用适合自己的方法

有许多女孩常常抱怨：“我读的书并不比 ×× 少，而且我回家还要继续学习到夜里 11 点才休息，可为什么我的收获没有他大呢？”实际上，如果你和他在其他方面的条件均相同或相近的话，那么只能说你没有找到适合自己的学习方法，以致浪费了很多时间，收益却不大。选择了科学的、适合自己的学习方法，方能立竿见影、事半功倍。

许多成功者创造的方法，女孩或可直接“拿来”，或可结合自己的实际，加以改进和创造。如数学家华罗庚将书由厚变薄看作阅读能力提高标志的“厚薄法”；理学家朱熹读书的心到、眼到、口到的“三到法”；儒学家子思“博学之，审问之，慎思之，明辨之，笃行之”的“五步法”；学者陈善的“既能钻得进去，又能跳得出来”的“出入法”；孔子“学而不思则罔，思而不学则殆”的“学思结合法”；孟子“尽信书不如无书”的独立思考法；韩愈的“提要钩立法”；俄国生理学家巴甫洛夫的“循序渐进法”；哲学家狄慈根的“重复法”，等等。

史学家陈垣谈读书时，提倡读几本烂熟于心的“拿手书”，好似建立了几块治学的“根据地”。他自己就有一些经常翻阅的“拿手书”，对这些书他都熟读，有的内容还能背下来。

作家秦牧提倡读书将牛嚼和鲸吞结合起来，即每天吞食几万字的文章、书籍，再像牛的“反刍”，反复多次、细嚼慢咽。王汶石创造了对代表作要 3 遍读的读书法。即第一遍通读，尽享作品之美，让自己沉醉其间；第二遍是“大拆卸”，仔细考查每一部分的特色、优劣及写作技巧；第三遍又是通读，获得对写作技巧的完整印象。

著名学者朱光潜实践的边读书边写作法，夏丏尊认为“由精读一篇向四面八方发展”的读书法，李平心的随时“聚宝”勤做研究的方法，都是一种创造。

大凡成功者读书的方式都与众不同，女孩们可以学习一些他们积累知识的方法。

第一种：“善诵精通”。

郑板桥不但是“康熙秀才、雍正举人、乾隆进士”，还是中国清代著名画派“扬州八怪”的领袖人物。

郑板桥有三绝、三真。三绝分别是画、诗、书，三真分别是真气、真意、真趣。

郑板桥在读书的学以致用之中总结出了“善诵精通”的读书方法，他认为读书必须有方法，必须要记诵。他曾这样描述过他读书时的情景：“人咸谓板桥读书善记，不知非善记，乃善诵耳。板桥每读一书必千百遍，舟中、马上、被底，或当食忘匕箸，或对客不听其语，并非自忘其所语，皆记书默诵也。”

郑板桥不仅主张善诵，而且推崇“学贵专一”，即读书不能泛泛而读、毫无目的，而应该有选择、有针对性。

因此，女孩可以从郑板桥的读书方法中得出这一宝贵经验：在记诵时讲究“善”与“精”两个字。

第二种：追本求源。

著名的作家、学者钱锺书先生也是一位爱书之人，他从小就酷爱读书，被世人称为“书痴”。

钱锺书的读书方法是“追本求源读书法”。“追本求源读书法”就是在读书时发现问题后，与多种读物相联系，经过详细的分析、比较、求证之后，求得一个能解决问题的读书方法。

也许你可以从上面所说的方法中找到一个最适合自己的，但更多的时候你会发现生搬硬套别人的学习方法到自己这里就行不通了。这时，女孩就要对这些方法做适当调整、修改，使之更适合自己，为自己服务。

教会女孩学习的方法

中学时代与学龄阶段、小学阶段有着很大的不同，这个阶段，女孩的身心发育到了一定的程度，有着清醒的自我意识。再加上有了升学的压力，因此许多孩子会把更多的时间和精力投入到学习上来。无论是在父母和老师的眼里，还是在孩子自己的心目中，学习显然已经上升到了一个前所未有的高度，特别是课堂知识点的掌握，更是与日后的前途有着密切的关联。因此，在中学教育阶段，父母和老师要帮助女孩找到一套行之有效的学习方法。

在中学学习阶段，由于女孩年龄的增长和自我控制能力的加强，老师和学校开始给她较为自主的学习环境，而没有了小学老师那样时时刻刻的监督。这就要求女孩能够更好地控制自我，在玩要与学习之间找到平衡，而好的学习方法就是找寻这个平衡点的重要支撑。学习方法分为好多类型，一套良好的学习方法不仅包括如何在整体上掌握知识，而且还有具体到每门课程的学习方法。因此，父母应该从这两个方面给女孩以指导，与孩子一同制订出最好的学习方法来。

在总体性的学习方法中，上课认真地听讲是掌握中学知识最有效的渠道。一些女孩认为老师上课讲的内容非常简单，觉得自己在课下就能够通过自学掌握，于是上课就不再认真听讲，老师讲课的时候她不是在走神就是在做别的事情。然而到下课之后，看到其他同学都去玩了，她之前的自学计划也就泡汤了。倒不如在课堂上认真地听老师讲课，课后再把作业仔细地完成，既不占用多少时间，也不至于因为学习而丢掉了休闲娱乐。

此外，课前预习和课后复习也是学习方法中重要的两个环节。一般情况下，对于课本上的基本知识，女孩都能够通过自学来了解，这也是学好新知识以及取得高效率的学习成果最有效的途径。在预习的过程中，家长要指导女孩在掌握基础知识的同时找出重点难点，把不懂的地方勾画出来，以便在老师讲课的过程中更加有针对性地去了解和掌握。待老师上完课以后，女孩在课后还需要通过及时的复习来消化课堂上的新知识以及重点和难点，将这些新知识系统地掌握，并且要达到能够灵活运用的程度。

最后，总体性的学习方法还包括认真地完成老师布置的家庭作业。作业是每节课后为了帮助同学更好地掌握课上的内容，老师所精心挑选和准备的练习题。在这些练习题中，不仅包括了新知识的基本点，而且还有一些考试中会出现的内容，如果女孩将这些题目都做会了的话，考试的基本分数一般都不会太低。

除了总体性的学习方法之外，每门课程也都需要一套小的学习套路。在单科的学习中，不但要运用上面所提到的“大方法”，也就是预习、听课、复习、作业，而且还要注意发现和总结单科课程的内部规律和学习技巧，让女孩根据自己的实际情况来制订学习计划。

从实际情况出发寻找合适的学习方法

每个孩子自身的性格特征和学习能力都有不同之处，因此学习方法也需要根据这些不同来总结和归纳。一些家长总是喜欢让自己的孩子一成不变地照搬成绩好的孩子的学习方法，丝毫没有考虑到孩子自身的情况，这样做不仅达不到提高成绩的目的，有时候甚至会适得其反。因此，家长需要根据女孩的实际情况来帮助她找到合适自己的学习方法。

家长注意不要让女孩“死读书”

有些家长和女孩都认为，只要投入大量的时间和精力，学习成绩自然就会提高。因此，这些女孩在学习的时候并不注意找寻适合自己的学习方法，而是死读书，读死书，每天花大量的时间在学习上，可是效果根本就不理想。时间投入的多少与学习成绩的提高并没有太直接的联系，因为只有找到正确的学习方法之后，学习效率才能得到提高。

预习，让女孩提高学习效率

学习是一种能力，这种能力不是生来就有的，而是从小就不断地培养，渐渐地养成的一种能力。预习是培养自主学习能力的一个很好的方法，特别是对于学生而言，它也是提高学习效率的关键词。习惯于预习的女孩，往往懂得如何在没有人指导的情况下获取知识，这对于日后参加工作也是非常有好处的。因此，父母在家庭教育中就应该让女孩养成预习的好习惯。

预习指的就是在老师正式讲课之前，学生自行对将要学的新知识有初步的了解，并且对自学无法解答的难题做重点标记，待到老师讲课的时候再认真听讲，解决难题，达到最好的听课效果，从而让学习能力和学习成绩都得到提高。孩子在预习功课的时候，通过了解课本上的新内容，能够提高接受新知识的能力。

研究函数论的数学家张广厚在小学毕业的时候数学没有考及格。因为这一科不及格，所以没有被录取。后来张广厚决定到复习班里再读一年小学，通过改进学习方法来重点补习数学这一科目。张广厚把课前预习作为改进学习方法中最重要的一条，慢慢地，他就养成了预习的好习惯，而且在自学中还变得善于思考。后来。他的数学成绩终于得到了提高。

既然预习能够提高听课效果，让孩子更好地掌握所学的新知识，因此也就缩短了课后复习所要花费的时间。很多十分优秀的女孩都有预习的习惯，她们在与他人分享自己的学习经验时，总是把课前预习放在重要的位置。可见，预习对于提高学习效率来说有着多么大的影响。

基础学习阶段预习大致可以分为两种，一种是预习的内容是长时间的，例如暑假期间对下一学期的学习内容的预习。这种预习要求女孩能够从整体上了解一本书的知识结构，试着通过自学来分析这些知识结构，并且掌握基础知识，能够在预习后会做基本的习题。在长假期间，父母可以让女孩每天抽出一两个小时来做大预习，以培养女孩的学习能力。

另一种预习是每次课前的小预习，也就是说，对老师上课即将要讲的内容提前了解，也是最为常见的预习内容。课前预习的同时也要对之前所学的旧知识进行温习和回顾，以便系统地掌握学习内容。做课前预习一定要记好笔记，笔记的内容包括本小节内容的大纲以及预习中自己不能解答的问题等。

中学生国际奥林匹克数学竞赛一等奖的一位得主在接受访问时说：“自学一定要真正学会，很随便地看看书就说预习完了，这样的预习效果很小。”因此，家长在指导孩子预习的时候，一定要让女孩专心地学习。

在培养女孩预习习惯的最初，家长可以和孩子一同学习。在女孩还没有预习习惯的时候，家长为了帮助女孩建立起这样的优良品质，自己也可以亲自参与其中，通过和女孩一起学习来增强孩子的积极主动性，甚至家长和女孩也可以相互竞争，看谁对新知识能够掌握得更好。

孩子与孩子之间也可以一起预习。一个人的知识和思维都是有限的，在预习的过程中，女孩不免会遇到这样那样的难点。这个时候，家长不妨尝试着让女孩与同学在一起预习，通过相互间的交流来提高预习的效果。当然，家长要确保女孩们在一起确实是在学习，而不是借着预习的理由玩耍。这就要求家长要做好监督工作，在信任女孩的基础上给予她一定的自由。

和女孩一起制订科学的学习计划

学习计划就是学习时间与学习目标的完美结合，一个好的学习计划一定是时间安排合理，学习目标也很明确。学习计划有短期的，也有长期的，但无论是哪一种，都需要有一种坚持不懈的精神，认真严格地按照计划行事，最终才能取得好的成绩。

长期的学习计划是指在较长的一段时间里，为了让学习水平上升到某种程度而制订出来的。长期的学习计划更加具有变动性，因为女孩不可能预知较长时间内会发生的事情。因此，长期的学习计划不适宜太过具体，只要大概地列出就可以了。

首先，学习目标应该是明确的，也就是说，通过较长时间的学习，女孩想要自己的成绩提高到何种程度。其次，长期学习计划的学习内容也应该是具体的。例如，孩子的数学几何学得不是很好，那么就可以制订出一个长期的几何提高计划，列出自己将要在这一段时间里所学的几何内容，然后按部就班地完成计划。

短期的学习计划是对长期学习计划的补充。如果说一个月是个长远的计划，在这一个月内，女孩决定要背诵200个英语单词，为了实现这个长期的计划，那么就需要女孩列出每周、每天所要背诵的单词，也就是短期的学习计划。相较于长远计划，短期学习计划应该更加具体，每天时间如何安排，在什么时间要学什么内容，这些都应该清晰明确地写在计划中。

短期学习计划可以每天列，并且根据前一天的经验适时地调整第二天的计划，这样计划就会越来越成熟，可行性也会有效地得到提高。

学习计划的制订还要从女孩的实际情况出发，不能因为急于想要提高学习成绩，就制订一个远远超过女孩能力的计划，这样做只会让计划成为一纸空谈，没有任何可行性。在制订出一个可行的学习计划以后，家长就要监督女孩每天认真地执行，因为只有在坚持不懈的努力下，计划中的学习内容才能真正为女孩所掌握，最终起到提高成绩的作用。如果只是3分钟的热度，那么再好的学习计划也都不会起到任何效果。

总之，制订学习计划可以在一段时间内有效地让女孩实现自己的学习目标，减少时间的浪费，提高学习成绩，而且还能够锻炼女孩的意志力，有利于女孩良好习惯的养成。

学习计划的制订一定要科学合理。家长要让女孩知道，生活不仅仅是学习，还包括其他有意义的事情，因此，孩子不能因为学习就拒绝参加其他的一切事物。例如，在学习的同时也应该合理地安排休息时间和锻炼身体的时间，还要适时地参加一些集体活动，以培养孩子的交际能力和集体荣誉感。在学习的同时，还不能缺少玩耍的时间，让身心得到放松，以便更好地投入到学习中去。

当然，学习计划制订得再完美，期间也可能会有一些没有料到的事情将其暂时地中断。例如，本来今天也是安排着学习任务，但是突然有好朋友到访，邀孩子一同去外面玩耍，孩子也不好拒绝远道而来的朋友。因此，在和女孩一起制订学习计划的时候，家长就需要让女孩了解到计划的变动性，并且根据这些变动性适时地调整自己的学习计划，或者在制订计划的时候就专门留出一部分时间，以应对突如其来的变化。

教会女孩写读书笔记和摘录

当人们在读书的过程中看到吸引自己或者对自己比较有启发的重要内容时，会随时把这些内容摘抄在自己的本子上，这种摘录的形式就是读书笔记。读书笔记和摘录是提高阅读效率的一种方式，通过摘录书中内容和对这些内容做出相应的评注，孩子的理解力和思考力都能够在这个过程中得到提高。

读书的目的在于扩大自己的知识面，更在于提高自身的素质，在读书中修养身心，在读书中体味人生的各种乐趣。一个爱学习的人，他的一生会阅读大量的书籍，可是读的书多了，时间长了以后，书中的内容就会有些模糊，有的甚至还会忘记。成年人的记忆力都是有限的，何况是还处于基础学习阶段的女孩呢？因此，父母需要从小就让女孩养成写读书笔记的习惯，并且适时地做一些摘录。这样，当想要回顾书中的内容时，只需翻开读书笔记就能够想起更多的东西。

读书笔记有几种形式，第一种是摘要式的读书笔记。也就是说，在女孩平时看书的时候，如果遇到了自己比较喜欢的句子或者段落，就可以让女孩拿起笔把这些话语写下来，并且要在下面注明摘自哪一本书，最好是把版本也标注下来，以便日后引用。摘要式读书笔记是比较适合女孩的一种，这种方式不需要女孩自己去写评论，只需要照着书上的内容抄下来就可以了。

当然，如果对女孩的要求较高，而且女孩也愿意提高自己的摘录水平，那么也可以选择第二种读书笔记的形式，也就是评注式。这种读书笔记除了要求摘录书中精彩的语句之外，还要在旁边写下自己对这段话的感想，留下自己的评注。这种读书笔记的形式能够培养女孩独立思考的能力，对发散其思维有着很大的作用。

另外一种读书笔记被称为心得式读书笔记，就是指在阅读完一篇文章或者一本书之后把自己的理解和感想写下来，因此也叫作札记。这种读书笔记要求女孩在掌握了书籍或文章的中心思想后把自己的感受表达出来，类似于写一些评论或自己的看法与见解。

其实，无论是哪一种读书笔记，家长培养女孩写读书笔记的最终目的都是增强她的学习能力，扩展她读书的广度和宽度，从中学到更多的知识和人生道理。

在阅读的过程中，女孩也可以摸索出一套自己的读书笔记方式，形成鲜明的个人风格，这种方式更容易让女孩坚持下去。

写读书笔记的目的不仅是在当时让自己对书中的内容加深印象，事实上，印象再深刻的内容，在岁月的清洗中也会或多或少地日渐模糊，因此，为了不至于让看过的书成为幻影，父母就可以引导女孩通过适时翻阅读书笔记来温习，印象才会更加深刻。这无疑是一个非常简便又省事的复习方法，且让女孩养成写读书笔记的好习惯。

教女孩学会用零散的时间做零散的事

富兰克林曾说："你热爱生命吗？那么别浪费时间，因为时间是组成生命的材料。"成功的人往往都是珍惜时间的人，因为他们的生命正是在对时间的有效利用中发挥出了巨大的价值。著名的海军上将纳尔逊就说："我的成就归功于一点：我一生中从未浪费过一分钟。"雷巴科夫也说："用'分'来计算时间的人，比用'时'来计算时间的人，时间多59倍。"

对于女孩而言，一方面需要足够的玩耍时间，另一方面却又要有效地安排学习，因此，如何在这两者之间达到平衡，是衡量女孩时间统筹的一个有效渠道。家长在日常生活中要引导女孩学会统筹地安排自己的时间，无论是生活上还是学习上，都教女孩学会用零散的时间做零散的事。

刘璐刚升初三，当班里其他同学都陆续地投入到紧张的学习生活中之后，她看起来却依然镇定自若，丝毫没有打乱之前的步调。为了更好地迎接中考，很多同学都已经放弃了课余生活，兴趣班的课程也暂时搁浅了。然而刘璐在周末仍然要去二胡班去练习她自小就喜欢的乐器。除了拉二胡之外，刘璐对美术和书法也有着很高的天赋，她周六上午去二胡班，下午去美术班，周日上午去书法班，只用周日下午作为休息时间。

让人惊奇的是，刘璐的学习成绩并没有被兴趣班所耽误，相反，她的成绩一直稳定在全班前三名，让许多同学羡慕极了。无论是二胡、书法还是绘画，因为这些都是基于刘璐的兴趣，所以她丝毫没有感觉到疲惫，反而觉得参加这些兴趣班会让自己从紧张的学习中得到放松，是一种极大的享受。

为了与班上同学一同分享学习经验，班主任特意征求了刘璐的同意，让她在班会上讲述自己的学习方法。原来，刘璐之所以在培养课外兴趣的同时还保持着优异的成绩，是因为她喜欢利用零散的时间做一些零散的事。例如，背单词会占据许多同学一部分时间，可是刘璐却没有专门分出时间来背单词，而是在回家和上学的路上用卡片的形式进行记忆。在刘璐井井有条地安排下，她的学习生活充满了乐趣。

许多女孩都觉得，自己的时间差不多都被学习占据了。每天早上起来就要去学校，中午放学后也只有一点休息的时间，下午要上课，即便是晚上也要先完成老师留下来的作业，剩下的时间又要预习和复习，根本没有工夫出去玩。然而，同样是学生，而且还是一名即将面临中考的初三学生，刘璐却能够合理地安排娱乐与学习的时间。所以，问题的关键还在于如何利用零散的时间做零散的事。

其实，有时候学习并不需要专门挤出一部分时间来，通过利用零散的时间就足够起到高效学习的作用。例如，早上在洗脸刷牙的时候就可以回顾一下昨天上课的内容，在去上学的途中还可以温习刚刚学过的单词和公式。总而言之，只要能够合理地利用零散的时间，女孩就会发现自己的时间多出来一大半。

鼓励女孩永远坐在前排

看到“坐在前排”这四个字，很多人可能会直接联想到教室里的座位，然后问：“教室里的座位有前排也有后排，而且前排就那么一些，如果所有人都想坐在前排，那么后排给谁坐呢？”没错，教室里的座位有前有后，不可能每个女孩都能坐在前排，可是家长应该鼓励女孩永远都坐在前排。

不同的老师有着不同的排座位的方式，有的是根据身高，有的是根据学习成绩。如果是前者，那么个子高的孩子也只好坐在后排，但如果是根据成绩排，那么孩子就可以通过自己的努力来力争前排。事实上，我们在这里所讲的“坐在前排”并不单指教室里座位的前排，而是一个统筹的概念。也就是说，父母在家庭教育中要让女孩明白：做什么事情都要做到最好。

20世纪30年代，在英国一个不出名的小镇里，有一个叫玛格丽特的小姑娘，自小就受到严格的家庭教育。父亲经常对她说：“孩子，永远都要坐前排。”父亲极力向她灌输这样的观点：无论做什么事情都要力争一流，永远走在别人前头，而不能落于人后。“即使是坐公共汽车，你也要永远坐在前排。”父亲从来不允许她说“我不能”或者“太难了”之类的话。

故事中的玛格丽特就是日后的撒切尔夫人。撒切尔夫人之所以有辉煌的成就，除了自己的努力之外，还有父亲从小就给她的谆谆教诲。现在很多女孩，无论是去听讲座还是去参加其他活动，都喜欢坐在后面，因为后排的座位更方便彼此之间讲话，而不用受到老师过多的约束。这样做的后果就是，女孩对老师在台上所讲的内容根本就没有听进去。因此，父母在教育女孩的时候，要让她每次都力争前排，即便是因为个人的问题被老师排在了后面，也要在心里面坐在第一排。

坐在前面的女孩因为离老师较近，她们一般不敢悄悄说话或者开小差，而是要始终认真地听课，成绩越来越好。想要坐到前排的孩子也有很多，可是并不是每个人都能够实现这个愿望，因为只有少部分孩子为了坐到前排而不懈地努力着、追求着。

现代社会竞争非常激烈，如果女孩从小没有一个竞争的意识，那么她将来很可能被社会所淘汰。因此，在家庭教育中，父母要时不时地给孩子灌输竞争的意识，让她有为理想而奋斗的精神，无论学习还是其他的事情，都力争做到最好，坐在前排。

让女孩知道竞争的重要性，通过竞争来不断提高和完善自身的能力，让自己在积极的竞争中健康地成长。久而久之，女孩就会把竞争当作一种习惯，做什么事情都会做得更好。

很多女孩也在心里憧憬着自己有一天也会坐在前排，她们也想提高自己的学习成绩，也想在某些方面能够名列前茅，可是这些想法永远都只是想想而已，从来不付诸行动。因此，理想终归还是一个空想。所以，家长应该教导女孩，心中的理想要通过不懈的努力才能最终实现，而不是靠空想。

切忌“熬”时间

在学习这方面，并不是花大量的时间就能够提高成绩，而是要看学习的效率。有的女孩每天只需要学习两个小时就能够掌握当天所学的内容，其他的时间都在玩，考试的成绩也很好。可是有的女孩虽然整天都在学习，可是却不见分数提高。说到底，这还是一个学习效率的问题。

小丽学习很努力，每天除了在学校里认真学习之外，回到家完成了老师布置的作业之后，还要做很多课外的习题。除了吃饭的时间，小丽基本上都是趴在书桌上学习。爸爸妈妈看到小丽这么用功地学习非常高兴，他们每天都给小丽准备好丰富的夜宵，小丽一般都会学习到凌晨才上床睡觉。可是让人想不到的是，期末考试的成绩下来之后，小丽考得十分不理想。父母看到成绩单后也很惊讶，他们甚至怀疑小丽每晚究竟是在学习还是做其他的事情。

在得知女儿确实是在学习之后，他们就更加想不明白了，女儿这么用功，成绩怎么会没有进步呢？后来经过与老师沟通，小丽的爸爸妈妈才知道，原来女儿因为夜里熬得太晚，第二天上课根本就没有精神，老师讲课的时候她都快要睡着了。就这样，上课的时候犯困，回到家又要熬夜学习，小丽因为没有掌握正确的学习方法，只是单纯地在熬时间，所以成绩没有提高，反而下降了。

事实上，大多数老师和教育专家都不主张学生熬夜学习，因为白天学习了一天，大脑已经负荷很重，到了晚上基本上没有多少精神来学习，即便是学了，效率也不会很高，甚至一点成果都没有，而且熬夜还会影响到第二天上课时的精神状态。

按时休息是提高学习效率的前提，因为只有休息好了才能有足够的精神来学习。因此，不鼓励女孩熬夜学习。家长每天要督促女孩按时完成作业，按时就寝，不要养成熬夜的习惯。

提高学习效率

在生活中，有许多女孩为了升学，可谓做到了“头悬梁、锥刺股”，然而收获甚微，这令她们苦恼不已。

有一位女学生向自己的老师诉苦说：“以前，我总是把‘吃得苦中苦，方为人上人’作为我的座右铭，不错，在很长一段时间它激励了我，并使我高一的学习成绩极佳，跃居全班第一。可是，当我转学到咱们这所重点中学时，在班里有很多比我优秀的学生。我总以为自己还不够刻苦，就每晚延长学习时间直至深夜12点，可是效果却仍不及别人，总在五六名徘徊，在年级中的名次也最多十几名。当时，我一直没有找到自己的桎梏。到了高三，本来学校里的功课就非常繁忙，再加上我自己又买了一大堆课外习题，结果弄得自己整天在题海里翻腾，筋疲力尽。有一天，我突然想到，是不是我的学习方法有问题？回顾高二以来，由于没休息好，每天早自习就是我睡觉的时间；上课学习效率低，还有轻微的贫血现象……而班上许多理科好的同学大都回家不做参考书，只在课上理解！所以我悟出了一个道理——勤奋，也要讲方法。”

可见，学习效率不能以做习题的速度来评定。当然没有速度就没有效率，这里所说的效率是女孩掌握知识的程序和做习题的准确率。一名高考状元说：“一分钟就要有一分钟的效率。”这话说得多好啊！很值得我们深思。

花出一分钟的时间就要收到一分钟的效率。题海战术、疲劳战术花的时间不少，但效率很低。高考状元们确实有状元的学习效率，他们学得比较活，比较灵，他们不是死读书，读死书，不搞疲劳战术。他们说："我们不打时间战，而是打效率战。"这是什么意思呢？就是强调效率，强调在相同的时间内争取更高的学习效率。

要提高学习效率，女孩可尝试以下方法：

（1）兴趣法

"知之者不如好之者，好之者不如乐之者"，就是说我们越喜欢某一事物就越喜欢接近和接纳它。

兴趣是人们行动的一种动力。只要对某些知识产生了兴趣，就会主动去理解、记忆、消化这些知识，并会在这些知识的基础上总结、归纳、推广、运用，从而做到精益求精、推陈出新，从而推动整个社会向前发展。因此，我们在学习某一知识之前，首先要建立对它的兴趣，以达到掌握的目的。

（2）专心法

专心听课是女孩获取知识、发展智能的主要途径。专心听老师的讲解、同学的发言，仔细看疑难点的演算，勤于记重点内容，有利于学习效率的提高。

（3）理解法

人都有对事物进行判断的能力，对某一事物或某一知识有认识，就会很容易地把它变成自己的知识，否则，就需要花很大的额外工夫。

（4）状态分配法

据一位著名学者多次对人脑进行脑功能的测试后发现，上午 8 点人的大脑具有严谨、周密的思考能力，下午 2 点思考能力最敏捷，而晚上 8 点却是记忆力最强的时候。但逻辑推理能力在白天的20个小时内却是逐步减弱的。根据以上测试结果，建议大家早上处理比较严谨、周密的工作，下午做那些需要快速完成的工作，晚上做一些需要加深记忆的事。

有关调查表明，学习成绩优良的人，一般都在严格规定的时间内准备功课，这样做主要是使自己形成一种时间定向，一到某个时候就自然而然地产生学习的愿望和情绪。这种时间定向能在很大程度上使其投入学习的准备时间减少到最低限度，能够很快地进入学习状态。

（5）联想法

人类与动物的根本区别，就在于人有思维，有了思维，人在客观的自然和社会面前就不是无动于衷、无可奈何了，而是能够积极地促成条件，来解决问题，而联想正是人类充分发展的一种象征。

在我们的学习中，联想能使我们更好地掌握知识。

历史课本中的数字枯燥无味，但是，有些事件是和这些数字紧密联系的。因此记数字就可以与这些历史事件联系起来记，这样就避免了数字之间的相互干扰，同时也增加了学习的趣味性，起到了双重效果。

（6）对比法

在学习中，当两个概念或事物的含义相似的时候，我们往往容易搞混淆，而在这个时候，运用对比法就能够搞清楚二者之间的明显区别。也就是说，它们相同的地方我们暂时不讲，我们只比较它们之间不同的地方，这些不同的地方，就是某一事物的独特特征。理解了这些独特特征，也就抓住了这一事物的本质，从而也就能掌握这一事物的有关知识。

（7）复习法

人的大脑对知识的识记是有一定规律的，教育学家们曾用遗忘曲线做了一个形象的说明，指出如果在你遗忘之前去复习、巩固它，那它就能迅速恢复并牢固记忆。孔子所说的“温故而知新”，是非常有道理的。

（8）学思结合法

2400多年前，孔子曾指出：“学而不思则罔，思而不学则殆。”意思是说：光学习，不思考，则没有所得；只思考，不学习，也很危险，搞不好学习。这说明了学习与思考的辩证关系；学中有思，思维能力才能得到锻炼和发展；思中有学，学习的知识才能融会贯通。

女孩贯彻这一原则的要求是：

要有勤奋学习的态度。华罗庚说：“勤能补拙是良训，一分辛苦一分才。”勤奋是学好功课的条件之一。

独立思考与求师问疑相结合。学习者独立思考是获得知识的关键。独立思考就是要“开动机器”，机器开动了，才能出产品，学生要善于独立思考，才能增长知识，发展智能。学生还要主动求师问疑，学问学问，顾名思义，就是要有学有问。

要改变读死书、死读书的旧传统，培养读活书、活读书的新习惯。

第四章

养成良好的学习习惯——让女孩自觉、自主、自动地学习

学习要抓住最佳时机

“同学们，请大家安静一下，我有话要讲！”梦安和同学们正在热闹地早读，班主任张老师冲进来打断了大家。

“今天早上大家都来得很早，并且来了之后能就认真地读书。有读语文的，有读英语的，读得很认真。这很好。说明大家都很有上进心。可是……”张老师说到这，顿了一顿，知道她的重要观点一般都出现在“可是”这样的转折之后，班上的同学都停下来，齐刷刷地看着张老师，“我好像发现有学生在早读的时间做数学试题。”

“谁啊？谁啊？”

……

大家都开始左右乱看。

“你们别问了，也别看了。做数学题的那位同学刚刚经过我的提醒，已经把练习册收起来了。老师也不会说出他/她的名字的。”张老师一副十分镇定的样子，“老师也不是要针对某个同学，批评更不是老师的目的。只是，我想提醒大家的是，不同的时间，应该学不同的东西。比如，早上，就比较适合大声朗读。我们要善于抓住最佳的时间，来学最容易学到的东西，这样才能获得最高的学习效率。不光是早读，最近，我还发现，有些同学上甲课做乙事，这都是很不好的。希望大家以后引起注意。好了，继续读书吧。”

教室里静了那么半分钟，又开始一片琅琅书声。

梦安却一直在回想张老师的话：善于抓住最佳的时间，获得最高的学习效率。

在学习中，确实有个最佳时间的问题。就好比我们要在7点到8点之间吃早饭，12点到1点吃中饭，晚上要睡觉，白天要工作一样，做什么事情都有它的最佳时间。学习也不例外。

大家的学习时间是宝贵而有限的。那么什么才算是这些宝贵又有效的最佳的时间呢？

有的同学，应该早读的时候做数学题，这就不是利用了最佳的时间。到什么时候做什么事，这就是最佳时间。

也就是说，早读的时候早读，上英语课的时候听英语，上化学课的时候听化学，自习课的时候做习题。

一个人应该要有计划地好好安排自己的学习时间，具体来说，可以这样做：

（1）老师讲课的45分钟要全神贯注，不要开小差，或者埋头做自己想做的题目，这样只会得不偿失。很多同学分不清主次轻重，老师在上面讲课，他在下面一会儿翻书了，一会儿做题了，看上去很认真的样子，可是学习效果不见得好。

为什么呢？因为他没有抓住听课的最佳时间。

也许老师讲的东西你觉得太简单，或者已经知道了，但是就没必要听了吗？未必。老师要讲一堂45分钟的课时，备课的工作量往往超过90分钟，那就意味着，很多东西在老师那里讲出来已经就是精华的部分了，在这每句话后面都有一定的背景知识在做支撑。

也许有同学会说自己做了预习，看懂了教科书，但这也不见得他懂得了老师那些背后的背景知识。而且在课堂上，老师可能随时会提问，这会引发大家的积极思考，从而对所学的东西思考得更深入，理解地更透彻，如果这个时候埋头做自己的事情，那么就可能错过这些更深邃的东西。当然，也不是说，要记住老师上课的每句话，这没有必要，而且也不可能。该老师讲学生听的时候，就应该带上耳朵，用心地听讲。看书应该是课前预习做的事。

课堂 45 分钟的听课，如果能够保证吃透老师讲解的基础知识，弄懂自己的疑问所在，就算是高效率，好过你自己课后花 90 分钟或者更多时间去冥思苦想。

（2）找自己学习的最适时间点。比如你要背诵一个材料，你可以通过平时的观察，看看自己是属于“夜猫子”型的，还是“百灵鸟”型的。所谓“夜猫子”型，就是指那些在晚上记忆力相对较好，思维较活跃的；而“百灵鸟”型，就是指早上或者上午记忆力相对比较好，能集中精力学习和思考的；当然还有第三类，“混合”型。这些同学对具体的时间没有太严格的要求，只要他们想学习，都能集中精力来学习。那么，那些晚上记东西记得牢的，不妨晚上睡觉前试着记一些要记的东西；而那些早上或者上午记忆力比较好，那么早上早读的时候多记一些东西。

最适时间点还包括学习时间的长短。有些人学习的注意力可能是 3 个小时，有些则可能有 6 个甚至 7 个小时，但是一般人的最适合学习的时间长度不会超过 5 个小时。所以，过度学习，也可能造成疲劳效应，得不到学习的高效率。

最佳的时间，应该心无旁骛，专心学习，这样，才能有高效率的学习。

养成良好的学习习惯

人的一生都离不开学习，培养良好的学习习惯也就越来越重要。因为只有善于学习的人才能不断前进。流水不腐，户枢不蠹，这句话也可以用在人的智力增长上。女孩只有不断学习新东西，吸取新知识，才能跟得上时代的步伐，才能最终成就自己。

大家都知道伟大的富兰克林，但是谁都不会想到在他幼年的时候也不喜欢学习。他有时候拿起书来想看，但是只要外面有伙伴叫他去玩或者街道上发生了什么事情，他就会把书一扔，第一个飞快地跑出去看。

他家里虽然经济条件不是很好，但父母还是为孩子买了好多有意思的书籍，并把这些书籍放在很显眼的地方。

有一天，小富兰克林跑了进来，对母亲说："妈妈，你能告诉我埃及金字塔是怎么一回事吗？我一个伙伴在考我。"

母亲就给他讲解起来："这个埃及金字塔其实就是埃及法老的坟墓，但是它的样子很是奇特……"

母亲把关于金字塔的各种知识都仔仔细细地告诉了他。

小富兰克林听得很入神，心里想："哇，原来世界上还有这么有趣的东西啊。我怎么以前不知道呢？"

他对母亲说："妈妈，你真是太厉害了，你怎么什么都知道啊？我希望以后变得像你这么聪明，有着这么渊博的知识。"

"孩子，妈妈不是什么都知道，妈妈也都是从书上看来的。其实书上的知识很丰富，而且很多都是很有意思的，只要你去看，去发掘，就能变得和妈妈一样懂这么多，甚至比妈妈懂得还要多。”

“是吗？妈妈。”小富兰克林更加不解了。

“当然是了，妈妈没有去过埃及，本来根本就不知道这个事情，是书籍给了我知识。孩子，刚才你说你希望成为像我这样的人，那么你从现在就要开始多多地看书，汲取里面的精华，把它变为自己的东西，这样你就一定会比妈妈厉害。”母亲继续引导她的孩子。

“好的，妈妈，我知道了。以后我一定要好好地看书，把这些知识都学到我的脑子里去。”小富兰克林高兴地回答。

从此，小富兰克林就对书籍有了兴趣，经常拿来书籍翻阅，津津有味地学习里面的内容。

母亲看到这些，心里很是安慰，但是小富兰克林还是有点缺乏自制力，有时会被别的事情分散注意力。

所以母亲经常在他看书的时候对他说：“孩子，你现在看书，不要去管别的事情，你看完了才能和小伙伴们玩，好吗？”

“好的，妈妈。我喜欢看书。”小富兰克林大声地回应着。

然后母亲就会把孩子的玩具放到别的屋子里去，同时把房间的窗户关好，尽量不让别的事情来影响孩子的学习。

就这样，慢慢地，小富兰克林就能够很好地控制自己了。他不会再因外界而受影响，所以才有了后来的辉煌。

女孩们，尽管你现在讨厌学习，但是只要克制自己，逐渐地，学习的习惯也就慢慢培养起来了。

爱迪生说得好：“知识仅次于美德，它可以使人真正地、实实在在地胜过他人。”

要想成功，就必须牢记：“知识就是力量。”

要想成就大事业，一定要记住：年轻时，究竟懂得多少并不重要，只有懂得学习，才会获得足够的知识。

许多人以为，学习只是青少年时代的事情，只有学校才是学习的场所，自己已经是成年人，并且早已走向社会了，因而再没有必要进行学习。

剑桥大学的一位专家指出：“这种看法乍一看似乎很有道理，其实是不对的。在学校里自然要学习，难道走出校门就不必再学了吗？学校里学的那些东西，就已经够用了吗？其实，学校里学的东西是十分有限的。工作中、生活中需要的相当多的知识和技能，课本上都没有，老师也没有教给我们，这些东西完全要靠我们在实践中边摸索边学习。可以说，如果我们不继续学习，我们就无法取得生活和工作需要的知识，无法使自己适应急速变化的时代，我们不仅不能搞好本职工作，反而有被时代淘汰的危险。”

有些人走出学校后，往往不再重视学习，似乎头脑里面装下的东西已经够多了，再学就会饱和。殊不知，学校里学到的只是一些基础知识，离实际需要还差得很远。

特别是在科学技术飞速发展的今天，我们只有以更大的热情学习，学习，再学习，才能使自己丰富和深刻起来，才能不断地提高自己的整体素质，才能更好地投身到工作和事业中去。

让女孩自觉、自主、自动地学习

陪女孩一起看书、一起写字、一起做作业……有些父母为了让女孩能够学到更多的东西，也为了让她在学习的时候能够认真，不惜花费大量的时间和精力来陪女孩一起完成这个过程。然而时间久了以后，女孩渐渐地就养成了在学习的时候依赖父母陪伴的习惯，一旦父母不在身边，女孩就会像一匹脱缰的野马，根本不愿意学习。

小蕊今年刚升入小学三年级，之前她所有的家庭作业都是在父母的监督下完成的。每次做作业的时候，爸爸或者妈妈都会坐在她的一旁，看着她完成，不然的话小蕊就会因为分心而完不成作业。渐渐地，小蕊就养成了一个习惯，做作业必须要有人看着才行。

升入三年级以后，父母觉得小蕊是大孩子了，需要独立地完成家庭作业，而不能总是让父母在一旁看管。上课的第一天，父母就决定改掉小蕊的习惯，于是在她回家做作业的时候，两个大人特意地外出散步，让孩子自己留在家中。走之前父母还特意地叮嘱孩子，一定要在父母回来之前把作业完成。然而爸妈才刚刚离开，小蕊的心就飞了起来，她在家中尽情地做自己想做的事情，玩这个、玩那个，早就把作业这回事忘到脑后了。

等到父母回到家之后，他们看见小蕊正坐在电视机旁看电视，他们以为小蕊已经做完了作业，于是就让女儿把作业拿出来让他们检查。可是没想到，女儿却说："你们不看着我我就根本做不下去，一会儿你们看着我的时候我再做吧！"

陪女孩一起学习当然不是坏事，但是家长也应该把握其中的尺度。小蕊的父母在长时间的陪护学习之后，想要在短时间内就让女儿改掉这个习惯，是根本不可能实现的。习惯是在长时间的累积下才养成的，去除习惯也因此是一个长期的过程。女孩自主学习的能力和意识需要从小就培养，小蕊之所以不能够独立地完成作业，正是因为长时间过度地依赖父母所致。因此，家长要想培养女孩自主学习的能力，还要尽早为好。

诸如小蕊的这种情况，家长要想培养女孩自主学习的能力和习惯，就要从最开始着手。培养的过程总共可以分为两个阶段，第一个阶段仍旧是陪女孩一起学习。不过，如果之前家长是同女孩一起完成作业的话，现在开始就应该保持缄默，默默地坐在女孩身边，看着她完成，而不是跟她一起做作业。偶尔女孩在做作业的过程中如果需要家长的帮助，家长也要告诉她先完成自己会的，不会的到最后再来一起解决。

第一个阶段保持一段时间以后，家长就要选择一个合适的时间与女孩商议下一阶段的方法，并且要让女孩了解自主学习的重要性。在充分与孩子沟通之后，就开始让女孩独立地完成自己的家庭作业，独立地学习。如果女孩表现得不错，家长还要及时地给予她适当的表扬，以便让她日后更好地坚持下去。在这一阶段，父母要给孩子规定完成作业的时间，而不是一味地拖拉，让原本半个小时就能做完的作业却要用两个小时才能完成。

培养女孩适时复习的好习惯

在课堂教学中，老师一般会把当堂的内容让女孩在课堂上就全部学会听懂，这本来是件好事情，却也让一些女孩养成了不好的习惯。也就是说，女孩觉得只要在课堂上把老师所讲的内容学会，下课后再把作业做完就足够了，此后就不会再对学过的知识进行复习。可是等到上新课的时候，女孩却发现，上节课所学的课堂知识早都忘记了。随着课程的内容越来越多，久而久之，女孩所遗忘的知识也就越来越多。

针对这种情况，家长就应该培养女孩适时复习的好习惯。也就是说，不要让女孩认为所谓的复习只是在大考前的总体复习，而忽略了平时的小复习。其实，考试成绩的好坏很大程度上都取决于平时对每节课知识点的及时复习。

家长在培养女孩复习习惯的时候，可以采用多种不同的复习方式。例如，当女孩在课堂上学习了新的知识以后，做家庭作业的过程本身也是一个复习的过程。但是家长不能让女孩仅仅满足于通过做作业来复习知识，而是要让女孩养成在学新知识之前就对旧知识进行温习的习惯，也就是所谓的“温故而知新”。在一门课中，新知识和旧知识本来就有着不可分割的关联性，因此，当女孩复习了已经学过的知识，等到老师讲授新的知识点时，听起来就会如鱼得水，不会觉得吃力。

同时，复习的过程中还要让女孩养成眼到、手到、心到的好习惯，因为只有认真地去复习，才能够牢固而扎实地掌握已有的知识。对于一些较难的知识点，如果一次的复习达不到牢记的效果，那么家长就要引导女孩进行多次反复的复习。当然，复习次数之间可以做一些停顿，一次复习与下一次复习之间隔上几天，通过逐次复习来加深女孩对知识点的学习。

前面提到的都是平时的小复习，是加强掌握短时间学习内容的好方法。但是，小复习也会有自身的缺点。例如，女孩的机械记忆力一般很强，对于一个个小的知识点也许有着不错的理解和掌握能力，但是如果知识点多了，特别是在知识点相近的时候，孩子就会容易把它们弄混淆。这就要求女孩在做到及时地小复习之外，还要适时地做好大复习。大复习能够帮助孩子梳理一个长时间段内所学到的知识内容，通过前后的比较，不至于把知识点弄混。

最后，家长在指导女孩复习功课的时候，还要注意复习的时间安排。除了复习的时间需要稍加固定之外，时间的长短也要适宜。孩子的集中力比较有限，因此复习的时间也不宜过长，这样会引起大脑疲劳，让孩子对复习感觉到厌倦。

总之，只有小复习与大复习兼顾，而且有固定和适宜的复习时间，孩子才能够更加牢固地将学习的内容记在脑海中。

复习要在理解的基础上进行。理解是记忆的前提和基础，如果想要复习好所学的知识，那么女孩首先就要把课堂上的知识理解好。这就要求女孩在上课的时候必须认真听讲，当天的知识当天就全部消化，那样在复习的时候才不会感觉到吃力。

培养女孩善于提问的好习惯

新的发现往往是从疑问中得来的。在某一领域或者某一问题上，假如没有了疑问或者是怀疑精神，对现成的陈述或者答案只是一味地吸取和接受，那么这个领域或者问题也许就永远没有新的突破和进展。在学习中也是如此，如果对一个问题仔细地思考过，也许在思考的过程中就会有一些问题在脑海中盘旋，相反，假如没有仔细钻研，那有问题的概率也就很小了。

在美国，对于喜欢提问的学生，老师在期末考试给成绩的时候一般会给他较高的分数。美国的学校非常鼓励学生提问，并且认为能够提出问题的孩子都是动了脑筋的，而没有问题则是没有仔细思考。因此，在基础阶段的学习中，家长应该培养女孩善于提问的好习惯。

在培养女孩善于提问的时候，父母要注意发散女孩的思维，让她从不同的角度反复地观察和思量同一个问题或者同一件事，不同的问法会得出不同的答案。历史上很多重要的发明都是因为思考的时候换了一个角度，结果就大不相同。此外，面对女孩的提问，在有的情况下，家长也不要直接给予肯定或否定的答案，而是要女孩通过实验或者自己的观察去得出结论。这样做不仅可以充分调动女孩的积极性，而且她自己得出的结论会记得更加牢固。

在平时的家庭教育中，父母要善于给女孩创造一个轻松愉快的学习环境，因为只有在放松和活跃的环境中，才能够激起女孩提问的兴趣。课堂也是如此，有些老师讲课的风格太过沉闷，而且课堂氛围紧张，在这种环境下女孩一般是不敢提问的，而且这种紧张的氛围也不利于调动孩子学习的积极性。

鼓励女孩提问也是让她养成提问习惯的一个好方法，无论女孩的问题有多么奇怪、多么好笑、多么荒诞不经，作为家长，都不能够轻易地抹杀女孩对问题的好奇心。也就是说，对于孩子提出的问题，家长千万不能用不好的语言来打击女孩的积极性，而是认真地给孩子加以解释，或者引导孩子通过自己的努力找到答案。

提问的力量是无可限量的，通过提问来激发女孩对学习的兴趣也是一个非常不错的渠道，因此，父母要不时地培养女孩提问的好习惯。

要想女孩养成善于提问的好习惯，首先就要培养女孩学习和思考的能力。如果一个女孩在提问的时候根本没有对问题进行思考，而是随意胡乱地提问，那么即便是给了她解答，她也不能从中学到知识。所以，善于思考才是善于提问的前提。

培养女孩考前放松的好习惯

适度的紧张对于女孩考试时的水平发挥是有帮助的，可是如果女孩在考前或者是考场上过于紧张，那不仅会影响平时复习的状态，而且到了正式考试的时候，还会影响到考试的成绩，甚至可能因为紧张而考得一塌糊涂。

李彤是初三毕业班的一名学生，她即将面临中考，因此学习压力非常大。李彤平时的学习很认真，而且消化知识的能力也很强，小测验的时候都能够发挥出正常的水平，成绩也名列前茅。

可是她就是有一个怎么都解不开的难题，李彤每次在较大的考试时都会十分紧张，她在进考场前就开始手心冒汗，心跳加速，有一次甚至在交考卷的时候突然晕倒在考场。被老师和同学送到医院以后，医生诊断的结果是她过度紧张引起的暂时性休克。李彤非常担心自己的状况，害怕在中考的时候发挥不出正常的水平，可是她无论如何都不能让自己放松下来，越是想要放松，反而越来越紧张。

每当离考试越来越近时，特别是期末、中考和高考等，女孩在压力大的情况下都会变得十分紧张。然而紧张的状态却会影响到女孩在考试中的发挥，所以在这个时候，家长一定要帮助女孩养成考前放松的好习惯，以便让她在考试中发挥出最好的水平。

类似李彤这样的女孩还有很多，她们平时的成绩都不错，可就是在大考的时候发挥失常。要想帮女孩解决这样的困惑，家长就需要找出造成女孩紧张的根本原因。家长首先应该自我反省，是不是因为平时对女孩的期望过高而给她带来了过大的压力？或者因为太过看重考试成绩，对孩子的成绩有苛刻的要求。家长的这些思想往往会让孩子把考试看得过于重要，尤其是大型的考试，因为太过重视，因此而变得紧张。在找到原因之后，家长就可以积极地寻找帮女孩考前解压的方式，让女孩在适度放松的状态下走进考场。

一般情况下，在重要的考试之前，学校都会给学生留上一些休息和放松的时间。这段时间通常被称作“考前自我调整期”。在这段时间里，女孩一般都是在家里度过的。因此，家长的监督和帮助会给女孩带来很大的帮助。首先，家长要保证家中环境的舒适度，物品摆放整齐，地板要打扫干净。这样，当女孩清晨醒来时，看到温馨舒适的家，就会感到非常舒服，因此也会得到放松。

此外，家长还要让孩子调整生物钟，起床的时间最好根据考试的时间而定。在调整期间，最好不要让女孩进行太久的复习，适度复习最重要。而且在复习了一段时间之后还要注意休息，让复习和休息相交替，合理安排时间。家长还要注意保持家庭气氛的轻松，父母之间不要闹矛盾，最好给女孩讲一些笑话让她们放松一下。

深呼吸有助于神经放松

深呼吸是比较简单的帮助减轻压力的方式，能够在较短的时间内起到缓解压力的作用。这种简便而又有明显效果的方式，非常适合女孩在紧急的情况下使用，特别是在进考场前或者进入考场以后。家长可以把这个方法教给女孩，以备必要的时候使用。

让心情放飞于驰骋的想象中

为了缓解压力，家长也可以让女孩通过想象来达到效果。在想象之前，女孩要先闭上双眼，可以想象自己正骑着马在一望无际的草原上奔驰，享受风的洗礼和自然清新的空气。总之，不管想象什么样的场景，重要的是让女孩在想象中得到放松。

培养女孩坚持写日记的好习惯

日记在我国已经有着两千多年的历史，从东汉一直到现代，许多名家都有写日记的习惯。例如，伟大的诗人陆游，《徐霞客游记》的撰写者徐宏祖以及著名的文学家、革命家鲁迅。这么多伟大的人物之所以热衷于以日记的形式记录生活，就是因为日记短小贴切，能够及时地把自己的心情和身边的所见所闻记录下来。除了简便之外，记日记还可以提高一个人的写作水平，经过长期的坚持，练就炉火纯青的文字表达能力。此外，写日记还可以提高孩子对生活的观察能力。

日记的形式有很多种，或者记录今日的所见所闻，谈谈自己的感想；或者通过自己的观察来加深对生活的理解；日记也可以是自己天马行空的想象，就像写小说一样，尽情地驰骋在想象的世界中；此外，还有一种剪贴日记的形式。

感想日记是日记最常见的一种形式。例如，女孩今天随着班集体一同去参加了春游活动，为了纪念这一天，女孩就可以在回到家之后把今天的所见所闻，所发生的有趣和有意义的事情通通以日记的方式记录下来，并且从中总结经验，发表自己的看法。

想象日记类似于文学创作，女孩可以想象自己是一个美丽的公主，生活在一座漂亮的城堡里，也可以想象自己正骑着一匹飞马飞越无边的海洋……这些想象的内容都是现实生活中所不曾或者不可能出现的，通过写想象日记，不仅能够发挥女孩的想象力，而且还可以锻炼她优美的文笔。

所谓剪贴日记，就是在日常生活中把在报纸或者杂志等上看到的有意义或者自己感兴趣的内容剪下来，然后贴在自己的日记本上，并且要附上自己对剪贴内容的理解，当作是今日的日记。

为了剪贴日记，女孩就会促使自己去多看一些书籍和报刊，因此，这种日记形式能够扩大女孩的阅读面，增长女孩的知识和见闻。此外，还有一种是摘抄日记，也属于剪贴日记的一种。女孩在读书时发现好的句子或者段落时，把这些精华的部分写在日记本上，以便自己学习。

在女孩不愿意写日记的情况下，有些家长总是喜欢强制女孩写日记，这种做法不但不能让日记发挥它的好处，而且还会让女孩更加反感它。因此，要想让女孩养成写日记的习惯，家长就必须先让女孩体验到其中的乐趣，把原本看作是不得不完成的一项任务，渐渐地转变为一种需要、一种诉说内心的途径。

写日记的诸多好处只有在女孩长期坚持以后才能够体现出来，相反，短时间的日记是不会起到什么效果的。因此，在培养孩子对写日记的兴趣的同时，家长还要培养女孩坚持不懈的精神。

乐于思考，勤能补拙

古人云：“学而不思则罔，思而不学则殆。”这句话恰当地讲出了学与思之间的辩证关系。在学习中要不断地思考才能有进步。

伟大的物理学家爱因斯坦说过："学会独立思考和独立判断比获得知识更重要。不下决心培养思考习惯的人，便失去了生活的最大乐趣。"思考好比播种，行动好比果实，播种愈勤，收获也愈丰。不会思考的人就会一无所获，善于思考的人才会享受到丰收的喜悦。不断地给自己提出问题，反复地思考问题，独立地解决问题，无疑将使自己接近成功的殿堂。

许多科学家一生为人类做出了杰出的贡献，而他们成绩的取得是与他们爱思考的习惯分不开的。无论什么事他们都要问个为什么，正是这种爱钻研的习惯才成就了他们的成功。这种习惯是要从小的时候便开始培养的。

德国数学家高斯，是近代数学奠基者之一，在历史上颇有影响，可以和阿基米德、牛顿、欧拉并列，有"数学王子"之称。

高斯非常善于思考，这种良好的思维习惯在他小时候就已经表现出来了。

高斯10岁时，有一次他的数学老师让他们全班解答一道习题："计算出1+2+3+4……+100=？"这个题目在今天早已家喻户晓，可是在那个时候、那个场合，对于一群小学生来说，还真不容易。要算出这么长的算术题耗时不少，孩子们都想争取第一个算出来，立刻在草稿纸上做了起来。

只有高斯没有开始动手，不是想偷懒，也不是发呆，他在想，难道一定得经过这么复杂的计算过程吗？从客观上说，他在进行思维的谋划，谋划的目的是要寻找一种能够成倍提高思维效率的策略，这个过程花去了相当于其他同学进行加法计算的1/2的时间。这时候，老师看见了他，走上前来问他怎么了，为何还不开始计算。高斯说他已经知道答案了，是5050。老师十分诧异，问他是否提前做过这道题。于是高斯告诉老师，他是这样考虑的：1 加 100 等于 101，2 加 99 等于 101……这样的等式一共有 50 个，因此这道题可以化简为“101 × 50=5050”。

“真是太精彩了！”老师赞扬地说。

这种“精彩”并不取决于我们每个人的智力水平。事实上，它应该取决于我们良好的思维习惯，使智力的潜在能力得到充分发挥。

成功的人往往是善于思考、有良好思维能力的人。如果女孩善于观察，积极思考，不走寻常路，能从全新的角度寻求解决问题的方法，你就会无往不利。

世界著名趋势专家约翰·奈斯比也曾经说过：“在信息时代，我们最需要学习如何思考、如何学习以及如何创新。”人人都有思考的能力。思考具有强大的力量，唯有思考，才能开发出智慧的潜能，才能打开才智的大门。

当女孩试着改变自己的思考方式，朝着成功的方向努力时，一切奇迹都有可能出现！所以从现在开始，让你的头脑刮起一阵“思考风暴”，用积极的思考去进行积极的创新，你的生命将无比精彩。

在学习中，除却思考，还有一个很重要的条件就是勤奋。

“书山有路勤为径，学海无涯苦作舟。”学习要靠勤奋，才可能有所成就。至于那些智商一般的人，则更需要以勤补拙，所谓“笨鸟先飞”讲的就是这个道理。早动手、勤动手，将自己的先天不足用勤补回来。

勤奋使王羲之成为著名的书法家，勤奋使王献之练习书法用完 18 缸水，最终，父子二人都成为历史上的书法大家。

业精于勤而荒于嬉，成大事者必须勤于向学，因为勤能补拙，这样才能提高一个人的知识积累。

魏晋时的学者皇甫谧，不求高官厚禄，毕生精思苦学，竟至废寝忘食，终于学业有成，著述繁富，成为一代经学大师和医学专家。正是："业精于勤荒于嬉，行成于思毁于随。"

他的一生著述有《礼乐》《圣真》《帝王世纪》《玄晏春秋》《年历》《高士》《列女》《逸士》《论寒食散方》《针灸甲乙经》等。其中《针灸甲乙经》是中国医学史上第一部针灸学专著，成为后世学习针灸必读的经典，在国内外有深远影响。

但一般人可能都不知道，皇甫谧在年轻时却是一个十足的小混混。他出生后就给叔父为子，从小游手好闲，不肯读书。有的人甚至以为他可能是个呆傻人。

一天，皇甫谧得到了一些瓜果，就高高兴兴地拿回家，孝敬他的叔母任氏。

任氏却不为他孝敬的瓜果高兴，看到他成天玩耍、无忧无虑的样子，不由得叹了口长气，说："你拿这些瓜果给我，难道就是孝顺吗？《孝经》上说：'虽然每天用牛、羊、猪三牲来奉养父母，仍然是个不孝之子。'何况这些瓜果呢？你现在快二十岁了，却不曾看过什么书，不曾明了什么道理，你将来能干些什么事呢？又有什么可安慰我的呢？"

说到这儿，任氏想起皇甫谧将来的前途不知道怎么样，泪如泉涌。她一边抽泣，一边接着说："从前，孟子的母亲三次迁居，终于使孟子成为仁德之人；曾子的父亲为信守诺言而杀猪，留下了教育子女的榜样。难道是我没有像孟母那样选择好邻居、没有像曾父那样运用良好的教育方法吗？

你怎么会愚蠢、鲁莽到这等地步呢？唉，教你修身立德，勤奋好学，是为了你好，你自己可以有所得，对我又有什么用呢！”说完这番话，任氏更加伤心，对着皇甫谧涕泪不止。

叔母的话深深地刺激了他原先麻木不仁的头脑，想想自己已经是个二十岁的男子汉了，应该有所作为了，却还啥事不懂，皇甫谧实在羞愧。看着叔母的泪脸，他暗下决心，再也不能浪荡下去了，一定要像叔母教训的那样勤奋学习，做个有修养的人。

皇甫谧家里很穷，没有钱到京城求学，同乡有个名叫席坦的学者，皇甫谧就拜他为师，在席坦的指点下勤学不倦。他总是带着经书到田里，干活累了在田头休息的时候，便拿出书来诵读。

经过几年的学习，皇甫谧博览了国家的重要文献和诸子百家学说，性格变得沉静好思，有了崇高的志向，很少有个人的欲念。他觉得书籍能给人以知识，教给人道理，流传后世，造福子孙，所以决定以写作作为自己一生的事业。

功夫不负有心人。不久，皇甫谧写出了《礼乐》《圣真》等著作。甘露年间（256~260 年），他不幸得了风痹症，行动不便，却仍然不间断地阅读和写作。疾病的痛苦，又促使他发愤学习医书，习览经方，采集和整理古代的医学文献资料，并且写出了《针灸甲乙经》等医学著作。

勤奋使皇甫谧学到了知识，取得了成就。如果他没有听取叔母的教诲，仍是一意孤行、游荡玩乐而不务正业，也就不会有一代医学家皇甫谧，更不会有《针灸甲乙经》流传于世了。

青少年时期，正是学习的大好时机，女孩们有充裕的时间和饱满的精神，可以安心地坐在舒适的教室里读书。若干年以后，你们会怀念这一段时光，不论你现在感到快乐与否。

女孩如果珍惜你的学习机会，勤奋努力、认真思考，成功就离你又近了一步。

每天阅读 30 分钟

借助书籍，女孩可以从中找出适合自己的成功之路来，因为它是知识的重要载体。读书，是你事业的必由之路，是你走向成功的钥匙。

我们可以发现，有很大一部分成功人士并不一定能受到良好的教育，因为许多人常身处困境。他们之所以能成功，除了有远大的志向、坚强的性格和家庭的影响外，往往在于他们不满足于一时的成功，不安逸于一时的所得，而是时时将心态归零，努力拼搏，不断补充新的知识。

美国第 26 任总统罗斯福，虽然他在白宫日理万机，但他仍然会挤出时间来阅读那成百上千册的书籍。他规定在某一天的整个下午接见来访的人，每位来访者的时间限制在 5 分钟之内。就在那些接见对象交替的短短的几秒钟内，他都会抓紧时间阅读放在手边的一本书。

罗斯福曾说："我们必须让我们的青年人养成一种阅读好学的习惯，这种习惯是一种宝物，值得双手捧着，看着它，别把它丢掉。"

李嘉诚虽然年岁渐老，但依然精神矍铄，每天要到办公室中工作，从来不曾有半点懈怠。据李嘉诚身边的工作人员称，他对自己业务的每一项细节都非常熟悉，这和他几十年养成的良好的生活、工作习惯密切相关。

李嘉诚晚上睡觉前一定要看半小时的书，了解前沿思想理论和科学技术，据他自己称，除了小说，文、史、哲、科技、经济方面的书外，每天他还要学一点东西。这是他几十年保持下来的一个习惯。他回忆说："年轻时我表面谦虚，其实内心很'骄傲'。为什么骄傲？因为当同事们去玩的时候，我在求学问，他们每天保持原状，而我自己的学问日渐增长，可以说是自己一生中最为重要的。现在仅有的一点学问，都是父母去世后，几年相对清闲的时间内每天都坚持学一点东西得来的。因为当时公司的事情比较少，其他同事都爱聚在一起打麻将，而我则是捧着一本《辞海》、一本老师用的课本自修起来。书看完了卖掉再买新书。每天都坚持学一点东西。"

女孩们，如果你每天阅读 30 分钟，你一周可以读半本书，一个月读两本书，一年读大约 20 本书，一生读 1000 或超过 1000 本书。这是一个简单易行的博览群书的办法。

也许你会说："每天有那么多功课要复习，哪里有时间阅读呢？"其实，只要你做好学习安排，每天还是有很多可以利用的时间的。给你一个建议：把要阅读的好书随时带在身边，每天找出 30 分钟，最好是每天的固定时间，一旦开始阅读，这 30 分钟里的每一秒都不应该浪费。这样一段时间以后，你会惊奇地发现，不知不觉中，已经阅读了许多好书。

每天阅读 30 分钟好书，会让你走进缤纷的思想丛林，感觉到异香弥漫，感悟到人生真理，让你缺钙的思想变得坚强！

学习切忌浅尝辄止

大家都看过一组名为《挖井》的漫画吧。漫画中的人物扛着一把铁锹到一片空地，打算挖井。他第一次挖了10厘米，看看没有水出来，就放弃了这个坑，在旁边找地方接着挖第二个。第二个稍稍比第一个深了些，但也没有出水，于是他又放弃了。第三个坑已经有近一人深了，眼看就要接近地下水层，井水马上就要涌出了，他又失去了耐性，又放弃了。就这样，他虽然一直在不断地挖，力气出了不少，可留下的只是身后那一排深浅不一的坑，最终也没能挖出水来。

漫画是在告诉我们，做事情要坚持，不能虎头蛇尾，否则一事无成。学习，也是同样的道理。学习贵在坚持，切忌浅尝辄止。

下面让我们来看看陈明的故事。

音乐系的陈明走进练习室，在钢琴上，摆着一份全新的乐谱。

“超高难度……”陈明翻看着乐谱，喃喃自语，感觉自己对弹奏钢琴的信心似乎跌到了谷底，消失殆尽。

已经3个月了！自从跟了这位新的指导教授之后，他不知道为什么教授要以这种方式整人。

陈明勉强打起精神，开始用十指奋战……琴声盖住了练习室外教授走来的脚步声。

指导教授是位很著名的钢琴大师。授课第一天，他给自己的新学生一份乐谱。“试试看吧！”他说。乐谱难度颇高，陈明弹得生涩僵滞、错误百出。“还不熟，回去好好练习！”教授在下课时，如此叮嘱学生。

陈明练习了一个星期，第二周上课时正准备让教授验收，没想到教授又给了他一份难度更高的乐谱，“试试看吧！”上星期的课，教授也没提。陈明再次挣扎，向更高难度的技巧挑战。

第三周，更难的乐谱又出现了。同样的情形持续着，陈明每次在课堂上都被一份新的乐谱所困扰，然后把它带回去练习，接着再回到课堂上，重新面临两倍难度的乐谱，却无论如何也追不上进度，一点也没有因为上周的练习而有驾轻就熟的感觉，因此，越来越感到不安、沮丧和气馁。

教授走进练习室，陈明再也忍不住了！他必须向钢琴大师提出这3个月来何以不断折磨自己的质疑。

教授没有开口，他抽出了最早的那份乐谱，交给陈明。“弹奏吧！”他用坚定的目光望着陈明。

不可思议的结果出现了，连陈明自己都惊讶万分，他居然可以将这首曲子弹奏得如此美妙、精湛！教授又让他试弹第二堂课的乐谱，他依然发挥出超高水准的表现……演奏结束后，陈明怔怔地望着老师，说不出话来。

“如果，我任由你表现自己最擅长的部分，可能你还在练习最早的那份乐谱，就不会达到如今这样的水平……”钢琴大师缓缓地说。

可以说，陈明的老师在训练他时是有良苦用心的。但是，如果陈明面对“难度超高”的乐谱知难而退、不再进一步学习，那么他的水平也只能停留在最初的那个水平，而不会有丝毫进步。然而，他达到了老师预想的效果，不能不归功于他坚持不懈的努力。虽然起初他不了解老师的用意而颇感疑惑，但他并没有将步伐停留在疑惑上，而是按照老师的要求“回去好好练习”，才取得了将曲子弹奏得美妙、精湛的成绩。

所以，女孩们，不要对学习中的困难轻易说放弃。相信自己，只要坚持，就能成功。

第五章

在旅途中开阔视野——一定要带女孩去的地方

图书馆——女孩的精神天堂

当女孩第一次问出一个家长不知道答案的问题时，家长或多或少会觉得尴尬。是承认自己不知道呢，还是胡乱说一个答案呢，还是以“以后你就会知道”来搪塞呢?

绝大部分家长，会是后两种情况，或者出现第四种情况：家长把一个自以为很对其实并不对的答案告诉女孩。这些做法都不能让女孩真正明白，也不能让她们掌握正确的方法。但第一种方式，承认自己不知道就可以了吗？承认自己不知道，是一种难能可贵的实事求是的态度，对家长来说很不容易，但关键在于，女孩还是没有掌握到知识啊。

所以你最好的回答是：“妈妈不知道，但我想图书馆知道。”

一个人的知识总是有限的，就算父母双方都是百科学派教师，也难免有疏漏的地方。但图书馆能帮助每个家庭解决“不知道”的难题。其实，很多成功的人都是从图书馆中走出来的。我们的毛主席曾当过图书管理员，伟大的革命领袖马克思据说把大英博物馆磨出了两个脚印。俱往矣，我们还是说说比较熟悉的一个人吧：世界首富、微软前总裁、大名鼎鼎的比尔·盖茨。

比尔·盖茨出生在华盛顿州的西雅图，那里是美国波音公司的基地，全市职工近半数在这家公司工作，所以人们也把西雅图称为“波音城”。它和旧金山、洛杉矶并列为美国西海岸的三大门户，也拥有当时藏书最丰富的图书馆。

盖茨在7岁左右的时候，最喜欢盯着几乎有他体重1/3的《世界图书百科全书》，一字一句、从头到尾地看。他常常陷入沉思，小小的文字和巨大的书本，让他感受到这是一个神奇和魔幻般的世界。文字竟然能将未知的世界都描述一番，真是神奇！转眼他又想，人类历史越来越长，那以后的百科全书岂不是越来越大了吗！那以后的孩子看起书来更辛苦了。有什么办法造出包罗万象又便于翻阅的书呢？这个奇思妙想，后来竟让他实现了，而且比书本还要小，只要一块小小的芯片就足够了。

随着看的书越来越多，盖茨想的问题也越来越多。一次他对他四年级的同学说：“与其做草坪里的一棵小草，还不如成为秃丘耸立的一株橡树。因为小草毫无个性，而橡树卓然独立。”这番人生道理对他那个年纪的男孩子来说，还太深奥了。

“人生是一次盛大的赴约，对于一个人来说，一生中最重要的事情莫过于信守由人类积累起来的理智所提出的至高无上的诺言。”他鼓励自己要干一番惊天动地的大事。在一篇日记里，他写道：“也许，人的生命是一场正在焚烧的火灾，一个人所能去做的，就是竭尽全力要从这场火灾中去抢救点什么东西出来。”小小的年纪便有这种追赶生命的意识，在同龄的孩子中是极少有的。

妈妈总是鼓励盖茨多用图书馆的资源。有一次，老师给他们布置了作文，要求四五页的篇幅。结果，盖茨去图书馆，翻阅了百科全书和其他医学、心理学方面的书籍，一口气写了30多页。读书让他富有知识，也更加乐于接受新的知识。

直到现在，盖茨还保持着每年都要就一个新的问题展开阅读的习惯。

读书带给他的快乐和挣钱是不一样的。当金钱已经足以应付生活时，怎样让自己快乐起来显得更为重要。去图书馆，任何一个首富和任何一个穷小子都能获得学习的快乐。

当父母把图书馆推荐给女孩的时候，也就是把女孩引向知识的宝库的时候。不过，可能女孩自己不愿意去，这就需要父母领着女孩去一次，熟悉借书、阅览的流程。在这个过程中，父母也可以借几本书回来看看，请女孩帮忙还回去，这样能让女孩渐渐熟悉借书还书的过程，女孩就不会那么抗拒了。

当女孩喜欢上去图书馆后，父母接下来要做的就是告诉她在图书馆如何选择合适的书籍。现在的女孩课业压力也很重，在这种情况下，如果她读书再没有目的和计划，就会使宝贵的阅读时间得不到充分的、有价值的利用。

因此，女孩的阅读不妨以达到这样的目的为出发点：有利于基础知识的学习，有利于发挥自己的特长，有利于弥补自己的弱点，有利于阅读能力的提高。而父母在给女孩安排阅读时需要注意：

让女孩围绕课本阅读一些有关的课外书。例如读一些与课内学习有关的科技史、人物传记，这样有助于提高女孩对课内学习的兴趣，充实课内学习的内容，使思维更加活跃。

告诉女孩要围绕自己的爱好或特点读一些有关的课外读物。如果她喜欢文科，可以建议她定期阅读各种文学刊物，也可以利用假期阅读文学名著。如果她爱好理科，可以推荐她定期到阅览室浏览有关的报纸杂志。

音乐厅——高雅艺术的体验场

有一个妈妈说，以前女孩喜欢小提琴的，但是真的让她报了小提琴班，让她学习古典音乐的乐理时，她又没有兴趣了。这种妈妈，实在有点操之过急了，或者说是功利性太强了。

妈妈催促女孩去学音乐，看起来像是给女孩提供了进修的机会，其实是把她们的内部动机强化成了外部压力，原本觉得好玩而玩的事情，一下子变成了自己一定要完成的任务，变成了甩不掉的负担，女孩哪里会高兴？

当女孩表现出一些兴趣苗头的时候，妈妈最好保持一种观察的姿态，或者提供条件让她们去接触，但千万不要急着给女孩报班。女孩如果对音乐有兴趣，不妨陪女儿去音乐厅听一些名家演奏乐曲。

其实，女孩在接触新事物的时候，都会表现出好奇来。她没有见过钢琴，自然就会对钢琴好奇；没有听过古筝，也会对古筝着迷。这种好奇与天赋是不一样的，但很多妈妈急于发现女孩的天赋，不知不觉就把自己的一厢情愿当成了女孩的前途。就算妈妈能帮女孩找到正确的路，女孩也未必会走得开心！

著名的音乐家贝多芬，小时候被当成“莫扎特第二”来培养，父亲希望他也能到维也纳惊动四座，于是在打骂中强迫他练琴。谁能说贝多芬没有音乐天赋呢？但是他一生都非常不快乐，长期处于黑暗、孤独之中，渴望被爱，渴望光明。

还有一个很有名的钢琴家，他是我们熟悉的傅聪，他的父亲是著名的翻译家傅雷。傅雷在傅聪小的时候，也采取高压的形式去打压孩子，有时候傅聪练琴练得不好，傅雷就揪起傅聪的头发往墙上撞，这种方式让傅聪的妈妈几乎崩溃。

傅聪长大之后，去了苏联留学，收到父亲的来信：“儿子，昨晚一上床，我又把你的童年重温了一遍。可怜的孩子，你的童年怎么跟我那么相似？”

“我也知道，从小受些挫折对你的将来多少有些帮助。然而，爸爸毕竟犯了很多很大的错误。自问人生，对朋友无愧，唯独对你和你母亲感到有愧良心，这是我近年来的心病。它一直像噩梦一样在我脑海里徘徊。可怜我过了45年，父性才真正觉醒。伴随着你痛苦的童年，度过的是我不懂做父亲艺术的壮年，幸亏你得天独厚，任何打击也摧毁不了你！”

傅雷的家书引起了很多家长的反思，我们为女孩选择道路，真的做对了吗?

真正的天赋，是任何外在的环境都无法抹去的，是与生俱来的能力。家长急于把女孩的爱好当成天赋，要么毁了孩子的兴致，要么毁了孩子的童年，都是非常不值得的。

如果女孩爱好音乐，家长不必急于求成，不妨让她在音乐厅里度过一些与音乐相伴的难忘时光。让她听自己感兴趣的音乐，无论她喜欢听的是交响乐还是钢琴曲，抑或爵士乐、戏剧，家长都应该尊重她的这种喜好。当她提出主动想学某种乐器时，家长要分清是她一时心血来潮做成的决定，还是经过思考后得出的结论。

有些父母不太懂音乐，带女儿去音乐厅有点附庸风雅的嫌疑。如果不懂得如何选择合适的音乐，往往浪费了这种艺术消费。这里教给父母几招进行有效消费。

（1）学会辨别交响乐主要曲目

音乐会中以交响乐音乐会为最，如果学会了如何欣赏交响乐，那么其他音乐也就轻而易举能欣赏。

在聆听交响音乐会之前，家长首先要将交响乐队的构成做一个基本的了解，各辨别出各种乐器的音色；其次是要了解即将演奏的曲目，最好事先和女孩一起听 CD。

（2）鼓掌的艺术

如果对所听的曲目并不熟悉，那么你肯定会担心何时该拍手。如果拍错手会闹出一些笑话。

这里有一个简单的判断方法：即在演出前你务必熟悉一下节目单、了解作品的乐章数目，演出时用心数乐章，一般在每个乐章之间，台上的指挥、演奏家们都有简单的休整动作，台下的听众也可能会调整一下姿势，全部乐章演奏结束后，指挥一般都会转过身来鞠躬谢幕，此时你可鼓掌对艺术家们的感谢。

（3）选择喜欢的曲目去听音乐会

家长和女孩最好选择最喜欢的曲目，这样即使演出团体的本身演奏技术不尽如人意，音乐本身依然能够牵动我们的心弦。

（4）带着自信进场聆听

名指挥家余隆说过："如果你觉得这段音乐好听的话，那么就可以说你听懂了。"其实享受音乐的关键在于反复多次聆听，当我们聆听一首曲子的次数越多，就能够感受其中的优美的旋律。若是不能认识到这点，却一直想听音乐背后隐含什么故事，实在是一种误解。不懂乐器、乐理、乐谱，并不妨碍家长或女孩成为音乐爱好者。

（5）不必穿得过于正式

有一位妈妈第一次带女儿去听音乐会，她们穿着套装出席，结果觉得浑身不自在。因为大家并没有太过正统。有些古典音乐家的演出服饰就很个性、花哨。妈妈如果带着女儿去音乐厅听音乐会，穿着随便、舒适、休闲即可。当然，也有一些特定的音乐会有着特定的着装要求，一般会说明的。

（6）听音乐会时提前入场

妈妈带女孩听音乐会时，务必提前入场。提前入场有很多好处，可以从容等待音乐的沐浴，可以有充裕的时间阅读节目单上有关乐曲、乐队、指挥的详细介绍，避免演出过程中的匆忙翻阅……最重要的，提前入场也是对艺术家的尊重。

家长应避免给女孩带零食进场，如果有食物或其他一些小物件，可以寄存在进场的寄存处。另外，进场前，家长和孩子都不要喝太多水，避免频繁去厕所。

（7）散场得看第一小提琴的“脸色”

一般正规乐团演出时，正式曲目结束后，他们是不会再加演一首乐曲的，而那些交流、访问性质的演出，因为难得一见、难得一听，基本上是会加演一些曲目的。

出于礼节考虑，只要乐队首席（坐在第一小提琴最前面的那一位）没有起身退场，观众最好也不要急着离开座位。

博物馆——为女孩打开知识的窗口

很多家长平时工作特别忙，除了周末，很少有时间和女孩在一起。这就使周末和假日显得更加难得了。那么如何和女儿一起度过一个美好的周末呢？

父母们可能会有多种选择方式，大多数父母要么带上女孩去做一次短途旅游，要么带女孩去看电影，要么带女孩去逛街，要么干脆哪都不去，和女儿一起在家里读书。不过父母也可以考虑带女孩去博物馆，这也是一个好去处呢！

有家长可能会说："我带女孩去过自然博物馆，除去一些动物标本，其他图片也没多大意思，她兴趣不大。"也有家长说："博物馆是给成人参观的，孩子们怎么看得懂啊，瞎耽误工夫。"其实，这些家长还是不太了解博物馆的功能，也不知道应该如何带幼儿参观博物馆，结果白白浪费了宝贵的教育资源。

带女孩参观博物馆的好处有很多。首先，博物馆中展出的实物有助于女孩在具体实物和抽象概念之间建立联系，有利于她们牢固地掌握所学知识。比如参观天文博物馆，女孩可以通过使用天文望远镜来观察星空，看到无数用肉眼看不到的星星，这样她能更好地理解宇宙、星系等概念性的知识。

另外，博物馆的实物一般都是经过专家特定分类的。参观这样的展览能够使女孩将以往所学的知识系统化，使她的思维更加活跃，进而能够做到举一反三、融会贯通。

去博物馆参观，除了有利于女孩学习外，也有助于激发她的灵感，培养她的一些兴趣爱好。经常带女孩参观各种各样的博物馆就像是为女孩打开了一扇扇知识的窗口，使得女孩的见识得以增长，知识得以开阔，思维得以活跃，成功的机会得以增多。

和女孩一起去参观博物馆还有助于增进亲子之间的良好关系。女孩和父母可以一起学到新知识，还可以增加一些有意思的话题。在共同的探索中，女孩会逐渐发现自己的兴趣所向。

其实，从某种意义上说，一座博物馆就是一部物化的发展史，人们通过文物与历史对话，穿过时空的阻隔，了解曾经的世界和现在的世界。博物馆不单纯是一种文化场所，它同样也是一种休闲场所。

在博物馆，不仅能够获得一些知识，还能享受一下难得的静谧、幽雅气氛，彻底放松心情。

家长最好选择适合女孩年龄特点的博物馆，对于年龄特别小的女孩子，最好带她去儿童博物馆；女孩再大一些，便可以带她去美术馆和自然博物馆；当她上初中时，便可以带她去那些历史、地理博物馆。

家长带着女孩去博物馆参观前，最好做个计划，比如，要用多少时间，参观哪些展室等等，并尽量避开参观的高峰期。女孩越小，参观的时间就应当越短，计划也越要灵活。必要时及时离开，绝不要强求，重要的是保持女孩的参观兴趣。如果是一个大的博物馆，不妨分几次来参观。

此外，参观完毕后，不妨给女孩买一些小零食，以资鼓励她的参展兴趣。

家长还需要注意的是，在参观展览馆之前，最好给女孩立下一些规矩，让女孩知道，在博物馆里应该有怎样的行为。不过，在参观的过程中千万不要限制女孩讲话，只要不是大声喧哗就可以。

关于参观博物馆的三点建议：

（1）不要以逛公园的心态来参观博物馆

家长带女孩逛公园，为的是欣赏欣赏美景，放松身心，主要目的是玩。而去博物馆看展览则完全不同，它是以一定的展览主题为背景，对于女孩来说，参观博物馆是一种文化启蒙、一种知识的熏陶。带女孩参观博物馆目的是激发其探索欲，并通过博物馆这个窗口渗透进历史、人文、科学启蒙知识，从小奠定她的文化底蕴，为其日后成为知性才女打下基础。

有一位妈妈的做法就很值得参考：

她为培养5岁女孩广博的爱好和兴趣，经常带她去一些博物馆。女儿最喜欢的是自然博物馆，于是妈妈收集了许多与自然界动物、植物有关的资料，分成不同的专题，每次选定一个主题有针对性带她去参观。女儿虽然去过很多次自然博物馆，但她还是很喜欢去。她酷似一个小小生物学家，说起恐龙为什么灭绝、猿猴是如何进化为人的就会头头是道，她对自然界中动植物的观察也细致入微。

（2）参观博物馆重在过程

田园去故宫和天坛时，对古色古香的建筑十分好奇，不住地问：“这些大房子是怎么盖起来的？”为了解答女儿的问题，也为了激发她的求知欲，爸爸带她来到了古代建筑博物馆。他们边走边看，与此同时，爸爸给女儿讲：天坛祈年殿三重檐和金丝楠木大柱，故宫角楼9梁18柱72条脊，鲁班发明锯子盖宫殿，李春建造赵州桥……一个个有趣的历史故事与建筑常识有机融合，田园听得津津有味，恨不得整个暑假都在这里度过。

田园的爸爸可以说是聪明的，他不像有的家长那样功利。他们带女孩参观博物馆，完全不考虑女孩的年龄与接受水平，一味地灌输知识，回来后还要求女孩复述，搞的女孩就像是上了一天的培训课，心理压力大，至此，再也不想去博物馆了。这实际上陷入一种教育误区。培养女孩对大千世界的兴趣要比让她在博物馆获取知识更重要。家长不要太功利，做什么事都带着创造天才的期望。参观博物馆不过是个文化启蒙，最重要的是过程：要让女孩身心各个器官都调动起来，参与到整个过程中，而不是被动地让家长拽着走。这个过程包括——激发兴趣，调动各种感觉器官去观察，主动发现一些问题，解决一些问题。

现在，还有的博物馆专门为儿童开辟了动手区域，女孩们非常喜欢在这里动手操作，亲身体验。家长应该放手让女孩独立去做，不要干涉她的行为，只要女孩敢于大胆地去动手动脑，这个过程本身就是她主动探索知识的开端。

（3）父母和女孩都要培养一种“博物馆意识”

所谓的“博物馆意识”是指公众了解博物馆的功能和价值，利用博物馆资源对孩子进行教育。

国外的一些孩子，在父母和学校老师的灌输下，他们从小就把博物馆看成是神圣的场所，把博物馆当作知识的来源地，到博物馆被视为一种享受。国外的一些家庭，父母常常在休息日带着孩子去参观博物馆，静静地观看展览，专注地听讲解。相比之下，我们目前的“博物馆意识”比较欠缺。

其实，培养“博物馆意识”应该从父母做起。父母应该懂得博物馆中博大精深的文化内涵对女孩成长的作用，父母要充分发挥和利用博物馆的价值和教育功能。长期坚持利用周末或寒暑假带女孩去博物馆。只要父母能够持之以恒，那么女孩才能形成“博物馆意识”，并从此喜欢上博物馆。

文化街——每个角度都有风景

现在，父母带女孩经常去的无非是商业街、书店、公园抑或溜冰场等休闲场所。其实父母还可带女孩去一些文化街游玩。

文化街的每一个角度，可以说都有其独特的风景。在文化街里，商业的味道逐渐淡化，扑鼻而来的是更多的文化气息：古色古香的建筑风格、旅游景点、民间书画、古玩珍品、剪纸艺术、古老玉雕……女孩沉浸在这些富有民间气息的文化氛围里，她不仅因此懂得了欣赏艺术，还会从那些艺人身上学到很多绝活。

有位天津的妈妈经常带女儿田田去文化街游玩。起初是纯粹的游玩，当田田对文化街的一些事物产生兴趣后，妈妈再次带她去，会给她详细介绍一些文化街的“文化”。比如，妈妈会告诉小女儿：文化街的建筑为仿清民间式建筑风格，门窗上多饰有彩绘图案，内容以历史、神话、人物、花鸟为主，形式有透雕、浮雕、圆雕等。妈妈还会告诉女儿文房四宝都有啥，历史上谁的字遒劲有力，谁的字有颇有气势，那些古玩工艺品叫什么名字等。

再来过几次后，妈妈又会给女儿灌输一些更加深刻的文化知识，比如，杨柳青年画的历史故事、泥人张的雕塑过程、景泰蓝制作流程等。

妈妈还会向女儿介绍天后宫的兴起和变迁，即建于公元1326年，每年这时都举行“皇会”，表演高跷、龙灯、旱船、狮子舞等，百戏云集，热闹非常……

女儿也会问妈妈一些问题，比如“津门故里、晴雪、沽上艺苑、金鳌”这几个词语是什么意思。妈妈会详细地介绍给女儿听：“津门”是咱们天津的别称，“故里”是老地方的意思，“津门故里”就是天津卫的老地方，有发祥地之意；“晴雪”是刚刚下完雪后的景色，晴空万里的天空，游人如织的街面，比喻人的心情非常纯真，仿佛被洗涤了一样，到这里为天后娘娘进香，为今后的好日子祝福……

妈妈也会触类旁通，灌输一些其他方面的知识。

女儿几乎每次和妈妈一起来文化街，都会收获满满，渐渐地女儿田田对历史文化产生浓厚兴趣，成为班里的“才女”。

中国的大部分地区都有属于自己的文化街，周六日父母不妨带着女孩逛逛文化街。

如果恰逢女儿暑假，建议父母还是可以带女儿去一些历史文化名城逛一逛。

（1）选择合适的文化街

父母若带女孩去文化街，也应该有所选择。比如：多进一些历史文化街、民俗文化街。女孩会无形之中受到人文知识的熏陶，同时也会培养她从小爱学习、爱文化的美德。尽量不要带女儿去那些酒吧多的文化街，这对她的影响并不好。

（2）介绍知识不能忘

父母在带女孩去文化街时，可一边游玩，一边给女孩讲述景点的历史和典故，比如舜耕历山、李清照故居，赵子云故事等，这样可以丰富女孩的知识素养。

（3）培养女孩敏锐的观察力

在带女孩去文化街时，最好提前告诉她会去些什么地方，要求她把见到的某些事物记下来。如：你会见到哪些建筑物，会看到哪些风景，会去哪些旅游景点，会看到哪些民间工艺，最让你开心的是什么地方等等。父母这样做，可以提示女孩外出游玩时要留心观察，提高她的观察力。父母记住回家以后，要询问女孩，这样效果才更好。

纪念馆——了解名人的一扇窗

纪念馆是为纪念有卓越贡献的人或重大历史事件而建立的陈设实物、图片等的房屋。父母可经常带女孩去一些纪念馆，了解名人事迹和历史事件。

一般来说，父母可以先带着女孩去一些名人纪念馆或名人故居，如果女孩对历史有足够的兴趣，那么可以带着她去一些历史事件纪念馆，比如南京大屠杀纪念馆。

当然，父母带着女孩去纪念馆不能像去旅游景点那样随意。有些孩子跟着父母去一些纪念馆，对名人和重大历史事件没什么感觉，反倒是在那个地方拍了一些照片做留念。这样的做法实在是对历史的不尊重。那么父母带着女孩进纪念馆，怎样才算是不枉此行呢？

不妨来参照一位父亲的做法：

这个假期，爸爸决定带正在上初中的女儿去三个纪念馆：徐悲鸿纪念馆、宋庆龄故居和西柏坡纪念馆。

女孩本来就挺喜欢美术，很崇拜徐悲鸿。她和爸爸一起去徐悲鸿纪念馆后，她就怀着一种崇敬的心情来看徐悲鸿的人物简介，用心欣赏那些原作。她发现原作与印刷品的不同。爸爸看出了她的心思，便主动问她看到原作后的感受，女儿便如实说：看完之后，感觉有一种高不可攀之感。爸爸接着便告诉女儿自己的感受：徐悲鸿大师素描精到、传神，幅面都不大，但他的每幅画都非常精致。他在熟宣纸上勾画的人物，显然是起过铅笔稿的。

油画的色彩时而发暗，时而焕然一新。那几幅民国时期的文人肖像，尤其耐看。

女儿看了原作，又听了父亲的这些关于作画的论述，有种醍醐灌顶之感。

在“徐悲鸿工作室”的陈列中，画架上放着他尚未完成的一部画作——《鲁迅与瞿秋白》。

女儿看了，有种想做完这幅画，与大师一拼高低的冲动。

自从去过徐悲鸿纪念馆后，女儿的作画水平突然得到大幅度提升。看来看原作和看那些大师的印刷品效果果然大不相同。

当假期过了一半时，父女俩千里迢迢从北京赶到上海，去了趟宋庆龄故居。这里是宋庆龄长期生活的地方，也是她从事国务活动的重要场所。爸爸先是让女孩看关于宋庆龄的简介，接着给女儿讲了一些关于宋庆龄的故事。

之后，父女俩每到一处，爸爸都会让女儿留意那些介绍型的文字并想象宋庆龄当年的情景。

经过这次瞻仰之行，女孩不仅了解了宋庆龄的生平，并且还系统了解了宋庆龄所处时代的一些历史。不仅如此，宋庆龄的正直、善良、博爱等美好品质已经深深影响了女孩。

将近开学时，父亲带着女孩去了西柏坡纪念馆。父亲用于前两次类似的方法来引导女孩瞻仰。女儿不仅了解了当时的历史事件，并且激发了她强烈的爱国情感。

带女孩去纪念馆，无疑是为女孩打开了一扇了解历史和名人的窗户！

父母带着女孩去纪念馆时，注意应尽量避免人流高峰期。如果在人流高峰期去纪念馆的话，往往容易被周围嘈杂的环境所影响，几乎没有心思去思考一些关于名人、历史的事情。而在人少的时候，人更容易沉静下来，去深入思考一些问题，细细品味历史的悲剧。

去一些纪念馆时，带花的话当然最好，如果不想带，也是没关系的。但内心要尊敬那些已经逝去的伟人或烈士。

父母带女孩去纪念馆，可以有选择地去。比如，父母可以询问女孩喜欢哪些名人，希望知道哪段历史，之后根据她的意见，去一个她希望瞻仰的纪念馆。

大自然——女孩灵性的源泉

扩大孩子的认识领域和生活空间，让他们亲近自然，是陶冶孩子爱美胸怀的一条重要途径。

从某种意义上讲，儿童本身就是天然的童话大师。他们富于幻想，对新奇事物充满好奇与探究欲望，他们的游戏也时时显示着童话色彩。在孩子的眼里，小草、野花、河流、泥丸、小鸟、大树等一切自然物不都具备神秘与灵性吗？花儿轻摆着脑袋，那不是在对自己说着悄悄话吗？低挂着的月牙儿，那不正是妈妈的秀眉吗？儿童本来就是与童话为一体的，童话本就属于孩子们。

我们羡慕于新时代孩子的幸运，物质生活极其丰富，使他们得到了极大满足。然而，我们又悲悯于孩子们的不幸，我们的孩子其实并不属于童话。他们从上学起，便有了负担，诸多烦忧便接踵而来。分、分、分，一直是孩子们心头的隐痛；作业如山，让孩子们失去了对知识本身追求的乐趣；

双休日也难逃“厄运”，经常可以看到他们或提小提琴，或背画夹，在父母的带领下，穿行于大街小巷。那些在家里享受家教老师陪伴优待的孩子们，也幸运不到哪里去。我们给予孩子们户外活动的时间少得可怜，孩子们对阳光、雨露、小草、空气等，已失去了兴趣，无暇关注，更谈不上对自身以外客观世界进行观照与回应。而另一方面，大量影视作品、网络游戏等不健康内容，又充塞、侵蚀着孩子们的心灵世界。

孩子们身上所表现出来的感悟、体验能力下降，情感漠然，已成为当今儿童的“综合征”。所以，让孩子到大自然中去，学会充满幻想，心底留存美好，心灵得到润泽，精神得到提升，这是孩子们所需要的生活，更是妈妈和老师极力要为孩子们营造的生活。而丰富、美丽的大自然就是美育取之不尽的源泉。风景优美的大自然，湖光山色充满着诗情画意，孩子们可以从中得到无穷的美的享受。大自然以其广博的胸怀向孩子们展示出蔚蓝无垠的天空、汹涌澎湃的大海、壮丽的山川、奔腾的江河、千姿百态的鱼虫鸟兽、万紫千红的花草树木，它们瑰丽的色彩、生动的形态、动听的音响、神奇的变化会使孩子们感到惊奇、赞叹，给他们留下美好的情感记忆。

到大自然中成长，也是近代著名教育家们的共识。撰写《俗物与天才》的教育家塞德兹就提倡把孩子放到大自然中；斯特娜夫人也说“大自然”是最好的老师，并专门提出“大自然教育法”；洛克也把大自然当成自己全面教育的试验田，在里面积极开发孩子的各种潜能。

歌德在森林里认识了诗歌；贝多芬在树林中找到了旋律；凡·高在田野里看到了色彩；苏东坡辛弃疾他们更在自然中找到了伟大的诗词。大自然是人类的归宿，不仅是物质上的家园，更是精神上的家园。

大自然不仅对培养女孩高雅的审美情趣、超人的创造才能独具意义，而且是发现与培养艺术神童的最佳途径。

在让女孩参加各种审美活动时，家长能及时发现蕴藏在女孩身上的艺术天赋与才能，还能让这些天赋与才能得到及时的培养和发展。例如，在女孩进行音乐活动或美术活动时，家长能发现那些对音乐或美术具有异乎寻常的兴趣和表现能力的女孩，这样的女孩在专家、教师和家长的培养、训练下，有可能成为音乐或美术领域的优秀人才。

当大自然毫无保留地呈现在眼前，天空的高远、流水的清澈、小鸟的欢快歌声、山峰的绵延磅礴都能激发心灵的愉悦。

要激发女孩对大自然更深的体验，需要家长创造良好的条件，将孩子引入自然中，只是最基本的一步。只有调动女孩的情感，才能体会到大自然的美妙。

首先，家长自己要能够体会到自然的美丽，用自己的情绪去感染女孩，引导女孩领略大自然的美，使她从兴奋、愉快这些单纯的情感发展到更高的情感层次——美感，并产生热爱大自然、热爱家乡、热爱生活的高尚情感，以及用自己的创造性工作表现这种大自然之美的欲望。

其次，在引导女孩欣赏自然景色时，要学会一语道破的本领，用简练的语言向女孩仔细描述景色，帮助女孩去接触形容词，比如“辽阔”“宽广”等，让女孩在看到景色的时候，能够与相应的感情词汇联系起来。

在女孩观赏自然风光时，也可以用儿歌来启发女孩的情感，使艺术语言和眼前的风光景致融合在一起，进一步启发女孩的灵感与想象，加深女孩对大自然之美的体验，把她的思想感情带到优美的境界中去。让女孩专注于一只蚂蚁、一堆石头，既可以培养她的注意力，又能让她对各种物体的记忆深刻。

另外，家长也可以带着女孩到接近大自然的农村去，让她了解播种和收获，看到劳动之美，并且认识各种粮食、蔬菜，避免“米是一袋一袋地长在田里”的常识错误。

让女孩投入大自然的怀抱，呼吸清晨的新鲜空气；看到山间的雾霭、小草上的露珠、漫天的彩霞、袅袅炊烟；听到小河的水声、牛羊的叫声、虫鸟的鸣啼；闻到荡漾在田间的泥土清香，庄稼、草木散发的芬芳；品尝新鲜的瓜果蔬菜，帮助女孩全身心地感受大自然之美，以此促进女孩智能的发展，培养她良好的审美能力，以及热爱农村、热爱家乡、热爱大自然的情感。

若有必要，让女孩仔细体验，使大自然中一切美好的东西都映入他们的眼睑，留在她的心灵深处。在观赏自然风光时，可以用简练的语言向她孩仔细描述景色，也可以用儿歌来启发她的情感，启发她的灵感与想象，加深对大自然之美的体验，把她的思想感情带到优美的境界中去。

第六章

阅读点燃智慧——让女孩与文字快乐交朋友

女孩与文字的结缘越早越好

虽然每个女孩的天生发育程度都有高有低，可是的确存在一些因素会影响孩子的智力发育水平，其中最有意思的竟然和汉字有关。

据英国的心理学方面的专家查德·林博士对涉及英国、法国、美国、德国、日本五国的适龄儿童的智力发展水平进行了测试，结果发现，欧美儿童的智商平均为100，而亚洲日本的儿童的智商却为111，而造成这种差异的原因竟然是日本儿童在早期教育中接触了汉字。

科学家对使用拼音文字的欧美人和受过汉字教育的日本人及中国人进行了测试发现：拼音文字作用的音码部位在左脑上的单脑文字，而汉字却是音码、形码、义码在左右脑产生作用的复脑文字，而已经经过现代科学研究证明，右脑对开发儿童智力的作用具有决定性意义，进而可以看出在孩子的早期教育中学习汉语的重大作用。

从日本关于幼儿智力开发方面做的实验中发现：日本孩子如果在早期教育中不学习汉语，那么他们的智商也和欧美的儿童相差无几，也同样保持在100的水平。但是学习了汉字的孩子却不同了，例如如果儿童从5岁开始学习汉字，到入学前一年智商水平能达到110；如果从4岁开始学坚持2年，智商能够达到120；若从3岁开始学习三年，那么智商可能达到125~130之间。

我们知道每个人大脑容量在基数上差异很小，大脑提供了智力发展的场所，而真正决定智力发展水平的是脑网络结构搭建的充分程度，也可以理解成大脑皮层的褶皱数量。褶皱数量的多少和脑细胞网络连接的程度成正比。学习汉字能提高幼儿的智力发展水平其原因在于汉字结构。汉字是复脑文字，汉字本身具备的结构及演变能吸引儿童主动地动脑筋，而动脑筋的过程可以完全刺激大脑感官细胞生成许多突触小体，细胞间渐渐地形成网状结构，而这种刺激越多越会形成密集的网络，人因此会变得更聪明。还有就是汉字的产生发展不无符合逻辑、富于结构性联想，汉字象形、规律、联想，因此学习汉字能充分调动儿童的思维，活跃他们的大脑，使儿童越来越聪明。

著名的华裔诺贝尔物理学奖获得者杨振宁博士在其 4 岁的时候，他的母亲便开始教他识字，在一年多的时间了他大概学习了 3000 多个汉字，杨振宁教授感叹地说：早期的汉字教育对我意义重大，也许我现在认识的汉字估计还没有那个时候的 2 倍。

中国国家语委语言文字应用研究资料中的数据显示，中国科技大学著名的少年班十三期中有 70% 考上了研究生，50 多人获得了博士学位。其中还有年仅 10 岁的大学助教、24 岁的博士、26 岁的副教授。而这些孩子进入中国科技大学的年龄大都在 11~13 岁之间，这些孩子在自身生理状况的对比上并无优势，但是所不同的是他们都受到了优质的早期幼儿教育，据资料显示，在该校首届的 29 名少年中有 28 人三岁就开始学习汉字了。学习汉字对孩子的成长作用可见一斑。

名人的成长离不开早期识字阅读

书籍是人类的精神食粮，读书多的人不仅拥有广博的知识，而且具备良好的气质。他们有着自己对人生的理解，用一颗充满智慧的头脑思考，用一双善于行动的脚开创自己的世界，他们独具慧眼，追求理想，却又始终保持着一颗宁静而淡泊的心。

爱因斯坦说过："天才是一份天赋加上九十九份汗水。"没有谁是随随便便靠着天赋就可以成功，无论是历史上的仁人志士还是当代的名人名家，他们无不是靠着自己的努力一步一个脚印地走向成功。因此，作为家长，要想自己的女孩也在日后有一番或大或小的成就，那么就要从此刻开始培养她在知识的海洋中浸泡，也就是从早起的识字阅读开始。

从许多名人的故事中我们都会发现，早期的识字阅读让他们在日后的工作中更加如鱼得水。

歌德是享誉世界的诗人，他在四岁之前就已经能够认字读书，甚至能阅读诗歌体裁的文章，在八岁的时候就已经具备了说五国语言的能力。著名的生物学家，进化论的创始者达尔文也是从四五岁的时候就开始认字，他尤其对书本中的动植物信息感到十分好奇，经常是实践观察与阅读交叉进行。

国外的名人多有早期识字阅读的经验，中国的文人志士也是如此。地动仪的发明者张衡因为识字早，他在十岁的时候就已经博览群书，而且精通天文地理。唐代著名诗人白居易不到三岁就开始认字，六岁的时候就能作诗，名句"离离原上草，一岁一枯荣。野火烧不尽，春风吹又生"是他在十三岁时的惊人之作，成为千古传颂的名篇。古代人是这样，近代人又何尝不是。鲁迅五岁的时候就看过许多著作，青年时代的他已经具有文学家的气质，为日后的创作埋下了深深的伏笔。巴金五岁的时候每天晚上都要学习《白香山词谱》，他最终也成了一代文学巨匠。

名人早期的识字阅读经历对我们有很大的启发，看来，家长在开发女孩综合素质的同时，绝对不能忽略对女孩的文字启蒙教育。

有专家建议，家长在教女孩早期识字阅读的过程中，要把握好度的问题，不能超过女孩的能力范围。文字和阅读的功底靠的是日积月累，时间长了才能够看到效果，而不是一朝一夕就能够有所成就的。因此，女孩每天的识字阅读量只需要一点点就够了。

和女孩一起制作有趣的识字卡片

对女孩满怀期望的父母都不希望自己的孩子输在起跑线上，尤其是在学习能力的培养上。如何能让女孩爱上学习，乐意徜徉在文字的海洋里，识字卡片的作用是不可忽视的。识字卡片是幼儿教学过程中基本的教具，对于女孩来说，识字卡片本身更是一种非常有趣的玩具，父母适时地引导和帮助，将会让女孩爱上卡片，爱上识字。

如何帮助女孩制作识字卡片？父母可以根据女孩的喜好和当时的情境，随意制作识字卡片，这样更能达到识字的目的。一般来说，最好选用稍微硬一点的纸片来制作识字卡片，因为女孩在识字的过程中，经常会拿在手上玩。而且硬一点的识字卡片便于保管，还能够重复利用，便于家长经常拿出来给孩子复习一下，加深印象。

具体的制作细节上，还有几点是需要家长注意的：

卡片以及字体的大小。女孩的年龄越小，卡片和字体就应该越大。因为当女孩年龄还小的时候，她们的视觉神经往往不很发达，注意力不容易集中，过小的卡片和字体不够醒目，往往容易让她们产生疲劳感，不能够成为她们长时间关注的对象，不利于教学。

卡片的内容。一般情况下，建议选用白色的硬纸板制作，用黑色墨汁端正地书写，当然绝对不能出现错别字，因为第一印象往往是鲜明而深刻的。女孩对于色彩和图画的东西往往会比较关注，容易引起她们的注意，因此不妨在卡片上添加一些相关的简单图画，在加强注意力的同时，加深对文字的印象。

新鲜感对于孩子来讲是比较重要的，所以当对于识字卡片产生厌倦时，不妨把它们收起来，不需要太强求，以免孩子产生抵触心理。也许过一段时间，对于孩子来讲，它又变成了一个有趣的玩具了。

在制作的过程中，能让女孩自己参与其中是再好不过的了。对于这样的手工活，大多数女孩都会比较感兴趣。妈妈们还记得自己小时候上美术课、劳动课时，亲手制作出一件物品时的那种喜悦和满足吗？那么，别忘了，你的女儿也会和当年的你一样，乐于这样的手工制作。在这样共同劳动的过程中，家长和小孩一起商量一下，“这张卡片要做成什么形状的”“在这张卡片上写个什么字”等。这样，在制作的过程中，小女孩真正融入其中，感受到当中的乐趣，以及卡片完成时获得的满足。也许，仅仅是在制作的过程中，就已经达到了识字的目的了。

设计多种多样的识字游戏，将识字卡片运用其中，比如拿出几张卡片来给她讲个小故事等。让这个识字过程变成是自然发生的，使女孩玩在其中，同时又学在其中。这个过程中还要尽量做到的就是培养她们对文字的兴趣，爱上文字。家长还应该尽量保护孩子的这个兴趣，让文字的魅力能和洋娃娃的诱惑一样持久，不可抗拒。

在游戏中识字阅读

幼童教育中我们不能忽视一个重要的部分那就是语言的教育，而涉及语言教育的形式无非是书面和口头两种。一个不容怀疑的事实就是人们学习语言都是从学习口语开始的，幼童时期是女孩的大脑机能及器官快速发展和逐渐成熟的关键时期，因此对儿童的语言教育更要侧重对其口语表达能力的培养。

幼儿语言教育是一个复杂的语言教育活动系统，通常的方式有故事、诗歌朗诵、看图说话，也有更为受欢迎的在游戏中进行语言活动，负责教学的教师应该充分抓住各种形式的游戏有目的和有针对性地培养，从宏观上进行引导。

利用各种形式的游戏来引导和促进幼儿语言教育，尽量采用能调动孩子们学习语言的主动性、积极性及创造性。幼儿正是处于学习语言的黄金期，教师们的教学要侧重对幼儿学习语言进行启发和讨论，引导幼儿掌握一些与表演有关的语言和非语言手段。

还要充分地激发幼儿学习的兴趣，从细节方面入手针对幼儿在学习中遇到的有关发音、词汇、语句的运用、运用语言的环境等方面的难题，通过有效的鼓励手段使孩子真正通过创造性的表演来培养学习的积极性和创造性。

幼儿学习语言要有良好的物质条件，只有让女孩们通过自身的感觉和直觉去多看、多听、多感受，才能通过接收的信息来刺激和激发女孩们的思维活动，从而获得最丰富的对事物的认识，有了表达的土壤和愿望。给女孩们创造一个安静而且光线充足，有必备的图书和其他的诸如好看的贴图、适合其学习的图片以及学习用具。此外，还要为孩子们创造一个良好的精神家园，这里有和谐快乐的气氛。通过各种形式的游戏，真正让幼儿们拥有自由广阔的空间，同时要辅之以实践的练习，让她们在活动中体验，在快乐自由的氛围中获得良好的发展。

组织各种形式的美工活动，让孩子们通过动脑筋，通过自己创造性的思维孕育各式各样的故事情节，通过画画来讲述自己的故事，最好能通过语言来描述自己所要表达的内容，通过不断地联系，幼儿们渐渐地就学会了看着自己创作的图画来讲述故事。

主要从培养女孩对图片的兴趣入手，要准备一些内容有意思、色彩较鲜艳的图画让女孩主动去欣赏，然后试着让女孩找出画的主题、寓意等，然后让女孩从局部到整体观察整个画面。在看图讲述的过程当中，当发现女孩对某幅画产生了遐想和基本的感性认识的时候，要注意有意识地辅导女孩掌握不同的词汇，只有掌握更多的词汇才能够正确地理解。

研究发现女孩在内心深处对讲评是喜欢的。只有在讲评中女孩才能真正地表达自己看见的、体会到的。采用新颖的方法，充分激发女孩的积极性，在不断的讲评和讨论中锻炼女孩的口语表达能力。

引导女孩读故事

当女孩已经上小学四五年级时，她的识字量已经达到一定程度，已经能够独立阅读了。在这一时期，父母需要做的事情就是从一些故事书入手，引导女孩去阅读。

一位教育家妈妈的做法值得参考：

她的女儿天生聪慧，当她上二年级时，识字量和阅读水平已具备了再上一个台阶的可能，这时候，她建议女儿读长篇小说。

这位妈妈买了金庸的《倚天屠龙记》，装作是自己读，每次做完家务后便开始津津有味地读起来。她几乎每天读完了顺口赞叹一句说这本书很好看，然后有意无意地把一些情节讲给女儿听，当女儿听得正尽兴时，这位妈妈就说："我正读到这里，后面还不知道呢，等读完了再给你讲。"

这样反复几次，女孩越来越对这本书感到好奇，看她着急，这位妈妈便顺水推舟说："要么你自己看去吧，妈妈可没有那么多时间给你讲啊！"女孩还是有些顾虑，这位妈妈便鼓励她："你试试，有不认识的字没关系，看懂大概就可以了，哪些字影响理解，就问我。"女孩听了妈妈的话，顿时阅读兴趣被调动起来了。

接下来的日子，这位妈妈故意没有时间读这本书，让女孩读的部分超过自己，然后总是会说："宝贝，给我讲一段吧，我最近太忙了，想看也没时间。"女儿便会兴致勃勃地把她读的故事讲给妈妈听，进而她体会到阅读所带来的一种成就感。

对于上小学的女孩来说，家长诱发她去读一些故事性强的书籍，等到她上初中或高中后，家长则可以建议她读一些理论性或比较晦涩的作品。

不妨扮演故事书中的人物

女孩们现在会接触到很多人文知识，从历史到政治、地理，信息量很大。而她们的人生经验很有限，也没有时间去名胜古迹旅游、去剧院一一观看历史剧，更不可能为了学一段历史就去守着相关的电视剧看，何况电视剧中有很多的演绎成分，会混淆女孩的历史观。这时候，妈妈们就可以和女孩做角色扮演的游戏，比如今天学了唐朝的藩镇割据，就可以找出安禄山、唐明皇这些角色，帮她们设计台词，给她们一个画地图、指点江山的地方。当然，还可以发动爸爸、爷爷、奶奶一起参与其中，让整个故事更加丰富、复杂。

当然，女孩们要背诵的不仅是历史知识，还有政治上的一些常识。很多学校都会在学校展开“模拟法庭”，让女孩们扮演被告、原告、律师等，这也是一种角色扮演的教育方法。家长们在家里，可以把场景和道具都改变一下，比如从民事案变成刑事案，加深女孩对知识的理解，那样她们才能是掌握了一门学问。

事实上，在很多欧洲国家，以及日本、韩国，这种角色扮演的活动是学习的重点，很多家长都必须为女孩准备好表演的道具，有时候家长也必须到学校去参加各种表演。如果谁的家长没有去，校方就会认为家长不支持教育，女孩也会因此而感到自卑，在同学面前抬不起头。

如果父母觉得角色扮演的做法太可笑了，大人怎么能和女孩一起疯疯癫癫，那将会非常遗憾，有些女孩因为父母的这个想法，错过了一个既好玩又有意义的学习过程。任何学习的方式，都比不上身临其境、设身处地地思考，她在背诵上花了好几个小时，不如花一点时间扮演一回大唐皇帝，而且整个家庭的氛围都会变得活泼、快乐起来。

给女孩一间自己的书房

富兰克林曾说：“读书使人充实，思考使人深邃，交流使人清醒。”阅读既是开启女孩心灵智慧的钥匙，也是增长知识的有效方法。

从小培养良好的阅读习惯，不仅仅有益于孩童时代的学习进步，更将使个人人生发展终身受益。另外，良好的读书氛围对女孩的成长有很大帮助，对于那些迷恋电视、麻将的家长，就很难教育出爱读书的女孩了，所以，给女孩一间书房无疑成了重中之重。

对女孩来说，开卷须有益，给女孩营造一个好的读书氛围，会使我们的女孩终身受益。

父母可以将家里的藏书，或父亲、祖父遗留下来的藏书保留好，并将它们放在一个房间的书架上，引导她对书的渴求。

除了在家中给女儿一间书房外，父母也可以经常带女儿上书店或参加书展，在观看电视节目时，有意识地引导女儿注意有关新出版儿童读物的广告或信息，让孩子自己选购和借阅图书，当孩子畅游在知识的海洋时，她会觉得自己是最幸福充实的人，而书中的各种美好必定成了她今后奋斗的目标。

家长可以鼓励女孩利用零花钱来购买图书。支持女孩主动与小伙伴们交换图书阅读。大力表扬女孩用“压岁钱”给孤儿院的同龄人赠书。父母可以将一些好书摆放在女孩容易取到的地方，以便她能反复阅读。也可以时不时和女孩对某本刚刚读完的书做出评论，特别要鼓励女孩说出与原书作者不同的意见，让她学会分析与思考。如果家附近有图书馆，可以为孩子办一张借书卡。

营造良好的读书环境

富兰克林曾说：“读书使人充实，思考使人深邃，交流使人清醒。”

阅读既是开启女孩心灵智慧的钥匙，也是增长知识的有效方法。

从小培养良好的阅读习惯，不仅仅有益于孩童时代的学习进步，更将使个人人生发展终身受益。另外，良好的读书氛围对女孩的成长有很大帮助，对于那些迷恋电视、麻将的家长，就很难教育出爱读书的女孩了，所以，给女孩一间书房无疑成了重中之重。

对女孩来说，开卷须有益，给女孩营造一个好的读书氛围，会使女孩终身受益。因此，让女孩拥有一间属于自己的书房，就显得尤为重要。女孩拥有属于自己的书房，有利于营造安静温馨的读书环境，使她们的读书学习不被影响和打扰，更能集中注意力投入阅读之中。同时，在书房放置更多适合女孩阅读的书籍，能营造良好的书香气息，有利于激发她们阅读的兴趣，获得更多的知识。与此同时，良好的书房环境，也更容易使她们的身心得到放松，保持一种愉悦的心态。

在女孩学习的过程中，家长最好和孩子一同阅读，不仅给予了孩子以陪伴，也能给她们做了很好的表率和榜样，使她们从中感受到父母的关心和鼓励，从阅读中感受到书籍带来的充实和能量。

除此之外，父母也可以经常带女儿上书店或参加书展，在观看电视节目时，有意识地引导女儿注意有关新出版儿童读物的广告或信息，让孩子自己选购和借阅图书，当孩子畅游在知识的海洋时，她会觉得自己是最幸福充实的人，而书中的各种美好必定成了她今后奋斗的目标。

家长也可以鼓励女孩利用零花钱来购买图书。支持女孩主动与小伙伴们交换图书阅读。大力表扬女孩用“压岁钱”给孤儿院的同龄人赠书。父母可以将一些好书摆放在女孩容易取到的地方，以便她能反复阅读。也可以时不时和女孩对某本刚刚读完的书做出评论，特别要鼓励女孩说出与原书作者不同的意见，让她学会分析与思考。如果家附近有图书馆，可以为孩子办一张借书卡。

第七章

腹有诗书气自华——多读书让女孩受益无穷

经常拜读经典名著，学会阅读

古人云：“腹有诗书气自华。”具有渊博知识的青年人会散发出一种儒雅的风度。一个具有渊博知识的青年人，远比那些随波逐流、见识肤浅的同龄人更有魅力。

司马迁很小的时候就饱览群书，20岁时，便开始遍游祖国各地，了解了各地历史和风土人情，积累了丰富的学识。他做太史令后，常跟随皇帝在全国巡游，搜集并阅读了大量的历史资料。宫廷里的藏书都被他读遍，掌握了大量的史料。在“李陵事件”的悲惨遭遇中，他从“西伯拘而演《周易》；仲尼厄而作《春秋》；屈原放逐，乃赋《离骚》；左丘失明，厥有《国语》”等先圣先贤的遭遇中获得了求生的希望，以顽强的毅力，历时10余年编写了历史巨著《史记》，流芳千古。试想，司马迁若是没有阅读大量史料，在遭遇大难后，脆弱的意志没有史书中那些先圣先贤的激励，没有丰富的学识让他先前的宏愿得以实现，可能中国的史书中就不会有司马迁这个名字。

渊博的知识是修养的前提。学识的素养，不是短时期可以装模作样的，而是贯穿于生活每个细节中的自然流露、自然表现。黄山谷曾说：“三日不读书，便觉面目可憎。”可知读书求知的重要性。这也正是为何有的人面目平常，但谈起话来，使你觉得可爱，如沐春风；有的人为何满面脂粉，姿态万千，但交谈却风韵全无、索然无味的原因。

女孩要多读经典名著，从中吸取丰富的营养，戏剧大师莎士比亚说过：“书籍是全世界的营养品，生活里没有书籍，就好像没有阳光；智慧里没有书籍，就好像鸟儿没有翅膀。”由此可以想到，读书对我们是何等的重要。正像俄国作家普希金所说：“书籍是我们的精神食粮。”

女孩们，立即行动起来吧！向知识进军，用书籍点燃智慧的明灯！

读书能改变人生航向

美国著名作家杰克·伦敦在19岁以前，还从来没有进过中学。但他非常勤奋，十分热爱读书，最终通过不懈努力，使自己从一个小混混成长为一代文学巨匠。

杰克·伦敦的童年生活充满了贫困与艰难，他整天像发了疯一样跟着一群恶棍在旧金山海湾附近游荡。说起学校，他不屑一顾，并把大部分的时间都花在偷盗等勾当上。

不过有一天，他漫不经心地走进一家公共图书馆，开始读起名著《鲁滨孙漂流记》，他看得如痴如醉，并深受感动。在看这本书时饥肠辘辘的他，竟然舍不得中途停下来回家吃饭。这时候他才发现原来自己那么喜欢文学，于是他决心要当一名文学家。

从这以后，一种酷爱读书的情绪便不可抑制地左右了他。一天中，他读书的时间达到了10～15个小时，从荷马到莎士比亚，从赫伯特斯宾基到马克思等人的所有著作，他都如饥似渴地读着。19岁时，他决定停止以前靠体力劳动吃饭的生涯，改成以脑力谋生。他厌倦了流浪的生活，他不愿再挨警察无情的拳头，他也不甘心让铁路的工头用灯按自己的脑袋。

于是，就在19岁时，他进入加利福尼亚州的奥克德中学。他不分昼夜地用功，从来就没有好好睡过一觉。天道酬勤，他也因此有了显著的进步，只用了三个月的时间就把四年的课程念完了，通过考试后，他进入了加州大学。

他一直渴望成为一名伟大的作家，在这一雄心的驱使下，他一遍又一遍地读《金银岛》《双城记》等书，之后就拼命地写作。到1903年，他已经有6部长篇以及125篇短篇小说问世。他成了美国文艺界最为知名的人物之一。

杰克·伦敦的经历一点都不让我们感到惊讶，是阅读改变了他的人生航向，让他重新发现了自己的人生追求。

哈佛的教授总是这样告诫自己的学生：知识爆炸的年代需要我们每个人学习的东西越来越多，社会知识量的急剧增长也要求我们多读书、多学习，在阅读中把握人生的航向。

读书，可以让我们了解世界，看清自己的未来。通过读书，我们更能正确地把握人生的航向。也许每一个人所需要的书不一样，但人们在阅读中受到的知识熏陶是一样的。读书不一定能改变人生的长度，但它一定可以改变我们对待生命的态度。

人非生而知之、生而能之，知识都是通过不断学习获得的。就算一个天才，他也要通过不断学习、不断读书来充实自己。

那么，正处在学知识的重要阶段的青春期女孩们，更要充分珍惜自己读书的权利，广泛涉猎各方面的知识，这样不仅能开阔自己的视野，还能够为自己的人生导航。

爱读书的家庭，熏陶出爱学习的女孩

“我女儿就是不爱学习，怎么说都没用。又不是没有给她买书，老师推荐的课外读物，我们从来都不耽误地买回家放在她的书房，可她懒得翻，天天把学习机当成游戏机……”有些家长经常有这样的想法，似乎该做的他们真的都做了，女孩还是不爱学习，就觉得应该不是他们的责任了。

其实女孩不爱读书，跟家长也有关系。从古至今，书卷气是可以一代一代相互影响和感染的。如果孩子经常看到父母读书，她们就会不自觉地也跟着去翻一翻书，孩子有模仿的天性，慢慢就养成了读书的好习惯。等到养成了习惯，也就能从读书中找到很多乐趣。

一个爱读书的家庭中，必定有爱读书的女孩。其实人人都需要读书，就算是事业有成的大老板，或者是全职主妇，读书都不会是多余的。华人首富李嘉诚至今仍保持着读书的习惯，他本身是做学徒出身的，并没有多少文化，就是凭着自学，慢慢成为一个有长远眼光和坚韧意志的人；比尔·盖茨也有读百科全书的爱好，他每年都要给自己安排一个学习的主题，然后围绕着这个主题去读书。像这些著名的企业家们，他们依靠读书的智慧而富有，但是等到自己不再需要金钱的时候，却发现自己最需要的还是知识。

很多家长牺牲了自己的休息时间来给女孩料理生活，却从来没有想过通过自己给女孩做一个爱学习的好榜样。

同一个屋檐下，一边是麻将桌上的欢声笑语，一边是埋头学习的女孩，她怎能安心思考，怎能相信成年人的世界中最宝贵的是知识？只有当她发现自己不是一个人在学习，学习是一种人生的常态时，她才会感受到这个社会对知识的尊重和关注。

家长读书，可以是自己行业内的指导书，也可以是各种各样的社科书籍。如果父母想更清楚地了解女孩的学习状况，不妨借女孩的书来读一读。不要担心自己读不太明白，会在女孩面前丢人，如果你能向她请教，她还能不懂得“敏而好学，不耻下问”的道理？在学习当中和女孩沟通、交流，不仅可激发女孩的学习热情，还可让她感受到“原来我的学习也可以给父母带来快乐”，这对女孩来说，是证明她的价值的一刻。

家长的阅读并不一定要从四大名著、“三言二拍”这些古典小说开始，读报纸、看杂志也是一种阅读。如果女孩每天看报纸，那说明她还有读书的欲望，妈妈可以带她去书店，给她和自己都买点书来读；如果女孩连新闻都懒得看了，那就说明她的阅读兴趣已经大大被破坏了。这时候就需要妈妈根据她的爱好来刺激她的阅读兴趣。

如果她喜欢集邮，可以买一些邮票历史、常识方面的书；如果她喜欢玩三国游戏，可以买一本三国历史书，如此来开发女孩的阅读潜能。而妈妈们自己，可以挑选一些家庭养生的书、健康食谱的书、编织、园艺等，千万不要以为读书就是读康德、尼采、柏拉图，这只会打击自己和女孩的阅读积极性。

我们常说“书香世家”，可见我们相信，书有香气，可以浸染整个家庭的氛围。妈妈爱读书，女孩也会好奇是什么这么吸引妈妈，自己也会跟着效仿，找到读书的乐趣。

向女孩请教一些中国历史知识

“读史使人明智，读诗使人灵秀，数学使人周密，科学使人深刻，伦理学使人庄重，逻辑修辞之学使人善辩；凡有所学，皆成性格。”培根这段精彩的论述可谓字字珠玑。

女孩在学校会学到很多知识，包括历史。其实女孩学历史，不单单能从中学到一些历史常识，也能从历史人物中学到一些美好品质，陶冶情操；可以从一些历史事件中学到前人经验，避免走弯路；还可以从历史渊源中学到一些思维方式，使自己变得智慧、明达。

有一位历史学家曾这样解说历史：“历史是过去与现在永无休止的对话！”也就是说，历史应该包含两层意义，历史除了是过去发生的事情之外，也包含了现在人对过去事情的理解。所以，学历史不只是记忆而已，更重要的是对历史的理解、思考、分析及推论。

绝大部分女孩所受的教育是应试教育。女孩在学习历史的时候，往往是死记硬背。这并不是一种好方法。家长可以培养女儿一种历史思维，即让她把所学的历史知识按照朝代顺序来联系起来。

有些像过过电影一样，在头脑里过一遍。您可以建议女孩每学完一课，都在头脑里构思一种情境，待两三周后，再将之前学过的知识连接起来。如此循环下去，女孩的历史课一定会学得很棒。

业余时间，鼓励女孩多读一些史书，并且思考其中的一些东西，这样她便会达到学与思的完美结合。

在此，和家长一起分享一种有效的学历史的方案：

两个女孩在一起玩弹珠，当然是其中最会弹的那个玩得比较积极，输的那个不用几个回合就会觉得没有意思了；两个女孩同时学习，当然是成绩好的那个比较积极，总是出错，老被别人比下去的那个积极性会差很多。

无论做什么事，女孩总是会在自己稍微有优势的方面表现得积极，比不上人家的方面就不积极。如果她老是没有邻居家的女孩考得好，学习起来自然觉得没意思，大人也是这样的。几乎谁都喜欢处在占优势的那一方，好控制局面。

但不是每个女孩的成绩都好，成绩相对较差的女孩怎么办？必须出现一个比她更弱的人，来增加她的自信心，这个人不是哪个倒霉的女孩，而是我们的妈妈。

当女孩在家学历史或读史书的时候，妈妈总是以指导者的身份出现，告诉她哪个对哪个错，女孩的心里总是忐忑不安。如果妈妈能虚心向她请教，假装自己不知道，女孩的自信心反而会高涨起来了。

有一个叫小雨的女孩，平时学习成绩还不错，但是考试的时候总是不理想，妈妈分析觉得还是女儿的知识没有掌握牢固。

有一天，小雨正在背历史课本里的“赵匡胤杯酒释兵权”这个事件的年代、起因，妈妈从外面进来，端了一杯水，笑着说：“喝点水吧。你背的这个背后有什么故事啊？”

“这是一个历史事件，说的是宋代第一个皇帝赵匡胤自从陈桥兵变，一举夺得政权之后，却担心从部下也效仿他，想解除大将的兵权。于是在961年，安排酒宴，召集禁军将领石守信、王审琦等饮酒，叫他们多积金帛田宅以遗子孙，歌儿舞女以终天年，从此解除了他们的兵权。”女儿喝水的时候回答道。

"哦，那后来呢？"女儿说："宋太祖的做法后来一直为其后辈沿用，有效地防止了兵变。但这样一来，兵不知将，将不知兵，能调动军队的不能直接带兵，能直接带兵的又不能调动军队，削弱了部队的作战能力。以至宋朝在与辽、金、西夏的战争中，连连败北。"就这样，女儿把这个历史事件详细地介绍了一遍。妈妈听得津津有味。

"哎呀，你们现在的历史教材真有意思，可惜我们当年没有这么有趣的书读。"

"妈妈，你要是喜欢，我往后经常给你讲讲？"小雨竟然主动提出了给妈妈上课，妈妈当即说好，并且定下每个双休日选一个下午的时间给妈妈上历史课。小雨自由备课，可以拟定试题，抽查考试，判分数，写评语……

当然，这个妈妈在背后也下了不少功夫，为了提醒女儿不要犯同一个错误，妈妈故意在她出错的地方做错，让女儿"纠正"，这样一个学期下来，"小老师"的历史成绩竟然是年级第一。

这种学历史的方法，看起来是在增加女孩的负担，其实是在减轻女孩的心理负担。女孩一直处于一个被安排、被教育的地位，很容易产生厌倦情绪，如果不及时疏导，就会积累成厌学、偷懒的坏毛病。妈妈以一个求教者的身份来接近女孩，女孩的情绪就会适当排解。

当然还有别的方式，比如让女孩给表弟表妹当老师，辅导他们的历史功课或其他科目等，不过，这没有让女孩直接复习自己刚学的功课有效。给表弟表妹上课时，大一点的女孩因为"有恃无恐"，可能养成没有耐心、急躁、伤害弟弟妹妹的行为习惯，所以要慎之又慎。

如果女孩觉得妈妈当学生很奇怪，你可以给她讲孔子不耻下问的故事，这个故事很多女孩也听说过。

孔子走在路上，听见两个孩子为太阳的远近争辩不休。一个孩子认为太阳刚升起的时候距离人近，但是到正午的时候距离人远，另一个孩子认为相反。

第一个孩子的理由是：太阳刚刚升起的时候像车篷般大，到了正午看起来就像盘子一样，这不是因为远的东西看起来小，近的看起来大吗？后一个孩子的理由是：太阳刚出来的时候感觉很清凉，到了中午就灼热起来，这不是因为越近感觉越热，越远感觉越凉吗？孔子听了他们俩的话，不能判断谁对谁错，于是拜小儿为师。

太阳的远近究竟是怎样的呢？这也可以成为孩子和妈妈讨论的一个问题。连有大学问大智慧的孔子都虚心向小孩儿求教，妈妈学习也是很正常的，而且，女孩也能学会“不耻下问”这个词的真正含义。

书籍让幻想的翅膀飞翔

有一位非常爱幻想的女孩叫马德里诺，童年时期的幻想激发了她读书的兴趣。3 岁的时候，她就已经能够记住所看过的图书里的内容了；5 岁的时候，她就可以计算 100 以内的加减法了。每天下午的时候，她经常会一个人沉浸在自己的奇妙数学世界中，不声不响地反复演算一些加减算术题。

当马德里诺第一次进幼儿园的时候，她感觉到那里很单调，一点儿都没有吸引她的地方。但不久之后，当老师开始教她认字读书的时候，她一下子就兴奋了起来，劲头马上就起来了。逐渐地，小马德里诺常常不由自主地沉浸在书本里，知识为她插上了幻想的翅膀，也由此激发了她的好奇心。

一次，妈妈让她去倒垃圾，可当马德里诺走出房间的时候，她就呆呆地望着天空，一点儿也不知道自己要干什么了，最后竟然忘记了倒掉垃圾而又把垃圾带了回来。她的思想跑哪里去了？原来，天空中那些飘动的云朵和灵巧飞翔的鸟儿一下子就吸引了她的注意力，她情不自禁地就幻想着自己可以踩在鲜花丛中，像彩云一般地飘到闪闪发光的霞光里，四周是轻盈的风儿在快活地跳舞……

随着不断地看书，小马德里诺从书里获得的知识越来越多，她想探索天空奥秘的兴趣更浓厚了。很多时候，她都会目不转睛地望着蔚蓝的天空，一看就是好长时间，直到妈妈大声叫她吃饭时才回过神来。

时间长了，小马德里诺脑海里时常会浮现出这样一幅景象：宽阔辽远的天空之外，有一个更加奇异的世界，在那里，人们组建了一个快乐的大家庭，每个人头上都闪烁着一颗亮闪闪的星星。春天的时候，人们就用鲜花装饰房子；夏天的时候，人们跑到河里游来游去；秋天，大家坐着秋风去旅行；冬天，洁白的雪花成了人们的棉衣……在这样的想象中，终于有一天，小马德里诺兴奋地对妈妈说："妈妈，我想到天上去玩一玩，看一看，那里到底跟我想象的一样不一样！"

怀着这样对天空的无限幻想和探索宇宙奥秘的极大兴趣，马德里诺终于在多年以后成为一名著名的天文学家。

哲学家培根曾说："读书给人以乐趣，给人以光彩，给人以才干。"读书是一切智慧的来源，可以帮助人们走出迷惘的社区，奠定自己成功的基石。由此可知读书求知的重要性。古人云：“腹有诗书气自华。”具有渊博知识的女孩身上会散发出一种优雅的风度。一个具有渊博知识的女孩，远比那些随波逐流、见识肤浅的同龄人更有魅力。

培根曾说：“对于自己最不喜欢的学科，就要强迫自己遵守固定的时间。但是对于你所喜爱的学科，就不必如此。因为思想会自然地带着你向前跑去的。”马德里诺就是因为从小爱读书、爱幻想，常常沉浸在自己那奇妙的太空世界里，才在长大以后，成为一名著名的天文学家。

女孩们，如果你们热爱科学，或者有志于在科学领域有所贡献，那么就从小开始培养自己对科学的热爱、读书的习惯和严谨的科学态度吧。

靠读书改变现状

罗娜在童年的时候就被人收养，几乎从来没有上过学。而收养她的家庭都频繁地发生变故，这导致罗娜在童年时期特别忧愁，一点儿都不开心。

后来，罗娜长大结婚后有了两个孩子。但不幸似乎如影随形，就在第二个孩子出生的时候，她的丈夫遗弃了她。至此，罗娜陷入了极度的沮丧之中，一度完全失去了生活下去的勇气。

那时候，罗娜和孩子们长期居住在贫民区的一间破旧的屋子里，前途似乎显而易见，那就是他们注定要一生贫穷、绝望地生活，甚至可能走上犯罪的深渊。但这个时候，罗娜清醒过来了，她下定决心要让两个孩子改变生活状态，寻找生活的新出路。于是，虽然孩子们无法接受到学校里的正规教育，但是她要求他们每周只能看两次电视，其余的所有时间都必须用来看书。

为了督促孩子们用心去看书，罗娜要求他们每周都要把读过的书再复述一遍，同时要写出读书心得来念给她听。另外，两个孩子还要轮流给她念她非常喜欢的《荒漠甘泉》的片段，然后再细致地给她解释其中的意思。

经过多年的辛勤培养之后，罗娜的两个孩子都考上了大学，而且更令她高兴的是，她不用担心凑不齐学费，因为孩子们都是被重点大学录取的，全部都获得了奖学金。没几年，大儿子就从密歇根大学毕业了，而且顺利地成了一名工程师；而小儿子则随后毕业于耶鲁大学，担任了一所医院的儿科和神经科的主任。

罗娜的生活彻底被改变了，这完全归功于她自己。当她的两个儿子都升入大学深造之后，她也回到了学校，开始接受初级的教育课程。然后，在两个儿子的帮助下，罗娜提高了自己阅读和写作能力。之后，由于接受了教育，获得了一定的知识，罗娜毅然辞去了原有的工作，成了一名室内装饰的专家。罗娜这一家的生活和命运，彻底被改变了。

知识就是力量，知识就是财富，知识可以改变命运。罗娜一家的变化，充分证明了读书可以使人成才，可以使人获得改变生活的力量和能力，哪怕只是一个很穷苦的家庭，也一样可以做到。女孩们，如果你想摆脱穷困的状态，那么第一件事就是要勤奋读书。

那么，在浩如烟海的书籍中怎样选择适合自己阅读的好书呢?

首先，我们要知道书有很多种，如同朋友有很多种一样。一种是知心好朋友，她是知己，也是玩伴。与她交往会觉得身心愉悦而互相受益，公平而有价值，不必隐瞒或吹嘘，不必委屈或失去自我。你们是独立的，也是一体的。就像一本好书，令人爱不释手又不成为别人思想的跑马场。一些非常有格调的艺术作品就属于这一类，值得反复欣赏，永不会令人感到厌倦。像《红楼梦》《飘》《简·爱》等著作都值得女孩一生去咀嚼。

一种是知心朋友。你可以和她进行深层的谈话，交流各自的想法，她能为你点一盏灯。灯光是明亮的，仿佛穿透了你的内心。只是，期盼的轻松会被这种严肃而绝对的气氛吓跑，隐隐地总觉得隔了点儿什么，缺了点儿什么，稍显沉重了。比如，一些哲学专著初读来总觉生硬，但书中至理又何尝不是前人留下的宝贵财富呢。

还有一种是好朋友。她可以陪你度过闲暇的时光，放下一切而舒展身心，给你最真的快乐感觉。只是你无需也无法向她提及工作学习、未来发展之类，因为她只是一个伴儿，一个从童年最初友谊中延伸下来的伴儿，那种原始的快乐是有条件和期限的。比如一些畅销书，一些引人入胜的小说，在品读的过程中，让你体味阅读的乐趣。不过，它们的深度毕竟有限，读过就可以放下了，不必怀念。

最后一种就是普通朋友。可有可无，可多可少。她们游荡在你世界的边缘，有时候会进到你的生活圈里扮演一个角色，有时候在她们自己的世界里扮演另外一个角色。不是她们不够好，是她们彼此太相像了，你甚至找不到一个让自己心动和想念的理由。像一些面向底层大众的通俗读物，文字浅显，整体感觉也较粗糙。即使有很多人都在看它，也不值得你浪费时间和精力在上面。

了解了这些，接下来，你就可以从这些朋友中精选一些永久地加入自己的书架。时时阅读，把生活读成诗，把人生读成散文。正像余秋雨先生说的："读书可以使自己成为一个健全的人、可爱的人、健康的人。"读书也可以让女孩成为一个智慧的人、幸福的人。

第八章

读书也有窍门——让女孩不仅爱读书，更会读书

把读书变成有趣的事儿

对很多女孩来说，读书如一场战争，既要和自己的惰性较量，又要和家长较量。家长常常因为女孩不喜欢读书而忧心忡忡。

那么怎么才能使女孩爱上读书呢？在此，不妨分析一下女孩的心理，我们就能明白为什么她们不喜欢读书。正在上小学和初中的女孩，她们的老师经常会留很多家庭作业，她们便觉得自己没有太多时间看课外书；女孩们总觉得读课外书又不能提高学习成绩，还耽误时间；此外，女孩们的自觉性不高，也不能认识到学习对自己人生的重要性，脑袋里面就想着玩，让她们多去读一些书，简直就是压抑天性，何况家长都是以命令的语气来告诉她们："要多读书，之后考考你。"

女孩正是有这些想法，才不喜欢业余时间读书，她们宁可看看动画片或者做些小玩意。

有一位父亲，希望女儿多读一些书，将来成为一个有才华的女子。可是女儿每次放学除了写家庭作业，就是玩网络游戏。父亲还特意去书店，买一些自认为不错的书，送给女儿做生日礼物。可是女儿却丝毫不领情，认为父亲一点儿都不了解自己。父亲为此很生气。

女孩不喜欢读书，可能是多方面的原因。家长没有必要因此而斥责她，这样只会使她对读书更加反感。家长要懂得用正确的方法提高女孩读书的兴趣，比如给女孩创造一个好的读书环境，经常带女孩去书店购买一些她感兴趣的书籍（注意不是家长感兴趣）。

当女孩初步对读书感兴趣后，家长可以给她再挑选一些内容丰富的书籍，引导她怎样去理解书中的内容，并鼓励女孩去尝试写作，用这种读写结合的方式去提高女孩独立写作的能力，激发她的读书兴趣。

不妨给女孩布置一个书屋，在墙壁上贴一些提高读书兴趣的图画，比如“读书破万卷，下笔如有神”“宁静致远”“书山有路勤为径，学海无涯苦作舟”等。

培养女孩读书兴趣不是很难，但让她把这种兴趣转换成习惯，则多少有些难度。家长不妨督促女孩每天朗读一篇文章，让女孩有意识地识记文章中好的词语和句子。在读书中遇到问题提出疑问时，家长应尽量正确地回答女孩的疑问。在一些周末，家长可以在家中陪女孩一起读书。

选精华部分读

在教育女孩时，首先应该从引导她们读书开始，不能采取高压的手段，不能采取强硬的态度，否则激发的不是女孩的潜力，而是她们的叛逆心。叛逆的孩子不好管教，尤其是女孩，她们比男孩更难控制，因为她们敏感细腻得多。家里有女孩的话，就意味着父母在平时说话要轻声细语，戒焦躁，戒谩骂粗言，甚至夫妻间的争执也要注意回避。闲谈之余，读书是肯定的，这样才可以不断满足女孩成长期间膨胀的求知欲。

在选取要读的部分时，首先应该从阅读的书本中入手。在女儿自主阅读后，家长会不知不觉地失去对书橱的控制力。所以这种情形下，这种偶尔的集体活动是必要的。不断和女孩的思想进程保持接触，安心地做好她的良师诤友。至于怎样在阅读的时候选择精华作为典范和家人一起分享，可以从以下几个方面入手：

首先，选择一些短小精悍却又意味深长的小寓言故事之类的。这种选择可以完全作为一个话题，大家再进行讨论，在讨论的过程中，各抒己见，畅所欲言，可以不断拓展女孩的视野，加深她们的思想，训练她们的口才。

其次，还可以选一些人物的心理独白或者是编者按。这样的语句读出来，可以让大家都沉浸在特定的感情之中，从情商方面训练女孩，让大家都产生共鸣。

再次，一些独特意境的诗句，或者独特审美的描写片段也可以挑出来，以培养女孩独特的眼光和视角。与众不同在她的成长过程中是一种给予同时也是一种挑战。

另外，一些人物传记中的独特部分也可以作为一种选择。诸如书中人物人生的转折点或是他们的座右铭之类，可以给女孩一些启发，让她们明白从小便要有自己的理想与规划，要清晰地知道取舍，这样才能在书籍之间出入自由，找到自己的价值取向。

在阅读的时候，从这些方面进行取舍，不断从各个层面刺激女孩的反应，促使她们在良好的轨道中成长，达到真正有的放矢的教育目标。

家长不妨选取下午茶阅读的方法，全家都进入到阅读的殿堂。在这样和谐的情境下，可以加上点小插曲，让大家把分别在看的书最精华的部分诵读出来，这样不仅能够调动大家的兴致，更能分享阅读的乐趣。

边读边做笔记

就像王小波的读书札记编辑成册出版，取名——《我的精神家园》，而这里所提倡的写给女儿的读书笔记也是如此，将一座精神花园传承给她们，无疑是个很特别的礼物。虽然不至于把读书笔记做得像是朱子家训一样，但至少也要让女儿在将来翻阅你的读书笔记的时候，可以清晰地看见老爸老妈的思想历程，可以在父母的文字中学到沧桑的历练，这也是她们的一种成长。通过精神上的交流，使女儿可以轻松地站在父母的肩膀上，于是也就有了高一些的视野。

把读书笔记整齐地放在博客里。博客在当今已经不算最流行的了，但有独特的群体还在围绕着它们。在这种不温不火的环境下，可以不市侩但又小世俗地将自己的博文一篇篇地打理好。其中可以专门列一个分支给读书笔记，认真地将它们整理出来。在博客上发表这些，有一个好处是纸张时代带不来的——观众。而有了观众的好处就是你不能再随随便便地将它搁浅。因为会有人关注、催促着你，这对于自制能力欠佳的父母来说，这种压力完全可以转换为一种良性的督促。

等到女孩大到可以使用电脑，家人之间的阅读活动可以再把读书笔记加进去。让女孩也从小呵护一个属于自己的博客天空，学着把读书笔记写在博客里，去记录自己的见解，捕捉自己的想法，整理自己的思绪。然后，就是相互交流，交流之中才会有沟通，才会擦出新的火花，产生智慧的星星之火，让女孩在理性的思维方式中逐渐长成一个有素质的人。

这种做法正好可以和之前提到的读诵相呼应。在原文之后，通常要加上几句自己的看法或者理解进行点评，这样才能更好地让自己融入进去。将来女孩在阅读时，还可以借机温习下自己曾经和父母一起读书的温馨历程。

用这种方式来写读书笔记对于自身有一定的要求，同时，写作是一件颇为隐私的事情，可以用语言文字完全将自己的心境展示出来，女孩在看的时候会不会被自己的文字打动，做父母的肯定会很忐忑地进行猜想。这种思想上的沟通是隐晦的，但是通常又会有醍醐灌顶的作用。因为这种沟通之前是有铺垫的，再通过这种读书笔记交换的方式可以更加增加印象，互通有无。

如何来做笔记呢？怎样记笔记才算是好的笔记呢？

虽然说文无定法，但是我们还是有一些规律可以参考的。

（1）标记法。就是在读书的时候，把自己认为的重要的部分用不同形式的标记圈点出来。当然了，在图书馆里看书，不能用这个方法，因为那是公共财产，不是你一个人的书本。

（2）摘录法。有些书，我们可能是借来的，不能在上面随便地写写画画，而其中有些地方我们觉得十分精彩有用。这时候，就可以准备一个笔记本，有目的、有选择地摘抄所需的材料。摘抄也是分情况的：第一种情况，把相关的材料通读，找出需要抄写的部分；第二种，边读边写，如果怕遗漏，旁边可以夹些小纸条或者书签之类的东西；

（3）如果是没有目的的阅读，比如看小说、散文或者杂文之类的，可以摘抄其中的典故、幽默词句或者名人名言、警句格言等等，拣喜欢的抄就行。

如果这时，自己对所读到的材料有自己的见解或者感受，对某个观点或论点想发表一下自己的看法，那么也可以随手把它记到笔记本上。说不定哪天要写什么读后感或者心得笔记的东西的时候就能用得上。即使用不上，通过表达自己的想法，也可以起到巩固记忆，启迪思路，引发创意的作用。

（4）提要法。这常常是对一本书或一个章节的内容而言。比如在读哲学书的时候，可以根据书的编排体例，自己在笔记本上列个小提纲，下面用括号注明每一章节的主要哲学派别，代表人物，年代和该哲学派别的主要言论观点等等。如果自己对这些观点有不同的理解，可以顺势在旁边注上。这样，整本书读下来，大体的脉络将十分清楚。

这种方法在学数学时也十分适用的。不过，括号后面的内容将改为数学思想和公式。

（5）速写法。常常用在记录一闪而过的想法方面。比如，平时想到什么好的句子，或者对某个问题突然产生了疑问，而这时又想不到将来哪篇写作中可能用到这些句子，或者一时找不到问题的答案，这个时候，可以把这些想法先记在笔记本上。因为不记下来，这些一瞬间产生的灵感可能就永远消失了。

各个科目最好有一个笔记本，笔记本的大小和颜色以选择与相应的教科书对应为最好。比如，红色封面的教科书配红色封面的笔记本，A4 大小的教科书配 A4 大小的笔记本，这样不仅方便区别，也方便提取。

不管用什么方法，读书的时候记好笔记，都有助于我们在读书时充分调动自己的积极主动性，让我们开动智慧的机器，而不是看了就看了，什么也没留下。

而那些在读书中记录下来的笔记，将帮助我们整理出书中的要点和线索，为我们进一步学习提供方便。相信，随着时间的流逝，在边读边写的过程中，你的知识会不断得到积累和成长，最终积沙成塔，集腋成裘，取得意想不到的良好效果。

有些文字需要仔细推敲

“推敲”一词在辞典中的解释为：斟酌字句。亦泛指对事情的反复考虑。现在多指作家在文字操作过程中反复选择、调动词句，以求准确、妥当地把形象物化为定型产品的操作情况。

因此，推敲在我们的学习和生活中有着举足轻重的位置，正如孔子所云“温故而知新”，有选择性地反复琢磨一些有价值的文字，往往可以获得新的解析和价值。关于“推敲”一词的由来在中国的历史长河中还有一个脍炙人口的典故。

唐代著名的苦吟派诗人贾岛有一首被世人耳熟能详的诗歌《题李凝幽居》：“闲居少邻并，草径入荒原。鸟宿池边树，僧敲月下门。过桥分野色，移石动云根。暂去还来此，幽期不负言。”尤其是大家争相朗诵的“鸟宿池边树，僧敲月下门”佳句。本来诗句中的“敲”字是“推”字，诗人反复吟诵，总觉得诗句没能完全表达诗人的深意。不知是“推”字好还是“敲”字妙。于是一边吟诵一边骑着毛驴往前走着，不小心走进了韩愈的仪仗队，触怒了韩愈。但是当贾岛把自己的疑惑告诉韩愈，韩愈转怒为笑，并在他的指导下换成了“敲”字，使诗句更能体现万物入睡、夜深人静的深意。因此，贾岛还和韩愈建立了很好的友谊。“推敲”一词，更作为千古佳话，流传至今。因此，精益求精的推敲精神也作为一种精神文化进入了我们的文化生活中。

无独有偶，鲁迅先生的“忍看朋辈成新鬼”，张先的“云破月来花弄影”，宋代宋祁的“红杏枝头春意闹”……这些被传为千古佳话的名句，正是在作者反复琢磨、反复推敲、反复思考的努力下，才创造出意境浑然一体、情景交融的审美境界。

正如《诗·卫风·淇奥》中所说的：“骨日切，象日磋，玉日琢，石日磨；切磋琢磨，乃成宝器。人之学问如能成就，犹古象玉石切磋琢磨也。”人的学问也需要反复切磋琢磨，研讨探究，才能获得成功。

尤其对女孩来说，学习上精益求精、独立思考是其人生获得成功的必要品质。

“精益求精”是一种美德，对女孩在学习和爱好上都要严格要求，告诉她做事情反复琢磨、不断地创造新意才能获得价值和快乐，不能让她们养成浅尝辄止的习惯。

爱因斯坦说过：“学会独立思考和独立判断比获得知识更重要。”对于女孩所接受的知识，不要让其人云亦云，知其然不知其所以然。对一些必要的问题和文字一定要让其仔细研究。一旦发生一些应急的事情，先不要告诉女孩应该怎么样做，让她自己想办法解决。同时在家庭中，还要制造思考的良好氛围。尊重孩子的想法，倾听女孩的话。思维敏捷、反应迅速、思考独特、才华横溢的女孩，在各种场合都能成为引人注目的焦点。

阅读中需要注意的问题

女孩喜欢阅读固然是好事，可是有的女孩在阅读中不免出现这样那样的问题，比如阅读的时候效率低，读过和没读过效果差不多；阅读时走神现象严重，往往拿起一本书，半天还在读其中一页；或者读一些超过自己阅读能力的书籍，结果收获甚浅。对于女孩的一些阅读需要注意的问题，咱们不妨一一道来。

（1）读书就要把握文意，将厚书读薄，薄书读厚

在中国古代有一个有趣的历史典故：南北朝时期，有一名叫陆澄的学者，此人博览群书，被称为“硕学”。然而他看的书虽然很多，却无法把握文章的含义，也没有举一反三的能力。后来就有人送给他一个“两脚书橱”的雅号，讽刺那种读书很多却不善于应用的人。

现实社会中的“书橱先生”比比皆是，最常见到的就是那些“书呆子”式的大学生，他们都掌握了丰富的理论知识，可以说是“满腹经纶”，却无法与工作或生活实际相结合，就业形势的紧迫，他们只能“高不成低不就”，处于尴尬的境地。

某银行新招进来一位计算机专业的大学本科毕业生，单位让他负责从事计算机的日常维护和基础管理工作。但是这人不能将自己所学的理论知识与实际工作有效地结合，遇到问题只是在书中找，从来不懂得向老同事、老师傅请教。他总是认为自己学历高，对现在的工作不屑一顾，结果工作5年了连简单的维修都不会。

无独有偶，英国曾有一个叫亚克敦的人，一生嗜书如命，家中藏书7万余册。他用毕生的经历不知疲倦地阅读，直到66岁那年去世也没有取得有创造性的成就。

这样的人如同一泓清泉流经沙漠，只有吸入，却没有喷出。读书不理解，不应用，相当于吃饭不消化。

在引导女孩读书的过程中，作为家长应该注意的是要关注女孩的读书效率。有些家长有过这样的经历，给女孩买了很多书，女孩也认真在读，但是读过之后却说不出全书的内容和读后的收获。这就反映出了女孩的阅读是没有效率的。

把书读厚，一句话中可以体味到无穷的含义。把书读薄，把握住要领才能活学活用。读书的过程就是一个先把书读厚再把书读薄的过程。孔子说："学而不思则罔"，在读书的过程中要不断领会深一层的含义，才能把学到的知识转化成智慧和能力。如果读书只是囫囵吞枣，死记硬背又不求甚解，即便是读得再多，这种知识也是死板和僵化的。

（2）对不同年龄段女孩的阅读指导

0~3岁：

家长可以让女孩多接触一些色彩鲜明的识物卡片，墙上贴满各种各样的挂图，总之，让她接触一些形象化、简单化的书籍，让书籍初步走入她的视野之中。

4~6岁：

父母可以给女孩讲一些短小精美的故事，主要以儿歌、神话、寓言为主，有条件时也给她买些有声读物，但一定要到正规书店选正版的。这个阶段，引导孩子将读书当作一种游戏，对读书产生兴趣。

这一阶段，也可以适当地教给孩子一些简单的古诗，像李白的《静夜思》之类的即可。

这个时候的孩子年龄小，极容易受到外界环境的影响，父母要注意让孩子远离那些成人化的音像制品。

6~12 岁：

女孩已经上小学了，这时期家长的阅读引导应该由感性的浅易文学向科学类转移了，可以给她们选些专门为这个时期的孩子编写的一些科普类、社科类的读物。也可以选择一些文学类儿童读物，如《安徒生童话》《格林童话》《伊索寓言》《一千零一夜》等。同时要根据她的阅读兴趣来为她选择合适的书籍。

12~16 岁：

这一时期，可让女孩读一些小说和人物传记，比如《红楼梦》《西游记》《水浒传》《三国演义》等图书。这对提升女孩的语言和认识，树立正确的人生观很有好处。给女孩找一些名人传记，让她从名人身上学到更多东西，用榜样的力量来激励自己实现梦想。

（3）几招有效的方法，对付女孩读书时的心不在焉

有些女孩看小说很入迷，可是一看到课本或其他稍微枯燥一点的书便心不在焉，开始“神游”。结果手里拿着书，书中的内容却印不进大脑。家长不妨教给女孩们集中克服走神的好方法。

自我提示法。写几张小卡片，在上面写上“专心听讲”“不要走神”“少壮不努力，老大徒伤悲”这样的句子，然后把它们放到平时容易看见的地方，如铅笔盒里，写字台前的墙上，或者夹在课本里。这样，每当要走神的时候，

就能及时提醒自己：不要走神！

情景想象法。无论多爱走神的同学，在考试的时候还是能够比平常更集中精力，认真作答，以求获得一个好成绩。因此，每次做作业的时候都想象自己是在参加一次很重要的考试，并要在规定的时间内完成，这样就可以使自己紧张起来，注意力自然就能集中了。正如著名数学家杨乐所说："平时做作业像考试一样认真，考试就能像做作业一样轻松。"

记录法。给自己准备一个小本子，专门用来记录走神的内容。比如，今天看数学课本时想昨天的电影了，那就在本子上记录："数学——电影——约五分钟"……这样记录几次之后，你认真看一下自己的记录，就会发现自己的胡思乱想很无聊，浪费了宝贵的时光。渐渐地，你会对走神越来越厌恶，记录在本上的内容也会越来越少。

自我奖惩法。每次读书时，给自己定个时间表。如果在规定时间内完成了任务，并且始终是专心致志的，就可以奖励自己一下：看会儿电视或是听会儿音乐；如果你因为走神而没有完成任务，就惩罚自己，如干家务或者跑楼梯。长此以往，你就会为了得到奖励、避免惩罚而逐渐养成集中注意力的好习惯了。

除此之外，家长还要告诉女孩在读书时尽量找安静的地方，使自己不受外界干扰。还要注意劳逸结合。

父母教给孩子一些正确的读书方法

语言学家傅佩荣说过："书中的文字是死的，需要在读书的过程中加以理解和欣赏才会变得生动和有活力。读书的过程就好像是在乱石堆中寻找璞玉，并且使这些璞玉发挥光彩。”

读书如果只看字面的意思，就会错过很多内含的哲理，家长要让孩子学会正确的读书方法，才不是在做无用功。有的放矢、循序渐进地培养他们良好的阅读习惯，让他们终身受益。

（1）读书要和个人体验相结合

有句话讲的好“尽信书不如无书”，如果完全相信书中所描述的，那还不如不读书更好。这种说法的用意在于：除鼓励我们读书之外，还不能忽视个人的亲身经验，不能用书本中所说的垄断一切对事物的认知。

（2）培养专心阅读的习惯

家长应该给孩子创造安静的阅读环境，阅读时要避免外界干扰，并且培养孩子养成默读的习惯，避免“小和尚念经，有口无心”。家长还要有意识地让孩子带着问题去读书，去思考，在书中找答案。可以在孩子读过一本书之后，让他来复述书的大意，和孩子就某些问题进行讨论，增强孩子读书的目的性和自觉性。

（3）随时记下自己的想法，能收到很好的效果。在读书的过程中伴随着动手和动脑，更有助于抓住全书的重点、深入理解、加深记忆。在读书的时候做摘录、记笔记，对于积累知识、丰富语言和活跃思维都十分有利。

（4）借助工具书阅读

工具书是不说话的老师，孩子在课外阅读的时候遇到不认识的字或是不明白的词，查阅工具书是最好的途径。因此，家长要重视培养孩子使用工具书的习惯，面对孩子提出的某些问题，自己又不是很清楚，应及时引导孩子到工具书中去找答案。

最适合女孩阅读的书籍

家长给女孩提供的图书越丰富，女孩的阅读理解能力和对书的鉴赏能力也就比较高。然而面对鱼龙混杂的图书市场，我们该为孩子选择哪些更适合她阅读的书籍呢？

首先，选择一些符合女孩兴趣和年龄段的图书，找准了女孩感兴趣的图书类型，无疑为女孩走进阅读世界打开了一道门。但如果女孩喜欢的书品质不高，那么家长也就没有必要听之任之，而应做出一些指导。

其次，家长要选择一些语言丰富优美的图画故事书、儿歌、童诗等。像《彩色的乌鸦》里的大段描写：“很久很久以前，乌鸦可不是像现在这样黑乎乎的……他们的羽毛有粉红色的，有金黄色的，有绿色的，有的还拖着紫罗兰色的尾巴，或是有着一道道鲜艳的条纹，就像彩虹一样美丽。”孩子容易对这些不常听到的词感兴趣，并会尝试运用到平时的日记中，丰富她的语言能力和文学修养。

选择那些能够丰富孩子概念和知识的图书。比如那些涉及天文、地理、动物、植物、人体、机械等内容的书籍，这些书能够满足女孩旺盛的求知欲，丰富女孩对于世界的认识。这类书在市场上较多，父母挑选的时候最好做做同类比较。

掌握了这些选书原则，接下来父母就要在引导女孩读什么书上下工夫了。

娟娟平时特别喜欢看书，只要一有空便是书不离手的。不过，她常常阅读的书籍多半是一些杂志、青春类的小说，其他类型的书，她一概不看。

这天，娟娟草草地写完家庭作业，然后立刻迫不及待地掏出一本漫画书来看，甭提多入迷了。

此时，妈妈走了过来，温和地对她说道：“这本书很有趣，对吧？”

娟娟头也不抬地回答道：“当然了，可逗了！”

妈妈接着说：“不过，你能告诉我，从这本书里面你能学到什么有用的东西吗？”

娟娟摇摇头，回答道：“没什么有用的，就是光乐呗。这样的书看起来轻松。”

妈妈顺着娟娟的话，说道：“我并不限制你看书的类型，不过，有时候，你应该学会选择一些更有意义的书籍来阅读。瞧，这本书可能更适合你阅读。养成良好的阅读习惯会让你受用终生的！”

妈妈边说，便把《窗边的小豆豆》这本书递给了娟娟。

娟娟一下子被这本书可爱的封面吸引住了，接下来她认真地读了下去，她发现书里面果然有很多有趣和有意义的东西。

就这样，娟娟在妈妈的帮助下，逐渐学会了挑选一些适合自己阅读的课外书，还养成了良好的读书习惯。这不，娟娟最近还在学校举行的“读书活动”中获得表扬呢！

哈兹利特曾经说过：“书潜移默化人们的内心，诗歌熏陶人们的气质本性。少小所习，老大不忘，恍如身历其事。”对于女孩来说，读一些好书，能识天地之大，能晓人生之难，有自知之明，有预料之先，不为苦而悲，不受宠而欢。

那么，家长应该推荐给女孩哪些书呢？

（1）国学类

对于上小学的女孩来说，国学类的图书有些枯燥，父母可以为其选择一些易懂的国学类图书，或者一些故事性强的图书。可以推荐女孩读《三字经》《百家姓》《千字文》《论语》《世说新语》《红楼梦》《西游记》《三国演义》《水浒传》等经典书籍。

对于上初中或高中的女孩来说，家长可以给她们推荐一些有难度的古代经典著作。比如《诗经》《春秋》《孟子》《孝经》《尔雅》《资治通鉴》《本草纲目》《楚辞》《人间词话》《菜根谭》《小窗幽记》《围炉夜话》等。但是父母要注意在选择时，尽量选择那些有详尽注解的书籍。

家长也可以给女孩选择一些历史人物传记类图书，比如秦始皇、苏东坡、朱熹、曾国藩等影响历史的人物传记。或者，推荐给女孩读一些关于古代中国建筑、绘画、书法、饮食、节日等方面的书籍。

女孩会在这些经典书籍中感悟人生哲理，接受传统知识的洗礼。

（2）外国经典名著

家长可以向女孩推荐《老人与海》《鲁滨孙漂流记》《格列弗游记》《茶花女》《麦田里的守望者》《爱的教育》《钢铁是怎样炼成的》《巴黎圣母院》《飞鸟集》《安妮日记》《飘》等书籍。可以选择全译本，也可以选择中英文对照版本。对于这些书籍，最好选择一些著名的出版社的译本。

（3）现在市场上的一些优质读物

家长可以经常带着女儿去书店，选择一些市场上卖得好，并且适合女孩阅读的书籍。这里和家长一起分享几条关于如何挑选一本好书的方法，希望家长能够从众多的书中为女孩淘出一些有阅读价值的好书。

好书的选购有以下几点：

良好的纸张和装订质量。好的图书最好经得起翻阅。所以装订质量也要十分注意。

图文比例要适当。这类图书将故事以大量图画和少量文字，甚至没有文字的形式加以表现，深受广大读者的欢迎。我们经常会注意到这样的现象，往往作者用了大段的文字结果只说明了一个仅用一个简单的图例就可以说明的问题。所以，一本好书就应该言简意赅，图文比例适当。

内容应在针对性的基础上以趣味性为主。很多书籍往往是针对某个人群而写的，它们多半是就事论事，这类书大多缺乏趣味性。想想如果一本书在讲授知识的基础上，丰富它的内容，增加它的趣味性，那岂不是一举两得。

应标明相关的注解。很多书籍会出现一些专业术语，或者是一些外来词，而这些词在一般的词典里是很难找的。可是读者刚接触到这样的书的时候是不懂的，那么这样的书就应该有相关的注解，以便读者更好地理解。

最重要的一点，读书不可以赶时髦，不能人云亦云，要选择对女孩最有利的图书，要选择女孩最需要，可以为女孩提供帮助的书籍。读书不可附庸风雅，家长要有自己独特的真知灼见，如果一本书你读过之后没有任何的感受，读过即忘，那么也就没有必要推荐给女儿了。

第九章

经典诵读浸润人生——不可不推荐给女孩的书单

带领女孩一起诵读经典

现在的家长都非常重视女孩的英文学习，从上幼儿园开始就给女孩报双语辅导班。然而有很多家长，从来没有重视过文言文的学习，认为古文这些东西已经是非常过时了的，在社会上没有什么实际作用，更由于中国的历史自“五四”以来，胡适等人提倡新文学，将文言文打入了“冷宫”，使古文的这些精粹被打上了“迂腐无用”的标记，实际上这样的认识是大错而特错。

女孩小时候的学习，最重要的是吸收能力，像海绵一样，把有用的东西都装在头脑里。多让女孩接触中国历经千年的古文精华，可以让她们感受到古文的美感。另外，儿童时期是记忆的黄金时期，这时背诵过的古文古诗，可以牢记在心。

有的家长会怀疑：女孩毕竟很小，古文的内容又很深奥，读了背了却不理解，那不是白背了吗？实际上，女孩在背的时候不理解是肯定的，我们也不需要她们来理解，只要让女孩感受到语言的美感，能够体会到读诵的愉悦感，能够深深记在脑子里就足够了。女孩将来有一天是会长大的，她会用几十年的人生阅历来懂小时候背的这些东西，随着她将来经历的增加，理解也就越深刻。

诺贝尔物理学奖的获得者杨振宁先生也提及求学时期学习文言文对他的影响是终生的。他在念中学的时候，父母要求他背《孟子》，他当时并不了解其中的意义，只好勉为其难，把整本《孟子》装载记忆之中。在他成年之后，《孟子》中的话居然成为他做人处世的基本原则，在他的心中形成了一套价值体系。每当他面临重大的人生抉择时，都会从孟子的话中得到答案。因此，影响他最深的，并不是他所专长的物理学，而是两千多年前的孟子思想。

杨振宁博士在科学研究中的重大思路也是得益于中国古代文化理念：他之所以怀疑O.Laporte的奇偶不变定律，是和他大学时读《易经》的心得有关。《易经》中讲阴阳消长、阳盛阴衰，促使他怀疑奇偶不变定律。可见在文言文经典中蕴含的无限潜力。

几年前，华中师范大学曾设立了一个课题组，将小朋友分为两组，其中让一组的小朋友每天坚持诵读古文。坚持了一段时间之后，发现诵读古文的小朋友在上课时会更加集中精力，反应也更快。可见，诵读古文还有助于提高学习效率。

中国的文字原本就蕴含着艺术美，周作人先生说："中国文字具有游戏性、装饰性与音乐性的特点。"让女孩大量地背诵古文中的经典，而不是让女孩把时间浪费在一些平庸之作上，经典的摄受力内化她们的内心，陶冶她们的情操，有助于建立正确的认知，形成良好的品格。

著名学者南怀瑾先生对中国目前的教育现状提出过自己的看法。现在的学习按照西方的模式，根据小孩子理解力的发展来设置课程，所以小孩子的读物也是根据他们的理解力来设置的。教小孩子念"小猫叫，小狗跳，猫叫狗跳好热闹"这种语言，虽然小孩子可以读得懂，但是这种教育没有深度，没有任何文化内涵，这种教育方法流传到现在，流弊非常之大，导致今天的中国文化断层很严重。处在最佳记忆时期的儿童，即使不引导他们记住有价值的经典作品，他们也会去背广告词，背流行歌曲，因为重点不在理解，而在记忆。让儿童自小接触最有价值的书，不管懂不懂，这些内容不仅会存入大脑记忆，而且会烙印在潜意识里，而潜意识的妙用在于能直接地、默默地、自然地影响人类的思维和行为，在不知不觉中完成了文化教育的目的。

教女孩读古文最好的方法就是诵读，把诵读古诗当作唱歌，体会到其中的韵律感就好。讲解一定要简单，简要解释一下这篇文章的意思，将重点的词解释一下就行了。对美好的句子还可以再反复品味。

可以在学习中体会到，朗读和背诵仍然是学习古文古诗词最经典的方法。经典的古文有益于人格智慧的培养，有益于文学造诣的提高。让女孩从小就接触最有价值的书，不管文章的难易程度，让女孩多念以至多朗诵背诵。这样的学习不仅不会给人造成压力，而且还会潜移默化地影响人类的思维和行为，陶冶性情。女孩的这种学习看似是“有口无心”，其实在没有压力的前提下轻松达到了文化教育的目的。

近年来的脑神经研究已经有了相当的突破，研究认为，理解力基本是左脑的活动，潜在层次的活动就在右脑。背诵记忆不仅不妨碍理解力，而且会促进理解力的发展。而具有旋律和韵律的背诵不仅可以增强理解力，而且会加强背诵的效果，并投入内心的深处。女孩在念古文的过程中，不仅能够体会到音韵的美感，同时还可以通过文字的视觉来刺激右脑，而辨别字体是左脑的工作。所以整个的诵读过程实际上是动用了左右脑的功能，使左右脑的开发同步。在学习过程中，如果左右脑是同时作用的话，学习效率将提高2~5倍。因此，诵读文章、背诵古文古诗的作用不仅是陶冶情操，增强文化底蕴，还可以开发智力。

现在有很多的西方学家也开始注意到了中国传统背诵教育法的优点，瑞典汉学家高本汉说："中国学生即使在低年级，必须背诵几种大部的经典，并须熟记历代名家所作几百篇的文章和几百首的诗歌。结果，对古代的历史和文学，又产生一种崇敬的心理，这实在是中国人的一种特色。这种积累起来的大资产以供中国作家任意地使用，在文辞上自然能得到有效的结果。"

让经典诵读变得好玩

人都是有惰性的，诵读经典是一种享受，但是对那些没有此兴趣的女孩来说则是一件苦差事，因为女孩正是贪玩的年龄，所以，让经典诵读变得好玩，变得充满趣味性就显得非常重要。

究竟怎样使诵读经典变得有趣呢？专家根据不同年龄阶段的女孩的审美情趣给予了区分。根据这种审美情趣的不同，父母应给予女孩不同的指导，让她们有兴趣诵读经典。

（1）在女孩初步接触经典时，比如，让她们诵读《三字经》，三字经每句话的字数少，容易诵读，能让她们有种成就感，所以，就会更感兴趣。但是面对适合她们读的其他的经典时，比如简短但寓意深远的作品，像马致远的《天净沙·秋思》，里面有很多的画面描写，这时候让女孩先自己联想，最后再给配以相应的图片和她们联想的图片比较，无论和她们联想的一样与否，图片的视觉刺激会让她们觉得好玩，会增加她们的阅读兴趣。

（2）在女孩稍微有点抽象思维能力时，给她们增加一些有点难度的感知作品就会让她们在战胜困难中感到读诵经典的趣味。比如，给她们选读一些音韵和谐、朗朗上口的作品，让她们感受一下作品的内在韵律，再说出自己的感受，这样女孩就进入到经典里，在她们心里会对经典有种崇拜，在她们转述大师的作品时，父母要给予鼓励和肯定，尽量淡化批评，让她们有信心走进经典。比如，雪莱的那句“冬天来了，春天还会远吗？”虽然语词简单，但含义深厚，不同的读者会有不同的感想，无论她们怎么表达自己的看法都不为错。

（3）调动起好奇心，引导女孩诵读经典。在让女孩读那些有点枯燥的经典时，可以采用这样的办法：一位母亲在陪女孩读自然科学时，她这样调动起了女孩的兴趣，她说：“亲爱的孩子，随着你一天天地长大，你对周围的世界更感到好奇，疑问也越来越多。你明白一颗小小的种子怎么会长成参天大树的吗？美丽的蝴蝶真的是由毛毛虫变来的吗？鱼儿在水里为什么不被淹死？人为什么必须吃东西才能一直劳动？飞机为什么会飞？真的有外星人吗？如果想知道这些问题的答案，那就看自然科学的书，耐心地看，你就会发现秘密的。”这是一位非常合格的母亲，她调动了女孩读经典的兴趣，就连看似枯燥的自然科学也被她描述得那样有声有色。

（4）等到女孩能独立思考时，就要给她们看些有思想深度的经典了。通过经典为她们打开一扇新的人生之门，让她们树立起正确的人生观、世界观、价值观。此时，可以和她们进行一些哲理的对话，让她认识到经典的伟大之处，让兴趣发自内心，成为自觉的活动。

有的女孩会自己摸索各种读书方法，来提高自己的兴趣。有时，女孩自己摸索出的方法会更有效，做父母的一定要鼓励女孩。目的都是让经典读起来不那么难懂，让女孩喜欢诵读经典。所以，只要是有助于女孩诵读经典的方法，都要鼓励。

养正养志，圣功也

“蒙以养正圣功也”这句话出自《易经》，主要意思是说在孩子小的时候应该培养其纯真无邪的品质。孩子从小就纯真无邪，心自然是向善的，所以这是培养德才兼备的经验之法。而实现纯真无邪的必走之路就是让他们从小就诵读经典，特别是中华民族的文化经典。那些经典都是历经时间和实践验证了的不朽之作。古往今来，圣贤君子作为人格典范，以相当高的道德水准，熏陶了无数的后进之士成为民族的骄傲。

对于女孩来说，在记忆力非常好的时期，多读些经典，让她们对前人的优秀哲思有所了解，从小就有较强的民族风格，也就远离了那些对她们不利的东西。能把民族的精华教给子孙后代就是作为父母的最大贡献——圣功。

有人说：“幼儿养性，童蒙养正，少年养志，成人养德。”人的气质会随着接触的东西发生改变的，这些潜移默化的改变会支撑和影响一个人余生的道路，文化经典接触多了，就好像自己天天在和古人圣贤面对面交流一样，孩子们会以他们为师，为偶像，这样整个社会的风气就会被经典弥漫，我们不会再见到那么多的青少年犯罪，也不会有那么多女孩追星追到荒废了学业。阅读本民族的文化经典可以找到立人之本，比如：“己欲立而立人，己欲达而达人”“人至察则无友”等；阅读世界大师的经典可以找到民族间的共鸣，让女孩变得博爱而宽广，比如白求恩大夫的博爱、海明威战胜困难的精神、雪莱纯真的信仰等。

幼年的女孩可塑性很强，所以此时的教育也就显得特别的重要，凡是有作为之人，在幼年的时候都接受过较好的教育，也许，她们没办法亲自阅读经典，但是她们却通过其他方法学得了经典里的智慧。南怀瑾先生也说过：“从儿童时期诵读历史经典名著，是我们一贯的基本教育方法。”

但是，在社会高速发展的今天，不读经典，等着靠别人言传经典里的智慧就赶不上发展的步伐了。每个人的一生都是有限的，每个人所需要学的东西却是无限的。从孩提时或更早，就应该诵读经典，这样才能在无涯的学业中多一点收获，多一些立身的底蕴。

“自天子以至于庶人，壹是皆以修身为本。”经典记录着民族成长之魂，民族的灵魂需要一代代传下去，让后世之人永远不忘本，让中华之经典永远延续。

父母要自己先读经典，给女孩做好榜样

父母对女孩的影响要大于其他人，女孩都有模仿的心理，如果父母养成读经典的好习惯，女孩也会跟着学习，这比自己不读，盲目地督促女孩读要有说服力。其实，经典是一个民族的魂，读经典可以让人的品位不断提升，父母也不是完人，也需要读些经典，来完善自己。

父母要给女孩提供读经典的环境

很多女孩也是很喜欢读经典的，但是有的父母却有偏见，认为社会最直接需要的才该学，比如，他们会给女孩报各种补习班，为的是在升学中取得高分。经典的诵读却被忽视。父母给女孩提供读经典的环境，首先自身要重视经典，不要在女孩读经典时打断她们，逼着她们去学数理化。要知道，女孩得先学会立人，才能学有所得，才能真正立于世。

多读经典可使女孩远离肤浅

经典，有狭义和广义之分，狭义的经典指的是四书五经中的经和春秋战国以前的公文体制。广义的经典是指那些具有流传百世的不朽之作，是人生的滋养品，是人类文化史上常开不败的奇葩，如《三字经》《易经》《论语》《诗经》等，宗教上的《圣经》《孝经》等，这些经典都如莎士比亚说的是“人类的营养品”，是经过时间保留下来的思想的精华。

现在社会上流行多种快餐式文化，很多人没有时间坐下来阅读一下经典，没法接近名家进行心灵上的熏陶，所以，很多人会显得浮躁不安。若想诗意地生活，就必须走近经典。

不同的经典会教给女孩不同的知识，自然科学的经典让女孩在自然科学的领域里更容易接近真理；哲学的经典，可以帮助女孩开启心智，感悟世界，发现真善美，找到生的意义和价值，塑造女孩的人格。

经典的含金量总被那些真正阅读经典的人所感受。有一位中学生看完美国著名作家海明威的《老人与海》后，深受感动。在他看到老渔夫提亚哥在浩瀚的大海上捕鱼的描写时，为提亚哥感到震惊，长久等待后又经过几天几夜的奋斗，最后的战果却被鲨鱼侵吞掉。但是，老人做梦梦到了狮子，那是他不灭的信念。特别是，在他看到那句“仅以此书献给那些做事中没有信心的青少年”时，这位中学生再也无法遏制自己的呼喊，他要为自己加油，他这样说：“在任何时候，努力不可少，信心不可丢。”

经典就是具有这样让人意想不到的巨大威力，在和名家对话的过程中我们自己也能得到提升。英国哲学家和科学家弗兰西斯·培根竭力倡导人们读经典，他说："读史使人明智，读诗使人聪慧，数学使人精密，哲理使人深刻，伦理学使人有修养，逻辑修辞使人善辩。"其实翻开经典就是远离了肤浅，"君子博学而日三省乎己，则知明而行无过矣""见贤思齐焉，见不贤而内自省也""美是道德""没有爱的生活就像一片荒漠，赠人玫瑰，手有余香"……这些让人终身受用的哲理都包含在经典里。让我们用今天的努力弥补明天的遗憾，走近名家，走进经典，演绎完美人生。

现在"经典"一词被泛化，人们随意使用着这个词，可能会误导女孩，认为那些被吹捧的就是经典。但是，现在很多东西都是炒作后便冷却下来，成不了真正的经典。父母要了解什么是真正的经典，帮助女孩选择适合她们读的经典著作，可以为孩子节约时间，让她们读到真正的经典。

现在生活节奏快了，很多父母都忙于挣钱，虽说也是为了让孩子有较好的读书条件，但是，父母永远是孩子的榜样，以身作则才更有说服力，当父母远离经典的同时也会影响孩子接近经典。经典里含有很多的哲理，只有父母读过经典，面对孩子读书时遇到的疑问才会给予正确合理的解释。此外，很多经典里的思想是非常先进和超前的，它有时会和我们生活里的常识不一致，比如，尼采宣扬的"超人主义"和"上帝死了"对人生的指导意义不是一时就能看透的。这时候，作为父母的最好能为女孩作合理的解释，以免她们误读经典。

多读经典有益于女孩潜能的开发

有人提出“全民读经典”的口号，在社会上引起一定的反响，特别是对在校的女孩。人们也越来越多地关注孩子读经典的事情，很多专家发现，孩子读经典有助于潜能的开发。

我们知道很多女孩读书往往是不求甚解的，她们有时就是把所读的东西给背下来，如果父母引导她们有兴趣地读经典，在读经典的过程中，她们会很放松的。这样可以缓解女孩的压力，并在读经典的过程中会有创造性的奇思妙想，会产生顿悟。读到兴致时，她们自己会进入到“品”的状态。所有感性的东西积淀久后，会让她们有质的变化。

孩子诵读经典时，眼睛看着文字可以刺激右脑的开发，但是背诵前或背诵过程中对文字的编辑整理则是开发左脑的工作。背诵过程中耳朵能听到自己的声音，也可以边书写边背诵，所以，在整个读书过程中眼、耳、口、手等全部调动了起来，这样左右脑同步使用，可以使学习能力提高好几倍。

此外，这些被女孩囫囵吞枣的经典，虽然一时还不被理解，但是那些感性信息会存在大脑的潜意识里，直接或间接地影响她们。一旦有了外界的契机，那些信息便会调动起来形成链接，让所读知识融会贯通，她们就会受到经典的潜移默化、陶冶性情，使她们心性向善。这样的诵读方式可以增进记忆力、注意力、理解力和创造力的开发，也就是让潜能更有机会发挥。

专家通过实验发现，受试者如果只是阅读一般的文章，脑部活动并没有什么特别变化，但是当她们阅读辞藻较深奥繁复的经典作品时，脑部处于较活跃的状态。由此可以得出，处于潜能开发黄金期的女孩，她们有着超强的好奇心和好胜心，当她们阅读经典时，脑部也一定会更加活跃的，这对一个女孩的成长有着至关重要的作用。

科学研究还发现，人的潜能是递减的。就是说，女孩的潜能越大，教育越早，她们的潜能就能更充分地开发出来，并在日后转变成更强的实际能力。面对女孩潜能的递减规律，读经典开发其潜力是不容忽视的。背诵经典是女孩潜能开发较好的一种方式。

而对于女孩子，这种开发潜能的方式效果会更好些，因为，女孩天生敏感，她们能敏锐地捕捉到语言背后的微言大义。尽管是简单得不甚理解的诵读，在她们的内心也能细微地感触到。女孩子的记忆力、语言能力又更强些，所以，诵读经典对开发女孩的潜力来说是不可替代的妙方。

女孩子天性敏感，阅读经典时可以选择一些感性的经典，例如《诗经》，这样她们能更好地感受到经典的魅力。但是，倘若一味地读很感性的文字，也容易让她们产生一种消极的情绪。所以，理智的、硬朗的文字也是必不可少的。

有些父母，自己的思想偏保守，在接触经典时可能会误读，甚至是有意误读。这会阻碍女孩接近经典的效果。比如“关关雎鸠，在河之洲”，很多人就会误读为歌颂女子的品德，其实，它应该是一首非常唯美的爱情诗。如果这样的误读过多的话，会不利于女孩读出经典背后的美。因此，父母一定要正确地辅导女孩读经典。

《鲁滨孙漂流记》：精彩的人生是需要历练的

《鲁滨孙漂流记》是“英国和欧洲小说之父”丹尼尔·笛福用现实主义回忆录的方式记录的一部冒险小说。

小说的主人公鲁滨孙是从某次海难中逃生出来的一个水手，书中讲述了他是如何用自己的智慧和勇气战胜了大自然的险恶，最终回到自己国家的故事。

故事情节曲折，描写生动，主人公追求冒险的精神以及倡导通过个人的努力来最终实现目标，整本书的可读性非常强，是女孩不可多得的一本好书。

这本书刚刚在英国问世的时候就受到了众人的追捧，被誉为英国文学史上第一部长篇小说，同时也是世界文学史上一座不可磨灭的丰碑。

其实，笛福之所以能够写出这本历险的奇书，是因为他本人的真实生活经历丝毫不比鲁滨孙逊色。笛福出身于一个小商人家庭，父亲的愿望是让笛福长大后做一名牧师，但是笛福因为不信英国国教，最终选择了经商。他做过内衣、烟酒以及羊毛的经销商，也曾因为生意的原因到达过许多国家。

在经商的同时，笛福还对政治有着浓厚的兴趣。笛福在1685年参加了试图将蒙茅茨公爵推上王位的活动，随后他又加入了威廉三世的军队。但是没过多久，笛福的生意就遭遇了失败，他破产以后一次次被人告上法庭。然而不久后笛福又卷土重来，他经营的砖瓦生意获得成功，而且再次积极参与政治活动，还写了一些关于社会改革的建议书。

笛福在他的《消灭不同教派的捷径》中用讽刺的语词挖苦宗教歧视政策，

也因为这篇政论文，笛福被关入大牢半年。在狱中生活的半年内，他又写下了诗歌《枷刑颂》，以抨击现行法律的不公正。笛福勇敢的精神让英国国民对他爱戴有加，并且奉他为时代的英雄。最后，笛福因为受到辉格党首领罗伯特·哈利的赏识而获准出狱。

笛福于 1719 年发表了他的第一部小说《鲁滨孙漂流记》，后来又写下了《鲁滨孙的沉思集》等一系列作品，均大受好评。《鲁滨孙漂流记》旨在告诉人们应该在困难中学会如何生存，更要在绝境中不失奋进，用勇敢和坚强最终战胜命运的颠沛。

笛福用他的真实生活经验赋予了《鲁滨孙漂流记》主人公勇敢无畏的精神，并且把自我的生活主张和人生哲学融入了小说人物的思想和行为中去，旨在告诉人们：再艰辛的生活，只要有敢闯敢干、不怕艰辛的精神，任何困苦都是不能将自我打倒的。

因此，在家庭教育中，父母要让女孩在读过此书之后，真正地理解精彩的人生是需要经历和历练的，并且把这种勇敢的精神融入现实的生活中去，多去体味生活，体味人生中的酸甜苦辣，做一个勇于奋进的人。

《安徒生童话选集》：童话滋养出的孩子心灵美好

童话，其实不仅仅是童年的一大礼物，更是值得每个人一生去体味的故事，尤其是安徒生童话。

安徒生（1805~1875），丹麦作家。1805 年，安徒生诞生在丹麦奥登塞镇的一座破旧阁楼上。他的父亲用棺材为他做了一个摇篮，他的父亲是个鞋匠，很早就去世了，全家靠母亲给人洗衣服维持生活。安徒生虽然过着十分贫穷的生活，但他却有自己远大的理想。他很小就一人到首都去了，同村的一个巫婆预言他能成为一个著名的人物。开始，他决心当一名演员，起初，他想学习舞蹈和演戏，却遭到了拒绝，后来被一位音乐学校的教授收留，学习唱歌。因为他没有钱只好离开了音乐学校。经过十几年的奋斗，终于踏进了文坛。从 30 岁开始，专心从事儿童文学创作，一生中共写了 168 篇童话故事。

有人这样说过："让 5 岁的孩子倾听安徒生；让 15 岁的少年阅读安徒生；让 25 岁的青年人品味安徒生；让 35 岁的成年人理解安徒生；让 45~99 岁的人思索和回味安徒生。因为在人的童年、少年、青年至老年，安徒生带给我们的不仅仅是温馨、欢乐、启迪，更多的是思考和悠远的人生体味。"

也许那些童话里的人生真谛不是童年能够读懂和体味的，要读懂它们，需要时间的沉淀。然而妈妈一定要为孩子推荐安徒生童话，因为成长的过程中，怎么可以不去见一见皇帝的那身新装，怎么可以不和"丑小鸭"交个朋友，怎么可以没有拇指姑娘做伴，又怎么可以不体会一下卖火柴的小姑娘的经历呢？

童话这个文学品种，在安徒生的笔下，被提升到与成人文学同等的高度，甚至有所超越。他充分利用童话的特点，增加了成人文学所欠缺的东西——朴素的幽默感、天马行空的幻想、天真烂漫的构思。安徒生童话中闪耀着的人性光辉，超越了国家、种族与文化的界线，是世界各地一代又一代读者的挚爱。

在女孩的阅读过程中，她会感觉到童话的温暖，一种娓娓道来的温馨感觉，也会开发女孩的形象力和创造性思维，让她的童年多一些天马行空的想象。同时，让女孩在童话中对现实世界有所了解。

《伊索寓言》：寓言对孩子往往很管用

冬天，农夫发现一条蛇冻僵了，他很可怜它，便把蛇放在自己怀里。蛇温暖后，苏醒了过来，恢复了它的本性，咬了它的恩人一口，让他受到了致命的伤害。农夫临死前说："我该死，我怜悯恶人，应该受恶报。"

相信上面这则《农夫和蛇》的故事人尽皆知，这故事说明，即使对恶人仁至义尽，他们的邪恶本性也是不会改变的。它的出处就是《伊索寓言》。

《伊索寓言》原书名为《埃索波斯故事集成》，从作品来看，时间跨度大，各篇的倾向也不完全一样，据推测，它不是一人一时之作，可以看作是古希腊人在相当长的历史时期内的集体创作。

伊索，可能是其中的一位重要作者。相传伊索是公元前6世纪古希腊人，奴隶，善于讲动物故事。现存的《伊索寓言》，是古希腊、古罗马时代流传下来的故事，经后人汇集，统归在伊索名下。

《伊索寓言》这本世界上最古老的寓言集，文字凝练，故事生动，篇幅短小，形式不拘，想象丰富，饱含哲理，融思想性和艺术性于一体。浅显的小故事中常常闪耀着智慧的光芒，爆发出机智的火花，蕴含着深刻的寓意。社会的思想追求进步，而思想的本源无非是真善美，当很多人大谈思想的时候，其实他们忽略了很多人生真谛都是寄予在一些小故事当中，都是很简单的道理。《伊索寓言》中《农夫和蛇》《狐狸和葡萄》《狼和小羊》《龟兔赛跑》《牧童和狼》《农夫和他的孩子们》《蚊子和狮子》等已成为全世界家喻户晓的故事。《伊索寓言》不仅是向少年儿童灌输善恶美丑观念的启蒙教材，而且是一本生活的教科书，对后世产生了很大的影响。

《伊索寓言》中的角色大多是拟人化的动物，它们的行为举止都是人的方式，作者借以形象化地说出某种思想、道德意识或生活经验，使读者得到相应的教训。这些故事有的教导人们要正直、勤勉；有的劝人不要骄傲、不要说谎；也有的说明办事要按照规律，量力而行；还有不少反映了强者虽凶残但却常被弱者战胜的，等等。

如果父母给女孩读这本书，建议可以通过讲故事的形式，不要告诉她故事要讲的道理，而是让她参与到思维的过程中来，讲出他自己的感觉。以这样的形式，不仅听故事、读故事，还学会了独立的思考，那么获得的收获会更大一些。

《十万个为什么》：开启孩子的好奇心之旅

《十万个为什么》可以说是一本伴随一代少儿成长的健康读物，许多年来一版再版，备受专家、学者、教师、家长和学生等广泛称赞。

高尔基说过："书是人类进步的阶梯。"从出版的那天起，《十万个为什么》就影响着一代又一代的中国人，引导我们去思考、去探索自然与科学，让我们一步步地进步。可以说这无论对孩子来讲还是对成年人来讲，都是一本让我们受益匪浅的好书，读者能从中增长不少知识，是我们的良师益友。

《十万个为什么》内容非常丰富，包含了地球大观、神秘宇宙、海洋气象、动物王国、植物园地、科技发明、科学知识、军事航天、交通博览、历史回眸、旅游观光、艺术世界、体坛聚焦、人体奥秘、生活百味、未解之谜等内容，本书图文并茂，生动有趣，集科学性、知识性、趣味性和实用性于一体，既能帮助孩子们增长知识，开阔视野，又有助于他们文化素质的提高和阅读能力的培养，更重要的是引起了孩子们对科学的兴趣，是少年儿童最佳的课外读物。

“为什么”这是孩子最爱问的问题，也是孩子天真纯洁一个特点，这个世界对于孩子们来说，充满了奇奇怪怪的事物想让他们一探究竟，因此孩子们总会提出很多问题。他们忍不住地去问大人们“为什么”，就像为什么花儿会变红，为什么小鸟会飞翔，为什么小狗会数数，为什么蚌里能产珍珠，为什么乌贼会喷“墨汁”，为什么蜜蜂会蜇人、为什么蜻蜓会点水、为什么萤火虫会发光……这么多的为什么，不知作为父母的你们是不是都能一一地回答出来了呢，这些问题看似简单幼稚，但却涉及自然界各个门类的知识，正确回答则需要讲明其中的科学道理。

孩子们的求知欲是非常强烈的，他们极力地想解决心中的疑问，家长不是万能的，何不给孩子买一本《十万个为什么》，让他们在书中那一个个新奇的知识中探索自然的秘密；让他们体会大千世界的五彩缤纷和自然界中的千变万化；让他们在书中自己找寻他们想要知道的，自己来回答他们的问题！

相信你的女孩在拿到《十万个为什么》之后，一定会爱不释手的，说不定她会立志要超越前辈的聪明才智，创造更美好的未来呢！不要怀疑，你的女孩就是下一个爱因斯坦！

《三字经》《百家姓》《千家诗》：给孩子补充点古典文化的营养

一个人在成长的过程中，尽管会逐渐习得关于基本伦理、处世原则、善恶判断等方面的知识，但是“人之初”时的印象却是最深刻的。因此，好的启蒙教育对一个人来说是至关重要的。

到目前为止，最能让孩子接受，并且能够对孩子起到良好启迪作用的启蒙读物，莫过于中华民族的传统经典，《三字经》《百家姓》《千家诗》是千百年来广为流传的传世典籍，里面蕴涵着丰富的文化内涵。书中的每个字、每句话，都是历经千百年沉淀的中华民族智慧。许许多多的名人、大家就是读着这样的书长大的。一个中国人，不论在何时何地，不管他接受了多么高的教育，也不管他是领导还是普通老百姓，永远都会记得“人之初，性本善。性相近，习相远……”

读圣贤书，立君子品，做厚德人，一直都是每一个龙的传人始终如一的追求，而《三字经》《百家姓》《千家诗》能够帮助孩子们迈出走向辉煌明天的第一步。

那些充满智慧的文字告诉我们一个个做人的道理，它向我们展示了人类的美好品德，在给我们以智慧启迪的同时，又给我们以心灵的享受。在《三字经》《百家姓》《千家诗》中，我们可以发现那些人类的普世价值，可以发现真、善、美。他们的光芒不会因为时间的流逝而黯淡，相反，越是经过岁月的淘洗，它们的光辉越是耀眼。

《三字经》是一本自然、历史、社会、人生的百科全书。语言上采用简明易记的三三一句押韵短文形式，易读易记，奠定了后世启蒙读物的基调。其书虽然短小，但内容丰富，包罗万象，几乎概括了中国传统文化内涵各个方面。三字经以生动的口诀，传播“人之初，性本善”等积极人生理念，使青少年拥有良好的人生价值观、具备高尚的道德情操、形成完整明确的人生信念，是中国古代成功的教育典籍。

《百家姓》集中国常用姓氏之大全，认祖归宗追根溯源，为人人必读，家家必备的常用书籍。对姓氏起源作了简明准确的注释，能使读者感受到中华民族源远流长，繁衍至今的持久生命力。

《千家诗》是明清两朝流传极广、影响深远的儿童普及读物。《千家诗》是由宋代谢枋得《重定千家诗》（皆七言律诗）和明代王相所选《五言千家诗》合并而成。它是我国旧时带有启蒙性质的诗歌选本。因为它所选的诗歌大多是唐宋时期的名家名篇，易学好懂，题材多样：山水田园、赠友送别、思乡怀人、吊古伤今、咏物题画、侍宴应制，较为广泛地反映了唐宋时代的社会现实，所以在民间流传非常广泛，影响也非常深远。

女孩将会感受到中华民族传统文化的价值与魅力。在醇厚的文化熏陶下，她必将继承优秀的民族气质，健康迅速地成长起来。

《我的野生动物朋友》：善良美好从爱护小动物开始

一个小女孩，她把大象视为哥哥，在大象的鼻子上自由的嬉戏，赤身在河边以象鼻子喷出的水洗浴，她骑在温暖柔软的鸵鸟背上与鸵鸟共舞，她让小狮子吮吸着她的拇指午睡，她趴在地上，被猎豹从身后护拥着散步……这些完全在你的“城市定式”思维之外的画面不是童话，这是全球畅销书《我的野生动物朋友》为我们讲述的法国小姑娘蒂皮和非洲野生动物交朋友的真实故事，这是 12 岁的法国女孩蒂皮所选择的惊险生活。

法国小女孩蒂皮，1990 年出生于非洲纳米比亚。她从小跟拍摄野生动物的父母在丛林长大，与野象相亲，同鸵鸟共舞，变色龙、牛蛙、豹子、狮子、狒狒……一个个给她带来奇趣、欢乐、惊险、幻想，以至皮肉之苦，最终都成为她最好的朋友。为她选择这种生活方式的是法国摄影家、12 岁女孩的父亲阿兰·德格雷先生。他并没有疯，他永远记得 1955 年一位美洲印第安酋长的话："让人成为动物吧！也许以后某一天，在动物身上发生过的所有的事，也会在人身上发生。但无论发生什么，我们都是地球的儿子。"

这个崇尚自然的理念在摄影师心中强烈作用着，这使他的女儿蒂皮在非洲纳米比亚一出生，就被放在野生动物群里。很佩服蒂皮的父亲能有这样的勇气，把孩子放入这样一个自然的环境中，让她与自然交流。蒂皮婴孩时期，坐在一只叫琳达的鸵鸟的背上，在以后的回忆中她说"琳达很善良，它老怕把我掀翻，常常不愿动一动身子"。她三四岁时赤身裸体走进沙漠，那堆小小的柔弱的肉，在大漠夕阳中泛出的光芒，让人怦然心动。

《我的野生动物朋友》一书是小蒂皮 10 岁回到巴黎后所写的她与非洲各种野生动物生活在一起的动人故事和亲身感受，同时编入她父母——著名野生动物摄影师现场拍下的 130 多幅极为难得的图片，不仅可亲可赏，而且能唤起人们保护自然保护野生动物的意识。出版后立即在小读者中风行，并为大人们所喜爱，很快译成德、日、英等文字流传，成为全球畅销书，有的译本销售过百万。

《我的野生动物朋友》是一本很及时的书，在"人与自然"成为全球化的主题之后，我们有必要检讨一下在大自然的交往中，我们做了什么，又遗忘了些什么。

也许蒂皮的生活方式是每个孩子所向往的，但是毕竟现实社会不允许我们每个人都选择一种如此具有传奇色彩的生活方式，不过还好孩子们能从这本书中体会到自然的神奇与亲近。

这本图片精彩，内容神秘的书，一定会让你的孩子爱不释手，给他的童年增加一抹神奇的色彩。已经告别童年的妈妈们翻开此书也会有别样的惊喜，书中那些包含浓郁非洲色彩和孩子无畏天真的照片，会带给您深深的震动，它有着净化心灵的奇效，让人从烦躁中沉静下来，享受一段恬静的时光。

《爱的教育》：孩子会受到人类美好品德的熏陶

《爱的教育》是意大利作家埃·德亚米契斯的作品，他用孩子纯真的口吻叙述了一个又一个感人肺腑的故事，表达了父子、师生、同学之间的爱，以及个人对伟大祖国深厚的爱。主人公安利柯用孩子的眼光洞察世界，并且观察和感受着周围的一切，父母可以引导阅读此书的女孩一同去感受人间的爱，去思考身边的人和事，用心来体味生活，用爱来与他人沟通。

这本书的内容包括在小主人公安利柯身边发生的各种各样的感人的小故事，还有父母在安利柯的日记本上写下的劝诫启发性的文章以及老师在课堂上为同学们朗读的“每月故事”。书中每一个故事都内容新颖，情节感人并且发人深省，爱的力量在书中融汇，让此书散发出无与伦比的魅力。无论是家长还是孩子，凡读过此书的人都对它赞不绝口，在跌宕起伏的故事情节中流下了深情的泪水。

作者用幽默风趣的笔调描写着19世纪意大利的风俗习惯，每个小故事都发生在家庭、学校以及班级等场合。通过一个个小故事，作者为读者呈现出了人与人之间的爱和友谊，用诚挚的情感感动着阅读此书的每一个人，并且用平凡的故事把爱传递给每一个正在阅读此书的人。

作者埃·德亚米契斯于1846年出生在意大利一个美丽的海滨城市，因为酷爱军旅生活，在十六岁的时候他就进入军事学院进修，毕业后顺利地成为一名军官，随后又参加了意大利第三次独立战争。德亚米契斯的第一部文学作品是《军营生活》，发表于1868年，赢得了社会各界广泛的好评。德亚米契斯在1870年罗马解放以后便在都灵定居下来，他放弃军旅生活，做了一家报刊的记者，从此开始专业写作的生涯。

德亚米契斯年轻的时候曾环游世界，因此他的作品中不乏精彩的游记：《西班牙》《荷兰》《伦敦记事》《摩洛哥》……此后的十年间（1879 ~ 1889）是德亚米契斯创作的高峰，他陆续发表了一些社会题材的作品，《爱的教育》就是其中一本。此外还有《散文集》《朋友们》以及《大西洋上》等。

总之，《爱的教育》被公认为是一本人生成长中的“必读书”，是家长和女孩不可多得的成长指导书。

这本《爱的教育》不仅仅是给孩子看的，同时也是给父母看的。父母和女孩可以在茶余饭后一起阅读其中一个个的小故事，或者由女孩读，或者由父母读，待看完一篇故事的时候，父母也可以和女孩一起探讨其中的内容和思想，让女孩在读故事的同时受到心灵的启发。

在读完整本书后，父母也许会发现，原来教育是可以让人感动的。再回过头来反省一下自己的教育方式，有不妥的地方加以改善，在今后的生活中，用心、用爱去教育女孩，去感染女孩。

《小王子》：每个人心中都应该有个小王子和他的星球

《小王子》是作家安东尼·德·圣埃克苏佩里于1942写成的著名法国儿童文学短篇小说。本书的主人公是来自外星球的小王子。书中以一位飞行员作为故事叙述者，讲述了小王子从自己星球出发前往地球的过程中，所经历的各种历险。作者以小王子的孩子式的眼光，透视出成人的空虚、盲目和愚妄，用浅显天真的语言写出了人类的孤独寂寞、没有根基随风流浪的命运。同时，也表达出作者对金钱关系的批判，对真善美的讴歌。

小王子在每个星球的机遇，都是那么波折那么离奇，每个人在生活中常常会遇到不同的人，他们就像小王子经历的那些星球一样，迥然不同。他们都给了我不一样的世界，不一样的看法，然后影响着我，而我又用自己的行为影响着他们。在这个过程中，我们学会爱与责任。当读者翻看《小王子》的时候，就好像是在翻阅我们的心灵，与心灵中至纯至美的自己对话，此时的我们，就如同新生儿那样，纯真、干净。

《小王子》，曾是法国最著名的书，也是全世界最令人喜爱的书之一，现在依然如此！尽管这本法国人写的童话于1943年在美国首次出版，而法国人却只愿意记得它的法国出版日——1946年4月。2006年4月，法国人高调为它过了60岁大寿，他们用法语向全球宣布：《小王子》刚满60周岁！如今小王子已经快到了他的75岁高寿，而无论时代如何变迁，小王子永远是法国人民的骄傲，同样，小王子也是世界上每个人心中的传奇。

根据《小王子》官方网站公布的最新数据，此书在全世界已经销售8000万册，仅在法国的销量就达1100万册。它被译成160余种语言，中文版本估计有上百种之多。几年前，法国人毫不吝啬地将“20世纪最佳图书”的桂冠授予了《小王子》，《追忆似水年华》等一连串伟大的现代文学经典也只能排名其后。

《小王子》一书是孩子能用1个小时的时间就能读完的一本小册子，然而这本书却是值得用一生的时间细细体味的经典。正如一位读者在读罢此书后的感受所言："如果你看书和我一样快，那么这本书会占用你 20~30 分钟；如果你也喜欢看日落，那么也许读完书后，你还会用上 1~2 个小时看西面的天空；如果你有一朵想要"驯服"，或者被她"驯服"的花，那么也许你还会用一个上午的时间来为它做一个漂亮的屏风或者玻璃罩子，然后陪她整整一个夏天；如果你灵魂里还有一部分始终不愿意变成一个'大人'，那么这本书可以陪你一生。"

父母们应该告诉孩子，爱是这个世界上最伟大的感情，而每一份爱都需要用责任守护。让女孩读《小王子》，就是教给她爱与责任。

《假如给我三天光明》：让女孩懂得珍惜

海伦·凯勒（1880 ~ 1968），她是 20 世纪美国著名的女作家和演讲家，曾经被美国的《时代周刊》评选为"人类十大偶像"之一，并且被授予了"总统自由奖章"。这位伟大的作家在 19 个月的时候便因为猩红热病而丧失了视力和听觉，随之而来的是再也不能开口说话。

集聋、哑、盲三种残疾于一身，被突如其来的命运打入深渊的她，因为精神导师安妮·莎莉文的到来而重新找到了生活的意义。在安妮的帮助下，海伦用她顽强不屈的毅力克服了命运带给她的所有不公，用常人难以想象的勇气和坚韧创造出了在外人看来一个又一个不可能的奇迹。海伦不但考入了哈佛大学，而且还是世界上第一个完成了大学学业的聋哑人和盲人。

在黑暗的世界里，海伦用心灵的光辉为自己的人生点燃了一盏灯，她会下棋、会骑马、会滑雪，她喜欢旅行，喜欢去博物馆参观，喜欢戏剧，更喜欢文学。好学的海伦在莎莉文的鼓励和帮助下开始学习识字和说话，慢慢地，海伦尝试着与人沟通，用文字记录心情。她会讲五种语言，走过了世界各地，将自己的一生都奉献给了弱势群体的教育事业，赢得了世人的称赞。

海伦的生命仅仅有着 19 个月的光明，《假如给我三天光明》可以说是她的一本自传。假如给她三天光明：第一天，她想看到那些给她生命赋予了价值，给她的生活增添了光彩的人；第二天，她想看美丽的日出，享受生命的开始；第三天，她想要去探索和发现身边的世界。仅仅三天的光明，然而海伦却要用这仅有的三天去完成生命中最有意义的三件事。

在 88 年的岁月中，海伦走过了 87 年没有光亮的旅程，然而她却用自己的方式给人类带来了光明。她用勇敢震撼着全世界，她虽然有一双看不到光明的眼睛，却收获了一个能够感受光明的内心世界。她的笔触感染着每一个为她动容的人，她的精神笼罩着曾经在书中与她交流过的人。她的生命是微小的，她的精神却像透亮的光线，为人类的文明增添了曙光。

没有什么困难是克服不了的，聋哑的海伦在努力中尝试着与他人交流，失去光明的海伦在摸索中拥有了广博的知识，最终成为一个享誉世界的女作家。命运对海伦是如此不公平，可是她却让自己站在了巨人的肩膀上。当女孩看到海伦的经历后，就应该学习她不屈不挠的精神。